westermann

Autorinnen und Autoren: Detlef Gebert, Svenja Hausener, Gerhard Kühn, Peter Möhlmann

Herausgeberin: Svenja Hausener

Unter Mitarbeit von: Thomas Berndt, Wolfgang Herzberg, Maria Löffler

Automobilkaufleute

2. Ausbildungsjahr

3. Auflage

Bestellnummer 61497

Die in diesem Produkt gemachten Angaben zu Unternehmen (Namen, Internet- und E-Mail-Adressen, Handelsregistereintragungen, Bankverbindungen, Steuer-, Telefon- und Faxnummern und alle weiteren Angaben) sind i. d. R. fiktiv, d. h., sie stehen in keinem Zusammenhang mit einem real existierenden Unternehmen in der dargestellten oder einer ähnlichen Form. Dies gilt auch für alle Kunden, Lieferanten und sonstigen Geschäftspartner der Unternehmen wie z. B. Kreditinstitute, Versicherungsunternehmen und andere Dienstleistungsunternehmen. Ausschließlich zum Zwecke der Authentizität werden die Namen real existierender Unternehmen und z. B. im Fall von Kreditinstituten auch deren IBANs und BICs verwendet.

Zusatzmaterialien zu „Automobilkaufleute. 2. Ausbildungsjahr“

Für Lehrerinnen und Lehrer

Lösungen zum Schulbuch: 978-3-427-61521-7
Lösungen zum Schulbuch Download: 978-3-427-61513-2
Lösungen zum Arbeitsheft: 978-3-427-61545-3
Lösungen zum Arbeitsheft Download: 978-3-427-61537-8

BiBox

BiBox Einzellizenz für Lehrer/-innen (Dauerlizenz)
BiBox Klassenlizenz Premium für Lehrer/-innen und bis zu 35 Schüler/-innen (1 Schuljahr)
BiBox Kollegiumslizenz für Lehrer/-innen (Dauerlizenz)
BiBox Kollegiumslizenz für Lehrer/-innen (1 Schuljahr)

Für Schülerinnen und Schüler

Arbeitsheft: 978-3-427-61529-3

BiBox

BiBox Einzellizenz für Schüler/-innen (1 Schuljahr)
BiBox Einzellizenz für Schüler/-innen (4 Schuljahre)
BiBox Klassensatz PrintPlus (1 Schuljahr)

mit Webcode im Buch
Buch +Web

Zu diesem Produkt sind digitale Zusatzmaterialien kostenlos online für Sie erhältlich. Sie können diese ganz einfach über die Eingabe des nachfolgenden Codes im Suchfeld unter www.westermann.de abrufen.

BVE-61497-003

Sollten Sie zu diesem Produkt bereits eine BiBox mit Material erworben haben, so sind die Zusatzmaterialien selbstverständlich dort bereits integriert.

Für Verweise (Links) auf Internet-Adressen gilt folgender Haftungshinweis: Trotz sorgfältiger inhaltlicher Kontrolle wird die Haftung für die Inhalte der externen Seiten ausgeschlossen. Für den Inhalt dieser externen Seiten sind ausschließlich deren Betreiber verantwortlich. Sollten Sie daher auf kostenpflichtige, illegale oder anstößige Inhalte treffen, so bedauern wir dies ausdrücklich und bitten Sie, uns umgehend per E-Mail davon in Kenntnis zu setzen, damit beim Nachdruck der Verweis gelöscht wird.

Druck und Bindung: Westermann Druck GmbH, Georg-Westermann-Allee 66, 38104 Braunschweig

ISBN 978-3-427-**61497**-5

Vorwort

Die Unterrichtsreihe für den Ausbildungsberuf „Automobilkaufmann und Automobilkauffrau“ orientiert sich am gültigen Lehrplan, der ab dem Schuljahr 2017/2018 in Kraft getreten ist. Die Bände sind in Jahrgangsbände gegliedert:

- Band 1 umfasst die Lernfelder 1 bis 4,
- Band 2 umfasst die Lernfelder 5 bis 8,
- Band 3 umfasst die Lernfelder 9 bis 12.

Zusätzlich wird in Band 1 und 2 ein Englisch-Teil angeboten, um die Fremdsprachen-Kompetenz der Schülerinnen und Schüler gemäß den Vorgaben im Lehrplan zu fördern. Bei der Konzeption der Unterrichtsreihe steht die lernfeldübergreifende Kompetenzentwicklung im Vordergrund. Umfassende berufsbezogene und berufsübergreifende Handlungskompetenz wird gefördert und vermittelt. Dadurch sind die Schülerinnen und Schüler in der Lage, sachgerecht und durchdacht zu agieren und sich in beruflichen, gesellschaftlichen und privaten Situationen individuell und sozial richtig zu verhalten. In dieser Lehrreihe wird für den Buchführungsbereich das Abschlussgliederungskonzept (der Gemeinschaftskontenrahmen) zugrunde gelegt.

Damit der geforderte Bezug zur Praxis sowie die Vorgaben aus dem Lehrplan hergestellt sind, wird durchgängig mit dem Modellunternehmen „Autohaus Köppel GmbH“ gearbeitet. Berufstypische Ausgangssituationen bzw. Einstiegssituationen und Aufgabenstellungen leiten die Schülerinnen und Schüler zum selbstständigen Handeln an. Sie erkennen Probleme und entwickeln Lösungen. Auf eine Reflexion des gewählten Weges und die gefundenen Lösungen sowie das Geben von konstruktivem Feedback wird ebenfalls großen Wert gelegt.

Die Struktur der Bücher ist an das Modell der vollständigen Handlung (Informieren, Planen, Entscheiden, Durchführen, Bewerten, Reflektieren/Feedback üben) angelehnt.

- Ausgangssituation (Lernsituation) mit Arbeitsaufträgen zu Beginn jedes Kapitels
- Einstiegssituation zu jedem Unterkapitel mit Bezug zur Ausgangssituation
- Informationstexte
- Zusammenfassung jedes Kapitels
- Aufgaben zu jedem Kapitel

Zusätzlich zu den Schülerbüchern werden Arbeitsbücher angeboten, mit welchen das Wissen der Schülerinnen und Schüler vertieft werden kann. Eine optimale Prüfungsvorbereitung für die Abschlussprüfungen (gestreckter Teil 1 und Teil 2 sowie die mündliche Prüfung) ist durch die Konzeption der Bücher gegeben.

Erläuterung der im Buch stehenden Symbole:

Web — Zu diesen Inhalten stehen Onlineergänzungen zur Verfügung. Weitere Informationen finden Sie auf Seite 2.

LF 10 Kap. 5.5 — Dieses Zeichen deutet auf inhaltliche Parallelen zu anderen Lernfeldern des Lehrplans hin.

Inhaltsverzeichnis

LERNFELD 7

Gebrauchtfahrzeuge disponieren und bereitstellen

ENGLISCH – LERNFELD 5

Werkstattaufträge entgegennehmen und kaufmännische Geschäftsprozesse organisieren

Einleitung

Modellunternehmen Autohaus Köppel GmbH

Firmengeschichte

Als Geburtsstunde unseres Unternehmens kann man den 19.08.1982 bezeichnen. An diesem Tag haben wir den Mietvertrag für unsere ersten Räumlichkeiten in der Franz-Georg-Straße in Trier unterschrieben. Nach einigen Renovierungsarbeiten und Umbauten feierten wir am 13.10.1982 die Eröffnung unseres Autohauses. Unser Personal bestand zum damaligen Zeitpunkt aus sechs Mitarbeiterinnen und Mitarbeitern.

Im Laufe der Jahre wurden unser Kundenstamm sowie unsere Produktpalette immer größer und wir entschieden uns, einen modernen Neubau in der Diedenhofener Straße in Trier zu errichten, der über eine großzügige Ausstellungsfläche, ansprechende Büroräume, einen voll ausgestatteten Werkstatt- sowie Lagerbereich, eine eigene lackschonende Waschstraße und weitere Betriebsanlagen verfügt.

Am 01.12.1999 feierten wir mit mittlerweile 18 Mitarbeiterinnen und Mitarbeitern die Neueröffnung unser heutigen Geschäftsräume.

Nach und nach wurden weitere Betriebszweige erschlossen. Dabei stand vor allem das Motto „Die Umwelt lacht“ im Vordergrund. So z. B. wird der von uns benötigte Strom zum Betreiben der Waschstraße sowie einer neuen Lackieranlage zu 90 % aus erneuerbaren Energien gewonnen. Außerdem bereiten wir das Wasser unserer Waschstraße wieder neu auf und verwenden es nochmals.

Neben der persönlichen Kundenberatung bieten wir unsere Fahrzeuge selbstverständlich auch über Onlineplattformen zum Kauf an.

Um das Bewusstsein für die Umwelt bei Autofahrerinnen und Autofahrern zu „wecken und zu stärken“, bieten wir in Zusammenarbeit mit einer hiesigen Fahrschule kostenlose ECO-Trainings an und stellen einen Teil unseres Betriebsgeländes für Fahrsicherheitstrainings zur Verfügung.

Seit 2010 ist auch die „zweite Generation“ in Form von Nora Köppel, Tochter von Matti Köppel, als Geschäftsführerin beim Autohaus Köppel GmbH tätig. Unter anderem leitet sie den Bereich Verwaltung und ist für das Personal sowie das Marketing des Autohauses zuständig.

Kundenzufriedenheit, faire Preise sowie eine kompetente Beratung zeichnen uns aus. Wir arbeiten stets daran, neue Technologien zu präsentieren und uns in den Bereichen der Automobilbranche weiterzubilden.

Für Anregungen, Verbesserungsvorschläge und Lob sind wir jederzeit offen.

Ihre Familie Köppel und das gesamte Team

Firmenphilosophie

„Wir stehen für die Zufriedenheit der Kundschaft und den nachhaltigen Umgang mit Ressourcen“

Autohaus	Importeur	Hersteller
Autohaus Köppel GmbH Diedenhofener Str. 6 54294 Trier Tel.: 0651 7155-0 Fax: 0651 7155-23 E-Mail: info@autohaus-koeppel.de Homepage: www.autohaus-koeppel.de	**Michaelis Importgesellschaft mbH** Dr. Gottfried-Cremer Allee 77 b 50226 Frechen Tel.: 02234 12335-0 Fax: 02234 12335-1 Zuständiger Sachbearbeiter: Stephan Breidt E-Mail: stephan.breidt@michaelis.de	**Cars Best Ltd** 15010 Northeast, 32 th Street, Redmond WA 98052 – Vereinigte Staaten Tel.: +1 350-710-4711 Fax: +1 350-710-4712 E-Mail: info@carsbest.us
Bankverbindung Sparkasse Trier IBAN: DE01 5855 0130 3011 2222 15 BIC: TRISDE55XXX	**Bankverbindung** Pax Bank eG IBAN: DE03 3706 0193 1505 0515 01 BIC: GENODE1PAX	
HRB 33345 **UmsatzsteuerID-Nr.** DE000111339	**HRB** 66779 **UmsatzsteuerID-Nr.** DE112226688	

Unser Sortiment

Modelle (jeweils mit Ausstattungspaket 1)	UPE brutto	UPE netto	Händlerrabatt	Einkaufspreis netto
Maximo-Limousine, 3-türig, 145 PS (106,62 KW), Benziner	29 000,00 €	24 369,75 €	12 %	21 445,38 €
Maximo-Limousine, 5-türig, 180 PS (132,35 KW), Benziner	32 000,00 €	26 890,76 €	10 %	24 201,68 €
Maximo-Kombi „Sports Tourer“, 160 PS (117,65 KW), Benziner	36 200,00 €	30 420,17 €	13 %	26 465,55 €
Maximo-Kombi „Sports Tourer“, 170 PS (125 KW), Diesel	39 000,00 €	32 773,11 €	12 %	28 840,34 €
Phantasia-Limousine, 3-türig, 125 PS (91,91 KW), Diesel	19 500,00 €	16 386,55 €	11 %	14 584,03 €

Modelle (jeweils mit Ausstattungspaket 1)	UPE brutto	UPE netto	Händlerrabatt	Einkaufspreis netto
Phantasia-Limousine, 5-türig, 150 PS (110,29 KW), Diesel	21 500,00 €	18 067, 23€	11 %	16 079, 83 €
Phantasia-Kombi „Sports Tourer", 170 PS (125 KW), Diesel	26 900,00 €	22 605, 04€	15 %	19 214, 29 €
Luxor-Limousine, 5-türig, 220 PS (161,76 KW), Benziner	34 000,00 €	28 571,43 €	14 %	24 571,43 €
Big Bag-SUV, 5-türig, 250 PS (183,82 KW), Benziner	49 000,00 €	41 176,47 €	12 %	36 235,29 €
Big Bag Plus-SUV, 5-türig, 300 PS (220,59 KW), Diesel	55 000,00 €	46 218,49 €	12 %	40 672,27 €
Spiders-Cabrio, 3-türig, 220 PS (161,76 KW), Benziner	31 500,00 €	26 470,59 €	13 %	23 029,41 €
Best Circle-electric car, 3-türig, 90 PS (66,18 KW), Elektromotor	31 501,00 €	26 471,43 €	12 %	23 294,86 €
Best Circle-Hybrid 3-türig 140 PS Benziner, 40 PS Elektromotor = 180 PS (132,35 KW)	40 000,00 €	33 613,45 €	11 %	29 915,97 €
Big House-Großraumlimousine, 5-türig, 170 PS (125 KW), Diesel	50 000,00 €	42 016,81 €	15 %	35 714,29 €

Ausstattungspaket 1:	Ausstattungspaket 2: 2 090,00 € Aufpreis
• elektrische Fensterheber vorne • Klimaanlage • Zentralverriegelung • Teppichpaket „Velour"	• elektrische Fensterheber vorne und hinten • Klimaautomatik – Fahrer und Beifahrer getrennt regelbar • Zentralverriegelung • Schiebedach • Nebelscheinwerfer • Xenon-Scheinwerfer

Ausstattungspaket 3: 4 490,00 € Aufpreis	
• elektrische Fensterheber vorne und hinten • Klimaautomatik – Fahrer und Beifahrer getrennt regelbar • Sitzheizung, Fahrersitz und Beifahrersitz • Fahrersitz und Beifahrersitz elektrisch einstellbar • Geschwindigkeitsregel-Anlage (GRA) – Tempomat • Einparksensoren vorne und hinten – akustisch und optisch	• Xenon-Scheinwerfer • Zentralverriegelung • Schiebedach • Nebelscheinwerfer

Unsere Kundschaft

Kunde	Name und Anschrift	Bemerkung
Privatkunde	Herrn Jörn Kolz, Trierer Str. 128, 54295 Trier, Tel: 0651 7965, E-Mail joern.kolz@t-online.de	
Privatkunde	Familie Neuhaus, Ansprechpartner Peter Neuhaus, Hermeskeiler Str. 1, 54295 Trier-Olewig, Tel.: 0176 62233554, E-Mail: peter.neuhaus@gmx.de	an einem SUV interessiert, 3 Kinder
Geschäftskunde	Ehni GmbH & Co. KG, Ansprechpartnerin: Andrea Ehni, Luxemburger Str. 11, 54294 Trier, Tel.: 0651 100-44, E-Mail: andrea.ehni@ehnigmbh.de	Flotte „Maximo Limousine, 5-türig, Ausstattungspaket 2 – 8 Fahrzeuge, Leasingverträge immer auf 4 Jahre bzw. 160 000 km
Geschäftskunde	Gabelstapler GmbH, Ansprechpartner: Max Frisch, Weinbergstr. 1, 54441 Wellen, E-Mail: gabelstapler@wellen.de	Flotte „Phantasia Kombi – Sports Tourer, Ausstattungspaket 3 – 5 Fahrzeuge, Leasingverträge immer auf 4 Jahre bzw. 160 000 km
Geschäftskunde	Schuhhaus „Lofti", Ansprechpartner: Luca Schara, Schulstr. 80, 54411 Hermeskeil, Tel.: 06503 800879, E-Mail: luca.schara@lofti.de	Spiders Cabrio, 2 Fahrzeuge – Sonderaufdruck „Lofti Schuhhaus" Leasingverträge auf 3 Jahre bzw. 120 000 km, Ausstattungspaket 3
Privatkundin	Frau Marion Dillerle, Kornhausgasse 10, 54329 Konz, Tel.: 06501 1001	
Privatkunde	Herrn Björn Löser, Hermeskeiler Str. 1, 54413 Gusenburg, E-Mail: loesers@t-online.de	hat an SUV Interesse
Privatkundin	Frau Alexandra Grau, Tulpenweg 22, 54317 Osburg, Tel.: 06500 301140	
Privatkunde	Herrn Thomas Oleniza, 54344 Kenn, Bahnhofstr. 33, Tel.: 06502 40012	Führerscheinneuling
Geschäftskunde	Mr Paul Smith, Amerikanisches Generalkonsulat, Gießener Str. 30,60435 Frankfurt am Main, Tel.: 069 7534-1212	Mitarbeiter des amerikanischen Generalkonsulats, zahlt meist per Kreditkarte
Privatkunde	Dr. med. Kolz, Hunsrückstr. 25, 54295 Trier, Tel.: 0651 1122-0	

Unsere Lieferanten

Name	Produkte/Leistungen
Gumeros AG Herr Künkel Industriepark 22 12380 Berlin	Dichtungen, Gummi, Scheibenwischer, Schmierstoffe, Öle
Zahn & Rad GmbH Gattinger Str. 123 97076 Würzburg Tel.: 0931 1011-0	Reifen
Glasoform OHG Frau Anna Eberhard Grethe-Weiser-Weg 43 12380 Berlin	Scheiben, Glas, Spiegel
Eberhard OHG Herr Eberhard Willi-Hörter-Platz 1 56068 Koblenz Tel.: 0261 1284-0 E-Mail: eberhard@ohg.de	Autoradio, Tuning
Elektro Köhler GmbH & Co. KG Ravenestr. 22 56812 Cochem Tel.: 02671 3434-0 Fax: 02671 3434-12 Ansprechpartnerin: Chiara Werle	Autoelektrik, Batterien
Boxengasse KG Herrn Francesco Sacci Pfauengasse 7 89073 Ulm Tel.: 0731 1616-0 Fax: 0731 1616-100	Werkstatt-Ausstattungen und Zubehör
Rieth KG Herrn Alexander Rieth Kornhausplatz 1 89073 Ulm Tel.: 0731 5667-0	Trägersysteme, Behälter

Organigramm der Autohaus Köppel GmbH

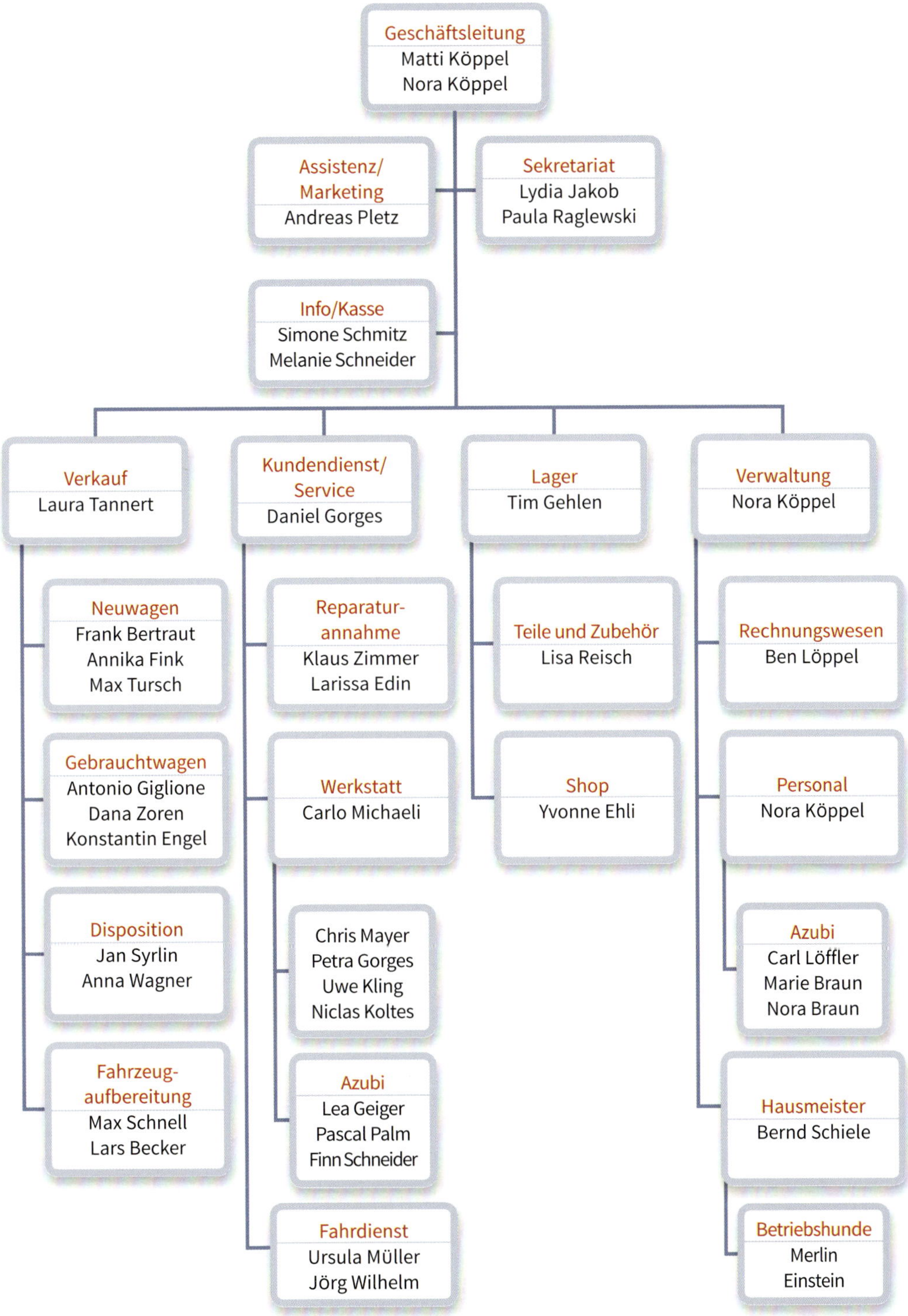

Prozessübersicht

Der stationäre Handel mit Kraftfahrzeugen findet meist in spezialisierten Handelseinrichtungen statt, den sogenannten Autohäusern. Im Vergleich zu anderen Unternehmen, z. B. einem Stahlwerk, erscheinen Unternehmen des Automobilhandels auf den ersten Blick einfacher und übersichtlicher. Bei näherer Betrachtung zeigt sich jedoch, dass auch in einem solchen Handelsunternehmen eine Reihe komplexer Prozesse reibungslos ablaufen müssen, wenn das Unternehmen langfristig überleben soll.
Bedingt durch den wachsenden Wettbewerb, gestiegene Kundenanforderungen und immer kürzere Produktlebenszyklen sind alle Unternehmen gezwungen, sich an schnell wechselnde Marktbedingungen anzupassen. Wichtige Aspekte sind dabei einerseits eine genaue Kenntnis der eigenen Arbeitsabläufe, mit dem Ziel diese so effizient wie möglich zu gestalten, und auf der anderen Seite die Fokussierung auf die Kundenbedürfnisse. Zur Lösung dieser anspruchsvollen Aufgaben haben sich in der jüngeren Vergangenheit neue Managementansätze entwickelt und weitgehend in der Wirtschaft durchgesetzt. Einer dieser Ansätze ist ein umfassendes **Qualitätsmanagement**. Dabei geht es u. a. um die Vermeidung von Kosten durch Mängel in den Arbeitsabläufen und um die Bedienung gestiegener Kundenanforderungen an Produkte und Leistungen in gesättigten Märkten. Ein Weg dazu ist eine stärkere Auseinandersetzung mit den Arbeitsabläufen und nicht mehr nur mit der Qualität der eingesetzten Arbeitsmittel, Rohstoffe usw. Infolgedessen haben sich die Darstellung, Analyse und Optimierung von Prozessen als Managementwerkzeuge unter der Bezeichnung **Prozessmanagement** in vielen Bereichen etabliert. Stark vereinfacht werden Arbeitsabläufe als Prozesse verstanden.
Mit der Darstellung und Analyse von Prozessen entsteht auch mehr Transparenz. Transparenz schafft eine bessere Übersicht über das Geschehen im Unternehmen. Dies soll hier genutzt werden, um die innere Logik der Arbeit in einem Autohaus besser verständlich zu machen. Zudem zeigt eine solche Prozesslandkarte die Zusammenhänge zwischen Teilprozessen. Üblich ist dabei eine Unterscheidung zwischen Führungs-, Kern- und Unterstützungsprozessen.

Kernprozesse umfassen alle direkt auf die Kundschaft gerichteten Aktivitäten, die die Kernkompetenz des Unternehmens darstellen und über die es sich vom Wettbewerb differenziert. Im Autohaus sind dies Beschaffungs-, Werkstatt- und Absatzprozesse.

Unterstützungsprozesse erbringen Dienstleistungen für die Sicherstellung der Kernprozesse. Es handelt sich dabei meist um auf die unternehmensinterne Nutzung ausgerichtete Abläufe, wie z. B. Informations- und Logistikprozesse.

Jede Organisation bedarf der Koordinierung. Folglich sind **Führungsprozesse** erforderlich, die zur Planung, Organisation und Kontrolle dienen.

Nicht alle diese Prozesse betreffen die Auszubildenden in gleichem Maße. Die Prozesslandkarte verdeutlicht dies mit der Zuordnung der Lernfelder. Mit der Nennung ausgewählter weiterer Wissensgebiete wird zudem deutlich, dass zukünftige Beschäftigte im Automobilhandel über weitere Kompetenzen verfügen müssen, die nicht explizit im Lehrplan ausgewiesen sind, bzw. gesonderte Lehrgebiete betreffen (**Basiswissen**).

Prozesslandkarte Autohaus

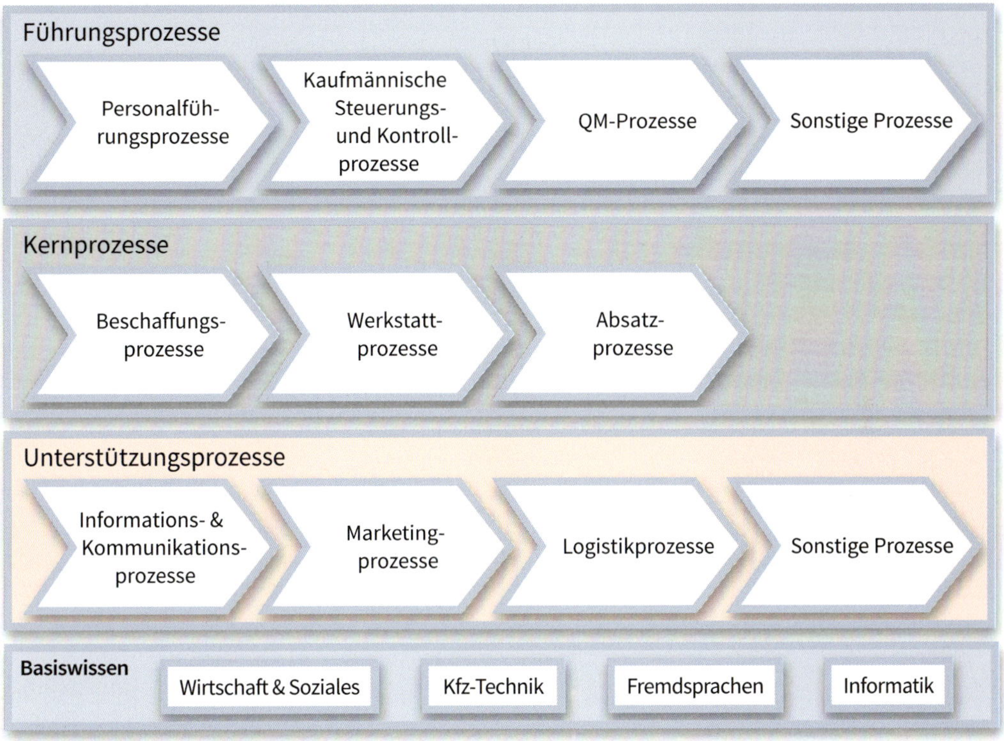

Kernprozesse im Autohaus

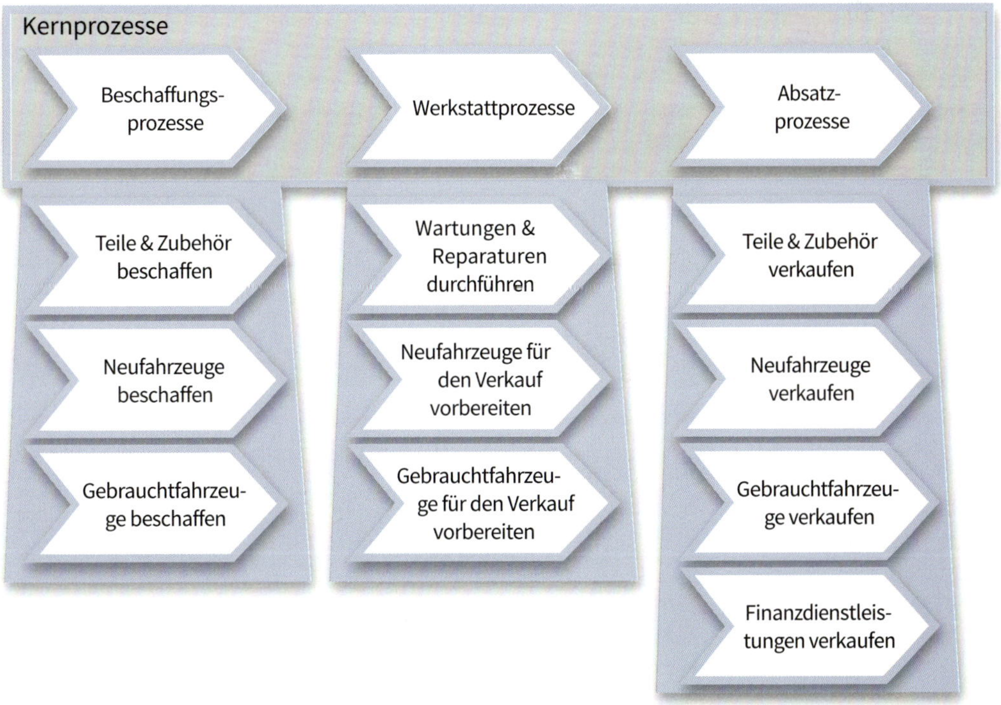

Lernfeld 5

Werkstattaufträge entgegennehmen und kaufmännische Geschäftsprozesse organisieren

1 Kundenwünsche ermitteln und die weitere Arbeit koordinieren

AUSGANGSSITUATION

Ein ganz normaler Tag im Autohaus Köppel:

05:30 Uhr	Der Abschleppwagen wurde zu einem Auffahrunfall auf der Autobahn gerufen.
06:30 Uhr	Herr Kolz ist auf dem Weg zur Arbeit liegen geblieben. Der Motor ging an der Kreuzung aus und startet nicht mehr.
06:45 Uhr	Der Abschleppwagen bringt Frau Grau und ihre Maximo-Limousine mit Frontschaden zur Werkstatt.
07:00 Uhr	Frau Dillerle holt sich wie vereinbart den Vorführwagen Luxor-Limousine zur Probefahrt ab. Ihr VW Golf wird zur Wartung und Schätzung abgegeben.
07:15 Uhr	Der Geschäftsführer der Gabelstapler GmbH bringt seine Phantasia-Limousine zur Durchsicht (10 000 km) und muss sofort zu seiner Firma zurück.
07:30 Uhr	Ein Neukunde bringt sein Big Bag-SUV zur Reparatur der Bremsen und Durchsicht (60 000 km) mit anschließender technischer Überprüfung.
08:00 Uhr	Der Kfz-Betrieb Meier bestellt per Telefon Teile für den Phantasia-Kombi.
09:00 Uhr	Die Firma Ehni GmbH & Co. KG holt ihren Maximo-Kombi aus der Werkstatt ab.
10:00 Uhr	Die bestellten Teile werden von der Glasoform OHG geliefert.
10–12:00 Uhr	Ein neu übernommener Gebrauchtwagen wird zum Verkauf vorbereitet.
13:00 Uhr	Die bestellten Neuwagen werden vom Händlerzentrum der Michaelis Importgesellschaft mbH angeliefert.
14:00 Uhr	Mr. Douglas aus Birmingham wird mit seinem Rover in die Werkstatt geschleppt – Heckschaden.

15:00 Uhr	Der Lagerarbeiter meldet den Bedarf an Schmierstoffen und Ölen.
16:00 Uhr	Ein Neukunde kauft aus dem aktuellen Sonderangebot Sommerreifen mit Leichtmetallfelgen und vereinbart die Montage inklusive Lagerung der Winterreifen.

Herr Köppel bespricht den Tag mit den Auszubildenden und sagt: „Hinter jeder Situation verbirgt sich für die betroffenen Menschen ein für sie meist unlösbares Problem. Der Verlust der Mobilität ist sehr eng mit Zeit- und Geldverlust verbunden. Deshalb befinden sich viele in einer Stresssituation, alle haben es eilig, ihre Situation ist in ihren Augen die komplizierteste, ihnen muss möglichst sofort geholfen werden."

ARBEITSAUFTRÄGE

1. Analysieren Sie jede dargestellte Situation.
2. Überlegen Sie, wer diese Probleme in Ihrem Kfz-Betrieb wie und wo löst.
3. Welche Aufgaben müssten Sie selbst übernehmen?
4. Präsentieren Sie Ihre Ergebnisse in ansprechender Form. Geben Sie einander in der Klasse ein konstruktives Feedback.

1.1 Kundendienst

EINSTIEGSSITUATION

Der Werkstattleiter Herr Michaeli führt mit den Auszubildenden eine Beratung zur Auslastung der Werkstatt durch. Er teilt ihnen mit, dass die geplanten Ziele nicht erreicht wurden. Außerdem hat er festgestellt, dass sich die Kundschaft teilweise negativ über die Betriebszeiten und den Service der Autohaus Köppel GmbH geäußert hat. „Im Vergleich zu den Wettbewerbern schneiden wir schlechter ab", meint er.
Die Auszubildenden führen an, dass gerade zum Arbeitsbeginn um 07:00 Uhr und zum Arbeitsende gegen 16:00 Uhr eine Überbelastung durch großen Kundenzulauf festzustellen sei.
Gemeinsam überlegen sie, wie man diese Situation verbessern könnte, und finden folgende Lösung: Probeweise wird für die nächsten drei Monate in einem Zweischichtsystem in der Zeit von 06:00 Uhr bis 22:00 Uhr gearbeitet. Außerdem wird ein Hol- und Bring-Service für Kundenfahrzeuge eingerichtet. Alle sind sich einig, dass der Kfz-Betrieb dadurch einen erheblichen Wettbewerbsvorteil erlangen und die Kundenzufriedenheit stärken kann.

Nehmen Sie zu dieser Lösung Stellung.

Kfz-Reparaturbetriebe planen die Reparatur und Wartung von Fahrzeugen, beraten die Kundschaft und helfen, deren Probleme zu lösen. Ein überzeugender Kundenservice trägt wesentlich zur Kundengewinnung, Kundenbindung und Kundenweiterempfehlung bei und führt direkt zu Kundenaufträgen. Ohne Kundenaufträge können die Arbeitsplätze im Kfz-Reparaturbetrieb nicht gesichert werden.

Die Bedeutung des Internets für Wartungs- und Reparaturaufträge sowie für den Teilehandel ist deutlich gestiegen. Verschiedene Portale, bieten den Kunden und Kundinnen die Möglichkeit, schnell nach Werkstätten und Leistungen in ihrer Nähe zu suchen und Termine zu vereinbaren sowie Preise zu vergleichen.

Reparaturaufträge sind von entscheidender Bedeutung für die Kundenbindung. Bei der Reparaturannahme entscheidet sich, ob man dem Betrieb ausreichend Vertrauen entgegenbringt oder ob man eine andere Werkstatt für vertrauenswürdiger hält. Eine gute Kfz-Werkstatt zeichnet sich nicht nur durch einen günstigen Reparaturpreis aus, sondern vor allem durch einen hohen Kundenservice!

Der Kundenservice wird im Wesentlichen vom betrieblichen und persönlichen Service bestimmt. Beim betrieblichen Service liegen die Schwerpunkte in der Fahrzeugbetreuung und der Dienstleistung. Eine große Rolle spielen dabei die Serviceelemente Kundenberatung, Termineinhaltung, Informationsaustausch, Transparenz und Nachbetreuung. Nicht zu unterschätzen ist, wie sich der Betrieb nach außen durch Sauberkeit, Ordnung und Pünktlichkeit präsentiert.

Im Zentrum des persönlichen Service steht die Kundenbetreuung. Die gewohnte Freundlichkeit im Umgang mit der Kundschaft ist um eine weitere Dimension, den persönlichen Einsatz aller Mitarbeiter und Mitarbeiterinnen, zu ergänzen. Das persönliche Engagement ist notwendig, um auch bei Kleinigkeiten Kundenzufriedenheit zu erreichen. Kunden und Kundinnen können dadurch erkennen, dass sie als Personen wichtiger sind als ihr Geld.

Ziel des Kfz-Betriebes muss es sein, der Kundschaft einen unerwarteten und begeisternden Service zu bieten, denn zufriedene Kundinnen und Kunden sind die beste Werbung.

1.1.1 Kundenwünsche und Erwartungen an den Kfz-Betrieb

Die Wünsche und Erwartungen von Privatkunden und -kundinnen an die Werkstatt sind situationsabhängig sehr unterschiedlich. Kunden und Kundinnen, die eine schnelle Pannenhilfe benötigen, erwarten eine maßgeschneiderte Problemlösung, die eine schnelle und sichere Weiterfahrt garantiert. Regionale Kundschaft wählt ihre Reparaturwerkstatt gezielt aus. Dazu nutzt sie heute alle Möglichkeiten, die auch über das Internet angeboten werden.

Befragungen der Kunden und Kundinnen zu ihren Wünschen an den Kfz-Betrieb zeigten folgendes Ergebnis:

- schnelle und pünktliche Auftragsabwicklung, Termintreue
- kompetente Beratung und faire Behandlung
- Sicherheit, Sauberkeit und Qualitätsgarantie
- faires Verhältnis von Arbeitspreis und Leistung
- kompetente Auftragsannahme und souveränes Fachpersonal
- Sicherung der Mobilität

Kundenerwartungen und Forderungen an den Kfz-Betrieb spielen bei der Beurteilung der Leistungen eine große Rolle.

Was erwarten die Kundinnen und Kunden?

- Versprochene Serviceleistungen werden zuverlässig und präzise ausgeführt.
- Beschäftigte besitzen eine hohe Fachkompetenz und sind Problemlöser.
- Marktauftritt des Betriebes und Zustand der Werkstatt als Garant für eine hohe Qualität der Leistung
- Kulanz nach Ablauf der Garantie

Leistung und Service werden von verschiedenen Personen unterschiedlich bewertet. Negative Einschätzungen müssen daher sehr ernst genommen werden.

Beispiel

Matti Köppel sagt zu den Auszubildenden: „Ziel muss es sein, die Kundinnen und Kunden nicht nur zufriedenzustellen, sondern durch unsere Leistungen zu erreichen, dass diese uns weiterempfehlen und immer wieder zu uns kommen."

1.1.2 Betriebliche Voraussetzungen zur Erreichung der Kundenzufriedenheit

In Kfz-Werkstätten führen Werkstattmeister und Servicetechniker gemeinsam mit Gesellen und Auszubildenden handwerkliche Arbeiten aus. Die Werkstatt des Betriebes sowie die zugehörigen Beschäftigten zählen zu den produktiven Bereichen des Kfz-Betriebes und sichern mit ihren Leistungen den Erhalt der Arbeitsplätze.

Die Aufbauorganisation der technischen und kaufmännischen Bereiche des Betriebes samt Beschäftigten ist in der Betriebsstruktur dargestellt (siehe Organigramm auf S. 15).

Ein weiteres Organisationsmittel ist die Ablauforganisation, die die Aufgabenteilung und die genaue Abgrenzung der Arbeitsbereiche regelt. Beide Strukturen sind notwendig, um eine reibungslose Zusammenarbeit und die Aufgabenteilung mit Führungsbefugnissen und Zuständigkeiten festzulegen. Weitere betriebliche Voraussetzungen zur Erreichung der Kundenzufriedenheit sind neben der technischen Ausstattung der Werkstätten auch die gut ausgebildeten Fachleute.

Die schnelle Entwicklung von Kraftfahrzeugen und Systemen verlangt nach ständiger Weiterbildung der Beschäftigten und Erweiterung der Werkstattausrüstung. Handwerkskammern, Kfz-Innungen und Herstellerbetriebe bieten Lehrgänge zur laufenden Qualifizierung an. Gute und sehr gute schulische sowie praktische Ausbildungsergebnisse sichern auch in Zukunft den Auszubildenden einen Arbeitsplatz im Kfz-Betrieb!

1.1.3 Aufgaben bei der Kundendienstberatung

Die wichtigste Kontaktperson für die Kundschaft ist das Personal im Kundendienst. Hier werden die persönlichen Kontakte geknüpft, die Kundenwünsche analysiert, die notwendigen Aufträge erstellt und die Auftragsabwicklung begleitet. Die Arbeitsleistung der Kundendienstberatung entscheidet wesentlich über Erfolg oder Misserfolg der Dienstleistung.

Zu den wichtigsten Aufgaben bei der Kundendienstberatung gehören:

- Annahme von Telefongesprächen (Telefonkonversation)
- Identifizierung der Kunden- und Fahrzeugdaten und deren Fortschreibung
- Begrüßung der Kundschaft im Autohaus, Klären des Kundenwunsches und Knüpfen der Verbindungen zu kompetentem Fachpersonal
- Erstellen und Erläutern des Kostenvoranschlages
- Festlegen der Termine zur Fahrzeugannahme und Reparatur unter Beachtung der Kundenwünsche und Werkstattauslastung
- Vorbereitung und Erstellung der Reparatur- und Wartungsaufträge unter Beachtung der Fahrzeughistorie und Einholen der Auftragsbestätigung der Kundschaft
- Durchsehen der aktuellen technischen Informationen des Herstellers und Abgleich mit den Kundendienstaufträgen
- Sichern der Teileverfügbarkeit zum Reparaturtermin
- Planung der Werkstattdurchgänge für die laufenden Tage und Wochen
- Sammeln von Kundeninformationen und Weiterleiten an die zuständigen Fachkräfte bzw. zur Vervollständigung der Kundendatei
- Prüfen und Diagnostizieren der Kundenfahrzeuge und Weitergabe von Empfehlungen an die Kundschaft zu notwendigen Reparaturen
- Überprüfung des Wageninhalts auf Wertgegenstände und Belehrung der Kundschaft zum Haftungsausschluss
- Sichtprüfung der Karosserie auf Schäden und Einholen der Bestätigung von Kundenseite
- Festlegung von Gewährleistungs-, Garantie- und Kulanzaufträgen
- Vereinbarung der Abholzeit und der Art der Fahrzeugauslieferung
- Festlegung zur Übergabe von Leih- oder Mietwagen für den Reparaturzeitraum
- Betreuung der Kundinnen und Kunden während der Reparatur- und Wartezeit und Sichern der Nachbetreuung

Die Arbeit des Personals im Kundendienst muss verstärkt in den Mittelpunkt der Arbeit der Kfz-Betriebe gerückt werden. Künftig können nur diejenigen Betriebe im Wettbewerb bestehen, die als Werkstatt absolute Kundenorientierung und optimalen Service bieten. Sucht ein Kunde oder eine Kundin den Kontakt zum Betrieb, um Wartungs- oder Reparaturarbeiten am Fahrzeug vornehmen zu lassen, wird der Kundendienstberater oder die Kundendienstberaterin sofort alle Einzelheiten besprechen. Gemeinsam mit der Kundschaft wird der Auftrag geplant, danach die Fahrzeugannahme durchgeführt, die Auftragsdurchführung überwacht und der Kundschaft das Fahrzeug mit entsprechender Rechnungserläuterung wieder übergeben.

Die Anzahl der durchgeführten Wartungsarbeiten ist abhängig von den Vorschriften und Empfehlungen der Fahrzeughersteller. Die Empfehlungen der Hersteller werden im Allgemeinen als Wartungs-Soll bezeichnet, deren Intervalle nach Fahrleistung oder Zeiten festgelegt sind. Wesentlichen Einfluss auf das notwendige Wartungs-Soll hat der ständig zunehmende Anteil der Fahrzeuge mit verlängerten Wartungsintervallen.

Die Häufigkeit der durchgeführten Arbeiten und die Wahl der Werkstatt hängen von verschiedenen Faktoren ab. Es ist zu unterscheiden, ob es sich um ein Neufahrzeug oder um ein Gebrauchtfahrzeug handelt. Ein weiterer Unterschied ergibt sich durch die Art der Wartung oder Reparatur: Handelt es sich um eine turnusmäßige Inspektion, um eine Verschleiß- oder um eine Unfallreparatur? Trotz eines ständig ansteigenden Bestandswachstums an Kraftfahrzeugen ist ein leichter Rückgang an Wartungs- und Reparaturarbeiten zu verzeichnen. Fahrzeuginterne Systeme werden zukünftig sofort notwendige Wartungen signalisieren.

Die Fahrzeugtechnik wird durch mehr Elektronik komplizierter. Die Fahrzeughalter und -halterinnen werden dadurch gezwungen, Wartungsarbeiten in Fachwerkstätten ausführen zu lassen. Der Anteil der Eigenarbeit oder der Hilfe durch Bekannte wird demzufolge weiter abnehmen.

Der Schlüssel für den Kundendienst an modernen Fahrzeugen ist die in die Systeme integrierte **Eigendiagnose**. Keine freie Werkstatt kann sich alle notwendigen Diagnosegeräte anschaffen. Allgemein kann davon ausgegangen werden, dass besonders bei Gebrauchsgegenständen und Investitionsgütern die Serviceleistungen im Wettbewerb um die Kundschaft weiter an Bedeutung gewinnen.

Der technische Kundendienst im Autohaus umfasst dabei folgende Aufgaben und Maßnahmen:

Aufgaben	Maßnahmen
Das Fahrzeug in Gebrauch nehmen	1. Gebrauchsanleitung, -anweisung 2. Ablieferungsinspektion, Sondereinbauten 3. Fahrzeugübergabe
Das Fahrzeug funktionsfähig erhalten	4. Inspektion, Wartung 5. Reparatur 6. Ersatzteildienst 7. Fremdleistungen 8. Notdienst
Das Fahrzeug umweltschonend entsorgen	9. Entsorgung, Recycling

1.2 Qualitätssicherung als Voraussetzung zur Erreichung der Kundenzufriedenheit

EINSTIEGSSITUATION

Nora und Carl unterhalten sich. „Sag mal, Carl, was hat eigentlich die Qualitätssicherung mit der Kundenzufriedenheit zu tun?“, fragt Nora. „Also, das ich weiß auch nicht so genau“, antwortet Carl.

Klären Sie die beiden auf.

1.2.1 Der Qualitätsbegriff

Der Begriff „Qualität“ wird im Handwerk und auf Kundenseite sehr unterschiedlich interpretiert. Sprechen Kunden und Kundinnen von Qualität, dann meinen sie „gute Qualität“. Sie möchten also mit der gekauften Ware oder Dienstleistung zufrieden sein. Oft reicht schon ein Gütesiegel, z. B. „Markenqualität“, aus, um sich für den Kauf zu entscheiden.

Im Handwerk wird unter Qualität die Auswahl der richtigen Teile oder Werkstoffe, die Verwendung geeigneter Mess- und Prüfmittel und die fachgerechte Verarbeitung verstanden. Kfz-Fachleute sind an viele Vorgaben der Herstellerfirmen zur Qualitätssicherung gebunden. Zwischen „Qualitätssicherung“ und „Verkehrs- und Betriebssicherheit“ der Fahrzeuge besteht ein direkter Zusammenhang. Der Themenbereich „Verkehrs- und Betriebssicherheit“ wird in diesem Kapitel genau erläutert.

Alle im Kundendienst Tätigen müssen sowohl auf die Qualität ihrer Arbeit als auch auf die Qualität ihrer verwendeten Werkzeuge und Materialien achten. Die Qualität eines Erzeugnisses kann unterschiedlich bewertet werden. Es eignen sich verschiedene Mess- und Prüfverfahren, mit denen die Beschaffenheit der Erzeugnisse festzustellen und zu bewerten ist.

Wurde das Erzeugnis innerhalb einer vorgegebenen Toleranz gefertigt, dann entspricht es objektiv der geforderten Qualitätsnorm (objektive Qualität). Bewertet man ein Erzeugnis ausschließlich mit seinen Sinnen und stellt dabei fest, dass es sich für den gewünschten Verwendungszweck eignet, dann spricht man von „subjektiver Qualität“.

Qualität ist alles, was die Wünsche, Erwartungen und Anforderungen der Kundschaft erfüllt und deren Zufriedenheit bewirkt.

Kunden und Kundinnen können sehr schnell die Qualität einer Dienstleistung an folgenden Merkmalen erkennen:

- Art und Weise der Problemerkennung, also daran, wie fachlich kompetent und schnell das Problem erkannt wird

- Auswahl von Verfahren zur Problemlösung, Angebot von Alternativen und Entscheidungshilfen
- Organisation des Arbeits- und Handlungsablaufes
- Ergebnisqualität, die sich in der Verfügbarkeit des Erzeugnisses über einen langen Zeitraum zeigt

1.2.2 Das Qualitätsmanagement zur Qualitätssicherung

Die **Qualitätssicherung** ist die notwendige Grundlage und Voraussetzung zur Auftragserteilung. Die geforderte Qualität von Waren und Dienstleistungen kann nur mit einem **Qualitätssicherungssystem** erreicht werden. Aus der Forderung nach hochwertigen Waren und Dienstleistungen haben sich in allen Ländern **Qualitätsnormen** entwickelt, die mit fortschreitender Globalisierung zu internationalen Normen zusammengefasst wurden.

Die in Deutschland entwickelten **deutschen Industrienormen (DIN)** und die **Europäischen Normen (EN)** wurden mit den **internationalen Normen (ISO)** zur Normenreihe **DIN EN ISO 9000 bis 9004** zusammengefasst.

Viele Kfz-Betriebe lassen sich nach der Normreihe DIN EN ISO 9000–9004 zertifizieren, erfüllen somit die hohen internationalen Standards und erlangen gegenüber der Kundschaft in ihrer Region einen entscheidenden Wettbewerbsvorteil.

Weltweit entwickelten sich viele **Qualitätssicherungssysteme (QS-Systeme)**. Alle Normen und Systeme zur Qualitätssicherung bilden die Grundlage für den Aufbau eines **Qualitätsmanagement-Systems (QM-System)**.

Gaben Handwerker um 1900 gegenüber ihrer Kundschaft lediglich ein mündliches Qualitätsversprechen ab, so verpflichten sich heute alle im Qualitätsmanagement Beschäftigten zur ständigen Verbesserung der Produkt- und Dienstleistungsqualität ihres Betriebes.

Das Qualitätsmanagement organisiert sich in drei Zeitebenen:

- rückschauendes Qualitätsmanagement
- zeitgleiches Qualitätsmanagement
- vorausschauendes Qualitätsmanagement

Die Ergebnisse des zurückliegenden Zeitraums werden analysiert und daraus Informationen für zukünftige Arbeitsanweisungen gewonnen.

Im zeitgleichen Qualitätsmanagementsystem werden die Mitarbeiterteams schon in der Vorbereitungsphase einer Dienstleistung vom Management unterstützt und in der Durchführungsphase von erfahrenen Meistern und Sachverständigen zur Qualitätsverbesserung begleitet.

Qualitätsmanagement bedeutet, Fehler frühzeitig zu erkennen und sofort auf Fehler zu reagieren.

Eine wesentliche Voraussetzung für das Qualitätsmanagementsystem ist ein gut funktionierendes Informationssystem. Jede Arbeitskraft muss sich als wichtiges Bindeglied in einem Team begreifen, das seine Aufgaben nur dann in sehr guter Qualität erfüllen kann, wenn erkannte Abweichungen vom Sollwert sofort der Teamleitung gemeldet werden. Umgekehrt müssen alle Arbeitskräfte über vorgesehene Änderungen sofort informiert werden.

1.2.3 Die Gruppenfreistellungsverordnung als Voraussetzung für Kundenzufriedenheit

Am 31.05.2010 hat die EU-Kommission die neue Gruppenfreistellungsverordnung (GVO) sowie die dazugehörigen Leitlinien erlassen. Die neue Vertikal-GVO gilt uneingeschränkt seit dem 01.06.2010 für den Vertrieb von Ersatzteilen sowie für Reparatur- und Wartungsdienstleistungen und soll insbesondere dem wachsenden Internethandel Rechnung tragen. Vertriebshändler können ihre Produkte auch über ihre Webseiten anbieten. Für selektive Vertriebssysteme bedeutet dies, dass der Hersteller seinen Vertragshändlern keine Mengenbeschränkungen oder Preisvorgaben im Onlinegeschäft auferlegen kann.

Mit der neuen GVO möchte die EU-Kommission die Verbraucher und Verbraucherinnen vor überhöhten Reparaturkosten schützen, da im Aftersales-Markt der Wettbewerb weniger intensiv ist. Ein weiteres Ziel ist es, vor allem vom Kfz-Hersteller unabhängige Reparatur- und Wartungsbetriebe beim Zugang zu Ersatzteilen und technischen Informationen zu unterstützen. Dies stärkt den Wettbewerb zwischen den Werkstätten. Selbstverständlich kann der Kfz-Hersteller verlangen, dass Reparaturen, die unter die Gewährleistung fallen, nur von Vertragswerkstätten vorgenommen werden. Alle zugelassenen Reparatur- und Wartungsbetriebe können kostenlos die notwendigen technischen Informationen bekommen.

Der kostenlose Zugang zu technischen Informationen sollte folgenden Umfang haben:

- Updates der Parameter und Software
- Fehlercodetabellen
- Daten zur Kfz-Identifizierung und Diagnose
- Informationen zu Instandsetzung, Wartung, Arbeitslösungen, Rückrufaktionen und Problemen an den Fahrzeugmodellen
- Ersatzteilkatalog

Durch den Zugang zu technischen Informationen werden auch die unabhängigen Reparatur- und Wartungsbetriebe autorisiert, qualitativ hochwertige Instandsetzungs- und Wartungsdienstleistungen nach den Vorgaben des Herstellers vorzunehmen. Vereinbarungen zwischen Kfz-Herstellern und zugelassenen Werkstätten unterliegen nur noch dann der Gruppenfreistellung, wenn sie einen Marktanteil von mehr als 30 % haben. Dies entspricht dem allgemeinen Rechtsrahmen der Gruppenfreistellungsverordnung Nr. 330 vom 20.04.2010 für vertikale Beschränkungen.

Die Vertikal-GVO legt fest, welche Wettbewerbsbeschränkungen in Vertriebsverträgen zulässig sind. Beim Abschluss von Vertriebsverträgen müssen sich die Hersteller zwischen einem exklusiven und einem selektiven Vertrieb entscheiden. Beim selektiven Vertrieb lässt der

Hersteller dem Händler nur eine bestimmte Anzahl von Produkten zum Vertrieb zu. Er kann auch nur die Händler auswählen, die seinem Qualitätsstandard entsprechen (qualitative Selektion).

Beim exklusiven Vertrieb vergibt der Hersteller seinem ausgewählten Händler das Alleinvertriebsrecht in einem abgegrenzten Gebiet. Außerhalb dieses Gebietes darf der Exklusivhändler nicht aktiv werben und verkaufen. Dieses Recht steht dem Selektivhändler jederzeit zu. Er kann in der gesamten Europäischen Union für seine Produkte werben und aktiv verkaufen. Bedingung ist nur, dass er die allgemeinen Regeln der Vertikal-GVO beachtet.

Es wird z. B. geregelt, dass Vereinbarungen nur gruppenfreigestellt werden, wenn die Marktanteilsschwelle von 30 % nicht überschritten wird und keine Kernbeschränkungen der Kfz-GVO enthalten sind. Kernbeschränkungen sind:

- Beschränkungen von Mitgliedern eines selektiven Vertriebssystems beim Verkauf von Ersatzteilen, Instandsetzungsgeräten, Diagnosegeräten und Ausrüstungsgegenständen an unabhängige Werkstätten
- Beschränkungen des Verkaufs von Originalersatzteilen durch zugelassene Werkstätten an unabhängige Werkstätten
- Beschränkungen der Möglichkeit unabhängiger Ersatzteilhersteller, zugelassene oder unabhängige Werkstätten zu beliefern
- Beschränkungen der Möglichkeiten von Ersatzteilherstellern, ihr Waren- oder Firmenzeichen auf ihren Produkten anzubringen

Werden technische Informationen von Herstellern vorenthalten, finden die Bestimmungen des Vertrags über die Arbeitsweise der Europäischen Union (AEUV) Anwendung. Der Artikel 101 enthält ausführliche Erläuterungen zu dem Begriff „technische Information“ und sichert den Zugang zu diesen Informationen für Fahrzeugmodelle, die seit dem 01.09.2009 die Typengenehmigung erhalten haben.

Der neue Rechtsrahmen schützt den grenzüberschreitenden Handel im gleichen Umfang wie bisher gültige Regeln. Verbraucher und Verbraucherinnen haben das uneingeschränkte Recht, Preisunterschiede zwischen den Händlern zu nutzen.

1.2.4 Die Zertifizierung des Kfz-Betriebes zur Verbesserung der Kundenwerbung

Der Kampf um die Kundschaft wird also immer stärker durch professionellen Service mit hohen Qualitätsstandards entschieden.

Mit zunehmender technischer Entwicklung der Fahrzeuge wählen Kundinnen und Kunden immer häufiger ihre Werkstatt nach zertifizierten Qualitätsstandards aus. Auskunft darüber, welche Leistungen in einem Kfz-Betrieb angeboten werden, geben Qualitätssiegel und Zertifikate, die sichtbar im Außenbereich der Werkstätten angebracht werden. Qualitätssiegel werden von Prüforganisationen (z. B. DEKRA – Qualitätssiegel der SELECT AG, TÜV Rheinland – geprüfte Werkstattqualität) nach bestandener Betriebsprüfung erteilt.

Zertifikate werden vergeben, wenn Mechaniker/-innen bzw. Mechatroniker/-innen oder Meister/-innen an einer Schulung zu verschiedenen Fahrzeugbauteilen bzw. Systemen teilgenommen und ihre Befähigung in einer Kenntnisprüfung nachgewiesen haben. Zertifikate werden z. B. zur Einhaltung des Umweltschutzes im Betrieb, zum Klimaanlagenservice oder zum Umgang mit Airbags und Gurtstraffern erteilt. Wird die Werkstatt von einem Kfz-Meister oder einer Kfz-Meisterin geführt, kann der Betrieb das Zertifikat „Meisterbetrieb“ erhalten.

1.3 Kundengewinnung – Ziel des Kundendienstes

EINSTIEGSSITUATION

Nora und Carl betrachten ein Foto aus einer Fachzeitschrift. „Dialogmarketing, Kundengewinnung und Kundenbindung?! Was ist das eigentlich, und warum macht man das?“, fragt Nora Carl. „Naja, ich denke, damit unser Unternehmen ‚überleben‘ kann. Vielleicht fragen wir mal bei Herrn Köppel nach und er erklärt uns die Zusammenhänge“, antwortet Carl.

Geben Sie eine Antwort auf die Frage und halten Sie Ihre Erkenntnisse zum Themenbereich „Kundengewinnung“ in einer Mindmap fest.

Der Kampf um die Kundschaft wird immer härter geführt. Dienstleistungen werden nicht nur regional, sondern verstärkt überregional angeboten. Kundinnen und Kunden können am Computer oder mit ihrem Smartphone ihre Werkstatt auswählen, Reparaturdaten eingeben und Kostenvoranschläge mit Festpreisgarantie berechnen lassen. Außerdem können sie ihre Erfahrungen im Netz weitergeben. Werkstätten müssen sich dieser Herausforderung stellen und selbst aktiv ihre Leistungen im Internet und in den sozialen Medien anbieten. Ein konsequentes kundenorientiertes Denken und Handeln ist Garant für zukünftige Erfolge der Kfz-Betriebe.

1.3.1 Kundenarten

Jeder Handwerksbetrieb ist daran interessiert, möglichst viel Stammkundschaft zu haben. Ziel ist es, eine langfristige Kundenbeziehung aufzubauen. Es entwickeln sich Partnerschaften, von der beide Seiten profitieren. Kunden und Kundinnen eines Kfz-Betriebes kann man grob in drei Gruppen einteilen:

- Privatkundschaft
- Gewerbekundschaft
- Kommunalkundschaft

Alle Kunden und Kundinnen werden unter der jeweiligen Gruppe in einer Kundendatei erfasst. In dieser Datei können weitere Informationen vertraulich gespeichert und mit einem Passwort geschützt werden. Da es sich hier um sehr sensible und vertrauliche Daten handelt, dürfen diese Dateien nur von den Arbeitskräften geöffnet und bearbeitet werden, die von der Geschäftsleitung dazu autorisiert wurden.

Privatkundschaft

Beim Erfassen von Informationen über Privatkunden und -kundinnen ist es sinnvoll, neben den allgemeinen Angaben (Kontaktdaten) auch Informationen über das Lebensalter, die familiäre Situation, Beruf und Arbeitsplatz, das Kaufverhalten und die finanzielle Situation festzuhalten. Dies hat den Vorteil, dass auf persönliche oder familiäre Höhepunkte angemessen reagiert und auch zielgerichtet Angebote versendet werden können.

Eine gut aufgebaute Kundendatei bildet die Basis für ein kundenorientiertes Denken und Handeln.

Gewerbekundschaft

Dies sind Unternehmen, die Waren oder Dienstleistungen einkaufen, sie verändern, im eigenen Betrieb nutzen oder unverändert weiter verkaufen. Kfz-Betriebe entwickeln für Gewerbekunden Marketingstrategien mit dem Ziel, möglichst alle Geschäftsfelder abzudecken: vom Neuwagenverkauf über Wartung und Reparatur bis hin zum Gebrauchtwagenverkauf. Es wird ein sogenanntes Flottenmanagement entwickelt, mit dem Vorteil, die Mobilität für das Geschäft des Gewerbekunden ständig zu sichern. Alle Kundendaten werden auch hier ähnlich der Privatkundendatei erfasst.

Kommunalkundschaft

Unter dem Begriff Kommunalkunden sind öffentliche Institutionen zusammengefasst, die Waren oder Dienstleistungen eines Betriebes in Anspruch nehmen. Sie können in Städten, Gemeinden, Landkreisen oder in der gesamten Bundesrepublik tätig sein. Kommunalkunden unterliegen den Festlegungen von öffentlichen Haushalten. Die Vergabe von Mitteln für Investitionen erfolgt im Rahmen von Ausschreibungen. Die Vergabe von Aufträgen erfolgt auf Grundlage der Vergabe- und Vertragsordnung für Leistungen (VOL). Die VOL verlangt von den Kommunalkunden eine verantwortungsbewusste Prüfung und Wertung aller Angebote. Angebote werden öffentlich ausgeschrieben, versiegelt übergeben und im Beisein aller Bieter geöffnet (Submission). Eine Kommission entscheidet dann darüber, welches Angebot angenommen wird.

1.3.2 Kundenberatung

Nicht selten kommen Kunden oder Kundinnen in das Autohaus bzw. dessen Werkstatt und schildern dem entsprechenden Fachpersonal ein Problem mit ihrem Fahrzeug, wissen aber nicht, wie dieses Problem gelöst werden kann und welche Kosten es verursacht. Nach einer ersten Sichtkontrolle, verbunden mit einer Probefahrt, kann der Fehler nicht lokalisiert werden. Eine umfangreiche Fehlerdiagnose wird erforderlich. Nach erfolgter Diagnose wird der Kundschaft eine Beratung zur Lösung des Problems an ihrem Fahrzeug angeboten und sie wird über mögliche Kosten zur Fehlerbeseitigung informiert. Die genauen Abläufe einer Auftragsannahme bzw. der Auftragsbearbeitung werden in den nachfolgenden Kapiteln ausführlich erläutert.

Die hier gewählte Form der **direkten Beratung** im Betrieb hat den Vorteil, dass eine optimale Fehlerdiagnose am Fahrzeug erfolgen kann, die Kundschaft einen Überblick über die Möglichkeiten und Kompetenz des Autohauses erfährt, und auch die Atmosphäre und der Umgangston der Betriebsangehörigen bekannt sind. Diese Form der direkten Beratung im Betrieb kann von allen Beschäftigten in der Werkstatt angewendet werden.

Neben dieser Form gibt es noch die **Telefonberatung** und die Beratung **direkt bei der Kundschaft oder in deren Unternehmen**, die vorrangig bei Geschäftskunden praktiziert wird.

Auch weitere Serviceleistungen sind durch Kundenberater und -beraterinnen möglich. Diese können beispielsweise in einer Notsituation (Unfall, Panne usw.) einen Pannendienst informieren, der den Kunden bzw. die Kundin unterstützt und ggf. an den Ort der Panne oder des Unfalls kommt.

Digitale Kommunikation

Neben der klassischen persönlichen und telefonischen Beratung nehmen digitale Kommunikationskanäle wie Onlinechats und Terminbuchungs-Apps eine immer wichtigere Rolle ein. Diese ermöglichen den Kundinnen und Kunden eine schnelle und flexible Terminvereinbarung sowie die direkte Klärung von Fragen in Echtzeit. Die Integration solcher Systeme verbessert die Kundenerfahrung und trägt zur Erhöhung der Kundenzufriedenheit bei.

Umgang mit Kundendaten gem. DSGVO

Seit der Einführung der Datenschutz-Grundverordnung (DSGVO) in der EU im Jahr 2018 haben sich die Anforderungen an den Umgang mit Kundendaten verschärft. Dies hat auch Auswirkungen auf die Kundenberatung und die Autohäuser/Hersteller.

Der Schutz personenbezogener Daten ist demnach eine zentrale Herausforderung in der Kundenbetreuung. Im Rahmen der Datenschutz-Grundverordnung müssen alle Mitarbeiterinnen und Mitarbeiter sicherstellen, dass die Erhebung, Speicherung und Verarbeitung von

Kundendaten nur mit der ausdrücklichen Zustimmung des Kunden bzw. der Kundin erfolgt. Alle Systeme müssen entsprechend den gesetzlichen Vorgaben gesichert sein, um den Datenschutz zu gewährleisten.

1.3.3 Kundenorientierung und Kundenzufriedenheit

Kundenorientiertes Denken und Handeln heißt, dass das Fachpersonal sein Denken und Handeln voll auf die Kundschaft und ihre Bedürfnisse ausrichtet. Dazu ist eine umfangreiche Informationsbeschaffung über die Wünsche der Kundschaft notwendig. Zunächst kann man sich direkt von dort Informationen beschaffen. Jeder Kontakt mit der Kundschaft wird genutzt, um diese im Kundengespräch zu ihren Wünschen zu befragen. Kritische Äußerungen werden dankbar aufgenommen.

Fahrzeughersteller führen intern Kundenbefragungen und Betriebsvergleiche durch und senden die Auswertung an die Autohäuser. Diese Information können ebenfalls zur Kundenorientierung herangezogen werden.

Eine Möglichkeit der Informationsbeschaffung sind und bieten die sozialen Netzwerke. In diesen erscheinen Kundenbewertungen aller Art in Form von *Likes*, Kommentaren usw. und können von den Autohäusern ausgewertet und verwendet werden (natürlich unter Berücksichtigung der datenschutzrechtlichen Bestimmungen).

Auch öffentliche Berichte, wie z. B. Statistiken des Kraftfahrtbundesamtes, des Zentralverbandes Deutsches Kraftfahrzeuggewerbe e. V. (ZDK), des DAT-Reports sowie der Fachpresse, bieten zahlreiche Hinweise und Informationen. Da die Kunden und Kundinnen sehr unterschiedliche Interessen und Ansprüche an Kfz-Betriebe haben, sind diese durch eine gute und fachgerechte Arbeit, eine herausragende Arbeitsorganisation, ein gutes Preis-Leistungs-Verhältnis und eine angenehme Atmosphäre zu begeistern.

Kundenzufriedenheit kann nur entstehen, wenn die Qualität der ausgeführten Arbeiten und der Service den Erwartungen der Kunden und Kundinnen entsprechen.

Beispiel

Matti Köppels Betriebsmotto lautet: „Die Kundenzufriedenheit muss unser höchstes Ziel sein, da nur zufriedene Kundinnen und Kunden wiederkommen und unseren Betrieb weiterempfehlen!“

Das Ziel aller betrieblichen Maßnahmen ist es, durch die Kundenzufriedenheit eine langfristige Kundenbindung zu erreichen.

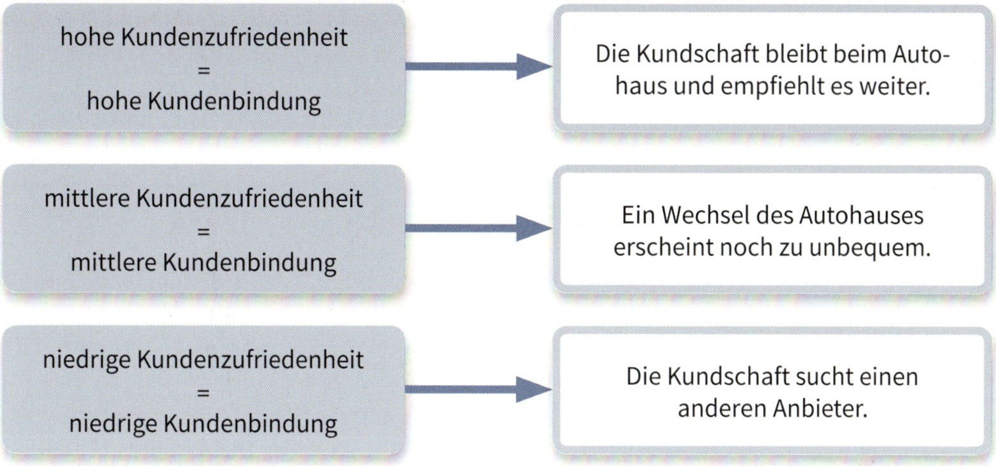

Kundenzufriedenheit und Kundenbindung

Durch eine langfristige Kundenbindung kann das Unternehmen auch langfristig mit guten Umsätzen rechnen. Die Kundenbindung ist aber ständig zu verstärken, um so eine lange Kundenbeziehung zu erreichen. Dies gelingt z. B. über neue Angebote und Servicekonzepte.

Beispiele

Servicekonzepte:
- spezielle Programme für Privat-, Gewerbe- und Kommunalkunden
- Anbieten von Komplettpaketen, z. B. Verkauf, Wartung, Reparatur, Versicherungen und Leasing
- Garantie und Kulanz
- Mobilitätsgarantie
- Hol- und Bring-Service
- Werbung, Werbeprogramme

1.3.4 Kundenbefragung

Ein weiteres Mittel zur Erforschung der Kundenzufriedenheit ist die gezielte Kundenbefragung. Zunächst stellt sich die Frage, welche Methode zur Datenerfassung genutzt werden soll. In der Marktforschung werden zwei Forschungsmethoden unterschieden: die Primär- und die Sekundärforschung. Bei der Sekundärforschung werden keine neuen Daten erhoben, sondern vorhandene Daten gesammelt und aufbereitet. Diese Daten können dann zur Entwicklung von betrieblichen Marketingkonzepten herangezogen werden.

Bei der Primärforschung werden eigene Daten direkt am Entstehungsort erhoben, meist durch Befragungen oder Beobachtungen. Es gibt zwei Arten der Datenerhebung, nämlich die Vollerhebung und die Teilerhebung.

Bei der **Vollerhebung** muss die Grundgesamtheit vollständig untersucht werden, z. B. alle Personen, die Kunde oder Kundin in einem Autohaus sind, werden in die Befragung einbezogen. Das ist natürlich sehr aufwendig und auch kaum zu realisieren.

Bei der **Teilerhebung** werden nur Teile einer Grundgesamtheit berücksichtigt. Wesentliche Vorteile der Teilerhebung sind die geringen Kosten, der kürzere Erhebungs- und Auswertungszeitraum und die größere Anwendungsbreite. Ein Vorteil ist auch, dass eine Vorauswahl dahin gehend getroffen wird, dass Probanden und Probandinnen ausgewählt werden können, die einer bestimmten Struktur entsprechen. Werden die zu befragenden Personen zufällig ausgewählt, handelt es sich um eine **Zufallsstichprobe**, oder kurz **Stichprobe**.

Beispiel

Am „Tag der offenen Tür" präsentiert das Autohaus Köppel das neue Konzept zur Fahrzeugannahme und Diagnose. Ein Fragebogen zu diesem Konzept wird an alle interessierten Besucher und Besucherinnen ausgeteilt, die Antworten werden dann später ausgewertet und verarbeitet.

Von einer **nichtzufälligen Auswahl** spricht man, wenn die Auswahl dem subjektiven Ermessen der Erhebenden überlassen wird. Wenn z. B. eine Straßenumfrage durchgeführt wird, ist es unmöglich, einen repräsentativen Durchschnitt zu ermitteln, denn alle beliebig vorbeikommenden Passanten und Passantinnen können befragt werden.

mündlUnabhängig vom ausgewählten Erhebungstyp existieren verschiedene Methoden zur Ermittlung des Datenmaterials. Zu den wichtigsten gehören:

- mündliche Befragung (Interview)
- schriftliche Befragung (Fragebogen)
- Beobachtung
- Experiment

Diese Methoden gehören zu den primärstatistischen Erhebungen. Sie können alle genutzt werden, haben aber Vor- und Nachteile. Der Aufwand zur Führung eines Interviews und die darauffolgende Auswertung sind sehr arbeits- und kostenintensiv. Wesentlich einfacher sind Fragebögen mit einem festen Frage- und Antwortschema zu gestalten. Diese haben den Vorteil, dass relativ große Gruppen befragt werden können und durch eine schnelle Auswertung auch schnell Ergebnisse vorliegen. Das Unternehmen kann Entwicklungstendenzen erkennen und sofort auf Fehlentwicklungen reagieren. Positive und negative Erfahrungen in der Zusammenarbeit mit dem jeweiligen Betrieb können durch entsprechende Fragetechniken erforscht werden.

Beispiel eines Fragebogens

Kundenbefragung zur Ermittlung der Kundenzufriedenheit			
Bitte entscheiden Sie sich mit Ihrem Kreuz jeweils nur für eine Antwort!			
Bewerten Sie unser Serviceteam	☺	😐	☹
Höflichkeit des Fachpersonals			
Pünktlichkeit des Fachpersonals			
Verhalten des Fachpersonals			
Vertrauen zum Fachpersonal			
Kompetenz des Fachpersonals			
Wünsche und Erwartungen werden erfüllt			
Sauberkeit des Fahrzeugs bei Rückgabe			
Service- und Dienstleistungsangebote			
Erreichbarkeit des Betriebes			

Mittlerweile führen viele Unternehmen ihre Umfragen nicht mehr selbst durch, sondern beauftragen entsprechende Firmen, die diese Dienstleistung für sie übernehmen. Dem Autohaus werden dann nur die Auswertungsergebnisse zur Verfügung gestellt.

1.3.5 Kundenstruktur und Kundenattraktivität für den Betrieb

Für den wirtschaftlichen Erfolg eines Betriebes ist es sehr wichtig, die Bedeutung der Kundschaft für das Unternehmen richtig einzuschätzen. Diese Einschätzung dient dem Zweck, auf die Kundschaft zugeschnittene Maßnahmen zu planen. Den Kundinnen und Kunden wird z. B. ein Angebot für eine umfangreiche Serviceleistung zu einem günstigen Preis unterbreitet. Der Betrieb verfolgt das Ziel, die Kundenzufriedenheit zu verbessern und den Kundenstatus zu verändern. Aus Laufkundschaft, die nur gelegentlich den Betrieb aufsucht, kann so Dauerkundschaft werden.

Die Kundenstruktur eines Kfz-Betriebes ist sehr vielfältig und kann in verschiedenen Gruppen zusammengefasst werden. Allgemein wird die Kundschaft in Neu- und Stammkundschaft gegliedert. Weitere Unterscheidungsmerkmale sind Laufkundschaft, Dauerkundschaft, Großkundschaft oder auch Mitnahmekundschaft, die z. B. nur Sonderangebote des Betriebes nutzt.

Kunden und Kundinnen sind in ihrem Kauf- und Zahlungsverhalten sehr unterschiedlich. Die Aufgabe des Fachpersonals besteht darin, seine Kundschaft nach der Attraktivität für den

Betrieb einzuschätzen, z. B.: „Welchen Umsatz kann ich bei diesem Kunden oder dieser Kundin erreichen? Werden Rechnungen pünktlich bezahlt oder mussten Mahnungen verschickt werden?“

Daher wird die Kundschaft häufig nach dem zu erwartenden Umsatz in sogenannte A-, B- oder C-Kunden eingeteilt. Die Betriebe legen die Umsatzerwartungen in den einzelnen Gruppen fest. Bei A-Kunden werden Umsätze über 70 % erwartet, bei B-Kunden ca. 20 % und bei C-Kunden ca. 10 %. Innerhalb dieser Gruppen werden nun ganz gezielt Maßnahmen geplant. So kann eine gezielte Werbung erfolgen oder die Betreuung verstärkt werden.

Die Ermittlung der Attraktivität einer Kundin oder eines Kunden für den Betrieb kann auch mit weiteren individuell festgelegten Analysen erfolgen, um Erkenntnisse über die zu erwartenden Kundenkontakte zu erhalten und so eine dauerhafte Kundenbeziehung zu erreichen. Jetzt ist es möglich, auf diese Kundschaft zugeschnittene Auftragsangebote zu verschicken.

Zusammenfassung

- Jeder Mitarbeiter und jede Mitarbeiterin des Betriebes ist für den Kundenservice verantwortlich und trägt persönlich dazu bei, dass die Anzahl der begeisterten Kunden und Kundinnen ständig wächst.
- Ein konsequent kundenorientiertes Denken und Handeln ist die wichtigste Voraussetzung für die Kundenzufriedenheit.
- Die permanente Analyse der Kundenzufriedenheit durch Interviews, Beobachtungen und Befragungen sind wichtige Mittel zur Verbesserung der Servicequalität.
- Der Betrieb ist vom Urteil der Kundschaft abhängig und nicht die Kundschaft vom Urteil des Betriebes.
- Ziel des Betriebes ist es, jeder Kundin und jedem Kunden einen kompetenten Service zu bieten.

Aufgaben

1. Sie verschaffen sich einen Überblick über die Aufbauorganisation des technischen Bereiches Ihres Betriebes. Stellen Sie die Struktur des technischen Bereiches in einem Organigramm dar. Fügen Sie alle Mitarbeiterinnen und Mitarbeiter in die Struktur ein und ordnen Sie diese nach Aufgaben und Befugnissen.

2. Analysieren Sie die Aufgaben bei der Kundendienstberatung in Ihrem Betrieb. Vergleichen Sie die Aufgaben mit der Tabelle „Aufgaben bei der Kundendienstberatung“ (siehe S. 23). Stellen Sie fest, ob es Abweichungen gibt.

3. Beurteilen Sie, welche Maßnahmen zur Qualitätssicherung in Ihrem Betrieb geplant und umgesetzt werden. Prüfen Sie ggf. durch Befragungen Ihrer Kolleginnen und Kollegen, ob sich diese Maßnahmen nachhaltig auf die Kundenzufriedenheit ausgewirkt haben.

4. Schildern Sie an einem aktuellen Beispiel, wie Sie in einer Kundenberatung das Problem am Kundenfahrzeug mit dem Kunden oder der Kundin gemeinsam gelöst haben.

5. Sie planen den „Tag der offenen Tür“ und bekommen den Auftrag, eine Befragung zur Kundenzufriedenheit durchzuführen. Entwickeln Sie einen Fragebogen für den Werkstattbereich, der zur Befragung der Kundschaft und des Fachpersonals verwendet werden kann.
   Hinweis: Versuchen Sie eine aktuelle Befragung in Ihrem Betrieb durchzuführen oder teilen Sie Ihre Klasse in Kundschaft und Fachpersonal auf und führen dann die Befragung durch. Danach ordnen Sie die Daten und werten die Ergebnisse aus.

6. Ein Kunde erhält von Ihnen nach umfangreicher Beratung ein Serviceangebot. Nach einer Woche teilt Ihnen der Kunde mit, dass er das Angebot nicht annehmen wird. Reflektieren Sie Ihre eigene Arbeit und suchen nach möglichen Ursachen. Vergleichen Sie Ihr Angebot mit ähnlichen Angeboten der Wettbewerber. Nutzen Sie dazu auch soziale Netzwerke. Überlegen Sie, wie Sie das Vertrauen des Kunden zurückgewinnen können.
   Hinweis: Versuchen Sie, zu dieser Aufgabe einen aktuellen Bezug in Ihrem Betrieb zu finden.

2 Sichtprüfung zur Verkehrs- und Betriebssicherheit von Fahrzeugen durchführen

AUSGANGSSITUATION

In der Tageszeitung ist ein aktueller Bericht zum Thema „Verkehrs- und Betriebssicherheit von Fahrzeugen“ abgedruckt. Nora Köppel findet diesen Artikel sehr interessant und ruft alle Auszubildenden zu sich. Da die Autohaus Köppel GmbH selbst über Firmenfahrzeuge, die Beschäftigten nutzen, sowie Nutzfahrzeuge verfügt, bittet Frau Köppel die Auszubildenden, sich mit diesem Themenbereich auseinanderzusetzen. Die Auszubildenden sollen ihr Wissen in einem Aushang festhalten, der dann am Schwarzen Brett in der Werkstatt angebracht wird.

ARBEITSAUFTRÄGE

1. Informieren Sie sich über Ihren Themenbereich.
2. Erstellen Sie eine Mindmap mit allen wichtigen Informationen und gestalten Sie mit deren Hilfe den Aushang (am PC oder von Hand) für das Schwarze Brett.
3. Veranschaulichen Sie diesen Aushang mit Bildern und/oder Grafiken.
4. Präsentieren Sie Ihre Ergebnisse und diskutieren Sie im Plenum.
5. Üben Sie konstruktives Feedback und nehmen Sie ggf. Änderungen/Ergänzungen am Aushang vor.
6. Nutzen Sie Ihr neu gewonnenes Wissen für die Zukunft.

2.1 Grundlagen

EINSTIEGSSITUATION

Die Auszubildenden Nora und Pascal haben mit dem Arbeitsauftrag von Frau Köppel begonnen. Nora fragt Pascal: „Sag mal, verstehst du diese ganzen Gesetze und den Unterschied zwischen verkehrssicheren und betriebssicheren Fahrzeugen?“ – „Verkehrssicher ist, glaube ich, wenn das Auto zum TÜV muss, aber betriebssicher?! Das verstehe ich auch nicht so ganz“, antwortet Pascal.

Klären Sie die beiden auf.

Nach § 29 Straßenverkehrs-Zulassungs-Ordnung (StVZO) müssen an Fahrzeugen mit eigenen amtlichen Kennzeichen regelmäßige Sicherheitsprüfungen durch amtlich anerkannte Sachverständige oder Prüfer bzw. Prüferinnen für den Kraftfahrzeugverkehr vorgenommen werden, die der Verkehrssicherheit dienen (= **Verkehrssicherheitsprüfungen**).

Straßenverkehrs-Zulassungs-Ordnung (StVZO)
§ 29 Untersuchung der Kraftfahrzeuge und Anhänger

(1) Die Halter von zulassungspflichtigen Fahrzeugen im Sinne des § 3 Absatz 1 der Fahrzeug-Zulassungsverordnung und kennzeichenpflichtigen Fahrzeugen nach § 4 Absatz 2 und 3 Satz 2 der Fahrzeug-Zulassungsverordnung haben ihre Fahrzeuge auf ihre Kosten nach Maßgabe der Anlage VIII in Verbindung mit Anlage VIIIa in regelmäßigen Zeitabständen untersuchen zu lassen. Ausgenommen sind
1. Fahrzeuge mit rotem Kennzeichen nach den §§ 41 und 43 der Fahrzeug-Zulassungsverordnung,
2. Fahrzeuge der Bundeswehr und der Bundespolizei.
Über die Untersuchung der Fahrzeuge der Feuerwehren und des Katastrophenschutzes entscheiden die zuständigen obersten Landesbehörden im Einzelfall oder allgemein.

(2) Der Halter hat den Monat, in dem das Fahrzeug spätestens zur
1. Hauptuntersuchung vorgeführt werden muss, durch eine Prüfplakette nach Anlage IX auf dem Kennzeichen nachzuweisen, es sei denn, es handelt sich um ein Kurzzeitkennzeichen,
2. Sicherheitsprüfung vorgeführt werden muss, durch eine Prüfmarke in Verbindung mit einem SP-Schild nach Anlage IXb nachzuweisen.
Prüfplaketten sind von der nach Landesrecht zuständigen Behörde oder den zur Durchführung von Hauptuntersuchungen berechtigten Personen zuzuteilen und auf dem hinteren amtlichen Kennzeichen dauerhaft und gegen Missbrauch gesichert anzubringen. Prüfmarken sind von der nach Landesrecht zuständigen Behörde zuzuteilen und von dem Halter oder seinem Beauftragten auf dem SP-Schild nach den Vorschriften der Anlage IXb anzubringen oder von den zur Durchführung von Hauptuntersuchungen oder Sicherheitsprüfungen berechtigten Personen zuzuteilen und von diesen nach den Vorschriften der Anlage IXb auf dem SP-Schild anzubringen. SP-Schilder dürfen von der nach Landesrecht zuständigen Behörde, von den zur Durchführung von Hauptuntersuchungen berechtigten Personen, dem Fahrzeughersteller, dem Halter oder seinem Beauftragten nach den Vorschriften der Anlage IXb angebracht werden.

(3) Eine Prüfplakette darf nur dann zugeteilt und angebracht werden, wenn die Vorschriften der Anlage VIII eingehalten sind. Durch die nach durchgeführter Hauptuntersuchung zugeteilte und angebrachte Prüfplakette wird bescheinigt, dass das Fahrzeug zum Zeitpunkt dieser Untersuchung vorschriftsmäßig nach Nummer 1.2 der Anlage VIII ist. Weist das Fahrzeug lediglich geringe Mängel auf, so kann abweichend von Satz 1 die Prüfplakette zugeteilt und angebracht werden, wenn die unverzügliche Beseitigung der Mängel zu erwarten ist.

(4) Eine Prüfmarke darf zugeteilt und angebracht werden, wenn das Fahrzeug nach Abschluss der Sicherheitsprüfung nach Maßgabe der Nummer 1.3 der Anlage VIII keine Mängel aufweist. Die Vorschriften von Nummer 2.6 der Anlage VIII bleiben unberührt.

(5) Der Halter hat dafür zu sorgen, dass sich die nach Absatz 3 angebrachte Prüfplakette und die nach Absatz 4 angebrachte Prüfmarke und das SP-Schild in ordnungsgemäßem Zustand befinden; sie dürfen weder verdeckt noch verschmutzt sein.

(6) Monat und Jahr des Ablaufs der Frist für die nächste
1. Hauptuntersuchung müssen von demjenigen, der die Prüfplakette zugeteilt und angebracht hat,
   a) bei den im üblichen Zulassungsverfahren behandelten Fahrzeugen in der Zulassungsbescheinigung Teil I oder
   b) bei anderen Fahrzeugen auf dem nach § 4 Absatz 5 der Fahrzeug-Zulassungsverordnung mitzuführenden oder aufzubewahrenden Nachweis in Verbindung mit dem Prüfstempel der untersuchenden Stelle oder dem HU-Code und der Kennnummer der untersuchenden Person oder Stelle,

2. Sicherheitsprüfung müssen von demjenigen, der die Prüfmarke zugeteilt hat, im Prüfprotokoll vermerkt werden.

(7) Die Prüfplakette und die Prüfmarke werden mit Ablauf des jeweils angegebenen Monats ungültig. Ihre Gültigkeit verlängert sich um einen Monat, wenn bei der Durchführung der Hauptuntersuchung oder Sicherheitsprüfung Mängel festgestellt werden, die vor der Zuteilung einer neuen Prüfplakette oder Prüfmarke zu beheben sind. Satz 2 gilt auch, wenn bei geringen Mängeln keine Prüfplakette nach Absatz 3 Satz 3 zugeteilt wird, und für Prüfmarken in den Fällen der Anlage VIII Nummer 2.4 Satz 6. Befindet sich an einem Fahrzeug, das mit einer Prüfplakette oder einer Prüfmarke in Verbindung mit einem SP-Schild versehen sein muss, keine gültige Prüfplakette oder keine gültige Prüfmarke, so kann die nach Landesrecht zuständige Behörde für die Zeit bis zur Anbringung der vorgenannten Nachweise den Betrieb des Fahrzeugs im öffentlichen Verkehr untersagen oder beschränken. Die betroffene Person hat das Verbot oder die Beschränkung zu beachten.

(8) Einrichtungen aller Art, die zu Verwechslungen mit der in Anlage IX beschriebenen Prüfplakette oder der in Anlage IXb beschriebenen Prüfmarke in Verbindung mit dem SP-Schild Anlass geben können, dürfen an Kraftfahrzeugen und ihren Anhängern nicht angebracht sein.

(9) Der für die Durchführung von Hauptuntersuchungen oder Sicherheitsprüfungen Verantwortliche hat für Hauptuntersuchungen einen Untersuchungsbericht und für Sicherheitsprüfungen ein Prüfprotokoll nach Maßgabe der Anlage VIII zu erstellen und dem Fahrzeughalter oder seinem Beauftragten auszuhändigen.

(10) Der Halter hat den Untersuchungsbericht mindestens bis zur nächsten Hauptuntersuchung und das Prüfprotokoll mindestens bis zur nächsten Sicherheitsprüfung aufzubewahren. Der Halter oder sein Beauftragter hat den Untersuchungsbericht, bei Fahrzeugen, bei denen nach Nummer 2.1 Anlage VIII eine Sicherheitsprüfung durchzuführen ist, zusammen mit dem Prüfprotokoll, zuständigen Personen und der nach Landesrecht zuständigen Behörde auf deren Anforderung hin, auszuhändigen. Kann der letzte Untersuchungsbericht oder das letzte Prüfprotokoll nicht ausgehändigt werden, hat der Halter auf seine Kosten Zweitschriften von den prüfenden Stellen zu beschaffen oder eine Hauptuntersuchung oder eine Sicherheitsprüfung durchführen zu lassen. Die Sätze 2 und 3 gelten nicht für den Hauptuntersuchungsbericht bei der Fahrzeugzulassung, wenn die Fälligkeit der nächsten Hauptuntersuchung für die Zulassungsbehörde aus einem anderen amtlichen Dokument ersichtlich ist.

Außerdem müssen die Fahrzeuge der Fahrzeug-Zulassungsverordnung (FZV) entsprechen und für den Betrieb auf öffentlichen Straßen zugelassen sein. Durch die Zulassungsbescheinigung wird dies durch die Halterin, den Halter bzw. das Unternehmen, auf das das Fahrzeug zugelassen ist, nachgewiesen. Es gibt jedoch auch Fahrzeuge, die von der Zulassungspflicht befreit sind.

2.2 Arten und Organisation der Fahrzeugprüfung

EINSTIEGSSITUATION

Nora Braun fragt Matti Köppel: „Welche Arten der Fahrzeugprüfung gibt es eigentlich und vor allem welche Organisation?“ Sie erläutern Frau Braun diese.

2.2.1 Unterscheidung: Sichtprüfung der Verkehrssicherheit und Sichtprüfung der Betriebssicherheit

Die Prüfung der Verkehrssicherheit ist, wie oben bereits erläutert, in § 29 StVZO geregelt. Geht es jedoch um die Betriebssicherheit eines Fahrzeugs, ist neben der Verkehrssicherheit zusätzlich zu prüfen, ob die Arbeitssicherheit eines Fahrzeugs gegeben ist, also:

Verkehrssicherheit + Arbeitssicherheit = Betriebssicherheit

Gemäß der DGUV Vorschrift 70 (früher BGV D29) müssen Firmenfahrzeuge einmal im Jahr von Sachkundigen oder einer Fachwerkstatt auf den betriebssicheren Zustand geprüft werden.

Unter Sachkundigen versteht man z. B. die Fachkraft einer technischen Überwachungsorganisation oder eine Fachkraft mit einer **besonderen fachlichen Ausbildung** im Bereich der Fahrzeugtechnik. Außerdem muss diese Person Kenntnisse der Arbeitsschutzvorschriften, Unfallverhütungsvorschriften und sonstigen Regeln der Technik besitzen, um den betriebssicheren Zustand der zu prüfenden Fahrzeuge feststellen bzw. beurteilen zu können.

Verschiedene Unternehmen, wie z. B. die ITC Graf GmbH, bieten Seminare an, also eine besondere fachliche Qualifizierung, in denen sich Personen als „Befähigte Prüfperson“ nach DGUV Vorschrift 70 ausbilden lassen können. Die Kosten hierfür werden in der Regel von den Betrieben, in denen die Fachkräfte beschäftigt sind, getragen.

Hinweis der BG Verkehr zu Fahrzeugen für den innerbetrieblichen Einsatz

Fahrzeuge, die nur für den innerbetrieblichen Einsatz gebaut wurden, unterliegen der Maschinenverordnung (9. ProdSV) und müssen dem Anhang I der Maschinen-Richtlinie 98/37/EG bzw. 2006/42/EG entsprechen. Das bedeutet, dass der Hersteller an jedem Fahrzeug eine CE-Kennzeichnung anbringen und eine EG-Konformitätserklärung mitliefern muss.

An- bzw. aufgebaute Maschinen, wie z. B. Ladekrane und Ladebordwände, fallen ebenfalls in den Anwendungsbereich der Maschinenverordnung (9. ProdSV). Somit muss auch an jeder dieser Maschinen eine CE-Kennzeichnung vorhanden sein und eine EG-Konformitätserklärung mitgeliefert werden.

Quelle: Berufsgenossenschaft Verkehrswirtschaft Post-Logistik Telekommunikation (BG Verkehr) (Hrsg.): Beschaffen und Bereitstellen geeigneter Fahrzeuge. In: https://www.bg-verkehr.de/arbeitssicherheit-gesundheit/branchen/gueterkraftverkehr/arbeitsschutz-organisieren/beschaffen-und-bereitstellen-geeigneter-fahrzeuge [15.11.2024].

Was wird geprüft?

Prüfung der Verkehrssicherheit	Außenschäden • Schäden an der Karosserie • Schäden an der Beleuchtung • Schäden an den Spiegeln • Schäden an der Verglasung • Schäden an Rädern • Schäden an der Abgasanlage Innenschäden • Schäden an Sitzen und Gurten • Schäden an der Lenkung • Schäden an der Instrumententafel 
Prüfung der Arbeitssicherheit (als Teil der Betriebssicherheit)	• Prüfung von beweglichen An- und Aufbauteilen (z. B. Kofferraumdeckel, Motorhaube, Türen) • Prüfung, ob ein Verbandskasten, ein Warndreieck und Warnkleidung (Warnweste) vorhanden sind • Prüfung der Ladungssicherung (Gurte, Ladewanne, Trennnetz) • Prüfung der Anhängerkupplung auf Funktionalität • Prüfung der Haltegriffe
Sichtprüfung der Betriebssicherheit	• Prüfung des Reifenzustandes (Profil, Alter, Größe, Bauart) • Prüfung der Betriebserlaubnis der Anbauteile • Prüfung des Zustandes der Bremsanlage, der Radaufhängung, der Radlager und Stoßdämpfer • Prüfung des Zustandes der Abgasanlage

Was müssen Fahrzeugführer und -führerinnen von Firmenfahrzeugen beachten?

Auch Fahrzeugführer und -führerinnen werden von der Berufsgenossenschaft in die Pflicht genommen, damit Unfälle vermieden werden können. Die DGUV Vorschrift 70 (ehemals BGV D29) beinhaltet Folgendes:

§ 36 Zustandskontrolle, Mängel an Fahrzeugen

(1) Der Fahrzeugführer hat vor Beginn jeder Arbeitsschicht die Wirksamkeit der Betätigungs- und Sicherheitseinrichtungen zu prüfen und während der Arbeitsschicht den Zustand des Fahrzeugs auf augenfällige Mängel hin zu beobachten.

(2) Der Fahrzeugführer hat festgestellte Mängel dem zuständigen Aufsichtführenden, bei Wechsel des Fahrzeugführers auch dem Ablöser, mitzuteilen. Bei Mängeln, die die Betriebssicherheit gefährden, hat der Fahrzeugführer den Betrieb einzustellen.

Quelle: Deutsche Gesetzliche Unfallversicherung e. V. (DGUV) (Hrsg.): DGUV Vorschrift 70 – Fahrzeuge. In: https://publikationen.dguv.de/widgets/pdf/download/article/1125, S. 32 f. [15.11.2024]..

Um dieser Vorschrift gerecht zu werden, kommt in vielen Unternehmen eine „Prüfliste für die Fahrzeugkontrolle zu Beginn einer Arbeitsschicht“ zum Einsatz. Die jeweilige Fachkraft muss mittels dieser Prüfliste das Fahrzeug prüfen und evtl. festgestellte Mängel festhalten. Die Listen werden in einem Ordner aufbewahrt und dienen der Dokumentation.

Beispiel

Vor jeden Arbeitsbeginn müssen die Lagermitarbeiter und -mitarbeiterinnen der Autohaus Köppel GmbH den Zustand der genutzten Gabelstapler überprüfen und diesen in der Prüfliste festhalten. Herr Michaeli sammelt diese Listen in einem Ordner in seinem Büro und nutzt diese als Nachweis für die Berufsgenossenschaft.

Beispiel für die Inhalte der Prüfliste bei der Autohaus Köppel GmbH

Import GmbH

Prüfliste für die Fahrzeugkontrolle vor Beginn der Arbeitsschicht

Beschreibung	Kontrollbemerkungen in Ordnung/nicht in Ordnung (dann Bemerkung)
Beleuchtung vorne und hinten	
Scheinwerfer links (inkl. Fern-, Abblend-, Standlicht)	☐ in Ordnung ☐ nicht in Ordnung: ______________
Scheinwerfer rechts (inkl. Fern-, Abblend-, Standlicht)	☐ in Ordnung ☐ nicht in Ordnung: ______________
Rückfahrscheinwerfer	☐ in Ordnung ☐ nicht in Ordnung: ______________
Bremsleuchten	☐ in Ordnung ☐ nicht in Ordnung: ______________
Schlussleuchten	☐ in Ordnung ☐ nicht in Ordnung: ______________
Räder	
Reifenzustand (Profil, Luftdruck, Schäden)	☐ in Ordnung ☐ nicht in Ordnung: ______________
Felgen, Radmuttern	☐ in Ordnung ☐ nicht in Ordnung: ______________

2.2.2 Prüfungsmethoden

Bei den Prüfmethoden unterscheidet man zwischen der **objektiven** und der **subjektiven** Sichtprüfung. Begriffe aus der Längenprüftechnik werden nach DIN 2257-1 erklärt. Danach ist Prüfen in der Längenprüftechnik das Feststellen, ob ein Prüfgegenstand den geforderten Maßen und der geforderten Gestalt entspricht.

Objektive Prüfung (= variable Merkmale, die geprüft werden)	Subjektive Prüfung (= attributive Prüfung)
Prüfen von Maßen durch Messen (z. B. Reifenprofil)	• Sichtprüfung • Geräuschprüfung • usw.

Wird die Betriebssicherheit geprüft, ist eine **Sicht-, Funktions- und Wirkungsprüfung** vorzunehmen.

2.2.3 Organisation der Fahrzeugprüfung

Sind Fahrzeuge von Kundinnen oder Kunden oder firmeninterne Fahrzeuge zu prüfen, müssen die entsprechenden Arbeiten von geschultem Fachpersonal erledigt werden. Die in der Verkaufsberatung Tätigen können zwar die Kundenfahrzeuge annehmen, dürfen jedoch die Fahrzeugkontrolle nicht durchführen. Daher ist es ratsam, dass die Kundschaft im Vorfeld einen Termin mit der Verkaufsberatung vereinbart. Diese koordiniert dann alles Weitere mit den Mitarbeiterinnen und Mitarbeitern der Werkstatt bzw. mit entsprechenden Kooperationspartnern, die als amtlich anerkannte Sachverständige oder Prüfer bzw. Prüferinnen für den Kraftfahrzeugverkehr berechtigt sind, die Prüfungen vorzunehmen.

Oft übernimmt diese Aufgabe neben der Verkaufsberatung auch eine Mitarbeiterin oder ein Mitarbeiter am „Service-Point".

Beispiel

Vorgehen bei der Autohaus Köppel GmbH
Jeden Montag und Donnerstag kann in der Werkstatt der Autohaus Köppel GmbH in Zusammenarbeit mit einem Gutachter oder einer Gutachterin des TÜV die Prüfung der Verkehrssicherheit von Kundenfahrzeugen erfolgen.

Diese werden am entsprechenden Tag morgens von der Kundschaft abgegeben, die ein Leihfahrzeug erhält, und am Nachmittag werden die Fahrzeuge dann wieder „getauscht". Lästiges Hin- und Herfahren der zu prüfenden Fahrzeuge zwischen der Werkstatt und der Prüfstelle entfällt somit. Die Umwelt wird entlastet und die Autohaus Köppel GmbH spart Arbeitszeit seines Fachpersonals ein und stärkt die Kundenzufriedenheit sowie den Kundenservice.

Zusammenfassung

- Verkehrssicherheitsprüfungen müssen gemäß § 29 Straßenverkehrs-Zulassungs-Ordnung (StVZO) bei Fahrzeugen mit eigenem amtlichen Kennzeichen durchgeführt werden.
- Betriebssicherheit = Arbeitssicherheit + Verkehrssicherheit
- Fahrzeugführer und -führerinnen sind gemäß § 36 DGUV Vorschrift 70 (vormals BGV D29) verpflichtet, das Fahrzeug vor Inbetriebnahme auf etwaige Schäden zu prüfen.

Aufgaben

1. Informieren Sie sich in Ihrem Unternehmen über den Prozess beim Durchführen der Verkehrs- und Betriebssicherheit der Fahrzeuge und halten Sie Ihre Erkenntnisse schriftlich fest.

2. Finden Sie heraus, ob es in Ihrem Unternehmen Prüflisten für die Fahrzeugkontrolle gibt. Bringen Sie diese zur nächsten Unterrichtsstunde mit. Vergleichen Sie Ihre Listen, diskutieren Sie die Inhalte.

3. Entwerfen Sie eine Prüfliste für Ihr Unternehmen mit allen wichtigen Inhalten und stellen Sie diese Ihren Vorgesetzten vor.

4. Beschreiben Sie, wie die Organisation der Fahrzeugprüfung in Ihrem Unternehmen abläuft, und finden Sie ggf. Verbesserungsmöglichkeiten für diesen Prozess. Diskutieren Sie Ihre Ergebnisse im Plenum und nutzen Sie Ihr neu gewonnenes Wissen für die Zukunft.

3 Mechanische, hydraulische, pneumatische sowie elektrische und elektronische Systeme und deren Zusammenwirken in Bezug auf die Auftragsannahme berücksichtigen

AUSGANGSSITUATION

Die Auszubildenden Nora Braun und Pascal Palm sind für einige Zeit in der Auftragsannahme eingesetzt. Damit sie die Kunden- bzw. Werkstattaufträge korrekt annehmen und die zu erledigenden Arbeiten bzw. Termine mit der Werkstatt koordinieren können, sollen sie sich mit dem Themenbereich „Auftragsannahme unter Berücksichtigung verschiedener Gesichtspunkte“ befassen.

Alle Informationen, die sich die beiden aneignen, sollen in einem Handout zusammengefasst werden.

ARBEITSAUFTRÄGE

1. Informieren Sie sich über den genannten Themenbereich.
2. Erstellen Sie ein übersichtliches Handout zum Thema „Auftragsannahme unter Berücksichtigung verschiedener Gesichtspunkte“, das Sie bei Bedarf für Ihre Tätigkeit im Autohaus nutzen können.
3. Präsentieren Sie Ihre Ergebnisse und diskutieren Sie, warum Sie auch in diesem Bereich Fachwissen besitzen müssen.
4. Nutzen Sie Ihr neu gewonnenes Wissen für die Zukunft.

3.1 Grundlagen der Fahrzeugannahme

EINSTIEGSSITUATION

Nora Braun nimmt ein Telefonat an. Der Geschäftskunde Herr Ehni möchte einen Servicetermin vereinbaren, da die ABS-Warnleuchte dauerhaft leuchtet. Frau Braun weist den Kunden sofort darauf hin, dass ein sicherheitsrelevanter Fehler vorliegt und der Kunde unverzüglich vorsichtig zur Werkstatt kommen muss.

Wie können Sie dem Kunden weiterhelfen?

Bei der Kaufentscheidung der Kundschaft spielen optische und sicherheitstechnische Gesichtspunkte eine große Rolle. Aber auch die Kompetenz des Verkaufspersonals und dessen technisches Wissen tragen wesentlich zu einer positiven Kaufentscheidung bei. Fühlen sich die Kunden und Kundinnen gut beraten und bekommen sie alle Fahrzeugmerkmale detailliert und umfassend erläutert, ist das gewählte Modell für sie besser einzuschätzen und sie können abwägen, ob es das passende Fahrzeug für sie ist.

Kundinnen und Kunden Kunden entscheiden sich zum Kauf eines Fahrzeuges, wenn es einen angenehmen Komfort und vor allem eine hohe Sicherheit bietet. Hersteller haben darauf reagiert und bieten Fahrzeuge an, die folgende Sicherheitsstandards bieten:

- Fahrsicherheit,
- Komfort,
- Umweltverträglichkeit.

Unfallstatistiken belegen eindeutig, dass es immer weniger Unfälle mit Todesfolge gibt. Um diese Ziele erreichen zu können, wurden elektronische Systeme entwickelt, die über ein Zentralsteuergerät (Gateway) alle Fahrzeugsysteme miteinander vernetzen. Jedes einzelne elektronische System benötigt ein Steuergerät, dass die notwendigen Stellglieder und Aktoren ansteuert.

Die Datenübertragung erfolgt über sogenannte Bussysteme (elektrische Leitungen) oder moderne Ethernet-basierte Netzwerke, die zur schnellen und sicheren Übertragung von Istzustände zwischen den Steuergeräten eingesetzt werden, wie etwa:

- dem ESP-Steuergerät,
- dem Motorsteuergerät,
- dem Steuergerät der Klimaanlage oder,
- ADAS-Systemen (z. B. Notbremsassistent, Spurhalteassistent).

In Fahrzeugen mit elektrischem Antrieb übernehmen zusätzliche Steuergeräte wie das Batteriemanagementsystem (BMS) wichtige Aufgaben, um die Sicherheit und Effizienz der elektrischen Energieversorgung zu gewährleisten.

Doch nicht nur bei der Verkaufsberatung, sondern auch bei einer **Fahrzeugannahme** muss das Personal bei der Verkaufsberatung über technische Kenntnisse verfügen. Es muss ferner in der Lage sein, aufgrund der Fahrzeughistorie und der Daten aus technischen Unterlagen das Fahrzeug einzuschätzen und den Werkstattauftrag zu organisieren.

Beispiel

Herr Giglione hat mit dem Kunden Herrn Kolz einen Termin vereinbart. Das Fahrzeug von Herrn Kolz soll eine Inspektion erhalten. Damit Herr Giglione den Werkstattauftrag veranlassen kann, wird der Schlüssel des Fahrzeugs ausgelesen. Aus den darauf vorhandenen Daten wird ersichtlich, wann die letzte Inspektion durchgeführt wurde, ob ein Ölwechsel stattgefunden hat, und welche Arbeiten beim letzten Service erledigt wurden.

Heute läuft die Auftragsannahme fast ausschließlich elektronisch ab. Jeder Hersteller arbeitet mit einem speziellen Programm, in dem alle Fahrzeugdaten hinterlegt sind. Die Händler haben auf dieses Programm (Datenbank) Zugriff und können Ergänzungen vornehmen (z. B. Speicherung der Rechnungen für Kundenaufträge) bzw. die gewünschten Daten abrufen.

Beispiel

Die Kundin Frau Dillerle ruft bei dem Auszubildenden Pascal Palm an und möchte einen Kundendiensttermin vereinbaren. Dieser fragt Frau Dillerle nach ihrem Nummernschild und gibt dieses in ein entsprechendes Programm ein. Alternativ könnte Herr Palm auch nach der FIN (Fahrzeug-Identifizierungsnummer) fragen.

Nachdem eine der beiden Eingaben im Programm erfolgt ist, erhält Herr Palm alle Informationen zum Fahrzeug von Frau Dillerle. Er sieht unter anderem die **vollständigen Fahrzeugdaten** (Art des Motors, Getriebes, ggf. nachgerüstete Fahrzeugausstattung usw.), die **Fahrzeughistorie** (Anzahl und Art der Reparaturen durch den Händler bzw. einen Händlerkollegen von Cars Best) und welche **Feldmaßnahmen** für das Fahrzeug vorgesehen sind (z. B. Rückrufaktion für die Maximo-Limousine, 3-türig, weil die Airbags nicht richtig funktionierten).

Auf der Grundlage dieser Daten kann Herr Palm einen Kundendiensttermin vereinbaren. Da natürlich auch die Werkstatt an dem vergebenen Termin Zeit haben muss, ist die Absprache mit der Werkstatt notwendig.

Auch hier hilft das entsprechende Herstellerprogramm weiter. In diesem sind die Zeiten, die für den Kundendienst anfallen dürfen, hinterlegt. Beispielsweise wird die Dauer für einen Ölwechsel vom Hersteller Cars Best mit 150 Zeiteinheiten, also 150 Minuten, angegeben. Diese Zeit muss dann auch in der Werkstatt eingeplant werden. Braucht der Mechaniker oder die Mechanikerin länger für die auszuführende Tätigkeit, werden die zusätzlich benötigten Zeiteinheiten auf einem Minuskonto festgehalten. Diese darf Pascal Palm aber der Kundschaft später **nicht** in Rechnung stellen. Die Mehrkosten trägt in diesem Fall der Händler (ausführlich wird dies in Kapitel 6.4 Lohnabrechnung in der Werkstatt aufgegriffen).

Sind alle Arbeiten erledigt, wird eine Rechnung in der Datenbank abgespeichert (im Bereich Fahrzeughistorie), die natürlich auch die Kundin, Frau Dillerle, erhält. Zusätzlich bekommt sie eine Wartungsliste, auf der die ausgeführten Arbeiten festgehalten wurden.

Beispiel für eine Wartungsliste

Wartungsliste der Autohaus Köppel GmbH			
Auftragsnummer	Verkaufstyp	Kennzeichen	Zulassung
Fahrgestellnummer	MKB	Kilometerstand	Serviceberater
Verkaufstyp	GKB	Modelljahr	Datum

Übergabeinspektion

Was?	i. O./ durchgeführt	nicht i. O.	behoben
Batterie: Batterieklemmen mit der Hand auf festen Sitz prüfen			
Serviceintervall-Anzeige: Ölwechsel Service (flexibel) zurücksetzen			
Uhr und Datum einstellen			
Fahrzeug innen sowie außen auf Sauberkeit prüfen			
Beifahrer-Frontairbag: Schlüsselschaltung und Kontrolle - Off-On-Funktion überprüfen, Schalter auf ON stellen			
Funktionen aller Schalter, elektrischen Verbraucher, Steckdosen, Anzeigen und sonst. Bedienelemente prüfen			
Radbefestigungsschrauben auf vorgeschriebenes Drehmoment nachziehen			
Reifenkontrollanzeige prüfen, ggf. kalibrieren			
...			

Ist ein Fahrzeug noch nicht im Programm hinterlegt, werden die Daten auf der Grundlage des Fahrzeugscheins erfasst.

Was zählt zu den Fahrzeugdaten, zu der Fahrzeughistorie, zu den technischen Unterlagen und den Feldmaßnahmen?

Fahrzeugdaten	Motor, Ausstattung, Farbe, Getriebe, Produktions- und Auslieferdatum usw.
Fahrzeughistorie	Welche Reparaturen wurden bisher an dem Fahrzeug von einem Händler des Herstellers Cars Best vorgenommen? **Beispiel:** Rechnung, Bezeichnung, Auftragsnummer und Rechnungsnummer sind hinter jedem Auftrag genau erfasst und können durch Anklicken geöffnet werden.

Technische Unterlagen	Reparaturleitfäden, Fahrzeugschein **Beispiele:** Diese sind in dem entsprechenden Programm hinterlegt und geben Auskunft, wann und für welches Fahrzeug die entsprechenden Arbeiten zu erledigen sind, z. B. Ölwechsel, Kundendienst. Auch gibt das Programm die Zeitrichtwerte für das Ausführen der Tätigkeiten vor, also z. B.: In welcher Zeit ist der Ölwechsel zu erledigen?
Feldmaßnahmen	Liegen Rückrufaktionen für das entsprechende Fahrzeug vor? **Beispiel:** Auch wenn der Kunde oder die Kundin von der Rückrufaktion keine Kenntnis hat, sieht das Fachpersonal sofort, ob das gewählte Fahrzeug von einer solchen betroffen ist, und welche Arbeiten zu erledigen bzw. welche Teile auszutauschen sind. Die Kundschaft wird dann darüber informiert und die Arbeitszeit entsprechend den Herstellervorgaben eingeplant.

3.2 Das Zusammenwirken von mechanischen, hydraulischen, pneumatischen sowie elektrischen und elektronischen Systemen und Funktionseinheiten bei der Auftragsannahme berücksichtigen

EINSTIEGSSITUATION

Der Geschäftskunde Herr Ehni ruft erneut bei Frau Braun an. Er teilt ihr mit, dass sein Fahrzeug heute Morgen nicht angesprungen ist, und möchte von Frau Braun wissen, womit dies zusammenhängen kann und was er nun tun soll.

Geben Sie dem Kunden eine kompetente Antwort.

Alle Fachkräfte, die für die Auftragsannahme verantwortlich sind, sollten über Kenntnisse des Zusammenwirkens der verschiedenen Fahrzeugsysteme verfügen.

Beispiel

Bei der Maximo-Limousine von Frau Dillerle funktioniert der Bildschirm des Navigationsgerätes nicht. Die Kundin möchte von Herrn Palm wissen, was die Ursache dafür sein kann. Da der Auszubildende das Zusammenspiel der verschiedenen elektronischen Systeme im Fahrzeug der Kundin kennt, teilt er ihr mit, dass für den Defekt **unter Umständen** die verantwortliche Navigationseinheit oder das Steuergerät in Betracht kommen **könnten**. Er weist sie ferner darauf hin, dass die **genaue Diagnose von den Werkstattmitarbeitern gestellt** wird.

Zu den **pneumatisch-hydraulischen** Systemen gehört beispielsweise die Öffnungs- bzw. Schließfunktion des Daches des Spider-Cabrios von Cars Best. Wenn das Dach eines Kundenfahrzeugs nicht mehr öffnet, liegt die Ursache dafür vermutlich in einem Defekt dieses Systems. Moderne Fahrzeuge sind jedoch mit einer Vielzahl von **elektronischen Systemen** ausgestattet, wie z. B. dem Navigationssystem, die über eine zentrale Fahrzeugarchitektur miteinander vernetzt sind.

Möchten Mitarbeitende **Informationen zu den einzelnen Systemen** erhalten, geben sie in dem entsprechenden Datenbank die Fahrzeug-Identifikationsnummer (FIN) ein. Das System zeigt dann alle relevanten Angaben an, einschließlich der zugehörigen Fehlercodes, die bei einem Defekt im Steuergerät gespeichert sind. Werden Ersatzteile benötigt, sind diese ebenfalls im System hinterlegt und nur die passenden Teile für das jeweilige Fahrzeug dürfen bestellt und verbaut werden.

Die Datenübertragung erfolgt in Echtzeit über vernetzte Steuergeräte, die miteinander kommunizieren. Sollte das Fahrzeug nicht starten, könnten verschiedene Ursachen wie ein defekter Anlasser, eine leere Batterie oder ein Problem mit den Zündspulen in Betracht kommen. Moderne Diagnosegeräte, oft verbunden mit maschinellen Lernverfahren, helfen dabei, Fehler schnell zu lokalisieren und präventive Maßnahmen zu ergreifen, um Ausfälle zu verhindern.

Fehler in einem System werden in einem speziellen Fehlerspeicher des Steuergeräts hinterlegt und können über eine zentrale Datenbank ausgelesen und analysiert werden. Durch die zunehmende Vernetzung der Systeme und die Anbindung an Onlineplattformen lässt sich der gesamte Prozess der Fehlerdiagnose und Teilebeschaffung effizienter gestalten.

Wie das Zusammenspiel der einzelnen Fahrzeugsysteme im Detail funktioniert, kann beispielsweise über die Webadresse www.mein-autolexikon.de nachvollzogen werden. Weitere Informationsquellen bieten die Schulungsprogramme der Fahrzeughersteller. Neben den klassischen Typenschulungen vor Ort bieten viele Hersteller mittlerweile digitale Lernplattformen und Onlineschulungen an, die dem Werkstattpersonal eine flexible Weiterbildung ermöglichen. Diese digitalen Plattformen stellen sicher, dass das Personal immer über die neuesten Technologien und Reparaturmethoden informiert ist.

Das Werkstattpersonal ist weiterhin verpflichtet, an den Typenschulungen teilzunehmen, da Fahrzeugsysteme ständig weiterentwickelt werden, um Fahrzeuge energieeffizienter und umweltfreundlicher zu machen. Ein besonderer Schwerpunkt liegt auf der zunehmenden Elektrifizierung der Fahrzeuge und den neuen Anforderungen im Bereich der Elektromobilität sowie der autonomen Fahrzeugsysteme.

Einige Autohäuser setzen ihre auszubildenden Automobilkaufleute zudem für einen bestimmten Zeitraum im Werkstattbereich ein, damit diese die Fahrzeugsysteme, deren Funktion und Vernetzung sowie die aktuellen Reparaturtechnologien kennenlernen. Dieses Wissen nutzen die Auszubildenden später, um Kunden und Kunden kompetent zu beraten und korrekte Termine für Wartungs- und Reparaturarbeiten zu vereinbaren. Mit der zunehmenden Vernetzung der Werkstatt- und Verkaufssysteme sind technische Kenntnisse im Verkaufsbereich wichtiger denn je.

Zusammenfassung

- Um Kundenaufträge annehmen und bearbeiten zu können, muss die jeweilige Fachkraft Fachkenntnisse in Bezug auf die Zusammenhänge der verschiedenen Fahrzeugsysteme haben.
- Die Fahrzeugannahme und Terminvergabe erfolgt in Absprache mit der Werkstatt.
- Aus der Fahrzeughistorie, den technischen Unterlagen und den Fahrzeugdaten können wichtige Informationen über das Fahrzeug gewonnen werden. Diese werden im Herstellerprogramm (Datenbank) festgehalten und quartalsweise aktualisiert.

Aufgaben

1. Informieren Sie sich über die Abläufe bei der Auftragsannahme in Ihrem Unternehmen in Bezug auf die Terminabsprache mit der Werkstatt. Stellen Sie diese im Plenum vor und beurteilen Sie, ob die Abläufe optimiert werden könnten. Notieren Sie Ihre Erkenntnisse und stellen Sie diese in Ihrem Unternehmen vor. Nutzen Sie Ihr neu gewonnenes Wissen für die Zukunft.

2. Prüfen Sie, ob Ihr Wissen in Bezug auf die technischen Zusammenhänge vollständig ist. Informieren Sie sich über die verschiedenen Zusammenhänge und Systeme und halten Sie Ihre Erkenntnisse schriftlich fest. Nutzen Sie diese für die Zukunft.

4 Werkstatt- und Serviceleistungen sowie zeitwertgerechte Reparaturleistungen anbieten

AUSGANGSSITUATION

Der Kunde Herr Kolz betritt das Autohaus Köppel. Er wurde in einer allgemeinen Verkehrskontrolle von der Polizei darauf hingewiesen, dass sein Fahrzeug verschiedene Mängel aufweist: Beispielsweise sei das linke Rücklicht defekt, der Auspuff wackele usw. Die Mängel müssten schnellstmöglich behoben und das Fahrzeug bei der zuständigen Polizeidirektion vorgestellt werden.
Herr Kolz ist sauer. Sein Auto war doch erst vor gut einem Jahr in der Werkstatt.

ARBEITSAUFTRÄGE

1. Diskutieren Sie die Situation und wie es zu dieser kommt.
2. Liegen Fehler des Autohauses vor?
3. Wie helfen Sie dem Kunden weiter? Nehmen Sie die Kundenbetreuung vor.

Reparaturwerkstätten müssen neben den üblichen Reparaturleistungen auch umfangreiche Serviceleistungen anbieten, die ihre Auslastung garantieren. Reparaturen werden immer dann notwendig, wenn es zu Störungen oder Schäden am Fahrzeug kommt und dadurch die Betriebs- oder Verkehrssicherheit nicht mehr gewährleistet ist. Fahrzeughersteller verfolgen grundsätzlich das Ziel, durch konstruktive Maßnahmen im Fahrzeugbau die Unfallrisiken möglichst gering zu halten. Man unterscheidet dabei zwischen **aktiver** und **passiver** Sicherheit.

Durch konstruktive Maßnahmen am Fahrzeug können Unfälle vermieden werden. Kommt es trotzdem zu einem Unfall, dann soll für die Insassen in einer Sicherheitsfahrgastzelle ein möglichst geringes Verletzungs- und Tötungsrisiko bestehen.

Die vom Gesetzgeber vorgeschriebene **Amtliche Fahrzeugüberwachung** sieht eine turnusmäßige Untersuchung der Betriebs- und Verkehrssicherheit von Fahrzeugen vor, die zertifizierte Kfz-Betriebe durchführen können. Geprüft werden alle sicherheitsrelevanten Bauteile sowie der Umweltschutz, um Unfallrisiken und Umweltbelastung zu minimieren. Neben der Reparatur von Kraftfahrzeugen ist es zur Erhaltung der Betriebssicherheit und auch zur Wahrung von Gewährleistungsansprüchen zwingend notwendig, fachkundige Wartungen und Instandhaltungen nach Herstellervorgaben durchzuführen. Auf diesen Themenbereich wurde bereits in Kapitel 2 ausführlich eingegangen.

Fahrzeuge mit Verbrennungsmotoren werden in der Abgasuntersuchung auf schädliche Abgase untersucht und erhalten eine Umweltplakette. Bei zu hoher Umweltbelastung werden für bestimmte Plaketten Fahrverbote in besonders belasteten Zonen, z. B. Innenstädten, ausgesprochen. Je höher die Umweltbelastung, desto höher ist auch die Kfz-Steuer für ein Fahrzeug. Fahrzeughalter und -halterinnen werden so zum Umdenken gezwungen und eher bereit sein, ein altes, umweltschädlicheres Fahrzeug gegen ein neues, umweltfreundlicheres einzutauschen.

4.1 Amtliche Fahrzeugüberwachung

EINSTIEGSSITUATION

Der Werkstattleiter Herr Michaeli sitzt nachdenklich an seinem Schreibtisch. Der Auszubildende Pascal Palm bemerkt dies und fragt Herrn Michaeli, ob er ihm weiterhelfen könne. Herr Michaeli verneint dies und sagt: „Ich beschäftige mich gerade mit den Richtlinien für die Amtliche Fahrzeugüberwachung und prüfe, ob in nächster Zeit Änderungen auf uns zukommen." „Ach so", antwortet Herr Palm. „Könnten Sie mir das genauer erklären?", fragt er weiter.

Übernehmen Sie diese Aufgabe.

Um Werkstatt- und Serviceleistungen anbieten zu können, muss das Autohaus über Fachwissen in Bezug auf die derzeit gültigen Gesetze und Verordnungen verfügen. Auch Herstellervorgaben sowie firmeninterne Regelungen sind anzuwenden und zu berücksichtigen.

In der Straßenverkehrs- und Zulassungsordnung (StVZO) und in Richtlinien der Europäischen Kommission werden Grenzwerte für die Geräuschentwicklung von Kraftfahrzeugen festgelegt. Verbrennungsmotoren verbrennen ein Kraftstoff-Luft-Gemisch unter hohem Druck explosionsartig mit lautem Knall. Ein Maß für die Geräuschstärke ist der Schallpegel, der in Dezibel (dB) gemessen wird. Je nach Fahrzeugtyp sind Schallpegel von 70 dB (für Kleinkrafträder) bis 80 dB (für Lkws) zulässig. Die Abgasanlage reduziert die Geräusche bis zu den zulässigen Grenzwerten. Ein Verbrennungsmotor ohne Abgasanlage erzeugt Geräusche von 100 dB. Ab 120 dB werden Geräusche als schmerzhaft empfunden.

Wegen der unvollständigen Verbrennung des Kraftstoffes entstehen Schadstoffe wie Kohlenmonoxid (CO), unverbrannte Kohlenwasserstoffe (HC), Stickoxide (NO_x) und Feststoffe (Rußpartikel). Katalysatoren und Rußpartikelfilter reinigen das Abgas auf bestimmte zulässige Grenzwerte, die in der EU-Norm festgelegt sind. In der Abgasuntersuchung wird die Einhaltung der Norm festgestellt und das Fahrzeug weiter für den Straßenverkehr zugelassen oder gesperrt.

4.1.1 Straßenverkehrsgesetz (StVG)

Die gesetzlichen Grundlagen zur Benutzung von Fahrzeugen auf öffentliche Straßen sind im Straßenverkehrsgesetz (StVG) geregelt. Das StVG beinhaltet folgende Regelungen:

- Fahrerlaubnisverordnung (FeV)
- Fahrzeug-Zulassungsverordnung (FZV)
- Straßenverkehrsordnung (StVO)
- Straßenverkehrszulassungsordnung (StVZO)

Die Fahrerlaubnisverordnung enthält grundlegende Bestimmungen über die Zulassung von Personen zum Straßenverkehr, über die Fahrerlaubnisklassen und die Entziehung bzw. die Beschränkung der Fahrerlaubnis. In der Fahrzeugzulassungsverordnung sind das Zulassungsverfahren von Fahrzeugen mit einer maximalen Geschwindigkeit über 6 km/h, das Anbringen von Kennzeichen sowie die Außerbetriebsetzung und Wiederzulassung geregelt. In § 3 FZV ist außerdem geregelt, dass Fahrzeuge nur am öffentlichen Straßenverkehr teilnehmen dürfen, wenn sie zum Verkehr zugelassen sind. Das Fahrzeug muss einer Typ- oder Einzelgenehmigung entsprechen und haftpflichtversichert sein. Die Zulassung wird durch eine Zulassungsbescheinigung amtlich.

Die Straßenverkehrsordnung beinhaltet Vorschriften zum Verhalten der Verkehrsteilnehmer und -teilnehmerinnen im Straßenverkehr, zu Aussehen und Bedeutung der Verkehrsschilder und zu Ordnungswidrigkeiten.

In der Straßenverkehrszulassungsordnung werden Bau- und Betriebsvorschriften von Fahrzeugen geregelt und eine Betriebserlaubnis (BE) erteilt. Weiter wird das Erlöschen der Betriebserlaubnis für Kraftfahrzeuge mit einer Geschwindigkeit von mehr als 6 km/h und deren Anhänger geregelt.

Die Richtlinie 2014/45/EU über die regelmäßige technische Überwachung von Kraftfahrzeugen und Kraftfahrzeuganhängern ist nach wie vor gültig und bildet die Grundlage für die Hauptuntersuchung (HU) in Deutschland. Sie legt also die Anforderungen an die regelmäßige technische Überwachung von Kraftfahrzeugen und Kraftfahrzeuganhängern fest, die in allen EU-Mitgliedsstaaten umgesetzt wurden. Zusätzlich erlassen die EU-Länder nationale Vorschriften.

Die Frist für die Umsetzung nationaler Vorschriften war der 20. Mai 2017, und die Vorschriften sind seitdem anzuwenden.

In Deutschland wurde die Fahrzeug-Zulassungsverordnung (FZV) entsprechend angepasst, um den Anforderungen der Richtlinie gerecht zu werden. Die letzte Änderung der FZV erfolgte am 27. Juni 2024.

Die periodisch technische Fahrzeugüberwachung hat zum Ziel, die Vorschriftsmäßigkeit, Verkehrssicherheit und Umweltverträglichkeit aller im Straßenverkehr betriebenen Fahrzeuge sicherzustellen. In Deutschland besteht die Fahrzeuguntersuchungsverordnung (FUV). Nach dieser Verordnung müssen folgende Prüfungen an Fahrzeugen erfolgen:

- Hauptuntersuchung (HU)
- Abgasuntersuchung (AU)
- Sicherheitsprüfung (SP)
- Gassystem-Einbauprüfung (GSP)
- Gasanlagenprüfung (GAP)

Außerdem müssen Fahrtenschreiber und Kontrollgeräte zur Fahrüberwachung turnusmäßig geprüft werden.

Vorab-Check für Hauptuntersuchung

Name:	FIN:
Vorname:	Kennzeichen:
Straße, Nr.:	Modell:
PLZ, Ort:	Datum EZ:
Auftragsnummer:	Datum letzte HU:

Allgemeines:

	ja	nein
Zulassungsbescheinigung Teil I, ggf. Nachweis der Änderungsabnahme oder Allgemeine Betriebserlaubnis vorhanden?		
Stimmt die FIN mit den Papieren überein?		
Funktionieren Lenkradschloss und Tachometer?		
Vorgeschriebenes Zubehör (Verbandskasten, Warndreieck, Sicherheitsweste) vorhanden und in gutem Zustand?		
Sind die Kennzeichen unbeschädigt und sicher befestigt?		

Folgende Teile Ihres Fahrzeugs wurden geprüft:	**O.K.**	**Für HU notwendig:**
Allgemeine Sichtprüfung Karosserie/Unterboden		
Scheiben und Spiegel		
Frontscheibe unbeschädigt		
Rückspiegel intakt		
Waschanlage und Scheibenwischer		
Beleuchtung und elektrische Ausrüstung		
Scheinwerfer und Rückstrahler		
Kontrolllampen am Armaturenbrett		
Batterie in gutem Zustand		
Hupe und Heizungsgebläse		
elektrische Anschlüsse fest und nicht oxidiert		
elektrische Leitungen unbeschädigt		
Lenkung		
Lenkspiel und Vibrationen		
Lenkrad bei Geradeausfahrt in richtiger Stellung		
leichtgängig und zielgenau		
Bremsen		
Bremsen (Leitungen, Schläuche, Beläge, Scheiben und Trommeln)		
Bremsflüssigkeit		
Handbremse rastet sicher ein und ist leicht zu lösen		
Räder und Reifen		
Mindestprofiltiefe bei allen Reifen		
Reifengröße und -bezeichnung stimmen mit den Fahrzeugpapieren überein		
Laufrichtung der Reifen stimmt		
keine Schäden (Beulen, Schnitte oder Risse)		
Felgen unbeschädigt und sicher befestigt		
Antrieb, Fahrgestell und Aufbau		
keine Teile des Fahrzeugs an- oder durchgerostet		
Stoßdämpfer dicht		
Motor und Getriebe dicht		
Kraftstoffleitungen dicht		
Abgas und Geräuschverhalten		
Auspuff dicht und richtig befestigt		

Ort, Datum

Unterschrift Serviceberater/-in, Service Partner

4.1.2 Betriebserlaubnis von Fahrzeugen und Teilen

Nach § 19 StVZO ist die Betriebserlaubnis (BE) der Nachweis, dass das Fahrzeug den gesetzlichen Vorschriften entspricht. In Deutschland wird sie vom Kraftfahrtbundesamt in Flensburg ausgestellt. Eine Betriebserlaubnis erlischt, wenn bestimmte Änderungen am Fahrzeug vorgenommen werden, wie Änderung der Fahrzeugart, des Abgas- und Geräuschverhaltens, oder wenn Gefährdungen von Verkehrsteilnehmern und -teilnehmerinnen zu erwarten sind.

Werden Fahrzeuge und Teile in Serien- oder Massenfertigung hergestellt, erfolgt eine Prüfung im Herstellerland und es wird eine EG-Prüfgenehmigung erteilt. Die **EG-Typgenehmigung** ist eine gültige **Allgemeine Betriebserlaubnis (ABE)**, die in allen Mitgliedsstaaten der Europäischen Gemeinschaft (EG) gilt. Reihenweise gefertigte Fahrzeugteile erhalten nach der Prüfung ebenfalls eine Allgemeine Betriebserlaubnis. Zusätzlich muss jedes Teil mit einem Typenzeichen gekennzeichnet sein und jedem Teil muss eine Betriebserlaubnis (Teilegenehmigung) als Kopie beigefügt werden. In der Teilegenehmigung wird auch festgelegt, ob nach erfolgtem Anbau des Teils eine Abnahme (Änderungsabnahme) durch Sachverständige erfolgen muss. Teilegenehmigungen können in die Fahrzeugpapiere eingetragen werden. Erfolgt kein Eintrag, müssen sie im Fahrzeug mitgeführt werden. Werden Fahrzeugteile selbst hergestellt, müssen Prüforganisationen diese prüfen und ein **Teilegutachten** erstellen. Nach Einbau dieser Teile ist eine Änderungsabnahme durch Sachverständige vorgeschrieben. Der Teilemarkt ist ein riesiges Geschäft von Teileherstellern weltweit. Darunter sind auch Hersteller, die Teile ohne Bauartgenehmigung herstellen und diese Plagiate sehr günstig in den Markt bringen.

Bauartgenehmigte Fahrzeugteile sind z. B.:

- Scheiben aus Sicherheitsglas
- Sicherheitsgurte, Rückhaltesysteme
- Rückhalteeinrichtungen für Kinder
- lichttechnische Einrichtungen
- Reifen
- Warnleuchten
- Fahrtenschreiber

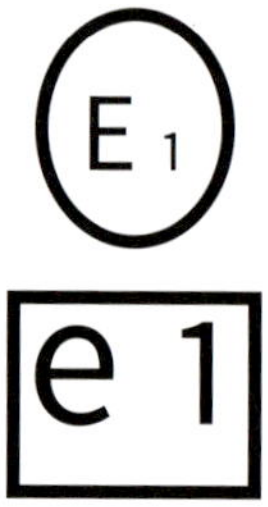

Auf diesen Teilen wird in der EU und in weiteren Ländern ein Prüfzeichen („E1" im Kreis) angebracht. Das Prüfzeichen „e1" im Rechteckrahmen bedeutet, dass dieses Teil nur in der EU akzeptiert wird (vgl. § 21a und § 22a StVZO).

4.1.3 Untersuchung der Kraftfahrzeuge und Anhänger

Die Untersuchung von Kraftfahrzeugen und Anhängern erfolgt auf der Grundlage des § 29 StVZO. Hier wird geregelt, dass die Halterinnen und Halter von zulassungs- und kennzeichnungspflichtigen Fahrzeugen verpflichtet sind, diese auf eigene Kosten im fälligen Monat überprüfen zu lassen. Für Zweiräder, Pkws, Nutzfahrzeuge und Anhänger sind eine HU und eine AU notwendig. Zusätzlich ist für Nutzfahrzeuge und Kraftomnibusse eine Sicherheitsprüfung fällig.

Mit der technischen Prüfung der Fahrzeuge können zertifizierte Prüfer und Prüferinnen der Kfz-Betriebe oder zertifizierte Prüforganisationen beauftragt werden.

Auswahl zertifizierter Prüforganisationen
DEKRA Handwerkstr. 15, 70565 Stuttgart, Tel.: 0711 7861-0, Fax: 0711 7861-2240
TÜV-Rheinland Gruppe Kraftfahrt GmbH Am Grauen Stein, 51105 Köln, Tel.: 0221 806-0, Fax: 0221 806-114
FSP-GmbH & Co. KG Zur Bergmeierei 1, 14548 Schwielowsee, Tel.: 03327 5998-0, Fax: 03327 5998-22
VdTÜV Verband der Technischen Überwachungsvereine e. V. Friedrichstr. 136, 10117 Berlin, Tel.: 030 760095-400, Fax: 030 760095-401
GTÜ Gesellschaft für Technische Überwachung mbH Vor dem Lauch 25, 70597 Stuttgart, Tel.: 0711 97676-0, Fax: 0711 97676-199
KÜS Kraftfahrzeug-Überwachungsorganisation freiberuflicher Kfz-Sachverständiger e. V. Zur Küs 1, 66679 Losheim am See, Tel.: 06872 9016-0, Fax: 06872 9016-123
GTS Gesellschaft für Technische Sicherheitsprüfungen mbH & Co KG Pforzheimer Str. 15, 76227 Karlsruhe, Tel.: 0721 9414615, Fax: 0721 9414616
VÜK Verkehrssicherheit und Überwachung von Kraftfahrzeugen GmbH Sylbacher Str. 228, 32791 Lage, Tel.: 05232 67057, Fax: 05232 68189

In weiteren Anlagen des § 29 StVZO wird geregelt, wie die Untersuchung zu erfolgen hat, und wie das Prüfergebnis äußerlich am Fahrzeug anzubringen ist (vgl. Kapitel 2).

Die **Hauptuntersuchung (HU)** dient der Überprüfung der Verordnung zur Erteilung der EG-Typgenehmigung für Fahrzeuge und Teile, zur Verkehrssicherheit und Umweltverträglichkeit. Sie wird von amtlich anerkannten Sachverständigen oder zertifizierten Prüfern und Prüferinnen durchgeführt. Die zunehmende Komplexität der Fahrzeuge stellt auch höhere Anforderungen an Kfz-Werkstätten und das Prüfpersonal. Ziel ist es, durch eine ständige Weiterentwicklung der Prüfvorschriften die Effizienz und Qualität der Fahrzeuge und deren Umweltverträglichkeit weiter zu verbessern.

Seit dem 01.01.2010 ist die Abgasuntersuchung Bestandteil der Hauptuntersuchung. Als äußeres Zeichen der bestandenen Prüfung wird eine **Prüfplakette** am hinteren Fahrzeugkennzeichen angebracht. Für die Abgasuntersuchung gelten seit 2018 neue Bestimmungen. Es wurde festgelegt, dass die Abgasuntersuchung mithilfe einer Endrohrmessung durchgeführt werden muss. Um die Umwelt zu schonen, gelten seit dem 01.01.2019 neue Grenzwerte zur Schadstoffreduzierung.

Die Zahl im Zentrum des Kreises zeigt die Jahreszahl der nächsten Prüfung an, während die oben stehende Zahl den Monat angibt. Zur schnellen Erkennung sind die Prüfplaketten in sechs aufeinanderfolgenden Jahren mit unterschiedlichen Farben gekennzeichnet. Die Farbzuordnung der Prüfplaketten ändert sich alle Jahre, wobei die Farben für jedes Jahr in einem festgelegten Zyklus wechseln (z.B. 2023 = gelb, 2024 = blau, 2025 = schwarz, etc.).

Werden bei den Untersuchungen gefährliche Mängel am Fahrzeug festgestellt, so sind die Fahrzeughalter und -halterinnen bzw. die Fahrer und Fahrerinnen verpflichtet, diese sofort zu beseitigen und das Fahrzeug innerhalb von vier Wochen zur Nachuntersuchung vorzustellen. Wird diese Frist nicht eingehalten, kann das Fahrzeug stillgelegt werden und eine neue Hauptuntersuchung ist erforderlich.

Der Prüfumfang beschränkt sich auf eine zerlegungs- und zerstörungsfreie Sicht- und Funktionsprüfung. Darüber hinausgehende Feststellungen, z. B. Korrosion unter Verkleidungen oder Schutzanstrichen, können nicht getroffen werden.

Analysen haben gezeigt, dass seit Durchführung der Untersuchungen die Belastung der Umwelt mit schädlichen Abgasen abnahm und sich die Verkehrssicherheit wesentlich erhöht hat.

Im Untersuchungsbericht gemäß StVZO werden neben den Fahrzeugdaten und den persönlichen Daten des Fahrzeughalters oder der Fahrzeughalterin alle auftretenden Mängel nach einem Mängelschlüssel (siehe unten) und nach Untersuchungsart erfasst sowie das Untersuchungsergebnis dokumentiert.

Zum Abschluss wird die Prüfplakettengültigkeit (Monat/Jahr) eingetragen und die Fälligkeit der AU-Plakette festgestellt. Neben den codierten Auswertungen werden auch verbale Erläuterungen als Hinweise und Bemerkungen zu den Mängeln aufgeschrieben. Sie dienen hauptsächlich der Fachwerkstatt zur anschließenden Reparatur des Fahrzeugs.

Schlüsselnummern für StVO-Mängel

123 Reifen
260 Kraftstoffanl./-behälter
301 Abgasverhalten
310 Kupplung
400 Vorderachse
453 Spurstangengelenke
500 Betriebsbremse
522 Bremstrommel/-scheibe
550 Feststellbremse
525 Bremswirkung
610 Rahmen
641 Stoßdämpfer
711 Bodengruppe
728 Schweller
800 Lichttechn. Einrichtungen
807 Bremsleuchten
821 Schlussleuchten/Glas
830 Fahrtrichtungsanz./Glas
880 Geschw. m./Wegstr.Zähler
930 Warndreieck/-leuchte
620 Federung
710 Karosserie
723 Radhaus
745 Sicherheitsgurte
806 Scheinwerfer
814 Kennzeichenleuchte
827 Zusatzscheinwerfer
873 Scheibenwischanlage
920 Rückspiegel
963 Fahrzeugident.Nr./Typenschild
977 Bauartveränderung
210 Motor
300 Geräusch
307 AU
370 Gelenk-/Antriebswelle
440 Lenkung
460 Lenkübertragungsteile
519 Bremsleitung
535 Bremsenleerweg
944 Diebstahlsicherung
976 gefährliche Fahrzeugteile
130 Räder
280 Kühlung/Heizung
302 Auspuffanlage
320 Getriebe
420 Hinterachse
454 Umlenkhebellagerung
515 Bremsbeläge
614 Längsträger
660 Anh.Kuppl. Zuggabel
717 Kotflügel
743 Scheiben
803 Reflektor
808 elektrische Anlage
826 Warnblinkanlage
870 Signal
910 Kennzeichen
940 Erste Hilfe, U-Keil

Untersuchungsart:

0 keine HU
1 Hauptuntersuchung
2 Zwischen-HU
3 Nachuntersuchung (zu Bericht Nr.)
4 Nachkontrolle
6 D-Untersuchung
P § 17 StVZO

Prüfplakette:

1 angebr. und besch.
2 nicht angebracht
3 Fzg. war abgemeldet
4 Ersatzpl. angebracht
5 wurde entfernt

Sonstige Untersuchungsart:

0 keine durchgeführt
1 § 41 BOKraft[1]
7 § 42 BOKraft Pkw/Kombi (Taxi)
8 § 42 BOKraft Pkw/Kombi (Mietwagen)
9 § 42 BOKraft (Krankenwagen)
2 § 42 BOKraft (sonst. Fzg.)
3 UVV VBG 12
4 ADR Rn 10282/10283

Anbauabnahme:

6 positiv abgeschlossen
7 negativ abgeschlossen
9 § 19 Abs. 3 StVZO
F Nachprüfung (§ 19 Abs. 3 StVZO)

Wiedervorführung erforderlich:

1 zur Nachkontrolle
2 zur Nachuntersuchung
3 zur Nachprüfung (§ 19 Abs. 3 StVZO)

Ergebnisse StVZO:

0 ohne erkennbare Mängel
1 geringe Mängel
2 erhebliche Mängel
3 verkehrsunsicher

1 BOKraft = Verordnung über den Betrieb von Kraftfahrunternehmen im Personenverkehr

Zusätzlich zur Hauptuntersuchung müssen an Fahrzeugen zur Personenbeförderung mit mehr als acht Fahrgastplätzen, an Kraftfahrzeugen zur Güterbeförderung mit einer zulässigen Gesamtmasse von mehr als 3,5 t und einer Fahrgeschwindigkeit von mehr als 40 km/h sowie an Anhängern mit einer Gesamtmasse von mehr als 10 t und einer Geschwindigkeit von über 40 km/h jährliche **Sicherheitsprüfungen (SP)** durchgeführt werden. Die Sicherheitsprüfung umfasst eine Sicht-, Wirkungs- und Funktionsprüfung folgender Teile und Systeme:

- Fahrgestell und Fahrwerk
- Verbindungsteile
- Lenkung
- Räder und Reifen
- Bremsanlage
- Auspuffanlage

In anerkannten Werkstätten kann geschultes Fachpersonal die Sicherheitsprüfung durchführen. Nach bestandener Prüfung wird ein SP-Schild mit einer Prüfmarke zugeteilt, das sichtbar am Fahrzeugheck anzubringen ist. Innerhalb der Prüfmarke befindet sich ein Pfeil, der auf den nächsten Prüfmonat zeigt. Die Grundfarben der Prüfmarke gleichen denen der HU-Prüfplakette.

Höchste Priorität bei der Entwicklung von Kraftfahrzeugen hat die Fahrsicherheit. Eine Vielzahl an elektronischen Komponenten hilft, Unfälle zu vermeiden oder die Unfallrisiken zu minimieren. Die Europäische Kommission hat dazu in Artikel 5 der Richtlinie 96/96EG die Vorschriften zur „Prüfung sicherheitsrelevanter elektronisch geregelter Fahrzeugsysteme" herausgegeben. Zur Prüfung dieser Systeme werden HU-Adapter (PSP-Adapter) mit den entsprechenden Fahrzeug-System-Daten (FSD) eingesetzt.

Neben den vorgeschriebenen 140 Prüfpunkten der Hauptuntersuchung müssen folgende sicherheitsrelevante elektronische Systeme auf Verbau, Echtheit und Funktionsweise überprüft werden:

- elektronische Bremskomponenten,
- elektronisch geregelte Lenkanlagen,
- elektronische Lichtsysteme,
- Sicherheitsgurte/Rückhaltesysteme
- Überrollschutz (Cabriolets),
- fahrdynamische Regelsysteme mit Bremseingriff,
- Geschwindigkeitsbegrenzer.

4.1.4 Rückrufaktionen

Im täglichen Gebrauch der Kraftfahrzeuge kann es zu Ausfällen von Bauteilen und Systemen kommen. In der Regel werden Systemfehler im Display des Kombiinstruments angezeigt und Fahrzeugführer und -führerinnen gebeten, umgehend eine Servicewerkstatt aufzusuchen. Im Rahmen von Inspektionen oder bei der Reparatur und Wartung finden die Mechatroniker und Mechatronikerinnen Fehler, die zu Ausfällen des Fahrzeugs führen können. Zwischen den

Werkstätten und dem Fahrzeughersteller besteht eine Informationspflicht über alle Produktmängel von Fahrzeugen und Fahrzeugteilen. Die Fahrzeug- oder Teilehersteller werten diese Informationen aus und treffen z. B. die Entscheidung, dass alle Fahrzeughalter und -halterinnen dieses Fahrzeugtyps aufgefordert werden müssen, schnell ihre Servicewerkstatt zur Fehlerbeseitigung aufzusuchen. Die notwendigen Informationen zu den Halteranschriften und Daten bekommen die Hersteller aus dem Zentralen Fahrzeugregister (ZFZB) des Kraftfahrt-Bundesamtes (KBA). In den Servicewerkstätten erfolgt dann nach Terminabsprache die notwendige Reparatur. Für die Fahrzeughalter und -halterinnen entstehen hierdurch keine Kosten. Werkstätten rechnen ihre Kosten beim Fahrzeughersteller ab. Weitere Informationen über Rückrufaktionen zu Fahrzeugen und Fahrzeugteilen können bei der Rückrufdatenbank des KBA unter www.kba-online.de abgerufen werden.

4.2 Serviceleistungen einer Kfz-Werkstatt

EINSTIEGSSITUATION

Matti Köppel ruft die Auszubildenden zum monatlichen Azubitreffen zusammen. Heute geht es um das Thema „Serviceleistungen einer Kfz-Werkstatt". In einer Fachzeitschrift hat er ein interessantes Bild entdeckt, zu dem die Auszubildenden nun Stellung nehmen sollen.

Erläutern Sie die Fachbegriffe auf dem nebenstehenden Bild und wie es zu dem Begriff „Service-Wüste" kommen kann. Gehen Sie dabei auch auf verschiedene Serviceleistungen eines Autohauses ein.

Das Werkstattgeschäft ist ein sehr wichtiger Umsatzträger in Kfz-Betrieben. Die Qualität der Fahrzeuge und Fahrzeugteile wird ständig verbessert und damit verlängert sich die Standfestigkeit und Lebensdauer. Wartungs- und Reparaturarbeiten werden erst dann erforderlich, wenn die Eigendiagnose des Fahrzeugs z. B. einen Fehler erkennt und diesen im Kombiinstrument anzeigt. Ein Ölwechsel wird nicht mehr auf der Basis von gefahrenen Kilometern, sondern nach Beanspruchung des Motors notwendig. Weniger Wartungs- und Reparaturarbeiten sind die Folge. Dies führt automatisch zur Steigerung des Wettbewerbsdrucks unter den Kfz-Betrieben.

Nur durch umfangreiche und qualitativ hochwertige Serviceleistungen können die Verluste ausgeglichen werden. Serviceleistungen müssen nicht nur regional, sondern verstärkt überregional angeboten werden. Aufgrund dessen werben Betriebe mit ihrem Leistungsangebot verstärkt im Internet und nutzen auch die sozialen Netzwerke wie Twitter und Facebook. Die potenzielle Kundschaft lernt so den Kfz-Betrieb kennen, tauscht sich mit bestehender Kundschaft aus und bucht bei Gefallen den Serviceauftrag oder Kundendienst.

4.2.1 Betriebsspezifische Serviceleistungen

In den vergangenen Jahren ist die Häufigkeit von Verschleißreparaturen immer weiter zurückgegangen (vgl. DAT-Reporte, die über das Internet abgerufen werden können).

Auch mit dem Anstieg der Elektrofahrzeuge nimmt die Zahl der traditionellen Verschleißreparaturen weiter ab, insbesondere im Bereich der Abgasanlagen und des Motors. Verschleißteile wie Bremsbeläge und Reifen werden jedoch weiterhin häufig ausgetauscht, da sie auch bei Elektrofahrzeugen beansprucht werden.

Moderne Fahrzeuge nutzen zunehmend vernetzte Systeme und Telematiklösungen, die Fehlercodes nicht nur lokal im Steuergerät speichern, sondern auch direkt an die Werkstätten übermitteln können. Dies ermöglicht eine frühzeitige Erkennung und Planung von Wartungs- oder Reparaturarbeiten.

Die Automobilhersteller haben in den letzten Jahren die Qualität ihrer Fahrzeuge kontinuierlich verbessert. Die Standfestigkeit und Lebensdauer fast aller Fahrzeugteile und Aggregate hat sich trotz weiter gestiegener Fahrleistungen deutlich erhöht.

Mit dem Anstieg der Zahl der Elektrofahrzeuge ist zu erwarten, dass der Anteil der traditionellen Verschleißreparaturen, insbesondere bei Abgasanlagen, weiter abnehmen wird. Bei Elektrofahrzeugen stehen stattdessen Batteriesysteme und Ladeeinrichtungen im Fokus der Wartung.

Treten Störungen am Fahrzeug auf, werden diese sofort im Kombiinstrument moderner Fahrzeuge angezeigt.

Vernetzte Telematiksysteme ermöglichen es, Fehlercodes direkt an die Werkstätten zu übermitteln, was eine schnellere Reparaturplanung ermöglicht. Doch oft ignorieren Fahrzeughalterinnen und -halter diese Signale. Aufgabe der Verkaufsabteilung und der Servicewerkstätten ist es, die Kundschaft über die Konsequenzen der Nichtbeachtung solcher Warnhinweise besser aufzuklären. Automobilhersteller, Autohäuser und Werkstätten verfolgen ein gemeinsames Ziel – die langfristige Erhaltung der Mobilität.

Regelmäßiger Service trägt entscheidend dazu bei, die Mobilität der Kundinnen und Kunden sicherzustellen und langfristig Kosten zu sparen. Interessante Dienstleistungsangebote, die auf die Bedürfnisse moderner Fahrzeuge eingehen, locken zusätzlich Kundschaft an, erweitern den Kundenstamm und verbessern die Werkstattauslastung. Beispiele für solche Dienstleistungen umfassen:

- Fahrzeugfinanzierung und Leasing – Beratung und Vermittlung von Finanzierungs- und Leasingangeboten.
- Werkstatt- und Reparaturservice – Durchführung von Wartungs- und Reparaturarbeiten.
- Hauptuntersuchung (HU) und Abgasuntersuchung (AU) – Durchführung der gesetzlich vorgeschriebenen Fahrzeugprüfungen.
- Reifenservice – Verkauf, Montage und Einlagerung von Sommer- und Winterreifen.
- Unfallinstandsetzung – Reparatur von Fahrzeugen nach Unfällen, inklusive Karosserie- und Lackarbeiten.
- Ersatzteil- und Zubehörverkauf – Verkauf von Original-Ersatzteilen und Zubehör.
- Fahrzeugaufbereitung – Innen- und Außenreinigung sowie Pflege des Fahrzeugs.
- Fahrzeugveredelung – Umrüstung von Fahrzeugen, z. B. mit Tuning-Teilen oder Sonderausstattungen.

- Mobilitätsgarantie und Pannenhilfe – Bereitstellung von Mobilitätsdiensten, wie z. B. Pannenhilfe oder Ersatzwagen.
- Blech- und Lackservice – Reparaturen an Karosserie und Lack.
- Fahrzeugvermietung – Bereitstellung von Mietwagen für kurzfristige Nutzung.
- Fahrzeugübergabe und Einweisung – Einweisung in die Funktionen und Ausstattungen eines Neuwagens nach dem Kauf.
- Rückrufaktionen und Software-Updates – Durchführung von vom Hersteller veranlassten Rückrufaktionen und Updates.

4.2.2 Ergänzende Serviceleistungen

Neben dem Kerngeschäft, der Wartung und Reparatur von Kraftfahrzeugen, suchen Kfz-Betriebe entsprechend ihrer Möglichkeiten nach weiteren Serviceangeboten. So werden die vom Automobilhersteller festgelegten Inspektionen z. B. um einen „HU-Vorab-Check“ erweitert. Kunden und Kundinnen mit älteren Fahrzeugen nutzen sehr gern diesen Service, um im Vorfeld festzustellen, ob eine reelle Chance besteht, dass das Fahrzeug die technische Überprüfung besteht bzw. eine kostengünstige Reparatur zum Erhalt der Zulassung für weitere zwei Jahre führt.

Der Kauf von Ersatzteilen erfolgt heute in Vertragswerkstätten. Allerdings nimmt der Kauf von Ersatz- oder Verschleißteilen bzw. Zubehörteilen über das Internet immer mehr zu.

Die Hersteller schützen sich durch besondere Verträge, die Bestandteil des Kaufvertrags oder Leasingvertrags sind, davor und binden die Kundschaft an die jeweilige Vertragswerkstatt bzw. an Herstellerteile.

Verstoßen Kundinnen und Kunden innerhalb der Garantiezeit bzw. der Leasingzeit gegen diesen Vertrag, kann unter Umständen die Garantie enden.

Die Kundenaufklärung sollte verstärkt auf die spezifischen Wartungsanforderungen neuer Fahrzeugtechnologien, insbesondere bei Elektrofahrzeugen, eingehen. Regelmäßige Überprüfungen der Batteriesysteme und Ladeeinrichtungen sind entscheidend, um die Mobilität langfristig zu erhalten und kostspielige Reparaturen zu vermeiden.

Miet- und Leihvertrag

LF 4

Die Übergabe von Gegenständen kommt durch **Willenserklärungen** (Einigung) und Handlungen (Übergabe) zustande und bewirkt eine unmittelbare Rechtsänderung (Eigentumsübertragung). Juristinnen und Juristen sprechen von Verpflichtungsgeschäften, also von Verträgen. Das Bürgerliche Gesetzbuch (BGB) bietet folgende Vertragsarten zur Lösung der genannten Aufgaben an: Mietvertrag, Pachtvertrag, Leihvertrag und Darlehensvertrag.

Vertragsart	Inhalt	Vertragspartner	BGB
Mietvertrag	Überlassung einer Sache gegen Zahlung eines vereinbarten Mietpreises	Mieter, Vermieter	§ 535 ff.
Pachtvertrag	Überlassung von Sachen und Rechten zum Gebrauch und zur Nutzung gegen Zahlung eines vereinbarten Pachtzinses	Pächter, Verpächter	§ 581 ff.
Leihvertrag	unentgeltliche Überlassung einer Sache zum Gebrauch	Entleiher, Verleiher	§ 598 ff.
Darlehensvertrag	Überlassung von Geld oder anderen vertretbaren Sachen gegen die Verpflichtung der späteren Rückgabe gleichartiger Sachen	Darlehensnehmer, Darlehensgeber	§ 607 ff.

Die dargestellten Geschäftsfälle müssen sehr individuell gelöst werden.

Wird der Kundschaft ein **Ersatzwagen** angeboten, dann muss zunächst geklärt werden, ob der Ersatzwagen als Miet- oder Leihwagen übergeben werden soll. Wird das Fahrzeug als Mietwagen übergeben, muss auch immer ein Mietvertrag abgeschlossen werden. Dem Kfz-Betrieb entstehen Kosten, die zu einem gewissen Teil von der Kundschaft zu tragen sind.

Die Bereitstellung eines Ersatzwagens kann aber auch als Leihwagen erfolgen. Die Ausleihe des Fahrzeugs ist dann kostenlos. Die Kundschaft trägt nur die entstehenden Betriebskosten, wie Kraft- und Schmierstoffverbrauch, und eventuell Reinigungskosten. Ob nun ein Miet- oder Leihwagen angeboten wird, hängt von folgenden Faktoren ab:

- Handelt es sich um Neu- oder Stammkundschaft?
- Für welche Zeit wird der Wagen benötigt?
- Welche Fahrleistung wird etwa erwartet?
- Dient der Leihwagen auch gleichzeitig als Vorführwagen?
- Werden in nächster Zukunft Verkaufsabschlüsse erwartet?

Das Ersatzwagengeschäft bietet für den Betrieb einige Chancen. Man sollte möglichst einen Wagen auswählen, der zukünftig für diese Kundschaft interessant sein könnte. Nebenbei erfährt sie so, wie angenehm sich ein Wagen mit der neuesten technischen Entwicklung fährt. Neukundschaft kann sich von der umfassenden Servicekompetenz des Betriebes überzeugen und wird dadurch vielleicht bald zum Stammkundenkreis gehören.
Stammkundschaft mit guten Kontakten zum Autohaus erhält meistens bessere Konditionen als Neukundschaft. Man sollte immer daran denken, dass es sehr schwierig ist, Neukundschaft zu finden, aber noch schwieriger ist es, diese dann auch über mehrere Jahre zu binden. Es darf auch nicht unterschätzt werden, welche Werbung von der Kundschaft im Umfeld des Autohauses ausgeht. Kunden und Kundinnen, die zufrieden sind, werden das auch gegenüber anderen äußern und sind somit die preiswerteste und wichtigste Werbung für den Kfz-Betrieb. Oft sind es Kleinigkeiten, die die Kundschaft veranlasst, den Kontakt zum Autohaus aufrecht zu erhalten.

Unfallschadenregulierung und Reparaturkosten-Übernahmebestätigung

Vertragswerkstätten bieten ihrer Kundschaft einen sogenannten Vollservice an, d.h., die Werkstatt kümmert sich um die Unfallschadenabwicklung und versucht außerdem, die Mobilität der Kunden und Kundinnen zu erhalten.

Außerdem nutzen viele Kunden und Kundinnen Markenwerkstätten, da an einem Unfall meistens zwei Unfallgegner beteiligt sind, die ihre Ansprüche über Versicherungen regulieren lassen und deshalb eine etwas teurere, aber autorisierte Fachwerkstatt nutzen, bzw. Versicherungen die Werkstatt vorschreiben. Die Unfallinstandsetzung wird aber auch zunehmend als Chance für den Kfz-Betrieb gesehen, volle Auftragsbücher zu bekommen. Nach einem Verkehrsunfall ist die Kundendienstberatung oder gar die Geschäftsführung meistens erster Ansprechpartner für die Fahrzeughalter und -halterinnen. Wie bereits erwähnt, ist die Kundschaft ggf. auch bei Unfällen oft durch zusätzliche Vereinbarungen in Kauf- oder Leasingverträgen an die Herstellerautohäuser gebunden.

Je nach Betriebsgröße und betrieblicher Struktur wird die verwaltungstechnische Abwicklung eines Unfalls zur Aufgabe der Automobilkaufleute, die als Beauftragte der Kundschaft eine effiziente Unfallschadenabwicklung durchführen. Vor der Unfallaufnahme sollten diese mit den Geschädigten über den Unfallhergang sprechen und versuchen herauszufinden, ob es sich um einen Haftpflicht- oder Kaskoschaden handelt. Bei unklarer Haftungslage muss eine Klärung von unabhängigen Gutachten und mithilfe des Unfallberichtes der Polizei erfolgen. Angestellte des Autohauses dürfen keine wertenden Aussagen zur Haftung vornehmen, auch dann nicht, wenn der oder die Geschädigte ein Schuldanerkenntnis der Gegenseite vorlegt. Die Beurteilung der Haftung bedeutet eine unerlaubte Rechtsberatung und bei fehlerhafter Beratung ein nicht vorhersehbares Haftungsrisiko für den Reparaturbetrieb. Liegt eine unklare Haftungslage vor, sollte die Einschaltung einer Rechtsanwaltskanzlei empfohlen werden.

Der Gesetzgeber hat im Rechtsdienstleistungsgesetz (RDG) Möglichkeiten zur Durchführung von Beratung durch Werkstätten und Dienstleister geregelt. In den Fällen, wo keine rechtliche Prüfung erforderlich ist, können auch Nichtjuristen beratend tätig werden.

Welche Schadenersatzansprüche im Allgemeinen bestehen, werden im Bürgerlichen Gesetzbuch (BGB) und im Straßenverkehrsgesetz (StVG) geregelt. Direktansprüche der Geschädigten gegen die Haftpflichtversicherung der Unfallverursachenden ergeben sich aus dem Pflichtversicherungsgesetz (PflVersG) und dem Versicherungsvertragsgesetz (VVG).

Die Reparaturwerkstatt sollte die erste Anlaufstelle für Geschädigte sein. Sie nimmt die Daten auf und wird dann den Kontakt zur gegnerischen Versicherung und zu unabhängigen Sachverständigen herstellen.

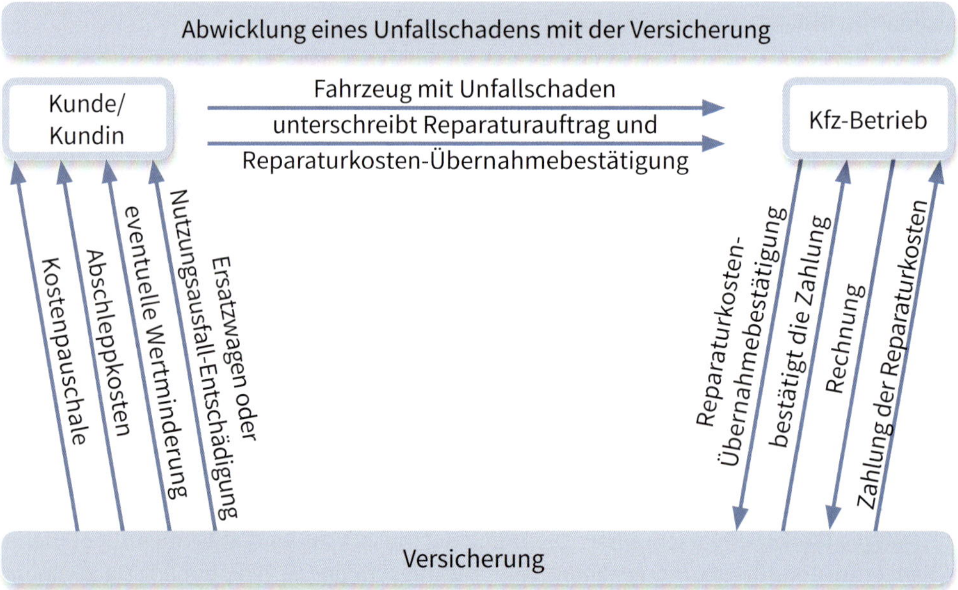

In der Praxis hat sich folgender Ablauf in der Unfallschadenregulierung bewährt:

1. Klärung der Schuldfrage (Haftpflicht- oder Kaskoschaden)
2. Kontaktaufnahme mit der Versicherung des oder der Geschädigten und Zuteilung einer Schadennummer
3. Begutachtung des Schadens (Kostenvoranschlag mit Foto)
4. Bestellen eines Gutachtens (Schadenhöhe über 500,00 €)
5. Fahrzeugaussonderung bei Totalschaden
6. Klärung der Reparaturkostenübernahme (RKÜ)
7. Reparaturauftrag und Reparatur
8. Kostenabrechnung

LF 8

Die Klärung der Frage nach der Verursachung des Schadens ist für die nachfolgende Schadenregulierung mit der **Versicherung** sehr wichtig. Ist der oder die Geschädigte schuldlos (Haftpflichtfall), dann wird in aller Regel die Versicherung des Unfallgegners oder der Unfallgegnerin den

Schaden regulieren. Ist der oder die Geschädigte mit der Schadenregulierung nicht einverstanden, gibt es die Möglichkeit, ein weiteres geprüftes und zugelassenes Gutachten einzuholen.

Das Gutachten enthält alle Angaben zum Fahrzeug, das Besichtigungsergebnis, die Schadenbeschreibung und den Instandsetzungsumfang.

In einer Schlusskalkulation werden alle Reparaturkosten aufgeführt und zusammengefasst. Haftet die Gegenseite vollständig (Haftpflichtschaden), so ist der gesamte durch den Verkehrsunfall entstandene Schaden von der Versicherung auszugleichen. Der oder die Geschädigte hat aber eine „Schadenminderungspflicht", muss also bemüht sein, den Schaden möglichst gering zu halten und sich so verhalten, als müsse er oder sie alle anfallenden Kosten selbst tragen.

Durch den Unfall ergibt sich meistens eine dauerhafte Wertminderung des Fahrzeugs. Diese Wertminderung wird ebenfalls im Gutachten ausgewiesen. Es kann aber auch vorkommen, dass sich durch die Reparatur eine Wertsteigerung ergibt.

Anschließend erfolgt die Kontaktaufnahme mit der **Versicherung** des oder der Geschädigten.

Die zutreffende Versicherung wird mit der Reparaturwerkstatt den Reparaturumfang klären und kann bei Unstimmigkeiten noch ein weiteres Gutachten bestellen.

Arten der Kraftfahrtversicherungen	
Kraftfahrtversicherung – für privat zugelassene Fahrzeuge	Kraftfahrtversicherung – für gewerblich zugelassene Fahrzeuge
Kfz-Haftpflichtversicherung	Kfz-Haftpflichtversicherung
Teilkaskoversicherung	Kaskoversicherung
Vollkaskoversicherung	Betriebshaftpflichtversicherung
Kfz-Unfallversicherung	Umwelthaftpflichtversicherung – erweiterter Tarif
Kfz-Reparaturkostenversicherung	

Erst nach vollständiger Klärung der Finanzierung des Schadens kann mit der Reparatur begonnen werden. Erhält die Reparaturwerkstatt den Auftrag zur Reparatur des Fahrzeugs, ist es üblich, dass die Werkstatt die Ansprüche seiner Kundschaft gegenüber der Versicherung an sich abtreten lässt.

Bei einem Haftpflichtschaden tritt der oder die Geschädigte die Schadenersatzansprüche an die Versicherung in Höhe der Reparaturkosten ab. Dies stellt sicher, dass die Reparaturkosten an die Reparaturwerkstatt bezahlt werden.
Bei einem Kaskoschadenfall muss der Kaskoversicherer der Abtretung zustimmen. Die Frage, wer die Reparaturkosten trägt, wird über die Reparaturkosten-Übernahmebestätigung (RKÜB) geregelt. Die Reparaturkosten-Übernahmebestätigung hat zwei Funktionen:

1. Die leistungsverpflichtete Versicherung erklärt, ob und in welchem Umfang sie Schadenersatz leistet.
2. Der oder die Geschädigte (Anspruchsteller/-in) weist die Versicherung an, Leistungen direkt an den Reparaturbetrieb zu zahlen.

Die Reparaturkosten-Übernahmebestätigung (RKÜB) ist eine Anweisung des Versicherungsnehmers oder der Versicherungsnehmerin, die Reparaturkosten zu erstatten. Sie enthält keine Abtretung der Forderung aus dem Reparaturauftrag. Die Kfz-Halter und -halterinnen sind selbst dafür verantwortlich, dass die Reparaturkosten bezahlt werden.

Die Reparatur von Fahrzeugen und Teilen ist mit erheblichen Risiken für den Betrieb und dessen Beschäftigte verbunden. Gegen diese Risiken kann sich der Betrieb durch Abschluss einer Betriebshaftpflichtversicherung absichern.

Die Betriebshaftpflichtversicherung (BHV), auch Gewerbehaftpflichtversicherung genannt, ist eine der wichtigsten Versicherungen für Selbstständige, mittelständische Unternehmen, Freiberufler und Freiberuflerinnen oder Firmen mit Angestellten. Die BHV deckt Risiken rund um die

- Betriebsstätten,
- betrieblichen Tätigkeiten und
- Produkte

ab. Sie übernimmt weiter die Kosten für Personen-, Sach- und/oder Vermögensschäden.
In der BHV sind mitversichert

- Umwelthaftpflicht – Basistarif,
- Umweltschaden – Basistarif,
- private Haftpflicht für Unternehmer,
- Haftung wegen Diskriminierung,
- erweiterte Produkthaftpflichtversicherung.

Auf der Grundlage der **Reparaturkalkulation** wird die Versicherung dann die Reparaturfreigabe bei einem Kaskoschaden erteilen. Die Werkstatt muss bei einem Haftpflichtschaden nicht bis zur Bestätigung durch die Versicherung warten. Der Vertrag zur Reparatur des Unfallschadens wird zwischen der Werkstatt und dem Kunden bzw. der Kundin geschlossen. Verzögerungen könnten die Kosten weiter erhöhen, die zulasten der Werkstatt gehen (z. B. Mietwagenkosten).

Die Reparaturwerkstatt kann jetzt sicher sein, dass die Versicherung die vereinbarten Reparaturkosten bezahlen wird. Sollte die Rechnung aufgrund unvorhersehbarer, aber unfallbedingter Schäden höher ausfallen, ist die Versicherung vor Reparatur unverzüglich zu informieren. Erst nach erneuter Abstimmung mit eventuell angeordneter Prüfung und erweitertem Auftrag durch den Versicherer kann die zusätzliche Reparatur vorgenommen werden. Andere Reparaturen und Dienstleistungen als in der RKÜB vereinbart dürfen durch die Werkstatt nicht beim Versicherer angemeldet werden. Fällt der Rechnungsbetrag geringer als der kalkulierte Betrag aus, dann zahlt die Versicherung nur den Rechnungsbetrag. Grundsätzlich haben Geschädigte vollen Anspruch auf die Erstattung der Reparaturkosten, die mit Vorlage der Rechnung ersetzt werden. Sie können aber auch die Reparaturkosten nach dem erstellten Gutachten abrechnen. Bei dieser fiktiven Abrechnung werden nur die Nettoreparaturkosten erstattet. Unabhängig davon, wie sich die Geschädigten entscheiden, sollten sie eine Kostenkalkulation in Auftrag geben. Werden Reparaturkosten unterhalb der Bagatellgrenze von 750,00 € ermittelt, ist von der Beauftragung eines Gutachtens abzuraten, da die Sachverständigengebühren dann nicht erstattet werden. Die Haftpflichtversicherung akzeptiert meistens den Kostenvoranschlag und trägt diese Kosten. Die Erstellung von Kostenvoranschlägen wird oft von den Werkstätten als Service kostenfrei angeboten, wenn danach auch die Reparatur im gleichen Betrieb erfolgt.

Abtretungserklärung

Die Abtretungserklärung ist ein übliches Mittel in der Wirtschaft, um Sicherheiten zu übereignen. Geschädigte treten damit ihre Forderungen gegenüber den Schädigenden an Dritte ab. Diese werden somit gegen eine eventuelle Zahlungsunfähigkeit des direkten Vertragspartners abgesichert.

Unfälle mit Kraftfahrzeugen sind sehr kostenintensiv. Die Geschädigten möchten die Kosten für Reparatur, Sachverständige, Leihwagen, Abschleppdienste usw. nicht selbst bezahlen, sondern ihre Ansprüche lieber an Dritte in Höhe der eigenen Rechnung abtreten.

Grundsätzlich sind Geschädigte verpflichtet, ihre Ansprüche an die Versicherung selbst durchzusetzen. Das Vorliegen einer Abtretungserklärung führt im Regelfall dazu, dass die zahlungspflichtige Haftpflichtversicherung die Kosten an den Rechnungssteller ausgleicht. Die Abtretung erfolgt nur zur Sicherung des Anspruchs des neuen Gläubigers. Neue Gläubiger können z. B. die Reparaturbetriebe sein, die den Unfallschaden im Auftrag der Geschädigten reparieren, die Kfz-Sachverständigen, an die die Sachverständigenkosten abgetreten werden, oder ein Mietwagenservice, an den die Mietwagenkosten abgetreten werden. Das Rechtsdienstleistungsgesetz (RDG) sieht zwei Formen der Abtretung für die Schadenabwicklung vor, die „Abtretung erfüllungshalber“ und die „Sicherungsabtretung“.

Mit dem § 2 Abs. 2 RDG wird die vollständige Abtretung von Ansprüchen zur „Rechtsdienstleistung“ erklärt. Kunden und Kundinnen können wie bisher ihre Ansprüche auf Reparaturkostenerstattung an die Werkstatt abtreten. Neu ist nun, dass die Werkstatt diese Forderung im eigenen Namen geltend machen kann, weil sie ja jetzt ihr „gehört“. Sie kann diese Forderung auch einklagen. Eine Klageerhebung war bisher nur mit einer Sicherungsabtretung möglich, wenn vorher eine Mahnung der Kunden oder Kundinnen erfolgte. Die Rechtsposition der Werkstatt hat sich dadurch wesentlich verbessert.
Die Sicherungsabtretung verfolgt den Zweck, die Werkstatt gegen Forderungsausfall abzusichern. Die Werkstatt wird nicht mit Unterschrift zum Inhaber der Forderung und kann demzufolge auch nicht selbst gegen die Versicherung klagen. Die durch die Sicherungsabtretung erlangte Sicherung darf nur verwendet werden, wenn die Kunden oder Kundinnen nicht zahlen.

Welche Abtretung ein Kfz-Betrieb nutzt, ist egal, denn der Anspruch gegen die Kundschaft bleibt bestehen.

Die persönliche Haftung der Geschädigten gegenüber den neuen Gläubigern bleibt davon unberührt. Die Geschädigten verpflichten sich, selbst für die Geltendmachung ihrer Schadenersatzansprüche Sorge zu tragen.

Leisten die Schadenverursacher bzw. -verursacherinnen oder deren Haftpflichtversicherer bei der Schadenabrechnung keine Zahlung an den neuen Gläubiger, dann ist dieser erst berechtigt, die abgetretene Forderung gegen die Schadenverursacher bzw. -verursacherinnen oder deren Haftpflichtversicherer geltend zu machen, wenn er vorher die Abtretenden zur Zahlung aufgefordert hat. Für Abtretungserklärungen gibt es keine Formvorschrift. Eine Abtretungserklärung sollte aber immer schriftlich erfolgen und eventuell (z. B. bei sehr hohen Werten) von einem Notariat beglaubigt werden.

Aus der Erklärung muss klar hervorgehen, welche Rechte abgetreten werden, und wer diese an wen abtritt. Die Versicherung des Schädigers bzw. der Schädigerin sollte über die Abtretung informiert werden.

Name und Anschrift der Werkstatt

Abtretungs-Erklärung

Bei dem unten bezeichneten Verkehrsunfall wurde mein FAHRZEUG beschädigt.
Hiermit trete ich meinen Schadenersatzanspruch/Leistungsanspruch
a) gegen die Haftpflichtversicherung des Unfallgegners
b) gegen meine Kaskoversicherung
in Höhe der Reparaturkosten zur Sicherung des Anspruches auf Bezahlung der Reparaturkosten von voraussichtlich ________ € unwiderruflich an die oben genannte Werkstatt ab.

Name/Adresse: ____________________

Ich bin vorsteuerabzugsberechtigt: ja ☐ nein ☐

Ort/Datum ____________ Unterschrift ____________

Verkehrsunfall vom ____________ in ____________

Unfallbeschädigtes Fahrzeug ____________ Kennzeichen ____________

Unfallgegner ____________________

Versicherungs-Nr.: ____________ Gesellschaft ____________

in ____________ Schaden-Nr.: ____________

Besichtigt durch Kfz-Sachverständigen ____________ am ____________

MUSTER

Mobilitätsgarantie

Die Mobilitätsgarantie ist eine besondere Kundendienstleistung, die zwischen dem Fahrzeughersteller bzw. Händler und der Kundschaft vereinbart wird. Bei Einhaltung der vorgeschriebenen Wartungsintervalle wird den Kunden und Kundinnen versprochen, dass ihnen täglich 24 Stunden geholfen wird, falls diese mit ihrem Fahrzeug eine Panne haben. Voraussetzung für die Leistung ist, dass sich die Fahrzeughalter und -halterinnen neben den geplanten Inspektionen auch verpflichten, die empfohlenen Reparaturen in der Fachwerkstatt ausführen zu lassen. Die Pannenhilfe wird kostenlos gewährt, außer bei Unfallschäden oder wenn eigenes Verschulden vorliegt.

Zunächst wird versucht, das Fahrzeug wieder fahrbereit zu machen. Gelingt dies nicht, wird eine der nächsten Vertragswerkstätten aufgesucht. Dauert die Reparatur länger, bieten einige Firmen einen Ersatzwagen oder auch eine Hotelübernachtung an.
Die Leistungen im Rahmen der Mobilitätsgarantie sind für die Kundschaft kostenlos. Zwischen der Vertragswerkstatt und dem Hersteller werden diese aber intern verrechnet.

Die Mobilitätsgarantie hat in Markenwerkstätten weiter an Bedeutung gewonnen. Das Autohaus wird immer stärker als „Fachmarkt für Mobilität“ begriffen.

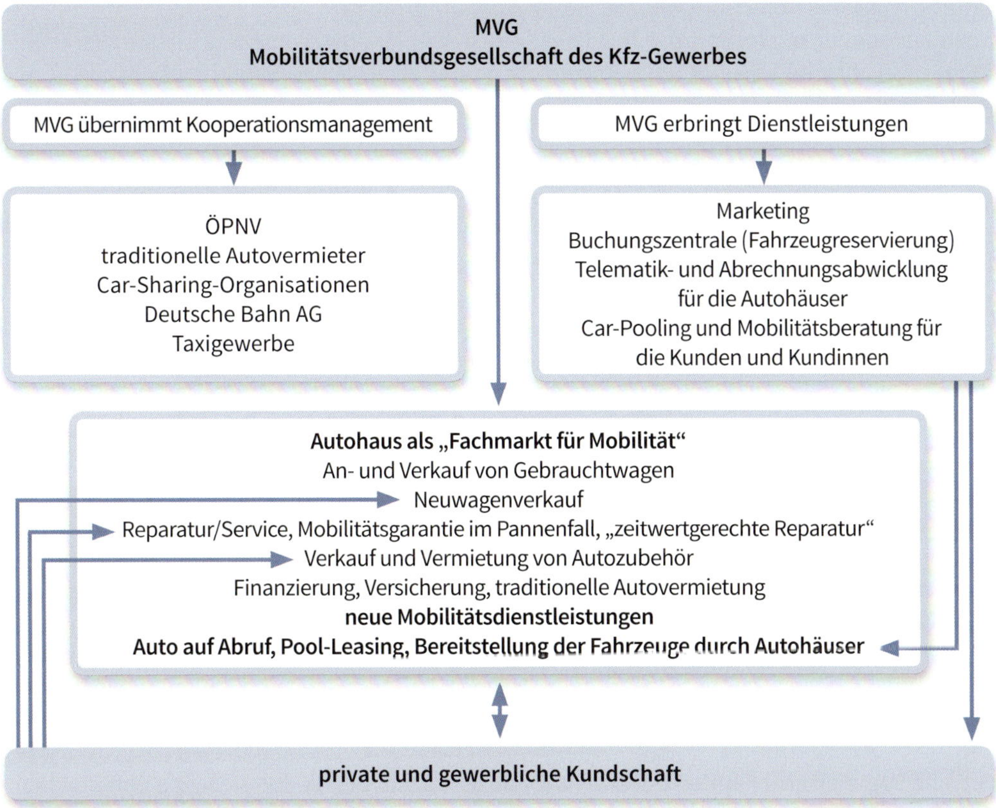

Zukunftsweisendes Konzept: Unter dem Dach einer „Verbundgesellschaft des Kfz-Gewerbes“ sollen Autohäuser künftig zu innovativen „Fachmärkten für Mobilität“ werden. Das Dienstleistungsangebot „Auto auf Abruf“ könnte dabei – neben den klassischen Geschäftsfeldern – zu einer neuen profitablen Ertragssäule avancieren.

Notdienst

Ziel des Notdienstes ist es, den Fahrzeugführern und -führerinnen rund um die Uhr eine Pannenhilfe anzubieten. In den Händlerverträgen werden die Kfz-Betriebe verpflichtet, an den

Notdienstprogrammen teilzunehmen. Existieren in einem Vertriebsgebiet mehrere Reparaturbetriebe, dann können sich diese die Aufgaben des Notdienstes teilen. Informationstafeln weisen die Autofahrerinnen und Autofahrer auf den Bereitschaftsdienst hin, der sich in diesem Ort befindet.
Auf den Autobahnen wird an den Notrufsäulen eine Verbindung zur Notrufzentrale hergestellt. Diese informiert den nächsten Reparaturbetrieb, der dann meistens ein Fahrzeug der Pannenhilfe zur Soforthilfe schickt. Da das Internet z. B. mit einem Smartphone überall zu erreichen ist, können Nutzende auch darüber die nächste Werkstatt erreichen. Selbst die moderne Komfortelektronik der Fahrzeuge zeigt die nächstgelegene Servicestation ihrer Marke an.

Wird der Pannendienst gerufen, dann werden kleine Reparaturen meistens sofort ausgeführt. Stellt sich ein größerer Schaden heraus, organisiert der Notdienst einen Abschleppwagen zur nächsten Werkstatt. Steht das Fahrzeug an einer unübersichtlichen oder gefährlichen Stelle, muss es sofort abgeschleppt werden!

Fahrzeugaufbereitung und Fahrzeugpflege

Nutzungsdauer und Verkaufswert eines Fahrzeugs hängen eng mit der Einhaltung von Wartungsintervallen und der Fahrzeugpflege ab. Durch eine professionelle Fahrzeugaufbereitung wird der Verkaufswert eines Gebrauchtwagens wesentlich gesteigert.

Nach erfolgter Wartung oder Reparatur bieten Fachwerkstätten eine sogenannte Rund-Um-Pflege als kostenfreie Serviceleistung an. Zusätzlich kann die Kundschaft eine Lackaufbereitung, Nanoversiegelung oder Reinigung mit Trockeneis buchen. Immer mehr Kundinnen und Kunden wünschen ein individuelles Design ihres Fahrzeugs. Dafür kommt beispielsweise ein 3D-Design zur Veredelung von Oberflächen durch Wassertransferdruck infrage, z. B. an Felgen, Kotflügeln oder im Innenraum, oder eine Verspiegelung mit Chrom (Spiegellack).

Wünschen Kunden oder Kundinnen einen Fahrzeugwechsel, dann möchten sie den Verkaufswert des alten Fahrzeugs steigern. Zur Beseitigung der Gebrauchsspuren bieten Fachwerkstätten das sogenannte Smart- oder Spot Repair an. Hierbei werden sehr professionell Lackschäden, Hagelschäden, Glasschäden, Felgenschäden, Dellen und Beulen sowie Polsterschäden beseitigt.

Oft sind sogar externe Firmen bei den Autohäusern ansässig, die für diese die entsprechenden Arbeiten übernehmen. Die Rechnungen für die ausgeführten Arbeiten erhält das Autohaus. Die Endabrechnung erfolgt zwischen Kundschaft und Autohaus.

Auch haben viele Versicherungen ihr Angebot erweitert und Smart Repair in ihre Leistungen aufgenommen. Über entsprechende Partnerwerkstätten kann die Kundschaft dann die zu erledigenden Arbeiten in Auftrag geben.

Um die Reparaturen fachgerecht ausführen zu können, bieten sich verschiedene Systeme und Techniken an.

Unterschied zwischen Fahrzeugaufbereitung und Fahrzeugpflege	
Bezeichnung	Erläuterung
Fahrzeugaufbereitung	Aufbereitung und Aufwertung des Lacks (bei kleineren Schäden) Beispiele: • Flugrostentfernung • Lackaufbereitung • Ausbesserung von Steinschlägen und kleineren Dellen
Fahrzeugpflege	Normale Pflegearbeiten, z. B. Polieren, Wachsen, Waschen Beispiele: • Motorwäsche und Motorversiegelung • Waschstraßenwäsche • Felgenreinigung und Versiegelung • Lackreinigung • Komplettpolitur des Fahrzeugs • Reinigung von Cabrio-Verdecken und Verdeck-Kasten • Cockpit- und Innenraumpflege

Fahrzeugverschrottung

Nach dem Altfahrzeuggesetz vom 01.07.2002 haben Letzthalter von Altfahrzeugen die Möglichkeit, Fahrzeuge, die nach dem 01.07.2002 erstmals zugelassen wurden, unentgeltlich an den Hersteller oder Importeur zurückzugeben. Für Fahrzeuge, die bereits vor dem 01.07.2002 zugelassen wurden, gilt ebenfalls die kostenlose Altfahrzeugentsorgung. Hersteller und Importeure von Pkw der Klasse M1 (Fahrzeuge zur Personenbeförderung mit höchstens acht Sitzplätzen außer dem Fahrersitz) und leichten Nutzfahrzeugen der Klasse N1 (Fahrzeuge zur Güterbeförderung mit einem Höchstgewicht von bis zu 3,5 t) sind zur Rücknahme der Altfahrzeuge verpflichtet und müssen die ordnungsgemäße Entsorgung sicherstellen.

Die mit der Rücknahme und Verwertung verbundenen Kosten werden den Herstellern und Importeuren angelastet. Für die ordnungsgemäße Entsorgung wurden Annahme- und Rücknahmestellen geschaffen. Diese Stellen sind berechtigt, Altfahrzeuge anzunehmen und an Demontagebetriebe weiterzuleiten. Rücknahmestellen arbeiten direkt mit den Herstellern zusammen und nehmen Altfahrzeuge unentgeltlich entgegen.

Der Letzthalter muss sein Fahrzeug einer anerkannten Rücknahmestelle, Annahmestelle oder einem Demontagebetrieb überlassen. Diese Betriebe sind verpflichtet, Altfahrzeuge nur an zugelassene Demontagebetriebe zu übergeben, die den Verwertungsnachweis an den Letzthalter aushändigen.

Mit diesem Gesetz wurde die EU-Richtlinie zur Verwertung und Entsorgung von Altfahrzeugen in Deutschland umgesetzt. In ganz Europa ist es das Ziel, dass Fahrzeuge nach strengen Umweltrichtlinien entsorgt werden. Die Kreislaufwirtschaft spielt dabei eine zentrale Rolle, indem möglichst viele Teile eines Altfahrzeugs wiederverwertet und dem Produktionszyklus zugeführt werden.

Mit der Weiterentwicklung der EU-Richtlinien zur Kreislaufwirtschaft wird ein noch stärkerer Fokus auf die Wiederverwendung und das Recycling von Fahrzeugteilen gelegt. Die EU-Richtlinie 2015/719 zielt darauf ab, das Abfallaufkommen weiter zu reduzieren und die Recyclingquoten für Altfahrzeuge zu erhöhen.

Darüber hinaus gewinnt das Recycling von Hochvoltbatterien aus Elektrofahrzeugen zunehmend an Bedeutung. Hersteller sind verpflichtet, die umweltgerechte Entsorgung dieser Komponenten sicherzustellen und spezialisierte Betriebe mit dem Batterierecycling zu beauftragen. Mit dem zunehmenden Anteil an Elektrofahrzeugen wird die Zahl der traditionellen Verschleißteile wie Abgasanlagen sinken, während Systeme wie Batteriemanagement und Ladeinfrastruktur stärker in den Fokus rücken.

Moderne Recyclingtechnologien ermöglichen eine immer präzisere Materialtrennung und Wiederverwertung. Insbesondere neue Verfahren zur Demontage und Trennung von Metall, Kunststoff und elektronischen Komponenten tragen dazu bei, die Umweltbelastung bei der Fahrzeugentsorgung weiter zu reduzieren.

Die Kreislaufwirtschaft spielt bei der Fahrzeugentsorgung eine immer größere Rolle. Ziel ist es, möglichst viele Teile eines Altfahrzeugs wiederzuverwerten und so den Ressourcenverbrauch zu minimieren. Von der Wiederverwendung von Karosserieteilen bis hin zum Recycling von Metall und Kunststoff – der Großteil der Fahrzeugbestandteile soll wieder in den Produktionszyklus zurückgeführt werden.

Werden Fahrzeuge bei der Zulassungsstelle abgemeldet, verlangt diese einen Verwertungsnachweis oder eine sogenannte Verbleibserklärung. Die Verbleibserklärung erhalten Fahrzeughalter und -halterinnen z. B. dann, wenn sie den Pkw als zukünftigen Oldtimer aufbewahren möchten.

Werden Fahrzeuge, wie z. B. Motorräder oder Campinghänger, bis zu 18 Monaten stillgelegt, ist kein Nachweis notwendig.

4.2.3 Zeitwertgerechte Reparaturleistungen anbieten

Wertverlust und Reparaturkosten im Automobilbereich

Mit zunehmender Laufleistung eines Fahrzeugs sinkt dessen Marktwert erheblich. Autofahrer und -fahrerinnen, die Reparaturen selbst finanzieren müssen, stehen häufig vor der Herausforderung, die Kosten zu minimieren. Um dies zu erreichen, wählen viele von ihnen günstigere Ersatzteile, anstatt auf teure Originalteile zurückzugreifen.

Optionen für Ersatzteile

Erstausrüsterqualität (OE-Teile): Neuwertige Originalteile vom Fahrzeughersteller sind oft teuer und stehen in keinem angemessenen Verhältnis zum Restwert des Fahrzeugs. Daher sind sie für viele Autofahrerinnen und -fahrer keine praktikable Option.

Ident-Teile: Diese Teile sind funktions- und baugleich mit den Originalteilen und stammen in der Regel von Herstellern, die im Auftrag der Fahrzeughersteller produzieren. Ident-Teile werden nach den gleichen hohen Standards gefertigt und bieten eine zuverlässige Qualität. Die Hersteller erlauben oft, dass Überproduktionen als „Original-Marken-Teil mit Originalqualität“ verkauft werden, häufig zu einem reduzierten Preis.

Gebrauchte Teile: Überprüfte oder reparierte Gebrauchtteile stellen eine weitere kostengünstige Alternative dar. Diese Teile können oft in gutem Zustand und zu einem Bruchteil des Preises neuer Teile erworben werden.

Zeitwertgerechte Reparatur

Der Begriff „zeitwertgerechte Reparatur“ bezieht sich auf die Durchführung von Reparaturen an gebrauchten Fahrzeugen mit Ident- oder Gebrauchtteilen. Diese Art der Reparatur sorgt dafür, dass die Kosten im Vergleich zum aktuellen Fahrzeugwert angemessen bleiben.

Qualitätsgarantie: Autofahrerinnen und -fahrer können sich darauf verlassen, dass Ident-Teile die erforderlichen Qualitätsstandards erfüllen, da sie vom Fahrzeughersteller geprüft und freigegeben wurden.

Risiken im Teilemarkt

Der Markt für Autoersatzteile ist nicht nur vielfältig, sondern auch anfällig für Plagiate und Fälschungen. Autofahrerinnen und -fahrer sollten daher nur bei vertrauenswürdigen Anbietern kaufen, um sicherzustellen, dass die Teile die erforderlichen Qualitäts- und Sicherheitsstandards erfüllen. Ein sorgfältiger Einkauf schützt nicht nur die Investition in das Fahrzeug, sondern auch die Sicherheit der Fahrzeuginsassen.

Fazit

Die Entscheidung für eine zeitwertgerechte Reparatur mit Ident- oder gebrauchten Teilen ist sowohl aus wirtschaftlicher Sicht als auch hinsichtlich der Qualität sinnvoll. Die Kundinnen und Kunden sollten sich jedoch stets bewusst sein, dass sie sich gegen die Risiken des Marktes absichern und auf die Qualität und Vertrauenswürdigkeit der Teileanbieter achten sollten.

Beispiel

Das Fahrzeug des Auszubildenden Pascal hat aufgrund höherer Laufleistung an Wert verloren. Als an seinem Fahrzeug eine Reparatur notwendig wird, entscheidet sich Pascal für die Verwendung von Ident-Teilen, um die Kosten im Rahmen zu halten. Durch die Wahl dieser hochwertigen, geprüften Teile kann er sicherstellen, dass die Reparatur sowohl kosteneffizient als auch qualitativ hochwertig ist.

Nicht autorisierte Hersteller bieten auf der ganzen Welt solche Teile zu günstigen Preisen als Ident-Teile an. Verantwortliche Arbeitskräfte des Autohauses haben die Aufgabe, alle angelieferten Teile auf ihre Zulassung zu prüfen. Originalteile werden in Originalverpackungen der Hersteller geliefert, versiegelt und mit Hologramm versehen, und haben auf Verpackungen und Teilen die Identifikationsnummer des Herstellers.

Verschleißteile, wie Bremsscheiben, Bremsbeläge, Lenkungsteile, gehören zu den sicherheitsrelevanten Teilen. Diese Ersatzteile werden grundsätzlich neu gekauft! Diese Teile werden auch als „Risikoteile" bezeichnet. Risikoteile sind mit einem „R" besonders gekennzeichnet. Eine vollständige oder auch teilweise Reparatur dieser Teile ist unzulässig.
Reparaturkosten können auch gesenkt werden, wenn die Kundschaft Teile oder auch Schmierstoffe selbst mitbringt. Werkstätten lassen sich nicht dazu zwingen, diese Teile einzubauen. Stuft die Werkstatt das Teil als Originalteil ein, dann kann sie es einbauen, übernimmt aber nicht die Garantie. Fällt das Teil nach kurzer Zeit aus oder es kommt zu Folgeschäden, dann muss die Kundschaft bei erneuter Reparatur auch die Kosten für den Ausbau tragen.

Motoröl wird auf dem freien Markt günstiger angeboten als im Fachhandel. Wichtig ist hier, dass die Ware den Vorgaben des Herstellers entspricht.

Zusammenfassung

- Statistiken des DAT-Reports zeigen, dass sich die Haltbarkeit von Fahrzeugen weiter verbessert hat.
- Motoren haben eine höhere Laufleistung, Fahrzeugteile halten länger und Fahrzeuge erreichen nicht selten, bei regelmäßiger Wartung, eine Fahrleistung von über 200 000 km.
- Weniger Reparaturaufträge führen dazu, dass die Werkstätten nicht ausgelastet sind und somit keine Kostendeckung erreicht wird.
- Das Anbieten von weiteren ergänzenden Serviceleistungen regional und überregional in Medien und sozialen Netzwerken führt dazu, dass die Kundschaft die Leistungsfähigkeit der Werkstätten wahrnimmt und Aufträge abschließt. Neukundschaft kann so leichter gewonnen werden.
- Das Anbieten von zeitwertgerechten Reparaturen spart der Kundschaft Geld.
- Reparaturleistungen der Werkstatt müssen sich am Restwert eines Fahrzeugs orientieren und so für alle Kundinnen und Kunden spürbar zu geringeren Reparaturkosten führen.
- Serviceleistungen der Werkstatt tragen wesentlich zur Kundengewinnung, Kundenbindung, Kundenwerbung und Kundenzufriedenheit bei.

Aufgaben

1. Informieren Sie sich über die §§ 17 und 19 Abs. 3 StVZO sowie die §§ 41 und 42 BOKraft und fertigen Sie zu den wesentlichen Inhalten eine Übersicht an.

2. Gruppenarbeit: Analysieren Sie, welche betriebsspezifischen Dienstleistungen in Ihren Kfz-Betrieben angewendet werden. Schätzen Sie deren Erfolg ein. Was würden Sie besser machen? Präsentieren Sie Ihre Ergebnisse.

3. Den nachfolgend genannten Kunden und Kundinnen sollte ein Mietwagen, ein Leihwagen oder auch kein Wagen zur Verfügung gestellt werden.
   a) Wie würden Sie sich in den folgenden Situationen entscheiden?
   b) Was würden Sie der Kundschaft jeweils in Rechnung stellen?
   c) Welche Fragen würden Sie jeweils vor Fahrzeugübergabe klären?
      - Ein Neukunde arbeitet seit Kurzem in Morbach, wohnt aber in einer Entfernung von 50 km. Von seinem Wohnort aus gibt es weder Bus- noch Bahnverbindungen zu seiner neuen Arbeitsstelle. Er fährt ein älteres Fahrzeug der Marke Maximo. Die Reparatur des Fahrwerks wird ca. zwei Tage dauern.
      - Die Stammkundin Frau Bauer lässt ihren selbst verschuldeten Unfallschaden im Autohaus Köppel reparieren. Die Reparaturkosten werden auf ca. 6 500,00 € geschätzt. Zur Sicherung ihrer täglichen Mobilität möchte sie einen Leihwagen bekommen, da sich ihre tägliche Fahrzeit zur Arbeit mit dem Zug um zwei Stunden verlängern würde.

4. Besorgen Sie sich im Ausbildungsbetrieb eine Reparaturkosten-Übernahmebestätigung, studieren Sie den Inhalt und informieren Sie sich darüber, wie dieses Dokument in der Praxis angewendet wird. Reflektieren Sie Ihre Erkenntnisse im Schulunterricht.

5 Diagnose-, Wartungs-, Service- und Reparaturaufträge bearbeiten

AUSGANGSSITUATION

Vor ein paar Wochen wurde die Arbeitszeit der Werkstattmitarbeiter und -mitarbeiterinnen umgestellt. Der Werkstattleiter, Herr Michaeli, ist mit der Umstellung zufrieden. Von der Kundschaft erhält das Autohaus ein positives Feedback und auch die Arbeitskräfte stehen weniger unter Stress. Im nächsten Schritt sollen die Abläufe in der Werkstatt geprüft und angepasst werden. Die Annahme sowie Bearbeitung von Diagnose-, Wartungs-, Service- und Reparaturaufträgen sind zu optimieren.

Die Auszubildenden der Autohaus Köppel GmbH sollen sich mit den Abläufen befassen und Verbesserungsvorschläge machen.

Alle Informationen, die sich die beiden aneignen, sollen in einem Handout zusammengefasst werden.

ARBEITSAUFTRÄGE

1. Informieren Sie sich über die Abläufe in Ihrem Unternehmen in Bezug auf die Bearbeitung von Diagnose-, Wartungs-, Service- und Reparaturaufträgen.
2. Notieren Sie stichpunktartig, welche Abläufe gut sind und wo es noch Verbesserungsmöglichkeiten gibt.
3. Besprechen Sie Ihre Ergebnisse mit Ihren Vorgesetzten sowie im Klassenplenum.
4. Nutzen Sie Ihr neu gewonnenes Wissen für die Zukunft.

5.1 Abschluss von Wartungs- und Reparaturarbeiten – Allgemeine Voraussetzungen

EINSTIEGSSITUATION

Pascal Palm und Nora Braun beschäftigen sich mit den Abläufen der Wartungs- und Reparaturaufträge. Dabei unterscheiden sie zwischen den allgemeinen Voraussetzungen und der Erfassung sowie der Bearbeitung dieser Aufträge. Alle Inhalte zum Themenbereich „Allgemeine Voraussetzungen“ möchten sie in einer Mindmap festhalten.

Erstellen Sie diese Mindmap.

Haben sich Kundinnen und Kunden von der Leistungsfähigkeit des Unternehmens überzeugt, möchten sie einen entsprechenden Wartungs- oder Reparaturauftrag abschließen. Damit es nicht zu Missverständnissen in Bezug auf die zu erledigenden Arbeiten kommt, erstellt das Autohaus im Vorfeld ein Angebot. Nehmen die Kundinnen und Kunden dieses an, entsteht der Auftrag.

Im Kundendienst fallen sehr unterschiedliche Auftragsarten an. Sie werden in der Regel nach der Art der Arbeit, die am Fahrzeug vorgenommen wird, unterschieden. Die Bezeichnung der Auftragsarten ist in den Kfz-Betrieben sehr unterschiedlich.

Aufträge unterscheidet man auch danach, ob sie produktiv oder unproduktiv sind. Mit produktiven Aufträgen werden Umsatzerlöse erwirtschaftet, unproduktive Aufträge verursachen dagegen Kosten, die sich negativ auf das Betriebsergebnis auswirken. Unproduktive Aufträge sind beispielsweise interne Aufträge (z. B. Reparatur der betriebseigenen Fahrzeuge) oder Gewährleistungsaufträge (z. B. Nachbesserung nach einer Reparatur am Kundenfahrzeug).

In der folgenden Tabelle erhalten Sie einen Überblick über mögliche Auftragsarten, die im Kundendienst anfallen können.

Art	Form	Kurzbezeichnung	Beispiel
Wartungsauftrag	Kundenauftrag interner Auftrag (hausinterner Auftrag)	K-Auftrag I-Auftrag (H-Auftrag)	Inspektionen NW-, GW-Inspektion
Reparaturauftrag (Werkstattauftrag)	Kundenauftrag Gewährleistungsauftrag und Kulanzauftrag interner Auftrag Unterauftrag	K-Auftrag G-Auftrag I-Auftrag U-Auftrag	Reparaturen Garantiereparatur zusätzliche Ausrüstung der Neufahrzeuge Fremdauftrag an Lackiererei
Wartungs- oder Reparaturauftrag	Werkstattaufträge	W-Auftrag	Reparatur der Hebebühne

5.1.1 Kauf- und Werkvertrag

Werden in einem Reparaturbetrieb Aufträge zur Wartung oder Reparatur eines Fahrzeugs entgegengenommen, wird immer ein Vertrag zwischen Kundinnen und Kunden und Betrieb abgeschlossen. Kundinnen und Kunden können zur Realisierung des Auftrages benötigte Teile und Zubehör an der Theke des Autohauses kaufen und dort auch die Montage vereinbaren. Es besteht auch die Möglichkeit, dass die benötigten Teile im Auftrag der Kundschaft eingekauft und montiert und anschließend in Rechnung gestellt werden. Selbstverständlich können die Kundinnen und Kunden auch Materialien im Autohaus kaufen und mitnehmen.

Das Bürgerliche Gesetzbuch unterscheidet als mögliche Vertragsarten den Werkvertrag (§§ 631–650 BGB) und die Anwendung des Kaufrechts (§ 651 BGB).

§ 631 BGB Vertragstypische Pflichten beim Werkvertrag

(1) Durch den Werkvertrag wird der Unternehmer zur Herstellung des versprochenen Werkes, der Besteller zur Entrichtung der vereinbarten Vergütung verpflichtet.

(2) Gegenstand des Werkvertrags kann sowohl die Herstellung oder Veränderung einer Sache als auch ein anderer durch Arbeit oder Dienstleistung herbeizuführender Erfolg sein.

Ein Werkvertrag liegt z. B. vor, wenn ein Kunde den neuen Auspuff zur Reparatur liefert und der Kfz-Betrieb diesen fachgerecht montiert. Werkverträge sind demnach alle Werkstattaufträge, bei denen die Kundschaft die auszutauschenden Teile selbst beschafft und anliefert. Handelt es sich bei den angelieferten Teilen nicht um Originalteile mit Zertifikat des Fahrzeugherstellers, kann die Werkstatt auch keine Gewährleistung auf diese Teile bieten, sondern nur auf die Reparaturleistung. Hersteller und Importeure lehnen jegliche Gewährleistung, Garantie und Kulanz ab, wenn Teile verwendet wurden, die nicht von ihnen zugelassen sind.

Vereinbart die Werkstatt die Beschaffung der benötigten Ersatzteile bei einem zugelassenen Hersteller oder Lieferant und führt dann die Arbeiten aus, handelt es sich um einen Kaufvertrag mit anschließender Montageverpflichtung. In § 651 BGB, Anwendung des Kaufrechts, wird bestimmt, dass auf einen Vertrag, der die Lieferung herzustellender oder zu erzeugender beweglicher Sachen zum Gegenstand hat, die Vorschriften über den Kauf (§§ 433 ff. BGB) Anwendung finden.

Neben der Herstellung eines Werkes muss die Kundschaft nun zusätzlich die Materialkosten und Lieferkosten zur Beschaffung der Teile bezahlen. Selbstverständlich besteht nun volle Gewährleistung der Werkstatt für deren ausgeführte Arbeiten und ebenso für die verwendeten Teile durch den Hersteller.

5.1.2 Wartungsaufträge

Ein Kraftfahrzeug ist ein sehr kompliziertes technisches System mit vielen vernetzten Teilsystemen.

Wartung und Instandhaltung von Fahrzeugen

Um den frühzeitigen Verschleiß von Systemkomponenten zu vermeiden, werden in regelmäßigen Abständen Wartungsarbeiten durchgeführt. Diese Arbeiten umfassen Funktions- und Sichtprüfungen, die auf Wartungsplänen basieren, die von den Fahrzeugherstellern zur Verfügung gestellt werden. Das Ziel der Hersteller ist es, durch verbesserte Materialien und eine höhere Produktionsqualität die Wartungsintervalle zu verlängern.

Wartungsintervalle

Wartungsabstände können entweder an der Laufleistung oder an der Betriebszeit des Fahrzeugs ausgerichtet sein. Ältere Fahrzeuge werden in der Regel nach Kilometerlaufleistung gewartet, während moderne Fahrzeuge die Laufleistung mithilfe von Motordiagnosetools erfassen und dem Fahrer bzw. der Fahrerin über das Kombiinstrument die nächste Wartung anzeigen.

Wartungsbewusstsein und Trends

Durch den technischen Fortschritt in der Automobilbranche wird der Wartungsaufwand kontinuierlich reduziert und flexible Wartungsintervalle finden zunehmend Anwendung.

Einfluss des Fahrzeugalters

Auch hängt die Häufigkeit der Wartungsarbeiten vom Alter des Fahrzeugs ab. An älteren Fahrzeugen werden meist weniger Wartungen durchgeführt, was darauf hindeutet, dass viele Besitzerinnen und Besitzer älterer Pkw die Notwendigkeit von Wartungsarbeiten nicht ausreichend erkennen. Kfz-Betriebe müssen hier überzeugend agieren, da jede Panne auf teils überlasteten Straßen ein erhebliches Gefahrenpotenzial darstellt.

Technischer Fortschritt und Wartungsmanagement

Die Entwicklungen in der Automobiltechnik haben nicht nur die Qualität der Fahrzeuge verbessert, sondern auch die Wartungsmanagementprozesse optimiert. Digitale Systeme ermöglichen eine genauere Überwachung von Fahrzeugzuständen, sodass Wartungsarbeiten präventiv durchgeführt werden können. Diese Technologie unterstützt die Werkstätten dabei, die Wartung effektiver zu planen und durchzuführen.

Die steigende Anzahl elektronischer Bauteile im Kraftfahrzeug erschwert es ferner den Halterinnen und Haltern, Wartungs- und Reparaturarbeiten selbst durchzuführen. Und auch sonstige Entwicklungen in der Automobiltechnik erfordern eine professionelle Wartung, um die Leistungsfähigkeit der Fahrzeuge (auch E-Fahrzeuge) langfristig zu sichern.

Zusammenfassung:

Wartungsaufträge:

- Ziel: Die regelmäßige Instandhaltung und Pflege des Fahrzeugs, um dessen einwandfreie Funktion und Lebensdauer zu gewährleisten.
- Inhalt: Wartungsaufträge beinhalten präventive Maßnahmen wie Ölwechsel, Kontrolle und ggf. Austausch von Filtern, Bremsbelägen oder Reifen, Überprüfung der Flüssigkeitsstände (z. B. Kühlmittel, Bremsflüssigkeit) und die Inspektion von Fahrzeugkomponenten wie der Bremsanlage, der Batterie oder der Lenkung.
- Zeitpunkt: Wartungsaufträge erfolgen in regelmäßigen Abständen nach Herstellervorgaben oder gemäß den Empfehlungen des Herstellers.

5.1.3 Reparaturaufträge

In den letzten Jahren nahm auch die Häufigkeit der Verschleißreparaturen ab. Dies hängt ebenfalls mit den technischen Entwicklungen und den Wartungsintervallen der Fahrzeuge zusammen.

Reparaturarbeiten fallen öfter bei Unfallfahrzeugen oder älteren Fahrzeugmodellen an.

Betrachtet man den Einfluss des Fahrzeugalters auf die Schadenhäufigkeit, so kann man erkennen, dass in den ersten zwei Jahren an allen Bauteilen nur geringfügige Schäden auftraten. In den nachfolgenden Jahren nahm die Schadenhäufigkeit besonders an der Bremsanlage und der elektrischen Anlage zu. Abgasanlagen fielen erst nach acht Jahren stärker aus. In der elektrischen Anlage sind es die vielen Leitungsverbindungen und Steckverbinder, an denen es nach einer längeren Laufleistung zu Unterbrechungen oder Problemen mit den elektrischen Kontakten kommt. Die Diagnose dieser Fehler gestaltet sich heute sehr schwierig, da sie sich nach Auslesen des Fehlerspeichers in vielen Steuergeräten zeigen. Das Problem besteht aber darin, den Ort der z. B. Unterbrechung zu finden. Deshalb kann die Fehlersuche mehrere Stunden dauern, aber die Fehlerbeseitigung nur wenige Minuten. Materialkosten fallen meist auch nicht an, dafür aber hohe Lohnkosten, was oft zu Diskussionen mit den Kunden führt.

Die Aufgabe besteht nun darin, bei der Reparaturannahme die Art des Schadens zu analysieren und dann das richtige Auftragsformular auszufüllen.

- Handelt es sich um einen normalen Kundenauftrag?

- Liegt ein Gewährleistungs- oder Kulanzauftrag vor?
- Erfolgt die Reparatur als interner Auftrag in meinem Betrieb oder als Fremdauftrag in einer anderen Firma?
- Ergeben sich aus dem Auftrag weitere abzuschließende Verträge?

Besonders schwierig ist die Einschätzung der Frage, ob es sich um einen Garantie- oder Kulanzauftrag handelt. Werden Neufahrzeuge nach kurzer Laufzeit zur Reparatur angemeldet, muss man mit dem Vertragshändler in Kontakt treten und Gewährleistungsansprüche anmelden. Ist der Schaden beispielsweise auf unsachgemäße Benutzung des Fahrzeugs zurückzuführen, muss geklärt werden, ob eine Kulanz gewährt werden kann. Gewährleistungsaufträge werden in der Regel vom Fahrzeughersteller bezahlt. Liegt ein anerkannter Kulanzauftrag vor, einigen sich Fahrzeughersteller und Fahrzeughalter bzw. -halterin über die Kostenanteile.

Es ist immer besser, wenn sich Fahrzeughalter bzw. -halterin, Fahrzeughersteller und die beauftragte Reparaturwerkstatt vor Reparaturbeginn über diese Fragen einigen. Gerade auf diesem Gebiet kommt es bei Unstimmigkeiten sehr oft zu einem Rechtsstreit, der vor Gericht verhandelt werden muss, lange dauert und hohe Kosten verursacht.

Zusammenfassung

Reparaturaufträge:

- Ziel: Die Behebung von bereits aufgetretenen Mängeln oder Schäden, die die Funktion des Fahrzeugs beeinträchtigen oder sicherheitsrelevant sind.
- Inhalt: Reparaturen werden durchgeführt, wenn ein Fahrzeug eine Fehlfunktion oder einen Defekt aufweist, wie z. B. eine defekte Klimaanlage, ein kaputter Motor, ein Schaden an der Karosserie oder eine nicht funktionierende Bremsanlage.
- Zeitpunkt: Reparaturaufträge entstehen in der Regel aufgrund von Problemen oder Ausfällen, die während des Fahrbetriebs oder durch Inspektionen festgestellt werden.

5.1.4 Preisauszeichnung in Kfz-Werkstätten

Kfz-Betriebe sind nach § 3 der Preisangabenverordnung (PAngV) verpflichtet, in den Geschäftsräumen Preisverzeichnisse zu veröffentlichen. Da die Betriebe ihre Leistungen sehr unterschiedlich abrechnen, hat der Gesetzgeber verschiedene Möglichkeiten vorgegeben:

Endpreis (Inklusive aller Steuern und Kosten):
Der Preis muss den Endpreis beinhalten, also alle Steuern und zusätzlichen Kosten wie etwa die Mehrwertsteuer (MwSt.), Liefer- und Versandkosten. Das bedeutet, dass der angegebene Preis der tatsächlich zu zahlende Betrag ist. Dies gilt insbesondere für Konsumgüter und Dienstleistungen im Autohaus.

Preis pro Mengeneinheit:
Bei bestimmten Dienstleistungen oder Produkten, wie zum Beispiel bei Kraftstoffen oder Ersatzteilen, kann der Preis auch pro Mengeneinheit (z. B. pro Liter, Kilogramm oder Stück) angegeben werden. Dies dient der Transparenz und hilft Kunden, die Preise besser zu vergleichen.

Arbeitswerte nach Zeitrichtwerten:
Diese Methode basiert auf einer standardisierten Zeitvorgabe, die für bestimmte Reparaturen oder Wartungsarbeiten vorgesehen ist.

Was sind Zeitrichtwerte?
Zeitrichtwerte sind standardisierte, branchenübliche Zeitvorgaben, die festlegen, wie lange eine bestimmte Reparatur- oder Wartungsmaßnahme in Anspruch nehmen darf. Diese Zeitwerte werden in Minuten oder Stunden angegeben und basieren auf Erfahrungswerten oder technischen Berechnungen. Sie ermöglichen es, den Arbeitsaufwand für eine spezifische Leistung objektiv zu bestimmen und den Preis auf dieser Grundlage zu berechnen.

Auszeichnung von Arbeitswerten nach Zeitrichtwerten:

Buchung nach Zeitaufwand:
Für viele Reparatur- oder Wartungsarbeiten, die auf standardisierten Zeitrichtwerten basieren (wie etwa der Austausch eines bestimmten Teils oder eine Inspektion), wird dem Kunden der Preis unter Berücksichtigung des festgelegten Zeitwertes angegeben. Der Preis wird dann meist auf Basis des Stundenlohns des Betriebs und des Zeitrichtwerts berechnet.

Transparente Ausweisung:
Die Zeitrichtwerte müssen dabei transparent ausgewiesen werden, sodass der Kunde nachvollziehen kann, wie viel Zeit für eine bestimmte Arbeit angesetzt wurde. Die Berechnung erfolgt durch Multiplikation des Zeitwertes mit dem Stundenlohn des Betriebs.

Vorteil der Zeitrichtwerte:
Diese Methode sorgt für eine einheitliche und faire Preisgestaltung, da sie auf standardisierten Vorgaben basiert und damit eine Vergleichbarkeit zwischen verschiedenen Werkstätten ermöglicht. Sie schützt sowohl den Kunden vor überhöhten Arbeitszeitabrechnungen als auch die Werkstatt vor unnötig langen Arbeitszeiten, die nicht den tatsächlichen Anforderungen entsprechen.

Beispiel:
Ein Autohaus berechnet eine Reparatur auf der Basis eines Zeitrichtwertes von 1,5 Stunden für den Austausch einer bestimmten Fahrzeugkomponente. Wenn der Stundenlohn des Betriebs 80 Euro beträgt, ergibt sich ein Preis von 120 Euro (1,5 Stunden x 80 Euro) für die Arbeitsleistung.

Die Auszeichnung der Preise nach Zeitrichtwerten bietet somit eine transparente, nachvollziehbare Grundlage für die Preiskalkulation und ist in vielen Kfz-Betrieben üblich, um Arbeitsleistungen fair zu berechnen.

Preis für Arbeitswerte (z. B. Werkstatt- oder Reparaturleistungen).
Nach der Preisangabenverordnung (PAngV) müssen in einem Autohaus die Preise für Arbeitsleistungen ebenfalls transparent und verständlich angegeben werden. Es gibt mehrere Möglichkeiten, wie dies erfolgen kann:

Stundenlohn:
Der Preis für Arbeitswerte wird häufig auf Basis eines Stundenlohns angegeben. Dieser muss den tatsächlichen Preis pro Arbeitsstunde inklusive aller Nebenkosten wie Steuer (Mehrwertsteuer) und gegebenenfalls Zuschlägen (z. B. für besondere Arbeitszeiten wie Nacht- oder Wochenendarbeit) beinhalten.

Festpreise:
In einigen Fällen kann das Autohaus auch einen Festpreis für eine bestimmte Dienstleistung (z. B. Ölwechsel, Inspektion) angeben. Der Festpreis muss den gesamten Arbeitsaufwand sowie alle Materialkosten enthalten.

Preisangabe pro Arbeitseinheit:
In Werkstätten kann auch eine Preisangabe pro Arbeitseinheit erfolgen, z. B. „Preis pro Inspektionspunkt“ oder „Preis pro überprüftem Bauteil“, wenn dies sinnvoll ist und der Kunde darüber informiert wird.

5.2 Auftragsplanung

EINSTIEGSSITUATION

Nachdem sich die Auszubildenden mit den allgemeinen Voraussetzungen für die Wartungs- und Reparaturarbeiten beschäftigt haben, informieren sie sich nun über die genauen Inhalte der Auftragsplanung. Auch für diese werden alle Daten in einer Mindmap zusammengefasst.

Erstellen Sie die Mindmap.

5.2.1 Erfassung der Auftragsdaten

Die **Reparaturannahme** und Festlegung der Fertigstellungstermine hängen sehr stark von der Struktur des Betriebes und den freien Kapazitäten ab. LF 3

Bevor ein Reparaturauftrag angenommen wird, muss mit der Kundendienstleitung oder dem Werkstattmeister eine umfassende Auftragsplanung durchgeführt werden. Folgende Fragen müssen dabei beantwortet werden:

- Sind im Betrieb die technischen Voraussetzungen zur Realisierung des Auftrages vorhanden?
- Verfügt die Werkstatt über genügend freie Kapazitäten, um den Kundenwunsch termingerecht zu erfüllen?
- Kann der Auftrag vollständig in der Werkstatt erfüllt werden oder werden Kooperationspartner benötigt?
- Werden die Teile und Aggregate zum Termin geliefert?
- Wie hoch sind die Kosten und der zu erwartende Gewinn?
- Reichen die eigene Liquidität und die der Kundschaft aus?
- Ist das Preis-Leistungs-Verhältnis wettbewerbsfähig?

Im ersten **Kundengespräch** kann man schon erfahren, welche Vorstellungen die Kundin oder der Kunde über den Reparaturumfang, die Terminplanung und die Kostenplanung hat. Diese Grobplanung dient als Grundlage für die nun folgende Feinplanung. Planungen verfolgen immer den Zweck, die Kosten zu minimieren, den Gewinn zu maximieren und eine volle Kundenzufriedenheit zu erreichen.

5.2.2 Termin- und Kapazitätsplanung

In größeren Reparaturbetrieben wird bei Großaufträgen eine Reparaturdurchführungsplanung vorgenommen. Es werden die vorhandenen Kapazitäten ermittelt und die Arbeitsfolge in den verschiedenen Abteilungen geplant. Ziel ist die gleichmäßige Auslastung der Arbeitsmittel und Werkstätten, die Einhaltung der vereinbarten Termine sowie die Vermeidung von Leerlaufzeiten.

Die richtige **Kapazitätsplanung** hilft, den Reparaturprozess effizienter zu gestalten und somit Selbstkosten zu sparen. Auch ein kleinerer Reparaturbetrieb wird sich Gedanken über die Auslastung seiner Werkstatt machen müssen, nur erfolgt hier die Planung sofort mit der Kundschaft. Im Ergebnis gibt es keine wesentlichen Unterschiede zum Großbetrieb.

Die **Terminplanung** wird hauptsächlich von der Bereitstellung des Reparaturmaterials beeinflusst. Nicht gelieferte Teile können auch nicht termingerecht eingebaut werden.

Automobilkaufleute sind gut beraten, wenn sie vor der Terminfestlegung erfahrene Mitarbeiter und Mitarbeiterinnen des Unternehmens konsultieren.

Wenn festgestellt wird, dass die freien Kapazitäten nicht ausreichen oder nicht alle Arbeiten ausgeführt werden können, dann sollte man das Vertrauen der Kundinnen und Kunden der Werkstatt gegenüber nicht enttäuschen und den Auftrag trotzdem annehmen. Das Autohaus sucht dann geeignete Subunternehmer, die diese Arbeiten entsprechend dem Qualitätsstandard und dem festgelegten zeitlichen Rahmen ausführen können.

5.2.3 Materialplanung

Auf der Grundlage der Schadenanalyse wird die Materialplanung durchgeführt. Zunächst wird der Materialbedarf ermittelt. Dazu dienen in kleineren Betrieben Materialkataloge. In größeren Werkstätten existieren für die einzelnen Fahrzeugtypen digitale technische Informationssysteme, bzw. diese sind in Diagnosegeräten installiert.

Auch das Internet wird sehr häufig zur Informationsgewinnung genutzt. Über einen Schlüsselcode können sich dann die Kfz-Betriebe alle technischen Informationen zu den Fahrzeugen holen.

Wurde nun der Bedarf an Teilen/Aggregaten, Betriebs- und Hilfsstoffen ermittelt und die Bestellnummern erfasst, erfolgt die Beschaffung beim Lieferanten. Kurierdienste und 24-Stundendienste bieten sehr kurze Lieferzeiten, die auch die Reparaturzeiten wesentlich verkürzen.

Wichtig ist die Auswahl der Lieferanten. Die Fahrzeughersteller erwarten, dass in ihren Fahrzeugen Originalteile oder genehmigte Identteile eingebaut werden, da sonst Gewährleistungsansprüche verloren gehen. Auf dem Markt werden sehr viele Billigteile angeboten, die diese Forderung nicht erfüllen. Wenn die Kundschaft auf den Einbau von Billigteilen besteht oder diese zur Reparatur liefert, muss sie das der Werkstatt schriftlich bestätigen. Gewährleistungsansprüche kann diese Kundschaft dann nicht an die Werkstatt stellen.

In größeren Kfz-Betrieben existieren umfangreiche **Lager** für Kleinteile, Zubehör und Betriebsstoffe. Ziel der Lagerhaltung ist es, einen reibungslosen Materialfluss zur Fertigung zu gewährleisten und andererseits die Kosten zu minimieren. Je höher der Lagerbestand ist, desto besser ist der Servicegrad, aber die Lagerhaltungskosten steigen. Kleinere Lagerbestände sind zwar kostengünstiger, aber es müssen häufiger kleinere Stückzahlen nachbestellt werden. Dies kann sich ungünstig auf die Einkaufskonditionen auswirken und bei Lieferschwierigkeiten erhebliche Störungen verursachen. Deshalb werden die Lagermengen nach der ABC-Analyse disponiert. Das Mengen-Wert-Verhältnis der einzelnen Materialien wird ermittelt und alle Einzelteile werden in einer Stückliste nach ihrem Wert gelistet. LF 4

Beispiele

A-Teile sind sehr wertvolle Teile, die aber nur in kleineren Mengen am Fahrzeug benötigt werden. Dazu zählen z. B. der Motor, das Getriebe und die Komplettachsen. Jedem wird sofort klar, dass diese Baugruppen nicht ins Lager gestellt, sondern nur bei Bedarf disponiert werden.

B-Teile sind Teile mit mittlerer Wertigkeit. Hierzu zählen z. B. Kabel und Steckverbinder. Sie werden häufiger benötigt. Unter Berücksichtigung optimaler Losgrößen und Lagermengen werden diese Materialien verbrauchsgebunden bestellt.

C-Teile haben einen relativ geringen Stückwert, werden aber als Einzelteile häufig benötigt. Dazu zählen z. B. Schrauben, Muttern, Scheiben, Federringe und andere Kleinteile. Sie werden in größeren Stückzahlen auf der Basis von Materialverbrauchsanalysen disponiert.

Grundlage jeder Materialplanung ist der Bedarf, der sich aus den Aufträgen oder aus Jahresverbrauchsanalysen des Betriebes ergibt. Der immer stärkere Einsatz der Computertechnik hat gerade die Materialplanung und -bestellung wesentlich erleichtert und den Planungsaufwand minimiert.

5.2.4 Kostenplanung

Nicht für jeden Auftrag ist eine umfangreiche **Kostenkalkulation** notwendig. In vielen Fällen reicht die eigene Erfahrung aus, um die Kosten überschlagsweise zu kalkulieren. LF 6

Die Kundschaft erwartet, dass die Reparaturkosten in einem günstigen Verhältnis zum Zeitwert des Fahrzeugs stehen. Dabei erwartet sie jedoch nicht, dass nur kostengünstige gebrauchte Teile verwendet werden, sondern sie erwartet auch eine dauerhafte Qualität.

Beachtet werden muss, dass nur wiederverwertbare Teile von anerkannten Altauto-Annahmestellen sowie solche von zertifizierten Verwertern verwendet werden. Diese Teile können auch mit einer Gebrauchtteilegarantie verkauft bzw. eingebaut werden.

Wenn die Kunden und Kundinnen aber genau wissen möchten, welchen Preis sie für die Reparaturleistung zu zahlen haben, ist man gezwungen, eine möglichst exakte Vorkalkulation anzufertigen. Dies trifft ebenso zu, wenn es sich um einen Versicherungsschaden handelt.

Jede durchzuführende Reparatur unterscheidet sich von der anderen, sodass jedes Mal eine neue Kalkulation erfolgen muss. Einige Fahrzeughersteller haben für ihre Werkstätten, die im Leistungslohn arbeiten, Kalkulationsgrundlagen erarbeitet. Es gibt die Leistungsabrechnung auf der Basis von Arbeitswerten (AW) oder von Zeiteinheiten (ZE).

Der Zeitlohn ist der Stundenlohn nach Anwesenheit, unabhängig von der Auslastung der Werkstatt. Einige Betriebe ermitteln für ihre Abrechnung einen **Werkstattindex** (Lohnmultiplikator).

Mit dem Werkstattindex kann der Kfz-Betrieb nach der Formel

Bruttostundenlohn · Werkstattindex = Verrechnungssatz (ohne MwSt.)

leicht die Arbeitsleistung errechnen, die er der Kundschaft in Rechnung stellt. Diese Art der Kalkulation wird als **vereinfachte Kalkulation** bezeichnet.

Die Kostenkalkulation kann aber auch als **Zuschlagskalkulation** erfolgen. In der Zuschlagskalkulation werden Einzel- und Gemeinkosten getrennt. Mithilfe von Prozentsätzen werden die Gemeinkosten den Einzelkosten und der Gewinn den Selbstkosten zugeschlagen. Die Reparaturkosten ergeben sich dann aus den Fertigungskosten, Teilekosten, den restlichen Selbstkosten und dem Gewinnzuschlag.

Werden die Materialkosten und die Mehrwertsteuer addiert, erhält man den Barverkaufspreis. Danach kann weiter wie im jeweiligen Kalkulationsschema verfahren werden. Es ist jedoch zu beachten, dass Rabatte und Skonti nur für das Material gegeben werden können und nicht für die erbrachte Arbeitsleistung.

Hinweis:
Aktuell ist es jedoch auch so, dass viele Hersteller genaue Vorgaben machen, welche Zeiteinheiten für welche Reparatur anfallen. Wird also eine Kostenkalkulation erstellt, muss zuerst geprüft werden, ob zu dem konkreten Fall eine Vorgabe des Herstellers vorliegt. Ist dies der Fall, wäre die gegebene Zeiteinheit zu veranschlagen.

5.3 Auftragsannahme

EINSTIEGSSITUATION

Ein Reparaturauftrag der Privatkundin Frau Dillerle wurde geprüft und anschließend in die betriebliche Planung aufgenommen. Es ist jetzt der Abarbeitungsstand erreicht worden, an dem eingeschätzt werden kann, dass die Terminplanung, Materialplanung und Kostenkalkulation abgeschlossen sind.
Die Fragen zur Auftragsplanung wurden wie folgt beantwortet:

- Der Betrieb verfügt über die technischen Voraussetzungen zur Realisierung des Auftrages.
- Es sind genügend freie Kapazitäten vorhanden, um den Kundenwunsch termingerecht zu erfüllen.
- Die Firma Zahn & Rad GmbH übernimmt kurzfristig die Reparatur des abgefahrenen Reifens.
- Die Stoßdämpfer werden in zwei Tagen geliefert.

Zwischen der Privatkundin Frau Dillerle und dem Reparaturbetrieb wurde eine Willensübereinstimmung zur Reparatur des Stoßdämpfers, des Radlagers und des Reifens erreicht. Der Werkvertrag kommt somit zustande.
In der Kundendienstabteilung wird nun der Auftrag angenommen. Stellen Sie sich vor, Sie sind die verantwortliche Kundendienstleitung und müssen nun die Auftragsannahme durchführen.

1. Welche Auftragsdokumente müssen Sie unbedingt ausfüllen?
2. Wie sichern Sie sich gegenüber der Kundin ab?
3. Was würden Sie mit der Kundin vereinbaren?
4. Welche Dokumente lassen Sie sich aushändigen?
5. Wie würden Sie das Fahrzeug übernehmen?
6. Welche Daten würden Sie unbedingt erfassen?

Mit der Annahme des Auftrages schließen der Kfz-Betrieb und die Kundschaft einen Reparaturvertrag ab. Laut § 631 ff. BGB handelt es sich um einen Werkvertrag oder Kaufvertrag mit Montageverpflichtung. In § 631 Abs. 1 BGB heißt es: „Durch den Werkvertrag wird der Unternehmer zur Herstellung des versprochenen Werkes, der Besteller zur Entrichtung der vereinbarten Vergütung verpflichtet."

Wird ein Vertrag abgeschlossen, so knüpfen die Vertragsparteien bestimmte Vertragsbedingungen daran. Zu jedem Vertrag müssten nun diese Bedingungen neu ausgehandelt werden. Dies birgt die Gefahr, dass notwendige Inhalte vergessen werden oder die Vertragsfreiheit ungerechtfertigt ausgedehnt wird. Um die wirtschaftlich Schwächeren durch vorformulierte Bedingungen zu schützen, hat der Gesetzgeber die Gestaltung rechtsgeschäftlicher Schuldverhältnisse durch **Allgemeine Geschäftsbedingungen** (AGB) zum 01.01.2002 in Kraft gesetzt. Jeder Kfz-Betrieb musste seine AGB für Neuwagen-, Gebrauchtwagen-, Reparatur- und Teile-Verkaufsbedingungen ändern und dem neuen Gesetz anpassen.

5.3.1 Kfz-Reparaturbedingungen (AGB)

Die Allgemeinen Geschäftsbedingungen sind vorformulierte Vertragsbedingungen, die entsprechend § 305 BGB eine Vertragspartei (Verwender) der anderen Vertragspartei bei Abschluss eines Vertrags stellt. Sie werden nur dann Bestandteil eines Vertrags, wenn der Verwender bei Vertragsabschluss die andere Vertragspartei ausdrücklich darauf hinweist oder dieser die Möglichkeit verschafft, durch deutlich sichtbaren Aushang von ihrem Inhalt Kenntnis zu nehmen. In Kfz-Betrieben besteht die Festlegung, dass die AGB für Kfz-Reparaturbedingungen in Werkstätten und Verkaufsräumen öffentlich auszuhängen sind, und dass auf Vertragsformularen sowie Rechnungen auf sie hingewiesen wird.

In den Bedingungen für die Ausführung von Arbeiten an Kraftfahrzeugen, Anhängern, Aggregaten und deren Teilen und für Kostenvoranschläge wird u. a. Folgendes bestimmt:

- **Auftragserteilung** durch Auftragsschein oder Bestätigungsschreiben, mit Ermächtigung zur Erteilung von Unteraufträgen, zur Probefahrt sowie Überführungsfahrt
- **Preisangaben im Auftragsschein, Kostenvoranschlag** auf Verlangen des Auftraggebers: Preisangaben oder auf Wunsch schriftlicher Kostenvoranschlag mit Angabe aller Arbeiten und Ersatzteile sowie der jeweiligen Preise
- **Fertigstellung**, Einhaltung eines schriftlich verbindlich festgelegten Fertigstellungstermins, bei schuldhafter Verzögerung – Ersatz- oder Mietfahrzeug und Schadenersatzansprüche des Auftraggebers
- **Abnahme** erfolgt durch Auftraggeber im Kfz-Betrieb, bei Verzug Mahnung und Berechnung ortsüblicher Aufbewahrungsgebühren, Gefahrübergang auf den Auftraggeber
- **Berechnung**, Rechnungslegung mit Einzelpreisen für Arbeitsleistung, Ersatzteile und Material, bei Kostenvoranschlägen – Bezugnahme auf diesen, Beanstandungen bis sechs Wochen nach Zugang der Rechnung
- **Zahlung** innerhalb einer Woche nach Meldung der Fertigstellung bzw. Aushändigung oder Zustellung der Rechnung – ohne Skonto oder sonstige Nachlässe
- **Erweitertes Pfandrecht**: Dem Auftragnehmer steht ein vertragliches Pfandrecht der in seinen Besitz gelangten Gegenstände zu, zum Zweck des Ausgleichs von Forderungen.
- **Sachmangel**: Ansprüche des Auftraggebers wegen Sachmängeln verjähren innerhalb eines Jahres nach Abnahme – kostenlose Nachbesserung, Minderung des Werklohnes oder Rücktritt vom Vertrag.
- **Haftung** des Auftragnehmers für Schäden und Verluste am Auftragsgegenstand und den in Verwahrung genommenen zusätzlichen Wageninhalt
- **Eigentumsvorbehalt** des Auftragnehmers bis zur vollständigen Bezahlung an Zubehör-, Ersatzteile und Aggregat, die nicht wesentlicher Bestandteil des Auftragsgegenstandes geworden sind
- **Schiedsstelle (Schiedsgutachterverfahren)**: Auftraggeber können bei Streitigkeiten die Schiedsstelle des Kraftfahrzeughandwerks anrufen (gilt nur für Fahrzeuge mit einem zulässigen Gesamtgewicht von nicht mehr als 3,5 t).
- **Gerichtsstand:** Für sämtliche Geschäftsverbindungen mit Kaufleuten ist der Gerichtsstand der Sitz des Auftragnehmers.

Die Auftraggeber und Auftraggeberinnen müssen auf die geltenden Kfz-Reparaturbedingungen aufmerksam gemacht werden und Zeit erhalten, diese zu lesen. Es ist günstig, wenn man darüber einen Belehrungsnachweis erhält. Es besteht zwar keine Formvorschrift, wie belehrt werden muss, aber für den späteren Nachweis sollte die Belehrung schriftlich erfolgen. Nachdem die Kunden und Kundinnen ihr Einverständnis zu den Allgemeinen Geschäftsbedingungen für Kfz-Reparaturbedingungen erklärt haben, gilt der Reparaturvertrag als abgeschlossen.

5.3.2 Auftragsdaten

Die Erfassung von Daten der Kundschaft und der Fahrzeuge erleichtert dem Kfz-Betrieb die Arbeit wesentlich. Sollten Probleme entstehen, kann man jederzeit die betreffende Kundschaft erreichen und spart ihr sowie dem Betrieb unnötige Wege und Zeit. Alle Informationen zum Fahrzeug sind sofort abrufbereit, Schadenanalysen können über die gesamte Laufzeit des Fahrzeugs angefertigt und künftige Entscheidungen abgeleitet werden. Auftragsdaten können z. B. folgende Informationen enthalten:

Kundendaten	Fahrzeugspezifische Daten
Fahrzeughalter/-in, Name/Vorname	amtliches Kennzeichen
Privatanschrift	Kilometerstand
Telefon privat	Datum der Erstzulassung, Baujahr
Firmenadresse	Fahrzeughersteller, Schlüsselnummer, Modell
Telefon geschäftlich	Fahrgestellnummer, Motornummer, Organisationsnummer, Lack-Code, Radio-Code

5.3.3 Fahrzeugannahme

Die Fahrzeugannahme kann sehr unterschiedlich erfolgen. Im Regelfall bringt die Kundschaft oder deren Beauftragte das Fahrzeug direkt zur Kfz-Werkstatt, in der vorher ein Termin vereinbart wurde. Das Personal im Kundendienst oder die Meisterinnen bzw. Meister führen ein Annahmegespräch durch und tragen die Kunden- und Fahrzeugdaten in das Auftragsformular bzw. direkt in das entsprechende PC-Programm (Datenbank) des Herstellers ein. In diesem Gespräch sollte der Auftraggeber oder die Auftraggeberin unter anderem folgende Fragen beantworten:

1. Welche Schäden und sichtbaren Mängel liegen vor?
2. Welche Gegenstände bleiben zur Verwahrung im Fahrzeug?
3. Wie viel Kraftstoff befindet sich ungefähr im Tank?
4. Welchen Kilometerstand zeigt der Tachometer an?
5. Können erforderliche Mehrarbeiten ausgeführt werden, oder muss vorher eine Rücksprache erfolgen?

Handelt es sich um einen Servicetermin, wurde mit der Kundschaft in der Regel im Vorfeld der durchzuführende Serviceumfang abgesprochen.

Steht eine Reparatur an, erfolgt eine exakte Diagnose des Fahrzeugs im Beisein der Kundschaft, um den Reparaturumfang zu bestimmen. Unabhängig vom geschilderten Schadenumfang wird das gesamte Fahrzeug von außen und innen mithilfe einer Checkliste gemeinsam mit der Kundschaft untersucht und als „in Ordnung" oder „nicht in Ordnung" eingestuft. Diese Form der Fahrzeugannahme wird als **Direktannahme** oder auch **Dialogannahme** bezeichnet. Kundinnen und Kunden erkennen selbst den Zustand ihres Fahrzeugs und planen gemeinsam mit der Werkstatt den sofortigen und längerfristigen Reparaturumfang.

BEFUNDBERICHT
AUFTRAGSNUMMER:

FAHRZEUG:
(Kennzeichen oder VIN)

DATUM:

KUNDE/Kundin:
(Name und / oder Kundennummer)

Letzter Besuch:

War letztes Mal alles OK? ☐ JA ☐ NEIN*

Datum:
Auftr.:
Mech.:

Besondere Hinweise / Auffälligkeiten / Kundenwünsche

Annahme Checkliste	OK	nicht OK / Notiz
Vor dem Einfahren		
Fälligkeit TÜV / AU prüfen		
Beim Einfahren in die DA		
Kontrollleuchten, Kilometerstand, Tankinhalt		
Kupplung, Bremse, Handbremse, Scheibenwaschanlage		
Sichtprüfung des Fahrzeugs von außen		
Korrosions- und Lackzustand		
Front- und Scheinwerferscheiben, Wischerblätter		
Motorraum, Keilriemen, Aggregaten Zustand		
Keilriemen / Nebenaggregate auf Zustand prüfen		
Leitungen, Schläuche, Dichtigkeit, Flüssigkeitstand		
Beschädigung / Korrosionszustand Unterboden		
Schalldämpfer sichtprüfen		
Servolenkung (Dichtigkeit) sichtprüfen		
Stoßdämpfer sichtprüfen		
Bremsscheiben und -beläge sichtprüfen		
Kraftstoffleitung und Tank (Dichtigkeit) sichtprüfen		

Reifen-Check	Profiltiefe in mm
Baujahr, Hersteller, Typ, usw.	

*** Gründe (falls letztes Mal nicht perfekt)**

☐	Diagnose	☐	Dokumentation
☐	Werkzeug	☐	Arbeitsqualität
☐	Zeit	☐	Bekannt o. L.
☐	Teile	☐	Endkontrolle

Kommentar / Teile-Nr.

VORMERKUNGEN (für nächsten Besuch)

Was?

Wann?

	QUALITÄTSKONTROLLE
☐	Probefahrt OK
☐	**Kunde/Kundin zufrieden bei Übergabe**
☐	Kunde/Kundin angerufen nach 3–5 Tagen

Nachdem alles schriftlich festgehalten wurde, unterschreibt die Kundschaft den **Auftrag** und erhält eine Kopie für seine Unterlagen.

Bleibt das Fahrzeug direkt zur Reparatur im Kfz-Betrieb, übergibt die Kundschaft das Fahrzeug mit Fahrzeugschein und Schlüssel. Dazu wird ein **Übernahmeprotokoll** angefertigt, das alle Angaben zu den Fragen im ersten Annahmegespräch enthält. Auch dieses Protokoll sollte unterschrieben werden.

Eine weitere Möglichkeit zur Fahrzeugannahme ist die Übergabe des Fahrzeugs außerhalb der Geschäftszeiten. Dazu haben einige Werkstätten einen 24-Stunden-Service eingerichtet. Alle notwendigen Unterlagen und der Fahrzeugschlüssel können jederzeit in einen eigens dafür angebrachten Postkasten eingeworfen werden. Auf einem beigelegten Auftragsschein wird die Werkstatt zu den aufgeführten Leistungen beauftragt. Das Fahrzeug wird auf dem Parkplatz für die Reparaturannahme abgestellt. Diese Form ist sehr kundenfreundlich, birgt aber einige Gefahren. Mit geeigneten Mitteln muss die Kundschaft zu einer konkreten Aussage über den zu erbringenden Leistungsumfang bewegt werden, um zukünftige Streitigkeiten auszuschließen.

5.4 Auftragsbearbeitung

EINSTIEGSSITUATION

Frau Dillerle hat mit dem Kundendienstleiter Herrn Gorges den Reparaturauftrag zur Instandsetzung des Stoßdämpfers, des Radlagers und des Reifens am rechten Vorderrad ihres Fahrzeugs abgeschlossen.
Analysieren Sie die konkrete Situation in Ihrem Betrieb und klären Sie danach folgende Fragen:

1. Welche Formulare werden zur Auftragsbearbeitung verwendet?
2. Über welche Wege erhalten die Mechanikerinnen und Mechaniker die notwendigen Ersatzteile, das Zubehör und die Betriebsstoffe?
3. Wie wird sichergestellt, dass der Auftrag termingerecht erfüllt werden kann?
4. Mit welcher EDV-Anlage oder anderen Mitteln werden die benötigten Einzelteile ausgewählt?
5. Wie erfolgt die Bestellung von Teilen und Zubehör?
6. Mit welchen Lieferzeiten müssen Sie nach der Bestellung rechnen?

Die Kundendienstleitung hat bei der Fahrzeugübernahme einen Werkstattauftrag ausgefüllt, der gleichzeitig als Auftragsschein zur Erfassung und späteren Abrechnung aller Daten und Materialien gilt. Alle zu erbringenden Leistungen werden auf dem Auftragsschein näher bezeichnet und innerbetrieblich terminiert. Die Auftragsbearbeitung beginnt nun nach den erarbeiteten Vorgaben der Kalkulation, Kapazitäts- und Terminplanung. Während der Bearbeitung des Auftrages muss der gesamte Reparaturprozess überwacht werden, um das Auftragsziel zeit- und qualitätsgerecht zu erreichen.

In größeren Kfz-Betrieben sind Erfassungs- und Abrechnungsbögen erforderlich, um ständig den Überblick zu behalten. Aus Sicherheitsgründen werden Belege mehrfach geführt, meistens in mehreren Ausfertigungen und zusätzlich auf elektronischen Speichermedien des Personalcomputers gespeichert.

5.4.1 Erfassungs- und Abrechnungsbelege

Der wichtigste Beleg ist der **Auftragsschein** mit der betrieblich festgelegten Auftragsnummer (Beleg-Nr.). Die einmal vergebene Auftragsnummer wird durchgängig auf allen Belegen zu einem Auftrag verwendet. Dadurch ist eine vollständige Erfassung und Abrechnung des Auftrages in allen Betriebsabteilungen möglich.

Der Auftragsschein wird meistens in dreifacher Ausfertigung erstellt. Das Original verbleibt in der Reparaturannahme, die erste Durchschrift geht zur Buchhaltung und die zweite erhält das mit der Arbeit beauftragte Raparaturpersonal. Für jede Arbeit, die durchgeführt wird, kann man aus einem Katalog die entsprechenden **Arbeitsnummern und Zeitrichtwerte** entnehmen. Alle Baugruppen und Einzelteile eines Fahrzeugs sind systematisch nach Nummern geordnet. Diese werden in allen Computern des Betriebes erfasst und erleichtern die buchhalterische Arbeit wesentlich. Wird z. B. ein Ersatzteil im Computer des Lagers abgebucht, dann erfolgt gleichzeitig in der Buchhaltung die Belastung des Auftrages und die mengenmäßige Abschreibung im Lagerbestand. Wertmäßig ist der Auftrag noch nicht abgerechnet und demzufolge ist das Ersatzteil noch im Betrieb vorhanden. Die dafür eigens entwickelten Computerprogramme weisen den Lagerbestand konkret aus, auch wenn ein Ersatzteil örtlich bewegt, aber noch nicht verkauft wurde.

Autohaus Köppel GmbH
Diedenhofener Str. 6
54294 Trier

Autohaus Köppel GmbH, Diedenhofener Str. 6, 54294 Trier

Frau
Marion Dillerle
Kornhausgasse 10
54329 Konz

Telefon: 0651 7155-0
Telefax: 0651 7155-23
E-Mail: info@autohaus-koeppel.de
Bank: Sparkasse Trier
IBAN: DE01 5855 0130 3011 2222 15
BIC: TRISDE55XXX

WERKSTATT-AUFTRAG

Rechnungs-Nr.: ____________

Beleg-Nr.: ____________

Kunden-Nr.: ____________

Datum: ____________

Direktannahme: ☐ ja ☐ nein Kostenschätzung erhalten: ☐ ja ☐ nein

Kfz-Kz.	Modell/Typ	Erstzul.	km-Stand	HU/AU	Fahrgest.-Nr.	Motor-Nr.	Best.-Code
Teile-/AW-Nummer	Text				Menge	E-Preis	Gesamt-€

Wie zahlen Sie bei Abholung? ☐ **Bar** ☐ **Scheck** ☐ **Karte** **(Bitte ankreuzen)**

Zusatzauftrag erteilt durch: ____________ am: ____________ Frostschutz bis – ____ Grad

Der Auftrag wird unter Anerkennung der in der Auftragsannahme aushängenden Allgemeinen Geschäftsbedingungen erteilt.

Wir danken für Ihren Auftrag! Bitte zahlen Sie bei Abholung.

Unterschrift Auftraggeber ____________ Endkontrolle ____________

LF 4

Zeitrichtwerte können als sogenannte Arbeitswerte (AW) oder als Zeiteinheiten (ZE) in Minuten aufgeführt werden. Sie dienen für das Reparaturpersonal als Grundlage für deren Lohnabrechnung. Neben der Kurzbeschreibung der verrichteten Arbeit werden die benötigten Zeitrichtwerte auf den Auftragsschein geschrieben. Der bzw. die Verantwortliche (z. B. Meister/-in) übergibt dem Reparaturpersonal die zu einer Arbeit kalkulierten Zeitrichtwerte und kontrolliert die Abrechnung auf dem Auftragsschein. Wird dabei fest gestellt, dass mehr AW oder ZE aufgeschrieben wurden, als die Vorgabe vorsah, muss das Personal dies begründen. In der Regel wird es immer dann, wenn es erkennt, dass die Vorgabezeit nicht ausreicht, sofort die Verantwortlichen informieren. Dies ist sehr oft bei älteren Fahrzeugen der Fall. Hier lassen sich die Teile durch verstärkte Korrosion oft sehr schwer trennen, was zu erheblichen Zeiteinbußen führt. Da die längeren Reparaturzeiten auch höhere Kosten und somit höhere Reparaturpreise verursachen, sollte gerade bei älteren Fahrzeugen eine großzügigere Kalkulation mit den Kundinnen und Kunden erfolgen.

Autohaus Köppel GmbH
Diedenhofener Str. 6
54294 Trier

Autohaus Köppel GmbH, Diedenhofener Str. 6, 54294 Trier

Abteilung:

Verkäufer/-in:

Telefon: 0651 7155-0
Telefax: 0651 7155-23
E-Mail: info@autohaus-koeppel.de
Bank: Sparkasse Trier
IBAN: DE01 5855 0130 3011 2222 15
BIC: TRISDE55XXX

Interner Auftrag

Auftrags-Nr.	Kunde	Lager-Nr.	Fahrgestell-Nr.	Fertigstellung

Pos.	Durchzuführende Arbeiten/Teile-Nummer	Menge/Einheit	Arbeitszeit/Sonstiges

MUSTER

Arbeit durchgeführt ____________________ **Arbeit kontrolliert** ____________________

Ein weiterer Beleg ist der **Materialentnahmeschein**, kurz ME-Schein. Dieser Schein wird benötigt, um alle Materialien, die zur Erledigung des Auftrages gebraucht werden, zu erfassen. Der ME-Schein existiert auch in dreifacher Ausfertigung. Ein Schein bleibt im Lager, einer beim Reparaturpersonal und der dritte geht zur Buchhaltung. Sind benötigte Teile nicht am Lager, werden sie bei den bekannten Lieferanten bestellt. Diese **Bestellungen** werden in einem sogenannten Bestellbuch eingetragen, mit dem Bestellvermerk, wann, was, wo und wie viel bestellt wurde. Kfz-Betriebe haben in der Regel einen zuverlässigen Stamm an Lieferanten. Hier reicht eine telefonische Bestellung aus. Typenwerkstätten ordern die Ersatzteile über firmeninterne Vertriebszentren.

LF 4

Bei **internen Arbeitsaufträgen** werden ebenfalls Auftragsscheine und ME-Scheine ausgefüllt, jedoch sind die Belege besonders gekennzeichnet. Interne Aufträge werden nicht gegenüber der Kundschaft abgerechnet. Der Auftraggeber ist der eigene Kfz-Betrieb. Für die buchhalterische Erfassung und Abrechnung ist es sehr wichtig zu wissen, welche Auftragsart vorliegt, um die richtigen Konten belasten zu können.

Es kann vorkommen, dass einige Arbeiten in Fremdfirmen durchgeführt werden müssen, z. B. Lackierarbeiten nach einer Kotflügelreparatur. Gegenüber der Fremdfirma tritt der Betrieb als Kunde auf und schließt einen Werkvertrag. In der Praxis wird dieser Vertrag als Unterauftrag bezeichnet. Diese Leistung muss separat erfasst werden, da sie auch gegenüber dem Fremdbetrieb direkt abzurechnen ist. Die Auftraggeber und -geberinnen haben mit dieser Rechnungslegung nichts zu tun. Sie erhalten am Ende die Rechnung für alle erbrachten Leistungen. Im Übrigen gelten auch hier die Kfz-Reparaturbedingungen.

5.4.2 Terminüberwachung

Die ständige Kontrolle des Bearbeitungsfortschritts ist unerlässlich für die vereinbarte Terminerfüllung. Mit den Auftraggebern bzw. -geberinnen festgelegter Fertigstellungstermin gilt als erfüllt, wenn an diesem Tag das Fahrzeug wie vereinbart übergeben wird und die Rechnung vorliegt.

An dieser Zielstellung lässt sich erkennen, dass alle an der Auftragserfüllung direkt oder indirekt beteiligten Betriebsabteilungen in die Terminüberwachung einzubeziehen sind.

LF 9

Oft sind es gerade die Nebentätigkeiten, die eine Fahrzeugübergabe unmöglich machen. Wenn z. B. Änderungen am Fahrzeug vorgenommen wurden und die Unterschrift zur neuen **Betriebserlaubnis** (**ABE**) nicht vorliegt, darf keine Auslieferung erfolgen. Die Kundschaft braucht aber gerade an diesem Tag das Auto, es war ihr versprochen worden! Durch solche Kleinigkeiten wird der Betrieb unglaubwürdig und kann schnell seine Kundschaft verlieren.

5.4.3 Wartungs- und Serviceaufträge bearbeiten

Befinden sich die Fahrzeuge im Kundendienst, werden die zu erledigenden Arbeiten in der Werkstatt nacheinander ausgeführt. Mittels verschiedener Techniken und Prüfverfahren werden die Daten der Fahrzeuge ausgelesen und das Reparaturpersonal erhält alle entsprechenden Fahrzeuginformationen.

Für die Kundschaft wird nach dem Service bzw. der Reparatur auf einer Checkliste und im Serviceheft festgehalten, welche Service- bzw. Reparaturarbeiten ausgeführt wurden. Auch digital werden die erledigten Arbeiten festgehalten und können jederzeit mittels der o. a. Prüfverfahren und -techniken bzw. über die Eingabe der FI-Nummer in der Hersteller-Datenbank abgerufen werden (vgl. Kapitel 3). Ebenso dienen Checkliste und Serviceheft als Informationsquelle für die weiterführenden Arbeiten, die zu einem späteren Zeitpunkt zu erledigen sind (nächster Service, Ölwechsel usw.).

Wird das Fahrzeug verkauft, können alle Dokumente an den späteren Käufer oder die spätere Käuferin übergeben werden und dienen als Nachweis darüber, dass das Auto „scheckheftgepflegt“ ist.

Scheckheftgepflegt bedeutet, dass alle Wartungs- und Servicearbeiten von einer vom Hersteller zertifizierten Werkstatt ausgeführt wurden. Die Serviceintervalle müssen dabei genau eingehalten werden.

Hat eine freie Werkstatt den Service durchgeführt, gilt das Scheckheft nicht mehr als „gepflegt“ und der Garantieanspruch kann ggf. erlöschen.

5.4.4 Nachrüsten von Fahrzeugteilen und Systemen (Fahrzeugkosmetik und -tuning)

Individualität – auch im Kfz-Bereich – gewinnt immer mehr an Bedeutung. So wird ein Fahrzeug von einem Kunden oder einer Kundin gekauft und dann, zusätzlich zu den bereits vorhandenen Ausstattungsmerkmalen, individuell auf eigene Bedürfnisse verändert/angepasst.

Breite Reifen, röhrende Auspuffanlagen, Zierstreifen, Spoiler, ein „paar PS mehr unter der Haube“, Folierungen usw. liegen im Trend.

Viele Autohäuser haben eigenes Personal, das für die „Fahrzeugkosmetik“ zuständig ist (vgl. Kapitel 4, Abschnitt „Fahrzeugaufbereitung“).

Beim Verkauf der Fahrzeuge kann auf einen solchen Service hingewiesen werden und in manchen Fällen führt dies zu einer Kaufentscheidung der Kundschaft.

Vorsichtig muss man bei den Anbietern von Zubehörteilen sein. Über das Internet gibt es hier eine fast grenzenlose Auswahl von Teilen und Anbietern. Beim Kauf sollte darauf geachtet werden, dass die entsprechenden Teile über ein Prüfsiegel verfügen. So werden Käuferinnen und Käufer vor fehlerhaften Materialien usw. geschützt.

Auch ist es erforderlich, verschiedene Anbau- und Umrüstungsteile im Fahrzeugschein eintragen zu lassen, da sonst ggf. die Betriebserlaubnis erlöschen kann. Nach § 19 StVZO werden Fahrzeuge geprüft, ob sie den gesetzlichen Vorschriften entsprechen. Als Nachweis erhalten sie eine Betriebserlaubnis.

Reihenweise hergestellte Fahrzeuge erhalten eine Allgemeine Betriebserlaubnis (EG-Typgenehmigung – siehe § 20 StVZO). Dieses Dokument ist in allen Mitgliedsstaaten der EG gültig.

Einzelne Fahrzeugteile oder Baugruppen erhalten nach Prüfung eine Betriebserlaubnis (BE) oder auch Typgenehmigung genannt. Die Allgemeine Betriebserlaubnis wird erteilt, wenn die Teile reihenweise hergestellt werden. Jedem Teil ist eine Kopie der Betriebserlaubnis beigefügt. Auf ihr ist vermerkt, an welchen Fahrzeugen der Anbau genehmigt ist (siehe § 22 StVZO). Die Teilegenehmigung ist dauerhaft am Teil angebracht.

Selbst hergestellte Teile werden von Technischen Diensten oder Prüfstellen geprüft und erhalten ein Teilegutachten. Nach Montage des Teils müssen Kfz-Sachverständige eine Änderungsabnahme durchführen und bestätigen. Diese Betriebserlaubnis für Fahrzeugteile (siehe §§ 21a, 22a StVZO) ist ständig im Fahrzeug mitzuführen.

Das Reparaturpersonal hat die Aufgabe, alle Teile vor Einbau auf ihre Teilegenehmigung zu prüfen.

Verschiedene Möglichkeiten der Abnahme

Abnahme	Erläuterung
Einzelabnahme	Sachverständige prüfen die Umbauten und nehmen diese ab. Je nach Umfang und Art der Abnahme variieren die Kosten. Daher ist es sinnvoll, bei allen Umbaumaßnahmen (Modifikationen) im Vorfeld mit Gutachtern oder Gutachterinnen (Sachverständige) Kontakt aufzunehmen und sich beraten zu lassen.
Teilegutachten	Viele Tuningteile werden mit einem sogenannten Teilegutachten geliefert. Sind diese angebaut, kontrollieren die Sachverständigen den korrekten Anbau der Teile sowie die Einhaltung von evtl. damit verbundenen Auflagen.
ABE (Allgemeine Betriebserlaubnis)	Diese wird in der Regel bei zu montierenden Teilen mitgeliefert (z. B. Leichtmetallfelgen). Die Abnahme durch Sachverständige ist nicht erforderlich. Die ABE der entsprechenden Teile muss jedoch stets mitgeführt werden.
ABG (Allgemeine Bauartgenehmigung)	Einige Teile verfügen über eine allgemeine Bauartgenehmigung. Im Vorfeld ist zu prüfen, ob das Anbauteil auch für das jeweilige Fahrzeugmodell zugelassen ist (z. B. Scheinwerfer). Nach dem Umbau des Fahrzeugs muss dieses unter Umständen von Sachverständigen geprüft und die Änderung in die Fahrzeugpapiere eingetragen werden.
EG-Betriebserlaubnis	Für den gesamten EU-Raum ist die EG-Betriebserlaubnis, die weitestgehend der ABE entspricht, gültig. Werden Teile mit EG-Erlaubnis am Fahrzeug angebracht, müssen diese nicht bei Sachverständigen vorgeführt werden. Die EG-Betriebserlaubnis ist jedoch, wie die ABE auch, im Fahrzeug mitzuführen.

Wichtig ist auch, dass die zuständige **Kfz-Versicherung** über das Tuning informiert wird. Hat sich z. B. die Motorisierung durch den Einsatz eines Chips erhört, kann sich ggf. der Versicherungsbeitrag ändern. Am besten ist es, im Vorfeld mit seiner Versicherung Kontakt aufzunehmen. Manche Versicherer verfügen über Listen, in denen genau erfasst ist, welches Tuning sich wie auf den Beitrag auswirkt.

Wird der Hubraum des Fahrzeugs erhöht, ist außerdem das **Finanzamt** zu informieren, da sich unter Umständen die Höhe der zu entrichtenden Kfz-Steuer ändert.

Achten sollte man auch auf die Garantieleistungen des **Herstellers** bzw. **Händlers**. Diese können unter Umständen bei einem Tuning erlöschen. Hier sollte man sich im Vorfeld ebenfalls genauestens informieren.

Das Personal in der Verkaufsberatung hat die Aufgabe, Kunden und Kundinnen über diese Sachverhalte fachkundig zu informieren.

5.5 Garantieleistungen und Kulanz

EINSTIEGSSITUATION

Die Autohaus Köppel GmbH bietet ihrer Kundschaft eine Vielzahl von Leistungen an. So gibt es z. B. seit mehreren Jahren einen persönlichen Schutzbrief für Fahrzeuge der Marke Cars Best und eine persönliche Mobilitätskarte. Auch Kulanzanträge werden geprüft und der Kundschaft gegenüber möglichst wohlwollend bearbeitet.
Pascal Palm möchte von Herrn Köppel wissen, warum dies so ist.

1. Erläutern Sie Herrn Palm, warum Hersteller und Händler zusätzliche Garantien anbieten. Halten Sie Ihre Erkenntnisse in einer Mindmap fest.
2. Überprüfen Sie, welche Regelungen in Ihrem Betrieb in Bezug auf Garantieleistungen und Kulanzanträgen bestehen, und besprechen Sie Ihre Ergebnisse im Plenum.

5.5.1 Überblick

Sachmängelhaftung

Wird ein Fahrzeug bei einem Händler gekauft, ist dieser durch den Gesetzgeber zu einer Sachmängelhaftung verpflichtet. Die Dauer für diese Haftung beträgt zwei Jahre. In der Regel gibt es neben der Sachmängelhaftung zusätzlich die Herstellergarantie.

Ist bei der Übergabe des Fahrzeugs die vereinbare Beschaffenheit nicht gegeben, liegt ein Sachmangel vor und der Verkäufer (Autohaus) befindet sich in der Sachmängelhaftung (vgl. § 434 BGB).

Binnen eines Zeitraumes von zwei Jahren haben die Käuferinnen und Käufer die Möglichkeit, ihre Rechte aus mangelhafter Lieferung geltend zu machen. Dies kann in Form einer Reparatur, einer Ersatzlieferung, Zahlung von Schadenersatz usw. erfolgen (vgl. § 438 BGB). Handelt es sich bei dem Fahrzeug um einen Gebrauchtwagen, verkürzt sich die Frist auf ein Jahr (vgl. § 476 Abs. 2 BGB).

Werden die Ansprüche der Käuferinnen und Käufer nicht innerhalb dieser Gewährleistungsfrist gestellt, verlieren diese ihre Rechte und haben nur noch die Möglichkeit, aufgrund eines Kulanzantrages den vorhandenen Schaden beheben zu lassen oder die entstehenden Kosten bei der Ablehnung des Kulanzantrages selbst zu übernehmen.

Werden Mängel an fabrikneuen Fahrzeugen festgestellt und diese dem Verkäufer mündlich mitgeteilt, ist es empfehlenswert, sich diese Anzeige schriftlich bestätigen zu lassen.

Als zusätzlichen Anreiz für eine positive Kaufentscheidung sind verschiedene Hersteller dazu übergegangen, ihre Gewährleistungshaftung auf bis zu sieben Jahre zu verlängern. Dies wird in den Allgemeinen Geschäftsbedingungen (AGB) der Hersteller festgehalten und als **Herstellergarantie** bezeichnet.

Die **Gewährleistung** (Sachmängelhaftung) ist gesetzlich vorgeschrieben und sichert den Käuferinnen und Käufern innerhalb der Laufzeit einen Schadenersatzanspruch zu.

Wird die **Sachmängelhaftung** durch AGB **freiwillig** von einem Hersteller auf einen bestimmten Zeitraum verlängert, spricht man von einer Herstellergarantie.

Die **Garantie** ist eine freiwillige Leistung. Sie umfasst z. B. bei gebrauchten Fahrzeugen oft nur bestimmte Baugruppen.

Unter **Kulanz** (abgeleitet vom französischen Wort *coulant* = großzügig, entgegenkommend) versteht man die Anerkennung von Ansprüchen der Käuferinnen und Käufer ohne Rechtspflicht. Freiwillig werden Instandhaltungskosten vom Hersteller ganz oder teilweise übernommen, ohne dass er dazu verpflichtet wäre.

Gebrauchtwagengarantie

Bei guten Gebrauchtwagenhändlern gehört eine Gebrauchtwagengarantie in der heutigen Zeit zur „Serienausstattung“. Viele Privatkunden und -kundinnen gehen gerade deswegen zu einem Händler und beziehen ihr Fahrzeug nicht über einen privaten Verkäufer.

Natürlich ist ein gebrauchtes Fahrzeug bereits genutzt worden und weist üblicherweise verschiedene Abnutzungen und Funktionsbeeinträchtigungen auf. Diese sollten jedoch mit der Fahrleistung und dem Alter des Fahrzeugs in Einklang stehen.

Ansprüche auf Ersatzleistungen aus der Gebrauchtwagengarantie sind von der regelmäßigen Wartung durch eine Vertragswerkstatt abhängig. Mindestens ein Jahr beträgt die Laufzeit der Gebrauchtwagengarantie und beschränkt sich meistens nur auf das Inland. Bei Gebrauchtfahrzeugen ist die Garantieleistung in der Regel weniger umfangreich als bei Neufahrzeugen.

Garantieansprüche bei EU-Importen

Beim Kauf von EU-Importen ist es ratsam, den Kaufvertrag genau durchzulesen, da die Haftungsfrage im Schadenfall sehr schwierig sein kann. Die Herstellergarantie des erworbenen Fahrzeugs bleibt zwar bestehen – die Ansprüche müssen aber beim Verkäufer geltend gemacht werden, der in manchen Fällen nur als Vermittler für ein ausländisches Autohaus auftritt, und somit gilt das ausländische Recht.

Mobilitätsgarantie

Viele Autohäuser werben mit der sogenannten Mobilitätsgarantie. Diese stellt sicher, dass die Kundinnen und Kunden immer mobil sind und bleiben. Muss das Auto zur Inspektion oder hat das Fahrzeug eine Panne, bietet das Autohaus einen Ersatzwagen an (in manchen Fällen ist dieser kostenlos). Die Mobilitätsgarantie kann zwischen einem und drei Jahren betragen und ist vom Autohaus abhängig.

Die nachfolgende Tabelle gibt eine Übersicht über die aktuellen Garantieleistungen der Hersteller:

Hersteller	Neuwagen	Durchrostungs- oder Lackgarantie
Alfa Romeo	2 Jahre ohne Kilometerbegrenzung	**Durchrostung:** 80 Monate **Lack:** 3 Jahre
Audi	2 Jahre ohne Kilometerbegrenzung	**Durchrostung:** 12 Jahre **Lack:** 3 Jahre
BMW/Mini	keine Garantie, aber auf 3 Jahre erweiterte Sachmängelhaftung ohne Kilometerbegrenzung	**Durchrostung:** 12 Jahre erweiterte Sachmängelhaftung
Citroen	2 Jahre ohne Kilometerbegrenzung	**Durchrostung:** 12 Jahre **Lackgarantie:** 2 Jahre
Cupra	5 Jahre oder 150 000 km*, die ersten 2 Jahre ohne Kilometerbegrenzung	**Durchrostung:** 6 bis 12 Jahre je nach Modell **Lack:** 5 Jahre
Dacia	3 Jahre oder 100 000 km*	**Durchrostung:** 7 Jahre **Lack:** 2 Jahre

Hersteller	Neuwagen	Durchrostungs- oder Lackgarantie
Fiat	2 Jahre ohne Kilometerbegrenzung	**Durchrostung:** 7 Jahre **Lack:** 2 Jahre
Ford	2 Jahre ohne Kilometerbegrenzung	**Durchrostung:** 12 Jahre **Lack:** 2 Jahre
Honda	3 Jahre oder 100 000 km*	**Durchrostung:** 10–12 Jahre, je nach Bauteil **Lack:** 3 Jahre
Hyundai	bis zu 5 Jahre je nach Modell und ohne Kilometerbegrenzung, Car-Audio-Gerät inkl. Navigation und Multimedia: 3 Jahre ohne Kilometerbegrenzung	**Durchrostung:** bis zu 12 Jahre je nach Modell **Lack:** bis zu 5 Jahre je nach Modell
Jaguar	5 Jahre oder 150 000 km*	**Durchrostung:** 6 Jahre **Lack:** 3 Jahre
Jeep	2 Jahre ohne Kilometerbegrenzung	**Durchrostung:** 7 Jahre **Lack:** 2 Jahre
KIA	7 Jahre oder 150 000 km*, Starterbatterie: 2 Jahre, Audio-, Entertainment- und Navigationssystem: 3 Jahre	**Durchrostung:** modellabhängig 7–12 Jahre oder 150 000 km* **Lackgarantie:** 5 Jahre oder 150 000 km*
Lancia	2 Jahre ohne Kilometerbegrenzung	**Durchrostung:** 8 Jahre **Lack:** 2 Jahre

Hersteller	Neuwagen	Durchrostungs- oder Lackgarantie
Land Rover	3 Jahre oder 150 000 km*	**Durchrostung:** 6 Jahre **Lack:** 3 Jahre
Lexus	3 Jahre oder 100.000 km*	**Durchrostung:** 12 Jahre **Lack:** 3 Jahre
Mazda	Ab Erstzulassung 01.03.2022: 6 Jahre oder 150 000 km*	**Durchrostung:** 12 Jahre **Lack:** 3 Jahre
Mercedes	2 Jahre ohne Kilometerbegrenzung	**Durchrostung:** bis zu 30 Jahre
Mitsubishi	5 Jahre oder 100 000 km (die ersten 2 Jahre ohne Kilometerbegrenzung)* für die meisten Modelle, 3 Jahre: 12-V-Batterie (alle Modelle), Sauerstoffsensor (alle Modelle), Motor des Kondensatorgebläses (Pajero und L200), Einspritzdüse/ Glühkerze (nur für Dieselmotor)	**Durchrostung:** 12 Jahre **Lack:** 5 Jahre oder 100 000 km* (die ersten 2 Jahre ohne Kilometerbegrenzung)
Nissan	3 Jahre oder 100 000 km*	**Durchrostung:** 12 Jahre **Lack:** 3 Jahre
Opel	2 Jahre ohne Kilometerbegrenzung	**Durchrostung:** bis zu 12 Jahre je nach Modell
Peugeot	2 Jahre ohne Kilometerbegrenzung	**Durchrostung:** 12 Jahre **Lack:** 2 Jahre

Hersteller	Neuwagen	Durchrostungs- oder Lackgarantie
Porsche	2 Jahre ohne Kilometerbegrenzung	**Durchrostung:** 12 Jahre **Lack:** 3 Jahre
Renault	2 Jahre ohne Kilometerbegrenzung	**Durchrostung:** bis zu 12 Jahre je nach Modell **Lack:** bis zu 3 Jahre je nach Modell
Seat	2 Jahre ohne Kilometerbegrenzung	**Durchrostung:** 12 Jahre **Lack:** 3 Jahre
Skoda	2 Jahre ohne Kilometerbegrenzung	**Durchrostung:** 10 –12 Jahre je nach Modell **Lack:** 3 Jahre
Smart	2 Jahre ohne Kilometerbegrenzung	**Durchrostung:** 12 Jahre **Lack:** 2 Jahre
Subaru	5 Jahre oder 160 000 km*	**Durchrostung:** bis zu 12 Jahre **Oberflächenkorrosion:** 3 Jahre
Suzuki	3 Jahre oder 100 000 km*	**Durchrostung:** 12 Jahre **Lack:** 3 Jahre
Toyota	3 Jahre oder 100 000 km*	**Durchrostung:** 12 Jahre bei den meisten Modellen **Lack:** 3 Jahre bei den meisten Modellen
VW	2 Jahre ohne Kilometerbegrenzung	**Durchrostung:** 12 Jahre **Lack:** 3 Jahre
Volvo	2 Jahre ohne Kilometerbegrenzung	**Durchrostung:** 12 Jahre bei den meisten Modellen **Lack:** 2 Jahre

** Je nachdem, was zuerst erreicht wird.*

Quelle: ADAC e. V., Juristische Zentrale München (Hrsg.): Neuwagengarantie: Wer gibt wie viel? 19.08.2024. In: https://www.adac.de/rund-ums-fahrzeug/auto-kaufen-verkaufen/neuwagenkauf/neuwagen-garantie/ [15.11.2024].

5.5.2 Gewährleistungs- und Kulanzanträge bearbeiten

Damit Gewährleistungs- sowie Kulanzanträge schnellstmöglich bearbeitet werden können, ist es sinnvoll, entsprechende Formulare zu verwenden, die dann von der Kundschaft und dem zuständigen Personal des Autohauses auszufüllen sind.

Mittlerweile läuft die Datenerfassung und Übertragung von den Autohäusern an den Hersteller bei einem Gewährleistungs- bzw. Kulanzantrag auf digitalem Weg ab. Verschiedene Daten werden in einem speziellen Programm erfasst, auf das nur ausgewähltes Fachpersonal Zugriff hat. Im Feld „Bemerkungen" wird dann der Grund des Antrages angegeben und ein Vorschlag für die Kostenübernahme eingefügt. Binnen kurzer Zeit erhält das Autohaus dann die entsprechende Rückmeldung zu dem jeweiligen Antrag.

Liegt ein **Gewährleistungsfall** vor, erteilt der Hersteller dem Autohaus die Kostenzusage und das Autohaus repariert das Fahrzeug. Für die Kundschaft fallen in diesem Fall keinerlei Kosten an. Auch ein Ersatzfahrzeug wird meistens kostenlos vom Autohaus zur Verfügung gestellt.

Handelt es sich bei dem Schaden um einen **Kulanzfall**, teilt der Hersteller dem Autohaus den Prozentsatz mit, den er bereit ist, für den Kulanzfall zu übernehmen. Der Restbetrag ist dann entweder vom Autohaus oder von der Kundschaft zu zahlen. Hierzu muss mit der Kundschaft ein entsprechendes Gespräch geführt werden. In der Praxis ist es häufig so, dass das Autohaus z. B. die Personalkosten für den Einbau eines defekten Teiles und die Kundschaft die Kosten für das zu ersetzende Teil selbst übernimmt.

Beispiele

Ablauf einer „Reklamation" bei der Autohaus Köppel GmbH
Der Kunde oder die Kundin wird mit dem Fahrzeug, bei dem ein vermeintlicher Sachmangel vorliegt, bei der Autohaus Köppel GmbH vorstellig. Eine Person aus der Verkaufsberatung sowie ein Mitglied des Werkstatt-Teams begutachten das Fahrzeug und den reklamierten Schaden. So ist es für die Autohaus Köppel GmbH schnell und einfach möglich, eine Aussage zu dem Schadenfall zu treffen und diesen einzuschätzen (sofern es sich tatsächlich um einen Sachmangel oder um einen sonstigen Mangel handelt, der nicht im Verschulden des Herstellers liegt).

Je nachdem, welche Einschätzung erfolgt, wird ein Garantieantrag oder Kulanzantrag durch Herrn Michaeli beim Hersteller gestellt. Dieser macht in einem entsprechenden Programm unter anderem die nachfolgenden Angaben:

- Schlüsselnummer des Fahrzeugs (automatisch werden die genauen Fahrzeugangaben im Programm ersichtlich)
- Name und Anschrift des Eigentümers/der Eigentümerin
- Kulanzantrag oder Garantieantrag
- Art des Schadens/Mangels

Im nächsten Schritt erfolgt die Rückmeldung des Herstellers. Je nachdem, ob eine Kostenzu- oder -absage erfolgt, werden die weiteren Schritte (Gespräch mit dem Kunden/der Kundin, Reparatur usw.) eingeleitet.

Eigenverschulden der Kundschaft

Auch ist es möglich, dass der Schaden von der Kundschaft selbst verursacht wurde. In diesem Fall führt die Verkaufsberatung, z. B. Herr Gorges, ein entsprechendes Gespräch und findet gemeinsam mit der Kundschaft Lösungsmöglichkeiten. Abhängig vom Kunden status (z. B. Stammkundschaft) kann das Autohaus kulanter sein oder eben nicht.

Zusammenfassung

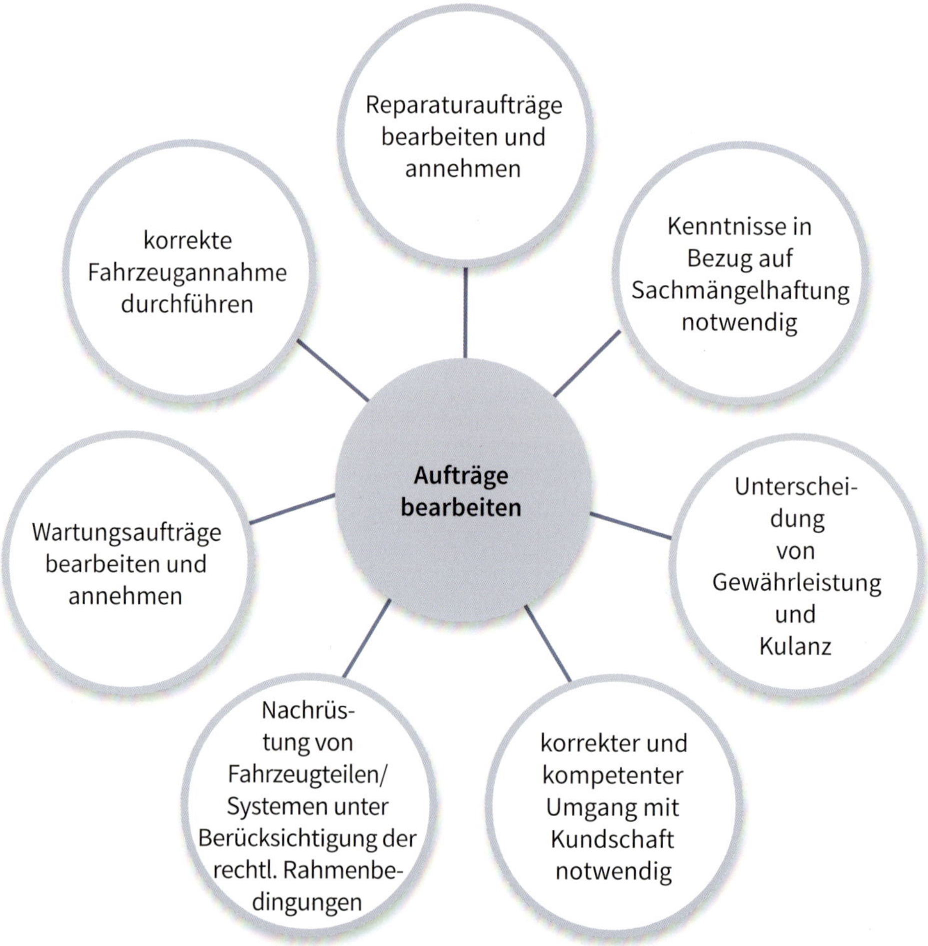

Aufgaben

1. Fertigen Sie ein Formular zur Fahrzeugübernahme an, in dem alle notwendigen Fragen beantwortet werden.

2. Beurteilen Sie folgende Situation und argumentieren Sie aus der Position des Autohauses und des Teilegroßhändlers:

   Sie bestellen bei einem Teilegroßhändler in Berlin Karosserie-Ersatzteile. Die Teile wurden aus München zum Großhändler und dann zu Ihnen geliefert. Bei der Rechnungsprüfung bemerken Sie, dass die Transportkosten vom Lager München berechnet wurden. In den AGB des Teilegroßhändlers, die in Berlin und München aushängen, heißt es: „Kosten der Verpackung und des Transports gehen zulasten des Kunden.“
   Nach telefonischer Anfrage in München wird die Klausel in den AGB bestätigt. Die Rechnung enthält keinen Hinweis auf die gültigen AGB.

3. Besorgen Sie sich im Ausbildungsbetrieb eine aktuelle Übersicht der Kfz-Reparaturbedingungen, studieren Sie den Inhalt und informieren Sie sich darüber, wie dieses Dokument in der Praxis angewendet wird. Reflektieren Sie Ihre Erkenntnisse im Schulunterricht.

4. Sie bearbeiten den Auftrag von Frau Dillerle. Bei der Auftragsannahme am Montag war man sich mit der Kundin einig, dass Radlager, Stoßdämpfer und Reifen paarweise gewechselt werden. Ihr Chef hat Sie persönlich dafür verantwortlich gemacht, dass der Auftrag termin- und qualitätsgerecht erfüllt wird. Das Fahrzeug soll am Freitag um 16:00 Uhr an Frau Dillerle übergeben werden.
   Die Bedarfsanalyse ergab folgenden Materialbedarf:

Pos.-Nr.	Teile/Zubehör/Größe	Menge	Bestellnummer	Bestellvermerk
1	Stoßdämpfer	2		Lieferung in 2 Tagen durch Teile-Service-Center
2	Radlager	4		Lager
3	Reifen 175/70 R 13	2		Zahn & Rad GmbH Montage am Mittwoch

   Hinweise:
   - Nach der Demontage der rechten Radlager wird festgestellt, dass die Gummimanschette am Antrieb eingerissen ist.
   - Am linken Rad zeigt sich eine einseitige starke Abnutzung des Bremsbelages mit starken Riefen in der Bremsscheibe (schwimmender Bremssattel).
   - Der Bremsbelag des rechten Rades hat noch ca. 50 %.

   Stellen Sie einen Arbeitsplan für eine Woche auf.

5. Die Fahrzeugreparatur der Privatkundin Frau Dillerle ist abgeschlossen. Der Kundendienstleiter Herr Kraft hat das Fahrzeug vom Mechaniker, Herrn Möller, übergeben bekommen. Herr Möller rechnet den Auftragsschein mit folgendem Inhalt ab:

Autohaus Köppel GmbH
Diedenhofener Str.6
54294 Trier

Kunde: Frau Dillerle

Arbeitsauftrag

Durchzuführende Arbeiten: Durchführung der kleinen Inspektion, Kontrolle der Bremsanlage, Radlager, Stoßdämpfer und Reifen (Vorderachse kompl.)

Verwendetes Material und Arbeitszeit:

Ersatzteile/Betriebsstoffe	Menge	Zeiteinheiten (ZE)	Bemerkungen
Bremsbeläge	4	100	
Bremsscheibe (innenbelüftet)	2	120	
Bremsschlauch	1	15	
Radlager	2	150	
Manschette für Antriebswelle	1	50	i. V. m. Radlager
Stoßdämpfer	2	110	
Bremsflüssigkeit	1 Liter	5	nachgefüllt
Reifen	1	30	Montage und wuchten
Kleine Inspektion 75 000 km		100	mit Öl- und Filterwechsel
Kontroll- und Einstellarbeiten, Probefahrt		50	
Bremse entlüftet		25	

Arbeit durchgeführt Niclas Kling **Arbeit kontrolliert** Carlo Michaeli

a) Sie haben die Aufgabe, die Rechnung für Frau Dillerle zu schreiben. Zur Berechnung der Arbeitsleistung benutzen Sie folgenden Verrechnungssatz:
60 Minuten = 100 Zeiteinheiten = 60,00 €

Hinweise:
- Der ausführende Betrieb ist die Autohaus Köppel GmbH.
- Für Ersatzteile und Betriebsstoffe entnehmen Sie die Preise Ihrem aktuellen Teilekatalog.
- Weisen Sie den Nettoeinzelpreis und Gesamtpreis aus und berechnen dann den Endpreis mit MwSt.
- Arbeitspreis, Ersatzteile, Schmierstoffe, Treibstoffe und Sonstiges weisen Sie auf der Rechnung gesondert aus.

b) Auf die Ersatzteile können Sie der Stammkundin einen Rabatt einräumen. Vergleichen und **diskutieren** Sie Ihre Rechnung in der Gruppe.

6 Abschluss und Bearbeitung von Kundenaufträgen auch aus buchhalterischer Sicht

AUSGANGSSITUATION

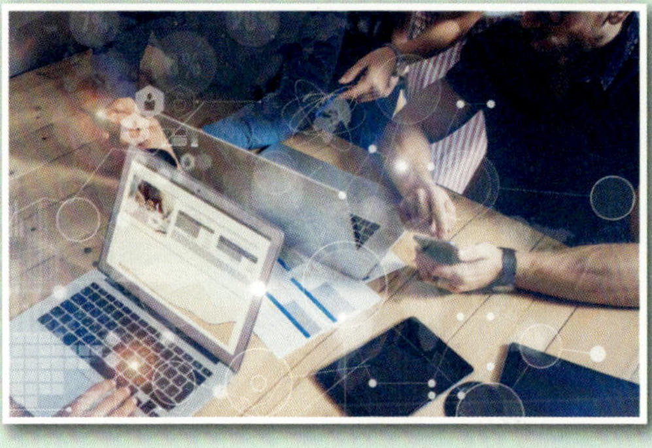

Die Auszubildenden Pascal Palm und Carl Löffler konnten sich schon viele Fertigkeiten und Kenntnisse bei der Autohaus Köppel GmbH aneignen. Wie der korrekte Abschluss eines Kundenauftrages erfolgt und welche Einflussfaktoren hier eine Rolle spielen, ist beiden jedoch noch nicht ganz klar.

Matti Köppel bittet die Auszubildenden daher, sich mit diesem Themenbereich zu befassen und ein übersichtliches Handout zu erstellen.

ARBEITSAUFTRÄGE

1. Informieren Sie sich über Ihren Themenbereich.
2. Erkundigen Sie sich in Ihrem Ausbildungsbetrieb über die einzelnen Einflussfaktoren, die bei der Bearbeitung von Kundenaufträgen eine Rolle spielen, und halten Sie diese schriftlich fest.
3. Erstellen Sie ein Handout mit den einzelnen Arbeitsschritten, die zu erledigen sind.
4. Präsentieren Sie Ihre Ergebnisse und besprechen diese im Plenum.
5. Nutzen Sie Ihr neu gewonnenes Wissen für die Zukunft.

6.1 Leistungsabrechnung in einer Werkstatt

EINSTIEGSSITUATION

Nora fragt ihren Mitauszubildenden Carl: „Sag mal, hast du schon mal den Begriff ‚Leistungsabrechnung' gehört?" „Nein", antwortet Carl. „Ehrlich gesagt noch nicht."

Erläutern Sie den beiden, was dieser Begriff bedeutet, und was alles unter die Leistungsabrechnung fällt.

Leistung ist die in Geld bewertete Ausbringung von Erzeugnissen des Betriebes. Dem Leistungsbegriff werden drei Merkmale zugeordnet:

- Erzeugnisse oder Dienstleistungen wurden ausgebracht, durch
  - Verkauf,
  - Verwendung im eigenen Betrieb oder
  - Lagerung, z. B. im Teilelager oder Abstellen auf dem Firmenparkplatz.

- Die Bewertung der Erzeugnisse erfolgt in Geldwerten oder Mengen durch
  - den erzielten Verkaufserlös,
  - die erbrachten Leistungen bzw. Herstellkosten.

- Die Leistung entstand durch den betrieblichen Einsatz und nicht z. B. durch Zinserträge.

Die **Leistungsrechnung** hat die Aufgabe, alle betrieblichen Leistungen zu erfassen und sie den entstandenen Kosten gegenüberzustellen. Entsprechende Zahlen stammen aus der **Kosten- und Leistungsrechnung**.

Die Kostenrechnung erfasst den in Geld bewerteten Gütereinsatz zur Herstellung von Erzeugnissen, zur Leistung von Diensten und zur Bereitstellung von Waren. Hier werden somit die Selbstkosten zur Realisierung der Leistung bzw. Produktion ermittelt. Die Leistungsrechnung hat die Aufgabe, die betrieblichen Leistungen und innerbetrieblichen Eigenleistungen zu erfassen und sie den Kosten gegenüberzustellen.

Die Bedeutung der Erfassung von Kosten und Leistungen ist eng mit der ständigen Analyse der Wirtschaftlichkeit des Unternehmens verbunden. Dadurch ist das Unternehmen in der Lage, die Kostenlage im Verhältnis zum Markt, insbesondere zum Marktpreis, zu beurteilen. In Problemsituationen kann sofort eingegriffen werden.

6.2 Kosten einer Werkstatt

EINSTIEGSSITUATION

Als Hausaufgabe für die Berufsschule müssen sich Pascal Palm und Nora Braun mit dem Themenbereich „Kosten einer Werkstatt“ auseinandersetzen. Ihr Wissen soll mithilfe einer Mindmap festgehalten und präsentiert werden.

Unterstützen Sie die beiden und erstellen die entsprechende Mindmap sowie die Handzettel für die Präsentation.

In einer Kfz-Werkstatt fallen viele unterschiedliche Kosten an, die einem Reparaturauftrag direkt oder indirekt zugeordnet werden können. Wenn Mechaniker und Mechanikerinnen Wartungen oder Reparaturen im Auftrag des Betriebes durchführen, dann erhalten sie dafür Lohn (Fertigungslohn). Dem Betrieb entstehen **Lohnkosten**, die einem Auftrag direkt zugeordnet werden können.

Fertigungslöhne werden deshalb als **direkte Kosten** oder auch als **Einzelkosten** bezeichnet. Direkte Lohnkosten entstehen bei Kundenaufträgen durch Reparatur- und Wartungsarbeiten an Kundenfahrzeugen oder auch bei der Reparatur und Wartung betriebseigener Fahrzeuge. Diese Aufträge nennt man interne Aufträge.

Unabhängig von einem Reparatur- oder Wartungsauftrag entstehen der Werkstatt weitere Kosten, die zur Aufrechterhaltung des Betriebes notwendig sind. So fallen z. B. Kosten für Strom, Heizung, Wasser und Abwasser an, die nicht direkt einem Auftrag zugeordnet werden können und deshalb als **indirekte Kosten** bezeichnet werden. Die indirekten Kosten werden oft auch **Gemeinkosten** genannt. Diese werden als buchhalterische oder kalkulatorische Gemeinkosten erfasst und dann den Einzelkosten prozentual als **Gemeinkostenzuschlagssatz** aufgeschlagen.

Unternehmen gehen mit der Betriebsführung ein großes Wagnis ein. Um dieses unternehmerische Risiko tragen zu können, müssen sie einen Gewinn erzielen. Der **Wagnis- und Gewinnzuschlag** wird je nach Betriebsgröße mit 3 % bis 10 % der Selbstkosten kalkuliert.

Einzelkosten + Gemeinkosten = Selbstkosten

Selbstkosten + Gewinnzuschlag = Sollumsatz

Ziel des Unternehmens ist es, die Selbstkosten möglichst gering zu halten und durch Kundenaufträge den kalkulierten Sollumsatz zu erreichen.

Gemeinkosten (GK)	
Buchhalterisch erfasste GK	Kalkulatorische GK
• Gehälter • Hilfslöhne • soziale Aufwendungen • Instandhaltung • Hilfs- und Betriebsstoffe • Gebäudekosten, Raumkosten • Verwaltungskosten • Steuern und Gebühren • sonstige Kosten	• Unternehmerlohn • Familienlohn • Verzinsung des notwendigen betrieblichen Kapitals • Mietwert im eigenen Gebäude • kalkulatorische Abschreibung • Wagnisprämie

6.3 Buchhalterische Zusammenhänge und Erfassung von Kundenaufträgen

EINSTIEGSSITUATION

Am zweiten Tag in der Abteilung Kundendienst nimmt Nora Braun zusammen mit dem Kfz-Meister Daniel Gorges einen Kundenauftrag an. Sie unterstützen Frau Braun und verschaffen sich einen Überblick zur Erfassung, Bearbeitung und Abrechnung von Kundenaufträgen. Die buchhalterischen Arbeitsabläufe von der Auftragsannahme bis zur Auftragsabrechnung stellen Sie in einem Ablaufschema übersichtlich dar.

Beispiel 1

Herr Gorges füllt das Auftragsformular mit den Kundendaten von Frau Alexandra Grau aus. Frau Grau ist eine langjährige Kundin des Autohauses Köppel. Ihr Pkw-Modell Phantasia-Limousine muss zur 20 000-km-Inspektion. Mit Frau Grau wird vereinbart, dass sie das Fahrzeug um 16:00 Uhr abholen kann.

Autohaus Köppel GmbH
Diedenhofener Str. 6
54294 Trier

Autohaus Köppel GmbH, Diedenhofener Str. 6, 54294 Trier

Frau
Alexandra Grau
Tulpenweg 22
54317 Osburg

Telefon: 0651 7155-0
Telefax: 0651 7155-23
E-Mail: info@autohaus-koeppel.de
Bank: Sparkasse Trier
IBAN: DE01 5855 0130 3011 2222 1
BIC: TRISDE55XXX

Werkstattauftrag

Auftrags-Nr.	Kennzeichen	Typ	Fahrgestell-Nr	Km-Stand
1078904	P-AT 467	Phantasia-Limousine	PL15DA15953673	20 320

Pos.	Durchzuführende Arbeiten
1	20 000-km-Inspektion Wird um 16:00 Uhr abgeholt!

Sie zahlen:
☒ bar ☐ girocard

Grau
Auftraggeber

Beispiel 2

In der Werkstatt des Autohauses Köppel wird die Inspektion vom Monteur Chris Mayer durchgeführt.

Pünktlich um 16:00 Uhr holt Frau Grau ihr Fahrzeug ab. Der Kfz-Meister Daniel Gorges erläutert ihr die Rechnung und Frau Grau bezahlt den Betrag an der Kasse.

Autohaus Köppel GmbH
Diedenhofener Str. 6
54294 Trier

Autohaus Köppel GmbH, Diedenhofener Str. 6, 54294 Trier

Frau
Alexandra Grau
Tulpenweg 22
54317 Osburg

Beleg-Nr. 332

Telefon: 0651 7155-0
Telefax: 0651 7155-23
E-Mail: info@autohaus-koeppel.de
Bank: Sparkasse Trier
IBAN: DE01 5855 0130 3011 2222 15
BIC: TRISDE55XXX

KOPIE

Rechnung

Ihr Auftrag vom 25.07.20..

Kunden-Nr.	Rechnungs-Nr.	Rechnungstag
8686	18237	25.07.20..
Bei Zahlung bitte angeben		

Pos.	Bezeichnung				Gesamtpreis €
1	Arbeitszeit Inspektion	1,5 Std.	à	109,25 €/Std.	163,88
2	Motoröl (Originalteil Hersteller)	4,5 l	à	21,50 €/l	96,75
3	Ölfilter (Originalteil Hersteller)	1	à	18,35 €	18,35
4	Originalteil Scheibenwischerblätter	1	à	25,21 €	25,21
				Nettobetrag	304,19
				19 % Umsatzsteuer	57,80
				Rechnungsbetrag	361,99

USt-IdNr.: DE000111339
Steuernummer:76144/21966

Die einzelnen Arbeiten der Monteure und Monteurinnen im Kundendienst werden in der Praxis folgendermaßen unterteilt:

Auftragsform	Kurzbezeichnung	Beispiel
Kundenaufträge	K-Aufträge	Inspektionen, Reparaturen
Interne Aufträge	I-Aufträge	Ein- oder Anbauten an Neufahrzeugen, Ablieferungsdurchsichten bei Neufahrzeugen, Reparaturen an Gebrauchtfahrzeugen
Gewährleistungsaufträge	G-Aufträge	Neufahrzeugereparaturen während der Gewährleistungszeit

Für jeden Typ der Werkstattaufträge wird in gut organisierten Autohäusern ein Auftrag erstellt. Dessen Zeiterfassung erfolgt über die herkömmliche Stempeluhr oder mit elektronischen Zeiterfassungsgeräten. Damit erhält das Unternehmen darüber Informationen, welche Arbeiten eine Arbeitskraft im Abrechnungszeitraum geleistet hat.

Für die Buchung sieht der Kontenplan beispielsweise folgende Konten vor:

Kontenklasse	Bezeichnung
4100	Löhne und Gehälter produktiv (= VAK Lohn Werkstatt)
4110	Unproduktive Löhne produktive Mitarbeiter/-innen
8400	Erlöse Werkstatt
8410	Lohnerlöse
8420	Erlöse Fremdleistungen

Die Erlöse ergeben sich aus dem **Stundenverrechnungssatz** der Werkstatt, multipliziert mit der benötigten Arbeitszeit. Oftmals wird in den Betrieben in kleineren Einheiten, den sogenannten Arbeitswerten (AW), gerechnet. Eine Stunde wird also in Arbeitswerte aufgeteilt. Die Hersteller/Importeure haben unterschiedliche Systeme. So gibt es Systeme mit 6 AW, 10 AW oder 12 AW pro Stunde. In den folgenden Beispielen beträgt der Stundenverrechnungssatz der Werkstatt 109,25 € netto.

Mit der Formulierung „20 000-km-Inspektion durchführen“ im Auftragsannahmeformular (siehe Einstiegssituation) sind die durchzuführenden Arbeiten am Kundenfahrzeug genau beschrieben. Welche Positionen zu welchem Preis angefallen sind, wird in den Ausgangsrechnungen der Autohäuser erklärt.

Werkstattauftrag

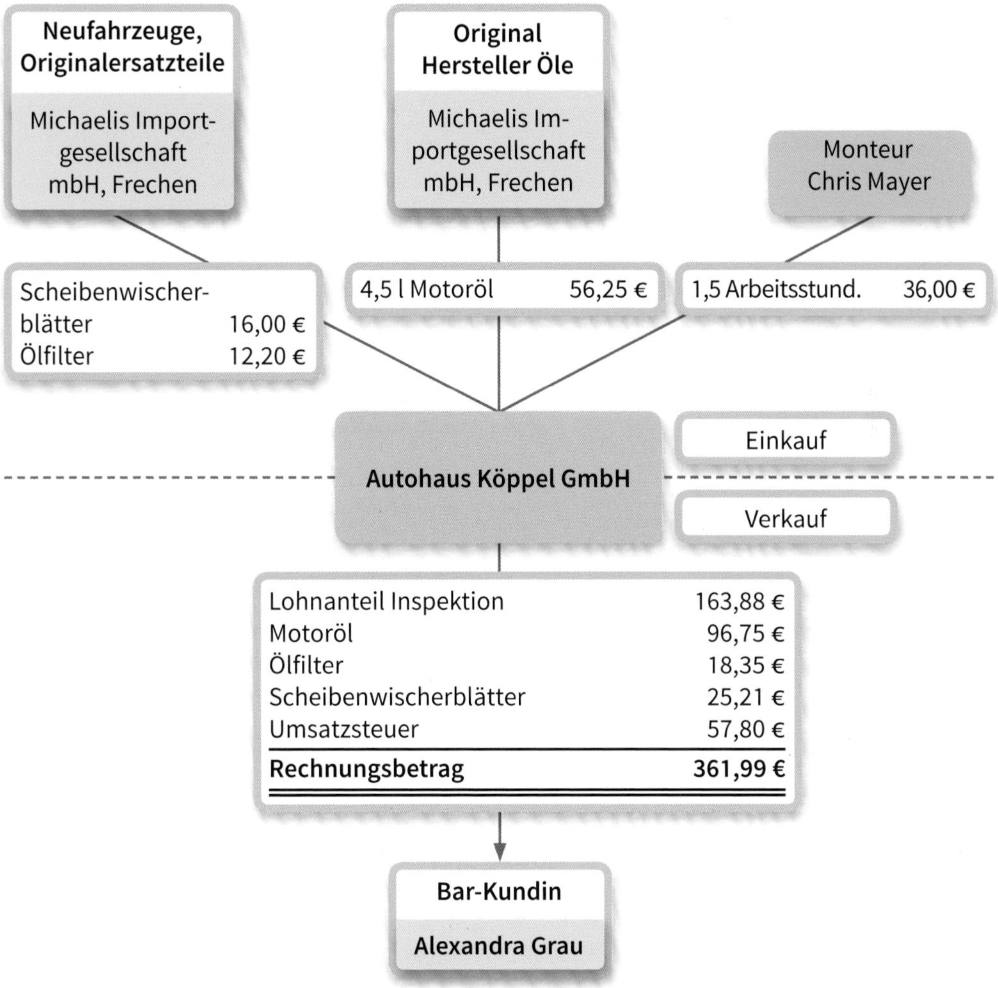

Buchungssatz des Kundenauftrages:

1000	Kasse	361,99 €				
			an	8410	Lohnerlöse	163,88 €
				8310	Erlöse a. d. Verk. v. T. d. d. W. (Öl)	96,75 €
				8310	Erlöse a. d. Verk. v. T. d. d. W. (Originalteile)	43,56 €
				1770	Umsatzsteuer	57,80 €

In der EDV hinterlegte Einkaufspreise:

Motoröl	12,50	€/Liter
Ölfilter	12,20	€/Stück
Wischerblätter	16,00	€/Paar

Buchung der Lagerentnahme:

7310	VAK Teile d. d. W. (Öl)	56,25 €			
		an	3300	Bestand Teile (Öl)	56,25 €
7310	VAK Teile d. d. W. (Originalersatzteile)	28,20 €			
		an	3300	Bestand Teile (Originalersatzteile)	28,20 €

Buchung des Kundenauftrages:

Soll	1000 Kasse		Haben
Erlöse, USt.	361,99		

Soll	8410 Lohnerlöse		Haben
GuV	163,88	Kasse	163,88

Soll	8310 Erlöse a. d. Verk. v. T. d. d. W.		Haben
GuV	140,31	Kasse	96,75
		Kasse	43,56
	140,31		140,31

Soll	1770 Umsatzsteuer		Haben
		Kasse	57,80

Buchung der Lagerentnahme:

Soll	3300 Bestand Teile		Haben
AB	1 655,00	VAK Teile d. d. W. (Öl)	56,25
		VAK Teile d. d. W. (Originalersatzteile)	28,20

Soll	7310 VAK Teile duch die Werkstatt		Haben
Teile (Öl)	56,25	GuV	84,45
Teile (Originalersatzteile)	28,20		
	84,45		84,45

Soll	GuV		Haben
VAK Teile duch die Werkstatt	84,45	Erlöse a. d. Verk. v. T. d. d. W.	140,31
Produktiver Lohnnteil (Buchung am Monatsende durch Lohnabrechnung)	36,00	Lohnerlöse	163,88
Rohgewinn (Bruttoertrag)	183,74		
	304,19		304,19

LF 11

Der produktive Lohnanteil des Monteurs oder der Monteurin wird am Monatsende mit der **Gehaltsabrechnung** der Werkstatt gebucht. In der Einstiegssituation benötigte der Monteur Chris Mayer 1,5 Arbeitsstunden für die 20 000-km-Inspektion. Der Kundin wurden dafür 163,88 € netto (109,25 € Stundenverrechnungssatz · 1,5 Arbeitsstunden) in Rechnung gestellt. Die Monteure und Monteurinnen haben einen Stundenlohn von 24,00 €. Damit den Lohnerlösen sozusagen der Einstandspreis der Handwerksleistung (Stundenlohn der Monteure) gegenübergestellt werden kann, wird am Monatsende der produktive Lohnanteil der Monteure und Monteurinnen in das GuV-Konto gebucht. Die Differenz zwischen Lohnerlösen und produktivem Lohnanteil der Monteure und Monteurinnen ist der **Rohgewinn** (Bruttoertrag) der Werkstatt, mit dem alle weiteren Kosten der Werkstatt abgedeckt werden müssen. Die Erlösbuchungen der Originalersatzteile und des Original Motoröls werden nur auf dem Konto „8310 Erlöse aus dem Verkauf von Teilen durch die Werkstatt" getätigt. Für eine detailierte Analyse in der Kostenrechnung wäre dieses alleine nicht ausreichend. Aus diesem Grund werden im Kontenrahmen SKR 51 sogenannte Kostenrechnungsmerkmale (KRM) im Hintergrund verwendet. Mithilfe der KRMs ist eine detailierte und aussagekräftige Kostenrechnung möglich.

6.3.1 Der Austauschteilehandel

Eine Besonderheit im Kfz-Gewerbe ist der Austauschteilehandel. Für einige Verschleißteile bieten Autohäuser keine Neuteile, sondern vom Hersteller aufgearbeitete **Austauschteile** an. Dazu gehören Motoren, Lichtmaschinen, Wasserpumpen, Kupplungen usw. Wird einem Kunden oder einer Kundin ein Austauschteil gegen Rückgabe des Altteils verkauft, so berechnet sich der für die Umsatzsteuer festzusetzende Wert aus dem Nettowert des Austauschteils selbst plus einem Rücknahmewert des Altteils. Um diesen Rücknahmewert für das Altteil genau zu bestimmen, sieht die umsatzsteuerliche Regelung vor, dass der Netto-Rücknahmewert des **Altteils** immer 10 % des Austauschteils ausmacht, auf den dann natürlich zusätzlich Umsatzsteuer anfällt.

Beispiel

Einbau eines Austauschgetriebes in ein Kundenfahrzeug; der Kunde zahlt per girocard.

	Netto-VK	Umsatzsteuer 19 %
Tauschgetriebe (VAK 1 100,00 €)	1 500,00 €	285,00 €
Altteilewert: 10 % von 1 500,00 € = 150,00 €		28,50 €
Arbeitslohn 4 Std. · 109,25 €	437,00 €	83,03 €
Gesamtbetrag	1 937,00 €	396,53 €

Der Kunde muss für das Austauschgetriebe zzgl. Einbau **2 333,53 €** bezahlen.
Buchung:

1200	Bank	2 333,53 €				
			an	8410	Lohnerlöse	437,00 €
				8310	Erlöse a. d. Verk. v. T. d. d. W.	1 500,00 €
				1770	Umsatzsteuer	368,03 €
				1795	Umsatzsteuer auf Altteile	28,50 €
7310	VAK Teile d. d. W. (Austauschteile)	1 100,00 €				
			an	3300	Bestand Teile (Austauschteile)	1 100,00 €

6.3.2 Interne Aufträge

Damit die Kundschaft ihr Neufahrzeug übernehmen kann, muss die werkseitig vorgeschriebene **Ablieferungsdurchsicht** durchgeführt werden. Weitere Aufträge, die der Kundendienst übernimmt, sind z. B. der Einbau einer Soundanlage in ein Neufahrzeug oder der Anbau eines Spoilers an ein eigenes Gebrauchtfahrzeug. Diese Arbeiten, die der Kundendienst für die Abteilung Fahrzeugverkauf verrichtet, nennt man **interne Aufträge**.

Die Verrechnung von internen Aufträgen geschieht in der Praxis auf unterschiedliche Weise. Zwischen den Randlösungen, Verrechnung zu den Selbstkosten und Verrechnung zu normalen Konditionen, gibt es Variationen dahin gehend, dass unterschiedliche Abschlagssätze bei internen Aufträgen vom normalen Stundenverrechnungssatz vorgenommen werden.

Zu den internen Aufträgen gehören z. B.:

- Entwachsen und Ablieferungsinspektion der Neufahrzeuge
- Sondereinbauten an Neufahrzeugen
- Reparaturen an Gebrauchtfahrzeugen

Die auftraggebende Abteilung ist praktisch Kunde des Kundendienstes, in diesem Beispiel werden die Leistungen im Autohaus Köppel lediglich zu den Selbstkosten berechnet. Umsatzsteuer fällt bei internen Aufträgen nicht an. Die Systematik des SKR 51 Kontenrahmens zur internen Leistungsverrechnung sieht eine Buchung ausschließlich in der Kontenklasse 5 vor. Dabei muss der Saldo aus internen Erlösen und internen Aufwendungen in dieser Kontenklasse immer Null sein.

Beispiel 1

Der Monteur Niclas Koltes baut nach Kundenvorgabe ein Original Sport-Design Kit an ein Neufahrzeug Phantasia-Kombi. Das Sport-Design Kit hat einen Einstandswert von 230,00 €. Für den Einbau benötigt der Monteur zwei Stunden; Stundenlohn des Monteurs: 24,00 €.

Interner Auftrag

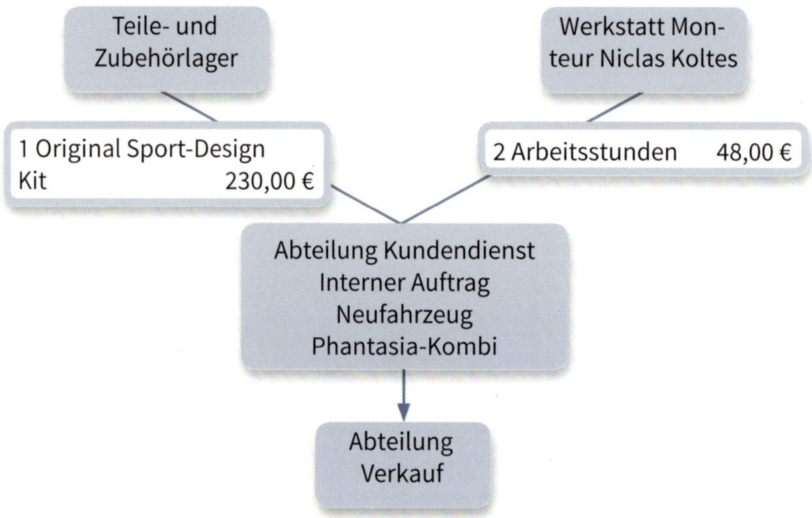

Buchung des internen Auftrages:

5014	Nachrüstung/Aufbauten	278,00 €			
		an	5701	Interne Erlöse (Teile)	230,00 €
		an	5701	Interne Erlöse (Lohn)	48,00 €

Soll	5014 Nachrüstung/ Aufbauten	Haben
Interne Erlöse	278,00	

Soll	5701 Interne Erlöse	Haben
	Nachrüstung/ Aufbauten (Teile)	230,00
	Nachrüstung/ Aufbauten (Lohn)	48,00

VAK Buchung:

7310	VAK Teile d. d. W.	230,00 €			
		an	3300	Bestand Teile	230,00 €

Soll	7310 VAK Teile d. d. W.	Haben
Bestand Teile	230,00	

Soll		3300 Bestand Teile	Haben
AB	70 000,00	VAK Teile d. d. W.	230,00

Buchung Erhöhung des Bestandswertes Nachrüstung/Aufbauten:

3220	Bestand Nachrüstung/ Aufbauten	278,00 €			
		an	8990	Bestandsveränderungen i. A. b. A.	278,00 €

Soll	3220 Bestand Nachrüstung/Aufbauten	Haben
Bestandsveränderungen i. A. b. A.	278,00	

Soll	8990 Bestandsveränderungen i. A. b. A.	Haben
	Bestand Nachrüstung/Aufbauten	278,00

Durch den Anbau des Original Sport-Design Kits an das Neufahrzeug erhöht sich der Wareneinstandspreis. Es handelt sich hier um eine **werterhöhende Reparatur**, die auf dem Bestandskonto „Bestand Nachrüstung/Aufbauten" in der Kontenklasse 3 gebucht werden muss.

Beispiel 2

Die Monteurin Petra Gorges nimmt an einem Neufahrzeug Modell Maximo-Limousine die **Übergabedurchsicht** vor. Für die Durchsicht benötigt sie 1,5 Arbeitsstunden. Diese Durchsicht erhöht nicht den Wareneinstandspreis des Neufahrzeugs und wird deshalb in der Kontenklasse 5 auf dem Konto „5004 Übergabedurchsicht/Fertigmachen“ gebucht. Hintergrund dieser Buchung ist folgender: Mit dem Kaufpreis des Neufahrzeugs zahlt die Kundschaft für ein fabrikneues, fahrbereites Fahrzeug. Dieses ist aber erst dann fahrbereit, wenn die Übergabedurchsicht erfolgte. Im Kaufpreis ist die Übergabedurchsicht bereits enthalten.

1,5 Arbeitsstunden zu
24,00 € pro Std.: 36,00 €

Buchung:

5004	Übergabedurchsicht	36,00 €				
			an	5701	Interne Erlöse (Lohn)	36,00 €

Soll	5004 Übergabedurchsicht	Haben
Interne Erlöse 36,00		

Soll	5701 Interne Erlöse	Haben
		Übergabedurchsicht 36,00

6.3.3 Gewährleistungsaufträge

Beispiel

Frau Marion Dillerle hat vor sechs Wochen ein neues Fahrzeug Modell Maximo-Limousine im Autohaus Köppel erworben. Sie kommt nun in die Reparaturannahme, wo gerade Nora Braun mit dem Kfz-Meister Daniel Gorges über die Auftragsarten im Kundendienst spricht. Frau Dillerle klagt darüber, dass das Kofferraumschloss sehr schwergängig sei und öfters klemme. Herr Gorges überprüft den Mangel und lässt den Schließmechanismus vom Monteur Yunus Darson auswechseln. Nach 15 Minuten ist der Mangel behoben und Frau Dillerle fährt zufrieden nach Hause. Nora fragt nun: „Wer muss denn nun die Reparatur bezahlen?“. „Das ist ein Gewährleistungsfall“, antwortet Daniel Gorges, „dafür muss das Werk aufkommen. Ich habe gerade von Frau Dillerle einen **Gewährleistungsantrag** unterschreiben lassen, den wir jetzt bei unserem Importeur Michaelis in Frechen einreichen.“

Gewährleistungsauftrag

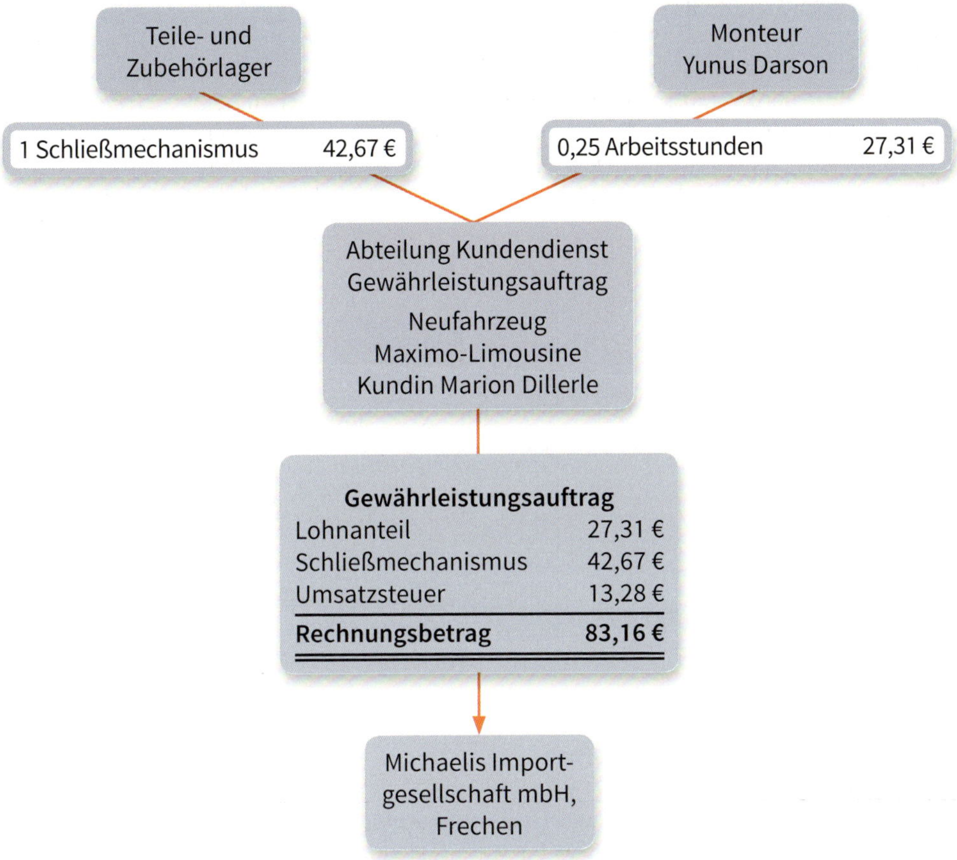

1 Schließmechanismus	
Maximo-Limousine	42,67 €
0,25 Arbeitsstunden zu 109,25 €/Std.:	27,31 €
Gewährleistungsantrag	69,88 €
in der EDV hinterlegte Einkaufspreise:	
1 Schließmechanismus	42,67 €

Buchung des Garantieauftrages:

1400	Forderungen (Michaelis)	83,16 €				
			an	8310	Erlöse a. d. Verk. v. T. d. d. W.	42,67 €
			an	8410	Lohnerlöse	27,21 €
			an	1770	Umsatzsteuer	13,28 €

Soll	1400 Forderungen (Michaelis)		Haben
Erlöse (Garantieauftrag)	83,16		

Soll	8310 Erlöse a. d. Verk. v. T. d. d. W.		Haben
		Forderungen Michaelis (Garantieauftrag)	42,67

Soll	8410 Lohnerlöse		Haben
		Forderungen Michaelis (Garantieauftrag)	27,31

Soll	1770 Umsatzsteuer		Haben
		Forderungen Michaelis (Garantieauftrag)	13,28

VAK Buchung:

7310	VAK Teile d. d. W. (Garantieauftrag)	42,67 €		
an	3300	Bestand Teile		42,67 €

Soll	3300 Bestand Teile		Haben
AB	67 000,00	VAK Teile durch die Werkstatt (Garantieauftrag)	42,67

Soll	7310 VAK Teile d. d. W. (Garantieauftrag)		Haben
Bestand Teile	42,67		

Eine **Gewährleistung** ist die Übernahme von Aufwendungen für die Beseitigung von Mängeln an Fertigerzeugnissen (Pkw, Zubehör und Teilen) aufgrund eines Gesetzes (Bürgerliches Gesetzbuch) oder eines Vertrags (Kaufvertrag). In der Regel kommt in der Kfz-Branche der Kaufvertrag zwischen dem Kfz-Händler und seiner Kundschaft zustande, d. h., der Kfz-Händler ist bei einer fehlerhaften Lieferung zur Nachbesserung oder Ersatzlieferung verpflichtet. Im Rahmen der Händlerverträge zwischen den jeweiligen Händlern und den Herstellern/Importeuren übernehmen die Hersteller/Importeure die Kosten dieser Nachbesserung, wobei es üblich ist, dass sich der jeweilige Händler verpflichtet, die **Gewährleistungsarbeiten** für alle Fahrzeuge des entsprechenden Fabrikates durchzuführen.

Die Vergütung der Gewährleistungsarbeiten erfolgt über die sogenannten **Gewährleistungsanträge**. Der Händler füllt für jeden Werkstattauftrag im Rahmen der Herstellergewährleistung einen besonderen Gewährleistungsantrag aus. Dieser wird dem Hersteller/Importeur zur Prüfung online übersandt und in berechtigten Fällen übernimmt der Hersteller/Importeur die Kosten für die Beseitigung des Mangels.

Die Vorgehensweise bei Gewährleistungsanträgen variiert bei den Herstellern/Importeuren. In der Einstiegssituation wird der normale Stundenverrechnungssatz der Werkstatt dem

Hersteller/Importeur in Rechnung gestellt, bei den benötigten Ersatzteilen lediglich der Einstandspreis. Das ist ein durchaus übliches Verfahren, zu dem es aber in der Praxis folgende abweichende Regelungen geben kann:

Abweichende Regelungen	Ersatzteile	Arbeitslohn
diverse Hersteller/Importeure	Einstandspreis plus prozentualer Gemeinkostenzuschlag	Selbstkosten
	Einstandspreis	fester Gewährleistungslohnsatz
	Verkaufspreis minus prozentualer Abschlagssatz	Selbstkosten plus prozentualer Zuschlagsatz
	Verkaufspreis	Selbstkosten

Für alle Varianten gilt, dass das Autohaus mit einem **Gewährleistungsauftrag** nicht die üblichen Erlöse eines Kundenauftrages erzielen kann.

6.4 Lohnabrechnung in der Werkstatt

EINSTIEGSSITUATION

Nora Braun liest einen interessanten Artikel in einer Automobilzeitschrift. In diesem ist unter anderem aufgeführt, dass die Lohnkosten bei einem Reparaturauftrag höher sein können als der Preis für die verbauten Ersatzteile. Nora ist schockiert und fragt den Werkstattleiter, Herrn Michaeli: „Kann das sein, und wovon hängt die Höhe der Lohnkosten ab?“

Beantworten Sie Frau Braun die Frage und teilen Sie ihr mit, wie die Lohnkosten als Bestandteil einer Rechnung aufzuführen sind.

Auf der Grundlage des Fertigungslohnes, den das Unternehmen seinen Beschäftigten für die erbrachte Arbeitsleistung zahlt, wird der Arbeitspreis berechnet. Fertigungslöhne können als **Zeitlohn** oder **Leistungslohn** gezahlt werden.

Fertigungslohn im Zeitlohn = Fertigungslohnstunden · Stundenlohnsatz

Der Stundenlohnsatz ist der Geldbetrag in Euro, den das Unternehmen dem Fachpersonal für eine Stunde bezahlt (z. B. 24,00 €/Std.). Werkstätten ohne Markenbindung oder auch mit Markenbindung können Zeitlohn zahlen. Wenn z. B. komplizierte Reparaturarbeiten erledigt werden müssen, kann kein Leistungslohn kalkuliert werden, da keine konkrete Zeitvorgabe möglich ist.

Mechaniker und Mechanikerinnen, die im Leistungslohn arbeiten, erhalten für den Kundenauftrag eine Vorgabezeit (Zeitrichtwert). Werkstätten erhalten von den Fahrzeugherstellern für eine bestimmte Arbeit Zeitrichtwerte. Man unterscheidet je nach Hersteller zwischen **Arbeitswerten** (AW) und **Zeiteinheiten** (ZE).

Zur Berechnung wird ein **Werkstattfaktor (WF)** verwendet, der der Arbeitskraft angibt, wie viel Arbeitswerte (AW/Std.) oder Zeiteinheiten (ZE/s) sie erhält. Bei einem Werkstattfaktor von 12 AW/Std. wird gerechnet:

Vorgabezeit = 60 Minuten / Werkstattfaktor = 60/12 = 5 Min. für einen AW

Zeiteinheiten werden so berechnet, dass eine Arbeitsstunde in 100 Zeiteinheiten eingeteilt wird. Die Vorgabezeit wird in Sekunden angegeben.

Zeit je ZE = 1 Stunde / 100 ZE = 3 600 s / 100 ZE = 36 s/ZE

Der Vorteil besteht darin, dass die Hersteller sekundengenaue und sehr fein gestufte Arbeitszeitkataloge zur Kalkulation jeder Tätigkeit herausgegeben haben. Auf dieser Grundlage kalkulieren Werkstätten die Zeitvorgaben für die Kundenaufträge und diese sind gleichzeitig die Grundlage für die Lohnberechnung.

Fertigungslohn im Leistungslohn = AWlohnsatz · Istleistung in AW

6.5 Rechnungslegung

EINSTIEGSSITUATION

Der Arbeitsauftrag der Kundin Frau Dillerle soll von Nora Braun abgerechnet werden. Diese hat jedoch noch nie einen solchen Vorgang ausgeführt. Damit sie alle Schritte ordnungsgemäß erledigen kann, möchte sie sich einen „Spickzettel“ erstellen.

Helfen Sie ihr dabei.

6.5.1 Allgemeine Erläuterung

Mit der Rechnungslegung wird der von der Kundschaft erteilte Arbeitsauftrag direkt abgerechnet und für die erbrachte Leistung eine Rechnung geschrieben. Die Leistungen, die durch den Betrieb zu erbringen waren, werden konkret aufgeführt und abgerechnet. Neben den benötigten Arbeitsleistungen werden auch alle Aufwendungen für Teile, Zubehör und Betriebsstoffe aufgelistet. Gemeinkosten und Kosten für Kleinteile wie Schrauben und Scheiben usw.

werden meistens nicht direkt aufgeführt, da sie bereits im Stundenverrechnungssatz berücksichtigt wurden.

Seit dem 01.01.2004 besteht für jeden Unternehmer eine gesetzliche Pflicht zur Rechnungslegung. Davor musste nur nach Aufforderung eine Rechnung gestellt werden. Festgelegt wurde auch, welche Angaben eine Rechnung enthalten muss. Fehlt z. B. nur eine Angabe, kann dem Unternehmer der Vorsteuerabzug verwehrt werden.

Was muss in einer Rechnung stehen?

- der vollständige Name und die vollständige Anschrift des leistenden Unternehmens und des Leistungsempfängers oder der Leistungsempfängerin
- die dem leistenden Unternehmen vom Finanzamt erteilte Steuernummer bzw. die Umsatzsteuer-Identifikationsnummer
- die fortlaufende Rechnungsnummer
- das Ausstellungsdatum
- Art und Menge der gelieferten Gegenstände oder Art und Umfang der sonstigen Leistungen
- der Zeitpunkt der sonstigen Lieferung oder Leistung (dieses Datum muss auf der Rechnung sein, wenn das Datum der Rechnungsstellung und Lieferung nicht zeitlich übereinstimmen; sind diese identisch, genügt ein Hinweis; werden Anzahlungen vereinnahmt, ist der Zeitpunkt der Lieferung oder sonstigen Leistung ebenfalls anzugeben)
- das nach Steuersätzen und einzelnen Steuerbefreiungen aufgeschlüsselte Entgelt für die Lieferung oder sonstige Leistung, auch jede im Voraus vereinbarte Minderung des Entgeltes, sofern sie nicht bereits im Entgelt berücksichtigt wurde
- der anzuwendende Steuersatz sowie der Steuerbetrag, oder im Fall einer Steuerbefreiung auch ein Hinweis darauf, dass für die Lieferung oder sonstige Leistung eine Steuerbefreiung gilt

Rechnungen über Kleinbeträge bis zu 250,00 € einschließlich Umsatzsteuer werden mit weniger Angaben anerkannt:

- vollständiger Name und Anschrift des leistenden Unternehmens
- Ausstellungsdatum der Rechnung
- Art und Menge der gelieferten Gegenstände oder Art und Umfang der sonstigen Leistungen
- das Entgelt mit dem darauf entfallenden Steuerbetrag in einer Summe sowie der anzuwendende Steuersatz, oder im Fall einer Steuerbefreiung der Hinweis darauf, dass für die Lieferung oder sonstige Leistung eine Steuerbefreiung gilt

Autohaus Köppel GmbH
Diedenhofener Str.6
54294 Trier

Autohaus Köppel GmbH, Diedenhofener Str. 6, 54294 Trier

Herrn
Björn Löser
Hermeskeiler Str. 1
54413 Gusenburg

Telefon: 0651 7155-0
Telefax: 0651 7155-23
E-Mail: info@autohaus-koeppel.de
Bank: Sparkasse Trier
IBAN: DE01 5855 0130 3011 2222 15
BIC: TRISDE55XXX

Rechnung

Ihr Auftrag vom 23.08.20..

Kunden-Nr	Rechnungs-Nr	Rechnungstag
8671	18221	23.08.20..
Bei Zahlung bitte angeben		

Pos.Nr.	Bezeichnung	Menge/AW	Preis/Einheit	Betrag
1	Servicearbeiten	2 AW	5,00 €/AW	10,00 €
2	Lichtmaschine gewechselt	4 AW		20,00 €
3	Radaufhängung rechts erneuert	30 AW		150,00 €
	Arbeitspreis			180,00 €
1	Lichtmaschine	1	285,00 €	285,00 €
2	Radaufhängung komplett	1	425,00 €	425,00 €
3	Kleinteile	1	15,63 €	15,63 €
	Ersatzteile			725,63 €
1	**Fremdleistung**	Achsvermessung		120,00 €
	Reparaturkosten			1 025,63 €
	Mehrwertsteuer 19 %			194,87 €
	Altteilesteuer	10 %		28,50 €
	Agenturware	4 Liter ÖL	12,50 €/l	50,00 €
Rechnungsbetrag				1 299,00 €
Reparaturkosten	**MwSt.**		**Altteilesteuer**	**Agenturware**
1 025,63 €	**194,87 €**		**28,50 €**	**50,00 €**

Wir bedanken uns für Ihren Auftrag und wünschen eine gute Fahrt! Ihr Serviceteam im Autohaus Köppel GmbH.
Es bediente Sie Herr Daniel Gorges.

Das Schreiben der Rechnung übernimmt meist das EDV-System des Betriebes. Alle Rechner des Betriebes arbeiten mit dem gleichen Buchungssystem. Werden z. B. Ersatzteile aus dem Lager geholt, bucht die Lagerfachkraft diese sofort im Computer unter der Auftragsnummer ab. Damit wird das Auftragskonto automatisch belastet. Wird nun der Befehl zum Schreiben der Rechnung gegeben, werden alle bisher angefallenen Kontobelastungen übertragen.

Die Berechnung der angefallenen **Lohnkosten** erfolgt ähnlich. Die Kfz-Mechaniker und -mechanikerinnen haben ihre benötigten Stunden auf den Auftragsschein geschrieben und nach Beendigung der Arbeiten beim zuständigen Meister, der Meisterin oder bei der Kundendienstleitung abgerechnet. Dieseführen einen Soll-Ist-Vergleich zwischen der Vorgabezeit und der tatsächlich benötigten Zeit durch, bestätigen die Leistung und reichen den Auftragsschein an die Buchhaltung weiter. Bei Abweichungen von der Vorgabezeit erfolgt eine Rücksprache mit dem Fachpersonal, um den Grund dafür zu erfahren. Zum Beispiel könnte es durch stark verrostete Teile zu längeren Demontagezeiten kommen, die auch einen höheren Zeitverbrauch rechtfertigen. Diese Begründung wird dann auch gegenüber der Kundschaft bei der Fahrzeugübergabe vertreten.

In der Buchhaltung erfolgt die Verrechnung wie bereits beschrieben entweder nach Zeitrichtwerten oder nach Arbeitswerten mit dem Stundenverrechnungssatz bzw. Werkstattindex. Die folgende Übersicht zeigt den üblichen Ablauf eines Werkstattauftrages:

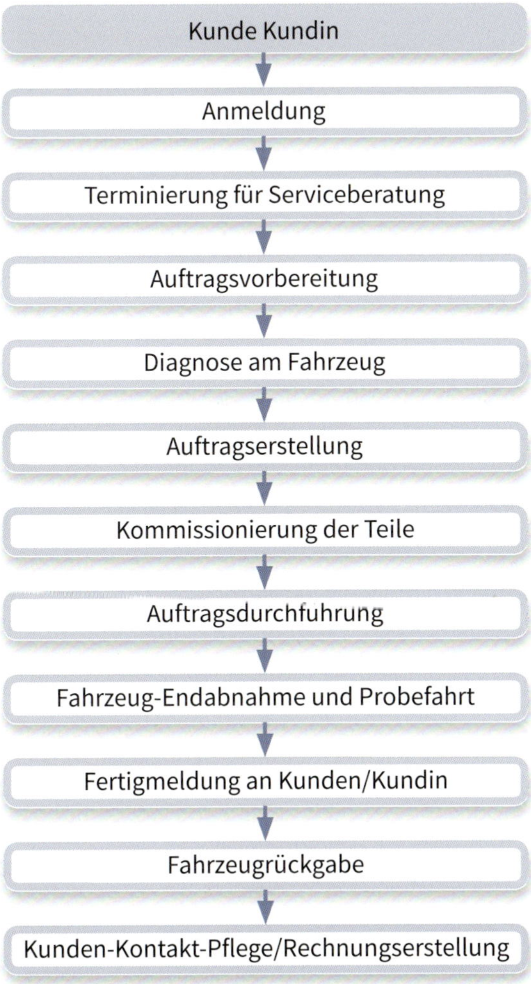

Eigene Darstellung nach Angaben von: Brachat, Hannes: Autohaus-Service-Management 2000. Ottobrunn: Autohaus Verlag 1997, S. 122

6.5.2 Zahlung und Buchung der Rechnung

LF 11

Sind alle Arbeiten am Fahrzeug ausgeführt, erhält die Kundschaft eine entsprechende Rechnung. Diese ist dann gemäß den geltenden Kfz-Reparaturbedingungen (AGB) zu begleichen. Eine Barzahlung oder die bargeldlose Zahlung können erfolgen. Auf beide Zahlungsmethoden wurde bereits im Lernfeld 4 eingegangen.

Sollten die auf der Rechnung ausgewiesenen Arbeiten von der Kundschaft nicht akzeptiert werden, muss eine Beanstandung erfolgen und eine Nachbesserung verlangt werden. Erst nach erfolgter Nachbesserung ist die Rechnung dann zu zahlen (Zurückhaltungsrecht).

Wie die internen und externen Aufträge zu buchen sind, wurde bereits in Kapitel 6.3 erläutert.

6.6 Auslieferung des Fahrzeugs

EINSTIEGSSITUATION

Die Kundin Frau Dillerle holt ihr Fahrzeug bei der Auszubildenden Frau Braun ab.

Unterstützen Sie Frau Braun bei der Abwicklung der Fahrzeugübergabe.

6.6.1 Fahrzeugübergabe

LF 11

Zur **Fahrzeugübergabe** können der Auftragsschein, der Werkstattauftrag oder auch ein spezielles Übergabeprotokoll verwendet werden. Wichtig ist, dass ein Soll-Ist-Vergleich zwischen den Daten und Vereinbarungen des Auftrages und der nun erbrachten Leistung erfolgen kann. In kleineren Betrieben dient die abschließende Rechnung als ausreichender Beleg.

Nach Möglichkeit sollte das Fahrzeug der Kundschaft vorgestellt werden und mit ihr gemeinsam ein Probelauf oder, wenn notwendig, eine Probefahrt unternommen werden. Wichtig ist, dass die Kundschaft genügend Zeit erhält, ihr Fahrzeug zu besichtigen. Wurden Wertgegenstände in Verwahrung gegeben, dann müssen diese wieder persönlich übergeben werden. Die Übergabe lässt man sich selbstverständlich quittieren.

Oft geraten Werkstätten in einen schlechten Ruf, wenn sie sich nicht genügend Zeit für die Fahrzeugübernahme und -übergabe nehmen. Wird z. B. der Kilometerstand nicht registriert, die Kundschaft dies aber getan hat, kann es hier zu Unterstellungen kommen, die schwer auszuräumen sind.

6.6.2 Rechnungserläuterung

Die Rechnung muss für die Kundschaft im Klartext und nicht mit betriebsspezifischen Kürzeln geschrieben werden. Der ausgewiesene Preis muss nachvollziehbar sein und das Gefühl vermitteln, dass das Preis-Leistungs-Verhältnis stimmt. Die Kundendienstleitung, Meisterin oder Meister, die den Auftrag angenommen haben, sollten der Kundschaft das Fahrzeug übergeben und die Rechnung erläutern.

Zur Unterstützung können sie auch die Kfz-Mechaniker oder -mechanikerinnen hinzuziehen. Bis zur endgültigen Auftragsabrechnung und Bezahlung der Rechnung sollten auch die ausgewechselten Teile aufbewahrt werden. Sie können bei Streitigkeiten als Beweis dienen, und werden, wenn der Wunsch besteht, vorgezeigt.

Alle Arbeitskräfte des Betriebes sollten um ein vertrauensvolles Verhältnis zur Kundschaft bemüht sein und auch ehrlich Rede und Antwort stehen. Der Kundschaft sollten im Allgemeinen folgende Fragen beantwortet werden:

- Welche Reparaturen wurden durchgeführt?
- Warum mussten vom Auftrag abweichende Reparaturen durchgeführt werden?
- Welche Ersatzteile mussten getauscht werden?
- Wie wird der Zustand des Fahrzeugs im Allgemeinen eingeschätzt?
- Mit welchen Reparaturen ist in der nächsten Zukunft zu rechnen (erkennbare Verschleißmarken an Baugruppen und Teilen)?
- Wie setzt sich der berechnete Endpreis zusammen (Arbeitswerte, Zeitwerte, Verbrauchsmaterial)?

Mit diesen Fragen kann jede Position der Rechnung für die Kundschaft nachvollziehbar erläutert werden. Nur so erhält diese das Gefühl, dass das Verhältnis von Preis und Leistung stimmt, und wird die Werkstatt zufrieden verlassen.

Zusammenfassung

- Alle Beschäftigten des Kfz-Betriebes sind sich bewusst, dass sie durch ihr Engagement und ihre Loyalität dem Betrieb gegenüber einen wesentlichen persönlichen Beitrag zum Betriebsergebnis beitragen. Pünktlichkeit, Ehrlichkeit, Sauberkeit und Ordnung sind ihnen ein Bedürfnis. Das zeigt sich deutlich im Umgang mit Kunden und Kundinnen sowie den Kundenfahrzeugen, an ihrer selbstständigen und verantwortungsbewussten sowie leistungsorientierten Arbeit.
- Die Fahrzeugtechnik entwickelt sich ständig weiter. Es werden Arbeitskräfte gebraucht, die eine hohe Bereitschaft zu ihrer persönlichen Weiterbildung zeigen.
- Nur durch sehr gut ausgebildetes Fachpersonal kann eine fehlerfreie Arbeit geleistet werden.
- Kundenzufriedenheit und Kundenbindung werden wesentlich verstärkt, Sachmängel treten nicht mehr auf und die Werkstattkosten werden verringert.
- Die drei Arten der Werkstattaufträge sind Kundenaufträge, interne Auftrage und Gewährleistungsaufträge.
- Kundenaufträge werden von der Kundschaft in Auftrag gegeben.
- Interne Aufträge werden vom Verkauf in Auftrag gegeben.
- Gewährleistungsaufträge werden vom Hersteller/Importeur in Auftrag gegeben.
- Die Kosten für das Reparaturpersonal bei Kunden-, bzw. Garantieaufträgen werden in der Kontenklasse 4 gebucht.
- Bei internen Aufträgen erfolgt die Buchung in der Kontenklasse 5.
- Die Werkstatterlöse bei Kunden-, bzw. Garantieaufträgen werden in der Kontenklasse 8 gebucht.
- Beim Austauschteilehandel wird der Wert des Altteils immer mit 10 % angenommen.
- Ein Reparaturauftrag wird als gemeinsame Willenserklärung zwischen der Kundschaft und dem Betrieb abgeschlossen. Dieser Vertrag beinhaltet Rechte und Pflichten, die beide Seiten einhalten müssen.

Aufgaben

1. In letzter Zeit gab es einige Kundenbeschwerden in Bezug auf die Fahrzeugauslieferung. Die Neufahrzeuge seien dreckig, der Empfangsraum sowie der Empfang selbst entsprächen nicht den Erwartungen der Kundschaft. Überlegen Sie, welche Gründe diese Probleme verursacht haben könnten, und wie man diesen entgegensteuern kann. Erläutern Sie im Plenum, wie in Ihrem Autohaus die Fahrzeugübergabe vonstattengeht.

2. Erstellen Sie die Buchungssätze für die folgenden Belege und buchen Sie zusätzlich den internen Auftrag I 26368/04 auf T-Konten.

Autohaus Köppel GmbH
Diedenhofener Str. 6
54294 Trier

Autohaus Köppel GmbH, Diedenhofener Str. 6, 54294 Trier

Frau
Marion Dillerle
Kornhausgasse 10
54329 Konz

Telefon: 0651 7155-0
Telefax: 0651 7155-23
E-Mail: info@autohaus-koeppel.de
Bank: Sparkasse Trier
IBAN: DE01 5855 0130 3011 2222 15
BIC: TRISDE55XXX

Rechnung

Ihr Auftrag vom 20.07.20..

Kunden-Nr.	Rechnungs-Nr.	Rechnungstag
8688	1824	15.08.20..
Bei Zahlung bitte angeben		

Pos.	Bezeichnung			Gesamtpreis €
	60 000 km-Inspektion am Spiders-Cabriolet			
1	Große Inspektion	4,0 Std.	à 109,25 €	437,00
2	Zündkerzen	4 Stück	à 3,20 €	12,80
3	Motoröl 15 W 40	4,0 l	à 18,00 €/l	72,00
4	Ölfilter	1	à 13,56 €	13,56
5	Dichtung	1	à 1,33 €	1,33
			Nettobetrag	536,69
			19 % Umsatzsteuer	101,97
			Rechnungsbetrag	638,66 €

USt-IdNr.: DE000111339
Steuernummer: 76144/21966
Zahlbar sofort ohne Abzug

In der EDV hinterlegte
Einkaufspreise für die Originalersatzteile:

Zündkerze	2,60 €/Stück
Motoröl	10,20 €/Liter
Ölfilter	8,56 €/Stück
Dichtungsring	0,85 €/Stück

Autohaus Köppel GmbH
Diedenhofener Str. 6
54294 Trier

Autohaus Köppel GmbH, Diedenhofener Str. 6, 54294 Trier

Abteilung: Neufahrzeugverkauf

Verkäufer/-in: Frank Bertraut

Telefon: 0651 7155-0
Telefax: 0651 7155-23
E-Mail: info@autohaus-koeppel.de
Bank: Sparkasse Trier
IBAN: DE01 5855 0130 3011 2222 15
BIC: TRISDE55XXX

Interner Auftrag

Auftrags-Nr.	Kennzeichen	Typ	Fahrgestell-Nr.	Km-Stand	Rechnungs-Nr.
I 26368/04	P 04700	Phantasia-Limousine	PL15D A15953921	00023	69145

Pos.	Durchgeführte Arbeiten	Menge/Preis in €	Betrag in €
1	Anbau eines Spoilers	1,2 Std. /24,00	28,80
	Summe (Arbeiten)		**28,80**
Pos.	Teile	Menge/Preis in €	Betrag in €
1	Spoiler	1/95,00	95,00
2	Anbausatz	1/ 9,80	9,80
	Summe (Teile)		**104,80**
	Gesamtbetrag		**133,60 €**

In der EDV hinterlegte
Einkaufspreise für die Originalersatzteile:

1 Spoiler	78,00 €
1 Anbausatz	5,60 €

Autohaus Köppel GmbH
Diedenhofener Str. 6
54294 Trier

Autohaus Köppel GmbH, Diedenhofener Str. 6, 54294 Trier

Abteilung: Neufahrzeugverkauf

Verkäufer/-in: Annika Fink

Telefon: 0651 7155-0
Telefax: 0651 7155-23
E-Mail: info@autohaus-koeppel.de
Bank: Sparkasse Trier
IBAN: DE01 5855 0130 3011 2222 15
BIC: TRISDE55XXX

Interner Auftrag

Auftrags-Nr.	Kennzeichen	Typ	Fahrgestell-Nr.	Km-Stand	Rechnungs-Nr.
I 26369/04	P 04730	Big House-Großraumlimousine	MV12D A173998	00018	69144

Pos.	Durchgeführte Arbeiten	Menge / Preis in €	Betrag in €
1	Übergabedurchsicht	1,8 Std. /24,00	43,20
	Summe (Arbeiten)		**43,20**
	Gesamtbetrag		**43,20 €**

Autohaus Köppel GmbH
Diedenhofener Str. 6
54294 Trier

Autohaus Köppel GmbH, Diedenhofener Str. 6, 54294 Trier

Firma
Michaelis Importgesellschaft mbH
Dr. Gottfried-Cremer Allee 77 b
50226 Frechen

Telefon: 0651 7155-0
Telefax: 0651 7155-23
E-Mail: info@autohaus-koeppel.de
Bank: Sparkasse Trier
IBAN: DE01 5855 0130 3011 2222 15
BIC: TRISDE55XXX

Gewährleistungsauftrag

Kunde: Peter Neuhaus

Auftrags-Nr.	Kennzeichen	Typ	Fahrgestell-Nr.	Km-Stand	Rechnungs-Nr.
I 26369/04	P 04730	Big House-Großraumlimousine	MV12DA173998	03018	69146

Pos.	Durchgeführte Arbeiten	Menge / Preis in €	Betrag in €
1	Wechsel der Pumpe Scheibenwaschanlage	0,75 Std./109,25	81,94
	Summe (Arbeiten)		**81,94**
Pos.	Teile	Menge / Preis in €	Betrag in €
1	Pumpe – Scheibenwaschanlage	1 / 43,88	43,88
	Summe (Teile)		**43,88**
	19 % Umsatzsteuer		**23,91**
	Gesamtbetrag		**149,73 €**

In der EDV hinterlegte Einkaufspreise:

Pumpe – Scheibenwaschanlage 43,88 €

7 Arbeitssicherheit und Umweltschutz in Kfz-Reparaturbetrieben

AUSGANGSSITUATION

Der ZDK veranstaltet einen Umweltwettbewerb und zeichnet die besten zehn Autohäuser als „umweltfreundlichste Autohäuser des Jahres“ aus. Frau Köppel ist begeistert. An diesem Wettbewerb möchte sie unbedingt teilnehmen. Sie bittet alle Auszubildenden zu sich. Diese sollen sich über das Thema Umweltschutz im Autohaus informieren und eine PowerPoint-Präsentation erstellen. Die Präsentation soll bei der nächsten Betriebsversammlung genutzt werden, um die Mitarbeiterinnen und Mitarbeiter für den Umweltschutz zu sensibilisieren. Auch das Thema Arbeitssicherheit soll aufgegriffen werden. Die Auszubildenden legen gleich los.

ARBEITSAUFTRÄGE

1. Informieren Sie sich über den Themenbereich Arbeitssicherzeit und Umweltschutz in Kfz-Betrieben.
2. Analysieren Sie auch die Umweltschutz- und Arbeitssicherheitsmaßnahmen in Ihrem Autohaus.
3. Erstellen Sie eine PowerPoint-Präsentation.
4. Wenden Sie im Zuge der Corporate Identity den Folienmaster an und gestalten Sie die Präsentation ansprechend. Fügen Sie sinnvolle Bilder und/oder Grafiken in Ihr Dokument ein.
5. Präsentieren Sie Ihre Ergebnisse im Plenum und diskutieren Sie die vorgestellten Umweltschutz- und Arbeitssicherheitsmaßnahmen.
6. Nutzen Sie Ihr neu gewonnenes Wissen für die Zukunft.

Das Betreiben von Kraftfahrzeugen mit Verbrennungsmotoren belastet durch schadstoffhaltige Abgase, Feinstäube, chemische Stoffe und Lärm unsere Umwelt stark. Die Umweltbelastung zeigt sich am Klimawandel, an der Gesundheitsgefährdung der Menschen und Tiere, am Waldsterben, an der Gewässerverschmutzung und auch an der Luftverschmutzung in Großstädten.

In jedem Kfz-Betrieb fallen täglich große Mengen an Müll, Schmierstoff-, Öl- und Kraftstoffresten an, die korrekt als Sondermüll entsorgt werden müssen. Rechtliche Vorgaben zwingen jeden Betrieb dazu, sich mit den Bestimmungen des Arbeits- und Umweltschutzes auseinanderzusetzen.

Geschäftsleitungen der Autohäuser müssen eine Person als **Arbeits- und Umweltschutzbeauftragte** für ihren Betrieb bestimmen, die durch Teilnahme an Lehrgängen der Berufsgenossenschaften hierzu befähigt wird. Sie kontrolliert und überwacht die Einhaltung der Vorschriften und berät das Werkstattpersonal und die Geschäftsleitung. Alle in diesem Zusammenhang getroffenen Vereinbarungen müssen dokumentiert werden. Zusätzlich ist die Geschäftsleitung dafür verantwortlich, dass für Tätigkeiten mit hohem gesundheitlichem Risiko sachkundiges Personal für Arbeitssicherheit und Umweltschutz ausgebildet wird. Dies betrifft z. B. Arbeiten an Airbags und Gurtstraffern, die Instandsetzung von Klimaanlagen, die Kontrolle von Anlagen zur Schmutzwasserreinigung in Abscheideanlagen sowie die Lagerung und der Verkauf von Gefahrstoffen.

Die Überwachung des Arbeitsschutzes ist eine staatliche Aufgabe. Die zuständige oberste Landesbehörde überträgt dem Träger der gesetzlichen Unfallversicherung die Überwachung des Arbeitsschutzes. Bei diesen handelt es sich um die **Berufsgenossenschaften**.

Die **technischen Aufsichtsbeamten und -beamtinnen** der Berufsgenossenschaften kontrollieren in unregelmäßigen Abständen die Betriebe zur Einhaltung des Arbeitsschutzes und beraten die Geschäftsleitung. Alle Betriebsangehörigen sind bei erkennbaren Unregelmäßigkeiten oder Gefahren verpflichtet, diese sofort anzuzeigen und geeignete Maßnahmen zur Verhinderung von Unfällen oder Umweltschäden zu ergreifen.

7.1 Arbeitssicherheit

EINSTIEGSSITUATION

Fast wäre es passiert! Der Auszubildende Pascal Palm ist im Verkaufsraum über ein herumliegendes Kabel gestolpert und hätte sich beinahe beim Fallen den Arm gebrochen. Glücklicherweise ist dieser nur leicht verstaucht und der Auszubildende kann weiter arbeiten. Nach Feierabend fragt er seine Mitauszubildende Nora: „Du, sag mal Nora, wäre das eigentlich ein Arbeitsunfall gewesen? Es gibt doch bestimmt irgendwelche Sicherheitsvorschriften für unser Unternehmen, oder?“ „Ja“, antwortet Nora, „die gibt es schon. Ich weiß aber nicht genau, welche das sind.“

Halten Sie für die beiden Auszubildenden die Maßnahmen in einer Mindmap fest und definieren Sie den Begriff „Arbeitssicherheit“.

7.1.1 Schulungen zur Weiterbildung

Kfz-Mechatroniker und Kfz-Mechatronikerinnen erhalten während ihrer Berufsausbildung umfangreiche Schulungen zur Arbeitssicherheit und zum Arbeitsschutz. Mit der Weiterentwicklung der Kfz-Technik ergeben sich ständig neue Anforderungen an den Arbeitsschutz, sodass laufende Weiterbildungen auch nach der Ausbildung notwendig sind.

Nicht nur im Werkstattbereich sind verschiedene Vorschriften anzuwenden. Auch für Bürotätigkeiten und Arbeiten an Bildschirmarbeitsplätzen gelten spezifische Regelungen, insbesondere die Arbeitsstättenverordnung (ArbStättV) und die Technische Regel ASR A6 „Bildschirmarbeit".

Beispiel

Die Werkstattmitarbeiter und -mitarbeiterinnen der Autohaus Köppel GmbH nehmen regelmäßig an Schulungen teil. In jährlich stattfindenden Typenschulungen werden Reparaturtechnologien für die Montage, Demontage und Lagerung von Bauteilen und Systemen demonstriert und trainiert. Zum Abschluss der Schulung legen die Mitarbeiter und Mitarbeiterinnen eine Prüfung ab und erhalten ein entsprechendes Zertifikat. Sie dürfen nun selbstständig mit den jeweiligen Systemen arbeiten.

Würde die Autohaus Köppel GmbH ihr Fachpersonal nicht an diesen Schulungen teilnehmen lassen, dürften auch keine Reparaturaufträge für Risikobauteile abgeschlossen werden.

7.1.2 Sicherheitsregeln für Kfz-Reparaturwerkstätten

An die Errichtung und Nutzung von Kfz-Reparaturwerkstätten werden aufgrund des hohen Gefahrenpotenzials sehr hohe Anforderungen an die bauliche Gestaltung und Betreibung der Gebäude gestellt.

Für das Werkstattgebäude wurde z. B. Folgendes geregelt:

- großzügige Gestaltung der Türen und Tore, um zu gewährleisten, dass Fahrzeuge und Personen gleichzeitig gefahrlos passieren und ins Freie gelangen können
- Gestaltung und Begehung von Arbeitsgruben und Unterfluranlagen sowie deren Belüftung
- Abführen von gesundheitsschädlichen Gasen und Dämpfen (z. B. Kohlenmonoxid)
- Elektrische Anlagen müssen die VDE-Vorschriften einhalten, in Feuchträumen ist eine Feuchtraum-Installation erforderlich (z. B. Waschanlagen, Arbeitsgruben).
- An leicht erreichbaren und gut sichtbaren Stellen sind Feuerlöscher (Pulverlöscher) und Löscheinrichtungen (Rettungsdecken) bereitzustellen und gebrauchsfähig zu halten.
- In allen Arbeitsbereichen, in denen Gase oder Dämpfe auftreten, gilt Rauchverbot.

Für das Arbeiten in Werkstätten gelten folgende Vorschriften:

- Hebeeinrichtungen müssen jährlich überprüft werden und der Prüfbefund muss im Prüfbuch abgelegt werden.
- Brennbare Flüssigkeiten und ätzende Stoffe müssen in bruchsicheren, gekennzeichneten und verschlossenen Behältern aufbewahrt werden.
- Gebrauchte Putztücher und brennbare Abfälle sind in verschließbaren, nicht brennbaren Behältern zu lagern.
- Für Schweißarbeiten an Kraftfahrzeugen gelten umfangreiche Vorschriften. Diese Arbeiten dürfen nur von befähigten Fachkräften ausgeführt werden.
- Arbeiten an Airbag und Gurtstraffer dürfen nur befähigte und beauftragte Personen durchführen.
- Das Laden von Akkumulatoren darf nur in explosionsgeschützten und gut belüfteten Räumen erfolgen.
- Arbeiten an Fahrzeugen mit Hochvoltsystemen (Hybrid- und Elektrofahrzeuge) dürfen nur Personen durchführen, die eine theoretische und praktische Qualifizierung abgeschlossen haben.

Die Begriffe Arbeitssicherheit und Gesundheitsschutz sind eng miteinander verbunden. Ohne Arbeitssicherheitsmaßnahmen ist der Gesundheitsschutz der Mitarbeiterinnen und Mitarbeiter nur schwer möglich. Durch gezielte Aufklärung, Prävention und ständige Kontrollen der Sicherheitsmaßnahmen kann der Gesundheitsschutz in einem Unternehmen erfolgreich umgesetzt werden.

Liebe Mitarbeiterinnen und Mitarbeiter, bitte beachten Sie die nachfolgenden Informationen.

Ihre Sicherheitsbeauftragten der Autohaus Kpöppel GmbH

„In Kfz-Werkstattgebäuden gelten eine Reihe von Sicherheitsregeln, die den Schutz der Mitarbeiter und Kunden gewährleisten sollen. Diese Regeln sind in verschiedenen Gesetzen und Vorschriften festgelegt, darunter die Arbeitsstättenverordnung (ArbStättV), die Bauverordnung sowie Berufsgenossenschaftliche Vorschriften.“

Wichtige Sicherheitsregeln umfassen:

Brandschutz:
Feuerlöscher und andere Brandbekämpfungseinrichtungen müssen regelmäßig gewartet und an gut erreichbaren Stellen im Gebäude installiert werden.
In Bereichen mit erhöhter Brandgefahr (z. B. bei der Arbeit mit brennbaren Flüssigkeiten) müssen spezielle Brandschutzmaßnahmen getroffen werden, wie z. B. explosionsgeschützte Elektroinstallationen.

Fluchtwege müssen immer frei und gut sichtbar gekennzeichnet sein.

Lüftung und Belüftung:

In Werkstätten muss für eine ausreichende Belüftung gesorgt werden, um gefährliche Dämpfe und Abgase (z. B. von Abgasen oder chemischen Substanzen) abzuleiten.
Abgassysteme müssen regelmäßig überprüft und gewartet werden, um gesundheitliche Risiken zu vermeiden.

Bodenbeschaffenheit und Gehwege:
Der Bodenbelag muss rutschfest und eben sein, um Stolper- und Rutschunfälle zu vermeiden.
Fahrwege und Fußgängerbereiche müssen klar voneinander getrennt sein.

Gefahrstofflagerung:
Brennstoffe, Schmierstoffe und Chemikalien müssen in speziellen, dafür vorgesehenen Lagerbereichen aufbewahrt werden, die ausreichend belüftet und gegen Auslaufen gesichert sind.
Sicherheitsdatenblätter für alle verwendeten Stoffe müssen verfügbar sein.

Elektrische Sicherheit:
- Elektrische Anlagen müssen regelmäßig prüfbar und gemäß den Vorschriften gesichert sein, um Kurzschlüsse und Stromunfälle zu verhindern.
- Schutzvorrichtungen wie FI-Schalter (Fehlerstromschutzschalter) sind notwendig, um vor Strmunfällen zu schützen.

Maschinensicherheit:
- Werkzeuge und Maschinen müssen mit entsprechenden Schutzvorrichtungen ausgestattet sein, wie z. B. Not-Aus-Schaltern oder Schutzabdeckungen, um Verletzungen zu vermeiden. Mitarbeiter müssen in der sicheren Handhabung von Maschinen und Geräten geschult werden.

Persönliche Schutzausrüstung (PSA):
- Arbeitsschutzkleidung, wie z. B. Handschuhe, Schutzbrillen und Sicherheitsstiefel, muss je nach Tätigkeit getragen werden.
- In bestimmten Bereichen, wie bei der Arbeit mit gefährlichen Chemikalien oder Maschinen, ist das Tragen von zusätzlicher PSA erforderlich (siehe unsere Pläne der Autohaus Köppel GmbH).

Erste-Hilfe-Ausstattung:
Erste-Hilfe-Materialien müssen jederzeit verfügbar sein, und Mitarbeiter sollten in der Ersten Hilfe ausgebildet sein.
Notrufnummern und Erste-Hilfe-Kästen müssen gut sichtbar und zugänglich aufgestellt sein.

7.2 Umweltschutz im Kfz-Betrieb

EINSTIEGSSITUATION

Die Auszubildenden Pascal und Nora unterhalten sich in der Mittagspause. „Sag mal, hast du die Hausaufgabe für Herrn Skotarek schon gemacht?“, fragt Nora. Pascal antwortet: „Nein, noch nicht. Ich habe irgendwie gar keine Ahnung vom Umweltschutz im Kfz-Betrieb.“ „Wir könnten doch mal Matti Köppel fragen. Der kennt sich bestimmt aus und wir können gemeinsam die Hausaufgabe fertigstellen“, entgegnet Nora. „Gute Idee, das machen wir!“, stimmt Pascal zu.

Unterstützen Sie die beiden und fertigen Sie eine Tabelle an, in welcher Sie Umweltschutzmaßnahmen und entsprechende Gesetze festhalten.

Umweltverbände haben durch langjährige Untersuchungen herausgefunden, dass die Schadstoffbelastung der Erde von Jahr zu Jahr permanent ansteigt und bereits heute zu großen Klimaveränderungen geführt hat. Das weitere Ansteigen der Temperaturen führt unwiderruflich zum weiteren Abschmelzen der Polarkappen und damit zu Klimakatastrophen mit verheerenden Folgen. Um dieser Situation entgegenzuwirken, ist es unbedingt erforderlich, Umweltschutzmaßnahmen zu ergreifen.

Nicht nur Unternehmen, sondern jeder einzelne Mensch kann etwas zum Umweltschutz beitragen.

Beispiel

Durch diese Maßnahmen kann man die Umwelt schützen:
- Müll möglichst vermeiden und diesen trennen
- Abfälle, die Schadstoffe enthalten, ordnungsgemäß entsorgen
- Energie sparen (Lampen und Lichter nicht unnötig brennen lassen)

- umweltfreundliche und energiesparende Geräte anschaffen
- nicht unnötig Papier verschwenden (unnötiges Drucken vermeiden und auf digitale Speichermedien und Kommunikationsmedien setzen)
- nachhaltig und verantwortungsbewusst handeln
- auf umweltfreundliche Energien setzen – neue Wege in diesem Bereich gehen (alternative Antriebe aktiv nutzen)
- usw.

Umweltmanagement

Viele Unternehmen betreiben aktiv Umweltmanagement. Dies bedeutet, dass sich entsprechende Mitarbeiter und Mitarbeiterinnen mit betrieblichen und behördlichen Umweltschutzmaßnahmen auseinandersetzen und deren Einhaltung überwachen. Kenntnisse über die aktuellen Gesetze und Verordnungen sind dabei unabdingbar.

Dabei umfasst das betriebliche Umweltmanagement mehrere wesentliche Aspekte:

Umweltbewusstsein und -politik:
Unternehmen entwickeln eine Umweltpolitik, die ihre Verpflichtung zur Nachhaltigkeit und zum Schutz der Umwelt dokumentiert und die Grundlage für alle weiteren Maßnahmen bildet.

Zielsetzung und Planung:
Es werden konkrete Umweltziele formuliert, z. B. die Reduktion von CO_2-Emissionen, die Reduzierung von Abfall oder der Einsatz erneuerbarer Energien. Diese Ziele werden in einem Umweltmanagementplan festgelegt und regelmäßig überprüft.

Ressourcenmanagement:
Ein wichtiger Bestandteil ist der effiziente Umgang mit Ressourcen wie Wasser, Energie und Rohstoffen, um den Ressourcenverbrauch zu minimieren und Kosten zu senken.

Abfallmanagement und Recycling:
Unternehmen setzen auf ein Effizientes Abfallmanagement zur Verringerung von Abfallmengen und fördern das Recycling von Materialien und Komponenten.

Energieeffizienz:
Es werden Maßnahmen ergriffen, die den Energieverbrauch optimieren und den Einsatz von umweltfreundlicheren Energiequellen (z. B. Solarenergie, Windenergie) erhöhen.

Zertifizierungen und Normen:
Viele Unternehmen orientieren sich an anerkannten Umweltmanagementstandards wie der ISO 14001, um ihre Umweltleistungen zu verbessern und nach außen hin zu dokumentieren.

Schulung und Sensibilisierung:
Mitarbeiter werden regelmäßig geschult, um umweltbewusstes Handeln in ihren Arbeitsalltag zu integrieren.

Aber auch sonstige Faktoren spielen eine Rolle und müssen Berücksichtigung finden, wie etwa:

- aktuelle politische Entscheidungen (z. B. in den Bereichen Energie und Abfallentsorgung)
- Verarbeitung von Gefahrenstoffen, die Gesundheitsrisiken bergen (z. B. Asbest)
- veränderte Rahmenbedingungen im Versicherungswesen und daraus ggf. resultierende höhere Beitragszahlungen (Welche Risiken bringen die Umweltveränderungen, z. B. vermehrtes Auftreten von Stürmen, mit sich? Mit welchen Gefahrstoffen arbeitet das Unternehmen? usw.)
- Kundeneinflüsse (umweltbewusste Kunden, die auf Alternativenergien setzen, z. B. Hybridantriebe)

Ziel des betrieblichen Umweltmanagements ist es, Umweltrisiken zu verringern, Kosten zu sparen und gleichzeitig das Unternehmensimage zu stärken. Es hilft Unternehmen, sowohl den rechtlichen Anforderungen gerecht zu werden als auch in einer zunehmend umweltbewussten Gesellschaft wettbewerbsfähig zu bleiben.

Oft sehen Unternehmen den Umweltschutz als reinen Kostenfaktor. Von dieser Denkweise sollte man jedoch Abstand nehmen und den Umweltschutz vielmehr als Gewinn betrachten.

Beispiel

Die Autohaus Köppel GmbH bereitet das Wasser der eigenen Waschstraße selbst auf und nutzt es dann erneut.

Außerdem lässt Matti Köppel die Ursachen für das Müllaufkommen jährlich analysieren und versucht im nächsten Geschäftsjahr das Müllaufkommen mithilfe dieses Wissens zu reduzieren.

7.2.1 Kreislaufwirtschaftsgesetz

Unter dem Begriff **Kreislaufwirtschaft** versteht man Folgendes:

Alle Rohstoffe, die in nicht mehr gebrauchsfähigen Produkten enthalten sind, werden aus diesen zurückgewonnen und in einem neuen Produktionsprozess verwendet.

Beispiel

In der monatlichen Azubi-Runde gibt Matti Köppel zu diesem Themenbereich folgendes Beispiel: „Betrachten wir einmal den Rohstoff Aluminium. Der Rohstoff ist uns aus dem Haushalt bestens bekannt und dient auch als Rohstoff für die Fahrzeugindustrie. Aluminium ist deshalb so begehrt, weil es sehr leicht ist und anders als Stahl nicht rostet. Doch woher kommt das Aluminium?

Aluminium kommt überall auf der Erde vor, aber leider nicht in reiner Form. In jeder Schaufel Erde befindet sich ein wenig Bauxit. Bauxit kann bis zu 60 % Aluminiumoxid (AL_2O_3) enthalten. Aus vier Tonnen Bauxit können zwei Tonnen Aluminiumoxid gewonnen werden. Anschließend wird in einer Schmelzflusselektrolyse mit sehr hohem Energieaufwand von 14 500 kWh Gleichstrom und einer Stromstärke von ca. 20 000 A nur eine Tonne Aluminium gewonnen. Diese hohe Umweltbelastung bei der Herstellung von Aluminium können wir nur durch eine konsequente Unterstützung der Kreislaufwirtschaft stoppen!“

Das Kreislaufwirtschaftsgesetz (KrWG) bildet den rechtlichen Rahmen für die Abfallentsorgung. Es verfolgt das Ziel, natürliche Ressourcen zu schonen und eine umweltverträgliche Beseitigung von Abfällen zu sichern. Grundsätzlich wird bestimmt, dass Abfälle zu vermeiden, nicht vermeidbare Abfälle möglichst zu verwerten und nicht vermeidbare sowie nicht verwertbare Abfälle gemeinwohlverträglich zu beseitigen sind.

Nach § 3 KrWG unterscheidet man Abfälle in **gefährliche Abfälle** und **nicht gefährliche Abfälle**.

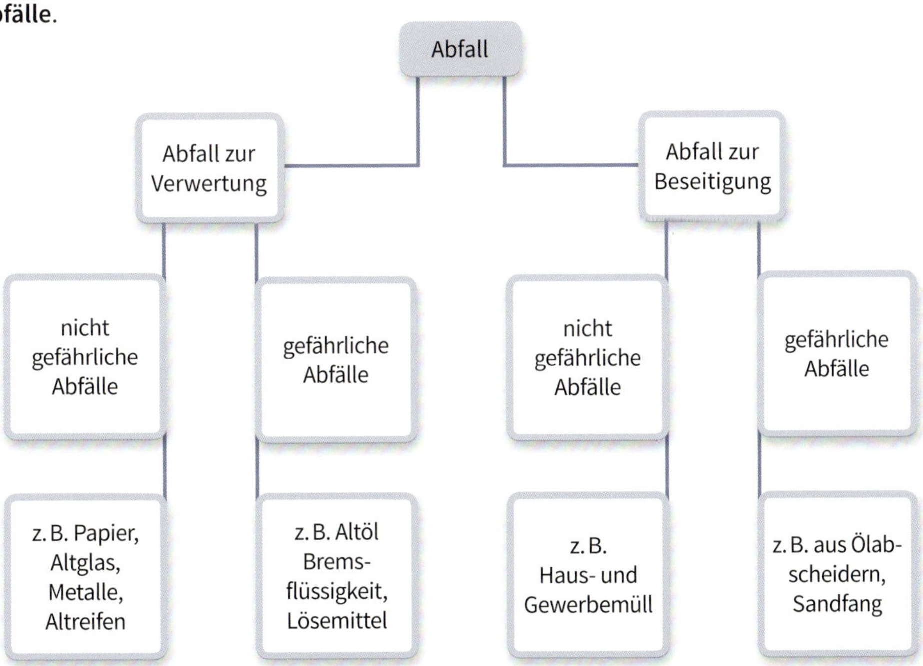

Kfz-Betriebe gehören zu den Betrieben, in denen regelmäßig gefährliche Abfälle entstehen. Betriebe mit gefährlichen Abfällen sind verpflichtet, einen Abfallbeauftragten („Betriebsbeauftragter für Abfall") zu bestellen. Nach § 59 und § 60 KrWG ist dieser für die Überwachung der Abfälle, die Einhaltung von gesetzlichen Bestimmungen und die ständige Information und Unterweisung der Betriebsangehörigen verantwortlich.

7.2.2 Verordnungen und Gesetze zum Umweltschutz

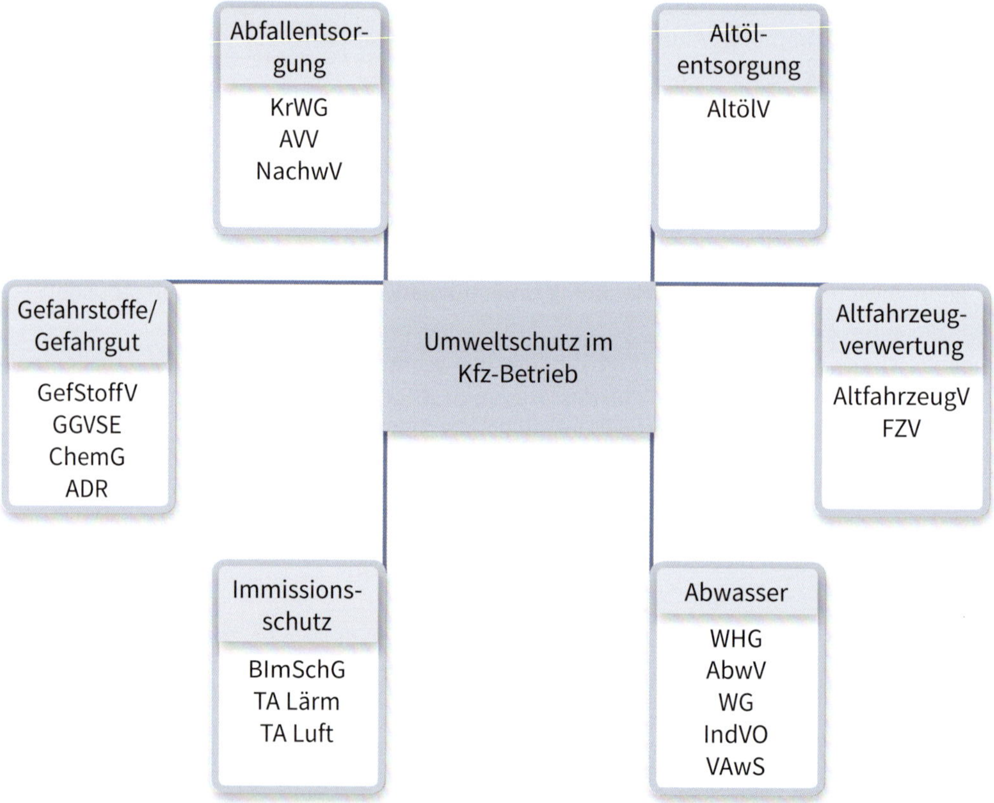

Die Übersicht zeigt, dass sehr viele Verordnungen erlassen wurden, die dazu beitragen sollen, dass von einem Kfz-Betrieb eine möglichst geringe Umweltbelastung ausgeht. Zusätzlich zum Kreislaufwirtschaftsgesetz gibt es eine europäische Abfallverzeichnisverordnung (AVV), die die Kennzeichnung der Abfälle mit einheitlichen Schlüsselnummern regelt. Weiter wird in der **Nachweisverordnung** (NachwV) geregelt, dass die Entsorgung gefährlicher Abfälle nachweispflichtig ist.

Die **Altölverordnung** (AltölV) bestimmt, wie die Entsorgung erfolgen muss, und dass darüber ein Nachweis zu führen ist.

Die **Gefahrstoffverordnung** (GefStoffV) regelt auf der Grundlage des Chemikaliengesetzes (ChemG) den Umgang mit gefährlichen Stoffen und Chemikalien. Die Gefährlichkeitsmerkmale, wie z. B. explosionsgefährlich, giftig oder umweltgefährlich, werden in § 4 GefStoffV erklärt. Zu jedem Gefährlichkeitsmerkmal wurde ein Gefährlichkeitssymbol zugeordnet. Treten diese Gefahren in einem Arbeitsbereich auf, dann müssen diese durch die entsprechenden Symbole gekennzeichnet werden.

entzündlich

brandfördernd

Gase

akute Toxizität

explosionsgefährlich

Gesundheitsgefahr

reizend

ätzend

umweltgefährlich

§ 6 GefStoffV legt fest, dass Hersteller bzw. Vertreiber von gefährlichen Stoffen ein Sicherheitsdatenblatt bei Warenübergabe mitliefern müssen, auf dem der Umgang mit dem Stoff beschrieben wird. Betriebe sind weiterhin dazu verpflichtet, Gefahrstoffverzeichnisse zu führen. Diese enthalten Informationen zur Lagerung, zum Umgang und zu den gefährlichen Eigenschaften.

Das **Wasserhaushaltsgesetz** (WHG) ist ein Rahmengesetz zum Schutz des Wassers und zur Ordnung des Wasserhaushaltes. Hier wird grundsätzlich bestimmt, dass alle Menschen zur Sorgfalt beim Umgang mit dem Wasser bzw. den Gewässern verpflichtet sind.

Weitere Vorschriften, wie die **Abwasserverordnung** (AbwV), das **Wassergesetz** (WG), die **Indirekteinleiterverordnung** (IndVO) und Bestimmungen über kommunale Abwassersatzungen, ergänzen das Gesetz. Das Abwasser, das zur Reinigung von Fahrzeugen, Motoren und Unterböden anfällt, muss in Abwasserbehandlungsanlagen gereinigt und von Schadstoffen befreit werden und darf erst danach ins örtliche Abwassernetz eingeleitet werden.

7.2.3 Bundes-Immissionsschutzgesetz

Das Bundes-Immissionsschutzgesetz (BImSchG) soll Menschen, Tiere und Pflanzen vor schädlichen Umwelteinflüssen schützen. Hersteller, Errichter oder Betreiber von Anlagen, von denen eine **Emission** ausgeht, sind zur Einhaltung dieses Gesetzes verpflichtet.

Emissionen sind in die Luft abgegebene Verunreinigungen, wie Staub, Lärm, Ruß, Gase, Dämpfe, Geruchsstoffe, Erschütterungen oder Strahlungen. Diese Luftverunreinigungen werden durch **Transmission** in die Umgebung übertragen und können zu Belästigungen der Allgemeinheit oder der benachbarten Umwelt führen. Tiere, Menschen oder Pflanzen können durch **Immission** dieser Luftverunreinigungen dauerhaft geschädigt werden.

In einer Kfz-Werkstatt können folgende Geräuschquellen vorkommen:

- Prüfstände zur Bremsen- oder Leistungsprüfung
- Druckluftgeräte
- Abgasprüfung
- Arbeiten mit Hochdruckreiniger
- Karosseriearbeiten
- usw.

Diese Geräusche werden nach außen übertragen und von der Umgebung wahrgenommen. Immissionsrichtwerte geben in der Technischen Anweisung Lärm (TA-Lärm) an, wie viel Lärm in Dezibel (dB) außerhalb von Gebäuden am Tag oder in der Nacht zulässig ist.

Immissionswerte außerhalb von Gebäuden		
Gebiete	Tag	Nacht
Industriegebiete	70 dB	70 dB
Gewerbegebiete	65 dB	50 dB
Kerngebiete, Dorfgebiete, Mischgebiete	60 dB	45 dB
allgemeine Wohngebiete und Kleinstadtsiedlungen	55 dB	40 dB
reine Wohngebiete	50 dB	35 dB
Kurgebiete, Krankenhäuser, Pflegeanstalten	45 dB	30 dB

Grenzwerte zur Geräuschemission von Kraftfahrzeugen und Krafträdern durch Abgasanlagen werden von der Europäischen Wirtschaftskommission (ECE) in den ECE-Richtlinien ECE-R51 und ECE-R41 festgelegt.

Zusammenfassung

- In Kfz-Werkstätten wird täglich mit sehr giftigen und gefährlichen Stoffen gearbeitet.
- Sicherheits- und Hygienevorschriften zum Umgang mit Gefahrstoffen müssen unbedingt beachtet werden und sind die Grundlage einer gefahrlosen Arbeit.
- Ein ordentlicher und sauberer Arbeitsplatz ist die Voraussetzung für ein sicheres Arbeiten und die beste Werbung bei der Kundschaft.
- Das Reparaturpersonal darf nur Arbeiten ausführen, für die es einen Berechtigungsnachweis erworben hat. Der Umgang mit Hebeeinrichtungen und Spezialwerkzeugen birgt ein hohes Risiko und verlangt ein umsichtiges Arbeiten.
- Arbeitsschutzbestimmungen zur persönlichen und betrieblichen Sicherheit müssen exakt eingehalten werden. Die Teilnahme an Belehrungen zum Arbeits-, Gesundheits- und Umweltschutz sind für das Reparaturpersonal Pflicht.
- Die schnelle Weiterentwicklung von Kraftfahrzeugen und deren Baugruppen verlangt von Mechatronikern und Mechatronikerinnen eine hohe Bereitschaft zur persönlichen Weiterbildung.
- Typenschulungen bei den Herstellerfirmen sind unerlässlich und Voraussetzung für eine fachgerechte und professionelle Arbeit.

Aufgaben

1. Nehmen Sie Kontakt zu Umweltbeauftragten und zu Arbeitsschutzbeauftragten Ihres Betriebes auf und informieren Sie sich über die ihnen übertragenen Aufgaben. Erforschen Sie, welche Maßnahmen zum Arbeits- und Umweltschutz festgelegt wurden und mit welchen Mitteln diese erfolgreich umgesetzt werden. Welche Probleme konnten noch nicht gelöst werden? Welche Ideen haben Sie zur Lösung?

2. Informieren Sie sich in der Werkstatt über die angebrachten Sicherheitszeichen. Welche Bedeutung haben die Zeichen? Klären Sie, warum diese an ihrem jeweiligen Ort angebracht wurden.

3. Prüfen Sie die Feuerlöscher und Löscheinrichtungen in Ihrem Betrieb auf Vollständigkeit und Gültigkeit. Welche Feuerlöschertypen sind vorhanden und für welche Brände sind diese geeignet?

4. An einem Kundenfahrzeug müssen nach erfolgter Unfallreparatur die Airbags und Gurtstraffer gewechselt werden. Informieren Sie sich über die Sicherheitsmaßnahmen, die bei der Arbeit zu beachten sind. Welche Voraussetzungen müssen Mechaniker und Mechanikerinnen erfüllen, um diese Arbeiten durchführen zu können? Wer kann diese Arbeiten in Ihrem Betrieb durchführen?

5. Sie nehmen an einer Abgasuntersuchung teil. Informieren Sie sich über die Schadstoffklassen von Kraftfahrzeugen und die daraus resultierenden Abgasuntersuchungen. Welche Maßnahmen zum Umweltschutz müssen Sie bei der Abgasuntersuchung beachten? Welche gesetzlichen Bestimmungen muss Ihr Betrieb beachten und wie setzt er diese um?

Lernfeld 6

Neufahrzeuge disponieren und den Verkaufsprozess unterstützen

1 Marktsituation

AUSGANGSSITUATION

Frau Köppel trifft sich mit den Auszubildenden zur monatlichen Gesprächsrunde. Der Auszubildende Carl Löffler fragt Frau Köppel: „Wir nehmen in der Schule gerade das Thema Marktsituation durch. Diese ist doch gerade für unseren Standort hier sehr wichtig, weil wir viel Konkurrenz haben, oder?" Frau Köppel gibt diese Frage an die anderen Auszubildenden weiter und bittet sie, eine übersichtliche PowerPoint-Präsentation zu diesem Themenbereich zu erstellen. Die Präsentation soll bei der nächsten Personalversammlung gezeigt und auf das Thema soll intensiv eingegangen werden.

ARBEITSAUFTRÄGE

1. Erstellen Sie eine übersichtliche PowerPoint-Präsentation zum Themenbereich „Marktsituation".
2. Gehen Sie dabei auch auf die Situation in Ihrer Region ein.
3. Gestalten Sie die Präsentation ansprechend und veranschaulichen Sie diese mit Bildern.
4. Präsentieren Sie Ihre Ergebnisse im Plenum.

Bevor man sich den Begriff „Marktsituation" anschaut, sollte zuerst die Stellung des Autohauses am Markt analysiert werden. Die grundlegende Frage lautet: „Welche Position habe ich auf dem regionalen Markt im Vergleich zu meinen Konkurrenzbetrieben?"

Hat man diese Frage unter Berücksichtigung von verschiedenen Faktoren beantwortet (wirtschaftliche Lage des Unternehmens, in welches vertikale Vertriebssystem ist mein Autohaus als Vertragshändler eingebunden, Analyse der horizontalen Sicht – welches Vertriebssystem haben meine Mitbewerber, welche Kundschaft habe ich usw.), kann man sich mit der aktuellen Marktsituation auseinandersetzen.

Fragestellungen können sein:

- Wie sieht die aktuelle Marktsituation aus?
- Welche Fahrzeuge liegen im Trend?
- Welches Durchschnittsbudget wird von den Kundinnen und Kunden ausgegeben?
- Welche Erwartungen haben die Kundinnen und Kunden an die Fahrzeuge?
- Welche Erwartungen haben die Kundinnen und Kunden an das Unternehmen?
- Welche Modellpolitik betreibt mein Hersteller?
- Welche Fahrzeuge stehen mir aktuell zur Verfügung?

1.1 Modellpolitik der Hersteller

EINSTIEGSSITUATION

Nora Braun und Carl Löffler unterhalten sich in der Mittagspause. „Du Carl, können wir uns heute Nachmittag einmal mit der Modellpolitik der Hersteller auseinandersetzen? Diesen Themenbereich müssen wir ja noch für die PowerPoint-Präsentation ausarbeiten.“ „Ja klar, machen wir. Am besten fassen wir alles in übersichtlichen Mindmaps zusammen und nutzen diese als Handzettel für unsere Präsentation“, meint Carl. „Gute Idee, das machen wir!“, antwortet Nora.

Erstellen Sie die entsprechenden Mindmaps und nutzen Sie diese für die zu erstellende Präsentation.

Um einen breiten Kundenkreis anzusprechen und zu bedienen, werden von den Herstellern ständig neue Fahrzeugmodelle angeboten. Auch durch Facelifts werden bestehende und gut laufende Reihen für die Kundschaft weiterhin attraktiv gehalten.

1.1.1 Fahrzeuge nach DIN-Norm

Die Normungsinteressen des Kraftfahrzeugwesens werden vom DIN-Normenausschuss Automobil (NA Automobil), mit Sitz in Berlin, vertreten. Unter anderem zählt zu dessen Aufgabengebiet das Erstellen aller Normen in Bezug auf Vereinbarkeit, Austauschbarkeit und Sicherheit für Straßenfahrzeuge. Die zugehörige DIN-Vorschrift ist die DIN 70010.

Ziel der Normung ist es, dass Fahrzeuge auf dem aktuellen Stand der Technik und Wissenschaft sowie umweltverträglich sind. Außerdem sollen die Rationalisierung und Qualitätssicherung im Kraftfahrzeugbau sowie die Erhöhung der Fahrzeug- und Verkehrssicherheit gefördert werden.

Beispiele für Fahrzeugarten	
Bezeichnung	**Merkmale**
Limousine	• geschlossener Aufbau mit festem Dach • zwei oder vier Seitentüren und eine Gepäckraumtür • vier oder mehr Seitenfenster • vier oder mehr Sitzplätze in mindestens zwei Sitzreihen • möglich als Stufenheck, Fließheck oder Steilheck (Fastback)
Kombi	Gleiche Merkmale wie eine Limousine, nur der Gepäckraum ist erheblich größer. Dieser kann als Laderaum genutzt und durch herunterklappbare Sitze erweitert werden.
Großraumlimousine	• großräumiger, mannshoher Wagen • viele Sitzplätze • großes Transportvolumen (auch als „Van“ bezeichnet) • selbsttragende Karosserie
Coupé	• geschlossener Aufbau mit festem Dach • zwei Seitentüren und eine Gepäckraumtür • zwei Sitzplätze im Vorderbereich und zwei Sitzplätze im hinteren Bereich; oft als „2–2“ angegeben, da die Sitzplätze im hinteren Bereich unter Umständen nur eingeschränkt genutzt werden können (weniger Bein- und Kopffreiheit durch weniger Platz) • kleinerer Innenraum als bei einer Limousine
Cabriolet	• offener Aufbau mit zurückklappbarem Verdeck oder Hardtop (Festteil, das abgenommen werden kann) • versenkbare Seitenscheiben • Oft haben Cabrios zur Erhöhung der Sicherheit einen Überrollbügel. • Ansonsten hat ein Cabrio alle Eigenschaften einer Limousine oder eines Coupés.
Sportwagen	• auch „Roadster“ genannt • meistens zweisitzige Fahrzeuge mit einem geschlossenen oder offenen Aufbau (siehe Cabriolet) • sportliches Fahrwerk • meistens flache Karosserie
Geländewagen	• vielseitig einsetzbar • in der Regel mit Allradantrieb • geschlossene oder rückwärtig offene Aufbauten mit abknöpfbarem Verdeck oder Hardtop Folgende Bezeichnungen werden verwendet: • MPV (Multi Purpose Vehicle): Mehrzweckfahrzeug • SUV (Sport Utility Vehicle): sportlich nutzbares Fahrzeug

Eine weitere Klassifizierung erfolgt bei den Nutzfahrzeugen. Hier wird nach dem Einsatzzweck der jeweiligen Fahrzeuge unterschieden, z. B.:

- für die Personenbeförderung (Omnibusse als Kleinfahrzeuge bis 25 Personen, bis 185 Personen, Überlandomnibusse, Reiseomnibusse),
- für den Gütertransport (z. B. Lkw, leichte Klasse, Mittelklasse, schwere Klasse),
- als Zugfahrzeuge (Anhängermaschinen, Sattelzugmaschinen, Traktoren).

Krafträder

Zu den einspurigen Kraftfahrzeugen gehören die **Krafträder**. Hierbei unterscheidet man:

Krafträder

Fahrräder mit Hilfsmotor:
Mofas, Mokicks,
Mopeds

Motorräder:
Straßenmaschinen,
Geländemaschinen (Enduros),
Leichtkrafträder

Motorroller

Mofas, Mokicks und Mopeds unterscheiden sich in der Höchstgeschwindigkeit. Für Mofas ist die Geschwindigkeit auf 25 km/h begrenzt, während diese bei Mokicks und Mopeds höher ist. Mokicks haben zum Anlassen des Motors einen Kickstarter.

Motorräder unterscheiden sich nach dem Einsatzzweck. Der Hubraum und die Höchstgeschwindigkeit sind nicht beschränkt. Leichtkrafträder haben einen Hubraum von 50–125 ccm.

Das besondere eines Motorrollers ist der Durchstieg zwischen Lenker und Sitzbank. Außerdem haben sie einen mehr oder weniger breiten Beinschutz, der Spritzwasser bei Regen abhält. Sie zählen je nach Bauart und Motorhubraum zu den Mofas, Leichtkrafträdern oder Motorrädern.

1.1.2 Auswahl an Neufahrzeugen

Die unterschiedlichen Definitionen von Neufahrzeugen können Auswirkungen auf Einkaufs- und Verkaufspreise, Konditionen sowie auf die Sachmängelhaftung haben. Dies führt oft zu Problemen zwischen Händlern und Kundschaft und zwischen Händlern und Herstellern bzw. Importeuren (Händlervertrag; GVO).

Neuwagen im weitesten Sinne und aus rechtlicher Sicht sind Fahrzeuge, die noch nicht zugelassen und auch noch nicht gefahren wurden. Im engeren Sinne sind Neuwagen Fahrzeuge, die mit ihren technischen Ausstattungen dem aktuellen Produktionsstand des Herstellers entsprechen (fabrikneue Fahrzeuge). Das heißt, es sind Fahrzeuge, die serienmäßig als neueste Modelle vom Hersteller produziert werden.

Man muss deshalb verschiedene Arten von Neuwagen unterscheiden:

- Neuwagen als neuestes Modell des Herstellers
- Neuwagen als Auslaufmodell
- Neuwagen einer alten Serie

Zu Neufahrzeugen gehören auch Fahrzeuge, die schon längere Zeit auf dem Lager eines Händlers, Herstellers oder Importeurs stehen (Lagerfahrzeuge). Dies hat zu vielen Rechtsstreitigkeiten geführt. In der Rechtsprechung hat sich durchgesetzt, dass Fahrzeuge mit einer Lagerdauer von höchstens 24 Monaten als Neufahrzeug verkauft werden können, ohne dass der Händler diese Lagerdauer ausdrücklich erwähnen muss. Über diese Grenze hinaus geht man davon aus, dass Fahrzeuge Standmängel aufweisen (z. B. Korrosion). Unter der Bezeichnung „**fabrikneu**" darf ein Fahrzeug allerdings nur verkauft werden, wenn die Herstellung des Fahrzeugs im Zeitpunkt des Verkaufs nicht mehr als 12 Monate zurück liegt, das Fahrzeug keine standzeitbedingten Mängel aufweist und solange das Modell unverändert weitergebaut wird. (Grundsatzurteil des BGH: Az: VIII ZR 227/02).

In diesem Zusammenhang ist ferner zu erwähnen, dass Fahrzeuge mit einer Tages- oder Kurzzzulassung unter bestimmten Umständen ebenfalls als „fabrikneue" Fahrzeuge gelten, nämlich wenn:

- die o. a. Merkmale der Fabrikneuheit vorliegen,
- kurze Zeit nach der Erstzulassung der Verkauf erfolgt,
- die Zulassung sich nur auf wenige Tage beschränkt,
- eine Verkürzung der Herstellergarantie um nicht mehr als zwei Wochen gegeben ist.

Ausstellungsfahrzeuge sind auch Neufahrzeuge, weisen aber oft Gebrauchsspuren durch Besichtigungen der Kundschaft auf. Sie können deshalb auch nur unter Nennung der Mängel als Neuwagen verkauft werden (2. Wahl).

Wird ein Fahrzeug zugelassen und zu Verkehrszwecken im öffentlichen Straßenverkehr genutzt, gilt das Neufahrzeug als Gebrauchtwagen.

Ein Fahrzeug mit Tageszulassung, aber ohne km (0 km) wird vom Händler angemeldet und am nächsten Tag wieder abgemeldet. Dies hat für die Kundschaft den Vorteil, dass sie ein preisgünstiges Fahrzeug erhält.

Die Hersteller wollen mit dieser Taktik neue Modelle in der Neuzulassungsstatistik weiter nach oben bringen und die Beliebtheit des neuen Modells suggerieren.

Nur ein Nachteil entsteht den Käuferinnen und Käufern: Die Sachmängelhaftung beginnt (bzw. hat begonnen) mit der Erstzulassung (Tageszulassung). Bei einer großen Zeitdifferenz zwischen Erstzulassung und Kauf kann den Käuferinnen und Käufern eines Fahrzeugs mit Tageszulassung ein erheblicher Nachteil entstehen. Dafür erhalten sie aber meistens ein preisgünstigeres Auto.

Weiterhin werden folgende Neufahrzeugbegriffe verwendet:

EU-Neufahrzeuge: Diese Fahrzeuge werden nicht für den deutschen Markt produziert, sondern in ein anderes EU-Land geliefert. Dort können deutsche Händler Fahrzeuge evtl. günstiger einkaufen als beim Hersteller, da die Einkaufspreise im europäischen Ausland oft niedriger sind. Dieser Einkauf ist lt. GVO (beim selektiven Vertriebssystem) aber nur bei einem fabrikatsgleichen Händler möglich, weil dieser nur Fahrzeuge an Weiterverkäufer der gleichen Marke verkaufen darf.

Ein deutscher Vertragshändler kann jedoch Neufahrzeuge eines anderen Herstellers im EU-Ausland erwerben, wenn er nicht als Käufer, sondern nur als Vermittler seiner Kundschaft auftritt (Agenturgeschäft) oder Fahrzeuge mit einer Tageszulassung einkauft.

Neufahrzeuge mit Kurzzulassung auf den Händler: Diese Variante bedeutet, dass Fahrzeuge als Neuwagen verkauft werden, aber nicht direkt auf die Käuferinnen und Käufer, sondern kurzzeitig (drei bis sechs Monate) auf den Händler zugelassen werden. Die Käuferinnen und Käufer können jedoch das Fahrzeug schon nutzen.

Diese Verkaufsart wird einerseits von einigen Herstellern bei Absatzschwächen gefördert und der Händler kann andererseits dieses Fahrzeug aktivieren und abschreiben. Dadurch kann der Händler der Kundschaft einen günstigen Verkaufspreis anbieten.

Exkurs E-Mobilität: Die Zukunft des Fahrens

Die E-Mobilität, also die Nutzung von elektrischen Antrieben in Fahrzeugen, hat in den letzten Jahren erheblich an Bedeutung gewonnen. Sie wird als eine der wichtigsten Lösungen zur Reduzierung von CO_2-Emissionen und zur Bekämpfung des Klimawandels betrachtet. Mit dem wachsenden Bewusstsein für Umweltfragen und der Notwendigkeit nachhaltiger Mobilität erleben Elektrofahrzeuge (EVs) eine rasante Entwicklung.

Vorteile der E-Mobilität

- **Umweltfreundlichkeit:** Elektrofahrzeuge emittieren während des Betriebs keine schädlichen Abgase, was die Luftqualität in Städten verbessert. Die gesamte Umweltbilanz hängt jedoch stark von der Quelle des Stroms ab. Die Nutzung erneuerbarer Energien zur Stromerzeugung maximiert den ökologischen Nutzen.
- **Kosteneffizienz:** Obwohl die Anschaffungskosten für Elektrofahrzeuge oft höher sind als für herkömmliche Fahrzeuge mit Verbrennungsmotor, sinken die Betriebskosten erheb-

lich. Strom ist in der Regel günstiger als Benzin oder Diesel, und Elektromotoren haben weniger bewegliche Teile, was zu niedrigeren Wartungskosten führt.
- **Innovative Technologie:** E-Mobilität fördert den Einsatz moderner Technologien, wie z. B. regenerative Bremsen und fortschrittliche Batteriemanagementsysteme. Diese Technologien verbessern die Effizienz und Leistung von Fahrzeugen.

Herausforderungen

Trotz der zahlreichen Vorteile gibt es auch Herausforderungen, die es zu bewältigen gilt:

- **Ladeinfrastruktur:** Der Ausbau der Ladeinfrastruktur ist entscheidend für den Erfolg der E-Mobilität. In vielen Regionen fehlt es noch an ausreichenden Ladepunkten, was potenzielle Käuferinnen und Käufer abschrecken kann.
- **Batterietechnologie:** Die Entwicklung effizienterer, langlebigerer und umweltfreundlicherer Batterien ist notwendig, um die Reichweite von Elektrofahrzeugen zu erhöhen und den ökologischen Fußabdruck der Batterieproduktion zu verringern.
- **Akzeptanz:** Viele Verbraucherinnen und Verbraucher stehen der E-Mobilität skeptisch gegenüber, insbesondere hinsichtlich der Reichweite und der Ladezeiten. Aufklärung und Informationen sind erforderlich, um diese Bedenken auszuräumen.

Zukunft der E-Mobilität

Die Zukunft der E-Mobilität sieht vielversprechend aus. Regierungen weltweit setzen zunehmend auf Förderprogramme, um den Kauf von Elektrofahrzeugen zu unterstützen und den Umstieg auf nachhaltige Mobilität zu fördern. Automobilhersteller investieren massiv in die Entwicklung neuer elektrischer Modelle und Technologien.

Die E-Mobilität ist nicht nur eine Herausforderung, sondern auch eine Chance, den Verkehr umweltfreundlicher und nachhaltiger zu gestalten. Mit dem kontinuierlichen Fortschritt in der Technologie und dem Bewusstsein für die Notwendigkeit eines Wandels in der Mobilität könnte E-Mobilität die Lösung für eine saubere und nachhaltige Zukunft im Verkehr sein.

1.1.3 Mobilitätsgarantie

Die Mobilität spielt in der heutigen Zeit eine immer größere Rolle und lässt sich mit dem nachfolgenden Zitat zusammenfassen:

> **„Mobilität bezeichnet das Potenzial der Beweglichkeit zur Erfüllung von Bedürfnissen – z. B. Beweglichkeit, um Freunde zu treffen, um einzukaufen oder zum Arzt zu kommen. [...] Mobil zu sein ist ein menschliches Grundbedürfnis und gleichzeitig Bedingung sozialer Teilhabe an der Gesellschaft."**

Quelle: Hefter, Thomas/Götz, Konrad: Mobilität älterer Menschen – State of the Art und Schlussfolgerungen für das Projekt COMPAGNO. In: ISOE – Diskussionspapiere 36, Institut für sozial-ökologische Forschung: Frankfurt am Main 2013, S. 62.

Um den Ansprüchen der Kundschaft gerecht zu werden, hat das Autohaus verschiedene Möglichkeiten. Zum einen kann es beispielsweise Leihwagen zur Verfügung stellen, wenn diese ihr Auto zur Reparatur/Inspektion bringt. Zum anderen kann es aber auch beim Verkauf von Fahrzeugen eine sogenannte Mobilitätsgarantie geben.

Zusätzlich zur Neuwagenanschluss- und Gebrauchtwagengarantie bieten die meisten Autohäuser sogenannte Mobilitätsgarantien an. Die Mobilitätsgarantie gilt in der Regel ein Jahr bis maximal zwei Jahre (sie orientiert sich an den Inspektionsintervallen) und soll die ***Beweglichkeit*** (***Mobilität***) der Kundinnen und Kunden auch dann sicherstellen, wenn sie eine Panne (Unfälle sind oft ausgeschlossen) mit ihrem Neu- bzw. Gebrauchtwagen haben. Viele Autohäuser bieten Leistungen an, wie sie bei der Schutzbrief-Versicherung üblich sind. Bei Gebrauchtwagen sind die Garantieleistungen meistens geringer als bei Neuwagen und an eine Gebrauchtwagengarantie gebunden.

Beispiel

Auszug aus den Garantiebedingungen der Michaelis Importgesellschaft mbH Mobilitätsgarantie für Neufahrzeuge:

Michaelis EuroService: eine im 1. Jahr kostenlose Mobilitätsgarantie. Sie gilt rund um die und in fast allen Ländern Europas, sofern Ihre neue Maximo-Limousine in Deutschland erstzugelassen und hier von einem Michaelis Import-Vertragspartner verkauft wurde. Mit dem **Michaelis Garantie-Schutzbrief plus** können Sie diesen Service verlängern:

- für das 3. Jahr bis max. 100 000 km Gesamtfahrleistung inkl. Michaelis EuroService 175,00 €
- für das 3. und 4. Jahr bis max. 150 000 km Gesamtfahrleistung inkl. Michaelis EuroService 350,00 €
- für das 3. bis 5. Jahr bis max. 200 000 km Gesamtfahrleistung inkl. Michaelis EuroService 700,00 €

Michaelis Garantie-Schutzbrief plus (MGS plus)

Käufer des Michaelis Garantie-Schutzbriefes plus erwerben zusätzlich zu Vorstehendem alle Leistungen der Mobilitätsgarantie Michaelis EuroService, im Einzelnen:

Wenn Sie innerhalb des Vertragszeitraumes unterwegs sind und durch einen Schaden an Ihrem Fahrzeug nicht weiterfahren können, benachrichtigen Sie bitte unbedingt zuerst den Michaelis EuroService. Nur dann stehen Ihnen alle Leistungen des Michaelis EuroService (MES plus) zur Verfügung. Sie können dann Ihr Fahrzeug kostenlos zum nächsten Michaelis Vertragsunternehmen abschleppen lassen. Wenn der Schaden nicht am gleichen Tag behoben werden kann, haben Sie die Wahl zwischen folgenden Möglichkeiten: Auf Wunsch stellt Ihnen der Michaelis EuroService einen Mietwagen zur Verfügung, den Sie bis zum Ablauf von drei Werktagen* kostenlos benutzen können. Oder Sie reisen mit der Bahn in der 1. Klasse. Wenn die Bahnfahrt länger als sechs Stunden dauern würde, können Sie auch das Flugzeug benutzen. Hier übernimmt der Michaelis EuroService die Kosten bis zur Höhe von 600,00 € pro Person. Oder wenn Sie die Reparatur abwarten wollen, können Sie auf Kosten des Michaelis EuroService in einem 3-Sterne-Hotel (oder in einem Hotel mit einem vergleichbaren Standard) bis zum Ablauf von drei Werktagen*

* Samstag, Sonntag sowie Feiertage zählen insoweit nicht als Werktage und werden nicht von den 3 Tagen abgezogen.

wohnen. Die Angebote Bahn, Flugzeug und Hotel gelten für den Fahrer und alle weiteren Fahrzeuginsassen, bis zu maximal neun Personen bei einem Big House Van. Das Angebot Hotel gilt nur für den Fall, dass Sie weiter als 80 km von Ihrem Heimatort entfernt sind. Um Ihr Fahrzeug nach der Fertigstellung wieder abzuholen, haben Sie die Wahl zwischen Bahn oder Flugzeug, so wie es zuvor bereits beschrieben wurde. Dieses Angebot gilt nur für den Fahrer oder einen Vertreter, also für eine Person.

Die Leistungen der Michaelis EuroService können nicht in Anspruch genommen werden:

bei Unfällen, Brand und Diebstahl des Fahrzeugs, während des Fahrunterrichts, bei der Teilnahme an sportlichen Wettkämpfen, wenn das Fahrzeug wegen Wartung, Inspektion oder Einbau von Zubehör nicht zur Verfügung steht, beim Versagen eines Anhängers, bei Rückruf von Fahrzeugen, Mietwagen (Selbstfahrvermietfahrzeug und Vermietfahrzeug mit Fahrer), Fahrschulfahrzeuge und Taxis sind nur für die Leistungen Pannenhilfe und Abschleppen versichert.

Der Michaelis EuroService haftet nicht bei:

höherer Gewalt, Kriegsrisiken, Streiks, Pfändungen oder staatlichen Zwangsmaßnahmen, offiziellen Verboten, Piraterie, nuklearen oder anderen Explosionen.

Der Michaelis EuroService kommt nicht für Schäden auf, die aufgrund des Fahrzeugschadens an Gepäck oder Fracht entstehen. Gleiches gilt für in diesem Zusammenhang entstehende Einkommensverluste.

Auszug aus den Garantiebedingungen der Michaelis Import **Mobilitätsgarantie für Gebrauchtfahrzeuge:**

Mobilitätshilfen

Sollte ein ersatzpflichtiger Schaden weiter als 300 km vom Zulassungsort eintreten, werden Kosten für Telefon, Übernachtung, Abschleppdienst, Bahnfahrt und Mietwagen in tatsächlicher Höhe bis zu 50,00 € pro Tag, höchstens für drei Tage ersetzt.

Alternativ werden Aufwendungen für Telefon, Abschlepp- und Mietwagenkosten bis insgesamt 50,00 € pro Schadenfall ersetzt, sofern es sich um einen ersatzpflichtigen Schaden handelt, der bis zu 300 km vom Zulassungsort entfernt eingetreten ist und dessen Reparatur mindestens zwei Tage in Anspruch nimmt.

1.2 Produktlebenszyklus

EINSTIEGSSITUATION

Herr Giglione unterhält sich mit der Auszubildenden Nora Braun und erklärt ihr, dass auch Fahrzeuge einem Produktlebenszyklus unterliegen. Sie bekommt die Aufgabe, einen Produktlebenszyklus für ein Fahrzeug ihrer Wahl grafisch darzustellen und zu präsentieren.

Helfen Sie Nora Braun. Gehen sie dabei auch auf die verschiedenen Begrifflichkeiten ein und erläutern Sie den Produktlebenszyklus konkret.

Auch in der Automobilindustrie spielt der Produktlebenszyklus eine wichtige Rolle. Unter diesem versteht man, dass das Produkt verschiedene Stadien/Phasen in seinem „Leben" durchläuft. Es wird „geboren", entwickelt sich und „stirbt" ggf. wieder.

Die Länge/Dauer des Lebenszyklus hängt vom Produkt selbst, der Konkurrenz und der aktuellen technischen Entwicklung ab. Auch die immer weiter steigenden Kundenanforderungen spielen dabei eine große Rolle.

Um keine „veralteten Technologien" in den Fahrzeugen zu haben, die Kundenzufriedenheit sowie den Umsatz stetig zu steigern und die Kundenerwartungen zu erfüllen, werden die Produktlebenszyklen in der Automobilindustrie immer kürzer.

Überblick über die Phasen des Produktlebenszyklus

Phase	Beschreibung
1. Entwicklungsperiode	Eine Idee wird umgesetzt und ein neues Produkt wird entwickelt. Es fallen hohe Kosten für das entwickelnde Unternehmen an, Verkaufserlöse werden nicht erzielt.
2. Markteinführung	Das Produkt wird am Markt eingeführt und hohe Marketingkosten fallen an. Meistens werden wenige Gewinne erzielt, weil die Kundschaft das Produkt noch nicht kennt und erst auf Erfahrungsberichte wartet („Kinderkrankheiten", Preis-Leistungs-Verhältnis, Qualität nach Nutzung usw.).
3. Wachstumsphase	Die Kundschaft nimmt das Produkt an und kauft dieses – hohe Gewinne werden erzielt und die anfänglichen Verluste werden ausgeglichen. Beim Eintritt des Break-Even-Points (Gewinnschwelle) wird die Wachstumsphase beendet und die Reifephase beginnt.
4. Reifephase	Es ist wieder mehr Marketing erforderlich, um das Produkt weiterhin erfolgreich absetzen zu können. Die Wachstumszahlen „verlangsamen" sich.
5. Sättigungsphase	Die Wachstumszahlen steigen zu Beginn der Sättigungsphase noch leicht, fallen dann zum Ende aber etwas ab. Das Umsatzmaximum bzw. der größtmögliche Gewinn wird während dieser Phase erreicht.
6. Rückgangsphase	Die Absatzzahlen gehen zurück, der Gewinn sinkt. Das Unternehmen denkt über ein „Nachfolgerprodukt" nach.

Nicht jedes Produkt durchläuft alle Phasen des Produktlebenszyklus! Manchmal werden Produkte gleich wieder vom Markt genommen oder befinden sich dauerhaft in der Reifephase.

Bei den Betrachtungsweisen im Hinblick auf die Automobilindustrie findet eine Differenzierung zwischen Produktklasse, Produktform und Einzelprodukt statt.

Differenzierung	Beispiel	Erläuterung
Produktklasse	Autos mit Diesel- oder Benzinmotor, Autos mit Elektroantrieb	Die Produktklasse befindet sich meistens dauerhaft in der Reifephase – bleibt also bestehen.
Produktform	Cabriolet, Limousine	Diese durchläuft den Produktlebenszyklus, der durch neue Modelle/Facelifts immer wieder von vorne beginnen kann.
Einzelprodukt	Mini Clubman	Das Einzelprodukt durchläuft den Lebenszyklus und wird nach einer bestimmten Zeit durch Folgemodelle ersetzt und vom Markt genommen.

1.3 Portfolioanalyse

EINSTIEGSSITUATION

Frau Köppel hat einen aktuellen Artikel zum Themenbereich „Portfolioanalyse" gelesen. Sie sollen für Ihren Ausbildungsbetrieb eine Portfolioanalyse erstellen, die später als Muster für die PowerPoint-Präsentation dienen soll.

Mithilfe einer Portfolioanalyse ist es möglich, den aktuellen Marktanteil sowie das Marktwachstum des eigenen Unternehmens zu ermitteln. Dabei werden verschiedene Faktoren (Produkte, Produktlinien sowie strategische Geschäftseinheiten) im Hinblick auf ihre Ertrags- bzw. Wachstumschancen und/oder Risiken untersucht.

Die Portfolioanalyse hat das Ziel, ein angemessenes Produktportfolio für die Kundschaft hinsichtlich der o. a. Faktoren anzubieten.

Beispiel

Unter einer Produktlinie versteht man beim Autohersteller BMW z. B. die 1er-, 2er-, 3er-, 4er-, 5er-, 6er- und 7er-Reihe, die X-, M- und I-Modelle sowie die Modelle der Marke Mini.

Vorgehensweise bei der Erstellung einer Portfolioanalyse

1. Festlegung der Faktoren, die den langfristigen Erfolg der Unternehmensprodukte bzw. -produktlinien bestimmen. Dabei beschränkt man sich in der Regel auf zwei zentrale Faktoren. Beispiele dafür sind entweder der Marktanteil und die Wachstumsrate des Marktes, in dem sich das Produkt befindet, oder die Rentabilität und der Cashflow. Die Auswahl dieser Faktoren geschieht auf der Grundlage von Plausibilitätsüberlegungen oder empirischen Erfahrungen. Auf die 5er-Reihe von BMW bezogen heißt dies, dass man die Entwicklung des Marktwachstums in dieser Klasse untersucht und den relativen Marktanteil der 5er-Reihe und seine Entwicklung in diesem Segment ermittelt.
2. Diese Erfolgsfaktoren werden dann in einer **zweidimensionalen Matrix** aufgestellt.

Marktwachstums-Marktanteils-Portfolio der Boston Consulting Group

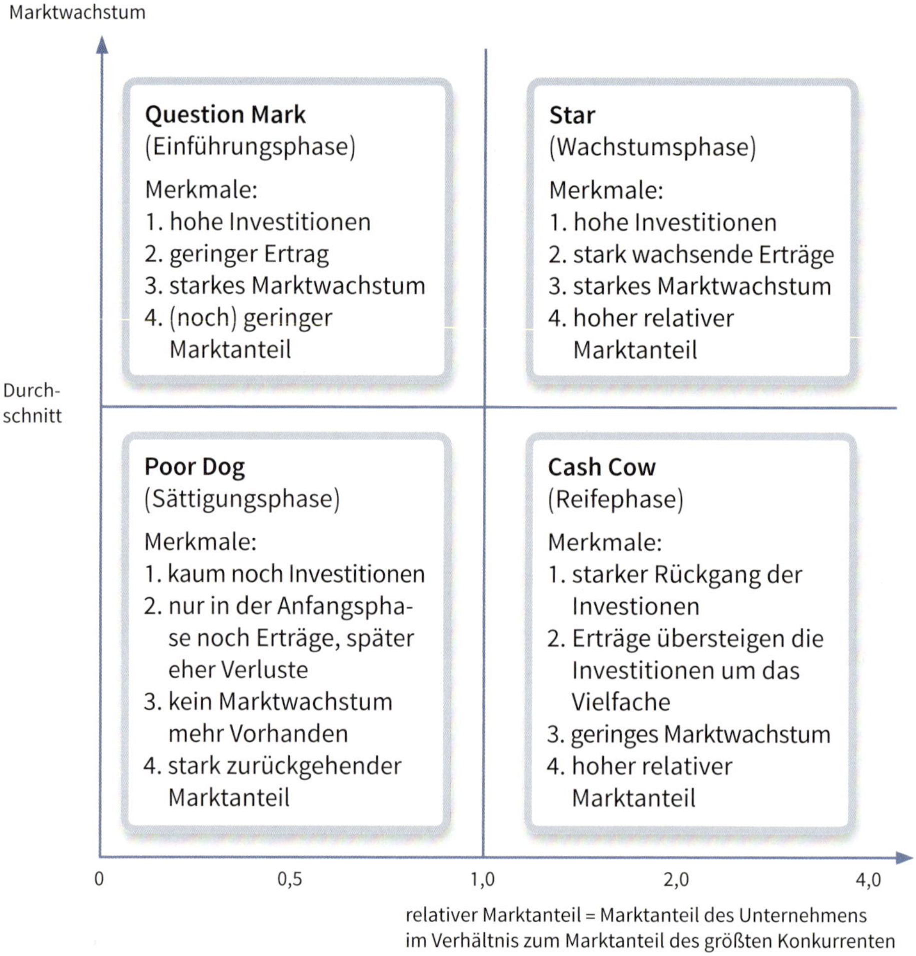

Die meisten Portfolioanalysen bauen auf den Ergebnissen des PIMS-Projekts (Profit Impact of Market Strategies) des Strategic Planning Institutes in Cambridge/Massachusetts auf, deren Portfolioanalyse auf den beiden Erfolgsfaktoren **Marktanteil** und **Wachstumsrate des Marktes** beruhen.

Zentrale Aussage dieser Portfolioanalyse ist der Zusammenhang zwischen der Marktwachstumsrate und dem eigenen Marktanteil einerseits und der Rentabilität andererseits. Je höher das Marktwachstum und der eigene Marktanteil, desto größer ist die Rentabilität dieser Produkte bzw. Produktlinien.

Bezüglich des Cashflows kommt man zu der Aussage, dass eine hohe Wachstumsrate einen Cashflow-Abfluss, ein hoher Marktanteil einen hohen Cashflow-Zufluss zur Folge hat.

Folgerungen aus diesem Marktwachstums-Marktanteils-Portfolio

- Question-Mark-Produkte sind im Produktprogramm zu fördern und u. U. unter Hinzufügung weiterer Produkte dieser Art (Produktvariationen) in die Starphase zu bringen.
- Bei Produkten in der Star- oder der Cash-Cow-Phase muss auf die Erhaltung des Marktanteils geachtet werden. Unter anderem sind, falls erforderlich, Produktvariationen vorzunehmen.
- Produkte in der Poor-Dog-Phase müssen eliminiert werden und durch Produktinnovationen ersetzt werden.

Die Vorteile der Portfolioanalyse liegen in der einfachen Darstellung und in der hohen Anschaulichkeit der Darstellung. Probleme ergeben sich daraus, dass versucht wird, den Cashflow mit zwei Einflussfaktoren zu erklären, und dass die Reaktionen der Konkurrenz nicht in das Modell mit einfließen.

Zusammenfassung

- **Marktsituation:** „Wie sieht der Markt zurzeit aus?" Hierbei müssen verschiedene Fragen Berücksichtigung finden.
- **Modellpolitik der Hersteller:** „Welche Modelle gibt es, wie werden diese am Markt angenommen, welche neuen Modelle werden in Zukunft auf den Markt gebracht, welche ‚Altmodelle' bleiben erhalten und werden durch ein Facelift neu aufgelegt?"
- **Produktlebenszyklus:** „Welche Stadien durchläuft ein Produkt von der Entstehung bis zum Ende der Lebensphase?"
- **Portfolioanalyse:** Mithilfe einer Portfolioanalyse ist es möglich, den aktuellen Marktanteil sowie das Marktwachstum des eigenen Unternehmens zu ermitteln.

Aufgaben

1. Überlegen Sie, welche Stellung Ihr Unternehmen am Markt einnimmt und wie diese verbessert werden könnte. Gehen Sie dabei auf die aktuelle Marktsituation für Ihren Verkaufsbereich ein.

2. Informieren Sie sich über die verschiedenen Marken, die Ihr Unternehmen anbietet, und halten Sie diese in einem Handout fest.

3. Welche Modellpolitik verfolgt Ihr Unternehmen? Machen Sie sich diese als Verkaufsargument für den Verkauf von Neufahrzeugen zunutze.

4. Überlegen Sie, welchen Produktlebenszyklus ein von Ihnen selbst gewähltes Automodell durchläuft, und in welcher Phase sich die bei Ihnen aktuell angebotenen Modelle jeweils befinden.

2 Fahrzeugbeschaffung

AUSGANGSSITUATION

„Ohne Fahrzeuge kein Verkauf – ohne Verkauf kein Umsatz, und natürlich auch kein Gewinn!“ Mit diesen Worten begrüßt Herr Giglione die Auszubildenden zur monatlichen Azubirunde und bittet sie, sich mit dem Themenbereich „Fahrzeugbeschaffung“ auseinanderzusetzen. Dabei soll das Zusammenspiel zwischen Kundschaft, Händler und Hersteller beleuchtet werden.

ARBEITSAUFTRÄGE

1. Informieren Sie sich über den Themenbereich „Fahrzeugbeschaffung“ und halten Sie Ihre Erkenntnisse in einem Handout fest.
2. Tauschen Sie sich mit Ihren Mitschülern und Mitschülerinnen über die Fahrzeugbeschaffung in ihren Betrieben aus.

Um Kunden und Kundinnen immer die aktuellsten Modelle im Verkaufsraum und auf dem „Hof“ präsentieren zu können, ist eine frühzeitige Beschaffung der Fahrzeuge unumgänglich. Dabei spielen die Aktualität, das Aussehen, die Ausstattung sowie die Platzierung im Verkaufsraum bzw. im Hofbereich eine wichtige Rolle. Außerdem müssen auch sonstige Eckpunkte Berücksichtigung finden, die teilweise in den Hersteller-/Händlerverträgen geregelt sind:

- Absatzmengenvereinbarungen
- Rückkaufvereinbarungen
- Verkaufsprogramme der Hersteller
- Margensysteme
- Kapitalbedarf für das Neuwagengeschäft
- Zahlungsbedingungen

Wie sich die genannten Faktoren in der Buchhaltung auswirken bzw. buchhalterisch zu berücksichtigen sind, wird später in Kapitel 4 genau erläutert.

Die Neufahrzeuge werden natürlich nicht nur für das Unternehmen selbst, sondern vielmehr als Neufahrzeuge für die Kundschaft beschafft (z. B. als Werksbestellung, Order von Lagerfahrzeugen des Unternehmens).

2.1 Händler-/Herstellerverträge

EINSTIEGSSITUATION

„Du, Nora", fragt Carl, „weißt du eigentlich, was in den Händler- und Herstellerverträgen genau drinsteht?" „Oh, das weiß ich auch nicht so genau", meint Nora. Die beiden beschließen, sich mit dieser Frage zu beschäftigen.

Informieren auch Sie sich in Ihrem Unternehmen über die Inhalte und fassen Sie diese übersichtlich in einem Handout zusammen.

2.1.1 Vertriebswege

Folgende Vertriebswege sind zurzeit im Automobilhandel üblich:

- direkte Vertriebssysteme der Hersteller/ Importeure
- Vertrieb über Händler als markengebundene Eigenhändler (eine/mehrere Marken)
- Vertrieb über Händler als Handelsvertreter (Agent)
- Vertrieb über Händler als freie, nicht markengebundene Händler

Das direkte Vertriebssystem erfolgt entweder durch Direktgeschäfte des Herstellers/Importeurs meistens an Großkunden und Sonderabnehmer (Kommunen, Pflegedienste, Mietwagenanbieter u. a.). Dabei kann ein Händler auch als Agent, Fahrzeugauslieferer und Inkassostelle auftreten; dies wird im Rahmen eines Agenturvertrags geregelt.

Eine weitere Möglichkeit des Direktvertriebs ist der Verkauf über Niederlassungen (z. B. bei Mercedes-Benz). Es sind jedoch auch Mischsysteme möglich. So verkauft BMW z. B. sowohl durch Direktvertrieb wie auch über Niederlassungen, hauptsächlich aber über markengebundene Eigenhändler.

Auch können sich die unterschiedlichen Vertriebssysteme auf die Fahrzeugmodelle beziehen.

Die meisten Automobilhersteller vertreiben ihre Fahrzeuge über markengebundene Eigenhändler. Diese handeln im eigenen Namen und kaufen/verkaufen Automobile für eigene Rechnung.

2.1.2 Händlervertrag

Händlerverträge haben in der Regel ähnliche Inhalte. Nur die Ausprägung (z. B. die Formulierung der Standards oder die Auswahl des Margensystems) kann unterschiedlich ausfallen.

Die wichtigsten Inhalte der Händlerverträge:

- Vertragsgegenstand
- Aufgaben und Rechtsstellung des Händlers
- Leistungen des Herstellers/Importeurs
- Vertragsdauer/Kündigung/allgemeine Bestimmungen

Vertragsgegenstand

Im Abschnitt „Vertragsgegenstand“ werden die Grundlagen des Händlervertrags genannt:

Art des Vertrags (in der Regel selektives Vertriebssystem im Sinne der GVO)

Vertriebsgebiet (Europäischer Wirtschaftsraum: EU, Norwegen, Island, Liechtenstein)

Vertragsprodukte (aktuelle Neufahrzeuge des Herstellers, die für Deutschland hergestellt wurden, mit evtl. Ausnahmen, wie bei BMW die I-Modelle): Dies bedeutet, dass Fahrzeuge, die nicht für den deutschen Markt produziert wurden und z. B. reimportiert werden, nicht zur Vertragsware gehören und außerhalb des Händlervertrags vertrieben werden können.

Qualitative Standards: Die im Händlervertrag genannten qualitativen Standards müssen vom Händler ständig erfüllt werden. Dazu gehören z. B.:

- Zertifizierung nach Richtlinien des Herstellers (z. B. Qualitätssicherungssystem nach EN ISO 9000 ff.)
- Informations- und Kommunikationssysteme: Der Händler verpflichtet sich, die vom Hersteller vorgegebenen Management- und Reportingsysteme zu nutzen und zu bedienen und die entsprechende Infrastruktur (Hardware, Software, Schnittstellen zum Hersteller) bereitzustellen. Der Händler beteiligt sich weiterhin an einem Austausch von Kundendaten mit dem Hersteller und nimmt an Kundenbindungs- und Kundenbeziehungsmanagementsystemen (CRM) teil.
- Corporate Design: Basiselemente wie Markenzeichen auf Briefbögen, Formularen, Werbung u. a.; Betriebskennzeichnung am Gebäude und ein Pylon nach besonderen Richtlinien.

Beim Verkauf werden folgende qualitativen Standards gefordert:

- Corporate Design: Der Händler verpflichtet sich, die folgende Basisarchitektur in seinem Verkaufs- und Ausstellungsraum nach besonderen Richtlinien zu realisieren:

  - Eingangsportal
  - Beleuchtungskonzept
  - Möblierungskonzept
  - Plakat-, Prospekt-, Preisauszeichnungsständer
  - u. a.

- Teilnahme an Kundenzufriedenheitsanalysen nach besonderen Richtlinien.
- Mystery Shopping: Zur Sicherstellung eines kundenorientierten Verkaufsprozesses wird die Teilnahme an simulierten Verkaufsgespräch-Programmen gefordert.
- Personalanforderungen: Die Geschäftsführung, Verkaufsleitung, Verkaufspersonal und Disposition müssen sich an Qualifizierungen und Weiterentwicklungen gemäß den Richtlinien beteiligen. Verkaufsleitung und Verkaufspersonal dürfen in der Regel nicht für den Verkauf einer anderen Marke eingesetzt werden.
- Ausstellungsfahrzeuge: Die Anzahl von Ausstellungsfahrzeugen bemisst sich nach dem vereinbarten Jahresziel. Es wird in der Regel eine Mindestanzahl vereinbart.
- Ausstellungsfläche: Die Ausstellungsfläche muss eine zusammenhängende Fläche der einen Marke sein. Meist wird eine bestimmte Größe je Fahrzeug vorgeschrieben.
- Vorführfahrzeuge: Die Anzahl von Vorführfahrzeugen bemisst sich ebenfalls nach dem vereinbarten Jahresziel. Auch hierbei wird meistens eine Mindestanzahl gefordert. Diese Fahrzeuge müssen aktuelle Modelle sein und spätestens nach einer vereinbarten Zeit ersetzt werden.

- Werbebudget: Die Händler sind verpflichtet, einen bestimmten Prozentsatz des Verkaufsumsatzes von Neuwagen für Werbung, Verkaufsförderung (Sales Promotion) und Öffentlichkeitsarbeit (Public Relations) auszugeben (bei VW mindestens 0,5 %).
- Auslieferung: Vor Übergabe an die Kundschaft müssen die Händler eine Übergabeinspektion durchführen. Bei VW z. B. muss zusätzlich ein besonderer Auslieferungsplatz für die Übergabe eingerichtet werden.

Zu den Grundlagen vieler Verträge gehört auch, dass der Händler bei jeglichen Änderungen der Firma, der Inhaber/Gesellschafter, der Geschäftsführung, der Rechtsform, der Beteiligungsverhältnisse oder des Standorts die vorherige schriftliche Zustimmung des Herstellers einholen bzw. bei Beteiligungen an weiteren Händler-/Servicepartnerschaften den Hersteller informieren muss.

Aufgaben und rechtliche Stellung des Händlers

Der Händlervertrag mit einem Eigenhändler sieht vor, dass das Unternehmen selbstständig, im eigenen Namen und für eigene Rechnung handelt.

Sollte ein Autohaus einen weiteren Vertrag mit einem anderen Markenhersteller abschließen, so muss er den Hersteller davon informieren bzw., wenn die Marke nicht zum Konzern des Herstellers gehört, die schriftliche Zustimmung einholen.

Der Export von Vertragsprodukten in Länder außerhalb des Europäischen Wirtschaftsraumes ist den Händlern in den meisten Verträgen nicht gestattet.

Durch das selektive Vertriebssystem kann der Hersteller fordern, dass Neufahrzeuge nicht an Wiederverkäufer, die markenfremd oder frei mit Fahrzeugen handeln, verkauft werden dürfen. Der Begriff „Neufahrzeug" ist jedoch vielfältig (siehe S. 156 f.).

Die Vertragspartner vereinbaren für das jeweilige Kalenderjahr Jahresziele (Abnahmemengen) für die Vertragsprodukte. Diese Jahresziele werden regelmäßig überprüft und entsprechend der Entwicklung des Gesamtmarktes und der einzelnen Modellsegmente einheitlich nach Richtlinien des Herstellers angepasst.

Für die Kaufvertrags-, Lieferungs- und Abrechnungsregelungen gelten besondere Bedingungen. Die Entstehung und die Verpflichtungen aus dem Kaufvertrag zwischen Händler und Hersteller/Importeur können unterschiedlich geregelt sein. Der Hersteller behält sich dabei in der Regel eine Ablehnung der Bestellung des Händlers innerhalb einer Frist von zwei bis drei Wochen vor. Mit einer Auftragsbestätigung des Herstellers/Importeurs ist der Kaufvertrag abgeschlossen.

Die Zahlungsbedingungen werden ebenfalls unterschiedlich geregelt. Es gibt Verträge, bei denen die Zahlung sofort bei Lieferbereitschaft durch Lastschrift im Bankabbuchungsverfahren vereinbart wird. Andere Verträge haben differenzierte Zahlungsbedingungen. Je nachdem, ob es sich um Kunden-, Lager- oder Vorführwagen handelt, werden unterschiedliche Zahlungsbedingungen vereinbart.

Leistungen des Herstellers/Importeurs

Grundsätzlich unterstützt der Hersteller/Importeur den Händler und berät ihn im Rahmen der jeweils gültigen Richtlinien.

Weiterhin erstattet der Hersteller/Importeur dem Händler die Kosten für ausgeführte Sachmängelhaftungs-, Garantie- und Kulanzleistungen nach den jeweils gültigen Bedingungen.

Eine wichtige Vereinbarung ist das **Margen- und Bonussystem** des Herstellers. Die Margen- oder auch Händlervergütung wird grundsätzlich vom unverbindlichen Verkaufspreis (netto) des Herstellers/Importeurs berechnet. Sie unterteilt sich in eine Grundmarge und verschiedene Bonussysteme. Während die Grundmargen bei 10 % bis 15 % liegen, können maximal ca. 20 % erreicht werden. Hinzu kommen noch Boni für Kredit-/Leasingverträge.

Folgende Bonussysteme wurden oder werden noch angewandt:

- Volumenbonus
- Wachstumsbonus
- Kundenzufriedenheitsbonus
- Modellbonus

Der **Volumenbonus** wird gewährt, wenn der Händler die vereinbarten Verkaufsziele erreicht. Dabei kann dieser Bonus nach Grad der Erreichung abgestuft werden. Bei Überschreitung der vereinbarten Abnahmemengen kann der Händler u. U. noch zusätzlich einen Wachstumsbonus erhalten.

Die Kundenzufriedenheit wird mithilfe von Kundenbefragungen ermittelt. Je nach Zufriedenheit kann der Händler bei diesem Bonus eine Zusatzmarge erlangen.

Viele Hersteller/Importeure vereinbaren für die unterschiedlichen Modelle auch unterschiedliche Margen. Dabei erhalten die Händler neben der Grundmarge eine Zusatzmarge für bestimmte Modelle (**Modellbonus**).

Vertragsdauer/Kündigung/allgemeine Bestimmungen

Die Händlerverträge werden in der Regel auf unbestimmte Zeit geschlossen. Eine ordentliche Kündigung ist für jedem Vertragspartner in der Regel mit einer Frist von 24 Monaten möglich.

Neben der ordentlichen Kündigung sind fristlose Kündigungen in bestimmten Fällen möglich, z. B. bei Vertrieb des Händlers an nicht berechtigte Wiederverkäufer oder bei Verstoß gegen das Exportverbot.

In den allgemeinen Bestimmungen werden Vereinbarungen zur Schlichtung bei Unstimmigkeiten, Haftung, Vertraulichkeit und zum Gerichtsstand getroffen.

2.2 Verkaufsplanung/Disposition

EINSTIEGSSITUATION

Die Verhandlungen mit dem Hersteller stehen an. Frau Köppel ist vor diesen Gesprächen immer etwas nervös. Carl Löffler und Nora Braun sollen sich mit dem Themenbereich „Verkaufsplanung/Disposition" beschäftigen und aufgrund der Zahlen aus dem Vorjahr, der aktuellen Herstellerangebote und Aktionen einen vorläufigen Beschaffungsplan für das Unternehmen erstellen. Dabei sollen sie auch die zurzeit geltenden Vereinbarungen aus dem Herstellervertrag berücksichtigen und auf eventuelle Probleme hinweisen.

Unterstützen Sie die beiden, indem Sie Informationen aus Ihrem Unternehmen verwenden.

Hinweis: Bei manchen Fahrzeugen ist Ihr Autohaus ggf. weniger konkurrenzfähig, weil es mit dem Angebotspreis der Konkurrenz nicht mithalten kann.

Wie bereits bekannt, verpflichtet sich der Markenhändler durch den Händlervertrag, eine jährlich neu festzusetzende Menge an Neuwagen für den Verkauf an Endverbraucher und -verbraucherinnen sowie Großabnehmer und für den eigenen Bedarf als Vorführwagen abzunehmen. Grundlagen hierfür sind die eigenen Schätzungen und Prognosen des Händlers und die Vorstellungen des Herstellers/Importeurs.

Für jeden einzelnen Modelltyp muss eine möglichst genaue Planung vorgenommen werden. Verkaufsstatistiken, geplante Aktionen des Herstellers sowie personelle und sachliche Gegebenheiten müssen Berücksichtigung finden.

Der Hersteller/Importeur macht seine Planung außerdem von der erforderlichen Anzahl von Neuzulassungen der vertretenen Marke im Verantwortungsgebiet des Händlers, die zur Erreichung des prozentualen Marktanteils in dem Verkaufsgebiet erforderlich ist, abhängig.

Auch werden besondere Faktoren wie Erneuerung von Produkten oder Bausteinen, neue Modelle, geänderte Preise, Wirtschaftsdaten und Verkaufsaktionen des Herstellerwerkes berücksichtigt.

Auf dieser Grundlage wird ein Jahresvolumen für die einzelnen Modelle vom Hersteller/Importeur festgelegt. Eine Feinplanung der Abnahmemengen wird in der Regel monatlich durchgeführt und in einem **Beschaffungsplan** festgehalten.

Die benötigten Mengen der einzelnen Modelle werden vom Händler festgelegt und dem Hersteller/Importeur über ein PC-System mitgeteilt. Eine Unterscheidung zwischen Kundenfahrzeugen (verbindliche Kundenbestellungen), Lager- und Vorführfahrzeugen wird vorgenommen.

Aufgrund des festgelegten Jahresverkaufsziels macht der Hersteller/Importeur einen Vorschlag für die Abnahme im betreffenden Monat. Der Händler kann diesen Vorschlag bestätigen oder aber die Abnahmemengen erhöhen oder verringern. Diese Änderungen durch den Händler können saisonal bedingt sein. Im Frühjahr werden z.B. mehr Fahrzeuge geordert (insbesondere Cabriolets) als im Herbst/Winter.

In der Ferienzeit, die in den einzelnen Bundesländern unterschiedlich ist, ist die Nachfrage nicht so groß wie in der Zeit davor. Aber auch händlerspezifische Aktivitäten können eine Änderung der vom Hersteller vorgeschlagenen Abnahmemengen begründen.

Beispiel

Frau Köppel plant vor der Urlaubszeit eine Sonderaktion. Sie möchte das neue SUV-Modell mit einem Navigations- und besonderen Soundsystem ausstatten. Daher muss Frau Köppel für den Aktionszeitraum entsprechend viele SUV-Modelle ordern, um den erwarteten Mehrbedarf auch decken zu können.

Die monatliche Disposition wird dem Hersteller mithilfe einer speziellen Software angezeigt. Eine Zusammenfassung könnte folgendermaßen aussehen:

Quotenanzeige, Monat Juni

Bezeichnung	Plan-menge	Order-wunsch	Quoten aktuell	Order gesamt	Order Kd-Wagen	Offene Quoten
Maximo-Limousine, 5-Türer	20	26	28	12	9	16
Phantasia-Limousine, 3-Türer	9	6	7	2	1	5

Die Planmenge ist die zwischen Hersteller und Händler ausgehandelte Absatzmenge pro Monat. Davon unabhängig kann der Händler die monatliche Abnahmemenge saisonbedingt oder aus anderen Gründen variieren (Orderwunsch).

Sollte die Nachfrage in dem betreffenden Monat erfreulicherweise hoch sein, kann die Quote vom Händler erhöht werden (aktuelle Quote). Weiterhin zeigt die Tabelle, wie viele Fahrzeuge bereits geordert wurden, und für welche Fahrzeuge bereits ein Kundenauftrag vorliegt. Die „offene Quote" zeigt an, wie viele Wagen in diesem Monat noch offen stehen und noch nicht geordert wurden.

Sind die einzelnen Mengen geordert, können für die Lagerwagen der Status und die Ausstattung zu einem späteren Zeitpunkt geändert bzw. gemeldet werden. So können Lagerfahrzeuge in Kundenwagen umbestellt werden, wenn ein entsprechender Bedarf besteht. Hiermit hat der Händler auch ein Instrument, Fahrzeuge kurzfristig dem Kunden zur Verfügung zu stellen.

Jedes im Rahmen der Monatsplanung bestellte Fahrzeug wird bei den meisten Autohäusern in ein Auftragsbuch eingetragen. Hier lassen sich schnell und übersichtlich der Fahrzeugtyp und der Status (Lager-/Kundenwagen) ablesen und es dient als Grundlage für Statusänderungen. So können für Kundenbestellungen bereits georderte Lagerwagen genutzt werden, um kurzfristig liefern zu können.

Für eingehende Neufahrzeuge wird ein separates Eingangsbuch geführt. Es dient als **Grundlage für die Buchhaltung** sowohl für den **Fahrzeugeinkauf** als auch für den Fahrzeugverkauf. In einem „Eingangsbuch für Neufahrzeuge" werden alle relevanten Informationen zu den neu angelieferten Fahrzeugen festgehalten, die im Autohaus oder Kfz-Betrieb eintreffen. Es dient der Dokumentation und Nachverfolgbarkeit der Fahrzeuge und stellt sicher, dass alle erforderlichen Schritte zur Fahrzeugvorbereitung und -auslieferung ordnungsgemäß durchgeführt werden.

Typischerweise werden folgende Angaben in einem Eingangsbuch für Neufahrzeuge festgehalten:

- Fahrzeugidentifikationsnummer (VIN):
  Die eindeutige Identifikationsnummer des Fahrzeugs, die das Fahrzeug weltweit identifiziert.
- Fahrzeugmarke und Modell:
  Die Marke des Fahrzeugs sowie das spezifische Modell, um das Fahrzeug korrekt zu identifizieren.
- Fahrzeugfarbe:
  Die genaue Bezeichnung der Außenfarbe des Fahrzeugs.
- Fahrzeugtyp und Ausstattungslinie:
  Der Fahrzeugtyp (z. B. Limousine, SUV) sowie die Ausstattungslinie, die Aufschluss über die spezifische Ausstattungsvariante gibt.
- Lieferdatum:
  Das Datum, an dem das Fahrzeug im Autohaus eintrifft.

- Fahrzeugzustand bei Lieferung:
  Der Zustand des Fahrzeugs bei der Anlieferung, z. B. ob es Mängel oder Schäden aufweist (z. B. Kratzer, Dellen).
- Händler- oder Importeurangaben:
  Der Name des Händlers oder Importeurs, der das Fahrzeug geliefert hat, sowie die zugehörigen Kontaktdaten.
- Kilometerstand bei Lieferung:
  Der Kilometerstand des Fahrzeugs zum Zeitpunkt der Anlieferung, falls bereits gefahren.
- Wagenpapiere und Zulassungsunterlagen:
  Informationen zu den mitgelieferten Dokumenten, wie z. B. der Fahrzeugbrief und Fahrzeugschein.
- Vorbereitungs- und Prüfungstermine:
  Festgehalten wird auch, wann das Fahrzeug zur Vorbereitung (z. B. Inspektion, Montage von Zubehörteilen) in die Werkstatt muss und wann die Prüfung des Fahrzeugs durch den Verkäufer erfolgt.
- Fahrzeug- oder Schlüsseldaten:
  Die Anzahl und der Zustand der Fahrzeugschlüssel, die mitgeliefert werden.
- Kundenauftrag (falls vorhanden):
  Falls das Fahrzeug für einen bestimmten Kunden bestellt wurde, wird auch der Name des Kunden und der spezifische Auftrag (z. B. Sonderausstattung, Wunschfarbe) dokumentiert.
- Zuständige Person:
  Wer im Autohaus das Fahrzeug entgegengenommen hat, wird oft ebenfalls im Eingangsbuch vermerkt.

Das Eingangsbuch für Neufahrzeuge stellt sicher, dass alle relevanten Daten zum Fahrzeug korrekt erfasst werden, was eine effiziente und fehlerfreie Weiterverarbeitung der Fahrzeuge (z. B. für die Auslieferung an den Kunden oder die Vorbereitungsarbeiten) gewährleistet.

2.3 Kundenberatung gut gemacht

EINSTIEGSSITUATION

„Kunden beraten – aber wie?“ Diese Frage ist für alle in der Verkaufsberatung Tätigen wichtig. Der Auszubildende Finn Schneider soll sich mit den Inhalten einer guten Kundenberatung auseinandersetzen und dabei auch auf bereits vorhandenes Wissen zurückgreifen.

Helfen Sie Finn beim Entwickeln eines Leitfadens für Kundengespräche. Greifen Sie dabei auch auf Ihr Wissen aus vorhergehenden Lernfeldern zurück.

Sind Kundinnen und Kunden zufrieden und von einem Produkt überzeugt, fällt es ihnen leicht, sich für dieses zu entscheiden. Für das Personal in der Verkaufsberatung ist der Weg dorthin eine große Herausforderung, die jedoch zu bewältigen ist.

2.3.1 Angenehme Verkaufsatmosphäre

„Sie wirken immer."
Dieser Grundsatz sollte von jeder Person in der Verkaufsberatung berücksichtigt werden, denn Sie wissen nie, von wo aus die Kundschaft Sie sieht/beobachtet und was diese während des Besuches im Verkaufsraum alles wahrnimmt.

Um einen kompetenten und seriösen Eindruck bei der Kundschaft zu erzeugen, sollten deswegen die nachfolgenden Punkte Anwendung finden:

- Ihr Arbeitsplatz sollte immer ordentlich und aufgeräumt sein – organisieren Sie sich mithilfe von Mappen, Ablagefächern usw.
- Achten Sie auf einen ordentlichen Zustand des Verkaufsraums und der Ausstellungsfahrzeuge. Diese sollten stets sauber sein.
- Die Positionierung der Fahrzeuge ist wichtig. Das ansprechendste Fahrzeug sollte immer im Sichtbereich des Eingangs oder an einer gut einsehbaren Fensterfront platziert werden, um so das Kundeninteresse zu wecken und die Kundschaft in den Verkaufsraum zu „locken".
- Passen Sie Ihren Kleidungsstil der Kundenklientel bzw. dem Produkt an.
- Seien Sie immer höflich und freundlich und behandeln Sie alle Kundinnen und Kunden gleich. Nehmen Sie keine Differenzierungen aufgrund von Kleidung o. Ä. der Kundschaft vor. Hier kann man sich sehr leicht täuschen und falsche Schlüsse ziehen.
- Bieten Sie Ihren Kunden und Kundinnen etwas zu trinken an und hören Sie diesen aufmerksam zu.
- Bereiten Sie sich (wenn möglich) immer auf ein Verkaufsgespräch vor und beraten Sie Ihre Kundinnen und Kunden sachkundig.
- Wirken Sie kompetent – achten Sie jedoch während des Verkaufsgesprächs darauf, dass Sie Ihre Kundschaft nicht mit Fachbegriffen „überfluten". Versuchen Sie vielmehr, komplizierte Dinge mit einfachen Worten zu erklären. So ist Ihre Kundschaft umfassend informiert und kommt sich nicht „unwissend" vor.
- Achten Sie darauf, dass Ihr Fachwissen stets auf dem aktuellen Stand ist – ohne dieses wird eine kompetente Beratung und ein anschließender Verkaufsabschluss ggf. schwierig.

- Gehen Sie auf Kundenwünsche ein und nehmen Sie zusammen mit der Kundschaft eine entsprechende Konfiguration des gewünschten Fahrzeugs vor. Erläutern Sie immer die Vorteile der jeweiligen Ausstattungsmerkmale.
- Gehen Sie aktiv mit Ihrer Kundschaft zu den Ausstellungsfahrzeugen und erläutern Sie an diesen die verschiedenen Funktionen/Ausstattungsmerkmale.
- Zeigen Sie interkulturelle Kompetenz.

Exkurs: Interkulturelle Kompetenz

Unter der interkulturellen Kompetenz versteht man die Fähigkeit, mit individuellen Menschen anderer Kulturen erfolgreich und angemessen umzugehen und diese in ihrem Handeln zu respektieren und zu akzeptieren.

Für die Verkaufsberatung bedeutet dies, dass man auf die individuellen Bedürfnisse der Kundschaft eingeht, ihre spezifische Denkweise nachvollziehen und diese bei der Lösung von Problemen berücksichtigen kann. Dabei muss man natürlich frei von Vorurteilen und offen sein, man muss das Handeln der Kundschaft erfassen und darauf eingehen.

2.3.2 Präsentation von Fahrzeugen im Verkaufsraum

Wie oben bereits erwähnt, sind die Positionierung der Fahrzeuge sowie deren einwandfreier und optisch ansprechender Zustand sehr wichtig. Wie die Platzierung genau erfolgt, kann vom Hersteller in den Standards vorgegeben sein. Auch Besonderheiten (z. B. Fußball-WM, Fußball-EM) und saisonale Anlässe (Ferien- und Urlaubszeit, Weihnachtszeit usw.) sollten im Ausstellungsraum Berücksichtigung finden.

Pkw-Label

Weiterhin sind aber auch rechtliche Rahmenbedingungen zu beachten. Beispielsweise sind seit dem 01.12.2011 alle Händler beim Verkauf von Neuwagen verpflichtet, diese mit einem Pkw-Label auszuzeichnen. Grundlage für diese Auszeichnung (bei Neu- und Leasingfahrzeugen) ist die Pkw-Energieverbrauchskennzeichnungsverordnung (Pkw-EnVKV).

Beispiel und Erläuterungen

Beispiel

Batterieelektrisches Fahrzeug

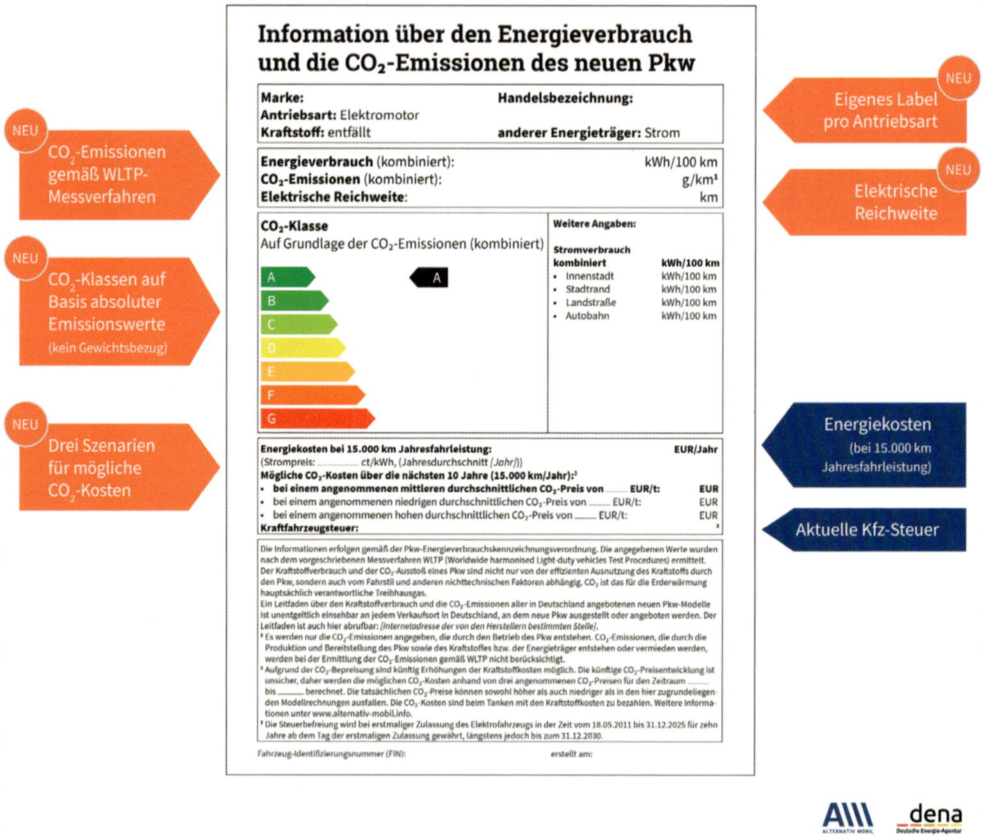

Quelle: Deutsche Energie-Agentur GmbH (dena) / www.pkw-label.de

2.3.3 Fahrzeuge für Probefahrten bereitstellen (mobile Präsentation)

Damit sich die Kunden und Kundinnen ein Bild des Fahrzeugs in Bezug auf die verschiedenen Ausstattungen und Funktionen, die Motorisierung, Straßenlage usw. machen können, bieten sich Probefahrten an. Diese werden auch als „mobile Präsentation“ bezeichnet.

Hierbei ist es möglich, dass die Kundschaft „alleine“ das Fahrzeug testet oder das Verkaufspersonal an der Probefahrt teilnimmt und während der Fahrt die verschiedenen Vorzüge der technischen Merkmale „live“ erläutert.

Im Vorfeld werden von den „Testfahrern und -fahrerinnen“ eine Kopie des Führerscheins sowie ein unterschriebener Vertrag für Probefahrten benötigt. In diesem Vertrag ist u. a. der Versicherungsschutz bei einem Unfall geregelt.

Leider kommt es in der Praxis häufig vor, dass Kunden und Kundinnen Probefahrttermine vereinbaren, ohne tatsächlich eine Kaufabsicht zu haben. Hier muss das Personal bei der Verkaufsberatung sensibel reagieren und abwägen, ob tatsächlich die Absicht eines Kaufes im Raum steht.

Einige Händler schützen sich mittlerweile durch das Verlangen von Kilometergeld oder Mietwagentarifen gegen diesen Missbrauch. Wird zu einem späteren Zeitpunkt ein Fahrzeug erworben, erstattet der Händler den Kundinnen und Kunden den gezahlten Betrag zurück.

2.3.4 Technische Merkmale von Fahrzeugen

Um die Kundschaft kompetent zu informieren, ist es wichtig, dass das Verkaufspersonal die technischen Merkmale der Fahrzeuge kennt. Dabei sollte es u. a. auf die Antriebs- und Fahrwerksysteme, Komfort- und Sicherheitssysteme sowie auf die gesellschaftlichen Rahmenbedingungen eingehen. Diese könnten z. B. sein: Energieverbrauch der Fahrzeuge, Ökobilanz, Gesetzgebung, Konnektivität.

Überblick	
Antriebs- und Fahrwerksysteme	
Antrieb	**Motor** • Motorisierung des Fahrzeugs: – Verbrennungsmotor = Diesel/Benziner – Elektromotor = Elektrofahrzeuge und Wasserstofffahrzeuge mit Brennstoffzelle – Hybrid-Antrieb (Kombination z. B. aus Benzin und Elektroantrieb oder oder Diesel und Elektroantrieb, ...) • PS-/kw-Zahl des Fahrzeugs • Hubraum des Fahrzeugs

Überblick	
Antriebs- und Fahrwerksysteme	
	Getriebe • Getriebe des Fahrzeugs: – Schaltgetriebe – Automatik – DSG (Doppelkupplungsgetriebe, das zu den Automatikgetrieben zählt) Man kann sagen: Wie ist die Übersetzung der Motorleistung zu den Rädern? Also: Wie wird der Drehmoment des Motors auf die Räder übertragen?
Fahrwerk	• Federung/Dämpfung des Fahrzeugs • Räder/Reifengröße • Gelenke, Gummilager, Lenkung, Bremsen, Stabilisatoren, Federn, Dämpfer – hydraulisches Fahrwerk Man kann sagen: Welche Verbindung hat das Fahrzeug durch das Fahrwerk mit der Straße?
Gesetzgebung	
Abgasnorm	Welcher Abgasnorm unterliegt das Fahrzeug?
Kfz-Steuern	• Wie hoch sind die jährlich anfallenden Steuern? • Ab wann sind Steuern bei Elektrofahrzeugen zu zahlen (zurzeit gibt es hier in den ersten Jahren eine Steuerbefreiung)?
Umweltzonenregelung	Hinweis auf die Umweltzonenregelung (verschiedenfarbige Plaketten)
Energieverbrauch im Hinblick auf die Ökobilanz	
Treibstoffart und Emissionswerte	Welche Treibstoffart benötigt das Fahrzeug und welche Treibstoffarten sind (besonders) ökologisch? • Diesel • Benzin • Wasserstoff • Gas • Strom Wie hoch ist der Treibstoffverbrauch des jeweiligen Fahrzeugs durchschnittlich pro 100 km und welche Emissionen (Schadstoffe) scheidet das Fahrzeug mit dem jeweils genutzten Treibstoff aus?
Konnektivität (Connected Drive):	
Konnektivität	Vernetzung von Fahrzeug, Fahrer/-in und Umwelt/Außenwelt untereinander: • Die sogenannte Fahrzeug-zu-Fahrzeug-Kommunikation ermöglicht den Fahrzeugen über mobile WLAN-Verbindungen („Ad-hoc-Netze"; die Reichweite ist durch das „Multi-Hopping-Verfahren" unbegrenzt), untereinander zu kommunizieren und aktuelle Daten auszutauschen. Dies können Informationen zur Verkehrsdichte, zu aktuellen Staus bzw. Stauenden, Straßen- und Wetterverhältnissen usw. sein. 

Überblick	
Antriebs- und Fahrwerksysteme	
	• Daten, die über das Internet/eine Cloud bezogen werden, nutzt das Fahrzeug und verwendet die Informationen. • Kommunikation zwischen dem Fahrzeug und der Umwelt (z. B. Ampelanlage und Fahrzeug) • Kommunikation des Fahrzeugs mit den Insassen (um Musik abzuspielen usw.)
Assistenzsysteme und Sensoren	Diese überwachen permanent die Fahrsituation während der Fahrt, werten Daten aus, geben entsprechende Rückmeldungen per Warnsignal oder „greifen ins Fahrgeschehen ein“, z. B.: • Spurhalteassistent • Abstandhalter • Bremsautomatik 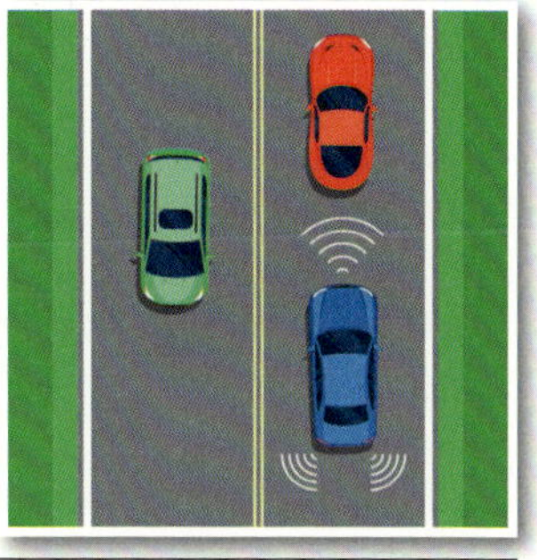

2.3.5 Konfiguration von Fahrzeugen

Zusammen mit der Kundschaft können die gewünschten Modelle konfiguriert und die technischen Merkmale erläutert werden. Damit sich die Kundinnen und Kunden zu Hause nochmals genau mit den Ausstattungsmerkmalen befassen können, ist es sinnvoll, ihnen die Konfiguration auszuhändigen.

Auch der Hinweis auf eine von der Kundschaft selber vorgenommene Konfiguration über das Internet (Homepage der Hersteller) ist möglich.

Zusammenfassung

- **Fahrzeugbeschaffung:** Woher kommen die benötigten Neufahrzeuge und wie werden diese beschafft?
- **Vertriebswege:** direkte Vertriebssysteme der Hersteller/Importeure, Vertrieb über Händler als markengebundene Eigenhändler (eine/mehrere Marken), Vertrieb über Händler als Handelsvertreter (Agent), Vertrieb über Händler als freie, nicht markengebundene Händler
- **Händler- und Herstellerverträge:** Sie haben verschiedene Inhalte, die z. B. regeln, unter welchen Bedingungen Fahrzeuge beschafft, bezahlt und verkauft werden können.
- **Verkaufsplanung/Disposition:** Wie viele Fahrzeuge müssen pro Jahr laut Hersteller verkauft werden, wie viele Fahrzeuge werden vom Autohaus benötigt, wann sind welche Fahrzeuge vom Autohaus zu ordern?
- **Kundenberatung**: Ohne Kundenberatung kein Verkauf, nur „gute Kundenberatung" durch kompetentes und authentisches Persona führt zu einem Verkaufserfolg
- **Interkulturelle Kompetenz**: Fähigkeit, mit individuellen Menschen anderer Kulturen erfolgreich und angemessen umzugehen und diese in ihrem Handeln zu respektieren und zu akzeptieren
- **Fahrzeugpräsentation:** einwandfreier Zustand der Fahrzeuge an geeigneten Positionen im Verkaufsraum bzw. Außenbereich; Auszeichnung nach rechtlichen Bestimmungen muss Anwendung finden
- **Probefahrten:** verkaufsförderndes Instrument, damit die Kundschaft das Produkt testen kann (mobile Präsentation)
- **Technische Daten:** Das Verkaufspersonal muss Kenntnisse über die verschiedenen technischen Daten von Fahrzeugen haben.
- **Fahrzeugkonfiguration:** Die „virtuelle Ausstattung" von Fahrzeugen dient u. a. zur Preisermittlung.

Aufgaben

1. Informieren Sie sich über die Inhalte Ihrer Händler-/Herstellerverträge und nutzen Sie Ihr Wissen für Ihr zukünftiges Handeln.

2. Welche Schritte sind bei der Verkaufsplanung einzuhalten bzw. zu berücksichtigen? Halten Sie diese schriftlich fest.

3. Erläutern Sie, warum eine gute Kundenberatung von größter Wichtigkeit ist. Erstellen Sie für sich selbst einen Leitfaden für den Umgang mit Kundinnen und Kunden.

4. Überlegen Sie, was für Sie und Ihr Unternehmen „interkulturelle Kompetenz" bedeutet und wie sie diese in Verkaufsgesprächen zum Ausdruck bringen.

5. Prüfen Sie in Ihrem Unternehmen die Präsentation der Fahrzeuge. Was fällt Ihnen auf? Besprechen Sie Ihre Ergebnisse mit Ihrer Verkaufsleitung.

6. Setzen Sie sich mit den technischen Merkmalen der von Ihnen angebotenen Fahrzeuge auseinander und nutzen Sie ihr neu erworbenes Wissen für die Zukunft.

3 Verkauf abschließen

AUSGANGSSITUATION

In letzter Zeit kam es bei der Verkaufsabwicklung von Fahrzeugen häufig zu Verzögerungen und die Kundenbeschwerden häufen sich.

Beispielsweise mussten einige Käufer und Käuferinnen mehrmals ins Autohaus kommen, da am Kauftag nicht alle Verkaufsunterlagen für den Verkaufsprozess unterschrieben worden waren. Auch erhielten einige Kunden und Kundinnen keine Ausfertigung für die eigenen Unterlagen und monierten dies.

Frau Köppel ist sauer. Sie weist alle Verkaufsberater und -beraterinnen sowie alle Auszubildenden der Autohaus Köppel GmbH an, sich intensiv mit diesem Themenbereich auseinanderzusetzen. Als Hilfe soll ein Leitfaden für die Verkaufsberatung dienen, den die Auszubildenden erstellen sollen.

Die Überschrift soll lauten: „Kundenzufriedenheit, kompetente Beratung und **strukturiertes Arbeiten** sind der Schlüssel zum Erfolg!"

ARBEITSAUFTRÄGE

1. Erstellen Sie einen Leitfaden, der alle wichtigen Informationen zum Themenbereich „Verkauf abschließen" enthält.
2. Entwickeln Sie eine Checkliste, die als Hilfestellung dienen soll. Präsentieren Sie Ihre Ergebnisse und tauschen Sie sich im Plenum aus.

3.1 Vertragsunterlagen für den Verkaufsprozess

EINSTIEGSSITUATION

Carl Löffler unterhält sich mit Nora Braun. „Wie kommt denn jetzt genau der Kaufvertrag zwischen Käufer und Verkäufer zustande? Und welche Unterlagen sind erforderlich bzw. welche Schritte sind zu erledigen?", fragt Nora.

Beantworten Sie ihr diese Frage.

Zum Abschluss eines Kaufvertrags gehören immer zwei übereinstimmende Willenserklärungen, nämlich die der Verkaufenden und die der Kaufenden. Das Verkaufspersonal macht ein

Angebot und der Käufer bzw. die Käuferin nimmt dieses an. Wie ist jedoch die Rechtslage, wenn das Angebot von der Bestellung abweicht, wenn z. B. die Käuferseite den Preis auf dem Angebot selbstständig abändert?

In diesem Fall liegen keine übereinstimmenden Willenserklärungen vor. Es ist also auch kein Kaufvertrag zustande gekommen. Dieser wäre nur wirksam, wenn die Verkäuferseite der Preisänderung zustimmt.

Üblicherweise werden im Automobilhandel die Angebote immer unverbindlich und freibleibend angegeben, da sich einzelne Bestandteile noch ändern können (z. B. Preis für die Inzahlungnahme eines Automobils, das noch nicht von der DEKRA begutachtet wurde; Auslieferdatum). Mit der Bestellung (Auftragsbestätigung) ist rechtlich also noch kein Kaufvertrag entstanden, selbst dann nicht, wenn das Händlerangebot mit der Bestellung der Kundschaft übereinstimmt.

Erst wenn die Verkäuferseite die Bestellung innerhalb einer bestimmten Frist annimmt oder das Fahrzeug ausliefert, gilt der Kaufvertrag als zustande gekommen.

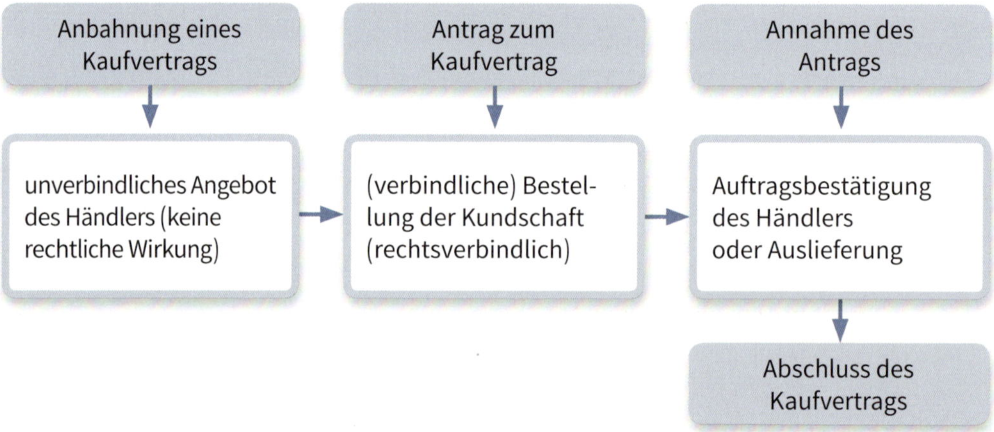

3.1.1 Vorbereitung des Verkaufs

Geht es um die Vorbereitung der Unterlagen für den Verkaufsprozess, ist ein strukturiertes Arbeiten wichtig.

Zuerst stellt sich die Frage: „Welche Unterlagen sind notwendig?“ Alle Schriftstücke müssen dann Schritt für Schritt zusammengestellt werden.

Angebot

Bei der Erstberatung der Kundschaft ist es wichtig, dass sie über alle technischen Daten des Wunschfahrzeugs verfügt. Diese werden in einem Angebot an die Kundschaft weitergegeben. Die einzelnen Ausstattungsmerkmale sind mit den jeweils dafür anfallenden Kosten aufgeführt.

Muster für ein Angebot

Autohaus Köppel GmbH
Diedenhofener Str. 6
54294 Trier

Frau
Alexandra Grau
Tulpenweg 22
54317 Osburg

Verkaufsberater: Herr Giglione	Kunden-Nr.: 109268/93587
Telefonnummer: 0651 7155-67	Angebot vom 16.06.20..
E-Mail: giglione@authauskoeppel.de	Angebots-Nr.: 271164

Sehr geehrte Frau Grau,

für Ihr Interesse an unseren Fahrzeugen danken wir Ihnen. Für das von Ihnen gewünschte Fahrzeug erhalten Sie nachfolgend ein unverbindliches und freibleibendes Angebot. Ihr Verkaufsberater steht jederzeit gerne für Fragen zur Verfügung.

Fahrzeugart:	Neuwagen
DMS-Lagernummer:	UG14301273

Erstzulassung:	______________	km-Stand:	0 km
Unfallfrei:	ja	km-Stand bei Übergabe (voraussichtlich):	0 km
Kfz-Brief Nr.:	______________	Fahrgestell-Nr.:	WMWLN210501B15223

Fahrzeug:

LN31	Maximo-Limousine	0C2K	Melting Silver
BGE1	Stoff Firework Carbon Black/Carbon Black		

Serienausstattung:

01CB Steuerung Efficient Dynamics	05AA Nebelschlussleuchte
02VB Reifendruckanzeige	06AC Intelligenter Notruf
0428 Warndreieck und Verbandkasten	06AE TeleServices
0470 Kindersitzbefestigung ISOFIX (Beifahrersitz)	

Sonderausstattung:

0249 Multifunktionslenkrad	04BD Innenoberfläche Piano Black
0420 Sonnenschutzverglasung	0494 Sitzheizung für Fahrer und Beifahrer
0507 Park Distance Control (PDC) hinten	0521 Regensensor, automatische Fahrlichtsteuerung
0544 Geschwindigkeitsregelung + Bremsfunktion	0550 Bordcomputer

...

Fahrzeugpreis:	29 794,98 €	**Zusatzleistung Auslieferung**	
Nachlass	1 500,00 €	(Preis inkl. MwSt.):	675,00 €
Preis ohne MwSt.:	23 777,29 €		
Fahrzeuggesamtpreis:	28 294,98 €	Gesamtpreis ohne MwSt.:	24 344,52 €
		Gesamtpreis inkl. MwSt.:	**28 969,98 €**

3.1.2 Vertragsunterlagen für den Kauf und zu erledigende Arbeiten

Nimmt der Kunde oder die Kundin das vorliegende Angebot an und möchte das Fahrzeug erwerben, sind weitere Unterlagen bereitzustellen (Bestellung, AGB usw.) und verschiedene Dinge zu prüfen, die nachfolgend erläutert sind.

Die geklärten Positionen sind dann in der Bestellung z. B. unter dem Punkt „Sonstige Vereinbarungen" aufzuführen.

Inzahlungnahme

Natürlich ist zu klären, ob die Kundschaft ein Fahrzeug in Zahlung geben möchte. Ist dies der Fall, muss die Verkaufsberatung für das anzukaufende Fahrzeug ein Angebot unterbreiten.

Damit der Ankaufspreis realistisch und für das ankaufende Autohaus rentabel ist, wird das Fahrzeug von einem oder einer Sachverständigen (z. B. DEKRA) überprüft und ein entsprechendes Gutachten angefertigt. In diesem sind beispielsweise Fahrzeugmängel aufgeführt, die u. a. für den Ankaufspreis entscheidend sein werden.

Sind sich Autohaus und Kundschaft einig, wird die Höhe des Ankaufspreises in die spätere Auftragsbestätigung aufgenommen und ein **Ankaufsvertrag** wird angefertigt.

Fahrzeuganmeldung

Viele Autohäuser bieten als Serviceleistung das Anmelden des neuen Kundenfahrzeugs an. Hierzu benötigt das zuständige Personal folgende Unterlagen:

- Vollmacht zur Kfz-Zulassung (zu erteilen durch den Käufer des bzw. die Käuferin des Fahrzeugs)
- Kopie des Personalausweises des Käufers oder der Käuferin
- EG-Übereinstimmungsbescheinigung (COC-Bescheinigung)
- eVB-Nr. der Kfz-Versicherung des Käufers bzw. der Käuferin
- Fahrzeugbrief/Zulassungsbescheinigung Teil II
- unterschriebene Einzugsermächtigung des Käufers oder der Käuferin für die Kfz-Steuer
- Handelsregisterauszug oder Gewerbeanmeldung bei Nutzung als Firmenfahrzeug

Das Verkaufspersonal muss alle notwendigen Unterlagen vom Käufer von oder der Käuferin anfordern und außerdem abklären, ob ein Wunschnummernschild erforderlich ist. Ist dies der Fall, kann über die Homepage der jeweils zuständigen Zulassungsstelle die Verfügbarkeit der infrage kommenden Buchstaben- und Zahlenkombinationen überprüft und diese reserviert werden.

Gewünschte Auslieferung des Fahrzeugs

Im Angebot für das Neufahrzeug ist eine Kostenpauschale für die Auslieferung angegeben. Viele Kundinnen und Kunden möchten diese Kosten minimieren und gehen dazu über, das Neufahrzeug beim Hersteller im Werk abzuholen. Außerdem wird die Abholung häufig mit einer Werksbesichtigung, einer Stadtbesichtigung und/oder einer Übernachtung in einem besonderen Hotel verbunden.

Um dem Abholen des Fahrzeugs beim Werk etwas entgegenzusteuern, kann der Händler die Fahrzeugübergabe in seinem Autohaus zu einem attraktiven Event machen.

Beispiel

Bei der Autohaus Köppel GmbH erhält jede Kundin bei der Fahrzeugübergabe einen Blumenstrauß. Männliche Kunden erhalten zwei Flaschen Wein aus der Region.

Außerdem ist das Verkaufspersonal gehalten, im Rahmen der Abholung mit den Käuferinnen und Käufern Essen zu gehen, falls dies von der Zeit her möglich ist (gemeinsames Frühstück oder Mittag- bzw. Abendessen).

Verbindliche Bestellung

Sind die o. g. Punkte geklärt, erstellt das Verkaufspersonal die verbindliche Bestellung. Häufig ist das entsprechende Formular bereits im PC über ein spezifisches Programm hinterlegt und die Daten aus dem Angebot können übernommen werden.

Im Feld „Zahlungshinweise und sonstige Vereinbarungen" werden dann die vereinbarten Zusatzpunkte aufgeführt.

Anlagen der Bestellung sind:

- AGB (Verkaufsbedingungen) für Neufahrzeuge in der jeweils gültigen Fassung
- zusätzliche Hinweise für das Nutzen von Connected Diensten (AGB und datenschutzrechtliche Hinweise)
- Aktivierungsantrag für Connected Dienste
- Angaben zum Geldwäschegesetz

Gegebenenfalls kommen noch

- ein Finanzierungs- oder Leasingantrag,
- das Informationsschreiben zum Finanzierungs- bzw. Leasingantrag,
- die AGB für das Leasing oder die Finanzierung von Kraftfahrzeugen sowie
- ein Einwilligungsschreiben zwecks Einholung einer SCHUFA-Auskunft
- Zusatzvereinbarung zu Wartung und Inspektion bei den Herstellern
- Information bei einer Rückrufaktion von Fahrzeugen/Fahrzeugteilen

hinzu.

Die Dokumente sind jeweils von Käufer seite und von Verkäufer seite zu unterschreiben.

AGB für Neufahrzeuge

Auszug aus den Neuwagen-Verkaufsbedingungen (Kraftfahrzeuge und Anhänger)

I. Vertragsabschluss/Übertragung von Rechten und Pflichten des Käufers

1. Der Käufer ist an die Bestellung höchstens bis drei Wochen, bei Nutzfahrzeugen bis sechs Wochen gebunden. Diese Frist verkürzt sich auf 10 Tage (bei Nutzfahrzeugen auf 2 Wochen) bei Fahrzeugen, die beim Verkäufer vorhanden sind. Der Kaufvertrag ist abgeschlossen, wenn der Verkäufer die Annahme der Bestellung des näher bezeichneten Kaufgegenstandes innerhalb der jeweils genannten Fristen in Textform bestätigt oder die Lieferung ausführt. Der Verkäufer ist jedoch verpflichtet, den Besteller unverzüglich zu unterrichten, wenn er die Bestellung nicht annimmt.
2. Übertragungen von Rechten und Pflichten des Käufers aus dem Kaufvertrag bedürfen der Zustimmung des Verkäufers in Textform.
   Dies gilt nicht für einen auf Geld gerichteten Anspruch des Käufers gegen den Verkäufer. Für andere Ansprüche des Käufers gegen den Verkäufer bedarf es der vorherigen Zustimmung des Verkäufers dann nicht, wenn beim Verkäufer kein schützenswertes Interesse an einem Abtretungsausschluss besteht oder berechtigte Belange des Käufers an einer Abtretbarkeit des Rechtes das schützenswerte Interesse des Verkäufers an einem Abtretungsausschluss überwiegen.

[...]

III. Zahlung

1. Der Kaufpreis und Preise für Nebenleistungen sind bei Übergabe des Kaufgegenstandes und Aushändigung oder Übersendung der Rechnung zur Zahlung fällig.
2. Gegen Ansprüche des Verkäufers kann der Käufer nur dann aufrechnen, wenn die Gegenforderung des Käufers unbestritten ist oder ein rechtskräftiger Titel vorliegt. Hiervon ausgenommen sind Gegenforderungen des Käufers aus demselben Kaufvertrag. Ein Zurückbehaltungsrecht kann er nur geltend machen, soweit es auf Ansprüchen aus demselben Vertragsverhältnis beruht.

IV. Lieferung und Lieferverzug

1. Liefertermine und Lieferfristen, die verbindlich oder unverbindlich vereinbart werden können, sind in Textform anzugeben. Lieferfristen beginnen mit Vertragsabschluss.
2. Der Käufer kann sechs Wochen nach Überschreiten eines unverbindlichen Liefertermins oder einer unverbindlichen Lieferfrist den Verkäufer auffordern, zu liefern. Diese Frist verkürzt sich auf 10 Tage (bei Nutzfahrzeugen auf zwei Wochen) bei Fahrzeugen, die beim Verkäufer vorhanden sind. Mit dem Zugang der Aufforderung kommt der Verkäufer in Verzug.
   Hat der Käufer Anspruch auf Ersatz eines Verzugsschadens, beschränkt sich dieser bei leichter Fahrlässigkeit des Verkäufers auf höchstens 5 % des vereinbarten Kaufpreises.
3. Will der Käufer darüber hinaus vom Vertrag zurücktreten und/oder Schadensersatz statt der Leistung verlangen, muss er dem Verkäufer nach Ablauf der betreffenden Frist gemäß Ziffer 2, Satz 1 oder 2 dieses Abschnitts eine angemessene Frist zur Lieferung setzen.
   Hat der Käufer Anspruch auf Schadensersatz statt der Leistung, beschränkt sich der Anspruch bei leichter Fahrlässigkeit auf höchstens 25 % des vereinbarten Kaufpreises. Ist der Käufer eine juristische Person des öffentlichen Rechts, ein öffentlich-rechtliches Sondervermögen oder ein Unternehmer, der bei Abschluss des Vertrages in Ausübung seiner gewerblichen oder selbstständigen beruflichen Tätigkeit handelt, sind Schadenersatzansprüche statt der Leistung bei leichter Fahrlässigkeit ausgeschlossen.

Wird dem Verkäufer, während er in Verzug ist, die Lieferung durch Zufall unmöglich, so haftet er mit den vorstehend vereinbarten Haftungsbegrenzungen. Der Verkäufer haftet nicht, wenn der Schaden auch bei rechtzeitiger Lieferung eingetreten wäre.

4. Wird ein verbindlicher Liefertermin oder eine verbindliche Lieferfrist überschritten, kommt der Verkäufer bereits mit Überschreiten des Liefertermins oder der Lieferfrist in Verzug. Die Rechte des Käufers bestimmen sich dann nach Ziffer 2, Satz 4 und Ziffer 3 dieses Abschnitts.
5. Die Haftungsbegrenzungen und Haftungsausschlüsse dieses Abschnitts gelten nicht für Schäden, die auf einer grob fahrlässigen oder vorsätzlichen Verletzung von Pflichten des Verkäufers, seines gesetzlichen Vertreters oder seines Erfüllungsgehilfen beruhen sowie bei Verletzung von Leben, Körper oder Gesundheit.
6. Höhere Gewalt oder beim Verkäufer oder dessen Lieferanten eintretende Betriebsstörungen, die den Verkäufer ohne eigenes Verschulden vorübergehend daran hindern, den Kaufgegenstand zum vereinbarten Termin oder innerhalb der vereinbarten Frist zu liefern, verändern die in Ziffern 1 bis 4 dieses Abschnitts genannten Termine und Fristen um die Dauer der durch diese Umstände bedingten Leistungsstörungen. Führen entsprechende Störungen zu einem Leistungsaufschub von mehr als vier Monaten, kann der Käufer vom Vertrag zurücktreten. Andere Rücktrittsrechte bleiben davon unberührt.
7. Konstruktions- oder Formänderungen, Abweichungen im Farbton sowie Änderungen des Lieferumfangs seitens des Herstellers bleiben während der Lieferzeit vorbehalten, sofern die Änderungen oder Abweichungen unter Berücksichtigung der Interessen des Verkäufers für den Käufer zumutbar sind. Sofern der Verkäufer oder der Hersteller zur Bezeichnung der Bestellung oder des bestellten Kaufgegenstandes Zeichen oder Nummern gebraucht, können allein daraus keine Rechte hergeleitet werden.

V. Abnahme

1. Der Käufer ist verpflichtet, den Kaufgegenstand innerhalb von 14 Tagen ab Zugang der Bereitstellungsanzeige abzunehmen.
2. Im Falle der Nichtabnahme kann der Verkäufer von seinen gesetzlichen Rechten Gebrauch machen. Verlangt der Verkäufer Schadensersatz, so beträgt dieser 15 % des Kaufpreises. Der Schadenersatz ist höher oder niedriger anzusetzen, wenn der Verkäufer einen höheren Schaden nachweist oder der Käufer nachweist, dass ein geringerer oder überhaupt kein Schaden entstanden ist.

VI. Eigentumsvorbehalt

1. Der Kaufgegenstand bleibt bis zum Ausgleich der dem Verkäufer aufgrund des Kaufvertrages zustehenden Forderungen Eigentum des Verkäufers.
   Ist der Käufer eine juristische Person des öffentlichen Rechts, ein öffentlich-rechtliches Sondervermögen oder ein Unternehmer, der bei Abschluss des Vertrages in Ausübung seiner gewerblichen oder selbstständigen beruflichen Tätigkeit handelt, bleibt der Eigentumsvorbehalt auch bestehen für Forderungen des Verkäufers gegen den Käufer aus der laufenden Geschäftsbeziehung bis zum Ausgleich von im Zusammenhang mit dem Kauf zustehenden Forderungen.
   Auf Verlangen des Käufers ist der Verkäufer zum Verzicht auf den Eigentumsvorbehalt verpflichtet, wenn der Käufer sämtliche mit dem Kaufgegenstand im Zusammenhang stehende Forderungen unanfechtbar erfüllt hat und für die übrigen Forderungen aus den laufenden Geschäftsbeziehungen eine angemessene Sicherung besteht.
   Während der Dauer des Eigentumsvorbehalts steht das Recht zum Besitz der Zulassungsbescheinigung Teil II dem Verkäufer zu.

2. Zahlt der Käufer den fälligen Kaufpreis und Preise für Nebenleistungen nicht oder nicht vertragsgemäß, kann der Verkäufer vom Vertrag zurücktreten und/oder bei schuldhafter Pflichtverletzung des Käufers Schadensersatz statt der Leistung verlangen, wenn er dem Käufer erfolglos eine angemessene Frist zur Leistung bestimmt hat, es sei denn, die Fristsetzung ist entsprechend den gesetzlichen Bestimmungen entbehrlich. Hat der Verkäufer Anspruch auf Schadensersatz statt der Leistung und nimmt er den Kaufgegenstand wieder an sich, sind Verkäufer und Käufer sich darüber einig, dass der Verkäufer den gewöhnlichen Verkaufswert des Kaufgegenstandes im Zeitpunkt der Rücknahme vergütet. Auf Wunsch des Käufers, der nur unverzüglich nach Rücknahme des Kaufgegenstandes geäußert werden kann, wird nach Wahl des Käufers ein öffentlich bestellter und vereidigter Sachverständiger, z. B. der Deutschen Automobil Treuhand GmbH (DAT), den gewöhnlichen Verkaufswert ermitteln. Der Käufer trägt die erforderlichen Kosten der Rücknahme und Verwertung des Kaufgegenstandes. Die Verwertungskosten betragen ohne Nachweis 5 % des gewöhnlichen Verkaufswertes. Sie sind höher oder niedriger anzusetzen, wenn der Verkäufer höhere Kosten nachweist oder der Käufer nachweist, dass geringere oder überhaupt keine Kosten entstanden sind.
3. Solange der Eigentumsvorbehalt besteht, darf der Käufer über den Kaufgegenstand weder verfügen noch Dritten vertraglich eine Nutzung einräumen.

VII. Haftung für Sachmängel und Rechtsmängel

1. Ansprüche des Käufers wegen Sachmängeln und Rechtsmängeln verjähren entsprechend den gesetzlichen Bestimmungen in zwei Jahren ab Ablieferung des Kaufgegenstandes. Hiervon abweichend gilt eine Verjährungsfrist von einem Jahr, wenn der Käufer eine juristische Person des öffentlichen Rechts, ein öffentlich-rechtliches Sondervermögen oder ein Unternehmer ist, der bei Abschluss des Vertrages in Ausübung seiner gewerblichen oder selbstständigen beruflichen Tätigkeit handelt.
2. Die Verjährungsverkürzung in Ziffer 1, Satz 2 gilt nicht für Schäden, die auf einer grob fahrlässigen oder vorsätzlichen Verletzung von Pflichten des Verkäufers, seines gesetzlichen Vertreters oder seines Erfüllungsgehilfen beruhen sowie bei Verletzung von Leben, Körper oder Gesundheit.
3. Hat der Verkäufer aufgrund der gesetzlichen Bestimmungen für einen Schaden aufzukommen, der leicht fahrlässig verursacht wurde, so haftet der Verkäufer beschränkt:
   Die Haftung besteht nur bei Verletzung vertragswesentlicher Pflichten, etwa solcher, die der Kaufvertrag dem Verkäufer nach seinem Inhalt und Zweck gerade auferlegen will oder deren Erfüllung die ordnungsgemäße Durchführung des Kaufvertrages überhaupt erst ermöglicht und auf deren Einhaltung der Käufer regelmäßig vertraut und vertrauen darf. Diese Haftung ist auf den bei Vertragsabschluss vorhersehbaren typischen Schaden begrenzt.
   Ausgeschlossen ist die persönliche Haftung der gesetzlichen Vertreter, Erfüllungsgehilfen und Betriebsangehörigen des Verkäufers für von ihnen durch leichte Fahrlässigkeit verursachte Schäden.
   Für die vorgenannte Haftungsbegrenzung und den vorgenannten Haftungsausschluss gilt Ziffer 2 dieses Abschnitts entsprechend.
4. Unabhängig von einem Verschulden des Verkäufers bleibt eine etwaige Haftung des Verkäufers bei arglistigem Verschweigen eines Mangels, aus der Übernahme einer Garantie oder eines Beschaffungsrisikos und nach dem Produkthaftungsgesetz unberührt.

5. Soll eine Mängelbeseitigung durchgeführt werden, gilt folgendes:
   a) Ansprüche auf Mängelbeseitigung kann der Käufer beim Verkäufer oder bei anderen, vom Hersteller/Importeur für die Betreuung des Kaufgegenstandes anerkannten Betrieben geltend machen; im letzteren Fall hat der Käufer den Verkäufer hiervon unverzüglich zu unterrichten, wenn die erste Mängelbeseitigung erfolglos war. Bei mündlichen Anzeigen von Ansprüchen ist dem Käufer eine schriftliche Bestätigung über den Eingang der Anzeige auszuhändigen.
   b) Wird der Kaufgegenstand wegen eines Sachmangels betriebsunfähig, hat sich der Käufer an den dem Ort des betriebsunfähigen Kaufgegenstandes nächstgelegenen, vom Hersteller/Importeur für die Betreuung des Kaufgegenstandes anerkannten dienstbereiten Betrieb zu wenden.
   c) Für die zur Mängelbeseitigung eingebauten Teile kann der Käufer bis zum Ablauf der Verjährungsfrist des Kaufgegenstandes Sachmängelansprüche aufgrund des Kaufvertrages geltend machen.
   d) Ersetzte Teile werden Eigentum des Verkäufers.
6. Soweit der Käufer ein Verbraucher im Sinne von § 13 BGB ist, gelten für Sach- und Rechtsmängel an Waren mit digitalen Elementen für die digitalen Elemente nicht die Bestimmungen dieses Abschnittes, sondern die gesetzlichen Regelungen.

VIII. Haftung für sonstige Ansprüche

1. Für sonstige Ansprüche des Käufers, die nicht in Abschnitt VII. „Haftung für Sachmängel und Rechtsmängel“ geregelt sind, gelten die gesetzlichen Verjährungsfristen.
2. Die Haftung wegen Lieferverzuges ist in Abschnitt IV. „Lieferung und Lieferverzug“ abschließend geregelt. Für sonstige Schadensersatzansprüche gegen den Verkäufer gelten die Regelungen in Abschnitt VII. „Haftung für Sachmängel“, Ziffer 3 und 4 entsprechend.
3. Wenn der Käufer ein Verbraucher im Sinne von § 13 BGB ist, und Vertragsgegenstand auch die Bereitstellung digitaler Inhalte oder digitaler Dienstleistungen ist, wobei das Neufahrzeug seine Funktion auch ohne diese digitalen Produkte erfüllen kann, gelten für diese digitalen Inhalte oder digitalen Dienstleistungen die gesetzlichen Vorschriften der §§ 327 ff. BGB.

[...]

Quelle: Verband der Internationalen Kraftfahrzeughersteller e. V. (VDIK): Neuwagen-Verkaufsbedingungen (Kraftfahrzeuge und Anhänger). In: https://www.vdik.de/wp-content/uploads/2021/12/Neuwagen-Verkaufsbedingungen.pdf, S. 1 ff. [15.11.2024].

Muster für einen Aktivierungsantrag „Connected Dienste“

Autohaus Köppel GmbH
Diedenhofener Str. 6
54294 Trier

Aktivierungsantrag Connected Dienste

Fahrgestellnummer (VIN): WMWLN210501B15223

Über die Connected-Basisdienste „TeleServices“ und „Intelligenter Notruf“ verfügt das Fahrzeug mit der o. g. Fahrgestellnummer. Ich habe zur Kenntnis genommen, dass die o. g. Dienste aktiviert sind und kann jederzeit eine Deaktivierung beantragen.

Bei Bedarf werden über TeleServices technische Daten des Fahrzeugs an den Hersteller übertragen. Im Falle eines Servicebedarfs werden diese an den zuständigen Händler übertragen.

Die beiliegenden AGB und datenschutzretchlichen Hinweise sowie das Informationsschreiben zu den Connected-Diensten habe ich gelesen und zur Kenntnis genommen.

________________ Vor- und Nachname	________________ Anschrift
________________ E-Mail-Adresse	________________ Personalausweisnummer
________________ Ort, Datum	________________ Unterschrift

DAS ORIGINALDOKUMENT WIRD IM AUTOHAUS ARCHIVIERT!

Beispiel für eine Musterbestellung

Autohaus Köppel GmbH
Diedenhofener Str. 6
54294 Trier

BESTELLUNG NR. 271164

Frau
Alexandra Grau
Tulpenweg 22
54317 Osburg

Verkaufsberater: Herr Giglione
Telefonnummer: 0651 7155-67
E-Mail: giglione@authauskoeppel.de

Kunden-Nr.: 109268/93587
Angebot vom 16.06.20.., Bestelldatum: 30.06.20..
Angebots-Nr. 271164

Der Käufer/Die Käuferin bestellt bei der o. g. Firma (Verkäufer) das nachfolgend aufgeführte Neufahrzeug. Es gelten die AGB für Neufahrzeuge (Stand 8/2024).

Fahrzeugart: Neuwagen
DMS-Lagernummer: UG14301273

Hersteller Cars Best Ltd.	**Fahrzeugtyp** Maximo-Limousine	**Fahrgestellnummer** WMWLN210501B15223	**Kennzeichen**
Kfz-Brief-Nr.	**Erstzulassung**	**Anzahl Vorbesitzer (lt. Kfz-Brief)** 0	**Nächste HU** 20..
Unfallfrei ja	**Leistung** 145 PS	**Farbe** Melting Silver	**Hubraum** 1 499 ccm
km-Stand 0 km	**km-Stand bei Übergabe** 0 km		

Fahrzeug:
LN31 Maximo — 0C2K Melting Silver
BGE1 Stoff Firework Carbon Black/Carbon Black

Serienausstattung:
01CB Steuerung Efficient Dynamics
02VB Reifendruckanzeige
0428 Warndreieck und Verbandkasten
0470 Kindersitzbefestigung ISOFIX (Beifahrersitz)
05AA Nebelschlussleuchte
06AC Intelligenter Notruf
06AE TeleServices

Sonderausstattung:
0249 Multifunktionslenkrad
0420 Sonnenschutzverglasung
0507 Park Distance Control (PDC) hinten
0544 Geschwindigkeitsregelung + Bremsfunktion
04BD Innenoberfläche Piano Black
0494 Sitzheizung für Fahrer und Beifahrer
0521 Regensensor, automatische Fahrlichtsteuerung
0550 Bordcomputer
...

Fahrzeugpreis:	29 794,98 €	**Zusatzleistung Auslieferung (Preis inkl. MwSt.):**	675,00 €
Nachlass	1 500,00 €		
Preis ohne MwSt.:	23 777,29 €		
Fahrzeuggesamtpreis:	28 294,98 €	Gesamtpreis ohne MwSt.:	24 344,52 €
		Gesamtpreis inkl. MwSt.:	**28 969,98 €**

- Fortsetzung auf Seite 2 -

Autohaus Köppel GmbH
Diedenhofener Str. 6
54294 Trier

Bestellung Nr. 271164 – Seite 2

Unverbindlicher Übergabetermin: 16.07.20..

Der Kaufvertrag ist abgeschlossen, wenn der Verkäufer die Bestellung innerhalb einer bestimmten Frist annimmt oder das Fahrzeug ausgeliefert wird.

Mündliche Nebenabreden bestehen keine.

Der Leasinggeber tritt anstelle der Kundschaft in den bestehenden Kaufvertrag ein, wenn ein Leasingvertrag zwischen der Kundschaft und dem Leasinggeber abgeschlossen wurde. An die Stelle des Kaufvertrags tritt in diesem Fall der Leasingvertrag.

Zahlungsweise und besondere Vereinbarungen:
- Das Fahrzeug wird von der Kundschaft selbst zugelassen
- Das Fahrzeug wird über die Pax-Bank geleast.
- Das Fahrzeug VW Golf GTI Cabrio (Modell 2012) wird von der Autohaus Köppel GmbH für 16 000,00 € in Zahlung genommen.
- Die Auslieferungskosten für das Neufahrzeug Maximo werden von der Kundschaft vor der Abholung des Fahrzeugs an die Autohaus Köppel GmbH überwiesen.

____
Ort, Datum

____________________ Unterschrift Bevollmächtigte des Autohauses zur Bestellung	____________________ Unterschrift Käufer/-in zur Bestellung

Der Käufer/Die Käuferin bestätigt, dass er/sie eine Ausfertigung dieser Bestellung und ein Exemplar der AGB für Neufahrzeuge (Stand 8/2013) erhalten hat.

____________________ Ort, Datum	____________________ Unterschrift Käufer/-in

Vertragsbestätigung (Auftragsbestätigung)

Hat der Käufer bzw. die Käuferin alle notwendigen Unterlagen unterschrieben und liegen diese dem Autohaus vor, erstellt dieses eine Auftragsbestätigung und der Kaufvertrag ist rechtskräftig zustande gekommen.

Autohaus Köppel GmbH
Diedenhofener Str. 6
54294 Trier

Frau
Alexandra Grau
Tulpenweg 22
54317 Osburg

Vertragsbestätigung
9473089

Sehr geehrte Frau Grau,

vielen Dank für das uns entgegengebrachte Vertrauen.

Gerne bestätigen wir Ihnen den Leasingantrag Nr. 27909-89-9473089. Gemäß den im Leasingvertrag genannten Voraussetzungen und Bedingungen wird Ihnen das Fahrzeug voraussichtlich am 16.07.20.. übergeben.

Wir wünschen Ihnen viel Freude beim Fahren!

Ihre Pax Bank – Vertragspartner der Autohaus Köppel GmbH

Hiermit bestätige ich den Erhalt dieses Schreibens.

Ort, Datum　　　　Unterschrift Leasingnehmer/-in

Hinweis für Händler/Verkäufer: Die Vertragsbestätigung muss an den/die Leasingnehmer/-in übergeben werden. Außerdem ist dieses Schreiben im Original zusammen mit den Antragsunterlagen umgehend bei uns einzureichen (Pax-Bank eG).

Bestätigung für den Hersteller/die Bank

Das Autohaus muss nun alle Vertragsunterlagen an den Hersteller senden, damit dieser über den Verkauf des entsprechenden Fahrzeugs informiert ist.

Wird das Fahrzeug finanziert oder geleast, muss außerdem die entsprechende Bank informiert bzw. der Leasing- oder Finanzierungsvertrag sowie die Finanzierungs- bzw. Leasing-Vertragsbestätigung mit Unterschriften an diese weitergeleitet werden.

Fahrzeugrechnung

Für die Kundschaft wird eine Rechnung erstellt, die nochmals alle Angaben zum Fahrzeug enthält.

3.1.3 Auslieferung der Fahrzeuge

Abholung im Autohaus

Die Auslieferung des Fahrzeugs steht vor der Tür und der erste Eindruck der Kundschaft zählt.

Damit das Fahrzeug bei der Übergabe in einem einwandfreien Zustand ist, muss es direkt nach der Anlieferung beim Händler technisch und optisch geprüft werden.

Durch den Transport kann es häufig zu leichten Verschmutzungen des Fahrzeugs kommen, die bis zur Übergabe zu beseitigen sind (Auto innen und außen gründlich reinigen).

Soll das Fahrzeug vom Händler auf den Kunden oder die Kundin zugelassen werden, ist dies zu veranlassen. Alle notwendigen Unterlagen hat das Verkaufspersonal bereits im Vorfeld von der Kundschaft erhalten, um so „Pannen“ bei der Anmeldung zu vermeiden.

Lassen Kundinnen oder Kunden das Fahrzeug selbst zu, muss das Personal sicherstellen, dass während der Fahrzeugübergabe die Nummernschilder am Fahrzeug fachgerecht montiert werden. Dies kann es selbst tun oder ein Mitglied des Werkstatt-Teams mit dieser Tätigkeit beauftragen.

Mit Übergabe der Fahrzeugpapiere (Fahrzeugschein und ggf. Fahrzeugbrief) erhalten Käufer und Käuferinnen außerdem die Rechnung für den Wagen (falls vorher noch nicht geschehen) und die Fahrzeugschlüssel.

Gemeinsam sollte das neue Fahrzeug dann „besichtigt“ und wichtige technische Merkmale sowie Bedienungselemente nochmals vom Verkaufspersonal erläutert werden. Auch das Aushändigen des Serviceheftes und der Bedienungsanleitung erfolgt jetzt.

Haben die Käuferinnen und Käufer sich einen Überblick über das neue Fahrzeug verschafft und möchten mit diesem losfahren, ist es wichtig, das Übergabegespräch positiv zu beenden, beispielsweise mit den Worten: „Gute Fahrt, viel Freude beim Fahren, wir sind jederzeit für Sie da.“

Abholung des Fahrzeugs beim Hersteller

Wird das Fahrzeug von der Kundschaft beim Hersteller abgeholt, muss das Autohaus seiner Kundschaft den genauen Abholtermin mitteilen.

Für die Anfahrt zum Werk, evtl. Unterbringungskosten usw. müssen die Kundinnen und Kunden selbst aufkommen. Das Autohaus erstattet dem ihnen in diesem Fall keinen Geldbetrag oder Sonstiges zurück.

3.2 Nachbetreuung der Kundschaft

EINSTIEGSSITUATION

Frau Köppel liest einen interessanten Auszug aus einem Buch von F. Christian Zach zum Thema „Clienting". Dabei handelt es um eine Möglichkeit, seine Kundschaft zu begeistern und Beziehungen auch nach dem Verkauf von Neu- und Gebrauchtfahrzeugen zu pflegen. Da dieses Thema auch für die Autohaus Köppel GmbH von größter Wichtigkeit ist, sollen die Auszubildenden eine Mindmap mit allen wichtigen Informationen anfertigen.

Nach dem Kaufabschluss legt Clienting erst richtig los

Traditionelles Marketing feierte den Verkauf als krönenden Erfolg. Hatte der Kunde gekauft, so wurde er viel zu häufig uninteressant. Der König hatte seine Schuldigkeit getan – auf jeden Fall so lange, bis Ersatzbedarf oder Zusatzbedarf, Wartung oder Reparatur bei ihm als neue Geschäfts-Chancen zu erwarten waren...

... Clienting setzt dagegen auch nach dem Verkauf voll ein:

- Jetzt heißt es, den Kunden zu bestärken. Und zwar auf der Sachebene ebenso wie auf der Beziehungsebene. Jeder Autokäufer hat nach der Bestellung die Angst in sich, dass ein anderes Auto oder ein anderes Autohaus für ihn günstiger oder zweckmäßiger hätte sein können.
- Jetzt braucht der Kunde doppelt nötig das Vertrauen, beim richtigen Autohaus, das richtige Auto, zur rechten Zeit und zum korrekten Preis gekauft zu haben.
- Jetzt heißt es, den Kunden zu unterstützen in der Nutzung und Verwendung des Autos in seinem Alltag.
- Jetzt heißt es, Tipps zu geben, den Kunden Geborgenheit und Sicherheit über Hilfsbereitschaft erleben zu lassen.
- Jetzt werden die emotionalen Fundamente für Kundentreue, für die Begeisterung des Kunden gelegt.

Quelle: Zach, F. Christian: Fang den Kunden, Ottobrunn: AUTOHAUS Verlag 1997 S. 44.

3.2.1 After-Sales-Management

Unter dem Begriff „After-Sales-Management“ versteht man alle Maßnahmen, die im Anschluss an einen Verkauf durch das Verkaufspersonal durchgeführt werden. Die Kaufentscheidung der Kundschaft soll durch gezielte Aktivitäten Bestätigung finden.

Ziele des After-Sales-Managements

- langfristige Kundenbindung (an das Unternehmen, das gekaufte Produkt, die angebotene Dienstleistung usw.)
- Aufbau einer positiven Kundenbeziehung zwischen dem Unternehmen und seiner Kundschaft (Kundenbeziehungsmanagement = Customer-Relationship-Management)
- Die Kundschaft soll zu Zusatzkäufen angeregt werden.
- Steigerung der Kundenzufriedenheit
- Imagesteigerung des Unternehmens
- Umsatzsteigerung durch weitere Neukundengewinnung (Mundpropaganda), Zusatzverkäufe usw.
- Gezieltes Sammeln von Daten (Wünsche, Vorstellungen und Bedürfnisse der Kundschaft, aktuelle Markttrends usw.), die später für die weitere Planung des Unternehmens in Bezug auf den Vertrieb, die Präsentation, das Einführen neuer Produkte bzw. Angebote, das Entwickeln neuer Verkaufskonzepte, die Verbesserung der internen Abläufe usw. Berücksichtigung finden.

Nach dem Kauf ist vor dem Kauf.

Maßnahmen des After-Sales-Managements

Um weiterhin nahe beider Kundschaft zu sein und das Unternehmen bei dieser positiv im Gedächtnis zu verankern, bieten sich verschiedene Maßnahmen an.

After-Sales-Maßnahmen	
Maßnahme	Erläuterung
Dankesschreiben	Das Unternehmen bedankt sich für das entgegengebrachte Vertrauen und weist darauf hin, dass das Verkaufspersonal auch nach dem Verkauf jederzeit für Fragen zur Verfügung steht.
Zusätzliche Fahrzeuginformationen	In einer vom Unternehmen selbst erstellten Übersicht erhalten die Kundinnen und Kunden wichtige Informationen zum Nachlesen auf einen Blick.
Onlinebefragung	Es wird eine Onlinebefragung zur Kundenzufriedenheit unmittelbar nach Auslieferung des Fahrzeugs durchgeführt. Diese kann verschiedene Themenbereiche umfassen, wie z. B. Fragen zur Verkaufsabwicklung und Kundenberatung.
	Meistens werden die Onlinebefragungen durch spezielle Unternehmen durchgeführt. Kommentare aus den Befragungen können mit Einwilligung der befragten Kunden und Kundinnen auch auf der Homepage des Unternehmens veröffentlicht werden. Durchführung einer Onlinebefragung z. B. ein Jahr nach dem Kauf. Inhalte können sein: „Wie zufrieden sind Sie mit Ihrem Produkt?“, „Gab es bisher Probleme?“ usw.
Feedbackbogen	Eine etwas veraltete Methode der Kundenbefragung ist das handschriftliche Ausfüllen eines Feedbackbogens. In diesem sind verschiedene Fragen zusammengestellt und die Kunden und Kundinnen beantworten sie durch Ankreuzen oder mittels Text direkt auf dem Papier. Im Unternehmen werden die ausgefüllten Bögen später ausgewertet. Durch die Digitalisierung ist diese Methode fast vollständig durch die Onlinebefragung ersetzt worden.
Informationen über Angebote	Per E-Mail oder auf dem Postweg kann die Kundschaft über neue Produkte und Angebote, aktuelle Themen (z. B. Winterreifencheck) usw. informiert werden.
Sonstige Schreiben	Während des laufenden Jahres hat das Unternehmen die Möglichkeit, weitere Schreiben an die Kundschaft zu versenden. Dies kann auf dem Postweg oder per E-Mail erfolgen: • Glückwunschschreiben anlässlich des Geburtstags • Informationsschreiben zu neuen rechtlichen Bestimmungen (falls sich Gesetze/Verordnungen ändern und dies die Kundschaft betreffen könnte)

After-Sales-Maßnahmen	
Maßnahme	Erläuterung
Telefongespräche	Beispielsweise telefonische Rücksprache, ob noch alles in Ordnung ist, um zum Geburtstag zu gratulieren usw.
Erinnerungsschreiben	Schreiben, die der Kundschaft als Erinnerung dienen sollen (z. B. „Ihre nächste HU steht an“)
Einladungsschreiben	Beispielsweise zum Tag der offenen Tür, zu neuen Produktpräsentationen, zu sonstigen Aktionen (z. B. „Winterwochen“, „Urlaubswochen mit kostenlosem Lichtcheck ...“)

Erhebung, Verarbeitung und Verwendung von personenbezogenen Daten nach gesetzlichen Vorschriften

Viele der o. g. Maßnahmen bedürfen der Zustimmung der Kundinnen und Kunden. Diese müssen also durch Unterschrift bestätigen, dass sie mit der Kontaktaufnahme einverstanden sind und damit, dass ihre Daten z. B. für Marktforschungs- oder sonstige Zwecke gespeichert und verarbeitet werden (Erhebung, Verarbeitung und Verwendung von personenbezogenen Daten).

Die Grundlage für die Erhebung, Verarbeitung und Verwendung personenbezogener Daten bildet die Datenschutz-Grundverordnung (DSGVO) der EU sowie das Bundesdatenschutzgesetz (BDSG), welches die nationalen Regelungen zur DSGVO konkretisiert. Zusätzlich müssen wettbewerbsrechtliche Aspekte beachtet werden, insbesondere das Gesetz gegen Wettbewerbsbeschränkungen (GWB), das auch die Digitalisierung der Märkte berücksichtigt. Ein Autohaus, das beispielsweise Kundenbewertungen auf seiner Homepage veröffentlicht, muss sicherstellen, dass diese Bewertungen tatsächlich von Kundinnen und Kunden stammen und nicht verfälscht oder manipuliert wurden. Verstöße gegen diese Vorschriften können sowohl datenschutzrechtliche als auch wettbewerbsrechtliche Konsequenzen nach sich ziehen.

Beispiel für eine Einwilligungserklärung

Autohaus Köppel GmbH
Diedenhofener Str. 6
54294 Trier

Einwilligungserklärung zur Kontaktaufnahme

Ich willige ein, dass die Autohaus Köppel GmbH oder ein von ihr beauftragtes Unternehmen mit mir Kontakt aufnimmt und ich Informationen zu neuen Produkten, aktuellen Aktionen oder weiteren Themen erhalte. Die Kontaktaufnahme ist per E-Mail, Telefon oder Fax möglich.

Mit ist bekannt, dass ich die Einwilligung jederzeit widerrufen kann.

Die Autohaus Köppel GmbH versichert, dass sie meine Daten nicht an unbefugte Dritte weitergibt.

Ort, Datum

Unterschrift des Kunden/der Kundin

3.2.2 Zubehör- und Serviceangebote

Das Service- und Zubehörgeschäft ist ein zunehmend bedeutender Renditeträger geworden. Nachdem sich große Teilevermarkter etabliert haben und Kettenbetriebe über das ganze Land verteilt Werkstattleistungen anbieten, müssen die Autohäuser bei sinkender Werkstattauslastung diesem Bereich besondere Aufmerksamkeit widmen. Dabei unterstützen auch die Autohersteller durch umfangreiches Automobilzubehör die Händler.

Für dieses Zubehör lassen sich zu verschiedenen Anlässen auch Nachrüstangebote für Neu- oder auch Gebrauchtwagenkundschaft erstellen. Besonders der Reifenmarkt ist für Autohändler attraktiv geworden. Zusammen mit besonderen Serviceleistungen, wie dem Räder-Einlagerungsservice, der Reinigung, der Montage und dem Wuchten ist ein Kundenkontakt mindestens zweimal im Jahr garantiert.

Eine weitere Möglichkeit, Neuwagenkunden an ein Autohaus zu binden, ist die **Garantieverlängerung**. Dies geschieht in der Regel durch Versicherungen, die die Kundschaft durch eine geringe Gebühr abschließen kann. Die Garantiebedingungen sehen vor, dass das Fahrzeug regelmäßig von einer Fachfirma gewartet werden muss. Damit ist eine weitere Kundenbindung für die nächsten Jahre gesichert.

Dem Einfallsreichtum des Händlers in Bezug auf Kundenkontakt sind keine Grenzen gesetzt. Es gibt viele Möglichkeiten, Neu- und Gebrauchtwagenkunden nach dem Kauf – auch viele Jahre danach – zu binden bzw. wiederzugewinnen.

Beispiele

Der günstige Eco-Service

Es ist eigentlich schon längst ein Neuwagen fällig, aber Sie hängen an Ihrem alten und er tut es doch noch prima.

Das verstehen wir nur zu gut. Aber Sie sollten ihn regelmäßig warten lassen. Deshalb gibt es bei uns den Eco-Service. Hier kümmern sich Fachleute um Ihren Liebling. Wir prüfen Motor, Kühlsystem, Elektrik, Bremsen, Öle, Lenkung, Kupplung, Reifen, Fahrwerk, Antriebsriemen und Dichtheiten. Und wir wechseln nur aus, was wirklich notwendig ist, und das mit Original-Ersatzteilen.

Das alles gibt es zum günstigen Festpreis (zzgl. Materialien) von nur

80,00 €*

* Eventuell anfallende Ersatzteile werden nach Abstimmung gesondert berechnet.

Für alle Aktionen nach dem Wagenverkauf benötigt der Autohändler eine aktuelle und mit vielen (auch persönlichen) Informationen bestückte **Kundenkartei**.

Dazu gehören z. B. Kaufmotive für den Wagenkauf, wie

- Beladefähigkeit,
- Wirtschaftlichkeit,
- Prestige,
- Umweltverträglichkeit,
- Verwendungsmöglichkeit,

oder persönliche Dinge, wie

- Alter,
- Hobbys,
- Familienstand,
- Beruf,

und damit verbundene Bedürfnisse.

Die meisten dieser Informationen können nur in persönlichen Gesprächen ermittelt werden. Dabei sind jedoch, was die Speicherung der Informationen angeht, Bestimmungen des **Datenschutzes** zu beachten. Danach muss sich die Kundschaft mit der Erfassung und Speicherung der Daten einverstanden erklären. Dies kann z. B. mit der Bestellung oder bei der Teilnahme an einer Umfrage geschehen. Dabei muss sich der Autohändler bereit erklären, die Daten nicht an Dritte weiterzugeben und den Zugang zu den Daten sorgfältig zu schützen.

3.3 Transportwege für Neufahrzeuge

EINSTIEGSSITUATION

Die Auszubildenden Nora und Finn unterhalten sich. „Auf welchen Wegen kommen die Fahrzeuge eigentlich zu uns? Weißt du das, Finn?“, fragt Nora. „Ich glaube, nur über die Straße“, antwortet dieser.

Erstellen Sie ein kleines Handout zu diesem Themenbereich.

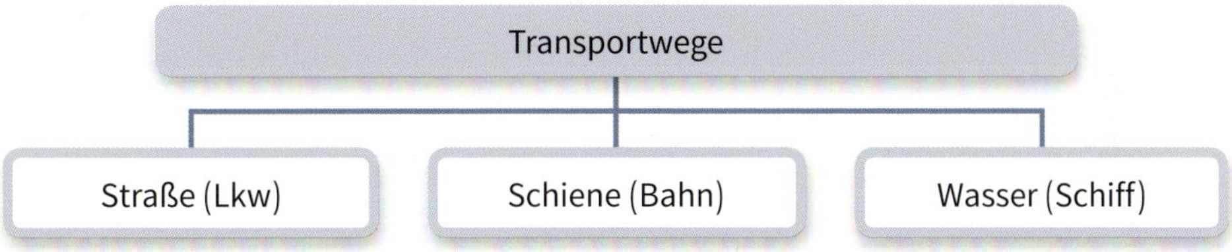

Der **Straßentransport** ist heute die übliche Transportart und erfolgt durch Spediteure per Lkw. Diese Transporteure sind in der Lage, jedes Fahrzeug vom Werk bis zur Kundschaft innerhalb Deutschlands in maximal 24 Stunden zu transportieren.

Je nach Auftraggeber unterscheidet man zwei grundsätzliche Abwicklungssysteme. Zum einen kann der Händler eine Spedition beauftragen, Fahrzeuge in einem Herstellerwerk abzuholen. Oder aber der Hersteller, der einen Generalvertrag mit einem Spediteur unterhält, beauftragt den Transporteur, die Händler zu beliefern.

Neben dem Transport auf der Straße werden auch Fahrzeuge per Bahn befördert. Die Bahn hat jedoch erhebliche Nachteile:

- Die Wegstrecke ist unbeweglicher und nicht alle Händler haben einen Gleisanschluss. Somit müssen die Fahrzeuge oft nochmals auf andere Beförderungsmittel umgeladen werden.
- Die Transportzeit ist erheblich länger als beim Lkw-Transport. Sie dauert in der Regel zwei bis fünf Tage.

Die Bahn hat aber aufgrund des großen Ladevolumens der speziellen Autotransportzüge die Möglichkeit, günstige Frachtraten anzubieten.

Für Fahrzeuge aus entfernten Ländern (z. B. Asien, Amerika) bietet sich der Transportweg **auf dem Wasser** an. Durch große Transportschiffe können die Transportkosten niedrig gehalten werden. Es gibt spezielle Autotransportschiffe, die bis zu 6 000 Autos laden können und auch innerhalb kurzer Zeit (in weniger als acht Stunden) die Fahrzeuge löschen können. Für diese Entladevorgänge sind die Häfen Bremerhaven und Antwerpen führend.

Zusammenfassung

- **Verkauf abschließen:** Alle Maßnahmen, die erforderlich sind, um den Verkauf abzuschließen, müssen dem Verkaufspersonal bekannt sein.
- **Unterlagen:** Angebot, verbindliche Bestellung, AGB für Neufahrzeuge, Aktivierungsantrag „Connected Dienste", Vertragsbestätigung (Auftragsbestätigung), Bestätigung für den Hersteller bzw. die Bank, Fahrzeugrechnung
- **Zu erledigende Arbeiten:** Inzahlungnahme von „Altfahrzeug" prüfen, Fahrzeuganmeldung prüfen, gewünschte Auslieferung des Fahrzeugs
- **Auslieferung der Fahrzeuge:** Abholung im Autohaus, Abholung im Werk
- **Nachbetreuung der Kundschaft:** Durch verschiedene Maßnahmen möglich, notwendig als Kundenbindungsinstrument und zur Verbesserung der Qualität/Servicequalität des Unternehmens
- **Datenschutz:** Muss grundsätzlich Anwendung finden, sobald personenbezogene Daten erhoben, erfasst und verarbeitet werden.
- **Transportwege für Fahrzeuge:** Straße, Schiene, Wasser

Aufgaben

1. Analysieren Sie die Vertragsunterlagen, die in Ihrem Unternehmen für den Verkauf von Neufahrzeugen genutzt werden. Berücksichtigen Sie Ihr neu erworbenes Wissen für die Zukunft.

2. Was versteht man unter dem Begriff „Inzahlungnahme" und warum kann diese für den Verkauf eines Neufahrzeugs entscheidend sein?

3. Prüfen Sie, welche Auslieferungsmöglichkeiten Ihr Unternehmen anbietet und wie Sie die Auslieferung für die Kundschaft in Ihrem Autohaus zu einem „Erlebnis" machen können. Besprechen Sie Ihre Überlegungen mit Ihren Vorgesetzten.

4. Setzen Sie sich mit den AGB für Neufahrzeuge auseinander und prüfen Sie, ob diese in Ihrem Unternehmen auf dem aktuellsten Stand sind.

5. Informieren Sie sich über evtl. angebotene Connected Dienste in Ihrem Unternehmen und nutzen Sie Ihr neu erworbenes Wissen für die Zukunft.

6. Überlegen Sie, wie die Nachbetreuung Ihrer Kunden und Kundinnen nach dem Verkauf des Neufahrzeugs stattfindet, und entwickeln Sie weitere Maßnahmen. Sprechen Sie diese mit Ihrer Verkaufsleitung durch.

4 Buchung des Neufahrzeuggeschäftes

AUSGANGSSITUATION

Die Autohaus Köppel GmbH handelt mit Neufahrzeugen des Herstellers Cars Best Ltd., 15010 Northeast, 32th Street, Redmont WA 98052, USA.
Die Produktpalette umfasst folgende Fahrzeuge:

- Maximo
- Phantasia
- Luxor
- Big Bag
- Spider
- Big Circle
- Big House

Für die Fahrzeuge sind verschiedene Ausstattungspakete verfügbar.

ARBEITSAUFTRÄGE

1. Erkundigen Sie sich in Ihrem Ausbildungsbetrieb über die angebotene Modellpalette.
2. Ordnen Sie die Modelle den verschiedenen Fahrzeugklassen zu.
3. Ermitteln Sie die Verkaufspreise.
4. **Präsentieren** Sie Ihre Ergebnisse in ansprechender Form in der Klasse. Verwenden Sie die Verkaufsprospekte Ihres Ausbildungsbetriebes und die Website des Herstellers.

Die Neufahrzeuge werden vom Hersteller/Importeur bezogen. Die Verkaufspreise für die Fahrzeuge sind vom Hersteller vorgegeben. Diese Verkaufspreise nennt man **„unverbindliche Preisempfehlung“ (UPE)**, unverbindlich in dem Sinne, dass der Händler von diesem Verkaufspreis abweichen kann.

Aus der Differenz zwischen dem Verkaufspreis (UPE) und dem Einkaufspreis ergibt sich die **Marge** für die einzelnen Fahrzeugmodelle.

Beispiel

Ein Neufahrzeug hat eine UPE von 23 800,00 € inklusive Umsatzsteuer. Wird der Umsatzsteueranteil errechnet, verbleibt ein Nettowarenwert von 20 000,00 €. Zieht man davon die Marge ab, z. B. 20 % ≙ 4 000,00 €, so hat der Händler für das Neufahrzeug 16 000,00 € netto beim Hersteller/Importeur zu zahlen. Der Händler kann maximal 4 000,00 € Rohgewinn beim Verkauf erzielen. Mit diesem Rohgewinn müssen noch alle weiteren Kosten des Autohauses, insbesondere die Verkäuferprovision, abgedeckt werden. Durch die verstärkte Nachlassgewährung im Kfz-Gewerbe – es sind schon Nachlässe von über 15 % vom Neupreis an Privatkunden und -kundinnen gewährt worden – ist das Neufahrzeuggeschäft für viele Händler lediglich kostendeckend.

Die Brutto-UPE ist der Verkaufspreis, der in den Prospekten für die Privatkundschaft genannt wird. Durch die folgende Formel wird die Netto-UPE ermittelt:

$$\textbf{Netto-UPE} = \frac{\textbf{Brutto-UPE} \cdot \textbf{100}}{\textbf{119*}}$$

* Nur wenn die Umsatzsteuer 19 % beträgt. 119 ist kein feststehender Satz!

Rechnerische Lösung mithilfe des Dreisatzes für das Modell Maximo-Limousine, 3-türig

- Bedingungssatz: 119 % entsprechen 29 000,00 €
- Fragesatz: 100 % entsprechen x €
- Bruchsatz: $x = \frac{29\,000{,}00\ € \cdot 100}{119} = 24\,369{,}75\ €$

Um den Einkaufspreis der einzelnen Modelle für das Autohaus Köppel zu ermitteln, wird von der Netto-UPE die **Händlermarge** abgezogen. Durch die folgende Formel wird der Einkaufspreis ermittelt:

Einkaufspreis = Netto-UPE – Händlerrabatt

Rechnerische Lösung mithilfe des Dreisatzes für das Modell Maximo-Limousine, 3-türig

- Bedingungssatz: 100 % entsprechen 24 369,75 €
- Fragesatz: 12 % entsprechen x €
- Bruchsatz: $x = \frac{24\,369{,}75\ € \cdot 12}{100} = 2\,924{,}37\ €$ Händlerrabatt

Einkaufspreis = 24 369,75 € – 2 924,37 € = 21 445,38 €

Der gewährte Händlerrabatt, in anderen Gewerben auch **Handelsspanne** genannt, ist abhängig von den jeweiligen Modellen. In der Regel ist der Händlerrabatt umso höher, je höher die UPE der Fahrzeuge ist.

4.1 Einkauf von Neufahrzeugen

EINSTIEGSSITUATION

Herr Köppel bestellt zwei Maximo-Limousinen, 3-türig und einen Maximo-Kombi, Benziner. Der entsprechende Rechnungsbetrag wird vom Bankkonto abgebucht. Sie sollen die Rechnung prüfen.

Michaelis Import GmbH

Michaelis Importgesellschaft mbH · Dr. Gottfried-Cremer Allee 77 b · 50226 Frechen

Autohaus Köppel GmbH
Diedenhofener Str. 6
54294 Trier

Geschäftsräume: **Dr. Gottfried-Cremer Allee 77 b, 50226 Frechen**
Bankverbindung: Pax Bank eG, IBAN: DE03 3706 0193 1505 0515 01, BIC: GENODE1PAX

RECHNUNG-Nr.: 1496/998

Ihre Bestellung vom		Unser Zeichen	Kunden-Nr.	Lieferdatum	Rechnungsdatum
223	27.08.20..	ir-33	88443	28.08.20..	28.08.20..

Pos.	Fahrgestellnummer	Typ	Menge in Stück	Gesamtpreis €
1	MM681234 MM681235	Maximo-Limousine, 3-türig	2	42 890,75
2	MM681236	Maximo-Kombi, Benziner	1	26 465,55
3		Überführungskosten	3	1 050,00

Warenwert	Verpackung	Fracht	Nettoentgelt	USt %	USt €	**Bruttoentgelt**
69 356,30	–	1 050,00	70 406,30	19	13 377,20	83 783,50

USt-IdNr.: DE129283981
Steuernummer: 96256/04932

① **Buchungssatz des Fahrzeugeinkaufs:**

3000	Bestand Neuwagen (Maximo-Limousine, 3-türig)	42 890,75 €			
3000	Bestand Neuwagen (Maximo-Kombi, Benziner)	26 465,55 €			
3030	Bestand Überführung	1 050,00 €			
1570	Vorsteuer	13 377,20 €			
			an 1200	Bank	83 783,50 €

In der Praxis übernimmt häufig eine Herstellerbank die Einkaufsfinanzierung. Die Hersteller/Importeure haben ein Interesse daran, dass Neufahrzeuge in ausreichender Menge vom Händler vorgehalten werden. Sie unterstützen mit besonderen Zinskonditionen und zinsfreien Zeiten die Einkaufsfinanzierung.

Der **Einkauf von Neufahrzeugen** wird auf den aktiven Bestandskonten in der Kontenkasse 3 gebucht. Der Abschluss dieser Konten erfolgt über das Schlussbilanzkonto.

Wenn das Autohaus Köppel Neufahrzeuge verkaufen will, so muss es diese vom Importeur Michaelis Importgesellschaft mbH beziehen. Das Autohaus Köppel kann auch Neufahrzeuge von einem autorisierten Markenhändler der gleichen Marke abnehmen.

Bei der Überführung der Fahrzeuge vom Hersteller/Importeur zum Händler entstehen Kosten. Diese Überführungskosten werden entweder auf einem gesonderten Konto „3030 Bestand Überführung" oder aber direkt beim Einkauf auf dem Konto „3000 Bestand Neuwagen" gebucht.

4.2 Verkauf von Neufahrzeugen

EINSTIEGSSITUATION

Der Verkäufer Max Tursch verkauft Herrn Jörn Kolz ein Neufahrzeug vom Typ Maximo-Limousine mit 2 % Nachlass auf die UPE, also für 28 420,00 €. Der Einkaufspreis betrug laut Einkaufsliste 21 445,38 €. Herr Kolz erhält eine Rechnung. Nach vier Tagen überweist er den Rechnungsbetrag.

Autohaus Köppel GmbH
Diedenhofener Str. 6
54294 Trier

Autohaus Köppel GmbH, Diedenhofener Str. 6, 54294 Trier

Herrn
Jörn Kolz
Trierer Str. 1
54295 Trier

Telefon: 0651 7155-0
Telefax: 0651 7155-23
E-Mail: info@autohaus-koeppel.de
Bank: Sparkasse Trier
IBAN: DE01 5855 0130 3011 2222 15
BIC: TRISDE55XXX

KOPIE

Rechnung

Ihr Auftrag vom 30.08.20..

Kunden-Nr.	Rechnungs-Nr.	Rechnungstag
8673	18225	30.08.20..
Bei Zahlung bitte angeben		

Pos.	Fahrgestellnummer	Typ	Gesamtpreis €
1	MM681234	Maximo-Limousine, 3-türig	23 882,35

Warenwert netto	Verpackung	Fracht	Entgelt	USt %	USt €	**Gesamtbetrag**
23 882,35	–	450,00	24 332,35	19	4 623,15	28 955,50 €

USt-IdNr.: DE000111339
Steuernummer: 76144/21966

① Buchung des Neufahrzeugeinkaufs:

Soll	3000 Bestand Neuwagen		Haben
① Bank (Eink. Maximo Lim.)	42 890,75	VAK Neuwagen	21 445,38 ③
① Bank (Eink. Maximo Ko.)	26 465,55		

Soll	1200 Bank		Haben
④ AB	50 000,00	NW, Überf., VSt.	83 783,50 ①
	28 955,50		

Soll	3030 Bestand Überführung		Haben
① Bank	1 050,00	VAK Überführung	350,00 ③

Soll	1570 Vorsteuer		Haben
① Bank	13 377,20		

② Buchung des Neuwagenverkaufs:

1400	Forderungen (Kunde Kolz)	28 955,50 €			
			an 8000	Erlöse Verkauf Neuwagen	23 882,35 €
			an 8030	Erlöse Überführung	450,00 €
			an 1770	Umsatzsteuer	4 623,15 €

Soll	1400 Forderungen (Kunde Kolz)		Haben
② Erlöse/USt.	28 955,50	Bank	28 955,50 ④

Soll	8000 Erlöse Verkauf Neuwagen		Haben
⑤ GuV	23 882,35	Ford. (Kolz)	23 882,35 ②

Soll	8030 Erlöse Überführung		Haben
⑤ GuV	450,00	Ford. (Kolz)	450,00 ②

Soll	1770 Umsatzsteuer		Haben
		Ford. (Kolz)	4 623,15 ②

③ VAK-Buchungen:

7000	VAK Verkauf Neuwagen	21 445,38 €			
			an 3000	Bestand Neuwagen	21 445,38 €
7030	VAK Überführung	350,00 €			
			an 3030	Bestand Überführung	350,00 €

Soll	7000 VAK Verkauf Neuwagen		Haben
(3) Bestand Neuwagen	21 445,38	GuV	21 445,38 (5)

Soll	7030 VAK Überführung		Haben
(3) Bestand Überführung	350,00	GuV	350,00 (5)

(4) **Buchung beim Zahlungseingang:**

1200	Bank	28 955,50 €				
			an	1400	Forderungen (Kolz)	28 955,50 €

(5) **Abschlussbuchungen über GuV:**

GuV		21 445,38 €				
			an	7000	VAK Verkauf Neuwagen	21 445,38 €
GuV		350,00 €				
			an	7030	VAK Überführung	350,00 €
8000	Erlöse Verkauf Neuwagen	23 882,35 €				
			an	GuV		23 882,35 €
8030	Erlöse Überführung	450,00 €				
			an	GuV		450,00 €

Soll	GuV		Haben
(5) VAK Verkauf Neuwagen	21 445,38	Erlöse Verkauf Neuwagen	23 882,35 (5)
(5) VAK Überführungen	350,00	Erlöse Überführung	450,00 (5)
Rohgewinn (Bruttoertrag)	2 536,97		
	24 332,35		24 332,35

Der **Verkauf von Neufahrzeugen** sowie die Erlöse aus den in Rechnung gestellten Überführungskosten werden über die betrieblichen Erlöskonten in der Kontenklasse 8 gebucht. Der Abschluss dieser Konten erfolgt über das GuV-Konto.

Problematik beim Gewähren von Preisnachlässen im Neufahrzeughandel

Im obigen Beispiel wurde ein Nachlass von 2 % gewährt. Dies führte zu einem Bruttoertrag (Rohgewinn) aus dem Neuwagenverkauf von 2 436,97 €. Im Kraftfahrzeuggewerbe sind durchaus höhere Nachlässe auf die UPE üblich, die zu einem geringeren Bruttoertrag (Rohgewinn) führen.

Beispiel: Maximo-Limousine

UPE brutto	UPE netto	Nachlass auf die UPE	Nachlass in Euro	Verkaufspreis netto	Einkaufspreis netto	Bruttoertrag
29 000,00	24 369,75	2 %	580,00	23 882,35	21 445,38	2 436,97
29 000,00	24 369,75	5 %	1 450,00	23 151,26	21 445,38	1 705,88
29 000,00	24 369,75	8 %	2 320,00	22 420,17	21 445,38	974,79
29 000,00	24 369,75	11 %	3 190,00	21 689,08	21 445,38	243,70
29 000,00	24 369,75	14 %	4 060,00	20 957,98	21 445,38	–487,40

Die Tabelle zeigt, wie sich das Nachlassverhalten auf die Bruttoerträge auswirkt. Mit dem Bruttoertrag müssen alle weiteren Kosten des Autohauses abgedeckt werden. Bei einem Preisnachlass von 14 % auf die UPE wird in unserem Beispiel schon ein negativer Bruttoertrag erwirtschaftet, d. h., bei dieser Nachlassgewährung wird ein Verlust realisiert; ob bei einem Nachlass von 8 % oder 11 % ein Gewinn realisiert wird, ist fraglich und hängt von der Höhe der übrigen Kosten ab.

4.3 Zulassung eines Neufahrzeugs durch das Autohaus

EINSTIEGSSITUATION

Aufgrund von langen Wartezeiten bei den Zulassungsstellen bieten Autohäuser ihren Neufahrzeugkunden oftmals einen Zulassungsservice an. Durch die Inanspruchnahme erspart sich der Kunde den Aufwand, um die Zulassungsstelle persönlich aufzusuchen.

Führt der Autohändler die Zulassung eines Neufahrzeuges für den Kunden bzw. die Kundin durch, zahlt er die Zulassungsgebühren namens und im Auftrag seiner Kundschaft, da diese der Zulassungsstelle die Gebühren schuldet. Bei der Weiterberechnung an den Kunden bzw. die Kundin handelt es sich für den Autohändler um einen durchlaufenden Posten, für den keine Umsatzsteuer anfällt.

Stellt der Autohändler **zusätzlich** für den Kauf der Nummernschilder und ggf. für seinen Aufwand eine Rechnung, auch Zulassungspauschale genannt, handelt es sich **dabei** um eine umsatzsteuerpflichtige Leistung.

Beispiel

Herr Kolz kann es zeitlich nicht einrichten, sein Neufahrzeug selbst zuzulassen. Er übergibt dem Autohaus Köppel alle für die Zulassung notwendigen Unterlagen und gibt die Zulassung in Auftrag.

Die Autohaus Köppel GmbH beauftragt den Zulassungsdienst „Gottfried Meyer Zulassungen“ mit der Zulassung des Neufahrzeugs Maximo-Limousine, 3- türig, von Herrn Kolz.

Nach erfolgter Zulassung legt der Zulassungsdienst folgende Barrechnung vor:

Zulassungspauschale inkl. Schilder	80,00 €
19 % USt.	15,20 €
Zulassungsgebühren Straßenverkehrsamt	46,70 €
Summe	141,90 €

Buchungssatz: Einkauf der Zulassungspauschale

3200	Bestand Zulassungspauschale	80,00 €		
1570	Vorsteuer	15,20 €		
1591	Durchlaufende Posten Straßenverkehrsamt (Zulassungen)	46,70 €		
			an 1000 Kasse	141,90 €

Das Neufahrzeug steht nun zugelassen zur Übergabe bereit. Zum vereinbarten Termin erscheint Herr Kolz und erhält die Rechnung für die Zulassung.

Rechnungspositionen Zulassung Neufahrzeug

Zulassungspauschale inkl. Schilder	100,00 €
19 % USt.	19,00 €
Zulassungsgebühren Straßenverkehrsamt	46,70 €
Summe	165,70 €

Buchungssatz: Kundenrechnung Zulassung

1400	Forderungen (Kolz)	165,70 €			
			an 8200	Erlöse Zulassungspauschale	100,00 €
			1770	Umsatzsteuer	19,00 €
			1591	Durchlaufende Posten Straßenverkehrsamt (Zulassungen)	46,70 €

VAK – Buchung

7200	VAK Zulassungspauschale	80,00 €			
			an 3200	Bestand Zulassungspauschale	80,00 €

4.4 Boni und Verkaufshilfen

EINSTIEGSSITUATION

Das Autohaus Köppel hat sein Quartalsziel von 75 Zulassungen im ersten Quartal des laufenden Jahres erreicht. Für diese Zielerreichung erhält das Autohaus Köppel einen Bonus (Volumen- oder Zielerreichungsbonus) von 2 % der UPE auf die im ersten Quartal bezogenen Neufahrzeuge. Im ersten Quartal hat das Autohaus Köppel folgende Neufahrzeuge vom Hersteller/Importeur bezogen.

Modell	Gesamt-UPE in Euro (brutto)
15 Maximo-Limousinen, 5-türig	480 000,00
25 Maximo-Kombis „Sports Tourer“, Diesel	975 000,00
11 Luxor-Limousinen	374 000,00
31 Big Bag Plus-SUV, Diesel	1 705 000,00
Summe	3 534 000,00

Bonus: 2 % von 3 534 000,00 € = 70 680,00 €.

Diesen Betrag bekommt das Autohaus Köppel vom Hersteller/Importeur auf das Bankkonto überwiesen.

Buchung der Gutschrift:

1200	Bank	70 680,00 €				
			an	7800	Boni	59 394,96 €
				1570	Vorsteuer	11 285,04 €

Boni für Neufahrzeuge

Die Hersteller/Importeure unterstützen den Händler beim Verkauf von Neufahrzeugen durch die Gewährung von Boni und Verkaufshilfen. Die Buchung erfolgt auf den verrechneten Anschaffungskosten in der Kontenklasse 7. Der Abschluss dieser Konten erfolgt über das GuV Konto.

Ein Bonus ist ein nachträglich gewährter Rabatt für eine erbrachte Leistung in einem bestimmten Zeitraum. Dieser mindert nachträglich den Einkaufspreis der bezogenen Neufahrzeuge. Aus diesem Grund ist eine Vorsteuerkorrektur erforderlich. Der verminderte Einstandswert der Fahrzeuge wird durch die VAK-mindernde Buchung in der Kontenklasse 7 im GuV-Konto berücksichtigt.

Verkaufshilfen für Neufahrzeuge

Ein Beispiel für eine vom Hersteller/Importeur gewährte Verkaufshilfe ist die Lagerabverkaufshilfe. Wenn z. B. Neufahrzeuge sehr lange auf dem Händlerlager stehen oder schwer verkäuflich sind, kann der Hersteller/Importeur eine Verkaufshilfe für diese Fahrzeuge gewähren, um diese zeitnah zu veräußern.

Beispiel

Der Importeur Michaelis Importgesellschaft mbH gewährt dem Autohaus Köppel eine Lagerabverkaufshilfe bei Zulassung in Höhe von 2500,00 € netto (2975,00 € brutto) für ein Spiders-Cabrio, das bereits lange auf dem Händlerlager steht. Das Autohaus Köppel nutzt diese Verkaufshilfe zur Senkung des Verkaufspreises und kann das Fahrzeug nun verkaufen. Dem Hersteller werden der Verkauf und die Zulassung nachgewiesen und es erfolgt die Gutschrift der Verkaufshilfe. Der Betrag wird auf das Bankkonto überwiesen.

Buchung der Gutschrift:

1200	Bank	2975,00 €				
			an	7850	Verkaufshilfen	2500,00 €
				1570	Vorsteuer	475,00 €

Die Verkaufshilfe mindert nachträglich den Einkaufspreis des bezogenen Neufahrzeugs. Aus diesem Grund ist eine Vorsteuerkorrektur erforderlich. Der verminderte Einstandswert des Fahrzeugs wird durch eine VAK-mindernde Buchung in der Kontenklasse 7 im GuV-Konto berücksichtigt.

Rabatte für Neufahrzeuge

Ein Beispiel für einen vom Hersteller/Importeur gewährten Rabatt ist der Großkundenrabatt. Wenn z. B. ein Unternehmen seinen kompletten Fuhrpark mit Fahrzeugen einer Marke bestückt, kann der Hersteller/Importeur einen Rabatt gewähren, um dieses Unternehmen als Großkunden an die Marke zu binden. In der Regel wird dieser Rabatt vom Autohaus an den Kunden durch verminderte Verkaufspreise weitergegeben.

Der Hersteller/Importeur gewährt dem Autohaus Köppel zusätzlich einen Großkundenrabatt (entspricht einer Verkaufshilfe) in Höhe von 5 % der UPE für Verkäufe an ein großes Industrieunternehmen. Dieses Unternehmen kauft für seinen Vertriebsaußendienst zehn Phantasia-Kombis, „Sports Tourer“, Diesel. Dem Hersteller werden der Verkauf und die Zulassung nachgewiesen und es erfolgt die Gutschrift des Rabattes. Der Betrag wird auf das Bankkonto überwiesen.

Beispiel

Modell	Gesamt-UPE
10 Phantasia-Kombis, „Sports Tourer“, Diesel	269 000,00 €

Großkundenrabatt: 5 % von 269 000,00 € = 13 450,00 €

Buchung der Gutschrift:

1200	Bank	13 450,00 €				
			an	7850	Verkaufshilfe	11 302,52 €
				1570	Vorsteuer	2 147,48 €

Der Rabatt mindert nachträglich den Einkaufspreis der bezogenen Neufahrzeuge. Aus diesem Grund ist eine Vorsteuerkorrektur erforderlich. Der verminderte Einstandswert der Fahrzeuge wird durch die VAK-mindernde Buchung in der Kontenklasse 7 im GuV-Konto berücksichtigt.

Zusammenfassung

- Neufahrzeuge werden in der Regel vom Hersteller/Importeur bezogen.
- Neufahrzeuge haben eine UPE.
- Die Händler bekommen einen Händlerrabatt (Marge) auf die UPE.
- Der Einkauf wird in der Kontenklasse 3 gebucht.
- Der Verkauf wird in der Kontenklasse 8 gebucht.
- Es erfolgt eine Entnahmebuchung in der Kontenklasse 3 mittels der VAK-Buchung in der Kontenklasse 7.
- Boni, Verkaufshilfen und Rabatte vermindern den Einstandswert der Fahrzeuge. Eine Vorsteuerkorrektur ist erforderlich.

Aufgaben

1. Maßgeblich sind die in der Sortimentpreisliste (siehe S. 11 f.) angegebenen Werte. Für die Überführung berechnet der Hersteller/Importeur der Autohaus Köppel GmbH 350,00 € netto pro Fahrzeug. Das Autohaus Köppel GmbH berechnet seiner Kundschaft 450,00 € netto pro Fahrzeug für die Überführung.
   Bilden Sie alle notwendigen Buchungssätze.
   a) Die Autohaus Köppel GmbH bestellt beim Hersteller/Importeur drei Fahrzeuge des Modells Phantasia-Limousine, 5-türig und ein Fahrzeug des Modells Phantasia-Kombi „Sports Tourer“, Diesel. Weiterhin kauft die Autohaus Köppel GmbH einen Big Bag Plus-SUV, 5-türig, Diesel. Der Rechnungsbetrag wird wie üblich vom Bankkonto abgebucht.
   b) Die Autohaus Köppel GmbH verkauft ein Fahrzeug Modell Phantasia-Limousine, 5-türig an die Kundin Schröder mit 3 % Nachlass auf die UPE. Die Kundin zahlt per Scheck.
   c) Zwei Tage später verkauft die Autohaus Köppel GmbH ein weiteres Fahrzeug vom Modell Phantasia-Limousine, 5-türig an den Kunden Meyer ohne Nachlass. Der Kunde bekommt eine Rechnung. Diese begleicht er nach fünf Tagen durch Banküberweisung.
   d) Am selben Tag wird ein Fahrzeug Modell Phantasia-Kombi „Sports Tourer“, Diesel zum Hauspreis von 10 % unter UPE an die Kundin Karl verkauft. Die Kundin erhält eine Rechnung über den Rechnungsbetrag. Auf diesen Rechnungsbetrag zahlt sie 10 000,00 € per Girocard an. Den Restbetrag überweist sie nach vier Tagen auf unser Bankkonto.
   e) Der Kunde Wolfart möchte ein Neufahrzeug vom Modell Spiders-Cabrio erwerben. Die Verkaufsverhandlungen führen zu einem Vertragsabschluss. Der Verkaufspreis wird mit 2,5 % unter UPE ausgehandelt. Die Autohaus Köppel GmbH bestellt das Cabriolet beim Hersteller/Importeur. Dieser liefert zu den üblichen Konditionen laut Preisliste und bucht den Rechnungsbetrag vom Bankkonto ab. Das Neufahrzeug wird dem Kunden Wolfart ausgeliefert. Der Kunde Wolfart zahlt per Girocard den Rechnungsbetrag.

f) Das Autohaus Köppel hat sein Quartalsziel von 52 Zulassungen im zweiten Quartal des laufenden Jahres erreicht. Für diese Zielerreichung erhält das Autohaus einen Bonus (Volumen- oder Zielerreichungsbonus) von 2 % der UPE auf die im zweiten Quartal bezogenen Neufahrzeuge. Im zweiten Quartal hat das Autohaus Köppel folgende Neufahrzeuge vom Importeur bezogen und verkauft: 23 Maximo-Limousinen, 3-türig, 19 Phantasia-Kombis „Sports Tourer", Diesel, 9 Maximo-Kombis „Sports Tourer", Benziner, 1 Spiders-Cabriolet.

g) Das Autohaus Köppel erhält vom Importeur für eine Maximo-Limousine, 3-türig (Vorjahresmodell) eine Lagerabverkaufshilfe in Höhe von 1 785,00 € brutto bei Zulassung auf Kunden. Dieses Fahrzeug wird für 25 520,00 € vom Verkäufer Frank Bertraut an die Kundin Schipper verkauft. Diese zahlt per Banküberweisung. Der Verkauf und die Zulassung werden dem Importeur nachgewiesen und es erfolgt die Gutschrift der Lagerabverkaufshilfe. Der Betrag wird auf das Bankkonto überwiesen.

h) Das Autohaus Köppel kauft beim Importeur zehn Phantasia-Kombis „Sports Tourer", Diesel. Der Rechnungsbetrag wird vom Bankkonto abgebucht.

i) Der Importeur gewährt dem Autohaus Köppel zusätzlich eine Verkaufshilfe in Höhe von 6 % der UPE für Verkäufe an ein großes Handelshaus. Herr Köppel verkauft diesem Unternehmen acht Phantasia-Kombis „Sports Tourer", Diesel für 182 920,00 € brutto. Der Rechnungsbetrag wird auf das Bankkonto überwiesen. Dem Importeur werden der Verkauf und die Zulassung nachgewiesen und es erfolgt die Gutschrift des Rabattes. Der Rabatt wird auf das Bankkonto überwiesen.

j) Der Importeur gewährt dem Autohaus Köppel zusätzlich eine Verkaufshilfe in Höhe von 5 % der UPE für Verkäufe an die Stadtwerke Trier. Herr Köppel verkauft den Stadtwerken zwei Maximo-Kombis „Sports Tourer", Diesel mit einem Nachlass von 15 % auf die UPE. Der Rechnungsbetrag wird auf das Bankkonto überwiesen. Dem Importeur werden der Verkauf und die Zulassung nachgewiesen und es erfolgt die Gutschrift des Rabattes. Der Rabatt wird auf das Bankkonto überwiesen.

k) Die Autohaus Köppel GmbH beauftragt den Zulassungsdienst Gottfried Meyer Zulassungen mit der Zulassung des Neufahrzeugs von Herrn Karl [Zulassungspauschale 120,00 € netto [VAK 95,00 €]; Zulassungsgebühren Straßenverkehrsamt 49,80 €]. Am Tag der Übergabe zahlt Herr Karl die Zulassungsrechnung per Girocard.

2. Folgende Einkaufspreisliste liegt vor:

Modell	UPE brutto	Händlerrabatt
Neufahrzeug Typ I: Kleinwagen	11 200,00 €	12,50 %
Neufahrzeug Typ II: Mittelklasse	14 800,00 €	14,00 %
Neufahrzeug Typ III: Oberklasse	26 600,00 €	16,00 %
Neufahrzeug Typ IV: Van	22 800,00 €	17,00 %
Neufahrzeug Typ V: Offroader	25 200,00 €	15,00 %

Ermitteln Sie in einer Tabelle:

a) die UPE netto,
b) den Händlerrabatt netto in Euro,
c) den Händlereinkaufspreis netto in Euro.
d) Lösen Sie die Aufgabe zusätzlich mithilfe eines geeigneten EDV-Programms (z. B. MS EXCEL).
e) Wie hoch darf der Nachlass in Prozent pro Fahrzeugmodell maximal sein, wenn die folgenden Bruttoerträge pro Fahrzeug erzielt werden sollen?

Modell	Geplanter Bruttoertrag pro Fahrzeug
Neufahrzeug Typ I: Kleinwagen	600,00 €
Neufahrzeug Typ II: Mittelklasse	700,00 €
Neufahrzeug Typ III: Oberklasse	1 200,00 €
Neufahrzeug Typ IV: Van	1 800,00 €
Neufahrzeug Typ V: Offroader	2 000,00 €

Lernfeld 7

Gebrauchtfahrzeuge disponieren und bereitstellen

1 Analyse des Gebrauchtfahrzeugmarktes

AUSGANGSSITUATION

Der Fuhrpark der Autohaus Köppel GmbH soll im Gebrauchtwagensektor aufgestockt werden. Dabei ist zu beachten, dass die anzukaufenden Fahrzeuge nicht älter als fünf Jahre sein sollen.

Die Auszubildenden Nora Braun und Carl Löffler sollen sich einen Überblick über die aktuelle Marktsituation im Gebrauchtwagenbereich verschaffen und diese übersichtlich darstellen.

Zusammen mit Matti Köppel sollen die Ergebnisse besprochen werden.

ARBEITSAUFTRÄGE

1. Analysieren Sie den Gebrauchtfahrzeugbereich Ihres Unternehmens sowie die aktuelle Marktsituation.
2. Halten Sie diese auf einem Plakat fest und präsentieren bzw. diskutieren Sie Ihre Ergebnisse im Plenum.

Bevor das Autohaus gebrauchte Fahrzeuge ankauft bzw. seinen Fuhrpark im Gebrauchtfahrzeugbereich aufstockt, ist eine gute Analyse des Marktes notwendig und wichtig. Dabei sollte genau festgehalten werden, wie die Marktsituation aktuell ist und wie sie sich in der Zukunft entwickeln wird. Auch welche strategische Ausrichtung das eigene Autohaus hat (z. B. Markenpolitik des Autohauses) spielt eine bedeutende Rolle.

1.1 Wettbewerber

EINSTIEGSSITUATION

„Weißt du, welche Wettbewerber wir aktuell haben?“, fragt Nora ihren Mitauszubildenden Carl. „Nein, ehrlich gesagt nicht so ganz“, antwortet dieser.

Sie sollen in einer Mindmap Ihre Mitbewerber festhalten.

Um wettbewerbsfähig zu bleiben, ist es unumgänglich, sich mit seinen Mitbewerbern auseinanderzusetzen. Nur wer seine Konkurrenz auf dem Markt kennt und auf diese reagiert, ist in der Lage, gewinnbringende Geschäfte abzuschließen.

Folgende Fragen sollten unter anderem beantwortet werden:

- Welche Mitbewerber bedient welche Zielgruppe und warum?
- Welche Markenwelt bieten Mitbewerber an (z. B. Händler für Audi oder freier Händler)?
- Welche Klassifizierung wird angekauft (z. B. Fahrzeuge, die zwischen fünf und zehn Jahre alt sind)?
- Welche Spezialisierung haben die Mitbewerber (z. B. Reimporte oder Werkfahrzeuge)?
- Wie werden die Fahrzeuge von den Mitbewerbern beworben (nur online, auf Ausstellungsflächen, durch Anzeigen in Zeitschriften usw.)?
- Welche Preise setzen Mitbewerber an?
- Welches Image haben die Mitbewerber?
- Welche Angebote bieten Onlineplattformen?
- Welche Angebote bieten ausländische Mitbewerber an?
- usw.

Die erfassten Daten können dann als Datengrundlage verwendet und immer wieder aktualisiert werden.

In manchen Fällen kann auch eine Zusammenarbeit mit Konkurrenten möglich sein (Agenturgeschäfte oder sonstige Zusammenarbeit).

Beispiel

Der Verkaufsberater Herr Giglione soll einen gebrauchten VW, der bereits acht Jahre alt ist, ankaufen. Die Ausstattungsmerkmale entsprechen weniger den Anforderungen der heutigen Kunden und gehören nicht zu den Ankaufsmodellen der Autohaus Köppel GmbH. Daher ruft Herr Giglione den freien Autohändler Skotarek an, der mit gebrauchten Fahrzeugen handelt, die zwischen fünf und zehn Jahren alt sind. Dieser ist an dem VW sehr interessiert.

Auch gibt es die Möglichkeit, mit verschiedenen Programmen die Marktsituation und seine Wettbewerber zu analysieren. Diese sind jedoch meistens kostenpflichtig und es muss genau geprüft werden, ob der „Kosten-Nutzen-Faktor" in einem angemessenen Verhältnis steht.

1.2 Gesellschaftliche Trends

EINSTIEGSSITUATION

Auf dem Schreibtisch von Frau Braun liegt eine aktuelle ADAC-Zeitschrift mit der Titel-Schlagzeile: „Diese Trends sollten Sie nicht verpassen!“.

Sie interessieren sich ebenfalls für neue Trends in der Automobilindustrie: Tragen Sie diese zusammen.

Bei der Betrachtung des aktuellen Marktes spielen natürlich auch gesellschaftliche Trends eine wichtige Rolle. Einige dieser „Trends“ werden häufig vom ADAC analysiert und in einer Übersicht herausgegeben. So kann man z. B. Monat für Monat sehen, welches das „Top-Fahrzeug“ auf der Beliebtheitsskala ist, und welche Fahrzeugmodelle am häufigsten zugelassen werden.

Auch zeichnet sich eine Änderung der Käufergruppe ab. So gibt es z. B. immer mehr Frauen, die sich ein neues Fahrzeug zulegen und aktiv an der Kaufentscheidung mitwirken.

Statistisch gesehen verschiebt sich auch die Familienplanung „nach hinten“. Dies bedeutet, dass die einstige „Familienkutsche“ später in den Fokus rückt. Sportliche Modelle, die ansprechend aussehen und einfach zu bedienen sind, erfreuen sich immer größerer Beliebtheit.

Neue Kraftstoffe und umweltbewusstes Fahren sind voll im Trend und werden auch in der Zukunft eine immer größere Rolle spielen. Auch im Gebrauchtfahrzeugbereich können diese Themen aufgegriffen werden und für eine Kaufentscheidung der Kundschaft von Vorteil sein.

Beispiel

Die Kundin Frau Dillerle legt sehr großen Wert auf ein umweltbewusstes Fahrzeug. Sie interessiert sich für ein Gebrauchtfahrzeug, das zwei Jahre alt ist. Bei der Kaufentscheidung zögert sie jedoch.

Die Verkaufsberaterin Dana Zoren weist Frau Dillerle darauf hin, dass das Fahrzeug kostengünstig auf Gas umgerüstet werden kann. Die Kundin ist sehr zufrieden und entschließt sich zu einem Kauf.

Ein weiterer Trend ist das „vernetzte Fahren". Bereits in Lernfeld 6 wurde auf dieses Thema eingegangen. Durch modernste Technik ist es schnell und einfach möglich, mit dem Auto zu „kommunizieren". Man kann sich z. B. seine E-Mails vorlesen lassen, nach der nächsten Tankstelle fragen, oder die Fahrzeuge kommunizieren untereinander und tauschen Daten zu aktuellen Verkehrs- und Straßenverhältnissen aus.

LF 6

Trend E-Mobilität und ihr Einfluss auf den Gebrauchtwagenmarkt

Welche Probleme können bei der Rückgabe von E-Fahrzeugen in Autohäusern entstehen?

Die Rückgabe von Elektrofahrzeugen (E-Fahrzeugen) in Autohäusern kann mit verschiedenen Herausforderungen verbunden sein. Mit dem wachsenden Markt für E-Mobilität und der steigenden Anzahl von Elektrofahrzeugen, die nach Ende der Leasingdauer oder beim Kauf eines neuen Fahrzeugs zurückgegeben werden, sind viele Autohäuser gefordert, effektive Prozesse zu entwickeln. Folgende Probleme können dabei auftreten:

- **Zustandsbewertung der Fahrzeuge:**
  Eines der größten Probleme bei der Rückgabe von E-Fahrzeugen ist die genaue Zustandsbewertung. Elektrofahrzeuge weisen oft spezifische Abnutzungs- und Verschleißmuster auf, die von traditionellen Fahrzeugen abweichen. Insbesondere die Batterieleistung ist entscheidend, da sie den Gesamtwert des Fahrzeugs stark beeinflusst. Eine unzureichende Bewertung der Batterie kann zu Streitigkeiten über den Rückgabewert führen, insbesondere wenn die Kapazität unter den erwarteten Werten liegt.

- **Ladeinfrastruktur und Reichweitenprobleme:**
  Ein weiteres Problem ist die unzureichende Ladeinfrastruktur im Zusammenhang mit der Rückgabe von E-Fahrzeugen. Häufig müssen Fahrzeuge vor der Rückgabe aufgeladen werden, um sicherzustellen, dass sie in einem fahrbereiten Zustand sind. In Regionen mit einer begrenzten Anzahl an Ladepunkten kann dies die Rückgabe kompliziert machen. Außerdem kann es zu Unsicherheiten hinsichtlich der Reichweite kommen, insbesondere wenn der Kunde bzw. die Kundin in einer Region lebt, in der die Verfügbarkeit von Lademöglichkeiten gering ist.

- **Dokumentation und Rückgabeverfahren:**
  Die Rückgabeprozesse sind oft nicht standardisiert, was zu Verwirrung und Verzögerungen führen kann. Unterschiedliche Autohäuser haben möglicherweise unterschiedliche Anforderungen an die Dokumentation, was zu Problemen für Kundinnen und Kunden führt, die mehrere Fahrzeuge bei verschiedenen Händlern zurückgeben möchten. Zudem können technische Fragen zu den Fahrzeugfunktionen und -einstellungen auftreten, die oft nicht ausreichend erklärt sind.

- **Technische Probleme und Fehlerdiagnose:**
  E-Fahrzeuge sind komplexe Maschinen mit zahlreichen elektronischen Komponenten. Bei der Rückgabe können technische Probleme auftreten, die eine detaillierte Fehlerdiagnose erfordern. Diese Diagnose kann zeitaufwendig sein und dazu führen, dass die Rückgabe länger dauert als erwartet. Dies kann nicht nur die Kundenzufriedenheit beeinträchtigen, sondern auch die Effizienz des Autohauses verringern.

- **Wertminderung und Marktvolatilität**
  Der Markt für gebrauchte E-Fahrzeuge unterliegt starken Schwankungen. Technologische Fortschritte, wie neue Batterietechnologien oder verbesserte Modelle, können den Wert eines zurückgegebenen Fahrzeugs schnell beeinflussen. Autohäuser müssen flexibel auf diese Veränderungen reagieren, um faire Rückgabewerte zu bieten, was zusätzliche Herausforderungen bei der Preisgestaltung und Lagerung von Fahrzeugen mit sich bringt.

Fazit:
Die Rückgabe von E-Fahrzeugen in Autohäusern stellt sowohl für die Kundschaft als auch für Händler eine Reihe von Herausforderungen dar. Um diese Probleme zu bewältigen, müssen Autohäuser ihre Prozesse optimieren, eine transparente Kommunikation fördern und sicherstellen, dass sie über die nötige Infrastruktur und das Fachwissen verfügen, um den spezifischen Anforderungen von Elektrofahrzeugen gerecht zu werden. Nur so können sie die Kundenzufriedenheit erhöhen und sich im zunehmend wettbewerbsintensiven Markt der E-Mobilität behaupten.

1.3 Betriebsinterne Daten nutzen

EINSTIEGSSITUATION

„Wozu müssen denn diese ganzen Statistiken geführt werden?! Alles wird ja in unserem Unternehmen festgehalten. Ist das wirklich notwendig?“, fragt der Auszubildende Carl Löffler den Chef.

Beantworten Sie ihm die Frage und gehen Sie dabei auch auf sonstige betriebsinterne Daten ein, die für eine Gebrauchtfahrzeugauswahl genutzt werden können.

Um einen Überblick über gebrauchte Fahrzeuge zu erhalten, bieten sich auch interne Firmendaten an. Aus diesen ist beispielsweise ersichtlich, wann welche **Leasing-Rückläufer** zu erwarten sind und welches „Kaufverhalten“ die **Stammkundschaft** hat (z. B. alle drei Jahre Kauf eines Neufahrzeugs und Inzahlungnahme des dreijährigen Gebrauchtwagens).

Anhand von **Verkaufsstatistiken** (jeweilige Absatzzahlen für gebrauchte Modelle) ist erkennbar, wie sich verschiedene Fahrzeuge verkauft haben, und ob die Standzeiten lang oder kurz waren.

Auch durch die **Umsatzentwicklung** können Rückschlüsse auf den Verkauf von Fahrzeugen gezogen werden.

Beispiel

Die Autohaus Köppel GmbH hat im Monat November einen erheblichen Umsatzrückgang zu verzeichnen. Aktuell befinden sich überwiegend Cabrios als Gebrauchtfahrzeuge im Angebot.

Herr Giglione erläutert den Auszubildenden, dass die Kundschaft in der Winterzeit zwar an Cabriolets interessiert ist, diese aber aufgrund der winterlichen Wetterverhältnisse lieber nicht kauft und sich eher für eine Limousine entscheidet.

$$\textbf{Umsatzentwicklung} = \frac{\textbf{Umsatzveränderung}}{\textbf{Umsatz des Vorjahres}} \cdot 100$$

Die Umsatzentwicklung zeigt an, wie stark sich der Umsatz gegenüber dem Vorjahr verändert hat. Eine steigende Tendenz lässt auf ein gutes Firmenimage schließen, wobei Preissteigerungen die Aussagekraft dieser Kennzahl vermindern können. Ist die Tendenz fallend, liegt somit ein Umsatzrückgang vor, dann ist eine Schwachstellenanalyse durchzuführen, um die Ursachen zu ergründen.

Beispiel: Umsatzentwicklung des Autohauses Köppel

Der Umsatz in diesem Jahr betrug 12 793 106,00 €, im letzten Jahr betrug der Umsatz 12 233 800,00 €. Die Umsatzänderung beträgt 12 793 106,00 € – 12 233 800,00 € = 559 306,00 €.

$$\textbf{Umsatzentwicklung} = \frac{\textbf{559 306,00 €}}{\textbf{12 233 800,00 €}} \cdot 100 = \textbf{4,57 \%}$$

In manchen Fällen wird von den Autohäusern eine sogenannte **Nachfrageliste** geführt. Es wird also statistisch festgehalten, welche Fahrzeuge von der Kundschaft angefragt werden und wie häufig dies der Fall ist. Anhand der vorliegenden Daten kann die Einkaufsabteilung von Gebrauchtfahrzeugen Trends ableiten und entsprechende Autos erwerben.

Beispiel

Zurzeit werden bei der Autohaus Köppel GmbH verstärkt gebrauchte SUVs angefragt. Leider hat die Verkaufsberaterin Frau Zoren nur ein Fahrzeug mit einer weniger guten Ausstattung im Angebot.

Frau Zoren informiert die Verkaufsleiterin, Frau Tannert, hierüber und bittet sie, sich verstärkt nach gebrauchten SUVs umzuschauen, um durch den Verkauf der Fahrzeuge den Umsatz zu steigern.

Hat das zuständige Einkaufspersonal für Gebrauchtfahrzeuge den Markt analysiert und alle Entscheidungskriterien für die optimalsten Fahrzeuge zusammengetragen, kann die Bestellung erfolgen und ein zielgruppengerechtes Sortiment zusammengestellt werden.

Zusammenfassung

Vor der Anschaffung von gebrauchten Fahrzeugen muss sich das Autohaus mit verschiedenen Faktoren befassen:

1. Wettbewerber
2. gesellschaftliche Trends
3. Welche firmeninternen Daten liegen mir vor?

Aufgaben

1. Überlegen Sie, welche Mitbewerber Sie am Markt haben, und notieren Sie diese.

2. Sprechen Sie mit Ihren Vorgesetzten über Ihre Marktposition und darüber, wo die Stärken und Schwächen Ihres Unternehmens liegen. Entwickeln Sie einen Werbeflyer, der die Stärken Ihres Unternehmens unterstreicht.

3. Analysieren Sie, welche gesellschaftlichen Trends zurzeit in der Automobilindustrie angesagt sind, und halten Sie diese in einem Handout fest. Nutzen Sie Ihr neu gewonnenes Wissen für die Zukunft.

4. Prüfen Sie, welche internen Daten Ihnen für die Beschaffung eines gebrauchten Fahrzeugs vorliegen, und nutzen Sie diese in der Zukunft.

2 Betriebliche Zielsetzungen und Einflussfaktoren für den Gebrauchtfahrzeugbereich

AUSGANGSSITUATION

Jedes Unternehmen möchte einen Gewinn erzielen. So auch die Autohaus Köppel GmbH.

Matti Köppel ruft die Auszubildenden zusammen. Einige von ihnen sind bereits im Gebrauchtwagengeschäft eingesetzt. Damit die Auszubildenden einen besseren „Background“ bekommen, sollen sie sich mit den betrieblichen Zielsetzungen für den Gebrauchtfahrzeugbereich, den typischen Beschaffungs- und Absatzwegen und den finanzwirtschaftlichen Einflussfaktoren auseinandersetzen. Unterstützung sollen die Verkaufsberater für den Gebrauchtfahrzeugbereich sowie die Verkaufsleiterin Frau Tannert geben.

Das angesammelte Wissen soll in einem Handout übersichtlich zusammengefasst werden. Die Datei wird dann per E-Mail an alle Auszubildenden und die Verkaufsberater versendet und soll diesen als Informationsquelle dienen.

ARBEITSAUFTRÄGE

1. Setzen Sie sich mit den betrieblichen Zielsetzungen für den Gebrauchtfahrzeugbereich, den typischen Beschaffungs- und Absatzwegen und den finanzwirtschaftlichen Einflussfaktoren auseinander.
2. Halten Sie diese in einem Handout fest.
3. Präsentieren Sie Ihre Ergebnisse und diskutieren Sie über den Themenbereich.
4. Nutzen Sie Ihr neu gewonnenes Wissen für die Zukunft.

Im Allgemeinen kann festgehalten werden, dass ein Unternehmen die nachfolgenden Ziele verfolgen kann:

- Erzielen eines maximalen Gewinnes sowie maximalen Umsatzes
- hohe Rentabilität und geringe Kosten
- Erhöhung des Marktanteils und damit Erlangen von höherem Ansehen/Macht
- stetige Verbesserung der Qualität des Produkts sowie des Services
- kompetente und leistungsstarke Mitarbeiter und Mitarbeiterinnen, die sich mit dem Unternehmen identifizieren
- sichere Arbeitsplätze für die Mitarbeiter und Mitarbeiterinnen
- usw.

2.1 Betriebliche Zielsetzungen und Vorgaben

EINSTIEGSSITUATION

Nora Braun unterhält sich mit der Verkaufsleiterin Frau Tannert. Sie möchte wissen, welche betrieblichen Vorgaben es bei der Autohaus Köppel GmbH in Bezug auf das Gebrauchtfahrzeuggeschäft gibt.

Sie sollen dies für Ihr Unternehmen analysieren und in einem Handout festhalten.

2.1.1 Betriebliche Zielsetzungen

Im Gebrauchtfahrzeughandel können die Ziele unterschiedlich gesteckt sein. So z. B. ist es möglich, ein gebrauchtes Fahrzeug über dem DAT-Wert anzukaufen, wenn dadurch ein rentabler Neufahrzeugverkauf ermöglicht wird.

Sollen die Zielsetzungen für den Gebrauchtfahrzeugbereich festgehalten werden, bieten sich verschiedene Möglichkeiten der Darstellung bzw. verschiedene Informationsquellen an. Jedes Autohaus legt seine Ziele selbst fest. Diese orientieren sich an den allgemeinen Zielen eines Unternehmens (wie oben bereits erläutert) und können wie folgt ergänzt werden:

- niedrige Standzeiten der Fahrzeuge
- kurze Beschaffungswege und -zeiten
- Welche Absatzzahlen werden angestrebt bzw. sind vom Hersteller vorgegeben?
- Welcher Bruttoertrag soll erzielt werden?
- Die Gebrauchtfahrzeugprogrammvorgaben der Hersteller müssen erreicht und eingehalten werden.

Bruttoertragsplanung

Der Bruttoertrag ist eine wichtige Kennzahl im Kfz-Betrieb. Sie sagt aus, wie viel vom erzielten Umsatz nach Abzug des Einstandspreises noch übrig bleibt, um alle weiteren Kosten abzudecken und darüber hinaus einen Gewinn zu erzielen. Praktiker bezeichnen den Bruttoertrag als ersten Wirtschaftlichkeitsparameter, der Auskunft über die Qualität der getätigten Geschäfte gibt.

Bruttoertrag = Erlöse – Einstandspreis

2.1.2 Verschiedene Vorgaben

Gebrauchtfahrzeugprogrammvorgaben der Hersteller

Inhalte der Vorgaben können sein:

- Wie hoch ist die Anzahl an gebrauchten Fahrzeugen?
- Welche Fahrzeuge dürfen angekauft werden?
- Welche Prämien gewährt der Hersteller für den Ankauf von Gebrauchtfahrzeugen, der in Zusammenhang mit der Anschaffung eines Neufahrzeugs steht?
- usw.

Aber natürlich spielt auch die „Markenvision" eine große Rolle. So legen z. B. viele Hersteller aus ihrer Markenvision heraus die Unternehmensziele fest, die einige Autohäuser dann auch übernehmen und verfolgen:

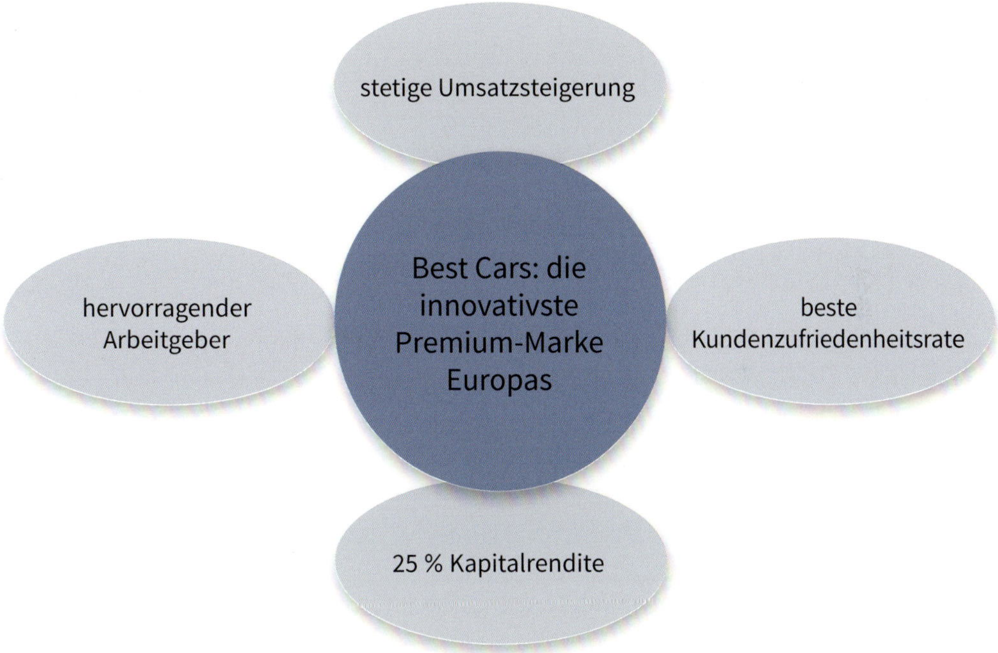

2.1.3 Beschaffungs- und Absatzwege sowie Bezugsquellen

Unter dem **Absatzweg** versteht man den Weg, den das gebrauchte Fahrzeug nimmt, um zur Kundschaft oder zum Händler zu gelangen.

Im Allgemeinen können zwei Vertriebsarten festgehalten werden:

- Direkter Vertrieb: Der Hersteller liefert direkt an die Kundinnen und Kunden.
- Indirekter Vertrieb: Der Hersteller liefert an einen Händler und der Händler verkauft das Fahrzeug an die Kundinnen und Kunden weiter.

Beispiel

Das Schuhhaus Lofti wendet sich an die Autohaus Köppel GmbH, weil es einen gebrauchten Transportbus erwerben möchte. Herr Giglione sondiert den Markt, beschafft für das Schuhhaus Lofti den Transporter von einem anderen Händler und wickelt dann mit dem Geschäftsführer des Schuhhauses den Kaufvertrag ab.

Der **Beschaffungsweg** ist der Weg, auf dem das gebrauchte Fahrzeug beschafft wird, z. B. interne Beschaffung, externe Beschaffung, Beschaffung direkt über den Hersteller (direkte Beschaffung) oder über den Händler (indirekte Beschaffung).

Bezugsquellen für gebrauchte Fahrzeuge können sein:

- Onlineplattformen
- Auktionsbörsen
- Vertriebspartner (Händler)
- Hersteller
- Privatpersonen
- Fahrzeugrückläufer
- usw.

2.2 Finanzwirtschaftliche und sonstige Einflussfaktoren

EINSTIEGSSITUATION

Nachdem sich Nora Braun mit den betrieblichen Vorgaben für das Gebrauchtwagengeschäft auseinandergesetzt hat, möchte sie nun wissen, welche Einflussfaktoren bei der Beschaffung von gebrauchten Fahrzeugen eine Rolle spielen.

2.2.1 Finanzwirtschaftliche Einflussfaktoren

Bei der Beschaffung von Gebrauchtfahrzeugen spielen verschiedene **finanzwirtschaftliche Einflussfaktoren** eine Rolle. So muss beispielsweise der geplante Kapitalbedarf für das Gebrauchtfahrzeuggeschäft zu Beginn des Geschäftsjahres mit den Zahlen aus dem Vorjahr abgeglichen werden. Auch die verschiedenen Besteuerungsarten beim Ankauf von Fahrzeugen sind zu berücksichtigen.

Ebenso ist auf die Zahlungsbedingungen für die gebrauchten Fahrzeuge einzugehen.

2.2.2 Sonstige Einflussfaktoren

Anhand der **Standzeiten** von gebrauchten Automobilen, aber auch von Neufahrzeugen, können Rückschlüsse auf die aktuelle Marktattraktivität der Fahrzeuge gezogen werden.

Hierbei gilt es genau zu selektieren, wodurch die Standzeiten zustande kommen. Beispielsweise könnte es sich um Fahrzeuge handeln, die zwar aktuell auf dem Markt sehr begehrt sind, jedoch über eine Ausstattung verfügen, die die Kundinnen und Kunden weniger ansprechen.

Die Standzeiten von Fahrzeugen im Unternehmen (intern) können anhand von Statistiken ermittelt werden. Inhalte dieser Statistiken können sein:

- Wann wurde das Fahrzeug angekauft?
- Welchen Kilometerstand hat das Fahrzeug?
- Baujahr und Erstzulassung
- Ausstattungsmerkmale
- usw.

Extern gestaltet sich das Ermitteln der Standzeiten von Fahrzeugen unter Umständen etwas schwieriger. Hier müssen sich Kaufwillige an den Händler wenden und sich ggf. die Ankaufspapiere zeigen lassen, um so die Standzeiten bei dem jeweiligen Autohändler nachvollziehen zu können.

Es ist jedoch auch möglich, über Händlerportale Fahrzeuge gezielt zu suchen, zu bewerten und anhand der Schlüsselnummer die Zulassungen nachzuvollziehen.

Standzeiten bei der Autohaus Köppel GmbH	
Überwachung von Standzeiten	Die Verkaufsleiterin Frau Tannert führt eine Liste, in der alle Fahrzeugzu- und -abgänge mit verschiedensten Daten erfasst sind. Dazu nutzt sie ein speziell für die Autohaus Köppel GmbH entwickeltes Programm. Mit diesem Programm ist es möglich, die Standzeiten von Fahrzeugen zu ermitteln und zu überwachen. Dies macht Frau Tannert im Sechs-Wochen-Rhythmus.
Ursachen von zu langen Standzeiten	• Fahrzeug entspricht nicht dem aktuellen Trend oder ist zu speziell • Ausstattungsmerkmale sind für die Kundschaft weniger attraktiv • „Fremdmarke“, die von der Stammkundschaft sowie sonstigen Kunden und Kundinnen nicht gewünscht wird (falscher Kundenkreis) • Fahrzeug ist auf der Ausstellungsfläche falsch platziert • Fahrzeug ist weniger optisch ansprechend für die Kundschaft (äußeres Aussehen in Bezug auf Farbe, Sauberkeit usw.)
Folgen von Standzeiten	Zum einen sind längere Standzeiten für die Fahrzeuge selbst weniger gut, weil diese der Technik schaden. Zum anderen befindet sich dadurch „totes Kapital“ auf dem Hof. Dies bedeutet, dass das Kapitel in den unverkauften Fahrzeugen gebunden ist, und für sonstige Finanztransaktionen nicht genutzt werden kann bzw. nicht zur Verfügung steht. Des Weiteren produzieren die Fahrzeuge Standkosten.

Gegenmaßnahmen	Preisreduzierung der Fahrzeuge in Form von Angeboten, kostenlose Zusatzangebote, sonstige Aktionen (Tankgutscheine) usw. Versteigerung der Fahrzeuge an andere Händler über verschiedene Auktionswege (Internetplattformen, Hallenauktionen usw.)

Ermittlung der Standkosten

Die Ermittlung der **Standkosten** von Gebrauchtfahrzeugen setzt eine funktionierende Kostenrechnung voraus. Die anzusetzenden Werte werden als Durchschnittswerte aus der Kostenrechnung ermittelt.

Standkostenermittlung	Betrag in Euro	Berechnung (auf volle Euro gerundet)
monatliche Standplatzmiete	35,00	monatliche kalkulatorische Miete/Anzahl der Standplätze
+ sonstige monatliche Platzkosten	20,00	Jahreswert aus dem BAB: 12 Monate
+ monatliche Werbekosten	4,00	1,0 % Jahreszins vom Übernahmepreis netto (Abhängig vom Kfz-Betrieb)
+ monatliche Kapitalverzinsung	42,00	10 % vom Übernahmepreis netto (banküblicher Zinssatz)
+ monatlicher Werteverlust	139,00	36 Monate Abschreibung (nach drei Jahren Standzeit hat das Fahrzeug keinen Verkaufswert mehr, Einschätzung des Kfz-Betriebes)
= monatliche Standkosten	240,00	
= tägliche Standkosten	8,00	monatliche Standkosten: 30

Das genannte Fahrzeug hatte eine Standdauer von 60 Tagen, somit fielen 60 Tage · 8,00 €/Tag = 480,00 € Standkosten an.

Zusammenfassung

Betriebliche Zielsetzungen und Einflussfaktoren für den Gebrauchtfahrzeugbereich sind:

- niedrige Standzeiten der Fahrzeuge
- kurze Beschaffungswege und -zeiten
- Welche Absatzzahlen werden angestrebt bzw. sind vom Hersteller vorgegeben?
- Welcher Bruttoertrag soll erzielt werden?
- Die Gebrauchtfahrzeugprogrammvorgaben der Hersteller müssen erreicht und eingehalten werden.

Verschiedene Vorgaben für diesen Bereich können z. B. im Gebrauchtfahrzeugprogramm der Hersteller stehen.
Die Beschaffungs- und Absatzwege sowie die Bezugsquellen sind zu berücksichtigen.
Die Standzeiten von gebrauchten Fahrzeugen müssen stetig geprüft und bei zu langen Standzeiten Gegenmaßnahmen müssen ergriffen werden. Diese verursachen ansonsten sehr hohe Kosten, das Kapital ist in den Fahrzeugen gebunden und kann nicht für sonstige Investitionen genutzt werden.

Aufgaben

1. Prüfen Sie, welche Zielsetzungen Ihr Unternehmen hat, und halten Sie diese in einem Handout fest.

2. Ermitteln Sie die Absatz- und Beschaffungswege in Ihrem Unternehmen.

3. Welche Bezugsquellen hat Ihr Unternehmen für gebrauchte Fahrzeuge? Halten Sie diese in einer Mindmap fest.

4. Erkundigen Sie sich über die Gebrauchtfahrzeugprogrammvorgaben Ihres/Ihrer Hersteller und halten Sie diese auf einem „Spickzettel“ fest.

5. Erkundigen Sie sich über die Standzeiten von gebrauchten Automobilen in Ihrem Unternehmen und welche Maßnahmen dieses ergreift, um die Standzeiten zu reduzieren. Legen Sie eine EXCEL-Liste nach folgendem Muster an und tragen Sie in diese alle gebrauchten Fahrzeuge Ihres Unternehmens ein. Besprechen Sie die Tabelle mit Ihren Vorgesetzten.

Standzeit	Anzahl der Fahrzeuge	Gesamtwert in Euro
bis 30 Tage		
31 bis 90 Tage		
91 bis 180 Tage		
181 bis 360 Tage		

3 Kriteriengeleitete Fahrzeugauswahl und Präsentation

AUSGANGSSITUATION

Der Verkaufsberater für gebrauchte Fahrzeuge, Herr Giglione, unterhält sich mit dem Verkaufsberater für Neufahrzeuge, Herrn Tursch.

Herr Tursch: „Du, Antonio, ich habe eine Kundin, die ein Neufahrzeug erwerben möchte. Sie möchte ihren alten Wagen in Zahlung geben: einen Volvo V60, acht Jahre alt, sehr gepflegt, mit Lederausstattung, Klimaautomatik, Dieselantrieb, 110 PS, aus erster Hand, 100 000 km gelaufen. Meinst du, wir können das Fahrzeug für 3 000,00 € in Zahlung nehmen?“

Herr Giglione: „Hm, mit Volvos kennen wir uns ja mal so gar nicht aus. Weder die Werkstatt noch die Verkaufsberater. Und ich glaube auch nicht, dass sich unser Kundenkreis für solch ein Fahrzeug interessiert. Ich weiß nicht, was sagt denn DAT?“

Herr Tursch: „Da habe ich noch nicht geschaut.“

Herr Giglione: „Sprich doch mal mit Frau Tannert. Sonst kaufen wir das Fahrzeug an, wenn es sich um ein gutes Neuwagengeschäft handelt, und geben das Auto zur Börse. Die Azubis dürfte solch eine Situation bestimmt auch interessieren. Nimm sie doch mit zu dem Gespräch mit Frau Tannert.“

Herr Tursch: „Das mache ich. Danke! Ja, die Jungs und Mädels kommen irgendwann bestimmt auch mal in eine solche Situation. Ich mache mit Frau Tannert gleich mal einen Termin aus!“

ARBEITSAUFTRÄGE

1. Informieren Sie sich über die Kriterien für die Fahrzeugauswahl von gebrauchten Fahrzeugen sowie eine angemessene Präsentation der Automobile.
2. Tauschen Sie sich mit einem Mitschüler oder einer Mitschülerin aus.
3. Halten Sie die Kriterien auf einem Plakat, Flipchart oder Ähnlichem fest und besprechen Sie diese im Plenum (ggf. szenische Darstellung: Gespräch zwischen Frau Tannert und den Azubis).

Die Fahrzeugauswahl sowie die Bezugsquellen können anhand von verschiedenen Kriterien vorgenommen werden.

3.1 Verschiedene Kriterien für die Fahrzeugauswahl und die Bezugsquellen

EINSTIEGSSITUATION

Frau Tannert unterhält sich mit Nora Braun und möchte von ihr wissen, welche verschiedenen Auswahlkriterien in Bezug auf die Wahl der Gebrauchtfahrzeuge eine Rolle spielen.

Sie sollen Frau Braun unterstützen und Frau Tannert die Kriterien ausführlich erläutern.

3.1.1 Qualitative und quantitative Auswahl

Quantitative Faktoren

Die quantitativen Faktoren lassen sich in Geldbeträgen messen. Zu ihnen gehören folgende Punkte/Fragen:

- Höhe des Preises
- Fallen Transport-/Frachtkosten an?
- Werden Rabatte gewährt (Mengenrabatte, Barzahlungsrabatte, „Kollegenrabatte“, Skonto usw.)?
- Gibt es Sonderangebote (z. B. Fahrzeug mit Achtfachbereifung)?
- Welche Zahlungsbedingungen gelten (auf Ziel usw.)?
- Gibt es Verhandlungsspielräume in Bezug auf den Preis und die Bezugskonditionen?

Qualitative Faktoren

Die qualitativen Faktoren lassen sich im Gegensatz zu den quantitativen Faktoren nicht mit Geldbeträgen messen. Sie werden später im direkten Faktorenvergleich gegeneinander aufgerechnet. Folgende Fragen sind relevant:

- Welche Qualität haben die Fahrzeuge (Fahrzeugtypen, Marken usw.)?
- Wo befinden sich die Fahrzeuge (derzeitiger Standort)?
- Wann können die Fahrzeuge bezogen werden (Zuverlässigkeit der Bezugsquellen und Termintreue)?
- Passt das Fahrzeug in das eigene Fahrzeugangebot?
- Wie verläuft der Kontakt mit dem Verkäufer (Serviceleistungen, Beratung, Freundlichkeit usw.)?
- Wie gestaltet sich die Vertragsabwicklung?

Nach der Ermittlung der qualitativen und quantitativen Faktoren können diese gegeneinander aufgerechnet und als Grundlage für die Fahrzeugbeschaffung genutzt werden.

3.1.2 Handelspartner aus anderen europäischen Ländern

Durch den EU-Wirtschaftsraum bieten sich auch Handelspartner aus europäischen Ländern an. Dabei werden nicht nur Fahrzeuge, sondern auch Ersatz- und Bauteile aus der EU bezogen.

Reimport-Fahrzeuge

Viele Kunden und Kundinnen interessieren sich für Reimport-Fahrzeuge. Dabei handelt es sich um Fahrzeuge, die in Deutschland produziert, ins europäische Ausland verkauft und dann wieder von einem deutschen Autohaus erworben, also wieder nach Deutschland eingeführt (importiert) werden.

Es gibt verschiedene Händler (meistens freie Händler), die sich auf den An- und Verkauf dieser Fahrzeuge spezialisiert haben und nur mit Reimport-Fahrzeugen handeln.

Besondere Kenntnisse müssen diese Unternehmen z. B. bei den Themen Besteuerung der Fahrzeuge, notwendige Unterlagen für den Im- bzw. Export haben.

Beim Zentralverband **Deutsches Kraftfahrzeuggewerbe e. V. (ZDK)** kann ein „Merkblatt für innergemeinschaftliche Lieferungen“ angefordert werden. In diesem sind alle wichtigen Informationen übersichtlich und ausführlich zusammengefasst.

Sonstige Automobilhersteller

Neben den gängigen deutschen Marken wie Audi, Mercedes und BMW gibt es natürlich noch weitere Hersteller, die sich immer größerer Beliebtheit freuen. Dabei stammen diese nicht immer nur aus der Europäischen Union, sondern auch aus nicht europäischen Ländern.

Bestand an Personenkraftwagen in den Jahren 2015 bis 2024 nach ausgewählten Herkunftsländern

Jahr (jeweils 1. Januar)	Deutschland	Frankreich	Italien	Japan	Südkorea	Tschechien	Zum Vergleich: Insgesamt
2015	28 888 456	3 908 130	1 386 425	4 693 004	1 372 743	1 628 106	44 403 124
2016	29 273 053	3 848 652	1 373 608	4 680 414	1 497 471	1 760 728	45 071 209
2017	29 678 421	3 789 955	1 369 900	4 684 789	1 630 125	1 893 636	45 803 560
2018	29 972 715	3 752 847	1 373 257	4 707 210	1 752 090	2 026 295	46 474 594
2019	30 188 053	3 707 283	1 385 183	4 721 469	1 874 789	2 169 706	47 095 784
2020	30 402 111	3 666 133	1 404 090	4 715 280	1 998 560	2 297 729	47 715 977
2021	30 599 337	3 620 579	1 436 921	4 681 908	2 104 829	2 420 994	48 248 584
2022	30 630 085	3 568 324	1 467 917	4 635 967	2 200 654	2 515 355	48 540 878
2023	30 581 383	3 518 398	1 488 154	4 602 337	2 299 972	2 568 761	48 763 036
2024	30 645 038	3 450 799	1 495 798	4 570 902	2 382 716	2 646 143	49 098 685

1) Verschiebung der Herkunftsländer durch Trennung der Marken.

Quelle: Kraftfahrt-Bundesamt (KBA) (Hrsg.): Bestand an Pkw in den Jahren 2015 bis 2024 nach Herkunftsländern. In: https://www.kba.de/DE/Statistik/Fahrzeuge/Bestand/MarkenHersteller/2024/2024_b_herst_zeitreihen.html?nn=3524454&fromStatistic=3524454&yearFilter=2024&fromStatistic=3524454&yearFilter=2024 [11.06.2019].

Viele Händler sind Vertragshändler für eben solche Marken, die einen bestimmten Kundenkreis ansprechen.

So fahren z. B. statistisch gesehen sehr viele Saarländer Fahrzeuge aus dem benachbarten Frankreich (Peugeot, Renault). In Bremen und Hamburg neigt man eher zum Kauf von skandinavischen Marken (z. B. Volvo).[1]

Beim Ankauf von Gebrauchtfahrzeugen kann man sich dieses Wissen also zunutze machen.

3.1.3 Präsentation der Gebrauchtfahrzeuge

Wie und wo die Fahrzeuge auf der Ausstellungsfläche präsentiert werden, hängt von verschiedenen Faktoren ab:

- Fahrzeugmarke (Eigenmarke, Fremdmarke)
- Fahrzeugtyp
- Alter und Aussehen des Fahrzeugs
- technische Ausstattung des Fahrzeugs
- Preis des Fahrzeugs
- Kilometerleistung des Fahrzeugs
- Anzahl der Vorbesitzer/-innen
- Vorgaben des Herstellers

Damit die Fahrzeuge von der Kundschaft wahrgenommen werden, ist ihre Positionierung sehr wichtig. Gebrauchtfahrzeuge, die zurzeit im Trend liegen, sollten im vorderen Bereich der Verkaufsfläche ausgestellt werden.

Aber auch Fahrzeuge, die sich weniger großer Beliebtheit freuen, können an gut sichtbaren Plätzen stehen. Durch besondere Kennzeichnungen ist es möglich, die Fahrzeuge sowie die entsprechenden Ausstattungsmerkmale hervorzuheben.

Beispiel

Die Autohaus Köppel GmbH visualisiert jeden Monat verschiedene Fahrzeuge als besondere Angebote (Angebot des Monats, Preis-Leistungs-Wunder, Trend-Mobil usw.)

Die Verkaufsleiterin Frau Tannert möchte durch diese Aktion besondere Aufmerksamkeit auf die präsentierten Fahrzeuge lenken.

Für die Gebrauchtfahrzeugvermarktung ist auch ein stetig wechselndes Angebot von Fahrzeugen wichtig. Dadurch wird der Kundschaft vermittelt, dass die Verkaufspolitik des Autohauses sehr gut ist, die Kundinnen und Kunden zufrieden sind und das Autohaus als gute Anlaufstelle für Neukundschaft geeignet ist.

---

1 Vgl. Verivox (Hrsg.): Die beliebtesten Automarken in den einzelnen Bundesländern, 30.08.2016. In: https://www.verivox.de/kfz-versicherung/nachrichten/die-beliebtesten-automarken-in-den-einzelnen-bundeslaendern-111614/ [13.11.2024].

Würden immer gleiche Fahrzeuge auf dem Hof, in Zeitschriften und Onlineplattformen angeboten, ließe dies auf eine eher schlechte Verkaufspolitik schließen.

3.2 Ermittlung des wirtschaftlichen Erfolges

EINSTIEGSSITUATION

Nora Braun unterhält sich mit Frau Tannert. „Wie wird eigentlich der wirtschaftliche Erfolg in Bezug auf den Gebrauchtfahrzeughandel ermittelt?", fragt sie ihre Vorgesetzte.

Sie antworten Frau Braun.

In großen Autohäusern oder Werksniederlassungen übernimmt in der Regel die Assistenz der Geschäftsleitung die Aufgabe des Controllings. Sie steht außerhalb der Hierarchieebenen und arbeitet direkt der Geschäftsleitung zu. Ihr obliegt die Aufgabe, Daten zu sammeln, zu sortieren und aufzubereiten.

Controlling im Gebrauchtfahrzeugverkauf

Kennzahlen Abteilung Gebrauchtfahrzeugverkauf (Beispiel)		
Aufteilung	Bundesdurchschnitt	Händlerspitzengruppe
Anteil am Gesamtumsatz	30 %	33 %
Bruttoertrag der Abteilung	7,1 %	8,4 %
Bruttoertrag pro GF	580,00 €	710,00 €
Deckungsbeitrag pro GF	120,00 €	290,00 €
Werbeaufwand pro GF	40,00 €	30,00 €
durchschnittliche Standzeit in Tagen	125 Tage	113 Tage
Standzeitstruktur des GF-Bestandes in Einheiten		
unter 60 Tage	22	19
61 bis 120 Tage	11	8
121 bis 180 Tage	8	5
über 180 Tage	15	10
durchschnittlicher GF-Verkaufspreis	8 200,00 €	8 500,00 €
Umschlag GF-Bestand pro Jahr	5	6

Die wichtigen Kennzahlen für das Gebrauchtfahrzeuggeschäft sind:

- Bruttoertrag je Gebrauchtfahrzeug
- Standzeit in Tagen je Gebrauchtfahrzeug
- Standkosten pro Tag

Gebrauchtfahrzeugkalkulation

Bevor ein Gebrauchtfahrzeug angekauft wird, muss es bewertet werden. Diese Bewertung geht vom voraussichtlichen Verkaufspreis ohne Umsatzsteuer aus. In diesem Zusammenhang müssen die Voraussetzungen der **Differenzbesteuerung** beachtet werden.

Vorkalkulation	Betrag in Euro
geschätzter Netto-Verkaufspreis laut DAT oder Schwacke-Liste	6 100,00
– Instandsetzungsaufwand laut Werkstattprüfprotokoll	150,00
– Aufbereitungskosten laut Werkstattprüfprotokoll	65,00
– verkaufsabhängige Kosten (Provisionen)	180,00
– anteilige Gemeinkosten laut BAB	300,00
– Standzeitkosten (30 Tage · 8,00 €)	240,00
– Gewinn	250,00
= kalkulierter Hereinnahmepreis	4 915,00

Wird der Kundschaft ein höherer Preis als der kalkulierte **Hereinnahmepreis** für ihr Gebrauchtfahrzeug gezahlt, so spricht man vom Eintauschüberwert.

Der **Eintauschüberwert** ist die Differenz zwischen dem kalkulierten Hereinnahmepreis und dem tatsächlich gezahlten Übernahmepreis.

Berechnung des Eintauschüberwertes	
kalkulierter Hereinnahmepreis	4 915,00 €
– tatsächlicher Übernahmepreis netto	5 000,00 €
= Eintauschüberwert	–85,00 €

Zusammenfassung

Aufgaben

1. Erkundigen Sie sich über die qualitativen und quantitativen Faktoren, die in Ihrem Unternehmen bei der Anschaffung von gebrauchten Fahrzeugen Anwendung finden, und notieren Sie diese.

2. Überlegen Sie, welche Fahrzeuge Sie wie in Ihrem Verkaufsbereich positionieren und präsentieren. Ziehen Sie aus Ihren Erkenntnissen wichtige Schlüsse für Ihr weiteres Handeln.

3. Welche verkaufsfördernden Maßnahmen werden in Ihrem Unternehmen eingesetzt?

4. Ermitteln Sie den wirtschaftlichen Erfolg anhand eines von Ihnen selbst gewählten Beispiels.

5. Prüfen Sie, ob Ihr Unternehmen mit Handelspartnern aus europäischen Ländern arbeitet. Vergleichen Sie Ihre Ergebnisse im Klassenplenum.

4 Ankauf und Verkauf von Gebrauchtfahrzeugen

AUSGANGSSITUATION

Nachdem die Auszubildende Nora Braun schon einige Tage im Gebrauchtfahrzeugverkauf tätig ist, fällt ihr auf, dass auf einigen Preisschildern der Gebrauchtfahrzeuge keine Umsatzsteuer ausgewiesen ist. Sie fragt beim Verkäufer Konstantin Engel nach. Dieser erklärt, dass dies mit der Differenzbesteuerung zu tun habe.

ARBEITSAUFTRÄGE

1. Informieren Sie sich über den Ankauf und den Verkauf von Gebrauchtfahrzeugen.
2. Tauschen Sie sich mit einem Mitschüler oder einer Mitschülerin aus.
3. Halten Sie wichtige Fakten auf einem Plakat, Flipchart oder Ähnlichem fest und besprechen Sie diese im Plenum.
4. Nutzen Sie Ihr neu gewonnenes Wissen für die Zukunft.

Im Handel mit Gebrauchtfahrzeugen gilt für die Bestimmung der Umsatzsteuer neben der üblichen Regelbesteuerung auch die sogenannte **Differenzbesteuerung**. Dies bedeutet, dass zur Bestimmung der Umsatzsteuer nur die Differenz zwischen Verkaufspreis und Einkaufspreis maßgeblich ist (§ 25a UStG).

Folgende Varianten sind möglich:

Ankauf der Gebrauchtfahrzeuge von	Verkauf der Gebrauchtfahrzeuge an	Besteuerung
Privatpersonen	Privatpersonen	Differenzbesteuerung
Privatpersonen	Unternehmen	Differenzbesteuerung oder Regelbesteuerung
Unternehmen	Privatpersonen	Regelbesteuerung
Unternehmen	Unternehmen	Regelbesteuerung

Beim Ankauf von Gebrauchtfahrzeugen von Privatpersonen und Verkauf dieser Gebrauchtfahrzeuge an ein Unternehmen kann gewählt werden, welche Art der Besteuerung zur Bestimmung der Umsatzsteuer maßgeblich ist.

4.1 Einkauf von Gebrauchtfahrzeugen

EINSTIEGSSITUATION

Nora Braun unterhält sich mit Ihrem Mitauszubildenden Pascal. „Woher bekommen wir eigentlich unsere gebrauchten Fahrzeuge und wie werden diese gebucht", möchte sie wissen. Sie beantworten diese Frage.

Der Gebrauchtfahrzeugehandel ist ein wichtiger Bestandteil des Automobilhandels. Oftmals übersteigt in einem Autohaus die Anzahl der verkauften Gebrauchtfahrzeuge die Anzahl der verkauften Neufahrzeuge. Der **Einkauf von Gebrauchtfahrzeugen** wird auf den aktiven Bestandskonten in der Kontenklasse 3 gebucht. Der Abschluss dieser Konten erfolgt über das Schlussbilanzkonto.

4.1.1 Ankauf eines Gebrauchtfahrzeugs von privat

Beispiel

Der Gebrauchtfahrzeugverkäufer Konstantin Engel kauft von Herrn Paul Mohnkern ein Gebrauchtfahrzeug Modell Maximo-Limousine, 5-türig für 5 000,00 € gegen Bankscheck.

Gebrauchtwagenankauf

DATUM: 12.07.20..
RECHNUNGSNR. 99

Verkäufer/in: Paul Mohnkern, Saarstr. 15, 54292 Trier

Käufer/-in: Autohaus Köppel GmbH, Diedenhofener Str. 6 54294 Trier

BESCHREIBUNG		BETRAG
Ankauf von Pkw MAXIMO Limousine		
Fahrzeugidentnummer ML888348		
Kilometerstand 84 712		
Serienausstattung		5 000,00 €
		5 000,00 €
Paul Mohnkern *K.Engel*		
Verkäufer/-in Käufer/-in	Preis	5 000,00 €

Buchung:

3110	Bestand GW differenzbesteuert	5 000,00 €			
			an	1200 Bank	5 000,00 €

Auf der Rechnung darf kein Hinweis auf die Umsatzsteuer vorhanden sein.

4.1.2 Ankauf eines Gebrauchtfahrzeugs von Unternehmen

Beispiel

Der Gebrauchtfahrzeugverkäufer Herr Giglione kauft von der Firma Schuhhaus Lofti ein Gebrauchtfahrzeug Modell Phantasia-Kombi für 6 000,00 € netto gegen Bankscheck.

Gebrauchtwagenankauf

DATUM: 12.07.20..
RECHNUNGSNR. 100

Verkäufe/-in: Schuhhaus Lofti
Schulstr. 80
54411 Hermeskeil

Käufer/-in: Autohaus Köppel GmbH
Diedenhofener Str. 6
54294 Trier

BESCHREIBUNG			BETRAG
Ankauf von Pkw Phantasia Kombi			
Fahrzeugidentnummer PH6333218			
Kilometerstand 64 565			
Serienausstattung			6 000,00 €
			6 000,00 €
		Ust.	19 %
Luca Schara	*A. Giglione*		1 140,00 €
Verkäufer/-in	Käufer/-in	Preis	7 140,00 €

Buchung:

3100	Bestand GW regelbesteuert	6 000,00 €			
1570	Vorsteuer	1 140,00 €			
			an 1200	Bank	7 140,00 €

Nach diesen beiden Einkäufen hat das Autohaus zwei Gebrauchtfahrzeuge auf dem Hof stehen. Die Maximo-Limousine steht mit einem Wert von 5 000,00 € in den Büchern, der Phantasia-Kombi mit einem Wert von 6 000,00 €.

4.2 Verkauf von Gebrauchtfahrzeugen

EINSTIEGSSITUATION

Nachdem sich Nora und Pascal mit dem Einkauf von gebrauchten Fahrzeugen auseinandergesetzt haben, informieren sie sich nun über die Abläufe für den Verkauf dieser. Sie unterstützen die Auszubildenden.

4.2.1 Verkauf von Gebrauchtfahrzeugen unter Anwendung der Differenzbesteuerung

Beispiel

Der Verkauf von Gebrauchtfahrzeugen wird über die betrieblichen Erlöskonten in der Kontenklasse 8 gebucht. Der Abschluss dieser Konten erfolgt über das GuV-Konto.

Autohaus Köppel GmbH
Diedenhofener Str. 6
54294 Trier

Autohaus Köppel GmbH, Diedenhofener Str. 6, 54294 Trier

Frau
Marion Dillerle
Kornhausgasse 10
54329 Konz

Telefon: 0651 7155-0
Telefax: 0651 7155-23
E-Mail: info@autohaus-koeppel.de
Bank: Sparkasse Trier
IBAN: DE01 5855 0130 3011 2222 15
BIC: TRISDE55XXX

KOPIE

Rechnung

Ihr Auftrag vom 30.08.20..

Kunden-Nr	Rechnungs-Nr	Rechnungstag
8673	18225	30.08.20..
Bei Zahlung bitte angeben		

Pos.	Fahrgestellnummer	Typ	Km-Stand	Gesamtpreis €
1	ML888348	MAXIMO-Limousine gebraucht	84725	6190,00
				Gesamtbetrag 6190,00 €

USt-IdNr.: DE000111339
Steuernummer 76144/21966

Der Gebrauchtfahrzeugverkäufer Konstantin Engel verkauft die Maximo-Limousine nach drei Wochen Standzeit an Frau Dillerle für 6 190,00 €. Frau Dillerle bezahlt in bar. Welche Besteuerungsart muss hier angewendet werden?

Ankauf des Gebrauchtfahrzeugs von privat, Verkauf des Gebrauchtfahrzeugs an privat.

Hier ist nach der Tabelle auf S. 235 nur die Differenzbesteuerung anwendbar!

Berechnung der Umsatzsteuer nach den Regeln der Differenzbesteuerung:

Verkaufspreis	6 190,00 €
Einkaufspreis	5 000,00 €
Differenz	1 190,00 €
Enthaltene Umsatzsteuer	190,00 €
Bemessungsgrundlage	1 000,00 €

In der Differenz zwischen Verkaufspreis und Einkaufspreis des Gebrauchtfahrzeugs ist die Umsatzsteuer enthalten. Sie wird wie folgt errechnet:

$$\textbf{Enthaltene Umsatzsteuer} = \frac{\textbf{Differenz} \cdot \textbf{Umsatzsteuer}}{\textbf{119*}}$$

* Nur wenn die Umsatzsteuer 19 % beträgt. 119 ist kein feststehender Satz!

$$\textbf{Enthaltene Umsatzsteuer} = \frac{\textbf{1 190,00 €} \cdot \textbf{19}}{\textbf{119}} = \textbf{190,00 €}$$

Buchung des Gebrauchtfahrzeugverkaufes:

1000	Kasse	6 190,00 €				
			an	8110	Erlöse GW differenzbesteuert	5 000,00 €
				8111	Mehrerlöse Differenzbesteuerung	1 000,00 €
				1770	Umsatzsteuer	190,00 €

Lagerentnahmebuchung:

7110	VAK GW differenzbesteuert	5 000,00 €				
			an	3110	Bestand GW differenzbesteuert	5 000,00 €

Auch hier darf auf der Rechnung die Umsatzsteuer im Rahmen der Differenzbesteuerung nicht ausgewiesen sein!

4.2.2 Verkauf von Gebrauchtfahrzeugen unter Anwendung der Regelbesteuerung

Beispiel

Autohaus Köppel GmbH
Diedenhofener Str. 6
54294 Trier

Autohaus Köppel GmbH, Diedenhofener Str. 6, 54294 Trier

Firma
Armin Schulz
Schulstr. 72
54111 Hermeskeil

Telefon: 0651 7155-0
Telefax: 0651 7155-23
E-Mail: info@autohaus-koeppel.de
Bank: Sparkasse Trier
IBAN: DE01 5855 0130 3011 2222 15
BIC: TRISDE55XXX

KOPIE

Rechnung

Ihr Auftrag vom 30.08.20..

Kunden-Nr	Rechnungs-Nr.	Rechnungstag
14333	18 227	30.08.20..
Bei Zahlung bitte angeben		

Pos.	Fahrgestellnummer	TYP	KM Stand	Gesamtpreis €
1	PH6333218	Phantasia-Kombi	64 580	7 200,00

Warenwert netto		USt %	USt €	**Gesamtbetrag**
7 200,00		19	1 368,00	8 568,00 €

USt-IdNr.: DE000111339
Steuernummer: 76144/21966

Der Gebrauchtfahrzeugverkäufer Antonio Giglione verkauft das Gebrauchtfahrzeug Modell Phantasia-Kombi nach einer Woche Standzeit an das Malergeschäft Schulz für 7 200,00 € netto auf Rechnung. Welche Besteuerungsart muss hier angewendet werden?

Ankauf des Gebrauchtfahrzeugs von einem Unternehmen, Verkauf des Gebrauchtfahrzeugs an ein Unternehmen.

Hier kann nur die Regelbesteuerung angewendet werden.

Buchung:

1400	Forderungen (Kunde Schulz)	8 568,00 €				
			an	8100	Erlöse GW regelbesteuert	7 200,00 €
				1770	Umsatzsteuer	1 368,00 €

Lagerentnahmebuchung:

7100	VAK GW regelbesteuert	6 000,00 €				
			an	3100	Bestand GW regelbesteuert	6 000,00 €

Gebrauchtfahrzeughandel

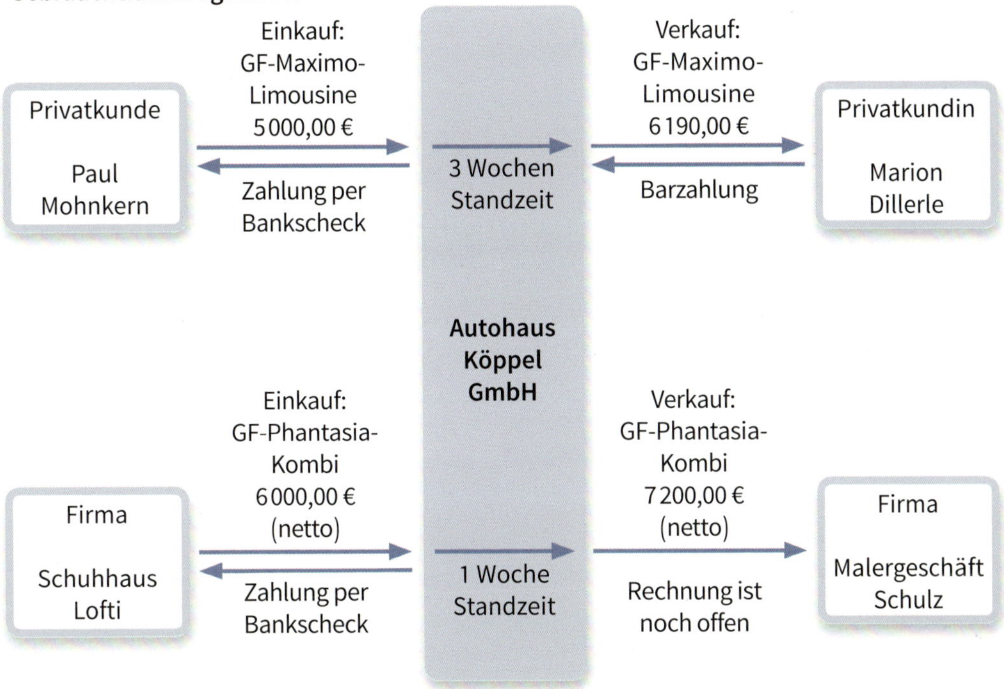

4.3 Reparaturen an Gebrauchtfahrzeugen

EINSTIEGSSITUATION

Die Auszubildende Nora Braun schaut sich mit dem Gebrauchtfahrzeugverkäufer Konstantin Engel ein in Zahlung genommenes gebrauchtes Fremdfabrikat an. Sie entdeckt einige Mängel an diesem Fahrzeug, wie z. B. verschlissene Bremsbeläge. „Das müssen wir aber noch reparieren lassen, bevor wir das Auto verkaufen können", sagt sie zu Herrn Engel. Dieser stimmt ihr zu und sagt: „Richtig, hier müssen wir einen internen Auftrag für die Reparatur schreiben."

Reparaturen an gekauften Gebrauchtfahrzeugen erhöhen den Wert des Fahrzeugs. Somit müssen die Reparaturkosten bestandserhöhend in der Kontenklasse 3 gebucht werden. Werden diese Reparaturen in der eigenen Werkstatt durchgeführt, müssen die internen Kosten und Erlöse in der Kontenklasse 5 gebucht werden. Interne Werkstattaufträge unterliegen nicht der Umsatzsteuer.

Beispiel

Der Gebrauchtwagenverkäufer Konstantin Engel kauft von der Gabelstapler GmbH einen Gebrauchtwagen Modell Maximo Limousine 3-türig für 12 000,00 € netto gegen Bankscheck an. Dieses Fahrzeug hat einen Unfallschaden, der in der eigenen Werkstatt der Köppel GmbH behoben wird. Interner Erlös: Verwendete Teile 1 500,00 €, Fertigungslohn Werkstatt 600,00 €; VAK Teile 1 200,00 € plus 400,00 € Fertigungslohn. In diesem Beispiel wird der interne Auftrag der Werkstatt (wie in der Praxis üblich) nicht zu Selbstkosten durchgeführt.

① **Buchung des Gebrauchtwageneinkaufs:**

3100	Bestand Gebrauchtwagen regelbesteuert	12 000,00 €				
1570	Vorsteuer	2 280,00 €				
			an	1200	Bank	14 280,00 €

Soll	3100 Bestand Gebrauchtwagen regelbesteuert		Haben
AB	54 000,00	VAK GW regelb. ⑥	12 000,00
① Bank	12 000,00		

Soll	1200 Bank		Haben
AB	96 312,00		14 280,00 ①

Soll	1570 Vorsteuer		Haben
① Bank	2 280,00		

② **Buchung der internen Rechnung:**

5005	Werkstattleistung/ Instandsetzung	2 100,00 €				
			an	5701	Interne Erlöse (Teile)	1 500,00 €
				5701	Interne Erlöse (Lohn)	600,00 €

③ **VAK Buchung:**

7310	VAK Teile durch die Werkstatt	1 200,00 €				
			an	3300	Bestand Teile	1 200,00 €
4100	Löhne und Gehälter produktiv*	400,00 €				
			an	1740	Verbindlichkeiten aus Lohn und Gehalt	400,00 €

* Diese Buchung erfolgt mit der Gehaltsabechnung zum Monatsende und wird in diesem Beispiel zur Veranschaulichung des Geschäftsvorfalls dargestellt.

④ **Buchung der Erhöhung des Bestandswertes:**

3220 Bestand Nachrüstung/ Aufbauten 2 100,00 €
an 8990 Bestandsveränderungen 2 100,00 €

Soll	5005 Werkstattleistung/Instandsetzung	Haben
② Interne Erlöse 2 100,00		

Soll	5701 Interne Erlöse	Haben
		Werkst./Instands. (Teile) 1 500,00 ②
		Werkst./Instands. (Lohn) 600,00 ②

Soll	7310 VAK Teile durch die Werkstatt	Haben
③ Bestand Teile 1 200,00		GuV 1 200,00 ⑧

Soll	3300 Bestand Teile	Haben
AB 65 000,00		VAK Teile/ Werkstatt 1 200,00 ③

Soll	4100 Löhne und Gehälter produktiv	Haben
③ Verb. 400,00		GuV 400,00 ⑧

Soll	1740 Verbindlichkeiten aus Lohn und Gehalt	Haben
		Lohn (interner Auftrag) 400,00 ③

Soll	3220 Bestand Nachrüstung/Aufbauten	Haben
④ Bestandsver. 2 100,00		VAK GW regelb. 2 100,00 ⑥

Soll	8990 Bestandsveränderungen	Haben
⑦ VAK GW regelb. 2 100,00		Bestand Nachr./ Aufb. 2 100,00 ④

Nach der Reparatur ist das Fahrzeug verkaufsfertig und wird in der Gebrauchtwagenhalle zum Verkauf angeboten. Nach fünf Tagen wird das Fahrzeug an die Ehni GmbH & Co. KG verkauft.
Der Verkaufspreis beträgt 15 640,00 € netto.

⑤ **Buchung des Gebrauchtwagenverkaufs:**

1400 Forderungen (Ehni GmbH & Co.KG) 18 611,60 €
an 8100 Erlöse Gebrauchtwagen regelbesteuert 15 640,00 €
1770 Umsatzsteuer 2 971,60 €

(6) **VAK Buchung:**

7100	VAK Gebrauchtwagen regelbesteuert	12 000,00 €			
		an	3100	Bestand Gebrauchtwagen regelbesteuert	12 000,00 €
7100	VAK Gebrauchtwagen regelbesteuert	2 100,00 €			
		an	3220	Bestand Nachrüstung/ Aufbauten	2 100,00 €

(7) **Korrekturbuchung Bestandsveränderung:**

8990	Bestandsveränderungen	2 100,00 €			
		an	7100	VAK Gebrauchtwagen regelbesteuert	2 100,00 €

Soll	1400 Forderungen (Ehni GmbH & Co.KG)	Haben
(5) Erl.GW/USt. 18 611,60		

Soll	8100 Erlöse Gebrauchtwagen regelbesteuert	Haben
(8) GuV 15 640,00	Ford. (Ehni) 15 640,00 (5)	

Soll	7100 VAK Gebrauchtwagen regelbesteuert	Haben
(6) Bestand GW 12 000,00	Bestandsveränderungen 2 100,00 (7)	
(6) Bestandserh./ Nachr./Aufb. 2 100,00	GuV 12 000,00	
14 100,00	14 100,00	

Soll	1770 Umsatzsteuer	Haben
	Ford. (Ehni) 2 971,60 (5)	

(8) **GuV Abschlussbuchungen:**

GuV	12 000,00 €			
	an	7100	VAK Gebrauchtwagen regelbesteuert	12 000,00 €
GuV	1 200,00 €			
	an	7310	VAK Teile durch Werkstatt	1 200,00 €
GuV	400,00 €			
	an	4100	Löhne und Gehälter produktiv	400,00 €

8100 Erlöse Gebrauchtwagen regelbesteuert	15 640,00 €		
		an GuV	15 640,00 €

Soll	GuV	Haben
⑧ VAK GW regelbesteuert 12 000,00		Erlöse Gebrauchtwagen regelbesteuert 15 640,00 ⑧
⑧ VAK Teile durch Werkstatt 1 200,00		
⑧ VAK Lohn (Buchung am Monatsende mit der Gehaltsabrechnung) 400,00		
Rohgewinn (Bruttoertrag) 2 040,00		
15 640,00		15 640,00

Zusammenfassung: Im GuV Konto stehen den Erlösen von 15 640,00 € die Kosten für den Ankauf des Fahrzeugs in Höhe von 12 000,00 € und die aufgewendeten Kosten für die Reparatur (1 200,00 € Teile und 400,00 € produktive Löhne) 1 600,00 € gegenüber. Dieses ergibt einen Bruttoertrag von 2 040,00 € oder 13 %.

Der Gebrauchtwagenbestand sowie die Erhöhung des Bestandswertes durch die Reparatur sind in der Kontenklasse 3 korrigiert. Die Bestandsveränderung in der Kontenklasse 8 ist ebenfalls korrigiert. Die Fahrzeugrechnung ist noch offen.

Kleinreparaturen, wie z. B. die Beseitigung von Lackschäden durch Steinschlag oder die Fahrzeugreinigung, erhöhen nicht den Wert des Gebrauchtwagens. Sie sind als Kosten zu buchen.

Beispiel

Eine Aushilfe wäscht einmal wöchentlich die Gebrauchtfahrzeuge. Dafür erhält sie 40,00 € bar aus der Kasse ausgezahlt.

Buchung:

4210 Aushilfslöhne	40,00 €		
		an 1000 Kasse	40,00 €

4.4 Verkauf von Neufahrzeugen mit Inzahlungnahme eines Gebrauchtfahrzeugs

EINSTIEGSSITUATION

Nach vier Wochen in der Abteilung Gebrauchtfahrzeugverkauf diskutiert die Auszubildende Nora Braun mit dem Verkäufer darüber, dass der Neufahrzeugverkauf ohne den Ankauf von Gebrauchtfahrzeugen sehr schwierig ist.
Nennen Sie die aus Ihrer Sicht wichtigen Gründe, warum der Ankauf von Gebrauchtfahrzeugen von Vorteil ist.

Beispiel

Die Neuwagenverkäuferin Annika Fink verkauft an Herrn Dr. Hartmut Falk (Privatmann) ein Neufahrzeug Modell Big Bag Plus-SUV, Diesel zur UPE, also für 55 000,00 € brutto. Herr Dr. Falk gibt sein älteres Fahrzeug Modell Maximo-Limousine, 3-türig in Zahlung. Die Autohaus Köppel GmbH kauft dieses Fahrzeug für 2 200,00 € an. Den Restbetrag zahlt Herr Dr. Falk per Electronic Cash.

Buchungssatz des Verkaufs:

1400	Forderungen (Dr. Falk)	55 000,00 €				
			an	8000	Erlöse Verkauf Neuwagen	46 218,49 €
				1770	Umsatzsteuer	8 781,51 €

Lagerentnahmebuchung:

7000	VAK Verkauf Neuwagen (Big Bag Plus-SUV, Diesel)	40 672,27 €				
			an	3000	Bestand Neuwagen (Big Bag Plus-SUV, Diesel)	40 672,27 €

Buchung des **Ankaufs des Gebrauchtfahrzeugs** Maximo-Limousine:

3110	Bestand GW differenzbesteuert	2 200,00 €				
			an	1400	Forderungen (Dr. Falk)	2 200,00 €

Buchung des Zahlungseinganges per Electronic Cash:

1200	Bank	52 800,00 €				
			an	1400	Forderungen (Dr. Falk)	52 800,00 €

Neufahrzeugverkauf mit Inzahlungnahme

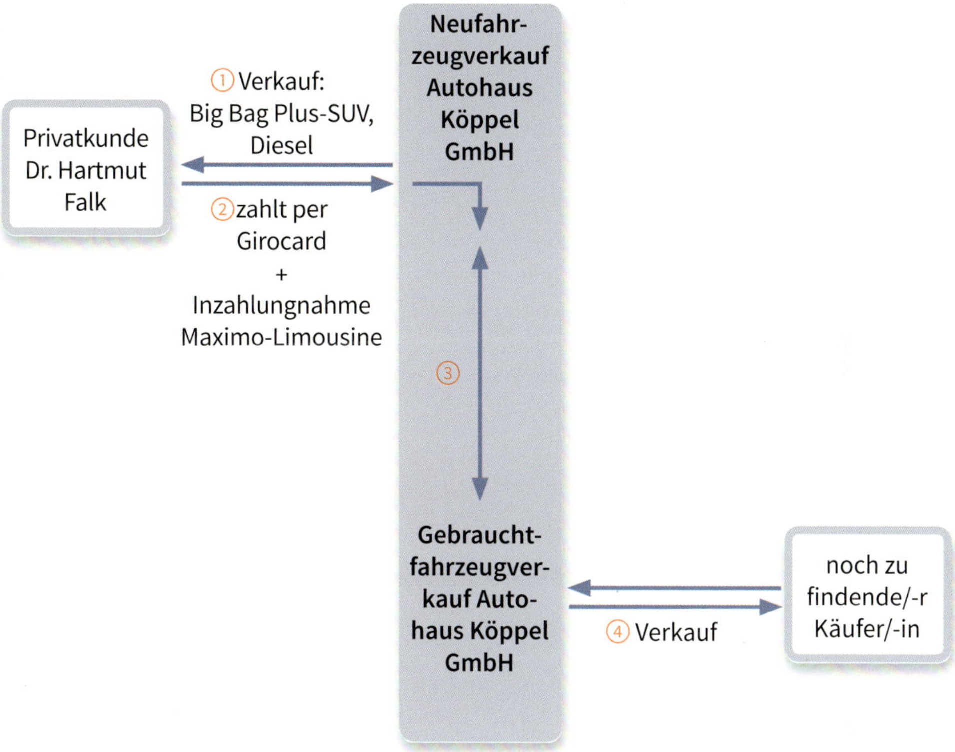

Beispiel

Der folgende Geschäftsvorfall soll beispielhaft aufzeigen, wie eng in der Praxis das Neufahrzeug- und das Gebrauchtfahrzeuggeschäft zusammengehören.

Es gelten die Preise der Sortimentsliste auf S. 11 f.

① Herr Köppel kauft vom Importeurlager der Michaelis Importgesellschaft mbH ein Neufahrzeug Modell Spiders-Cabriolet. Der Rechnungsbetrag plus 350,00 € Überführungskosten (netto) werden vom Bankkonto abgebucht.

② Dieses Fahrzeug wird von Herrn Köppel persönlich an Herrn Christian Pflanz mit einem Preisnachlass von 2 % auf die UPE plus 450,00 € Überführungskosten (netto) verkauft.

③ Herr Pflanz gibt ein Gebrauchtfahrzeug Modell Maximo-Limousine für 9 000,00 € in Zahlung. Den Restbetrag überweist er auf das Bankkonto.

④ An dem Gebrauchtfahrzeug Maximo-Limousine nimmt die Werkstatt eine werterhöhende Reparatur vor, um es verkaufsfertig zu machen. Interne Rechnung Ersatzteile: 450,00 €; Lohn: 120,00 €; VAK Teile 300,00 €, Fertigungslohn 80,00 €.

⑤ Nach drei Monaten verkauft das Autohaus das Gebrauchtfahrzeug Modell Maximo-Limousine an eine neue Privatkundin, Frau Elisabeth Braun, für 9 900,00 €. Frau Braun bezahlt bar.

Zum besseren Verständnis soll die folgende Grafik dienen:

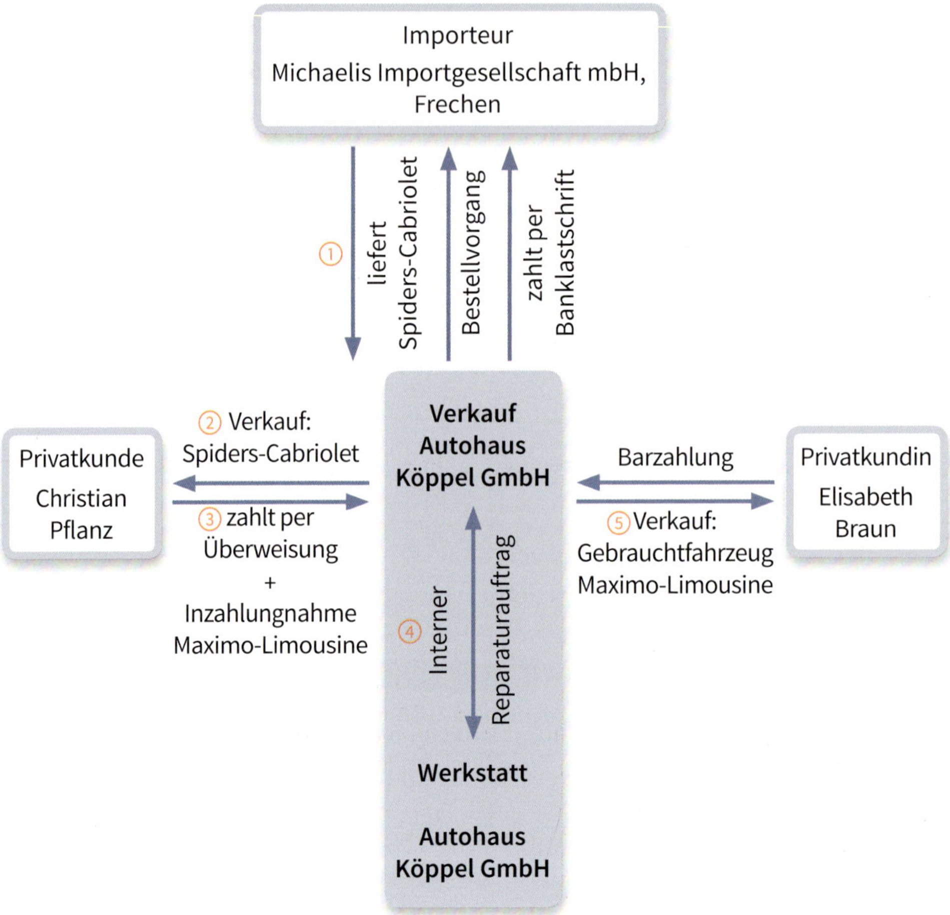

Buchungssätze:

① Einkauf des Neuwagen Spiders-Cabriolet:

3000	Bestand Neuwagen (Spiders-Cabriolet)	23 029,41 €				
3030	Bestand Überführung	350,00 €				
1570	Vorsteuer	4 442,09 €				
			an	1200	Bank	27 821,50 €

② Verkauf des Neuwagen Spiders-Cabriolet an Herr Christian Pflanz:

1400	Forderungen (Christian Pflanz)	31 405,50 €				
			an	8000	Erlöse Verkauf Neuwagen	25 941,18 €
				8030	Erlöse Überführung	450,00 €
				1770	Umsatzsteuer	5 014,32 €

VAK Buchung:

7000	VAK Verkauf Neuwagen (Spiders-Cabriolet)	23 029,41 €				
			an	3000	Bestand Neuwagen (Spiders-Cabriolet)	23 029,41 €
7030	VAK Überführung	350,00 €				
				3030	Bestand Überführung	350,00 €

③ Inzahlungnahme des Gebrauchtwagen Maximo-Limousine und Überweisung des Restbetrages:

3110	Bestand GW differenzbesteuert	9 000,00 €				
1200	Bank	22 405,50 €				
			an	1400	Forderungen (Christian Pflanz)	31 405,50 €

④ Buchung des internen Auftrags (interne Rechnung, VAK, Bestandserhöhung):

Interne Rechnung:

5005	Werkstattleistung/ Instandsetzung	570,00 €				
			an	5701	Interne Erlöse (Teile)	450,00 €
				5701	Interne Erlöse (Lohn)	120,00 €

VAK Buchung:

7310	VAK Teile durch die Werkstatt	300,00 €				
			an	3300	Bestand Teile	300,00 €
4100	Löhne und Gehälter produktiv*	80,00 €				
			an	1740	Verbindlichkeiten aus Lohn und Gehalt	80,00 €

* Buchung am Monatsende mit der Gehaltsabrechnung

Bestandserhöhung:

3220	Bestand Nachrüstung/ Aufbau	570,00 €				
			an	8990	Bestandsveränderungen	570,00 €

⑤ Verkauf des Gebrauchtwagen Maximo-Limousine an die Privatkundin Braun (Ausgangrechnung, VAK, Bestandskorrektur):

Ausgangsrechnung:

1000	Kasse	9 900,00 €				
			an	8110	Erlöse GW differenzbesteuert	9 000,00 €
				8111	Mehrerlöse Differenzbesteuerung	756,30 €
				1770	Umsatzsteuer	143,70 €

VAK Buchung:

7110	VAK GW differenzbesteuert	9 000,00 €				
			an	3110	Bestand GW differerenzbesteuert	9 000,00 €
7110	VAK GW differenzbesteuert	570,00 €				
			an	3220	Bestand Nachrüstung/ Aufbau	570,00 €

Bestandskorrektur:

8990	Bestandsveränderungen	570,00 €				
			an	7110	VAK GW differenzbesteuert	570,00 €

Bei der Anwendung der Differenzbesteuerung ist lediglich die Differenz zwischen dem Verkaufspreis und dem Einkaufspreis für die Berechnung der Umsatzsteuer relevant. Nachträgliche Reparaturen wie in diesem Beispiel verändern nicht die Werte!

4.5 Gebrauchtfahrzeugbewertung und Instandsetzung

EINSTIEGSSITUATION

Die Auszubildenden Nora Braun und Carl Löffler unterhalten sich. Beide waren bei einigen An- und Verkäufen von Gebrauchtfahrzeugen dabei. „Sag mal, weißt du im Einzelnen, was alles bei der Fahrzeugbewertung zu tun ist?“, fragt Nora. „Nun ja, nicht so richtig“, antwortet Carl. „Hm, okay. Und bei der Aufbereitung und Instandsetzung? Worauf muss ich da achten?“, fragt Nora erneut. „Gute Frage. Am besten besprechen wir das mal mit Frau Tannert“, meint Carl. „Gut, das machen wir“, antwortet Nora.

Geben Sie den beiden Auskunft und halten Sie Ihr Wissen in einer Checkliste fest.

Um realistische Einkaufs- sowie Verkaufspreise zu ermitteln bzw. festzulegen, müssen die anzukaufenden Fahrzeuge bewertet und für einen gewinnbringenden Verkauf unter Umständen instand gesetzt werden.

4.5.1 Gebrauchtfahrzeugbewertung und Inzahlungnahme

Bevor die Bewertung eines Fahrzeugs durchgeführt werden kann, muss dieses auf Herz und Nieren geprüft werden. Eine ausführliche Zustandsbewertung kann folgendermaßen aussehen:

Zustandsbewertung

Fahrzeug Id-Nr: ___ ______ ________

	sehr gut		mittel		schlecht	Unfallschäden erkannt
optischer Zustand	☐	☐	☐	☐	☐	☐ ja
technischer Zustand	☐	☐	☐	☐	☐	☐ nein

B = Beule
D = Delle
F = Fehler
G = Gebrauchs-spuren
K = Kratzer
R = Rost
S = Steinschlag
T = technischer Mangel
U = Undichtigkeit
V = Verschmutzung
X = Bruch

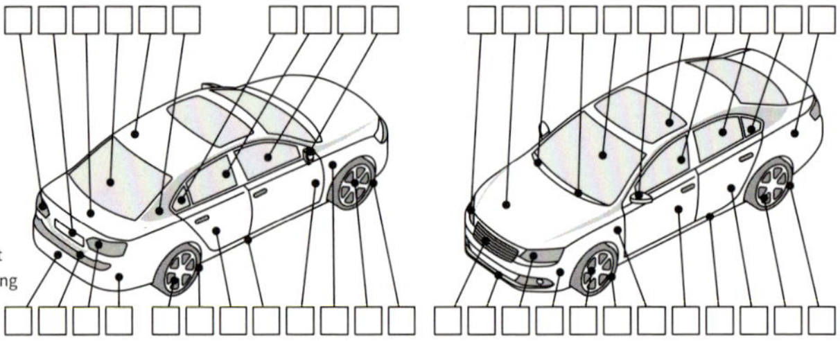

Karosserie: EUR

Front: ____ ____
Heck: ____ ____
Linke Seite: ____ ____
Rechte Seite: ____ ____
Dach: ____ ____
Stoßstangen: ____ ____
Beleuchtung: ____ ____
Glasschäden: ____ ____
Sonstiges: ____ ____
____ ____

Antrieb:

Motor: ____ ____
Kühlung: ____ ____
Getriebe: ____ ____
Kupplung: ____ ____
Antr.-Welle: ____ ____
Differential: ____ ____
Auspuff: ____ ____
Kat. geprüft? ☐ ja ☐ nein
Elektrik/Elektronik/Display: ____
____
____ ____
Batterie: ____ ____
Sonstiges: ____
____ ____

Fahrwerk: EUR

Lenkung: ____ ____
Radaufhängung: ____ ____
Stoßdämpfer: vorn ____ hinten ____ ____
Bremsen: vorn ____ hinten ____ ____
Handbremse: ____ ____
Felgen/Typ: ____ ____
zulässig? ☐ ja ☐ nein
Norm. Bereifung: ____ -fach
Profiltiefe (mm) VL ___ VR ___ HL ___ HR ___ Res. ___
M + S-Bereifung: ____ -fach
Profiltiefe (mm) VL ___ VR ___ HL ___ HR ___ Res. ___
opt. vermessen: ____
Undichtigkeiten: ____ ____
Sonstiges: ____ ____
____ ____

Innenraum:

Polster: ____ ____
Verkleidungen: ____ ____
Fußraum: ____ ____
Kofferraum: ____ ____
Dachhimmel: ____ ____
Desodorierung: ____ ____
Inspektion: ____ ____
Ölservice: ____ ____
TÜV/AU: ____ ____
Opt. Aufbereitung: ____ ____

Nachlackiert? Teil: Lackstärke (μ)
☐ ja ____ ____
☐ nein ____ ____
____ ____

Ausgelesener km-Stand: ____
Key-Reader ☐ ja ☐ nein

____
Datum, Unterschrift Bewerter/-in

Kosten aus:

Karosserie: ____
Antriebsaggregate: ____
Fahrwerk: ____
Innenraum: ____
Optik: ____
TÜV/AU: ____

Gesamt: ____

Die sich aus der Prüfung ergebenden wertmindernden Faktoren schlagen sich nun in der Bewertung nieder. Mithilfe eines computergesteuerten Bewertungsprogramms, z. B. von der **Deutschen Automobil Treuhand GmbH** (DAT), erfolgt die genaue Wertermittlung für das gebrauchte Fahrzeug. Von vielen Autohäusern wird die o. g. Software markenübergreifend verwendet.

Die zweite Möglichkeit der Bewertung ist der Spezialkatalog „DAT Marktspiegel". Mit diesem lässt sich eine genaue Bewertung zwar auch manuell vornehmen, ist aber wegen der händischen Datenerfassung sehr zeitaufwendig. In der Praxis sind die Autohäuser daher auf computergestützte Programme umgestiegen.

Bespiel für eine Bewertung der Autohaus Köppel GmbH

Autohaus Köppel GmbH
Diedenhofener Str. 6
54294 Trier

GEBRAUCHTFAHRZEUG-BEWERTUNG nach DAT-System

Telefon: 0651 7155-0
Telefax: 0651 7155-23
E-Mail: info@autohaus-koeppel.de
Bank: Sparkasse Trier
IBAN: DE01 5855 0130 3011 2222 15
BIC: TRISDE55XXX

Fahrzeugart: Pkw
Fabrikat: Best Cars
Typ: Spiders
Ausführung: Cabriolet
Fahrgestell-Nr.: 8XYZA1246567
Motorart: Benzin
Alter: 3 Jahre
Farbe: Blue
Kilometerstand: 63 000 km
Anzahl Besitzer: 2
Gesamtzustand: GUT
Vorschäden: keine
Reifengröße: 195/65R15 H

Serienausstattung:
AIRBAG (Fahrer- und Beifahrerseite), Außenspiegel elektr. verstellbar, Fensterheber vorn elektr., 5-Gang-Getriebe, Servolenkung, Zentralverriegelung, ABS, dritte Bremsleuchte, Frontscheibe mit Farbkeil, beheizb. Heckscheibe, Verglasung getönt

Sonderausstattung:
Diebstahl-Warnanlage, Lederlenkrad, Sitzheizung vorne, Fernbedienung (ZV), Klimaautomatik, Mittelarmlehne vorne

Zusatzausstattung: Alufelgen

Auf der Basis des Marktspiegels und unter Berücksichtigung der mitbewerteten Ausstattung sowie weiterer wertbeeinflussender Faktoren ermittelt sich unser Händlereinkaufswert (inkl. MwSt.) des oben genannten Fahrzeugs zu:

16 340,00 €

Diese Bewertung wurde durchgeführt von: Herrn Giglione.

Die **Inzahlungnahme** kann nun auf zwei verschiedene Arten durchgeführt werden:

- Kauf des Fahrzeugs durch den Händler: Hierbei erwirbt der Händler Eigentum an dem Fahrzeug und verkauft es auf eigenes Risiko an Dritte weiter.

- Vermittlung des Verkaufs durch den Händler (Agenturgeschäft): Der Kunde bzw. die Kundin übergibt das Fahrzeug zur Verkaufsvermittlung an den Händler. Dabei bleibt das Fahrzeug Eigentum der Kundschaft und diese trägt das Risiko, falls der vereinbarte Verkaufspreis nicht erzielt wird. Der Händler erhält bei Verkauf eine Provision.

In früheren Jahren war der Kauf problematisch, weil der Händler beim Kauf von Privatpersonen keine Vorsteuer geltend machen konnte und beim Verkauf die volle Umsatzsteuer aus dem Erlös abführen musste. Deshalb gab es früher viele Agenturgeschäfte. Inzwischen ist jedoch eine **Differenzbesteuerung** möglich, auf die bereits in den oberen Punkten eingegangen wurde.

Heute werden deshalb die Gebrauchtfahrzeuge (hauptsächlich bei markengebundenen Händlern) durch Kauf erworben.

Neben verkehrssicheren Gebrauchtfahrzeugen muss der Händler unter Umständen auch Fahrzeuge annehmen, die wegen nicht behebbarer Mängel nur noch verschrottet werden können. Um solche Fahrzeuge, die endgültig stillgelegt werden sollen, annehmen zu können, muss der Betrieb eine anerkannte Annahmestelle für Altautos sein (**Altauto-Verordnung**). Die Anerkennung wird von den zuständigen Kfz-Innungen für jeweils 18 Monate erteilt und ist an strenge Bedingungen geknüpft:

- vertragliche Vereinbarung mit einem anerkannten Verwertungsbetrieb
- Entsprechende Verwertungsnachweise müssen vorliegen.
- Eine mineralölundurchlässige und säurebeständige Abstellfläche mit Leichtflüssigkeitsabscheider muss vorhanden sein.
- Eine Grube, Hebebühne oder Rampe muss vorhanden sein.
- Einsatz von Geräten für nicht mehr rollfähige Fahrzeuge
- ausreichende Menge von Bindemittel für ausgetretene Flüssigkeiten
- Feuerlöscheinrichtung
- Aushang einer Arbeitsanweisung

Um ein Fahrzeug endgültig abmelden zu können, verlangt die **Straßenverkehrs-Zulassungs-Ordnung (StVZO)** einen **Verwertungsnachweis**. Für diesen Nachweis ist der Verwerter zuständig und verantwortlich und stellt in der Regel diese Bescheinigung der ordnungsgemäßen Verwertung/Entsorgung aus. Damit das Altauto sofort nach der Abgabe endgültig abgemeldet werden kann, kann der Verwerter die Ausstellung des Verwertungsnachweises auch auf die Altauto-Annahmestelle übertragen. Somit erhalten die Letztbesitzer und -besitzerinnen sofort bei Abgabe des Fahrzeugs den Verwertungsnachweis.

Ankaufvertrag

Ist die Verkäuferin oder der Verkäufer mit dem Angebotspreis des Autohauses einverstanden, wird ein Ankaufvertrag zwischen Verkäufer/-in (Kundschaft) und Käufer (Autohaus) geschlossen. In diesem Vertrag wird festgehalten, um welches Fahrzeug es sich handelt, also:

- Fahrzeugtyp
- Hersteller

- Fahrgestellnummer
- Ausstattungsmerkmale
- Fahrzeugzustand
- sonstige Vereinbarungen (z. B. Achtfachbereifung)

Fahrzeugübergabe

Außerdem wird ein Fahrzeugübergabetermin vereinbart. Folgende Unterlagen/Gegenstände sind dann zu übergeben:

- alle Fahrzeugschlüssel
- je nach den Inhalten des Vertrags Bereifung (z. B. bei der Vereinbarung „Achtfachbereifung“)
- Bordbuch (Bedienungsanleitung)
- Scheckheft
- sämtliche für das Fahrzeug notwendige Unterlagen (Rechnungen, TÜV-Berichte usw.)
- alle sonstigen Gegenstände, die zum Fahrzeug gehören (z. B. Persenning)

4.5.2 Aufbereitung und Instandsetzung

Das gebrauchte Fahrzeug ist angekauft. Um den Gebrauchtwagen-Interessierten die Angebote attraktiv zu machen, müssen die Fahrzeuge besonders sorgfältig aufbereitet werden. Der optische Eindruck und der gute technische Zustand des Gebrauchtwagens sind entscheidende Merkmale für den schnellen Wiederverkauf. Während der reine Gebrauchtwagenhändler sich die Fahrzeuge, die ihm angeboten werden, aussuchen kann, muss der Neuwagenhändler bei Inzahlungnahme fast alle Fahrzeuge (Marken und Modelle) annehmen, um den Neuwagenverkauf zu realisieren. Deshalb sind für den Wiederverkauf oft aufwendige Aufbereitungs- bzw. Instandsetzungsarbeiten erforderlich. Wichtig bei den Verkaufsvorbereitungen ist eine ohne Zeitverzug durchzuführende Instandsetzung, da jeder Standtag Kosten verursacht.

Für die durchzuführenden Arbeiten muss ein **Instandsetzungsauftrag** geschrieben werden. Dieser Auftrag richtet sich nach den Feststellungen der Gebrauchtwagenbewertung. Dabei sind nur die Arbeiten durchzuführen, die unbedingt notwendig sind. Viele Unternehmen verwenden bei der Instandsetzung, besonders bei Eigenfabrikaten, gebrauchte Fahrzeugteile. Diese Teile stammen aus „ausgeschlachteten“ Unfallfahrzeugen, aufbereiteten Altteilen oder aus Beständen eines Altautoverwerters. Bei kleineren Schäden werden zunehmend Reparaturlösungen angeboten, die ein Auswechseln von Teilen entbehrlich machen. Zu diesen neueren Reparaturtechniken zählen z. B. Autoglasreparaturen und das Entfernen von kleineren Beulen durch eine besondere Ziehtechnik. Da der Kunststoffanteil am Auto sehr hoch ist, nimmt auch das Potenzial für Reparaturen in diesem Bereich zu. Es können z. B. kleinere Löcher, Kratzer und Risse an Stoßfängern, Kühlgittern und anderen Kunststoffteilen mit einer speziellen Technik repariert werden.

So können Schäden durch **zeitwertgerechte Instandsetzung** (siehe Kapitel 4) nicht nur preiswert behoben werden, sondern darüber hinaus werden die Umwelt und die Natur durch weniger Abfälle geschont.

4.5.3 Präsentation der Fahrzeuge in Verkaufsportalen

Die angebotenen Fahrzeuge können nicht nur im „reellen Verkaufsbereich" des Autohauses, sondern auch in einem „virtuellen Verkaufsbereich" präsentiert bzw. angeboten werden. Auf verschiedenen Plattformen ist dies schnell und einfach möglich. Unter anderem gibt es Plattformen, die sich an Privatpersonen (z. B mobile.de) oder Händlerkollegen richten.

Wie viele Autobesitzer/-innen nutzen das Internet für:	
Suche nach allgemeinen Produkten und Dienstleistungen	73 %
Suche einer Werkstatt	32 %
Reifen online bestellen	25 %

Betrachtet man die oben stehenden Zahlen, ist schnell festzustellen, dass der Verkauf und die eigene Unternehmenspräsentation im Internet eine bedeutende Rolle spielt.

Dementsprechend müssen Händler und Hersteller auf diesen Trend reagieren und ihre Homepages und Inserate benutzerfreundlich und ansprechend gestalten.

Zurzeit findet der Neuwagenverkauf zwar noch überwiegend „face-to-face", also im Autohaus statt, viele Kunden und Kundinnen sind aber durchaus für einen Internetkauf zu begeistern (für Neu- und Gebrauchtfahrzeuge). Vierzig Prozent der befragten Autofahrer und -fahrerinnen können sich vorstellen ihr Fahrzeug direkt über das Internet zu kaufen.

Damit das Unternehmen auch beim Thema „Onlinegeschäft" mithalten kann, sollten folgende Punkte berücksichtigt werden:

- „Holen" Sie Ihre Kundschaft im Netz ab und bieten Sie ihr, was sie sucht.
- Nehmen Sie aktiv mit der Kundschaft Kontakt auf und bearbeiten bzw. beantworten Sie **jede** Anfrage.
- Kommen Sie mit der Kundschaft ins Gespräch und bieten Sie ihr „Auswahlmöglichkeiten", wenn das gewünschte Produkt zurzeit vielleicht nicht verfügbar sein sollte.
- Vereinbaren Sie mit den Kundinnen und Kunden einen Termin – aus online wird nun offline – und empfangen Sie die Kundschaft in Ihrem Autohaus.
- Nutzen Sie verschiedene digitale Wege und arbeiten Sie an Ihrem Internetauftritt.
- Führen Sie Kundenbefragungen zu Ihrer Homepage, zu der Anwenderfreundlichkeit und zu der Präsentation der Fahrzeuge im Internet durch.
- Nehmen Sie die Nachbetreuung Ihrer Kundschaft persönlich und digital wahr.
- Arbeiten Sie aktiv an der Position Ihres Auftritts im Internet (bei Google möglichst auf der ersten Seite).

Für Händler gibt es sogenannte **Händlerbörsen/Händlerportale**. In diesen werden die Fahrzeuge mit einem Mindestpreis eingestellt. Finden sich interessierte Händler, kann über die Mindestpreise ggf. aber auch nachverhandelt werden.

Wichtig bei der Präsentation der Fahrzeuge in Verkaufsportalen ist das Einhalten von medienrechtlichen Regelungen. So sind beispielsweise das Telekommunikationsgesetz und die AGB der Plattformbetreiber einzuhalten.

Kosten für die Internetpräsenz

Werden Fahrzeuge in den verschiedenen Portalen oder auf der eigenen Homepage präsentiert, fallen natürlich auch Kosten an. Diese können jedoch mit den Standzeiten der Fahrzeuge gegengerechnet werden.

Beispiel

Herr Giglione erklärt den Auszubildenden der Autohaus Köppel GmbH Folgendes:

„Der Internetauftritt oder das Inserat verursachen zwar Kosten, sie können aber die Standzeiten der Fahrzeuge durch einen schnelleren Verkauf und das Ansprechen eines großen Kundenkreises komprimieren bzw. verringern, was für unser Autohaus wiederum ein großer Vorteil ist. Das Kapital ist kürzer gebunden und wir können neue Fahrzeuge anschaffen.“

4.6 Verkaufspreisermittlung und Verkaufsabwicklung

EINSTIEGSSITUATION

Nora Braun soll eine Verkaufspreisermittlung für ein von Herrn Giglione in Zahlung genommenes gebrauchtes Fahrzeug vornehmen.

Unterstützen Sie die Auszubildende dabei.

4.6.1 Verkaufspreisermittlung

Um den Verkaufspreis für ein Fahrzeug festzulegen, wird wiederum die Fahrzeugbewertung nach dem DAT-System verwendet. Ausgehend vom Verkaufswert des DAT-Marktspiegels (für Fahrzeuge mit Serienausstattung und durchschnittlicher Kilometerleistung) werden alle wertbeeinflussenden Faktoren eingegeben. Das genutzte Programm, z. B. „SilverDAT® II“, macht Vorschläge für die einzelnen Faktoren und berechnet so die Zu- oder Abschläge, z. B. für mehr gefahrene Kilometer, Mehrfachbesitzer usw. Diese Vorschläge können aber auch individuell verändert werden.

Für das bewertete Spiders-Cabriolet (siehe S. 157) ergibt sich folgende Kalkulation:

Autohaus Köppel GmbH
Diedenhofener Str. 6
54294 Trier

Telefon: 0651 7155-0
Telefax: 0651 7155-23
E-Mail: info@autohaus-koeppel.de
Bank: Sparkasse Trier
IBAN: DE01 5855 0130 3011 2222 15
BIC: TRISDE55XXX

Details zur Gebrauchtfahrzeugbewertung nach DAT-System

Verkaufswert nach DAT Marktspiegel (inkl. MwSt.):		18 300,00 €
Laufleistung:	63 000 km	
Bezugsfahrstrecke:	60 000 km	
km-Differenz:	3 000 km	–340,00 €
Werterhöhung durch Sonderausstattung lt. Anlage:		+1 350,00 €
Werterhöhung für durchgeführte Reparaturen:		0,00 €
Wertminderung für Unfallschaden:		0,00 €
Gebrauchtfahrzeuggarantie:		0,00 €
Reifen:		–150,00 €
Fahrzeuggrundwert:		19 160,00 €
Korrekturfaktor allgemein:	100 %	0,00 €
Korrekturfaktor Anzahl Besitzer:	3 %	–570,00 €
Vorläufiger Händler-Verkaufswert:	18 590,00 €	
Wertminderung für erforderliche Reparaturen (inkl. MwSt.):		–250,00 €
Händler-Verkaufswert (inkl. MwSt.):		**18 340,00 €**

Anlage zur Gebrauchtwagenbewertung – Sonderausstattung

	Neuwert in Euro	Altwert in Euro
Diebstahl-Warnanlage	340,00	250,00
Fernbedienung (ZV)	250,00	110,00
Klimaautomatik	1 500,00	625,00
Leder-Lenkrad	150,00	40,00
Mittelarmlehne vorne	100,00	25,00
Sitzheizung vorne	300,00	100,00
Zusatzausstattung: Alufelgen	800,00	200,00
Summe	3 440,00	1 350,00

Nach Hereinnahme des gebrauchten Fahrzeugs wird sofort mit der Aufbereitung und Instandsetzung begonnen, damit das Cabrio nach kurzer Zeit präsentationsreif (hochglanzpoliert) auf den Verkaufsflächen stehen kann.

Finden sich Kaufinteressierte, ist es in der Praxis meistens so, dass diese über den Preis verhandeln möchten. Die Aufgabe des Verkaufspersonals besteht nun darin, überzeugende Argumente zu nennen, die den veranschlagten Preis rechtfertigen.

Wichtige Argumente hierbei sind, im Gegensatz zu einem Privatanbieter, die **Sachmängelhaftung** und die **Gebrauchtwagengarantie** des Autohändlers. In der Regel werden alle Gebrauchtfahrzeuge mit einer Garantie verkauft. Nach dem Gesetz besteht auch für Gebrauchtfahrzeuge eine **Sachmängelhaftungspflicht** des Autohändlers von zwei Jahren.

Diese Frist wird durch die AGB für Gebrauchtwagenfahrzeuge in der Regel auf ein Jahr verkürzt und beschränkt sich nur auf Mängel, die zum Zeitpunkt des Verkaufs vorhanden waren. Für die Haltbarkeit des Fahrzeugs bzw. bestimmter Teile muss der Autohändler nicht haften. Dies ist Sache der Garantie, die eine freiwillige Leistung des Autohändlers darstellt.

Es werden verschiedene Arten von Garantien gewährt. So unterscheidet man zwischen einer händlereigenen Garantie und der eines externen Garantiegebers. Bei der **Eigengarantie** des Händlers übernimmt der verkaufende Händler eine zeitlich begrenzte Garantie – in der Regel ein Jahr – auf bestimmte Aggregate des Fahrzeugs (z. B. Motor). Um einen eventuellen Garantiefall abzusichern, muss er hierfür eine Wagnisrückstellung bilden.

Bei **externen Garantiegebern** handelt es sich um Versicherungen, die eventuelle Reparaturkosten versichern, oder um produktbezogene Garantiegeber auf Additivbasis („Schmierstoffgarantie"). Letzteres bedeutet, dass alle mit Schmierstoffen funktionierenden Bauteile (Motor, Getriebe, Ausgleichsgetriebe) mit einer Gebrauchtwagengarantie versehen werden.

Zusätzlich kann bei allen genannten Arten auch für andere Fahrzeugbauteile eine Garantie übernommen werden. Dabei kann auch – je nach Fahrzeugalter – unterschiedlich Ersatz geleistet werden. Insbesondere bei den Materialkosten wird den Käuferinnen und Käufern ab 50 000 km Laufleistung nur noch ein Teil erstattet.

Diese Leistungen erbringen private Angebote nicht. Hier wird die Sachmängelhaftung ausgeschlossen und es gibt keine Garantie.

Ein weiterer Grund für die Rechtfertigung des Verkaufspreises sind **Zusatzleistungen**, die der Autohändler gewährt und die private Angebote nicht leisten. Aber auch ein guter Service, Kompetenz usw. können als Verkaufsargumente angeführt werden.

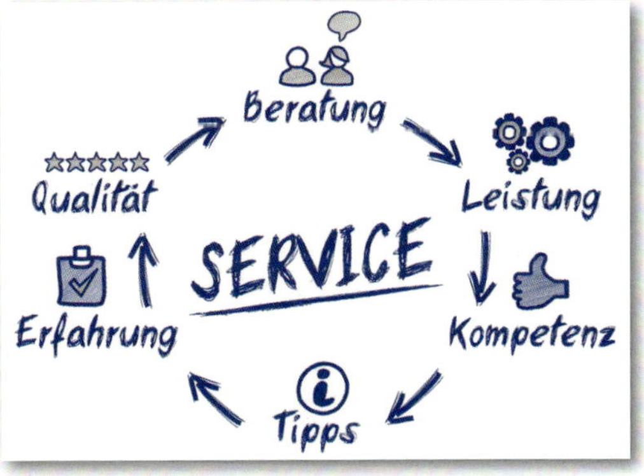

Beispiel

Bei der Autohaus Köppel GmbH erhalten alle, die einen Gebrauchtwagen kaufen, einen „Gute-Fahrt-Service" für das Gebrauchtfahrzeug. Dieser Service beinhaltet:

- Bus-Ticket bei Reparatur
- Gutscheine für Ersatzwagen, Wartungsarbeiten, TÜV-Abnahme, Dachbox-Vermietung, Probefahrt, Fahrzeugbewertung, Fahrsicherheitstraining usw.
- Inzahlungnahmegarantie
- Kompetente Beratung wird garantiert.
- weitere Leistungen

Um sich beim Verkauf von Gebrauchtfahrzeugen an Privatpersonen gegen Sachmängelhaftungsansprüche abzusichern und der Kundschaft die Fehlerfreiheit des Fahrzeugs nachzuweisen, wird ihr oft ein **Prüfprotokoll** von unabhängigen Sachverständigen (z. B. DEKRA-Siegel, TÜV-Zertifikat) ausgehändigt. Damit wird nachgewiesen, dass das Fahrzeug bei Übergabe fehlerfrei ist bzw. bestimmte Mängel aufweist.

4.6.2 Verbindliche Gebrauchtwagen-Bestellung

Wird ein gebrauchtes Fahrzeug verkauft, verlangt das Autohaus, ähnlich wie beim Neuwagenkauf, eine verbindliche Bestellung. Die Kundschaft erhält anschließend eine schriftliche Bestätigung. Damit ist der Gebrauchtwagen-Kaufvertrag abgeschlossen und die Übergabe kann nach erfolgter Zulassung beim zuständigen Straßenverkehrsamt erfolgen.

Der Zentralverband Deutsches Kraftfahrzeuggewerbe e. V. (ZDK) hat Allgemeine Geschäftsbedingungen entworfen und mit Verbraucherverbänden abgestimmt. Somit ist auch der Verbraucherschutz gewährleistet. Diese Bedingungen werden den Autohäusern als unverbindliche Empfehlung angeboten und von den meisten Autohändlern auch angenommen, da sie rechtlich abgesichert sind.

Anlage des Kaufvertrags sind die AGB für Gebrauchtfahrzeuge, die der Kundschaft beim Kaufantrag bekannt gemacht werden müssen. Deshalb werden diese Bedingungen auf der Rückseite des Vertrags abgedruckt. Nachfolgend sind auszugsweise die Geschäftsbedingungen des ZDK aufgeführt:

Gebrauchtwagen-Verkaufsbedingungen (Kraftfahrzeuge und Anhänger) Unverbindliche Empfehlung des Zentralverbandes Deutsches Kraftfahrzeuggewerbe e. V. (ZDK)

I. Vertragsabschluss/Übertragung von Rechten und Pflichten des Käufers

1. Der Käufer ist an die Bestellung höchstens bis 10 Tage, bei Nutzfahrzeugen bis 2 Wochen gebunden. Der Kaufvertrag ist abgeschlossen, wenn der Verkäufer die Annahme der Bestellung des näher bezeichneten Kaufgegenstandes innerhalb der jeweils genannten Fristen in Textformbestätigt oder die Lieferung ausführt. Der Verkäufer ist jedoch verpflichtet, den Besteller unverzüglich zu unterrichten, wenn er die Bestellung nicht annimmt.

2. Übertragungen von Rechten und Pflichten des Käufers aus dem Kaufvertrag bedürfen der Zustimmung des Verkäufers in Textform. Dies gilt nicht für einen auf Geld gerichteten Anspruch des Käufers gegen den Verkäufer. Für andere Ansprüche des Käufers gegen den Verkäufer bedarf es der vorherigen Zustimmung des Verkäufers dann nicht, wenn beim Verkäufer kein schützenswertes Interesse an einem Abtretungsausschluss besteht oder berechtigte Belange des Käufers an einer Abtretbarkeit des Rechtes das schützenswerte Interesse des Verkäufers an einem Abtretungsausschluss überwiegen.

II. Zahlung

1. Der Kaufpreis und Preise für Nebenleistungen sind bei Übergabe des Kaufgegenstandes und Aushändigung oder Übersendung der Rechnung zur Zahlung fällig.
2. Gegen Ansprüche des Verkäufers kann der Käufer nur dann aufrechnen, wenn die Gegenforderung des Käufers unbestritten ist oder ein rechtskräftiger Titel vorliegt. Hiervon ausgenommen sind Gegenforderungen des Käufers aus demselben Kaufvertrag. Ein Zurückbehaltungsrecht kann er nur geltend machen, soweit es auf Ansprüchen aus demselben Vertragsverhältnis beruht.

III. Lieferung und Lieferverzug

1. Liefertermine und Lieferfristen, die verbindlich oder unverbindlich vereinbart werden können, sind in Textformanzugeben. Lieferfristen beginnen mit Vertragsabschluss.
2. Der Käufer kann zehn Tage, bei Nutzfahrzeugen zwei Wochen, nach Überschreiten eines unverbindlichen Liefertermins oder einer unverbindlichen Lieferfrist den Verkäufer auffordern, zu liefern. Mit dem Zugang der Aufforderung kommt der Verkäufer in Verzug. Hat der Käufer Anspruch auf Ersatz eines Verzugsschadens, beschränkt sich dieser bei leichter Fahrlässigkeit des Verkäufers auf höchstens 5 % des vereinbarten Kaufpreises.
3. Will der Käufer darüber hinaus vom Vertrag zurücktreten und/oder Schadensersatz statt der Leistung verlangen, muss er dem Verkäufer nach Ablauf der betreffenden Frist gemäß Ziffer 2, Satz 1 dieses Abschnitts eine angemessene Frist zur Lieferung setzen.
Hat der Käufer Anspruch auf Schadensersatz statt der Leistung, beschränkt sich der Anspruch bei leichter Fahrlässigkeit auf höchstens 10 % des vereinbarten Kaufpreises. Ist der Käufer eine juristische Person des öffentlichen Rechts, ein öffentlich-rechtliches Sondervermögen oder ein Unternehmer, der bei Abschluss des Vertrages in Ausübung seiner gewerblichen oder selbstständigen beruflichen Tätigkeit handelt, sind Schadenersatzansprüche bei leichter Fahrlässigkeit ausgeschlossen.
Wird dem Verkäufer, während er in Verzug ist, die Lieferung durch Zufall unmöglich, so haftet er mit den vorstehend vereinbarten Haftungsbegrenzungen. Der Verkäufer haftet nicht, wenn der Schaden auch bei rechtzeitiger Lieferung eingetreten wäre.
4. Wird ein verbindlicher Liefertermin oder eine verbindliche Lieferfrist überschritten, kommt der Verkäufer bereits mit Überschreiten des Liefertermins oder der Lieferfrist in Verzug. Die Rechte des Käufers bestimmen sich dann nach Ziffer 2, Satz 3 und Ziffer 3 dieses Abschnitts.
5. Die Haftungsbegrenzungen und Haftungsausschlüsse dieses Abschnitts gelten nicht für Schäden, die auf einer grob fahrlässigen oder vorsätzlichen Verletzung von Pflichten des Verkäufers, seines gesetzlichen Vertreters oder seines Erfüllungsgehilfen beruhen sowie bei Verletzung von Leben, Körper oder Gesundheit.
6. Höhere Gewalt oder beim Verkäufer oder dessen Lieferanten eintretende Betriebsstörungen, die den Verkäufer ohne eigenes Verschulden vorübergehend daran hindern, den Kaufgegenstand zum vereinbarten Termin oder innerhalb der vereinbarten Frist zu liefern, verändern die in Ziffern 1 bis 4 dieses Abschnitts genannten

Termine und Fristen um die Dauer der durch diese Umstände bedingten Leistungsstörungen. Führen entsprechende Störungen zu einem Leistungsaufschub von mehr als vier Monaten, kann der Käufer vom Vertrag zurücktreten. Andere Rücktrittsrechte bleiben davon unberührt.

IV. Abnahme

1. Der Käufer ist verpflichtet, den Kaufgegenstand innerhalb von acht Tagen ab Zugang der Bereitstellungsanzeige abzunehmen. Im Falle der Nichtabnahme kann der Verkäufer von seinen gesetzlichen Rechten Gebrauch machen.
2. Verlangt der Verkäufer Schadensersatz, so beträgt dieser 10 % des Kaufpreises. Der Schadenersatz ist höher oder niedriger anzusetzen, wenn der Verkäufer einen höheren Schaden nachweist oder der Käufer nachweist, dass ein geringerer oder überhaupt kein Schaden entstanden ist.

V. Eigentumsvorbehalt

1. Der Kaufgegenstand bleibt bis zum Ausgleich der dem Verkäufer aufgrund des Kaufvertrages zustehenden Forderungen Eigentum des Verkäufers.
   Ist der Käufer eine juristische Person des öffentlichen Rechts, ein öffentlich-rechtliches Sondervermögen oder ein Unternehmer, der bei Abschluss des Vertrages in Ausübung seiner gewerblichen oder selbstständigen beruflichen Tätigkeit handelt, bleibt der Eigentumsvorbehalt auch bestehen für Forderungen des Verkäufers gegen den Käufer aus der laufenden Geschäftsbeziehung bis zum Ausgleich von im Zusammenhang mit dem Kauf zustehenden Forderungen.
   Auf Verlangen des Käufers ist der Verkäufer zum Verzicht auf den Eigentumsvorbehalt verpflichtet, wenn der Käufer sämtliche mit dem Kaufgegenstand im Zusammenhang stehende Forderungen unanfechtbar erfüllt hat und für die übrigen Forderungen aus den laufenden Geschäftsbeziehungen eine angemessene Sicherung besteht.
   Während der Dauer des Eigentumsvorbehalts steht das Recht zum Besitz der Zulassungsbescheinigung Teil II dem Verkäufer zu.
2. Zahlt der Käufer den fälligen Kaufpreis und Preise für Nebenleistungen nicht oder nicht vertragsgemäß, kann der Verkäufer vom Vertrag zurücktreten und/oder bei schuldhafter Pflichtverletzung des Käufers Schadensersatz statt der Leistung verlangen, wenn er dem Käufer erfolglos eine angemessene Frist zur Leistung bestimmt hat, es sei denn, die Fristsetzung ist entsprechend den gesetzlichen Bestimmungen entbehrlich.
3. Solange der Eigentumsvorbehalt besteht, darf der Käufer über den Kaufgegenstand weder verfügen noch Dritten vertraglich eine Nutzung einräumen.

VI. Haftung für Sachmängel und Rechtsmängel

1. Sofern der Käufer ein Verbraucher im Sinne 13 BGB ist, kann eine Verkürzung der zweijährigen Verjährungsfrist für Sachmängel und Rechtsmängel auf nicht weniger als ein Jahr ab Ablieferung des Kaufgegenstandes an den Käufer nur wirksam vereinbart werden, wenn der Käufer vor Abgabe seiner Vertragserklärung von der Verkürzung der Verjährungsfrist eigens in Kenntnis gesetzt und die Verkürzung im Vertrag ausdrücklich und gesondert vereinbart wird.
   Für Sach- und Rechtsmängel an Waren mit digitalen Elementen gelten für die digitalen Elemente nicht die Bestimmungen dieses Abschnittes, sondern die gesetzlichen Regelungen
2. Ist der Käufer eine juristische Person des öffentlichen Rechts, ein öffentlich-rechtliches Sondervermögen oder ein Unternehmer, der bei Abschluss des Vertrages in Ausübung seiner gewerblichen oder selbstständigen beruflichen Tätigkeit handelt, erfolgt der Verkauf unter Ausschluss jeglicher Sach- und Rechtsmängelansprüche.
   Dieser Ausschluss gilt nicht für Schäden, die auf einer grob fahrlässigen oder vorsätzlichen Verletzung von Pflichten des Verkäufers,

seines gesetzlichen Vertreters oder seines Erfüllungsgehilfen beruhen sowie bei Verletzung von Leben, Körper oder Gesundheit.

3. Hat der Verkäufer aufgrund der gesetzlichen Bestimmungen für einen Schaden aufzukommen, der leicht fahrlässig verursacht wurde, so haftet der Verkäufer beschränkt:
   Die Haftung besteht nur bei Verletzung vertragswesentlicher Pflichten, etwa solcher, die der Kaufvertrag dem Verkäufer nach seinem Inhalt und Zweck gerade auferlegen will oder deren Erfüllung die ordnungsgemäße Durchführung des Kaufvertrages überhaupt erst ermöglicht und auf deren Einhaltung der Käufer regelmäßig vertraut und vertrauen darf. Diese Haftung ist auf den bei Vertragsabschluss vorhersehbaren typischen Schaden begrenzt.
   Ausgeschlossen ist die persönliche Haftung der gesetzlichen Vertreter, Erfüllungsgehilfen und Betriebsangehörigen des Verkäufers für von ihnen durch leichte Fahrlässigkeit verursachte Schäden.
   Dies gilt nicht für Schäden, die auf einer grob fahrlässigen oder vorsätzlichen Verletzung von Pflichten des Verkäufers, seines gesetzlichen Vertreters oder seines Erfüllungsgehilfen beruhen sowie bei Verletzung von Leben, Körper oder Gesundheit.
4. Unabhängig von einem Verschulden des Verkäufers bleibt eine etwaige Haftung des Verkäufers bei arglistigem Verschweigen eines Mangels, aus der Übernahme einer Garantie oder eines Beschaffungsrisikos und nach dem Produkthaftungsgesetz unberührt.
5. Soll eine Mängelbeseitigung durchgeführt werden, gilt Folgendes:
   a) Ansprüche wegen Sachmängeln hat der Käufer beim Verkäufer geltend zu machen. Bei mündlichen Anzeigen von Ansprüchen ist dem Käufer eine schriftliche Bestätigung über den Eingang der Anzeige auszuhändigen.
   b) Wird der Kaufgegenstand wegen eines Sachmangels betriebsunfähig, kann sich der Käufer mit vorheriger Zustimmung des Verkäufers an einen anderen Kfz-Meisterbetrieb wenden.
   c) Für die im Rahmen einer Mängelbeseitigung eingebauten Teile kann der Käufer bis zum Ablauf der Verjährungsfrist des Kaufgegenstandes Sachmängelansprüche auf Grund des Kaufvertrages geltend machen.
   Ersetzte Teile werden Eigentum des Verkäufers.

VII. Haftung für sonstige Ansprüche

1. Für sonstige Ansprüche des Käufers, die nicht in Abschnitt VI. „Haftung für Sachmängel und Rechtsmängel“ geregelt sind, gelten die gesetzlichen Verjährungsfristen.
2. Die Haftung wegen Lieferverzuges ist in Abschnitt III „Lieferung und Lieferverzug“ abschließend geregelt. Für sonstige Schadensersatzansprüche gegen den Verkäufer gelten die Regelungen in Abschnitt VI. „Haftung für Sachmängel und Rechtsmängel“, Ziffer 3 und 4 entsprechend.
   Wenn der Käufer ein Verbraucher im Sinne von § 13 BGB ist und Vertragsgegenstand auch die Bereitstellung digitaler Inhalte oder digitaler Dienstleistungen ist, wobei das Fahrzeug seine Funktion auch ohne diese digitalen Produkte erfüllen kann, gelten für diese digitalen Inhalte oder digitalen Dienstleistungen die gesetzlichen Vorschriften der §§ 327 ff. BGB.

Quelle: Zentralverband Deutsches Kraftfahrzeuggewerbe e. V. (Hrsg.): Gebrauchtwagen-Verkaufsbedingungen (Kraftfahrzeuge und Anhänger) Unverbindliche Empfehlung des Zentralverbandes Deutsches Kraftfahrzeuggewerbe e. V. (ZDK) In: https://www.vdik.de/wp-content/uploads/2021/12/Gebrauchtwagen-Verkaufsbedingungen.pdf, S. 1 ff. [15.11.2024].

4.6.3 Fahrzeugzulassung als Serviceangebot

Manche Autohäuser bieten ihrer Kundschaft an, dass sie das Fahrzeug für sie zulassen. Hierbei gibt es verschiedene Varianten.

Beispiel

Herr Giglione hat einen Käufer für das Spiders-Cabrio gefunden. Der Käufer möchte das Fahrzeug als Zweitfahrzeug nutzen und nur während der Sommerzeit (April bis Oktober) fahrbereit halten. Der ausgehandelte Verkaufspreis beträgt 17 950,00 € plus 100,00 € Zulassungskosten. Das Autohaus ist für die Zulassung des Fahrzeugs verantwortlich.

Alle notwendigen Unterlagen (Zulassungsbescheinigung I und II, eVB-Nr. der Kfz-Versicherung der Käuferin oder des Käufers, HU/AU-Bescheinigung, Bankverbindung zur Abbuchung der Kfz-Steuer, Personalausweiskopie und Vollmacht der Käuferin oder des Käufers) müssen dem Autohaus vorliegen. Wenn das Fahrzeug nur in der Zeit von April bis Oktober genutzt werden soll, gibt es die Möglichkeit, den Wagen auch nur für diesen Zeitraum zuzulassen. Somit kann das Fahrzeug jährlich in dieser Zeit nutzen, ohne dass es jeweils an- bzw. abgemeldet werden muss. Auch der Versicherungsbeitrag wird dann auch nur für diesen Zeitraum berechnet.

Für eine solche Zulassung benötigt man ein besonderes Kfz-Kennzeichen, das sogenannte „Saisonkennzeichen", auf dem der Zeitraum angegeben ist, in dem das Fahrzeug benutzt werden darf (Monatsangabe). Dieses Kfz-Kennzeichen ist nicht zu verwechseln mit anderen besonderen Kennzeichen, auf denen ebenfalls ein Zeitraum angegeben ist:

Saisonkennzeichen | Ausfuhrkennzeichen | Kurzzeitkennzeichen

Ausfuhrkennzeichen werden benutzt, wenn ein Fahrzeug ins Ausland ausgeführt werden soll. Der letzte Tag der Gültigkeit ist mit Tages-, Monats- und Jahresangabe am rechten Rand vermerkt.

Kurzzeitkennzeichen werden für einen kurzen Zeitraum (bis zu fünf Tage) ausgegeben und gelten nur im Inland. Sie dienen der Überführung oder Vorführung bei abgemeldeten Fahrzeugen. Das genaue Verfallsdatum ist mit Tages-, Monats- und Jahresangabe gekennzeichnet.

Durch die Änderung der Fahrzeug-Zulassungsverordnung (FZV) im Oktober 2017 ist es nun möglich, ein Oldtimer-Kennzeichen mit einem Saisonkennzeichen zu kombinieren. Diese Regelung erlaubt es, ein Fahrzeug sowohl als Oldtimer zu kennzeichnen als auch für bestimmte Monate im Jahr zugelassen zu haben, was eine flexiblere Nutzung ermöglicht.

4.7 Nachkalkulation erfolgter Gebrauchtwagenverkäufe

EINSTIEGSSITUATION

Der Verkaufsberater Herr Giglione hat im ersten Quartal einige gebrauchte Fahrzeuge verkauft. Nun erstellt er für die einzelnen Fahrzeuge Nachkalkulationen.

Unterstützen Sie ihn dabei.

Auf eine **Nachkalkulation** eines getätigten Gebrauchtfahrzeuggeschäftes sollte in der Praxis nicht verzichtet werden. Erst die Nachkalkulation lässt eine Beurteilung der Qualität des getätigten Geschäftes zu.

Position	Betrag
erzielter Verkaufserlös	5 910,00 €
– tatsächlicher Übernahmepreis	5 000,00 €
= Bruttoertrag	910,00 €
– Instandsetzungsaufwand	160,00 €
– Aufbereitungskosten	70,00 €
– verkaufsabhängige Kosten (Provisionen)	180,00 €
– anteilige Gemeinkosten	320,00 €
– Standzeitkosten (60 Tage · 8,00 €)	480,00 €
= Gewinn/Verlust	– 300,00 €

Dieses Beispiel zeigt, dass erst durch die Nachkalkulation der Verlust dieses Geschäftes in Höhe von 300,00 € ermittelt werden konnte. Gründe für den Verlust sind der Eintauschüberwert, der niedrige Verkaufspreis und die hohe Standdauer von 60 Tagen.

Zusammenfassung

- Gebrauchtwagen werden von Unternehmen oder Privatkundschaft angekauft.
- Im Privatkundengeschäft findet die Differenzbesteuerung Anwendung.
- Der Einkauf wird in der Kontenklasse 3 gebucht.
- Der Verkauf wird in der Kontenklasse 8 gebucht.
- Es erfolgt eine Entnahmebuchung in der Kontenklasse 3 mittels der VAK-Buchung in der Kontenklasse 7.
- Interne Rechnungen für Reparaturen an Gebrauchtwagen werden in der Kontenklasse 5 gebucht.
- Gebrauchtfahrzeugbewertung für die Inzahlungnahme muss erfolgen.
- Bei der Inzahlungnahme von gebrauchten Fahrzeugen sollten im Vorfeld Gutachten erstellt werden.
- Der Ankaufvertrag enthält unter anderem die nachfolgenden Angaben: Fahrzeugtyp, Hersteller, Fahrgestellnummer, Ausstattungsmerkmale, Fahrzeugzustand, sonstige Vereinbarungen (z. B. Achtfachbereifung).

- Um die Fahrzeuge gewinnbringend zu verkaufen, ist eine optimale Aufbereitung und Instandsetzung erforderlich.
- Die Präsentation der Fahrzeuge kann unter anderem in Onlineverkaufsportalen erfolgen (Händlerportale oder Portale, die sich an Privatpersonen richten).
- Onlineportale werden der Markt der Zukunft sein.
- Eine reelle Verkaufspreisermittlung ist erforderlich, damit die Fahrzeuge keine langen Standzeiten verursachen.
- Zur Verkaufsabwicklung zählen die verbindliche Gebrauchtwagenbestellung, die Bestellbestätigung, ggf. die Fahrzeuganmeldung und die Fahrzeugübergabe.
- Für den Verkauf ist eine gute Kommunikation Voraussetzung.

Aufgaben

1. Bilden Sie alle notwendigen Buchungssätze und stellen Sie die Geschäftsbeziehungen grafisch dar.
   a) Herr Köppel kauft per Barzahlung von einem Privatmann einen zwei Jahre alten Phantasia-Kombi für 9 700,00 €.
   b) Diesen Phantasia-Kombi verkauft die Gebrauchtfahrzeugverkäuferin Dana Zoren nach 14 Tagen Standzeit an Herrn Klaus Müller für 11 000,00 €. Herr Müller zahlt per Banküberweisung.
   c) Die Verkaufsleiterin Laura Tannert kauft von einer Autovermietung, der Car-Verleih GmbH, einen gebrauchten Phantasia-Kombi per Bankscheck. Dieses Fahrzeug ist erst ein Jahr alt, hat eine geringe Laufleistung und keine Mängel. Der Kaufpreis beträgt 8 000,00 € (netto).
   d) Diesen Phantasia-Kombi verkauft Frau Tannert nach nur drei Tagen Standzeit an das Unternehmen Klaus Schurk (Schornsteinfegermeister) für 8 650,00 € (netto) auf Rechnung. Herr Schurk überweist nach weiteren vier Tagen den Rechnungsbetrag.
   e) Konstantin Engel, Gebrauchtfahrzeugverkäufer der Autohaus Köppel GmbH, findet in der örtlichen Presse eine Anzeige: „Zwei Jahre alte Maximo-Limousine, 5-türig zu verkaufen. Preis 9 200,00 €." Dieses Modell passt sehr gut in das Gebrauchtfahrzeugangebot der Autohaus Köppel GmbH, sodass Herr Engel Kontakt mit der Inserentin aufnimmt. Nach einer kurzen Verhandlung erwirbt Herr Engel das Fahrzeug von der Inserentin, Frau Paula Schreiner (Privatperson). Der Kaufpreis wird vom Bankkonto überwiesen und beträgt nur 8 700,00 €, da noch einige Reparaturen durchgeführt werden müssen. In der Werkstatt wird die Maximo-Limousine für den Verkauf aufbereitet.

      Interner Erlös: Verwendete Teile 300,00 €, Fertigungslohn Werkstatt 160,00 €. VAK Teile 270,00 € plus 120,00 € Fertigungslohn. Das Fahrzeug ist jetzt verkaufsfertig und steht verkaufsbereit in der Gebrauchtfahrzeugausstellung. Nach 95 Tagen findet sich eine Käuferin, Frau Lina Meier (Privatperson). Sie macht eine Probefahrt und kauft anschließend beim Gebrauchtfahrzeugverkäufer Konstantin Engel das Fahrzeug für 10 000,00 €. Frau Meier zahlt per Girocard den Rechnungsbetrag.

2. Bilden Sie zu den folgenden Geschäftsvorfällen alle notwendigen Buchungssätze.
   a) Die Aushilfskraft Heinz Becker erhält für die Reinigung der Gebrauchtfahrzeuge 50,00 € Aushilfslohn aus der Kasse ausgezahlt.

b) Die Gebrauchtfahrzeugverkäuferin Silke Borne verkauft einen gebrauchten Big Bag Plus-SUV für 8 500,00 € an einen Privatkunden. Der Kunde zahlt per Scheck. Der Big Bag Plus-SUV wurde zum Preis von 7 900,00 € von privat angekauft.
c) Die Verkaufsleiterin Laura Tannert kauft per Scheck ein Spiders-Cabriolet für 15 100,00 € von privat an.
d) Das Spiders-Cabrio aus Geschäftsvorfall c) wird in der Werkstatt einer Inspektion unterzogen. Interner Erlös: Verwendete Teile 130,00 €, Fertigungslohn Werkstatt 68,00 €; VAK Teile 115,00 € plus 32,00 € Fertigungslohn.
e) Nach der Inspektion wird das Spiders-Cabriolet an einen Privatkunden für 17 000,00 € verkauft. Der Kunde zahlt per Banküberweisung.
f) Der Gebrauchtfahrzeugverkäufer Antonio Giglione kauft von einer Autovermietung drei Phantasia-Kombis für jeweils 7 000,00 € auf Rechnung netto an.
g) Zwei der Phantasia-Kombis aus Geschäftsvorfall f) werden an die Gabelstapler GmbH für je 7 500,00 € netto auf Ziel verkauft.
h) Der dritte Phantasia-Kombi aus Geschäftsvorfall f) wird an einen neuen Geschäftskunden, der Bäckerei Schmidt, für 8 600,00 € brutto auf Ziel verkauft.

3. Nehmen Sie alle notwendigen Buchungen vor und stellen Sie die Zusammenhänge grafisch dar. Es gelten die Preise der Sortimentsliste (siehe S. 11 f.). Für die Überführung berechnet der Hersteller/Importeur dem Autohaus Köppel GmbH 350,00 € netto pro Fahrzeug. Das Autohaus Köppel GmbH berechnet seiner Kundschaft 450,00 € netto pro Fahrzeug für die Überführung.
   a) Der Neufahrzeugverkäufer Max Tursch verkauft einem Privatmann einen Lagerwagen Maximo-Limousine, 3-türig für 26 100,00 € brutto. Der Privatmann gibt ein älteres Modell Maximo-Limousine für 4 000,00 € in Zahlung. Der Restbetrag wird per Banküberweisung bezahlt.
   b) Am selben Tag verkauft die Neufahrzeugverkäuferin Annika Fink der Elektro-Maurer GmbH zwei Phantasia-Kombis „Sports Tourer", Diesel für jeweils 23 941,00 € brutto auf Rechnung. Die Firma gibt zwei vier Jahre alte Phantasia-Kombis „Sports Tourer", Diesel in Zahlung. Für diese rechnet die Autohaus Köppel GmbH jeweils 8 500,00 € brutto auf den Rechnungsbetrag an. Der Restbetrag wird vereinbarungsgemäß am Monatsende überwiesen.
   c) Herr Köppel kauft beim Importeur Michaelis Importgesellschaft mbH ein Neufahrzeug Modell Phantasia-Kombi „Sports Tourer", Diesel. Der Rechnungsbetrag wird vom Bankkonto abgebucht. Dieses Fahrzeug wird von Herrn Köppel persönlich an Frau Diana Schuster mit einem Preisnachlass von 3 % auf die UPE verkauft. Frau Schuster gibt ein Gebrauchtfahrzeug Modell Phantasia-Kombi „Sports Tourer", Diesel für 6 500,00 € in Zahlung. Den Restbetrag überweist sie auf unser Bankkonto. An dem Gebrauchtfahrzeug Phantasia-Kombi „Sports Tourer", Diesel wird in eigener Werkstatt eine Reparatur vorgenommen, um das Fahrzeug verkaufsfertig zu machen. Interner Erlös: Verwendete Teile 330,00 €, Fertigungslohn Werkstatt 210,00 €; VAK Teile 250,00 € plus 180,00 € Fertigungslohn. Nach drei Monaten wird das Gebrauchtfahrzeug Modell Phantasia-Kombi „Sports Tourer", Diesel an einen neuen Privatkunden, Herrn Kieselwinter, für 8 100,00 € verkauft. Herr Kieselwinter bezahlt per Banküberweisung.

4. Bilden Sie zu den folgenden Geschäftsvorfällen alle notwendigen Buchungssätze. Für die Überführung berechnet der Hersteller/Importeur dem Autohaus Köppel GmbH

350,00 € netto pro Fahrzeug. Das Autohaus Köppel GmbH berechnet seiner Kundschaft 450,00 € netto pro Fahrzeug für die Überführung.

a) Für eine Sonderverkaufsshow kauft die Verkaufsleiterin Laura Tannert beim Importeur Michaelis Importgesellschaft mbH zehn Phantasia-Limousinen, 5-türig, Sondermodell „Sunshine". Diese Fahrzeuge sind zusätzlich zur Serienausstattung mit einer Klimaautomatik, Leichtmetallfelgen und einem hochwertigen Soundsystem ausgestattet. Die Fahrzeuge werden zu einem Preis von je 16 000,00 € netto eingekauft. Der Kaufpreis wird vom Importeur per Lastschrift vom Bankkonto eingezogen.

b) Damit die Fahrzeuge zur Sonderverkaufsshow präsentiert werden können, wird bei allen die Übergabedurchsicht in der Werkstatt vorgenommen. Der Lohnanteil hierfür beläuft sich auf 42,00 € je Fahrzeug.

c) Auf der Sonderverkaufsshow präsentiert das Autohaus Köppel u. a. die Sondermodelle Phantasia „Sunshine". An diesem Tag verkauft die Neufahrzeugabteilung folgende Fahrzeuge:
   - ein Phantasia-Sondermodell „Sunshine" für 20 000,00 € brutto an einen neuen Privatkunden, Herrn Reinhard Gellert; dieser zahlt per Bankscheck;
   - ein Phantasia-Sondermodell „Sunshine" für 20 000,00 € brutto an einen Altkunden, Herrn Otto Bauer; Herr Bauer gibt ein Gebrauchtfahrzeug Modell Phantasia-Limousine, 5-türig für 2 500,00 € in Zahlung. Den Restbetrag bezahlt Herr Bauer per Electronic Cash;
   - zwei Phantasia-Sondermodelle „Sunshine" für je 21 000,00 € brutto an die Gabelstapler GmbH, auf Ziel;
   - ein Phantasia-Sondermodell „Sunshine" für 20 400,00 € brutto an die Altkundin Frau Renate Baumgart; Frau Baumgart zahlt 4 000,00 € bar, den Restbetrag per Banküberweisung;
   - ein Lagerfahrzeug vom Typ Spiders-Cabriolet mit 3 % Nachlass auf die UPE brutto an eine neue Kundin, Frau Gabriele Meyer; Frau Meyer zahlt per Bankscheck.

5. Welche verkaufsvorbereitenden Maßnahmen werden bei der Gebrauchtwagenaufbereitung erforderlich?

6. Prüfen Sie, ob die AGB für Gebrauchtfahrzeuge in Ihren Unternehmen auf dem aktuellsten Stand sind.

7. Welche Garantiebedingungen für Gebrauchtfahrzeuge gelten in Ihrem Unternehmen?

8. Welche Serviceleistungen bietet Ihr Unternehmen an und warum?

9. Entwickeln Sie einen Kriterienkatalog, wie Sie mit Kunden und Kundinnen kompetent kommunizieren und welche Regeln einzuhalten sind.

10. Informieren Sie sich über medienrechtliche Regelungen in Bezug auf den Onlinehandel mit Automobilen und halten Sie diese fest.

11. Informieren Sie sich bei Ihrer Verkaufsleitung über den geplanten sowie den realisierten Erfolg und besprechen Sie evtl. Abweichungen. Erschließen Sie außerdem, wie es zu diesen Abweichungen kommen kann. Nutzen Sie Ihre Erkenntnisse für die Zukunft.

Lernfeld 8

Finanzdienstleistungen anbieten

1 Finanzierungsangebote des Autohauses

AUSGANGSSITUATION

Die Ausbilderin des Autohauses Köppel GmbH, Nora Köppel, bittet heute alle Auszubildenden zu sich in den Sitzungsraum. „Unsere Geschäftsleitung möchte anlässlich der Vorstellung der neuen Herbstmodelle ein Herbstfest durchführen. Es wäre schön, wenn die Auszubildenden dazu einen Beitrag leisten würden. Mir ist beim Überblättern der neuesten Automobilbanken-Studie aufgefallen, dass aktuell rund 75 % aller privaten und gewerblichen Pkw-Neuzulassungen in Deutschland über Modelle der Leasing- und Kreditfinanzierung auf die Straße gebracht werden. Dabei wird fast jedes zweite Neufahrzeug über die herstellerverbundenen Banken und Leasinggesellschaften finanziert. Rund 25 % der Käufer und Käuferinnen von Neufahrzeugen treten als Barkäufer auf – das sind Personen, die auf ihre Ersparnisse zurückgreifen, ihr Fahrzeug geschenkt bekommen, ihren Vorwagen verkauft oder ihr Auto mit einem Kredit ihrer Hausbank finanziert haben."
Der Auszubildende Carl Löffler macht folgenden Vorschlag: „Wir Auszubildenden könnten doch die Finanzierungsmodelle für unsere Neuwagen vorstellen. Ich stelle mir eine PowerPoint-Präsentation vor, die wir im Vortragssaal allen Interessierten vorführen, und dann führen wir eine Kundenbefragung durch, um den Bedarf an Finanzdienstleistungen zu ermitteln." Frau Köppel ist begeistert: „Die PowerPoint-Präsentation könnten wir durch Plakate, Flyer usw. ergänzen und durch kleine Rollenspiele auflockern. Also, ran an die Arbeit."

ARBEITSAUFTRÄGE

1. Suchen und bewerten Sie Informationen zum Thema Modelle zur Finanzierung von Neuwagen für die private und gewerbliche Kundschaft. Setzen Sie dabei folgende Schwerpunkte:
   - Modelle der Kreditfinanzierung (Arten, Ablauf)
   - Modelle der Leasingfinanzierung (Arten, Ablauf)

   Tipps: Bilden Sie thementeilige Arbeitsgruppen und lesen Sie die folgenden Kapitel im Buch. Einen Methoden- und Präsentationspool sowie wichtige Hinweise zur Projektarbeit finden Sie im zusätzlichen Downloadmaterial, das Sie unter der Eingabe des Webcodes von Seite 2 herunterladen können.

2. Planen Sie die Kundenbefragung, erstellen Sie dazu einen Fragebogen mithilfe eines Tabellenkalkulations- bzw. Textverarbeitungsprogramms und werten diesen aus.

3. Wählen Sie für die Darstellung Ihrer Ergebnisse geeignete Präsentationsformen und Medien aus, z. B. Rollenspiele, Protokolle, Handouts, Plakatwände, PowerPoint. Beachten Sie dabei die von Ihnen bei anderen Präsentationen erarbeiteten Präsentationsregeln.
Tipp: Einen Methoden- und Präsentationspool finden Sie im zusätzlichen Downloadmaterial.

Web

4. Veranstalten Sie eine Generalprobe und präsentieren Sie Ihre Ausarbeitungen zunächst im Klassenverband und dann firmenintern im Kreis des Verkaufspersonals. Reagieren Sie dabei auf Fragen und Anmerkungen aus dem Zuhörerkreis.

5. Nehmen Sie Kritikpunkte zur Vorgehensweise, Vollständigkeit und inhaltlichen Richtigkeit auf, ergänzen Sie Ihre Ausarbeitungen und korrigieren Sie Fehler.

6. Bewerten Sie Ihre Präsentationen anhand Ihres Kriterienkatalogs mithilfe eines Brainstormings oder einer Kartenabfrage und ziehen Sie Schlüsse für zukünftige Präsentationen.

7. Reflektieren Sie Ihr Verhalten in Ihrer Arbeitsgruppe und überlegen Sie, wie Sie Ihre Verhaltensweisen verbessern könnten.

Finanzdienstleistungen sind Finanzierungsangebote (Kredit, Leasing), Versicherungsangebote und zusätzlich erwerbbare Leistungen, die der privaten oder gewerblichen Kundschaft durch den Automobilhandel vermittelt werden.

Finanzdienstleistungen im Überblick

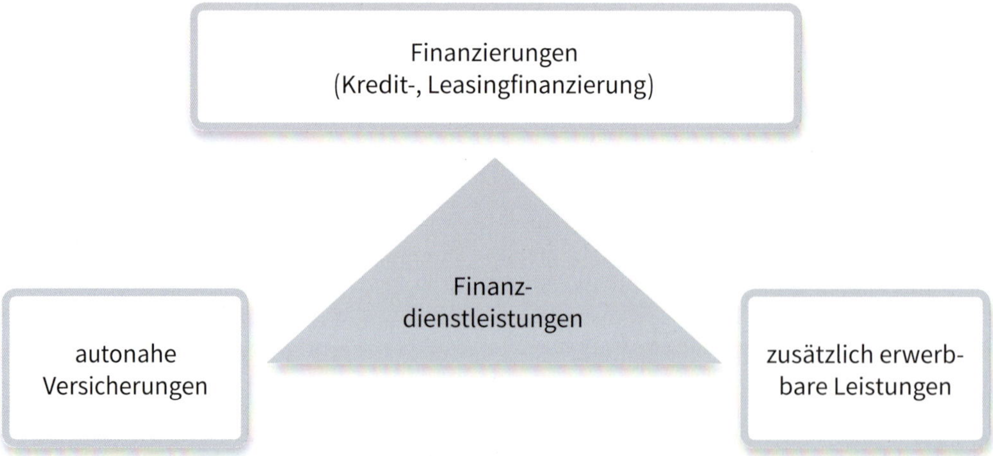

1.1 Kreditvertrag – besondere Rechte für die Privatkundschaft

EINSTIEGSSITUATION

Carl Löffler und Marie Braun treffen sich im Pausenraum des Autohauses Köppel GmbH. Marie liest in der Tageszeitung.

Marie Braun: „Hier steht, dass 75 % aller Neuwagen mit Krediten finanziert werden."
Carl Löffler: „Das wundert mich nicht, bei den Preisen müssten wir ja zig Jahre sparen, bis wir uns einen Mittelklassewagen leisten können."
Marie Braun: „Wenn so viele Leute einen Kredit bekommen, dürfte das auch für uns nicht unmöglich sein."

Geben Sie Marie Braun Tipps, wie sie zu einem Kredit kommen kann.

Wie jeder andere Vertrag kommt der Kreditvertrag durch Antrag und Annahme zustande (§§ 145 ff. BGB). In der Regel gehen dem Abschluss des Kreditvertrags eingehende Verhandlungen voraus. Das Kreditinstitut (Gläubiger) übergibt den Kreditnehmern (Schuldner) am Ende der Verhandlungen einen ausgearbeiteten Kreditvertrag. Damit gibt das Kreditinstitut die erste Willenserklärung (rechtlich gesehen ist das der Antrag) ab. Die Annahme des Antrags erfolgt durch die Unterschrift der Kreditnehmer. Aus dem Kreditvertrag schuldet der Kreditgeber die Auszahlung des Kredits, die Kreditnehmer die Rückzahlung (Tilgung) des Kredits einschließlich der Zinsen.

Beispiel für das Zustandekommen eines Kreditvertrags

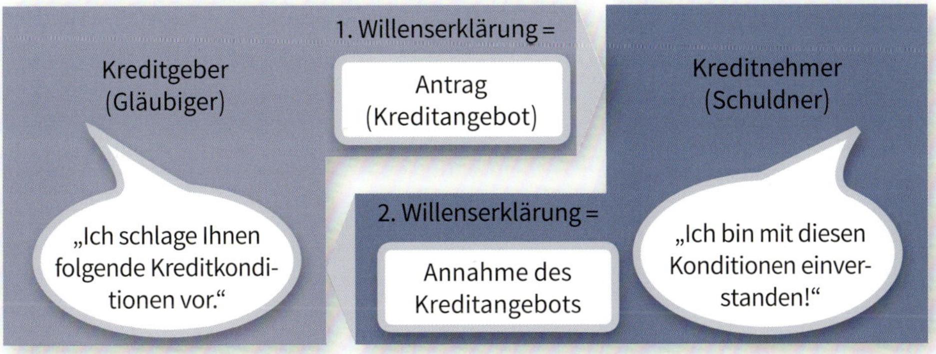

Jeder Kreditvertrag enthält Vereinbarungen über:

- Art und Höhe des Kredits
- Rückzahlung des Kredits
- Kündigungsmöglichkeiten
- Anerkennung der AGB
- Laufzeit und Kosten des Kredits
- Kreditsicherheiten
- Gerichtsstand
- Angaben gemäß des Rechts über Verbraucherdarlehen

LF 3

Nach § 305 BGB werden die **Allgemeinen Geschäftsbedingungen** des Kreditgebers nur dann Vertragsbestandteil, wenn der Kreditgeber ausdrücklich darauf hinweist und den Kreditnehmern die Möglichkeit verschafft, in zumutbarer Weise von ihrem Inhalt Kenntnis zu nehmen.

Bei Kreditverträgen mit Privatpersonen sind zusätzlich die Bestimmungen der §§ 492, 507 BGB, Artikel 247 §§ 3 ff. Einführungsgesetz zum BGB (EGBGB) und der Preisangabenverordnung (§§ 4, 16 PAngV) zu beachten (siehe S. 298 ff.). Danach muss der Kreditvertrag bestimmte Bestandteile enthalten, z. B.:

- Name und Anschrift des Kreditgebers
- Art des Kredits
- Vertragslaufzeit
- Nettokreditbetrag (bzw. Höchstgrenze des Kredits)
- Gesamtbetrag aller zu entrichtenden Teilzahlungen (Tilgung, Zinsen, sonstige Kosten)
- Art und Weise der Rückzahlung
- Versicherungskosten in Zusammenhang mit dem Kreditvertrag
- zu bestellende Sicherheiten
- Zinssatz und effektiver Jahreszinssatz

Beispiel: Errechnung der Darlehenskosten über die gesamte Laufzeit
Hinweis: Die Tilgung des Darlehens erfolgt in jährlichen Raten (Ratendarlehen)

Nettokreditbetrag (48 Monate Laufzeit)	10 000,00 €
+ 2 % Bearbeitungskosten (einmalig)	200,00 €
+ 0,39 % Zinssatz pro Monat · 48 Monate	1 872,00 €
= Gesamtbetrag aller zu entrichtenden Zahlungen	12 072,00 €
Höhe einer Monatsrate bei 48 Monaten und jährlicher Tilgung	**251,50 €**
Kreditkosten pro Monat: 2 072,00 € : 48 =	43,17 €

Durchschnittlicher Kreditbetrag $= \frac{10\,000{,}00\,€ + 7\,500{,}00\,€ + 5\,000{,}00\,€ + 2\,500{,}00\,€}{4} = 6\,250{,}00\,€$

Effektiver Jahreszinssatz (Ratendarlehen) $= \frac{(200{,}00\,€ + 1\,872{,}00\,€) \cdot 100 \cdot 12 \text{ Monate}}{(6\,250{,}00\,€ - 200{,}00\,€) \cdot 48 \text{ Monate}} = 8{,}56\,\%$

Sind die Kreditnehmer Verbraucherinnen bzw. Verbraucher nach § 13 BGB, haben sie nach §§ 355, 356 b Abs. 1 BGB in Verbindung mit § 495 BGB ein zweiwöchiges Widerrufsrecht. Diese Frist beginnt mit der schriftlichen Widerrufsbelehrung, die den Verbraucherinnen und Verbrauchrn in Textform auszuhändigen ist.

In Kreditverträgen mit Verbraucherinnen und Verbrauchern ist regelmäßig die SCHUFA-Abfrage[1] enthalten (siehe S. 290 ff.), sofern es sich um Ratenkredite handelt.

SCHUFA-Hinweis

Ich/Wir willige(n) ein, dass die Cars Best Bank der für meinen/unseren Wohnsitz zuständigen SCHUFA-Gesellschaft (Schutzgemeinschaft für allgemeine Kreditsicherung) Daten über die Beantragung, die Aufnahme (Kreditnehmer, Mitschuldner, Kreditbetrag, Laufzeit, Ratenbeginn) und vereinbarungsgemäße Abwicklung (z. B. vorzeitige Rückzahlung, Laufzeitverlängerung) dieses Kredits übermittelt.

Unabhängig davon wird die Cars Best Bank der SCHUFA auch Daten aufgrund nicht vertragsgemäßer Abwicklung (z. B. Kündigung des Kredits, Inanspruchnahme einer vertraglich vereinbarten Lohnabtretung, beantragter Mahnbescheid bei

Unterschrift des Bürgen

Ort und Datum

unbestrittener Forderung sowie Zwangsvollstreckungsmaßnahmen) melden.

Die SCHUFA speichert die Daten, um den ihr angeschlossenen Kreditinstituten, Kreditkartenunternehmen, Leasinggesellschaften, Einzelhandelsunternehmen einschließlich des Versandhandels und sonstigen Unternehmen, die gewerbsmäßig Geld- oder Warenkredite an Konsumenten geben, Informationen zur Beurteilung der Kreditwürdigkeit der Kundschaft geben zu können.

Die SCHUFA übermittelt nur objektive Daten ohne Angabe des Kreditgebers; subjektive Werturteile, persönliche Einkommens- und Vermögensverhältnisse sind in SCHUFA-Auskünften nicht enthalten.

Unterschrift(en)

Kreditverträge mit veränderlichem (variablem) Zinssatz können jederzeit unter Einhaltung der vertraglichen Kündigungsfrist bzw. der gesetzlichen Kündigungsfrist von drei Monaten gekündigt werden (§ 489 BGB). Wurde ein Festzinssatz vereinbart, kann der Kreditvertrag erst nach Ablauf der Zinsbindung (diese darf höchstens zehn Jahre betragen) mit einer Kündigungsfrist von einem Monat gekündigt werden.

Nach der Art, wie über den Kredit verfügt werden kann, unterscheidet man zwischen Darlehen, Kontokorrentkredit und Lieferantenkredit.

1 SCHUFA = Schutzgemeinschaft für allgemeine Kreditsicherung

Exkurs: Zinsrechnung (Aufgaben siehe auf S. 346)

Beispiel

Das Kontokorrentkonto des Autohauses Köppel GmbH weist zwischen den Weihnachtsfeiertagen und dem neuen Jahr (22.12. bis 02.01.) einen Sollbetrag von 30 000,00 € auf. Der Sollzinssatz beträgt 12 % vom jeweiligen Sollbetrag. Berechnen Sie die aufgelaufenen Zinsen.

Regeln zur Berechnung der Zinstage nach der Methode „30/360“ (§ 4 PAngV):

ein Jahr = 360 Zinstage; ein Monat = 30 Zinstage

- Der 31. Tag eines Monats wird nicht berücksichtigt.
- Der Februar wird mit 30 Zinstagen gerechnet. Ausnahme: Wenn der Zinszeitraum am 28. bzw. am 29. Februar endet, werden 28 bzw. 29 Zinstage angesetzt.
- Der erste Kalendertag des Zinszeitraums wird nicht mitgezählt (§ 187 BGB), der letzte Kalendertag wird mitgezählt (§ 188 BGB).

Beispiel: Zinstageberechnung

15. Feb. bis 28. Feb.	= 13 Zinstage
15. Feb. bis 1. März	=16 Zinstage

28. Febr. bis 31. März	= 32 Zinstage
31. Juli bis 31. Okt.	= 90 Zinstage

Lösungsweg:

Auszahlungstag	Laufzeit	Rückzahlungstag
22.12.	10 Zinstage	02.01.

Der Zinssatz drückt aus, wie viele Zinsen ein Kapitalbetrag von 100,00 € in einem Jahr (=360 Tage) kostet bzw. einbringt.

Berechnung der Kreditzinsen mithilfe des zusammengesetzten Dreisatzes:

Bedingungssatz:	100,00 €	kosten in 360 Tagen	12,00 € Zinsen
Fragesatz:	30 000,00 €	kosten in 10 Tagen	x € Zinsen

Bruchsatz: $$\text{Zinsen} = \frac{12{,}00\ € \cdot 30\,000{,}00\ € \cdot 10\ \text{Tage}}{100{,}00\ € \cdot 360\ \text{Tage}} = 100{,}00\ €$$

Ergebnis: Die aufgelaufenen Zinsen betragen 100,00 €. Mit diesem Betrag wird das Kontokorrentkonto am 3. Januar belastet.

Allgemeine Zinsformel (Tageszinsen)

$$\textbf{Zinsen} = \frac{\textbf{Zinssatz} \cdot \textbf{Kapital} \cdot \textbf{Zinstage}}{\textbf{100} \cdot \textbf{360}}$$

Manchmal wird der Zinszeitraum in Monaten oder Jahren angegeben:

Allgemeine Zinsformel (Monatszinsen)

$$\text{Zinsen} = \frac{\text{Zinssatz} \cdot \text{Kapital} \cdot \text{Zinsmonate}}{100 \cdot 12}$$

Allgemeine Zinsformel (Jahreszinsen ohne Zinseszins)

$$\text{Zinsen} = \frac{\text{Zinssatz} \cdot \text{Kapital} \cdot \text{Zinsjahre}}{100 \cdot 1}$$

Die vier Größen der Zinsrechnung		
Zinsrechnung		
Zinsen	z	Kapitalertrag innerhalb eines bestimmten Zeitraums
Zinssatz (%)	p	Kapitalertrag pro 100,00 € Kapital in einem Jahr
Kapital	k	Betrag, der verzinst wird
Zeit (Zinstage)	t	Zeitraum, in dem der Kapitalertrag erwirtschaftet wird

Zinsformel, umgeformt nach dem Kapital

$$\text{Kapital} = \frac{\text{Zinsen} \cdot 100 \cdot 360}{\text{Zinssatz} \cdot \text{Zinstage}}$$

Zinsformel, umgeformt nach dem Zinssatz

$$\text{Zinssatz} = \frac{\text{Zinsen} \cdot 100 \cdot 360}{\text{Kapital} \cdot \text{Zinstage}}$$

1.2 Kreditfinanzierung über die Herstellerbank

EINSTIEGSSITUATION

Der Auszubildende Carl Löffler unterhält sich mit seinem Freund Bernd Klüwer:

Bernd: „Was habt Ihr denn so an Kleinwagen im Programm?“
Carl: „Der Phantasia, der wäre was für dich!“
Bernd: „Was soll der denn kosten?“
Carl: „So 20 000,00 € musst Du schon anlegen!“

Bernd: „Ich bin im Augenblick knapp bei Kasse. Aber meinen Roller habe ich satt. Im Sommer regnet es fast jeden Tag und im Winter fahre ich sowieso mit dem Bus. So ein kleiner Flitzer wäre ganz gut. Habt ihr auch solche günstigen Kredite mit 0,00 % effektivem Jahreszins?"

Carl: „Hast du unsere Werbung noch nicht gesehen? Wir haben zurzeit ein supergünstiges Finanzierungsangebot für den Phantasia, das ist genau auf deine Verhältnisse zugeschnitten."

Bernd: „Mehr als 150,00 € im Monat kann ich in nächster Zeit aber nicht ausgeben. Reicht das für Euren Phantasia?"

Carl: „Das hängt von verschiedenen Größen, wie der Laufzeit der Finanzierung, der Höhe der Anzahlung usw. ab. Am besten kommst du mal bei uns vorbei, dann rechne ich dir am Computer verschiedene Finanzierungsmöglichkeiten durch."

Bernd: „Mein Leben lang möchte ich das Auto nicht abzahlen, wie hoch ist eigentlich die Anzahlung?"

Carl: „Ich denke mal, hm, ... bei rund 150,00 € im Monat müsste die Anzahlung bei 2 500,00 € liegen. Du hast doch eine nette Oma, besuche sie mal wieder. Du kannst mich ja mitnehmen. Ich möchte wieder mal einen richtig guten Kuchen essen."

Bernd: „Klingt nicht schlecht!"

Am nächsten Tag treffen sich Bernd Klüwer und Carl Löffler im Verkaufsraum des Autohauses Köppel. Das Modell Phantasia sagt Bernd Klüwer zu. Carl Löffler erstellt mithilfe des Computerprogramms folgendes Angebot:

Autohaus Köppel GmbH
Diedenhofener Str. 6
54294 Trier

Angebot vom 12.07.20.. an Herrn Klüwer

Phantasia-Limousine, 92 kW/125 PS, Diesel	
Grundpreis ab Werk (inkl. MwSt.)	18 785,00 €
Lackierung: flash-rot	
Ausstattung: offblack/offblack/offblack	
Sonderausstattungen/Zubehör:	
Lackierung flash-rot	110,00 €
Berganfahrassistent	300,00 €
Media-System alpha	305,00 €
Sonderausstattungen/Zubehör gesamt:	715,00 €
Fahrzeugpreis	19 500,00 €

Alle Werte inkl. gesetzlicher Mehrwertsteuer.

Eine weitere Maske des „Finanzierungsprogramms“ berechnet für unterschiedliche prozentuale Anzahlungen und/oder Schlussraten die monatliche Ratenhöhe und die Effektivverzinsung.

CARS BEST Bank/CARS BEST Leasing

Autohaus Köppel GmbH
Einzelabnehmer

Eingabemaske Finanzierung: Phantasia Comfortline

Schlussratenfinanzierung					Standardfinanzierung
Verkaufspreis:	€	19 500,00			19 500,00
Anzahlung:	€	3 900,00	→	20,00 %	3 900,00
davon nach 3 Mon.	€	0,00			0,00
Restschuldvers.:	€	0,00			0,00
Nettokreditbetrag:	€	15 600,00			15 600,00
Laufzeit:	Monate	48			48
Fahrleistung:	km/J	10 000			
Schlussrate:	€	8 775,00	→	45,00 %	
Tabelle:	Cars Best Aktion				
Aktion:	Eff. Zins:			1,99 %	
Monatliche Rate:	€	165,85		ohne RSV	337,94

Eingabe in Euro oder % (<100 = Prozent-Eingabe)

ESC Zurück | Bild int./ext. | F2 Akt.-Richtl. | F6 Speichern | F10 Fertig

Analysieren Sie die Bildschirmausdrucke.

1.2.1 Vertragsmodelle und Kalkulation der Monatsrate

Im Verkaufsraum werden den interessierten Neuwagenkunden und -kundinnen zur Information alternative Finanzierungsangebote unterbreitet. Dieser Vorgang geschieht mithilfe eines Onlineprogramms der Herstellerbank.

In der Regel werden Ratenkredite (Ratendarlehen, Abzahlungsdarlehen) mit unterschiedlichen Varianten angeboten.

Überblick über die wichtigsten Finanzierungsangebote

Finanzierungsform	Erläuterung
Standardfinanzierung ohne Anzahlung  Beispiel: 48 Monatsraten	Bei der Standardfinanzierung handelt es sich um einen Ratenkredit **ohne Anzahlung**. Während der Laufzeit des Kredits zahlt man eine monatliche Rate (**Annuität**), die während der Vertragslaufzeit gleich bleibt und sich aus einem Zins- und einem Tilgungsanteil zusammensetzt. Aufgrund der Tilgungsleistungen nehmen im Zeitablauf der Zinsanteil ab und der Tilgungsanteil zu. Insgesamt bleibt die Annuität konstant. Die Vertragslaufzeit kann 36, 48, 60, 72 oder 84 Monate betragen. Der Nettokreditbetrag entspricht dem Kaufpreis. Die Raten sind im Vergleich zu den anderen Finanzierungsformen am höchsten.
Standardfinanzierung mit Anzahlung 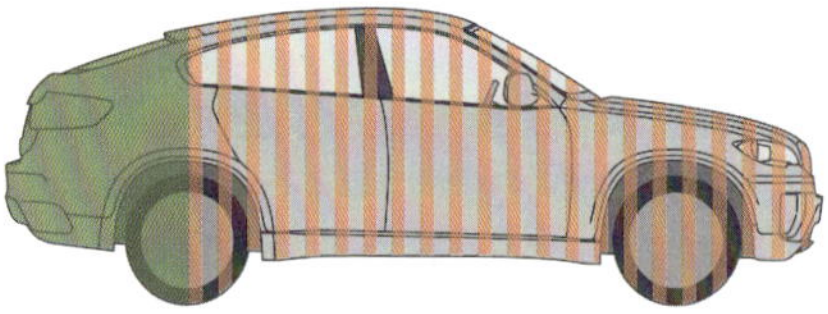 Beispiel: Anzahlung und 48 Monatsraten	Beim Ratenkredit mit **Anzahlung** leistet man zu Beginn der Laufzeit eine Anzahlung. Anschließend zahlt man über die gesamte Kreditlaufzeit eine gleichbleibende Monatsrate, die sich wiederum aus einem Zins- und einem Tilgungsanteil zusammensetzt. Die Vertragslaufzeit kann 36, 48, 60, 72 oder 84 Monate betragen. Der Nettokreditbetrag entspricht dem Kaufpreis abzüglich Anzahlung. Die Anzahlung kann 10 % bis 30 % des Kaufpreises betragen. Je höher die Anzahlung, desto niedriger fallen die Monatsraten aus.
Schlussratenfinanzierung (Ballonkredit) ohne Anzahlung 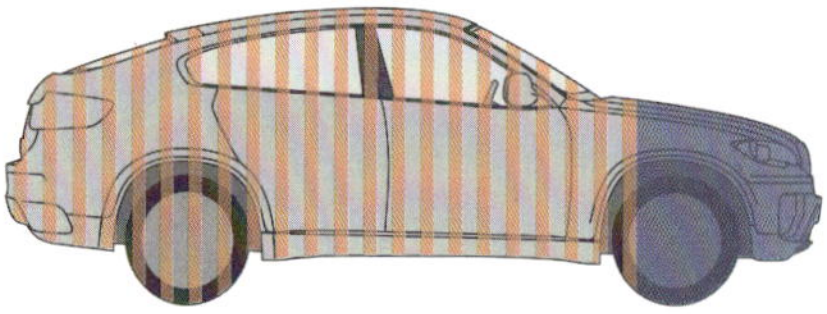 Beispiel: 47 Monatsraten und Schlussrate	Bei dieser Schlussratenfinanzierung handelt es sich um einen Ratenkredit **ohne Anzahlung**, aber **mit Schlussrate**, die höher ist als die sonstigen Monatsraten. Man zahlt fast über die gesamte Kreditlaufzeit bis einen Monat vor Vertragsablauf (z. B. 47 Monate) eine gleichbleibende Monatsrate (Annuität) und im letzten Monaeine relativ hohe Schlussrate. Im Branchenjargon wird dieses Modell **Ballonkredit** genannt, da sich wie auf einer Schnur gleichmäßige kleine Raten aufreihen und sich am Schnurende der „Ballon" befindet (höhere Schlussrate). Die Schlussrate sollte dem Zeitwert des Fahrzeugs bei normalem Verschleiß am Ende der Kreditlaufzeit entsprechen. Die Vertragslaufzeit kann 36, 48 oder 60 Monate betragen. Der Nettokreditbetrag entspricht dem Kaufpreis. Die Schlussrate beträgt in der Regel 20 % bis 60 % des Kaufpreises. Je höher die Schlussrate, desto niedriger fallen die Monatsraten aus.

Überblick über die wichtigsten Finanzierungsangebote	
Finanzierungsform	Erläuterung
Schlussratenfinanzierung (Ballonkredit) mit Anzahlung 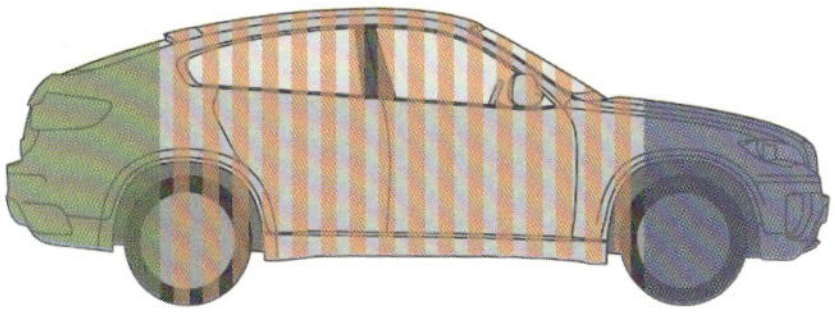 Beispiel: Anzahlung und 47 Monatsraten und Schlussrate	Bei dieser Schlussratenfinanzierung handelt es sich um einen Ratenkredit **mit Anzahlung und Schlussrate**. Man leistet zu Beginn der Laufzeit eine Anzahlung. Anschließend zahlt man fast über die gesamte Kreditlaufzeit bis einen Monat vor der Schlussrate (z. B. 47 Monate) eine gleichbleibende Monatsrate (Annuität) und im letzten Monat eine relativ hohe Schlussrate. Der Zinsanteil der Monatsrate ist relativ hoch, da die Schlussrate während der Laufzeit nicht getilgt wird, aber Zinsen auf die Schlussrate in voller Höhe anfallen. Die Vertragslaufzeit kann 36, 48 oder 60 Monate betragen. Je länger die Laufzeit, desto geringer sind die Monatsraten. Der Nettokreditbetrag entspricht dem Kaufpreis abzüglich Anzahlung. Die Anzahlung kann 10 % bis 30 % des Kaufpreises betragen. Die Schlussrate beträgt in der Regel 20 % bis 60 % des Kaufpreises. Je höher die Anzahlung und die Schlussrate, desto niedriger ist die Monatsrate, da der Tilgungsanteil in den Monatsraten sinkt.

Möglichkeiten nach Ablauf der Vertragslaufzeit

Die **Standardfinanzierung** (Ratenkredit) ist für Personen geeignet, die bereits bei Vertragsabschluss wissen, dass sie das Auto nach der letzten Zahlung behalten möchten. In diesem Fall endet der Kreditvertrag mit Zahlung der letzten Rate, die Herstellerbank gibt die Zulassungsbescheinigung II zurück und man wird Eigentümer des Fahrzeugs.

Bei der **Schlussratenfinanzierung** unterzeichnet man bei Vertragsabschluss eine Zusatzvereinbarung mit dem Autohaus. Danach hat man einen Monat vor Ablauf des Kreditvertrags zwei bzw. drei Wahlmöglichkeiten, je nachdem ob man bei Vertragsabschluss schon weiß, ob man das Fahrzeug nach Vertragsende weiterfahren möchte oder nicht.

Zusatzvereinbarung zum Kaufvertrag (mit verbrieftem Rückgaberecht)

CARS BEST BANK
SMARTBUY®

Firma (Händler):
Autohaus Köppel GmbH
Diedenhofener Str. 6
54294 Trier
Tel. 0651 7155-0

Kunde (Käufer und Darlehensnehmer):
Bernd Klüwer

Zusatzvereinbarung zum Kaufvertrag vom : 12. Juli 20..

über das Fahrzeug (Hersteller/Modell) : Phantasia-Limousine

Ausstattung laut Kaufvertrag : s. o.

[1] vereinbarte Gesamt-Kilometerleistung : 40 000 km — Nutzungsart: privat

[2] Schlussrate/Mindestwert/Rückkaufpreis : 8 775,00 € — fällig am: 1. August 20..

in Worten : acht-sieben-sieben-fünf

Abrechnungssätze je [3] Mehrkilometer : 5,85 Ct — [4] Minderkilometer: 2,00 Ct

Zur Finanzierung des im Kaufvertrag vereinbarten Kaufpreises hat der Käufer (Kunde) das von der Cars Best Bank GmbH (Bank) angebotene Finanzierungsprogramm SmartBuy gewählt. Im Rahmen dieses Programms schließt der Kunde einen Darlehensvertrag mit der Bank ab. Dieser Darlehensvertrag beinhaltetgleiche monatliche Raten sowie eine Schlussrate/Mindestwert. Besonderer Vorteil des Programms SmartBuy ist, dass dem Kunden einen Monat vor Ablauf des Darlehensvertrags folgende

DREI WAHLMÖGLICHKEITEN

zur Verfügung stehen:

1. **Kauf/Übernahme:** Der Kunde kann durch Zahlung der Schlussrate das Eigentum am Fahrzeug endgültig erwerben.

2. **Anschlussfinanzierung:** Die Bank garantiert dem Kunden – wenn der Kunde sämtliche vor der Schlussrate fällig gewordenen Darlehensraten ordnungsgemäß und pünktlichgeleistethat und sich das Fahrzeug in einem vertragsgemäßen Zustand befindet– die Anschlussfinanzierung der Schlussrate zu den dann gültigen Bedingungen für Gebrauchtwagenfinanzierungen. Zu diesem Zweck schließt der Kunde mit der Bank einen neuen Darlehensvertrag ab, in dem die Zahlung der Schlussrate kreditiert wird und der an die Stelle des bisherigen Darlehensvertrags tritt.

3. **Rückkauf:** Der Kunde kann das Fahrzeug am Tag der Fälligkeit der Schlussrate an den Händler zurückgeben. Der Händler wird das in altersgerechtem, einwandfreien Zustand befindliche Fahrzeug zum garantierten Mindestwert vom Kunden zurückkaufen. Der Kunde braucht in diesem Falle nicht die Schlussrate zu bezahlen, denn der Rückkaufpreis, den der Händler dem Kunden schuldetund unmittelbaran die Bank entrichtet, entspricht bei vertragsgemäßem Zustand des Fahrzeugs der Schlussrate, auch wenn etwa der Preis für das Fahrzeug auf dem Gebrauchtwagenmarkt in der Zwischenzeit gesunken sein sollte (Mindestwertgarantie).

   Nimmt der Kunde die Rückkaufgarantie in Anspruch, so gelten ergänzend zum Kaufpreis die folgenden Bestimmungen:

   a. Hat der Kunde sämtliche vor der Schlussrate fällig gewordenen Darlehensraten ordnungsgemäß und pünktlichan die Bank geleistet, so ist der Händler verpflichtet, auf Anerbieten des Kunden das Fahrzeug vom Kunden zurückzukaufen. Den Rückkaufpreis wird der Händler danach an die Bank zur Verrechnung mit der restlichen Darlehensschuld (Schlussrate) überweisen.

   b. Der Rückkaufpreis entspricht der gemäß Ziffer 7 des Darlehensvertrags zwischen Kunde und Bank vereinbarten Schlussrate (siehe [2] oben). Dabei ist vorausgesetzt, dass
      - das Fahrzeug bei Rückgabe eine Gesamtkilometerleistung aufweist, die der oben in [1] vereinbarten Kilometerleistung entpricht;
      - sich das Fahrzeug bei Rückgabe in einem dem Alter und der vereinbarten Kilometerleistung entsprechenen Erhaltungszustand befindet, frei von Schäden sowie verkehrs- und betriebssicher (vertragsgemäßer Zustand) ist. Über den Zustand wird bei Rückgabe durch den Händler ein gemeinsames Protokoll angefertigt und von beiden Vertragspartnern oder ihren Bevollmächtigten rechtsverbindlich unterzeichnet.

   c. Der Rückkaufpreis erhöht sich um den oben in [4] genannten Betrag je Kilometer, um den die vereinbarte Fahrleistung unterschritten wird. Der Rückkaufpreis vermindert sich um den oben in [3] genannten Betrag je Kilometer, um den die vereinbarte Fahrleistung überschritten wird. Eine Abweichung bis zu 2 500 km von der vereinbarten Kilometerleistung bleibt bei der Berechnung unberücksichtigt.

   d. Befindet sich das Fahrzeug nicht in vertragsgemäßem Zustand, so vermindert sich der Rückkaufpreis außerdem um die sich darausergebende Wertminderung des Fahrzeugs. Können sich die Vertragspartner über die Wertminderung nicht einigen, wird der Wert des Fahrzeugs auf Veranlassung einer Vertragspartei durch einen öffentlich bestellten und vereidigten Sachverständigen oder ein unabhängiges und unparteiisches Sachverständigen unternehmen als Schiedsgutachter ermittelt. Die Kosten tragen die Vertragsparteien je zur Hälfte. Der Rechtsweg wird nicht ausgeschlossen.

   e. Der Händler erstellt über die Höhe des Rückkaufpreises eine Abrechnung. Eine gemäß Ziffer c. und d. berechnete Minderung des Rückkaufpreises hat der Kunde zum Zeitpunkt der Fälligkeit der Schlussrate oder, falls die Abrechnung durch den Händler zu einem späteren Zeitpunkt erfolgt, bei Erhalt der Abrechnung an den Händler zu zahlen. Eine gemäß Ziffer c. berechnete Erhöhung des Rückkaufpreises hat der Händler an den Kunden bei Fälligkeit der Schlussrate zu zahlen.

   f. Der Kunde hat die Ausübung der Rückkaufoption spätestens einen Monat vor Fälligkeit der Schlussrate dem Händler gegenüber zu erklären. Spätestens eine Woche vor Fälligkeit der Schlussrate hat der Kunde das Fahrzeug dem Händler zwecks Bewertung vorzuführen.

   g. Nach Ausübung der Rückkaufoption wird der Händler den Rückkaufpreis in der Weise entrichten, dass er für Rechnung des Kunden einen Betrag in Höhe der Schlussrate bei Fälligkeit an die Bank zahlt. In Höhe des Betrags, den die Bank von dem Händler erhält, wird der Kunde gegenüber der Bank von der Zahlung der Schlussrate befreit.

   h. Mit Zahlung des oben in [2] vereinbarten Rückkaufpreises durch den Händler an die Bank geht das Eigentum an dem Fahrzeug von der Bank auf den Händler über. Der Kunde überträgt hiermit dem Händler sein Anwartschaftsrecht gegenüber der Bank auf Rückübertragung des Eigentums am Fahrzeug.

   i. Zahlt der Händler den vereinbarten Rückkaufpreis bei Fälligkeit der Schlussrate, gleich aus welchem Grunde, nicht oder nicht vollständigan die Bank, bleibt der Kunde gegenüber der Bank zur Zahlung der Schlussrate verpflichtet. Mit Zahlung der Schlussrate durch den Kunden an die Bank geht das Eigentum an dem Fahrzeug von der Bank auf den Kunden über.

   j. Diese Zusatzvereinbarung erlischt, wenn der Darlehensvertrag von der Bank oder dem Kunden vorzeitig gekündigt wird.

4. **Die Bank ist berechtigt, die zur Durchführung dieser Vereinbarung erforderlichen Daten an den Händler weiterzugeben.**

Ort / Datum	Händler	Kunde/Darlehensnehmer
Trier, 12. Juli 20..	Köppel	Klüwer

Bei der **Zwei-Wege-Finanzierung** will man das Auto weiterfahren und hat zwei Möglichkeiten:

Möglichkeiten bei der Zwei-Wege-Finanzierung	
Kauf bzw. Übernahme	Man begleicht die bei Vertragsabschluss festgelegte Schlussrate und wird dadurch Eigentümer des Fahrzeugs. Voraussetzung ist, dass sich das Fahrzeug in einem vertragsgemäßen Zustand befindet.
Anschlussfinanzierung	Man wählt eine Weiterfinanzierung der Schlussrate durch einen neuen Vertrag bei der Autobank. Diese **Anschlussfinanzierung** erfolgt zu den (in der Regel schlechteren) Bedingungen einer Gebrauchtwagenfinanzierung. Voraussetzung ist, dass man seine Darlehensraten bisher pünktlich geleistet hat und dass sich das Fahrzeug in einem vertragsgemäßen Zustand befindet.

Die **Drei-Wege-Finanzierung** wird gewählt, wenn man bei Vertragsabschluss noch nicht weiß, ob man sein Fahrzeug nach Ablauf der Vertragslaufzeit behalten oder zurückgeben möchte. Es stehen dann drei Möglichkeiten offen:

Möglichkeiten bei der Drei-Wege-Finanzierung	
Kauf bzw. Übernahme	Man behält sein Fahrzeug, begleicht die bei Vertragsabschluss festgelegte Schlussrate und wird dadurch Eigentümer des Fahrzeugs.
Anschlussfinanzierung	Man behält sein Fahrzeug und wählt eine Weiterfinanzierung der Schlussrate durch einen neuen Vertrag bei der Autobank. Diese Anschlussfinanzierung erfolgt zu den (in der Regel schlechteren) Bedingungen einer Gebrauchtwagenfinanzierung. Voraussetzung ist, dass man seine Darlehensraten bisher pünktlich geleistet hat und dass sich das Fahrzeug in einem vertragsgemäßen Zustand befindet.
Rückkauf durch das Autohaus	Man gibt sein Fahrzeug am Tag der Fälligkeit der Schlussrate an sein Autohaus zurück. Der Händler kauft das in vertragsgemäßem Zustand befindliche Fahrzeug zu dem im Kreditvertrag **garantierten Mindestwert** (dieser entspricht der Schlussrate) zurück, auch wenn der Preis für das Fahrzeug auf dem Gebrauchtwagenmarkt in der Zwischenzeit gesunken sein sollte (Vermarktungsrisiko des Händlers). Man muss in diesem Fall die Schlussrate nicht bezahlen, denn der vereinbarte Rückkaufpreis, den der Händler an die Bank entrichtet, entspricht der Schlussrate. Man zahlt also eine Rate weniger, denn man fährt das Fahrzeug z. B. 48 Monate und zahlt lediglich 47 Monatsraten. Probleme können bei der Rückgabe durch unterschiedliche Ansichten über den Zustand des Fahrzeugs und vermeintliche Nachzahlungsforderungen des Händlers entstehen. Daher vereinbaren die meisten Händler mit der Kundschaft eine verbindliche **maximale Kilometerlaufleistung**, z. B. „Die Schlussrate beträgt 8 775,00 € bei 10 000 km jährlicher Fahrleistung. Mehrkilometer werden mit 0,03 % des Kaufpreises pro Kilometer (z. B. 5,85 Ct./km) berechnet, Minderkilometer mit 0,02 % des Kaufpreises pro Kilometer (z. B. 2,0 Ct./km) entgolten.“

Methoden zur Ermittlung der Monatsrate

Die Monatsrate wird in der Regel mithilfe eines **Rechenprogramms** der finanzierenden Bank berechnet. Überschlagsweise kann die Monatsrate auch mithilfe eines **Ratenrechners** ermittelt werden[1].

Im Folgenden wird die **Methode der durchschnittlichen Schuld** dargestellt.

Beispiel

Kalkulation der Monatsrate einer **Standardfinanzierung mit Anzahlung**

Berechnungsgrundlagen		
Laufzeit	48 Monate	
Sollzinssatz	1,99 %	
Kaufpreis		19 500,00 €
– Rabatt	0,00 %	– €
– Anzahlung	20,00 %	3 900,00 €
Nettodarlehensbetrag (Anfangsschuld)		**15 600,00 €**
Endschuld nach 48 Monaten		– €
Gesamte Tilgung nach 48 Monaten		**15 600,00 €**
Durchschnittliche Schuld		**7 800,00 €**
Ø Tilgung pro Monat		325,00 €
+ Ø Zinsen pro Monat (Monatszinsformel[1])		12,94 €
Monatsrate		337,94 €

$$^{1}\textbf{Monatszinsformel} = \frac{\textbf{Kapital} \cdot \textbf{Zinssatz} \cdot \textbf{Zinsmonate}}{\textbf{100} \cdot \textbf{12 Monate}} = \frac{\textbf{7 800,00 €} \cdot \textbf{1,99} \cdot \textbf{1 Monat}}{\textbf{100} \cdot \textbf{12 Monate}} = \textbf{12,94 €}$$

1 Zum Beispiel hier https://www.finanzen-rechner.net/autokreditrechner.php

Beispiel

Kalkulation der Monatsrate einer **Schlussratenfinanzierung (Ballonkredit)**

Berechnungsgrundlagen		
Laufzeit	48 Monate	
Sollzinssatz	1,99 %	
Kaufpreis		19 500,00 €
– Rabatt	0,00 %	– €
– Anzahlung	20,00 %	3 900,00 €
Nettodarlehensbetrag (Anfangsschuld)		**15 600,00 €**
– Schlussrate (Ballonrate) im 48. Monat	45,00 %	**8 775,00 €**
Gesamte Tilgung nach 47 Monaten		6 825,00 €
Gesamte Schuld		24 375,00 €
Durchschnittliche Schuld		12 187,50 €
Ø Tilgung pro Monat		145,21 €
+ Ø Zinsen pro Monat (Monatszinsformel)		20,64 €
Monatsrate		**165,85 €**

$$\textbf{Monatszinsformel} = \frac{\text{Kapital} \cdot \text{Zinssatz} \cdot \text{Zinsmonate} \cdot \text{Raten}}{100 \cdot 12\,\text{Monate} \cdot \text{Zinsraten}}$$

$$= \frac{12187{,}50\,€ \cdot 1{,}99 \cdot 1 \cdot 48}{100 \cdot 12\,\text{Monate} \cdot 47} = 20{,}64\,€$$

Es fällt auf, dass die Schlussratenfinanzierung bei ähnlichen Berechnungsgrundlagen erheblich niedrigere Monatsraten als die Standardfinanzierung hat. Dies liegt an der Schlussrate, die den Tilgungsanteil in den Monatsraten erheblich senkt. Dafür ist der Zinsanteil in der Monatsrate höher als bei der Standardfinanzierung, da die Schlussrate über die gesamte Laufzeit verzinst werden muss.

1.2.2 Vertragsbeziehungen im Überblick

Entscheidet sich die Kundschaft für ein Finanzierungsmodell (z. B. Schlussratenfinanzierung), dann erfolgt zunächst die **Bestellung des Neuwagens** beim Autohaus. Im Fall eines Verbraucherdarlehens sollte das Autohaus erst nach Ablauf der 14-tägigen Widerrufsfrist (siehe Kapitel 1.2.5 Vertragsbestandteile und Widerrufsrecht) aktiv werden, d. h. seinerseits das Fahrzeug beim Hersteller bestellen.

Nach Klärung aller Voraussetzungen und Formalitäten (z. B. Kreditsicherheiten) füllen die Kunden und Kundinnen zusammen mit dem Verkäufer einen **Darlehensantrag** aus (siehe Kapitel 1.2.5 Vertragsbestandteile und Widerrufsrecht), den das Autohaus an seine Herstellerbank weiterleitet. Mit der Annahme dieses Antrags durch die Herstellerbank entsteht zwischen den Kundinnen bzw. Kunden und der Herstellerbank ein Kreditvertrag.

Im dritten Schritt tritt das Autohaus in die Bestellung ihrer Kundschaft ein und schließt mit der Herstellerbank einen **Kaufvertrag** über das bestellte Fahrzeug ab. Danach liefert das Autohaus das Fahrzeug an die Kundschaft aus. Bei der Auslieferung des Fahrzeugs erhält der Händler die im Darlehensvertrag vereinbarte **Anzahlung**, die auch in Form einer Inzahlungnahme des Gebrauchtwagens der Kundschaft erfolgen kann.

Das Autohaus reicht die Neuwagen-Fahrzeugrechnung an die finanzierende Herstellerbank weiter, die daraufhin den **restlichen Kaufpreis** für das Fahrzeug **zuzüglich Verkaufsprovision** an den Autohändler überweist. Bei der Anmeldung wird das Fahrzeug auf den Namen des Käufers oder der Käuferin zugelassen, die Zulassungsbescheinigung Teil II erhält die finanzierende Bank. Dadurch ist sichergestellt, dass das noch nicht restlos bezahlte Auto nicht weiter veräußern werden kann.

Nach dem Erhalt des Fahrzeugs erfüllen die Kunden und Kundinnen ihre Verpflichtungen aus dem Kreditvertrag, indem sie die **monatlichen Raten** und ggf. die **Schlussrate** an die Herstellerbank überweisen.

Kreditfinanzierung über die Herstellerbank des Autohauses

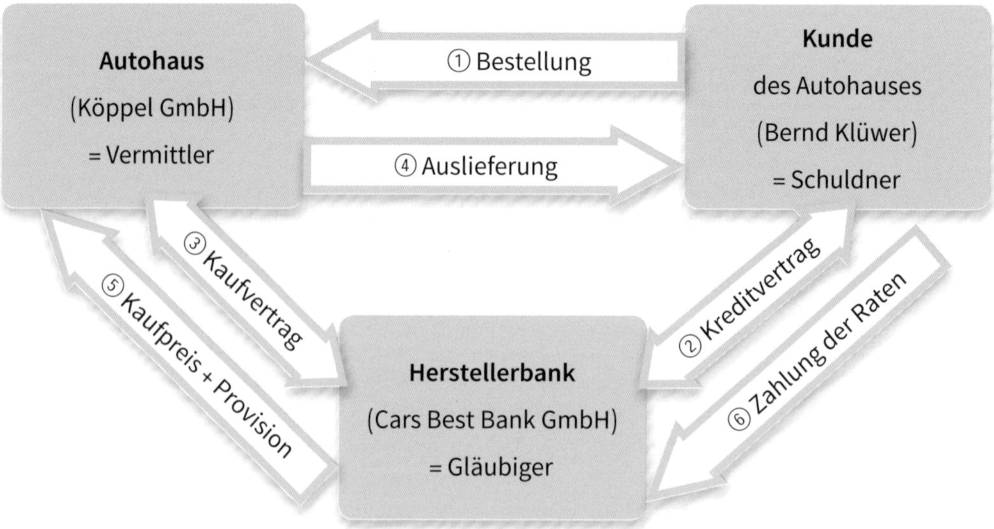

Der Kreditvertrag der Autokunden mit der Herstellerbank ihres Autohauses unterscheidet sich vom normalen Kreditvertrag. Die Autokunden erhalten keine Auszahlung in Geld, sondern in Form der Auslieferung ihres bestellten Fahrzeugs durch das Autohaus. Die Rückzahlung erfolgt je nach Vertragsmodell in Form der Anzahlung an das Autohaus, der Monatsraten und ggf. der Schlussrate an die Herstellerbank.

1.2.3 Prüfung der Kreditfähigkeit und Kreditwürdigkeit der Kundschaft

Die Prüfung der **Kreditfähigkeit** bezieht sich auf die Fähigkeit des Kreditnehmers, rechtsgültige Verträge abschließen zu können. Kreditfähig sind natürliche Personen mit unbeschränkter Geschäftsfähigkeit (nach Vollendung des 18. Lebensjahres), Personengesellschaften (z. B. OHG, KG) und im Handelsregister eingetragene juristische Personen (z. B. AG, GmbH). Beschränkt geschäftsfähige natürliche Personen (vor Vollendung des 18. Lebensjahres) bedürfen zum Abschluss von Verträgen der Zustimmung ihres gesetzlichen Vertreters.

Um sicherzugehen, dass die Person des Kreditnehmers identisch ist mit der Person, die der Autohändler vor sich hat, wird noch eine **Legitimationsprüfung** vorgenommen. Dazu nimmt der Autohändler Nummer, ausstellende Behörde und Ausstellungsdatum des Personalausweises seiner Kundschaft entgegen. Unternehmen weisen ihre Kreditfähigkeit nach, indem ihr gesetzlicher Vertreter einen beglaubigten Auszug aus dem Handelsregister vorlegt.

Der Darlehensgeber hat vor dem Abschluss eines Verbraucherdarlehensvertrags (siehe S. 302 ff.) die Kreditwürdigkeit des Darlehensnehmers zu prüfen (§ 505 a BGB). Die **Kreditwürdigkeit** der Kundschaft ist von ihren persönlichen und wirtschaftlichen Verhältnissen abhängig. Mit der Kreditwürdigkeitsprüfung (Bonitätsprüfung) soll festgestellt werden, ob die Schuldner wirtschaftlich dazu in der Lage sind, den Kredit vereinbarungsgemäß zurückzuzahlen (materielle Kreditwürdigkeit), und ob sie vertrauenswürdig und zuverlässig sind (persönliche Kreditwürdigkeit). Der Kreditgeber bzw. das Autohaus verschafft sich durch persönliche Gespräche und Durchsicht von Unterlagen ein genaues Bild von seinen Schuldnern.

Unterlagen zur Prüfung der Kreditwürdigkeit	
Privatpersonen	Unternehmen
• Haushaltskostenrechnung • Einkommensnachweise • Selbstauskunft • Kontounterlagen, -bewegungen • Güterrechtsregister, Grundbuchauszug • Auskünfte bei Auskunfteien (z. B. SCHUFA-Abfrage[1], CRIF, Dun & Bradstreet, Creditreform)	• Jahresabschlüsse (Bilanz, Gewinn- und Verlustrechnung) der letzten drei Jahre • Gesellschaftsverträge • Grundbuch-, Handelsregisterauszüge • Steuerbescheide • Finanzplan mit Nachweis der Wirtschaftlichkeit des Vorhabens • Auskünfte bei Auskunfteien

1 SCHUFA = Schutzgemeinschaft für allgemeine Kreditsicherung

Die Höhe der Monatsrate sollte so gewählt werden, dass die Kundinnen und Kunden diese neben ihren sonstigen finanziellen Belastungen problemlos aufbringen können. Hier muss der Autohändler in seinem eigenen Interesse auf seine Kundschaft einwirken und zusammen mit den Kundinnen und Kunden eine **Haushaltskostenrechnung** durchführen, in der die wichtigsten laufenden Einnahmen und Ausgaben aufgelistet und saldiert werden. Auf diese Weise kann der Autohändler die Ratenhöhe (laufende finanzielle Belastung) auf die persönlichen Verhältnisse seiner Kundschaft zuschneiden.

Alleinstehende geben nach der **50-30-20-Regel** 50 % ihres monatlichen Nettoeinkommens für fixe Haushaltskosten wie Miete, Mietnebenkosten und Versicherungen aus. 30 % entfallen auf Nahrung, Kleidung und Freizeitgestaltung wie Hobbys oder Ausgehen. Die restlichen 20 % werden für größere Anschaffungen zurückgestellt und für die Vorsorge angespart.

Beispiel

Haushaltskostenrechnung des Kunden Bernd Klüwer:

Einnahmen pro Monat	ausgabefähiges Gehalt	2 300,00 €
Ausgaben pro Monat	Miete Mietnebenkosten Heizung, Strom Versicherungen Kleidung, Ernährung Anschaffungen Sonstiges	450,00 € 200,00 € 150,00 € 100,00 € 400,00 € 150,00 € 250,00 €
	Summe der Ausgaben	1 700,00 €
Überschuss pro Monat	Einnahmen – Ausgaben	600,00 €

Die Ergebnisse der Haushaltsrechnung und die persönlichen Daten der Privatkunden und ggf. mithaftender Bürgen (siehe hierzu S. 291, 295) werden in das Formular **Selbstauskunft** eingetragen. Dieses Formular enthält auch die Zustimmung der Kunden zur SCHUFA-Abfrage (SCHUFA-Hinweis und SCHUFA-Informationsblatt früher SCHUFA-Klausel)).

Die SCHUFA-Abfrage besteht aus zwei Teilen: den SCHUFA-Hinweis und das SCHUFA-Informationsblatt.
Mit dem **SCHUFA-Hinweis** unterrichtet der Vertragspartner (z. B. Kreditinstitut, Leasinggeber, Vermieter, Gläubiger) seinen Kunden (z. B. Schuldner, Leasingnehmer, Mieter, Bürge) darüber, dass er die relevanten Daten des Kunden nach Maßgaben des Bundesdatenschutzgesetzes (BDSG) und der Datenschutz-Grundverordnung (DSGVO) an die SCHUFA (Schutzgemeinschaft für allgemeine Kreditsicherung) meldet (Einmeldung). Ist der Vertragspartner ein Kreditinstitut, dann wird er vom Bankgeheimnis befreit. Nach der Einmeldung erhält der Vertragspartner von der SCHUFA eine Bonitätsauskunft über den Kunden, d. h. der Vertragspartner erfährt, ob der Kunde weitere Schulden (Höhe und Laufzeit) hat und ob es Schwierigkeiten bei der Rückzahlung gibt (siehe S. 277, 293).

Das **SCHUFA-Informationsblatt** enthält Informationen darüber, welche Daten an die SCHUFA übermittelt werden, welchen Zweck die Daten haben, ob ein berechtigtes Interesse vorliegt, woher die Daten kommen, welche Rechte der Kunde gegenüber der SCHUFA hat und wann die Daten gelöscht werden (Art. 14 DSGVO). Ein berechtigtes Interesse liegt vor, wenn der Vertragspartner ein Kreditrisiko eingeht, z. B. wenn er Waren liefert, bevor der Kunde bezahlt hat. Die Datenweitergabe an die SCHUFA ist nur zulässig, wenn der Kunde zustimmt. Die meisten SCHUFA-Einträge werden nach Erledigung taggenau nach 18 Monaten automatisch gelöscht.
Aktuell sind in Deutschland Informationen zu 68 Mio. Kunden bei der SCHUFA erfasst.

Beispiel

SCHUFA-Hinweis:

Ich/Wir willige(n) ein, dass das Kreditinstitut der SCHUFA Holding AG, Daten über die Beantragung, die Aufnahme (Kreditnehmer, Kreditbetrag, Laufzeit, Ratenbeginn) und vereinbarungsgemäße Abwicklung (z. B. vorzeitige Rückzahlung, Laufzeitverlängerung) dieses Kredits übermittelt.

Unabhängig davon wird das Kreditinstitut der SCHUFA auch Daten aufgrund nicht vertragsgemäßen Verhaltens (z. B. Forderungsbetrag nach Kündigung) übermitteln. Diese Meldungen dürfen nach dem Bundesdatenschutzgesetz nur erfolgen, wenn sie nach Abwägung aller betroffenen Interessen zulässig sind.

Insoweit befreie(n) ich/wir das Kreditinstitut zugleich vom Bankgeheimnis.

Ich kann/Wir können Auskunft bei der SCHUFA über die mich/uns betreffenden gespeicherten Daten erhalten. Die Adresse der SCHUFA lautet SCHUFA Holding AG, Verbraucherservice, Postfach 10 21 66, 44721 Bochum oder SCHUFA Holding AG, Verbraucherservice, Postfach 56 40, 30056 Hannover.

Selbstauskunft mit SCHUFA-Hinweis der Cars Best Bank für private Kunden

CARS BEST BANK **CARS BEST LEASING**

Selbstauskunft für private Kunden

Antragsteller	Bürge
Name und ggf. vorheriger Name: Klüwer	Name und ggf. vorheriger Name: Klüwer
Vorname: Bernd; Telefon:	Vorname: Gustav; Telefon:
Straße: Daimlerstraße 12	Straße: Daimlerstraße 12
PLZ/Wohnort: 54293 Trier; seit: 1996	PLZ/Wohnort: 54293 Trier; seit: 1994
Frühere Anschrift der letzten 3 Jahre / 2. Wohnsitz:	Frühere Anschrift der letzten 3 Jahre / 2. Wohnsitz:
Geburtsdatum/-ort: 5. Mai 1996	Geburtsdatum/-ort: 6. August 1970
Staatsangehörigkeit: deutsch	Staatsangehörigkeit: deutsch
Familienstand: ☒ ledig ☐ verh. ☐ verw. ☐ gesch. ☐ getr. lebend; unterh. Kinder:	Familienstand: ☐ ledig ☐ verh. ☐ verw. ☐ gesch. ☐ getr. lebend; unterh. Kinder:
Ausgeübter Beruf: Bürokaufmann	Ausgeübter Beruf: Handelsvertreter
Arbeitgeber: Kurt Weller KG; beschäftigt seit: 2005	Arbeitgeber: /; beschäftigt seit: /
Branche: Möbelhersteller	Branche: Elektro
Netto-Monats-Einkommen: ca. 2 300,00 €	Netto-Monats-Einkommen: ca. 3 000,00 €
☒ Mietwohnung – Miete 450,00 €	☐ Mietwohnung – Miete
☐ Eigentumswohnung – mtl. Belastung	☐ Eigentumswohnung – mtl. Belastung
☐ Haus-Eigentum – mtl. Belastung	☒ Haus-Eigentum – mtl. Belastung 500,00 €
☐ Cars Best Card System	☐ Cars Best Card System
☒ Scheck- / sonstige Kreditkarte vorhanden	☒ Scheck- / sonstige Kreditkarte vorhanden
Kunde der Cars Best Bank GmbH oder Cars Best Leasing GmbH: ☒ nein ☐ ja, Kunden-Nr.	Kunde der Cars Best Bank GmbH oder Cars Best Leasing GmbH: ☒ nein ☐ ja, Kunden-Nr.

Fahrzeugversicherung
☒ Vollkasko mit 500,00 € Selbstbeteiligung ☐ Teilkasko
☒ Vers.-Gesellschaft Cars Best ☐ Vers.- / Antrags-Nr.: noch nicht bekannt

Nur bei Ausländern

Heimatadresse			
In der BRD seit	Aufenthaltserlaubnis bis	Arbeitserlaubnis bis	Deutscher Führerschein seit

Wir versichern, vorstehende Angaben zur Beurteilung unserer persönlichen und wirtschaftlichen Verhältnisse nach bestem Wissen und Gewissen gemacht zu haben, insbesondere in den letzten 3 Jahren keine Zahlungsschwierigkeiten gehabt zu haben.Uns ist bekannt, dass die angegebenen Daten für die Gewährung des Darlehens-/Leasing-Vertrags maßgebend sind.

Ich / Wir willige(n) ein, dass die Cars Best Bank GmbH / Cars Best Leasing GmbH bei bestehender und / oder bei Aufnahme einer Geschäftsverbindung zur Cars Best Financial Services AG / Cars Best Bank GmbH / Cars Best Leasing GmbH die Personen- und Vertragsdaten sowie Angabenüber über die Vertragsentwicklung (Höhe der Forderung, Laufzeit, evtl. Kündigung, Angaben zum Fahrzeug sowie über evtl. gerichtliche Maßnahmen) an die genannten Gesellschaften für eine umfassende Beratung und Betreuung übermitteln darf. Dies schließt die Übermittlung und Verarbeitung von Daten zur Person von Gesellschaftern und Geschäftsführern ein. Erlaubt wirdauchder Austausch und die Verwertung meiner Daten zum Zweck der Kundenbetreuung und Werbeaktionen durch die Gesellschaften des Cars Best Konzerns.
Ich/Wir entbinde(n) die UNICABank insoweit auch von dem Bankgeheimnis.

SCHUFA-Hinweis

Ich/Wir willige(n) ein, dass die Cars Best Bank GmbH / Cars Best Leasing GmbH der für meinen / unseren Wohnsitz zuständigen SCHUFA-Gesellschaft Daten über die Beantragung, die Aufnahme- (Kreditnehmer, Mitschuldner, Kreditbetrag, Laufzeit, Ratenbeginn) und vereinbarungsgemäße Abwicklung (z.B.vorzeitige Rückzahlung, Laufzeitverlängerung) dieses Kredits übermittelt.

Unabhängig davon wird die Cars Best Bank GmbH / Cars Best Leasing GmbH der SCHUFA auch Daten aufgrund nicht vertragsgemäßer Abwicklung (z. B. Kündigung des Kredites, Inanspruchnahme einer vertraglich vereinbarten Lohnabtretung, beantragter Mahnbescheid bei unbestrittener Forderung sowie Zwangsvollstreckungsmaßnahmen) melden.Diese Meldungen dürfen nach dem Bundesdatenschutzgesetz nur erfolgen, soweit dies zur Wahrnehmung berechtigter Interessen der Cars Best Bank GmbH / Cars Best Leasing GmbH, eines Vertragspartners der SCHUFA oder der Allgemeinheit erforderlich ist und dadurch meine/unsere schutzwürdigen Belange nicht beeinträchtigt werden.

Soweit hiernach eine Übermittlung erfolgen kann, befreie(n) ich/wir die Cars Best Bank GmbH / Cars Best Leasing GmbH zugleich vom Bankgeheimnis. Die SCHUFA speichert die Daten, um den ihr angeschlossenen Kreditinstituten, Leasinggesellschaften, Einzelhandels-, Versandhandels- und sonstigen Unternehmen, die gewerbsmäßig Geld- oder Warenkredite an Konsumenten geben, Informationen zur Beurteilung der Kreditwürdigkeit von Kunden geben können.Sie stellt diese Daten ihren Vertragspartnern nur zur Verfügung, wenn diese ein berechtigtes Interesse an der Datenübermittlung glaubhaft darlegen. Die SCHUFA übermittelt nur objektive Daten ohne Angabe des Kreditgebers; subjektive Werturteile, persönliche Einkommens- und Ve mögensverhältnisse sind in SCHUFA-Auskünften nicht enhalten.

Ich/Wir können Auskünfte bei der SCHUFA über die mich/uns betreffenden gespeicherten Daten erhalten.Ich/Wir willigen ein, dass im Falle eines Wohnsitzwechsels die vorgenannte SCHUFA die Daten an die dann zuständige SCHUFA übermittelt.Weitere Informationen über das SCHUFA-Verfahren enthält ein Merkblatt, das auf Wunsch zur Verfügung gestellt wird.

Trier, 12. Juli 20..	Kluwer	Kr
Ort/Datum	Unterschrift des Antragstellers	Unterschrift des Bürgen

LV 0508/0998 Art.-Nr. 011.4508.87.01

Die **SCHUFA** (Schutzgemeinschaft für allgemeine Kreditsicherung) ist eine Gemeinschaftseinrichtung von Wirtschaftsunternehmen, die ihren Kunden Geld- oder Warenkredite einräumen. Die Vertragspartner sollen vor Kreditausfällen geschützt werden. Vertragspartner der SCHUFA können Banken, Kreditkarten- sowie Leasinggesellschaften, Einzelhandels-, Versandhandels- und Telekommunikationsunternehmen sein. Die SCHUFA ist eine Datensammelstelle, die selbst keine Daten erhebt. Sie verlässt sich auf die Richtigkeit der Angaben ihrer Vertragspartner. Diese übermitteln Informationen, die im Rahmen von eigenen Geschäften mit Einwilligung ihrer Kundschaft („SCHUFA-Abfrage") anfallen, insbesondere:

- Personendaten (Name, Geburtsdatum, Geburtsort, Anschrift, frühere Anschriften)
- Informationen über andere laufende Geschäfte (Kredit- und Leasingverträge mit Laufzeit und Betrag, Girokonten, Kreditkarten, Telekommunikationskonten)
- Daten über die nicht vertragsgemäße Abwicklung von Geschäften (z. B. vorzeitige Kündigung des Kredits, Inanspruchnahme einer Gehaltsabtretung, beantragter Mahnbescheid)
- Missbrauch eines Kontos oder einer Kreditkarte nach Nutzungsverbot
- Daten aus öffentlichen Verzeichnissen und amtlichen Bekanntmachungen (eidesstattliche Versicherung, Haftbefehl zur Erzwingung der eidesstattlichen Versicherung, Eröffnung eines Insolvenzverfahrens)

Daten über das Einkommen, das Vermögen, den Arbeitgeber sowie über den Familienstand der Personen werden von der SCHUFA nicht erfasst.

Bei der Erteilung von Auskünften kann die SCHUFA ihren Vertragspartnern ergänzend einen aus ihrem Datenbestand errechneten Wahrscheinlichkeitswert zur Beurteilung des Kreditrisikos mitteilen (**Scoring-Verfahren**). Ein Scoring (Score = Punktwert) stellt eine Prognose über das künftige Verhalten von Personengruppen dar, die auf der Grundlage von statistisch-mathematischen Analyseverfahren berechnet wird. Es handelt sich also nicht um die Bewertung der Bonität eines konkreten Kunden, sondern um die Einschätzung der Kreditwürdigkeit einer Gruppe, der dieser Kunde angehört. Das Scoring, gemessen in Werten zwischen 1 (schlechtester Wert) und 1 000 (bester Wert), soll das durchschnittliche Risiko von Personen mit gleichem Datenprofil bestimmen. Es wird ergänzt um einen Prozentsatz, der angibt, wie hoch die Wahrscheinlichkeit einer Störung bei Kunden mit diesem Datenprofil ist.

1.2.4 Kreditsicherheiten der Kundschaft

Wenn neben dem Kreditnehmer (Schuldner) noch weitere Personen oder Sachen (Realgüter) für die Rückzahlung des Kredits haften, dann spricht man von einem gesicherten Kredit.

Restschuldversicherung (Kreditschutzbrief)

Persönliche Schicksalsschläge (z. B. unverschuldete Arbeitslosigkeit, Berufsunfähigkeit, schwere Krankheit, Tod) können die Rückzahlung der jeweiligen Restschuld gefährden. Für diesen Fall verlangen viele Kreditgeber von ihren Kreditkunden eine ausreichende Risikolebensversicherung bzw. den Abschluss einer Restschuldversicherung (RSV) zum zugehörigen Darlehensvertrag. Der Kreditnehmer bzw. der Mitdarlehensnehmer muss die versicherte

Person sein. Die Versicherungssumme darf nicht höher sein als der abzusichernde Darlehensbetrag. Der Versicherungsschutz beginnt mit der Bezahlung des Einmalbeitrags.

Nicht versichert sind der versicherten Person bekannte ernstliche Erkrankungen und Unfallfolgen, wegen derer sie in den letzten zwölf Monaten vor Beginn des Versicherungsschutzes ärztlich behandelt oder beraten wurde und ein dadurch verursachter Versicherungsfall in den ersten 24 Vertragsmonaten („Karenzzeit") eintritt. Es lohnt sich ein genauer Blick in die Versicherungsbedingungen der Restschuldversicherung, denn oft werden bestimmte Vorerkrankungen von vornherein ausgeschlossen oder es gilt eine lange Karenzzeit. Teilweise wird die Zahlung verweigert, wenn Personen ihr Arbeitsverhältnis selbst kündigen oder ein befristetes Arbeitsverhältnis ausläuft.

Im **Todesfall** wird die noch ausstehende Restschuld des aufgenommenen Kredits durch die Versicherungsleistung getilgt. Die RSV übernimmt die fälligen Raten bei einer längeren **Krankheit** nach Ablauf der Entgeltfortzahlung (sechs Wochen) bis zur Genesung, bei unverschuldeter **Arbeitslosigkeit** bzw. **Geschäftsaufgabe** aus wirtschaftlichen Gründen maximal ein Jahr lang. Die Sicherheit für die Herstellerbank besteht darin, dass die Versicherungsnehmer alle Ansprüche und Rechte aus der Restschuldversicherung an die finanzierende Bank abtreten.

Je nach Vereinbarung übernimmt der Kreditschutzbrief im Leistungsfall nicht nur die Finanzierungsraten, sondern auch die Beiträge zur Kraftfahrtversicherung und die Garantieverlängerung.

Sicherungsschein der Kraftfahrzeugversicherung

Viele Herstellerbanken (Kreditgeber) verlangen als Eigentümer des Fahrzeugs von der Kraftfahrzeugversicherung (Versicherer) der Kreditnehmer die Ausstellung eines **Sicherungsscheins**, mit dem der Versicherungsumfang (Haftpflicht-, Teilkasko-, Vollkaskoversicherung) bestätigt wird.

Gleichzeitig erklärt die Kraftfahrzeugversicherung, dass sie den Kreditgeber informiert, wenn

- der Versicherungsnehmer (Leasing- bzw. Kreditnehmer) die Versicherung kündigt oder den Versicherungsumfang ändert,
- ein Schadenfall eingetreten ist (der Versicherungsnehmer kann nicht mehr frei über die Versicherungsleistung verfügen),
- ein Prämienrückstand besteht (der Leasing- bzw. der Kreditgeber haben das Recht, die ausstehende Prämie auszugleichen, um so den Versicherungsschutz zu erhalten).

Der Sicherungsschein schützt den Kreditgeber, da er im Schadenfall berechtigt ist, neben dem Versicherungsnehmer auch Ansprüche gegen den Versicherer geltend zu machen.

Manche Herstellerbanken verlangen sogar, dass die versicherte Person alle Ansprüche und Rechte aus der Kraftfahrzeugversicherung an die finanzierende Bank abtritt.

Mitdarlehensnehmer (Mitschuldner)

Häufig unterschreibt nicht nur der Kreditnehmer den Vertrag, sondern der Ehepartner oder die Eltern werden angehalten, als Mitdarlehensnehmer den Kreditvertrag mit zu unterzeichnen. Die Banken machen derartige Sicherheiten häufig zur Bedingung, um eine zusätzliche Absicherung ihres Kredites zu erreichen.

Der **Mitdarlehensnehmer** haftet wie der Schuldner **gesamtschuldnerisch** für die Zahlung der fälligen Raten aus dem Kredit. Die Bank kann sich als Gläubiger mit ihrer Forderung auf Rückzahlung an mehrere Schuldner wenden. Jeder der Schuldner haftet für den vollen Schuldbetrag. Dabei kann die Bank frei bestimmen, an welchen Schuldner sie sich wendet. Zahlt ein Schuldner, so ist der gesamtschuldnerisch haftende Mitschuldner in dieser Höhe von einer Zahlung befreit. Fällt ein Schuldner aus, so haftet der andere Schuldner grundsätzlich in voller Höhe. Der zahlende Schuldner hat zwar einen internen Zahlungsanspruch gegenüber dem nicht zahlenden Schuldner, doch ob ihm das im Ernstfall etwas nützt, ist fraglich.

Zu beachten ist, dass die Mitdarlehensnehmer ein eigenes Interesse an der Kreditaufnahme haben sollten und dass ihr Einkommen ausreicht, die laufenden Zahlungen aufzubringen. Unterschreibt z. B. ein Ehepartner den Darlehensvertrag lediglich aufgrund der emotionalen Verbundenheit, dann liegt eine Sittenwidrigkeit vor, wenn sein Einkommen nicht ausreichend ist. In diesem Fall gilt die Vermutung, dass die Bank diese Bindung der Eheleute sittenwidrig ausgenutzt hat.

Bürgschaft als Sicherheit

Durch einen **Bürgschaftsvertrag** verpflichten sich die Bürgen gegenüber dem Kreditgeber, für die Rückzahlung der Schulden des Kreditnehmers einzustehen (§ 765 BGB). Der Bürgschaftsvertrag wird zwischen Kreditgeber und Bürgen abgeschlossen. Treten Verbraucherinnen oder Verbraucher als Bürgen auf, dann ist für den Bürgschaftsvertrag die Schriftform nötig (§ 766 BGB). Unternehmen können eine Bürgschaft auch formlos übernehmen (§ 350 HGB).

Bürgen treten als Nebenschuldner (Drittschuldner[1]) auf und haften neben dem eigentlichen Schuldner (Hauptschuldner) für die Rückzahlung des Bürgschaftskredits. Mehrere Bürgen (Mitbürgen) haften als Gesamtschuldner, d. h., jeder Mitbürge verpflichtet sich zur Rückzahlung der gesamten Schuld.

1 Erstschuldner ist der Kreditgeber, er schuldet die Auszahlung des Kredits; Zweitschuldner ist der Kreditnehmer, er schuldet die Rückzahlung des Kredits; Drittschuldner ist der Bürge, er schuldet als dritter Beteiligter ebenfalls die Rückzahlung.

Vertragsbeziehungen bei einer selbstschuldnerischen Bürgschaft

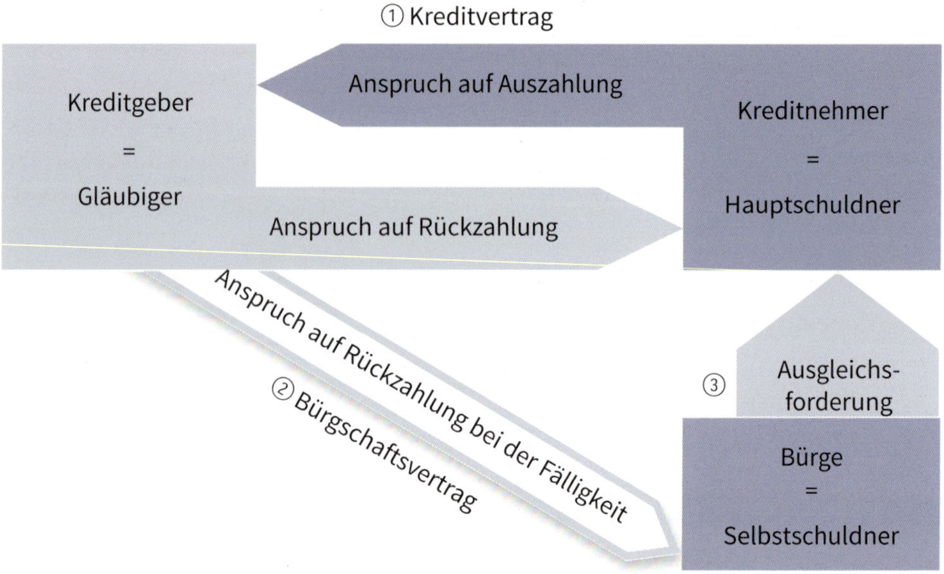

Die Haftung der Bürgen gilt nur für den jeweiligen Restbestand der Hauptverbindlichkeit und erlischt, sobald der Kreditnehmer den Kredit zurückbezahlt hat (Akzessorietät[1], § 767 BGB). In der Praxis ist die **selbstschuldnerische Bürgschaft** üblich. Hier verzichten die Bürgen auf ihr Recht auf „Einrede der Vorausklage" nach § 771 BGB und werden dadurch dem Hauptschuldner gleichgestellt (Selbstschuldner). Als Selbstschuldner werden die Bürgen sofort beansprucht, wenn Tilgungs- und Zinszahlungen des Hauptschuldners ausbleiben. Die Bürgen können jedoch eine entsprechende Ausgleichsforderung gegenüber dem Hauptschuldner geltend machen (§ 774 BGB, gesetzlicher Forderungsübergang).

Sicherungsübereignung – der Schuldner besitzt die Sicherheit

Überträgt der Kreditnehmer das Eigentum an beweglichen Sachen treuhänderisch als Sicherheit an den Kreditgeber, bleibt aber unmittelbarer Besitzer, dann liegt ein **Sicherungsübereignungskredit** vor.

Zusätzlich zum Kreditvertrag wird zwischen dem Kreditnehmer (Sicherungsgeber) und dem Kreditgeber (Sicherungsnehmer) ein **Sicherungsübereignungsvertrag** geschlossen, der eine Sicherungsabrede (Zweckerklärung) enthält, in der sich der Sicherungsnehmer verpflichtet, den Sicherungsgegenstand nur dann zu verwerten, wenn der Schuldner seinen Verpflichtungen nicht nachkommt, und die Sicherheit nach Beendigung des Kreditverhältnisses freizugeben.

1 akzessorisch = nebensächlich, von lat. *accedere* = dazukommen, hinzutreten

Die Sicherungsabrede ist notwendig, weil das Sicherungsgut keine akzessorische Sicherheit darstellt, sondern eine dingliche **fiduziarische**[1] **Sicherheit** und damit nicht an die jeweilige Höhe der Restschuld gekoppelt ist. Ohne die Sicherungsabrede würde die Sicherheit dem Sicherungsnehmer auch nach Rückzahlung eines Kredits bzw. Wegfall einer Forderung erhalten bleiben.

Die zur Übereignung notwendige Übergabe des Sicherungsgegenstands (§ 929 BGB) findet nicht statt und wird durch ein **Besitzkonstitut** (§ 930 BGB) ersetzt. Damit kann der Kreditnehmer weiterhin die tatsächliche Herrschaft über die Sache ausüben und diese weiterhin wirtschaftlich nutzen.

Vertragsbeziehungen bei einer Sicherungsübereignung

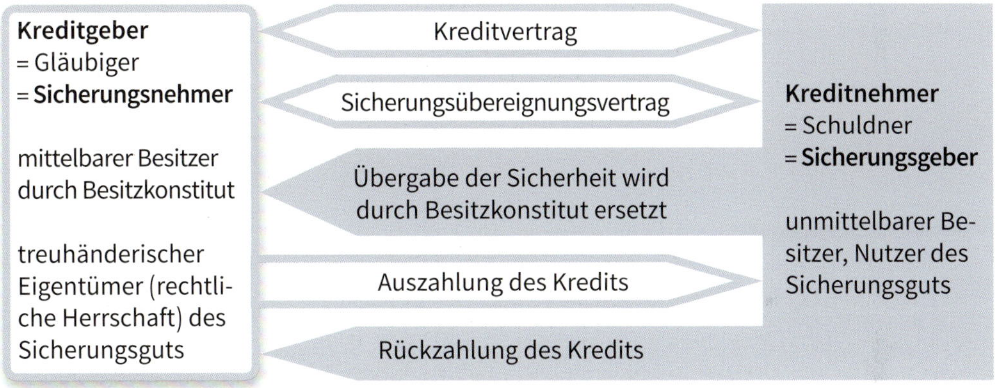

Der Kreditgeber hat nur ein **bedingtes Eigentum**, das erst wirksam wird, wenn der Kreditnehmer seinen Verpflichtungen aus dem Kreditvertrag nicht nachkommt. In diesem Fall hat der Kreditgeber einen Herausgabeanspruch und kann das Sicherungsgut durch freihändigen Verkauf verwerten. Verkauft der Kreditnehmer die übereignete Sache zwischenzeitlich an einen gutgläubigen Dritten, dann entfällt dieser Herausgabeanspruch (§ 933 BGB). Zusätzlich muss der Kreditgeber in Kauf nehmen, dass der Sicherungsgegenstand untergeht, durch den Gebrauch an Wert verliert oder beschädigt wird.

Die Sicherungsübereignung ist nicht gesetzlich geregelt. Sie wurde im Geschäftsverkehr als Ersatz für die Pfandrechtsbestellung entwickelt und hat gegenüber dem Pfandrecht folgende Vorteile:

- Der Kreditnehmer kann die Sicherungssache wirtschaftlich nutzen.
- Die Übereignung des Sicherungsguts ist für Dritte nicht erkennbar.
- Der Kreditgeber muss die Sicherungssache nicht verwahren.
- Eine Änderung der Kreditsumme ist unerheblich; die Sache kann immer wieder als Sicherheit für Anschlusskredite verwendet werden (fiduziarische Sicherheit).

1 fiduziarisch = auf Treu und Glauben anvertraut, von lat. *fiducia* = Vertrauen, Unterpfand

Beispiel

Auszug aus einem Sicherungsübereignungsvertrag:

Sicherungs-übereignung ▶	Bezeichnung des Sicherheitsgutes (Bei Kfz mit Fabrikmarke; kW/ccm), Erstzulassung, Fahrgestell-Nr., Zulassungsbescheinigung-II-Nr. und amtl. Kennzeichen. 1 Pkw Phantasia 1,6 l, 92 kW, TR-WD 1262

Standort des Sicherungsgutes	Kaufpreis	Anzahlung
Daimlerstr. 12, 54293 Trier	19500,00 €	3900,00 €

Bedingungen zur Sicherungsübereignung (Nur in Verbindung mit einer vollständig ausgefüllten Sicherungsübereignung auf der Vorderseite gültig.)

1. Darlehensnehmer und Cars Best Bank sind sich einig, dass das Eigentum an den umseitig näher bezeichneten Sachen einschließlich Bestandteilen und Zubehör (auch soweit diese später ausgetauscht werden) zur Sicherung des Darlehens auf die Cars Best Bank übergeht.
2. Die Übergabe der Sachen wird dadurch ersetzt, dass die Cars Best Bank dem Darlehensnehmer die Sachen teilweise überlässt und ihm die Weiterbenutzung gestattet.

...

8. Handelt es sich bei dem Sicherungsgut um ein Kraftfahrzeug, übergibt der Darlehensnehmer der Cars Best Bank

8.1 die über das Fahrzeug ausgestellte Zulassungsbescheinigung II für die Dauer ihres Eigentums an dem Fahrzeug;

8.2 zum Zweck der Weiterleitung an die Straßenverkehrsbehörde eine Anzeige über die erfolgte Sicherungsübereignung des Fahrzeugs.

9. Sobald die Cars Best Bank wegen aller ihrer Ansprüche gegen den Darlehensnehmer befriedigt ist, ist sie verpflichtet, ihre Rechte an dem Sicherungsgut auf den Darlehensnehmer zurückzuübertragen.

1.2.5 Vertragsbestandteile und Widerrufsrecht

Entscheidet sich die Kundschaft für ein Finanzierungsmodell (z. B. Schlussratenfinanzierung), dann füllt sie zusammen mit dem Autohaus einen Darlehensantrag aus.

Darlehensantrag an die Cars Best Bank GmbH (Herstellerbank)

DARLEHENSANTRAG

CARS BEST BANK GMBH
im Folgenden „Bank" genannt

Vertragsnummer: **123-345-12**

① **Händler:**
Autohaus Köppel GmbH
Diedenhofener Str. 6
54294 Trier

Verkäufer:

② **Darlehensnehmer:**
Bernd Klüwer
Daimlerstraße 12
54293 Trier

③ **Mitdarlehensnehmer**
Gustav Klüwer (wie oben)

④ **Fahrzeug**

	Marke/Modell	Fahrgestellnummer	Erstzulassung	Polizeiliches Kennzeichen
Cars Best	Phantasia	–	01. 08. 20..	TR-WD 1262

⑤ **Versicherung**
(abzuschließen durch DN/MDN) Berlinische Leben
Antrags-/Versicherungs-Nr. –

Haftpflicht ⊗ Teilkasko ⊗ Vollkasko mit SB von 300

⑥ **Darlehen** zur Finanzierung des Erwerbs des obigen Fahrzeuges.

1	Gesamtrechnungspreis	19 500,00	6	Nettodarlehensbetrag (Ziffer 4 + 5)	15 600,00
2	Baranzahlung (keine Wechsel)	3 900,00	7	Zinsen 1,99 % p. a.	970,08
3	Nettogutschrift für ein in Zahlung gegebenes Kraftfahrzeug bzw. geschätzter Erlös aus Auftrag zur Vermittlung des Kfz-Verkaufs	0,00	8	Sonstige Kosten	0,00
4	Restrechnungspreis (Ziffer 1 abzgl. Ziffer 2 und/oder 3)	15 600,00	9	Gesamt-Darlehensbetrag (Ziffer 6 + 7 + 8)	16 570,08
5	Restschuldversicherungs-Beitrag	0,00	10	Effektiver Jahreszins %	1,99

⑦ **Zahlungsplan**
Gesamtzahl der Raten 48 Ratenhöhe: Rate 1 bis 47 : 165,85 ; Rate 48 : 8 775,00 €
Fälligkeit: 1. Rate am 01. 08. 20.. ; erfolgt die Zulassung erst nach vorgenanntem Datum, so ist die erste Rate am 30. Tag nach Zulassungsdatum fällig. Folgeraten jeweils am gleichen Tage des folgenden Monats. Maßgebend für die Rechtzeitigkeit der Zahlungen ist der Zahlungseingang bei der Bank.

⑧ **Restschuldversicherung** Gilt, wenn Versicherungsbeitrag in Ziffer 6.5 eingesetzt ist, für den Darlehensnehmer (DN), bzw. Mitdarlehensnehmer (MDN): ______
Fehlt der Eintrag DN oder MDN, so gilt der Darlehensnehmer (DN) als versicherte Person. Der Versicherungsschutz erstreckt sich nicht auf die der versicherten Person bekannten ernstlichen Erkrankungen und Unfallfolgen, wegen derer sie in den letzten 12 Monaten vor Beginn des Versicherungsschutzes ärztlich beraten oder behandelt wurde. Diese Einschränkung gilt nur, wenn der Versicherungsfall innerhalb von 24 Monaten seit Beginn des Versicherungsschutzes eintritt und mit diesen Erkrankungen oder Unfallfolgen in ursächlichem Zusammenhang steht.

Rücktritt von der Restschuldversicherung: Die zu versichernde Person (DN bzw. MDN) kann vom Versicherungsvertrag innerhalb eines Monats nach Zahlung des Einmalbeitrags zurücktreten (vgl.§6 der Bedingungen für die Restschuldversicherung). Zur Wahrung der Frist genügt die rechtzeitige Absendung der Rücktrittserklärung an die UNICA Bank GmbH oder die Berlinische Leben.

⑨ **Erklärungen des Darlehensnehmers und des Mitdarlehensnehmers**
1. Darlehen: Der Darlehensnehmer beantragt/Darlehensnehmer und Mitdarlehensnehmer als Gesamtschuldner beantragen über den Händler bei der Bank Gewährung des oben bezeichneten Darlehens zu den Bedingungen dieses Darlehensantrages (**einschließlich der umseitigen Darlehensbedingungen**). Die Auszahlung des Darlehens zur Abdeckung des Restrechnungspreises soll direkt an den Händler erfolgen. Nimmt die Bank entsprechend den umseitigen Darlehensbedingungen das Fahrzeug an sich, so liegt hierin keine Ausübung eines Rechts, von diesem Darlehensantrag zurückzutreten. Die Bank wird in diesem Fall dem Darlehensnehmer den gewöhnlichen Verkaufswert des Fahrzeugs im Zeitpunkt der Ansichnahme in entsprechender Anwendung des Abschnitts 6.4 der Darlehensbedingungen vergüten.
2. Sicherheiten: Der Darlehensnehmer bestellt hiermit nach Maßgabe von Ziffer 6 der umseitigen Darlehensbedingungen der Bank die folgenden Sicherheiten a) Sicherungsübereignung des Fahrzeugs, b) Sicherungsabtretung von Schadenersatz-, Versicherungs- und Ansprüchen auf Arbeitseinkommen jeder Art sowie c) unwiderrufliche Bezugsberechtigung für die Bank bei Abschluss einer Restschuldversicherung sowie Abtretung aller Ansprüche und Rechte aus dieser Versicherung. Der Mitdarlehensnehmer bestellt hiermit der Bank Sicherheiten an einer etwaigen für ihn abgeschlossenen Restschuldversicherung nach Maßgabe von Ziffer 6.1 e) der umseitigen Darlehensbedingungen.
3. Restschuldversicherung: (gilt nur, wenn der Beitrag in Ziff. 6.5 eingesetzt ist); Der Darlehensnehmer/Mitdarlehensnehmer (die zu versichernde Person) beauftragt die Bank, für ihn als Versicherungsnehmer eine Restschuldversicherung auf den Todes- und Arbeitsunfähigkeitsfall, hilfsweise Todesfall allein, bei der Schweizerischen Rentenanstalt gemäß den beigefügten „Bedingungen für die Restschuldversicherung", die Bestandteil des Antrages sind, abzuschließen.
4. Einziehungsermächtigung: Der Darlehensnehmer/Mitdarlehensnehmer ermächtigt hiermit die Bank widerruflich, die im Zusammenhang mit diesem Darlehensantrag zu entrichtenden Zahlungen bei Fälligkeiten mittels Lastschrift zulasten des folgenden Kontos einzuziehen.

Name des Kreditinstitutes/Ort	BIC	IBAN	Kontoinhaber: [Darlehensnehmer (DN) Mitdarlehensnehmer (MDN)]
Volksbank Trier	GENODED1TVB	DE91 5856 0103 0298 0061 25	DN

5. Ich/Wir bestätige(n) hiermit, eine Kopie dieses Darlehensantrages einschließlich der Belehrung über das Widerrufrecht (Ziffer 11, unten) und der in Ziffer 9.3 aufgeführten Unterlagen erhalten und hiervon Kenntnis genommen zu haben. Die Allgemeinen Bedingungen für die Restschuldversicherung habe ich bei Vertragsabschluss zur Kenntnis genommen und erhalten. Die Schlusserklärung zur Entbindung von der Schweigepflicht und des Datenschutzes mache ich zum Bestandteil meines Antrages.

⑩ Ort/Datum: Trier, 12. 07. 20..
Darlehensnehmer: Klüwer
Mitdarlehensnehmer: Klüwer

⑪ **Widerrufsbelehrung** (entfällt bei Darlehensaufnahme für eine bereits ausgeübte gewerbliche oder selbstständige berufliche Tätigkeit)
1. Der **Darlehensnehmer** kann seinen Darlehensantrag binnen einer Woche schriftlich **widerrufen**. Der Widerruf ist an die UNICA Bank GmbH, Stahlstraße 34, Postfach 1761, 12890 Berlin oder den Händler (Name/Adresse s. o.) zu richten. Die Frist beginnt, sobald dem Darlehensnehmer eine Durchschrift des Darlehensantrags mit dieser Widerrufsbelehrung ausgehändigt worden ist. Zur Wahrung der Frist genügt die rechtz eitige Aushändigung des Widerrufs. Der Widerruf hat die Unwirksamkeit des Darlehens- und des Kaufvertrags für das oben in Ziffer 4 bezeichnete Fahrzeug sowie der etwa mitfinanzierten Restschuldversicherung (oben Ziffer 6) zur Folge.
2. Der **Mitdarlehensnehmer** kann seinen Darlehensantrag ebenfalls **widerrufen**. Für das Widerrufsrecht des Mitdarlehensnehmers gelten die vorstehenden Bestimmungen entsprechend. Die Widerrufsfrist beginnt jedoch erst, wenn dem Mitdarlehensnehmer eine Durchschrift des Darlehensantrags mit dieser Widerrufsbelehrung ausgehändigt worden ist.

Ort/Datum: Trier, 12. 07. 20..
Darlehensnehmer: Klüwer
Mitdarlehensnehmer: Klüwer

Cars Best Bank GmbH, 12890 Berlin, Amtsgericht Berlin-Tiergarten, HRB 2002

40 1001/1.99 Bank

Inhalte eines Ratendarlehensvertrags im Überblick

Der Darlehensantrag enthält folgende wesentliche Angaben:

Inhaltspunkte	Erläuterungen
Vertragsnummer	Sie wird von der finanzierenden Bank vergeben und dient der eindeutigen Zuordnung des Darlehensvertrags.
Name und Anschriften	Name und Anschrift des Händlers, Name und Anschrift des Kunden/der Kundin als Darlehensnehmer, Name und Anschrift des Mitdarlehensnehmers bzw. Bürgen
Fahrzeugdaten	Hersteller, Marke bzw. Modell, Fahrgestellnummer, Erstzulassung, polizeiliches Kennzeichen
Angaben zur Versicherung	Name der Versicherungsgesellschaft, Versicherungsnummer, Versicherungsumfang, ggf. Höhe der Selbstbeteiligung
Angaben zum Darlehen	**Vertragsmodell**, Höhe des Gesamtrechnungspreises bzw. **Kaufpreises**, **Baranzahlung** bzw. Nettogutschrift für ein in Zahlung gegebenes Fahrzeug, Restrechnungspreis bzw. **Nettodarlehensbetrag** (Kaufpreis abzüglich Anzahlung), **Zinsen** mit **Sollzinssatz, sonstige Kosten**[1] (Kosten für die Eröffnung und Führung eines Darlehenskontos, Kosten für die Verwendung eines Zahlungsmittels, ggf. auch Einmalbeitrag zur Restschuldversicherung), Gesamtbetrag der Zahlungen (**Gesamtdarlehensbetrag**), **effektiver Jahreszinssatz** (dieser soll dem Verbraucher den Vergleich mit anderen Darlehensangeboten erleichtern – siehe hierzu auf S. 301 f.)
Zahlungsplan (Finanzierungs-, Raten-, Tilgungsplan)	Gesamtzahl der Monatsraten (z. B. 48), Höhe der Monatsrate (z. B. Rate 1 bis 47) und ggf. der Schlussrate (Rate 48), Fälligkeit der ersten Rate (erfolgt die Zulassung des Fahrzeugs später, dann ist die erste Rate am 30. Tag nach Zulassungsdatum fällig)
Restschuldversicherung	versicherte Person (Darlehensnehmer und/oder Mitdarlehensnehmer), mit Hinweis auf Versicherungsausschlüsse, Versicherungsbedingungen und Rücktrittsrecht innerhalb eines Monats nach Zahlung des Einmalbeitrags
Erklärungen des Darlehensnehmers	Darlehensantrag erfolgt über das Autohaus bei der Herstellerbank, Kenntnisnahme der **Darlehensbedingungen (siehe S. 305 ff.)**, Auszahlung des Darlehens zur Abdeckung des Restkaufpreises erfolgt an den Händler, Angaben zu den **Kreditsicherheiten** (Sicherungsübereignung, Abtretung von Schadenersatz-, Versicherungsansprüchen und Ansprüchen auf Arbeitseinkommen), Versicherungsgesellschaft für die **Restschuldversicherung**, **Einzugsermächtigung** (Name der Bank des Kunden, Kontonummer, Fälligkeiten), **Empfangsbestätigung** des Darlehensantrags einschließlich der **Widerrufsbelehrung** (auch des Mitdarlehensnehmers) und den Versicherungsbedingungen der Restschuldversicherung, Entbindung von der Schweigepflicht sowie Merkblatt zur Datenerhebung, -verarbeitung, -übermittlung und Datennutzung
Datum, Unterschriften	Abschlussdatum, Unterschriften des Darlehensnehmers und des Mitdarlehensnehmers unter dem Darlehensantrag und der Widerrufsbelehrung. Mit der Unterschrift unter dem Darlehensantrag erklärt sich der Kunde/die Kundin mit den Darlehensbedingungen und den Sicherungsansprüchen der Herstellerbank einverstanden.

1 Wenn dies Voraussetzung dafür ist, dass das Verbraucherdarlehen überhaupt gewährt wird. Ist eine Restschuldversicherung keine Voraussetzung, dass der Kunde oder die Kundin einen Kredit erhält, dann werden die entsprechenden Beiträge nicht im Effektivzins berücksichtigt.

Berechnung des effektiven Jahreszinses

Der **effektive Jahreszinssatz** gibt die wirklichen Gesamtkosten eines Kredits in Prozent pro Jahr an (§ 6 PAngV) und errechnet sich aus Vertragslaufzeit und Gesamtbelastung pro Jahr (Summe aus Zinsen und sonstigen Kosten) als Prozentsatz des Nettodarlehens. Da das Darlehen durch die monatlichen Tilgungsleistungen am Ende der Vertragslaufzeit komplett zurückgezahlt ist, entspricht die durchschnittliche Schuld dem halben Darlehensbetrag.

Beispiel

Standardfinanzierung (Ratenkredit)

Nettodarlehensbetrag (Anfangsschuld)	15 600,00 € (Kaufpreis – Anzahlung)
Durchschnittliche Schuld	7 800,00 € (bei gleichmäßiger monatlicher Tilgung)
Sollzinssatz pro Jahr	1,99 %
Laufzeit	48 Monate
Sonstige Kosten insgesamt	150,00 €

Allgemeine Zinsformel (hier: Monatszinsformel)

$$\text{Zinsen (Monatszinsformel)} = \frac{\text{durchschnittliche Schuld} \cdot \text{Jahreszinssatz} \cdot \text{Laufzeit in Monaten}}{100 \cdot 12\ \text{Monate}}$$

$$\text{Zinsen in 48 Monaten} = \frac{7\,800{,}00\ € \cdot 1{,}99 \cdot 48\ \text{Monate}}{100 \cdot 12\ \text{Monate}} = 620{,}88\ €$$

$$\text{Zinsen pro Monat} = 620{,}88\ € : 48\ \text{Monate} = 12{,}94\ €$$

$$\text{Jahreszinssatz (Umformung der Zinsformel)} = \frac{\text{Zinsen} \cdot 100 \cdot 12\ \text{Monate}}{\text{durchschnittliche Schuld} \cdot \text{Laufzeit in Monaten}}$$

$$\text{Effektiver Jahreszinssatz} = \frac{(\text{Zinsen} + \text{sonstige Kosten}) \cdot 100 \cdot 12\ \text{Monate}}{\text{durchschnittliche Schuld} \cdot \text{Laufzeit in Monaten}}$$

$$\text{Effektiver Jahreszinssatz} = \frac{(620{,}88\ € + 150{,}00\ €) \cdot 100 \cdot 12\ \text{Monate}}{7\,800{,}00\ € \cdot 48\ \text{Monate}} = 2{,}47\ \%$$

Beispiel

Schlussratenfinanzierung (Ballonkredit)

Nettodarlehensbetrag (Anfangsschuld)	15 600,00 € (Kaufpreis – Anzahlung)
+ Schlussrate	+ 8 775,00 € (45 % des Kaufpreises)
= Gesamte Schuld	= 24 375,00 €
Durchschnittliche Schuld	12 187,50 €
Sollzinssatz pro Jahr	1,99 %
Laufzeit	48 Monate (47 gleichmäßige Raten + 1 Schlussrate)
Sonstige Kosten insgesamt	150,00 €

$$\textbf{Zinsen in 48 Monaten} = \frac{12\,187{,}50\,€ \cdot 1{,}99 \cdot 48\text{ Monate}}{100 \cdot 12\text{ Monate}} = 970{,}13\,€\ (: 47 = 20{,}64\,€\text{ pro Monat})$$

$$\textbf{Zinsen pro Monat} = 970{,}13\,€ : 47\text{ Monate} = 20{,}64\,€$$

$$\textbf{Effektiver Jahreszinssatz} = \frac{(970{,}13\,€ + 150{,}00\,€) \cdot 100 \cdot 12\text{ Monate}}{12\,187{,}50\,€ \cdot 48\text{ Monate}} = 2{,}30\,\%$$

Bei der hier vereinfachten Berechnungsweise entspricht der effektive Jahreszins dem Sollzins, wenn keine sonstigen Kosten anfallen.

Besonderheiten eines Darlehensvertrags mit Verbrauchern

Nach § 305 BGB werden die Allgemeinen Geschäftsbedingungen des Kreditgebers gegenüber Verbrauchern[1] nur dann Vertragsbestandteil, wenn der Kreditgeber ausdrücklich darauf hinweist und die Kreditnehmer die Möglichkeit haben, in zumutbarer Weise von ihrem Inhalt Kenntnis zu nehmen.

Für Verbraucherdarlehensverträge gelten die Vorschriften der §§ 491 ff. BGB. **Verbraucherdarlehensverträge** sind entgeltliche Darlehensverträge zwischen einem Unternehmen als Darlehensgeber und Verbrauchern als Darlehensnehmer, bei denen der Nettodarlehensbetrag mindestens 200,00 € beträgt (§ 491 Abs. 2 BGB). Sie sind in Schriftform abzuschließen (§ 492 BGB). Nach § 491 a BGB ist der Darlehensgeber verpflichtet, die Darlehensnehmer nach Maßgabe des Artikels 247 des Einführungsgesetzes zum Bürgerlichen Gesetzbuch (EGBGB) in Textform zu informieren und die Vertragsbedingungen zu erläutern, damit die Darlehensnehmer in die Lage versetzt werden, zu beurteilen, ob der Vertrag dem von ihnen verfolgten Zweck und ihren Vermögensverhältnissen entspricht.

1 Verbraucher ist jede natürliche Person, die ein Rechtsgeschäft zu Zwecken abschließt, die überwiegend weder ihrer gewerblichen noch ihrer selbstständigen beruflichen Tätigkeit zugerechnet werden können (§ 13 BGB).

Vorvertragliche Informationen nach Art. 247 EGBGB

Informationen nach Art. 247 § 3 EGBGB:

(1) Name und Anschrift des Darlehensgebers,
(2) Art des Darlehens,
(3) Effektiver Jahreszins,[1]
(4) Nettodarlehensbetrag,
(5) Sollzinssatz (Nominalzinssatz des Darlehens),
(6) Vertragslaufzeit,
(7) Betrag, Zahl und Fälligkeit der einzelnen Teilzahlungen (Zahlungsplan)
(8) Gesamtbetrag (Gesamtbelastung des Darlehens)
(9) Auszahlungsbedingungen,
(10) alle sonstigen Kosten,
(11) Verzugszinssatz und anfallende Verzugskosten,
(12) Warnhinweis zu den Folgen ausbleibender Zahlungen,
(13) Widerrufsrecht,
(14) Recht des Darlehensnehmers auf vorzeitige Rückzahlung,
(15) Recht auf einen Entwurf des Verbraucherdarlehensvertrags,
(16) Recht auf unverzügliche Unterrichtung über die erhaltene Auskunft einer Stelle zur Bewertung der Kreditwürdigkeit (§ 29 Abs. 7 BDSG) im Falle der Ablehnung des Darlehensantrags.

Weitere Informationen nach Art. 247 § 4 EGBGB:

- Sicherheiten, die der Darlehensgeber verlangt
- ggf. den Zeitraum, für den sich der Darlehensgeber an die übermittelten Informationen bindet

Weitere Informationen nach Art. 247 §§ 6, 8, 12 EGBGB:

- Name und Anschrift des Darlehensnehmers
- für den Darlehensgeber zuständige Aufsichtsbehörde
- Hinweis auf den Anspruch des Darlehensnehmers auf einen Tilgungsplan nach § 492 Abs. 3 Satz 2 BGB
- einzuhaltendes Verfahren bei der Kündigung des Vertrags
- sämtliche weitere Vertragsbedingungen
- Besteht ein Widerrufsrecht nach § 495 BGB, müssen im Vertrag Angaben zur Frist und zu anderen Umständen für die Erklärung des Widerrufs sowie ein Hinweis auf die Verpflichtung des Darlehensnehmers enthalten sein, ein bereits ausbezahltes Darlehen zurückzuzahlen und Zinsen zu vergüten.
- Verlangt der Darlehensgeber, dass der Darlehensnehmer zusätzliche Leistungen des Darlehensgebers annimmt oder einen weiteren Vertrag abschließt, insbesondere einen Versicherungsvertrag oder Kontoführungsvertrag, hat der Darlehensgeber dies zusammen mit der vorvertraglichen Information anzugeben.
- Verbraucherdarlehensverträge, die mit einem anderen Vertrag gemäß § 358 BGB verbunden sind oder in denen eine Ware oder Leistung gemäß § 360 Abs. 2 Satz 2 BGB angegeben ist, muss die vorvertragliche Information den Gegenstand und den Barzahlungspreis enthalten.

1 Effektiver Jahreszins = Gesamtkosten des Verbraucherdarlehens, ausgedrückt als jährlicher Prozentsatz des Nettodarlehensbetrags. Die Gesamtkosten sind die Zinsen und alle sonstigen Kosten, die der Verbraucher im Zusammenhang mit dem Verbraucherdarlehensvertrag zu entrichten hat (§ 6 PAngV). Der effektive Jahreszins ist mit der in der Anlage zu § 6 angegebenen mathematischen Formel und nach den in der Anlage zugrunde gelegten Vorgehensweisen zu berechnen (§ 6 Abs. 2 PAngV, interne Zinsfußmethode).

Der Darlehensgeber kann den Verbraucherdarlehensvertrag bei einem Ratendarlehen wegen **Nicht-rechtzeitig-Zahlung** des Darlehensnehmers nur dann kündigen, wenn

- der Darlehensnehmer mit mindestens zwei aufeinanderfolgenden Teilzahlungen ganz oder teilweise in Verzug ist,
- bei einer Vertragslaufzeit bis zu drei Jahren mit mindestens 10 % oder
- bei einer Vertragslaufzeit von mehr als drei Jahren mit mindestens 5 % des Nennbetrags des Darlehens in Verzug ist

und der Darlehensgeber dem Darlehensnehmer erfolglos eine zweiwöchige Frist zur Zahlung des rückständigen Betrags mit der Erklärung gesetzt hat, dass er bei Nichtzahlung innerhalb der Frist die gesamte Restschuld verlange (§ 498 BGB). Der Darlehensgeber soll dem Darlehensnehmer spätestens mit der Fristsetzung ein Gespräch mit dem Ziel einer einverständlichen Regelung anbieten.

Dient ein Darlehensvertrag der Finanzierung eines anderen Vertrags (z. B. Kaufvertrag über ein Kraftfahrzeug), dann sind beide Verträge eine wirtschaftliche Einheit (**verbundene Verträge** nach § 358 BGB). Ist in diesem Fall der Käufer des Fahrzeugs von seinem Kaufvertrag wirksam zurückgetreten (z. B. wegen Schlechtleistung, Nicht-rechtzeitig-Lieferung), dann ist er auch an den verbundenen Darlehensvertrag nicht mehr gebunden.

Widerrufsrecht der Verbraucher

Darlehensnehmern steht bei einem Verbraucherdarlehensvertrag ein **Widerrufsrecht nach § 355 BGB** zu (§ 495 Abs. 1 BGB). Wenn die Verbraucher ihre Willenserklärung fristgerecht widerrufen haben, sind sie und das Unternehmen an ihre Willenserklärungen nicht mehr gebunden. Der Widerruf erfolgt durch Erklärung gegenüber dem Unternehmen. Der Widerruf muss keine Begründung enthalten.

Die **Widerrufsfrist beträgt 14 Tage** und beginnt mit Vertragsabschluss (§ 355 BGB). Die Widerrufsfrist beginnt nicht, bevor der Darlehensgeber der Darlehensnehmern eine für diese bestimmte Vertragsurkunde, den schriftlichen Antrag der Darlehensnehmer oder eine Abschrift der Vertragsurkunde oder ihres Antrags zur Verfügung gestellt hat. Enthält der ausgehändigte Verbraucherdarlehensvertrag die Pflichtangaben nach § 492 Abs. 2 (Art. 247 §§ 6–13 EGBGB, z. B. Widerrufsfrist fehlt) nicht, beginnt die Frist erst mit Nachholung dieser Angaben gemäß § 492 Abs. 6. Die Widerrufsfrist verlängert sich dann auf **einen Monat** (§ 356b BGB).

Zur Fristwahrung genügt die **rechtzeitige Absendung** des Widerrufs. Im Falle des Widerrufs sind die empfangenen Leistungen unverzüglich zurückzugewähren (§ 355 BGB), bei einem Verbraucherdarlehen spätestens nach 30 Tagen (§ 357a BGB). Im Falle des Widerrufs von Verbraucherdarlehensverträgen haben die Darlehensnehmer für den Zeitraum zwischen der Auszahlung und der Rückzahlung des Darlehens den vereinbarten Sollzins zu entrichten.

Darlehensbedingungen der Cars Best Bank GmbH (Herstellerbank)

Darlehensbedingungen

(Gelten entsprechend für Mitschuldner, Miteigentümer und Bürgen)

1. **Laufende Verpflichtungen**: Der Darlehensnehmer ist verpflichtet, das Fahrzeug in einwandfreiem Zustand zu halten und notwendige Reparaturen auf seine Kosten sofort ausführen zu lassen. Der Darlehensnehmer ist verantwortlich, dass die gesetzlich vorgeschriebenen Steuern und Versicherungen bezahlt werden. Er ist nicht befugt, über das Fahrzeug ohne Zustimmung der Bank zu verfügen, soweit dadurch ihre Sicherheit beeinträchtigt wird. Er hat die Bank unverzüglich davon zu unterrichten, falls Dritte Ansprüche an dem Wagen geltend machen oder in sonstiger Weise das Sicherungsrecht der Bank gefährdet ist. Ebenso ist jeder Schaden unverzüglich anzuzeigen.

2. Der Darlehensnehmer hat der Bank von jedem Wechsel seines Wohnortes und seines Arbeitgebers Kenntnis zu geben.

3. **Vorzeitige Rückzahlung:**

   a) Der Darlehensnehmer kann das Darlehen nach dem vollständigen Empfang unter Einhaltung einer Kündigungsfrist von drei Monaten ganz oder teilweise kündigen. Eine Kündigung gilt als nicht erfolgt, wenn der Darlehensnehmer den geschuldeten Betrag nicht binnen zweier Wochen nach Wirksamwerden der Kündigung zurückzahlt (§ 489 BGB).

   b) Bei Darlehen, die in gleichbleibenden Monatsraten getilgt werden, erfolgt die Errechnung der nicht verbrauchten einmaligen Kreditnebenkosten nach der Formel

$$\frac{\text{Restlaufzeit} \cdot (\text{Restlaufzeit} + 1) \cdot \text{sonstige Kosten}}{\text{Laufzeit} \cdot (\text{Laufzeit} + 1).}$$

   c) Eine Rückvergütung erfolgt nur, sofern die Rückzahlungssumme mindestens zwei Monatsraten umfasst und die Rückzinsen höher als 5,00 € sind.

   d) Zahlt der Darlehensnehmer vor Ablauf der Kündigungsfrist das Darlehen zurück, so ist die Bank nur verpflichtet, die Rückvergütung ab Wirksamwerden der Kündigung vorzunehmen; dem Kunden steht das Recht zu, den vorzeitig gezahlten, noch nicht fälligen Betrag zurückzufordern.

4. **Rückübereignung**: Nachdem das Darlehen einschließlich aller Kosten, auch eventuell solche gegen Mitschuldner bzw. Bürgen, getilgt ist, ist auch die Bank verpflichtet, das Eigentum an dem Fahrzeug auf den Darlehensnehmer zurückzuübertragen, indem sie ihm den Fahrzeugbrief (Zulassungsbescheinigung Teil II) unmittelbar oder über die Verkäufer-/Reparatur-/Vermittlungsfirma aushändigt.

   Erfolgt die Befriedigung der Ansprüche der Bank durch die Verkäufer-/Reparatur-/Vermittlerfirma, einen Bürgen oder einen sonstigen Dritten, so ist sie berechtigt, diesen die Forderungen gegen den Darlehensnehmer und das Sicherungseigentum an dem Fahrzeug unter gleichzeitiger Aushändigung des Fahrzeugbriefes zu übertragen.

5. **Besondere Gebühren**: Liegt zwischen der Auszahlung des Darlehens und der Fälligkeit der ersten Rate ein größerer Zeitraum als 30 Tage – bei vierteljährlicher Ratenzahlung größer als 90 Tage – so kann die Bank für jeden weiteren Tag zusätzliche Kosten unter Zugrundelegung des ursprünglich vereinbarten effektiven Jahreszinssatzes berechnen.

   Bei Verlängerung der Laufzeit von einzelnen Darlehensraten wird die Bank ihre Kosten ebenfalls nach dem ursprünglich vereinbarten effektiven Jahreszinssatz berechnen. Sie kann ferner für nachstehende Leistungen als Bearbeitungsgebühr verlangen: 4,00 € für den Versand der Zulassungsbescheinigung Teil II, 12,00 € für Fahrzeugtausch, 8,00 € für eine Änderung der Laufzeit aller noch nicht bezahlten Raten (Umfinanzierung), 10,00 € ab dem zweiten Wechsel der Vertragswährung, 25,00 € für einen Wechsel des Darlehensnehmers (Vertragsumschreibung) oder des Bürgen. Diese zusätzlichen Gebühren sind sofort fällig.

6. **Nicht-rechtzeitig-Zahlung**: Die Bank verlangt Ersatz des Verzugsschadens gemäß den gesetzlichen Bestimmungen.

7. Kündigung durch die Bank: Die Bank kann das Darlehen aus wichtigem Grund zur vorzeitigen Rückzahlung kündigen, insbesondere wenn

   a) der Darlehensnehmer mit mindestens zwei aufeinander folgenden Raten ganz oder teilweise und mindestens 10 %, bei einer Laufzeit des Darlehensvertrags über drei Jahre mit 5 % des Nennbetrags des Darlehens in Verzug ist und die Bank dem Darlehensnehmer erfolglos eine zweiwöchige Frist zur Zahlung des rückständigen Betrags mit der Erklärung gesetzt hat, dass sie bei Nichtzahlung innerhalb der Frist die gesamte Restschuld verlange;

   b) das Sicherungseigentum der Bank an dem Fahrzeug gefährdet oder verloren gegangen ist;

   c) über das Vermögen des Darlehensnehmers ein Insolvenzverfahren beantragt wurde; gegen ihn Zwangsvollstreckungsmaßnahmen eingeleitet wurden oder Wechsel- bzw. Scheckproteste erhoben worden sind;

   d) der Darlehensnehmer, Mitschuldner oder Bürge bei Beantragung des Darlehens falsche Angaben gemacht oder gegen wesentliche Vertragsverpflichtungen verstoßen haben.

   Im Falle der Kündigung vermindert sich die Restschuld um die Zinsen und sonstigen laufzeitabhängigen Kosten des Darlehens, die bei staffelmäßiger Berechnung auf die Zeit nach Wirksamwerden der Kündigung entfallen.

8. **Verwertung des Fahrzeugs:**

   a) Zahlen im Falle der Kündigung der Darlehensnehmer eventuelle Mitschuldner oder Bürgen das Darlehen innerhalb der gesetzten Frist nicht zurück, so ist die Bank berechtigt, das Fahrzeug zu verwerten. Den Erlös wird die Bank dem Darlehenskonto gutschreiben. Die mit dem Verkauf im Zusammenhang stehenden Kosten gehen zu Lasten des Darlehensnehmers und sonstiger Mitverpflichteter.

   Erfolgt die Verwertung des Fahrzeugs im Wege der Zwangsversteigerung, so tritt hiermit der Darlehensnehmer seinen eventuell entstehenden Anspruch auf Auszahlung des Versteigerungserlöses oder Teilen desselben an die Bank ab.

   b) Nimmt die Bank das Fahrzeug zur Verwertung zurück, so wird schon jetzt vereinbart, dass sie dem Darlehensnehmer den gewöhnlichen Verkaufswert des Fahrzeugs im Zeitpunkt der Rücknahme vergütet und damit Rücknahme des Fahrzeugs nicht als Ausübung des Rücktrittrechts gilt. **Als gewöhnlicher Verkaufswert wird der am Markt zu erzielende Preis vereinbart.** Zur Feststellung desselben holt die Bank ein Sachverständigengutachten ein, auf dessen Grundlage die Verwertung betrieben wird. Der Darlehensnehmer kann innerhalb von 8 Tagen nach Mitteilung des im Gutachten ermittelten Schätzpreises einen Dritten benennen, der das Fahrzeug zum Schätzpreis oder zu einem höheren Preis abzunehmen verbindlich bereit ist. Ansonsten gilt der von der Bank tatsächlich erzielte Preis als vereinbart.

9. **Haftungsausschluss:** Soweit die Verkäufer-/ Reparatur-/ Vermittlerfirma als Erfüllungsgehilfe der Bank tätig ist, haftet die Bank nur für evtl. vorsätzliches oder grob fahrlässiges Verschulden.
10. **Inkasso:** Die Verkäufer-/Reparatur-/Vermittlerfirma ist keine Inkassostelle der Bank.
11. **Erfüllungsort** für alle Rechte und Pflichten aus diesem Vertrag ist Berlin.
12. Gerichtsstand: Für sämtliche Ansprüche aus der Geschäftsverbindung mit Kaufleuten einschl. Scheckforderungen ist ausschließlicher Gerichtsstand Braunschweig. Das Gleiche gilt, wenn der Schuldner keinen allgemeinen Gerichtsstand im Inland hat, nach Vertragsabschluss seinen Wohnsitz oder gewöhnlichen Aufenthaltsort aus dem Inland verlegt oder sein Wohnsitz oder gewöhnlicher Aufenthaltsort zum Zeitpunkt der Klageerhebung nicht bekannt ist.

Sicherheiten

Zur Sicherung aller Ansprüche der Bank aus diesem Vertrag werden der Bank folgende Sicherheiten eingeräumt:

1. Der **Darlehensnehmer**, gegebenenfalls Mitschuldner u./o. Bürge, überträgt/übertragen das Eigentum an dem umseitig bezeichneten Fahrzeug nebst allen Bestandteilen und dem gesamten Zubehör auf die Bank. Die Übergabe des Kraftfahrzeugs an die Bank wird dadurch ersetzt, dass zwischen dem Darlehensnehmer, gegebenenfalls Mitschuldner/ Bürgen, und der Bank hiermit ein Leihverhältnis vereinbart wird, kraft dessen ihm/ ihr das Recht zur Benutzung des Fahrzeugs zusteht/zustehen.

   Steht dem Darlehensnehmer und Mitschuldner/Bürgen ein Anwartschaftsrecht auf Erwerb des Fahrzeugs zu, wird dieses hiermit an die Bank abgetreten.

   Sofern das Fahrzeug im Besitz eines Dritten ist, tritt/treten der Darlehensnehmer und Mitschuldner/Bürgen die Ansprüche auf Herausgabe und Übereignung an die Bank ab.

   Die Zulassungsbescheinigung Teil II ist der Bank auszuhändigen.
2. Er/sie tritt/treten sämtliche Ansprüche ab, die ihm/ ihnen im Falle einer Beschädigung des Fahrzeugs gegen den Schädiger und/oder dessen Versicherung zustehen. Ferner tritt er/treten sie seine/ihre Ansprüche aus dem Kraftfahrzeug-Versicherungsvertrag und auf Rückerstattung unverbrauchter Versicherungsprämien an die Bank ab und ermächtigt/ermächtigen die Versicherungsgesellschaft zur Ausstellung eines auf die Bank lautenden Sicherungsscheines.
3. a) Der **Darlehensnehmer** tritt den jeweils pfändbaren Teil seiner Lohn- und Gehaltsforderungen sowie seine Provisions- und Rentenansprüche, Ansprüche auf Zahlung von Tantiemen, Gewinnbeteiligungen und Abfindungen aus seinem Arbeits- und/ oder Dienstverhältnis ab. Ferner tritt er seine Ansprüche auf laufende Geldleistungen gem § 53 Abs. 3 Sozialgesetzbuch (SGB I) – soweit sie den für Arbeitseinkommen geltenden unpfändbaren Betrag übersteigen – gegen den jeweiligen Leistungsträger ab, dies sind insbesondere Ansprüche auf Zahlungen von Arbeitslosengeld, Arbeitslosenhilfe, Erwerbsunfähigkeits- und Hinterbliebenenrente.

   b) Die Abtretung sichert auch Forderungen nach den Vorschriften des BGB zu Verbraucherdarlehen sowie aus ungerechtfertigter Bereicherung.

   c) Die Abtretung ist der Höhe nach begrenzt auf die Darlehenssumme zzgl. einer Pauschale von 20 % zur Deckung etwaiger Rechtsverfolgungskosten und Verzugszinsen.

1.2.6 Vorteile der Kreditfinanzierung für Autohaus und Kundschaft

Vorteile für das Autohaus bzw. die Herstellerbank

Der Markt für automobile Finanzdienstleistungen ist zu einem volkswirtschaftlich bedeutenden Wachstumsmarkt gereift. Aktuell werden rund 75 % aller privaten und gewerblichen Pkw-Neuzulassungen in Deutschland über Finanzierungsmodelle auf die Straße gebracht. Von den 2,8 Mio. Neuzulassungen wurden 2024 rund 50 % ganz oder teilweise kreditfinanziert und knapp 25 % geleast[1]. Dabei nutzte die Kundschaft das Finanzierungsangebot des Autohauses für:

- eine **umfangreichere Ausstattung,**
- **einen Neuwagen statt eines Gebrauchtwagens,**
- den früheren Verkauf ihres alten Fahrzeugs,
- die Erhöhung ihrer geplanten Ausgabe,
- den Wechsel der Fahrzeugmarke,
- ein **größeres Fahrzeugmodell**.

Das Finanzierungsangebot bringt dem Autohaus somit **Zusatzerträge**, da der Finanzierungskunde **mehr Auto** kauft („besser – früher – größer – mehr"). Die Fahrzeugverkäufe steigen, da sich die Kundschaft oft erst durch die maßgerechte Finanzdienstleistung für einen Fahrzeugkauf entscheidet. Ebenso erhöht sich die **Kundenzufriedenheit**, da das Verkaufspersonal der Kundschaft zeigen kann, dass ihm die Lösung der Finanzierungsfragen der Kundschaft wichtig ist. Der Händler hat durch die Finanzierungsdienstleistung ein wichtiges **Instrument zur Absatzförderung** zur Verfügung, vor allem dann, wenn bei bestimmten (Auslauf-)Modellen der Hersteller die Finanzierung „subventioniert", um den Verkauf anzukurbeln, z. B. mithilfe der oft stark beworbenen „Null-Prozent-Finanzierungen". Allerdings hat der Händler ein Vermarktungsrisiko für die Rückläufer, wenn die Kundschaft ihre Schlussrate durch die Rückgabe des Autos zum garantierten Mindestwert begleicht.

Zudem erzielt das Autohaus **Provisionserträge** für die Vermittlung von Krediten der Herstellerbank und ggf. Provisionserträge für die Vermittlung der Restschuldversicherung. Hinzu kommen ggf. **Boni des Herstellers** für Mehrverkäufe.

Der deutsche Automarkt ist maßgeblich vom Ersatzbedarf geprägt. Lediglich zwei von hundert Neuwagenkunden sind Erstkäufer[2]. Die **Markentreue (Loyalität) der Kundschaft** ist daher ein zentraler Erfolgsfaktor für Hersteller und Handel. Kunden und Kundinnen der herstellerverbundenen Finanzdienstleister bleiben ihrer Fahrzeugmarke sowie ihrem Automobilhändler deutlich häufiger treu als Barzahler, wie auch das folgende Schema zeigt.

1 Vgl. Deutsche Automobil Treuhand GmbH (Hrsg.): DAT-Report 2025, Seite 58.
2 Vgl. Deutsche Automobil Treuhand GmbH (Hrsg.): DAT-Report 2025, Seite 49.

Haben Sie sich bei Ihrem aktuellen Fahrzeug für die gleiche Marke entschieden?

	Markentreue	Markenwechsel
Kunden der Herstellerbanken gesamt	54 %	46 %
Finanzierungskunden der Herstellerbanken	51 %	49 %
Leasingkunden der Herstellerbanken	58 %	42 %
Kunden anderer Banken gesamt	40 %	60 %
Finanzierungskunden anderer Banken	34 %	66 %
Leasingkunden anderer Banken	58 %	42 %
Barzahler	43 %	57 %

Eigene Darstellung nach Daten von: BDA (Banken der Automobilwirtschaft) Service GmbH (Hrsg.): Automobilbanken-Studie 2019, S. 4, veröff. am 15.04.2019 unter: www.autobanken.de/publikationen.

Durch Finanzdienstleistungen **erhöht sich der Fahrzeugumschlag** für Hersteller und Handel merklich. Kunden und Kundinnen der Herstellerbanken nutzen ihr Fahrzeug durchschnittlich 5,2 Jahre (Leasingkunden sogar nur 4,3 Jahre). Bei Barzahlern[1] hingegen ist die Fahrzeughaltedauer mit 6,9 Jahren deutlich länger. Dank budgetgerechter Monatsraten fahren Autobankkunden somit stets Fahrzeuge auf einem **sicherheitstechnisch und ökologisch aktuellen Stand**.

Vorteile für den Finanzierungskunden

Das Finanzangebot verringert den meist fünfstelligen Fahrzeugpreis zu einer dreistelligen Monatsrate. Diese Monatsrate ist für die Kunden und Kundinnen der Autobanken bestens planbar und kann genau **auf ihr individuelles Haushaltsbudget zugeschnitten** werden. Die Finanzierung ist für sie bequem, da Kredit und Fahrzeug „aus einer Hand" stammen und sie mit ihrem Autohaus nur einen Ansprechpartner haben (One-Stop-Shopping). Sie können jedoch bis zur vollständigen Bezahlung des Kreditbetrags über das Fahrzeug nicht frei verfügen, da die finanzierende Bank den Fahrzeugbrief (Zulassungsbescheinigung Teil II) so lange einbehält.

Die Finanzierungskunden können im Gegensatz zu barzahlenden Kundinnen und Kunden weiterhin **Kapitalerträge aus ihren Kapitalanlagen** (Ersparnisse) erwirtschaften. Diese können höher sein als die Finanzierungskosten. Würden sie ihr Fahrzeug bar bezahlen, müssten sie zumindest Teile der Kapitalanlagen auflösen, wodurch ihnen Zinseinnahmen entgehen (Zinsverlust) und sie zudem weniger liquide wären.

1 Barzahler sind Kundinnen und Kunden, die ihr Fahrzeug im Autohaus bar bezahlen, unabhängig davon, ob sie den Kaufpreis tatsächlich bar begleichen oder über einen Kredit ihrer Hausbank finanziert haben.

Beispiel

Bernd: „Was spricht eigentlich dagegen, dass ich das Auto bar bezahle? Dadurch spare ich doch die Finanzierungskosten."

Carl: „Wir können ja mal eine Vergleichsrechnung aufstellen. Du wirst sehen, mein Angebot ist unschlagbar!"

Annahme: In beiden Fällen ist der Preisnachlass gleich hoch. Am Ende der Vertragslaufzeit erwirbt Bernd das Eigentum am Fahrzeug. Als Kapitalanlage käme ein Mischfond bei der Hausbank infrage. Der Kapitalertrag aus dieser Anlage würde jährlich rund 5 % betragen.

Verfügbar für eine Kapitalanlage: 19 500,00 € – 3 900,00 € = 15 600,00 €
Kapital nach vier Jahren: 15 600,00 € · 1,05 · 1,05 · 1,05 · 1,05 = 18 961,90 €
Entgangene Zinseinnahmen im Falle der Barzahlung: 18 961,90 € – 15 600,00 € = 3 361,90 €

	Schlussratenfinanzierung	Standardfinanzierung
Zinsverlust bei Barzahlung - Zinsanteil in den Raten[1]	3 361,90 € 47 Monate à 20,64 € = 970,08 €	3 361,90 € 48 Monate à 12,94 € = 621,12 €
= Zinsvorteil bei Finanzierung	2 391,82 €	2 740,78 €
erforderlicher Barzahlungsrabatt	2 391,82 € : 19 500,00 € · 100 = **12,27 %**	2 740,78 € : 19 500,00 € · 100 = 14,06 %

Das Beispiel zeigt, dass der Zinseffekt vom Vertragsmodell abhängt. Zusätzlich muss beachtet werden, dass Barzahler in der Regel einen höheren Rabatt für ihren Neuwagen aushandeln können als Finanzierungskunden. Im Falle der Finanzierung gehen die Händler oft von einem Festpreis aus, der der unverbindlichen Preisempfehlung des Herstellers entspricht, und lassen kaum mit sich handeln. Bei einem Barzahlungsrabatt in Höhe von 10 % (hier: 1 950,00 €) würde sich im obigen Beispiel der Zinsvorteil zwar verringern, doch bliebe immer noch ein erklecklicher Vorteil übrig. Ein Barzahlungsrabatt in Höhe von 12,27 % bzw. 14,06 % würde hier den Zinsvorteil ausgleichen.

1 Siehe hierzu Berechnungen auf S. 286 f.

1.3 Leasingfinanzierung über die Herstellerbank

EINSTIEGSSITUATION

Carl Löffler und Bernd Klüwer führen das Verkaufsgespräch weiter.

Bernd: „Viele meiner Bekannten haben ihr Auto geleast. Carl, könntest du mir, nur mal zum Vergleich, ein Leasingangebot am Computer erstellen?“

Carl: „Nichts leichter als das! Die Leasingraten dürften nicht viel höher sein als deine Autokreditraten. Wenn du unser Leasingangebot wahrnimmst, dann kann ich dir auch ein sehr günstiges Versicherungsangebot machen. Das Auto musst du sowieso versichern. Du hast deinen Führerschein ja noch keine drei Jahre. Das bedeutet, dass du mit 100 % oder noch schlechter eingestuft wirst. Bei uns sind es höchstens 85 %. Da kannst du sparen.“

Carl erstellt folgenden Computerausdruck:

CARS BEST Bank/CARS BEST Leasing

Autohaus Köppel GmbH
Einzelabnehmer

Eingabemaske Finanzierung: Phantasia Comfortline

Preis:	Brutto						
Gebrauchtwagen-Abr.:	Mit			Zubehör			Gesamt
Fahrzeugpreis:	€	19 500,00		€	0,00		19 500,00
Sonderzahlung:	€	3 900,00	20,00 %				
Überführung:				€	0,00		
Zulassung:				€	0,00		
Anschaffungskosten:	€	15 600,00		€	0,00		15 600,00
Vertragsdauer:	Monate	48					
Fahrleistung:	km/J	10 000					
Wert Gebrauchtwagen:	€	8 775,00	45,00 %	€	0,00	0,00 %	8 775,00
			Leasing-Rate:				162,40

Eingabe in Euro oder % (<100 = Prozent-Eingabe)

ESC Zurück   Bild int./ext.   F2 Akt.-Richtl.   F6 Speichern   F10 Fertig

Analysieren Sie den Bildschirmausdruck.

1.3.1 Was ist Leasing? – Jedenfalls kein Mietkauf!

Die mittel- und langfristige Überlassung der Nutzungsrechte an Anlagegegenständen gegen Entgelt bezeichnet man als **Leasing**[1]. Beteiligte des Leasinggeschäfts sind der Hersteller bzw. Händler des Leasingguts, der Leasingnehmer und der Leasinggeber (Leasinggesellschaft). Leasing ist eine Sonderform der Fremdfinanzierung, da der Leasinggeber nicht Geldkapital zur Verfügung stellt, sondern Sachkapital (z. B. Fahrzeug, Gebäude).

Im Gegensatz zur reinen Miete bzw. Pacht richtet sich das Hauptaugenmerk des Leasings nicht auf die bloße Gebrauchsüberlassung von Gegenständen ohne oder mit Fruchtgenuss (Ertrag durch die Nutzung), sondern auf die Finanzierungs- und Serviceleistung. Die monatlichen Leasingraten sollen aus den laufenden Erträgen, die mit dem Leasinggut erwirtschaftet werden, aufgebracht werden Man will investieren, ohne Kapital einzusetzen und Finanzmittel zu binden. Die Formel lautet: „Pay as you earn!“ oder „Die Investition soll sich selbst bezahlen!“

Vom Leasing ist der **Mietkauf** zu unterscheiden. Beim Mietkauf steht von vornherein fest, dass die Mieterinnen und Mieter (Kunde/Kundin) den Mietgegenstand (in der Regel ein Konsumgut) am Ende der Mietdauer übernehmen. Ein gewerblicher Mieter muss deshalb den durch Mietkauf finanzierten Anlagegegenstand bilanzieren. Die Mietraten sind so hoch bemessen, dass die Mieterinnen und Mieter am Ende des Mietvertrags quasi zum Kauf gezwungen werden, da sie bei der Rückgabe einen unangemessenen Verlust erleiden würden (die gezahlten Mieten übersteigen die Wertminderung durch Gebrauch erheblich).

1.3.2 Leasingarten – was darf es denn sein?

Leasing verwirklicht den Grundsatz, dass Güter, die im Laufe der Zeit an Wert gewinnen, gekauft, während Güter, die durch Gebrauch oder technischen Wandel an Wert verlieren, gemietet werden sollten. Es gibt heute kaum ein Objekt, das nicht im Wege des Leasings angeschafft werden kann. Geleast werden Fahrzeuge aller Art, Produktions- und Büromaschinen, Computer, Lager-, Büro-, Produktionsgebäude samt Einrichtung, der Düsenjet der Fluggesellschaft, die Arbeitskleidung der Mitarbeiterinnen und Mitarbeiter, die Tischwäsche im Restaurant, das Ölgemälde im Foyer – ja sogar Löwen in einem Safaripark.

Kann der Gegenstand nur vom Leasingnehmer alleine sinnvoll genutzt werden (auf den Leasingnehmer zugeschnittene Spezialmaschine oder -einrichtung), dann spricht man von **Spezialleasing**, das betriebswirtschaftlich und steuerlich als Kauf behandelt wird.

1 to lease (engl.) = jemandem etwas überlassen, verpachten, vermieten

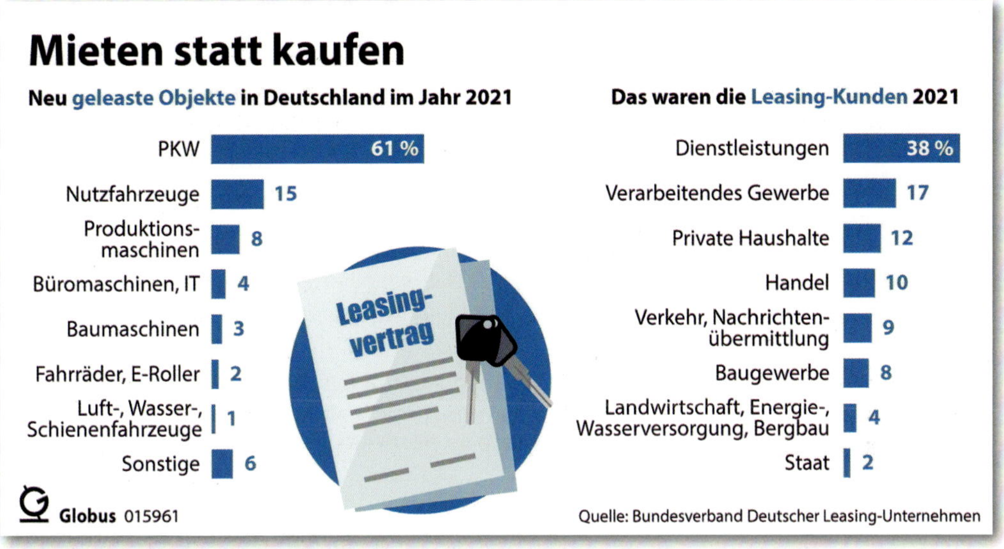

Leasingarten im Überblick	
Nach dem Leasinggut	**Mobilienleasing:** Leasinggut ist beweglich (z. B. Pkw, Computer) **Immobilienleasing:** Leasinggut ist ein Gebäude
Nach der Leasingdauer	**Operate Leasing (Gebrauchsleasing):** Kurzfristiges Leasen (unter einem Jahr), wobei der Leasinggeber das Investitionsrisiko (z. B. zweckfremde Nutzung, Gefahr des Untergangs, Veräußerungsrisiko) trägt. Das Operate Leasing kommt, bis auf besondere mietuntypische Serviceleistungen (z. B. Wartung), der reinen Miete sehr nahe. Operate Leasingverträge sind jederzeit unter Einhaltung der vereinbarten Kündigungsfrist kündbar. **Finance Leasing (Finanzierungsleasing):** Langfristiges Leasen, wobei eine unkündbare Grundmietzeit vereinbart wird, während der die Leasingnehmer das Investitionsrisiko tragen. Der Leasinggeber übernimmt lediglich das Kreditrisiko und bestimmte vereinbarte Dienstleistungen.
Nach dem Leasinggeber	**Direktes Leasing:** Der Hersteller bzw. Händler vermietet das Leasinggut selbst (direkt) an seine Kundschaft. **Indirektes Leasing:** Der Hersteller bzw. Händler verkauft den Leasinggegenstand an eine Leasinggesellschaft (frei oder herstellergebunden), die anschließend das Leasinggut an die Leasingnehmer vermietet.

Als Leasinggeber treten herstellerabhängige Leasinggesellschaften (in der Regel Tochtergesellschaften von Herstellern) oder herstellerunabhängige, freie Leasinggesellschaften auf (meist Tochtergesellschaften von Kreditinstituten).

1.3.3 Allgemeine Vertragsmodelle beim Finanzierungsleasing

Nach der vertraglichen Ausgestaltung des Leasings werden Voll- und Teilamortisationsverträge[1] unterschieden.

Vollamortisationsvertrag

Sind die Leasingraten so bemessen, dass die Leasingnehmer während der vereinbarten unkündbaren Grundmietzeit die Anschaffungskosten sowie alle Nebenkosten einschließlich Finanzierungskosten und Gewinn für den gemieteten Gegenstand aufbringen, dann handelt es sich um einen **Vollamortisationsvertrag**.

Überschreitet die Nutzungsmöglichkeit des Leasingguts die Grundmietzeit, dann sind folgende Vertragsregelungen möglich (diese müssen bereits beim Abschluss des Leasingvertrags vereinbart werden):

- **Vertrag ohne Kauf- oder Mietverlängerungsoption**[2]: Der Leasingnehmer gibt den Leasinggegenstand nach Ablauf der Grundmietzeit an den Leasinggeber zurück.
- **Vertrag mit Mietverlängerungsoption:** Der Leasingnehmer kann den Leasinggegenstand nach Ablauf der Grundmietzeit weiterhin mieten.
- **Vertrag mit Kaufoption:** Der Leasingnehmer ist berechtigt, den Leasinggegenstand nach Ablauf der Grundmietzeit zu einem festgelegten Preis zu kaufen.
- **Vertrag mit Kauf- oder Verlängerungsoption:** Der Leasingnehmer kann den Leasinggegenstand nach Ablauf der Grundmietzeit kaufen oder weiterhin mieten.

Teilamortisationsvertrag

Bringt der Leasingnehmer über seine Leasingraten weniger als den vollen Kaufpreis (einschließlich Verzinsung) für den gemieteten Gegenstand auf, dann handelt es sich um einen **Teilamortisationsvertrag.** Grundsätzlich schuldet der Leasingnehmer auch hier die Vollamortisation, was durch folgende Vertragsregelungen sichergestellt wird (diese müssen bereits beim Abschluss des Leasingvertrags vereinbart werden):

- **Vertrag mit Andienungsrecht des Leasinggebers:** Wenn keine Mietverlängerung zustande kommt, verpflichtet sich der Leasingnehmer, den Leasinggegenstand nach Ablauf der Grundmietzeit zu einem vereinbarten Preis abzunehmen. Er hat jedoch kein Kaufoptionsrecht, da der Leasinggeber von seinem Andienungsrecht nicht Gebrauch machen muss. Der Leasinggeber kann damit von einer Wertsteigerung des Leasingguts profitieren.
- **Vertrag mit Aufteilung des Mehrerlöses:** Der Leasinggeber verkauft den Leasinggegenstand nach Ablauf der Grundmietzeit. Ist der Veräußerungserlös niedriger als der Restbuchwert, dann muss der Leasingnehmer die Differenz zwischen Restbuchwert und Veräußerungserlös zu 100 % zahlen. Ist der Veräußerungserlös höher als der Restbuchwert, dann wird dieser Betrag zwischen Leasinggeber und Leasingnehmer aufgeteilt. Der Leasingnehmer erhält höchstens 75 % des Mehrerlöses, der Leasinggeber mindestens 25 %.

---

1 amortisieren = allmählich tilgen
2 Option = Möglichkeit, Recht

- **Kündbarer Leasingvertrag mit Schlusszahlung:** Der Leasingnehmer kann den auf unbestimmte Zeit abgeschlossenen Leasingvertrag frühestens nach Ablauf der Grundmietzeit (40 % der Nutzungsdauer) kündigen. Für den noch nicht amortisierten Teil des Anschaffungswerts hat der Leasingnehmer eine Abschlusszahlung zu leisten. Auf diese Zahlung wird ihm ein bestimmter Prozentsatz (meistens 90 %) des Veräußerungserlöses angerechnet. Ist die Summe aus 90 % des Veräußerungserlöses und gezahlten Leasingraten niedriger als die Gesamtausgaben des Leasinggebers, dann muss der Leasingnehmer den Differenzbetrag als Schlusszahlung leisten. Im umgekehrten Falle darf der Leasingnehmer den Differenzbetrag im vollen Umfang behalten.

1.3.4 Vertragsmodelle beim Kraftfahrzeug-Leasing

Beim Leasen von Fahrzeugen sind die Vertragsvarianten Leasing mit Kilometerabrechnung und Leasing mit Restwertabrechnung üblich.

Leasing mit Kilometerabrechnung – Closed End

Das Vertragsmodell **Leasing mit Kilometerabrechnung** (Closed-End-Leasing) kommt den Merkmalen des Operate Leasings sehr nahe. Es werden Laufzeiten zwischen einem Monat und 54 Monaten angeboten. Die Leasingnehmer haben mit dem Vermarktungsrisiko des Leasingguts nach Ablauf des Leasingvertrags nichts zu tun und zahlen ausschließlich für die Nutzung. Das Restwertrisiko liegt alleine beim Leasinggeber. Da keine Gebrauchtwagenabrechnung erfolgt, heißt dieses Vertragsmodell auch Closed-End-Leasing bzw. Leasing mit fixem (festem) Restwert.

Der Leasinggeber berechnet am Ende der Laufzeit:

- Schäden, die über den vertragsgemäßen Gebrauch nach Alter und Fahrleistung hinausgehen;
- die innerhalb einer Kulanz- bzw. Freigrenze von plus/minus 2 500 bzw. 5 000 Kilometern gefahrenen Mehrkilometer, in der Regel mit 0,03 % des Fahrzeugwerts in Cent (oder 15 Cent/km), und vergütet Minderkilometer in der Regel mit 0,02 % des Fahrzeugwerts in Cent (oder 5 Cent/km).

Beispiel

Der Neuwert des Fahrzeugs beträgt 19 500,00 € (UPE), die Kilometerabrechnung erfolgt auf der Basis von 10 000 km/Jahr. Der Kunde ist 14 000 km gefahren und hat einen kleinen Schaden (Schätzwert 100,00 €) am Fahrzeug verursacht. Die Fahrleistung des Kunden liegt somit 1 500 km über der Freigrenze von 2 500 km.
Der Leasinggeber berechnet die Mehrkilometer wie folgt:
1 500 km · 19 500 Cent · 0,03 % = 8 775 Cent = 87,75 €
Mit dem Schaden muss der Kunde bei Rückgabe des Fahrzeugs 187,75 € bezahlen.

Ist abzusehen, dass die Gesamtfahrleistung erheblich über- oder unterschritten wird, dann kann jede Vertragspartei verlangen, dass über eine entsprechende Anpassung der Leasingraten und eine Neufestsetzung der Gesamtfahrleistung verhandelt wird.

Viele Leasinggeber (Leasinggesellschaften) treffen mit dem Autohändler eine Rückkaufvereinbarung zu bestimmten **Rücknahmewerten**, um sich so vor dem Risiko des Mindererlöses zu schützen. Die Höhe der Rücknahmewerte richtet sich nach sogenannten Empfehlungswerten, die aus einer Mischung von eigenen Erfahrungswerten, Schwackeliste und DAT-Marktberichten errechnet werden. Der kalkulierte Rücknahmewert ist von Fahrzeugtyp, Laufzeit und kalkulierter Laufleistung abhängig und wird als Prozentsatz des Fahrzeugwerts (UPE) ausgedrückt (siehe Tabelle mit Restwert-Prozentsätzen auf S. 326).

Das Leasing mit Kilometerabrechnung ist inzwischen vorherrschend, da Kilometerverträge in hohem Maße den Wunsch nach Kostentransparenz, Kostensicherheit, Flexibilität und einem unproblematischen Umstieg auf ein neues Fahrzeug erfüllen.

Leasing mit Restwertabrechnung – Open-End-Leasing

Die Vertragsvariante **Leasing mit Restwertabrechnung** (Open-End-Leasing) entspricht einem Finance Leasing mit Teilamortisation. Die Laufzeiten solcher Leasingverträge liegen zwischen 40 % und 90 % der betriebsgewöhnlichen Nutzungsdauer des Fahrzeugs. Daraus ergeben sich bei einer betriebsgewöhnlichen Nutzungsdauer von 72 Monaten (sechs Jahre) Laufzeiten zwischen 29 und 64 Monaten.

Nach Ablauf der Grundmietzeit erfolgt in der Regel eine Aufteilung des Mehrerlöses, der sich aus der Differenz zwischen kalkuliertem Restwert und dem tatsächlichen Verkaufserlös ergibt. Das Vermarktungsrisiko tragen bei diesem Vertragsmodell die Leasingnehmer. Sie müssen einen Mindererlös zu 100 % ausgleichen (Schlusszahlung). An einem Mehrerlös sind sie normalerweise mit 75 % beteiligt; die restlichen 25 % stehen dem Leasinggeber zu. Da der tatsächliche Fahrzeugwert bei Vertragsabschluss noch nicht feststeht, heißt dieses Vertragsmodell auch Open-End-Leasing bzw. Leasing mit offenem Restwert.

Full-Service-Leasing – nur fahren muss man noch selbst

Immer mehr Leasingkunden und -kundinnen nehmen dieses Dienstleistungsangebot von Leasinggesellschaften in Anspruch. Sie schätzen den Vorteil, alles aus einer Hand angeboten zu bekommen (One-Stop-Shopping). Unter dem Begriff **Full-Service-Leasing** bieten die herstellergebundenen Leasinggesellschaften in Zusammenarbeit mit den angeschlossenen Händlerorganisationen komplette Systemlösungen an. Dies beginnt mit der Beratung bei der Auswahl des richtigen Fahrzeugtyps für den jeweiligen Einssatzzweck, geht weiter mit den Serviceangeboten während der Nutzungszeit und reicht bis hin zur Fahrzeugverwertung.

Über die reine Fahrzeugnutzung hinaus haben vor allem gewerbliche Kunden (z. T. auch die private Kundschaft) die Möglichkeit, verschiedene Dienstleistungen zu vereinbaren:

- **Kraftfahrzeugversicherungen:** Dazu gehört ein umfassender Versicherungsschutz aus Haftpflicht und Vollkasko mit individueller Ein- und Weiterstufung sowie eine Insassen-, Unfall-, Rechtschutz- und Elektronikversicherung. Bei einem Unfall sorgt die Leasinggesellschaft (unabhängig von der Verschuldensfrage) dafür, dass der Schaden mit den Versicherern abgewickelt wird. Die Leasinggesellschaft verauslagt die unfallbedingten Reparaturkosten sowie die Gebühren für die Sachverständigen. Versierte Spezialisten sorgen darüber hinaus für die bestmögliche Durchsetzung von Schadenersatzansprüchen. Für Leasingfahrzeuge wird in der Regel ein kostenloser Unterdeckungsschutz (engl. gap =

Lücke) angeboten (**GAP-Deckung**). Dieser deckt die Risiken des Diebstahls und des Totalschadens ab, die dadurch entstehen, dass die Fahrzeugversicherungen in solchen Fällen nach den ersten 24 Monaten nur noch den Zeitwert[1] ersetzen, der in der Regel unter dem offenen Restbetrag der Leasingraten liegt.

- **Zahlung der Kraftfahrzeugsteuer:** Der Leasinggeber sorgt während der Laufzeit des Leasingvertrags für die termingerechte Zahlung der Kfz-Steuer an das zuständige Finanzamt.
- **Wartung und Verschleißreparaturen:** Darunter fallen der Inspektionsservice laut Serviceplan und sämtliche Werkstattleistungen bei normalem Fahrzeugverschleiß. Auch Abschlepp- und Bergungskosten und die Kosten für einen Mietwagen während des Werkstattaufenthalts werden übernommen. Außerdem kommt die Leasinggesellschaft für die HU-Gebühren und die Kosten für die Abgasuntersuchung auf.
- **Reifenersatz:** Die Leasinggesellschaft übernimmt die Kosten für den Reifenersatz einschließlich Montage und Auswuchten. Ebenso ist der jahreszeitliche Reifenwechsel inbegriffen.
- **Zahlung des Rundfunkbeitrags:** Für Radioanlagen in Geschäftsfahrzeugen müssen Entgelte an den Beitragsservice des öffentlich-rechtlichen Rundfunks abgeführt werden. An- und Abmeldungen sowie die termingerechte Gebührenzahlung werden vom Leasinggeber übernommen.
- **Kraftstoffabrechnung und Verbrauchsanalyse:** Für Unternehmen mit größeren Fahrzeugflotten bieten manche Leasinggeber in Zusammenarbeit mit Mineralölgesellschaften Tankkarten an, sodass die Mitarbeiter und Mitarbeiterinnen bargeldlos tanken können und bestimmte Warengruppen (Motoröl, Scheinwerferlampen u. Ä.) bargeldlos bezahlen können. Der Leasingnehmer, also das Unternehmen, erhält eine monatliche Betriebskostenabrechnung mit den entsprechenden Einzelbelegen. Zusätzliche DV-Auswertungen sorgen für Kostentransparenz und zeigen anhand von sogenannten Ausreißerlisten Schwachstellen, z. B. in der Fahrzeugauslastung, auf. Der enorme „Papierkrieg“ mit Belegen der Außendienstmitarbeiter und -mitarbeiterinnen wird dadurch stark reduziert.
- Beschaffung und Durchführung von An- und Aufbauten sowie Anbringung von Firmenemblemen und Lackierung des Fahrzeugs nach Angaben des Kunden.

Die Leasingnehmer können sich aus diesen Bausteinen (Modulen) ein auf ihre Bedürfnisse zugeschnittenes Dienstleistungsangebot erstellen lassen. Der Service und die Betreuung nach dem Vertragsabschluss (z. B. auch Schulungen) sind bei komplizierten Produkten, wie Personen-, Nutzfahrzeugen, aber auch Immobilien und Computeranlagen, von entscheidender Bedeutung.

Nach Einschätzung von Fachleuten kann die vollständige Ausgliederung (Outsourcing) der Fuhrparkverwaltung an einen externen Dienstleister die Kosten der Position Fuhrpark um rund 20 % senken. Manche Unternehmen gehen deshalb dazu über, ihre Fahrzeugflotte komplett an eine Leasinggesellschaft zu verkaufen und sie dann wieder zurückzuleasen (**Sale and Lease back**). Dadurch gewinnen sie mit einem Schlag zusätzliche Liquidität.

---

1 Als **Zeitwert** oder **Wiederbeschaffungswert** wird der aktuelle Wert eines vergleichbaren Fahrzeugs (gleiches Fahrzeugalter, Kilometerstand usw.) verstanden. Im Gegensatz dazu steht der Begriff **Neuwert** – hier ersetzt die Versicherung bei einem Totalverlust den Preis des gleichen Neuwagenmodells. Den Neupreis ersetzen die Fahrzeugversicherungen in der Regel bis 24 Monate nach der Erstanmeldung des versicherten Autos, d. h., wenn die versicherte Person erster eingetragener Halter des Fahrzeugs ist. Fahrzeuge mit Tageszulassung, Vorführfahrzeuge von Händlern sowie alle anderen Gebrauchtfahrzeuge sind von der Neuwertversicherung ausgeschlossen.

1.3.5 Vertragsbeziehungen im Überblick – indirektes Leasing

Entscheidet sich die Kundschaft für die Leasingfinanzierung und ein passendes Vertragsmodell, dann erfolgt zunächst die **Bestellung des Neuwagens** beim Autohaus. Gehört die Leasingkundschaft zum Kreis der Verbraucher, dann sollte das Autohaus erst nach Ablauf der 14-tägigen Widerrufsfrist aktiv werden, d. h. seinerseits das Fahrzeug beim Hersteller bestellen.

Nach Klärung aller Voraussetzungen und Formalitäten (z. B. Kreditsicherheiten) füllt die Kundschaft zusammen mit dem Verkäufer des Autohauses einen **Leasingantrag** aus (Formblatt siehe S. 318), den das Autohaus an die Leasinggesellschaft seiner Herstellerbank (hier: Cars Best Leasing) weiterleitet. Mit der Annahme dieses Antrags durch die Leasinggesellschaft entsteht zwischen den Kunden und Kundinnen sowie der Leasinggesellschaft ein **Leasingvertrag.** Die Kundschaft ist Leasingnehmer, die Leasinggesellschaft der Herstellerbank ist Leasinggeber.

Im dritten Schritt tritt das Autohaus in die Bestellung seiner Kundschaft ein und schließt mit der Leasinggesellschaft einen **Kaufvertrag** (in der Regel mit Rückkaufverpflichtung) über das von der Kundschaft bestellte Fahrzeug ab. Danach liefert das Autohaus das Fahrzeug an die Kundschaft aus. Bei der Auslieferung des Fahrzeugs erhält der Händler die im Leasingvertrag vereinbarte **Sonderzahlung**, die auch in Form einer Inzahlungnahme des Gebrauchtwagens des Kunden erfolgen kann.

Das Autohaus reicht die Neuwagen-Fahrzeugrechnung an die finanzierende Leasinggesellschaft weiter, die daraufhin den **restlichen Kaufpreis** (Kaufpreis–Sonderzahlung) für das Fahrzeug **zuzüglich Vermittlungsprovision** an den Autohändler überweist. Bei der Anmeldung wird das Fahrzeug auf den Namen des Käufers bzw. der Käuferin – er oder sie ist Fahrzeughalter – zugelassen, die Zulassungsbescheinigung Teil II erhält die Leasinggesellschaft. Dadurch ist sichergestellt, dass die Kunden und Kundinnen das noch nicht vollständig bezahlte Auto nicht weiter veräußern können. Eigentümer des Fahrzeugs sind die Leasinggesellschaft, Fahrzeughalter sind die Leasingnehmer.

Nachdem sie das Fahrzeug erhalten haben, erfüllen die Kunden und Kundinnen ihre Verpflichtungen aus dem Leasingvertrag, indem sie die **monatlichen Leasingraten** an die Leasinggesellschaft überweisen.

Leasingfinanzierung über die Leasinggesellschaft der Herstellerbank: indirektes Leasing

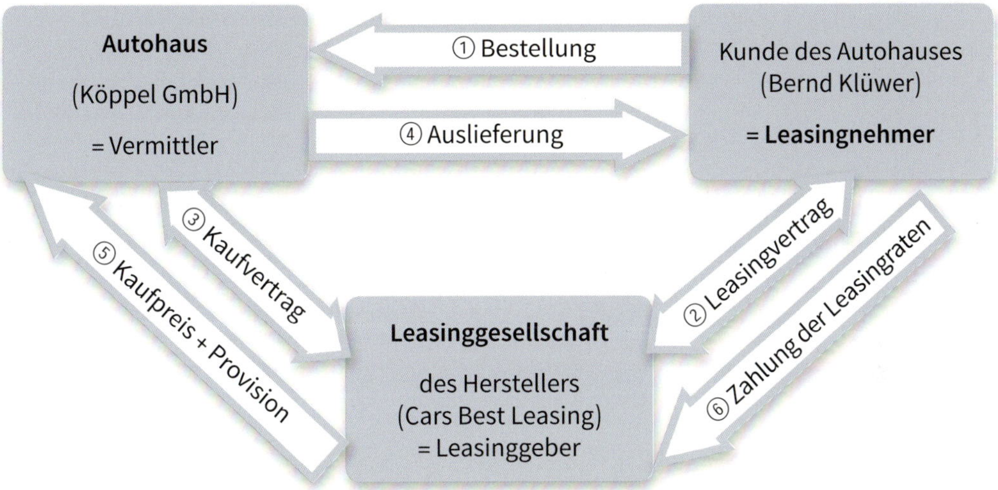

1.3.6 Vertragsbestandteile eines Leasingvertrags

Entscheidet sich die Kundschaft für ein Leasingmodell (z. B. Leasing mit Restwertabrechnung), dann füllt sie zusammen mit dem Autohaus einen Leasingantrag aus (siehe S. 322). Der Leasingantrag enthält folgende wesentliche Angaben:

Inhalte eines Leasingantrags im Überblick

Inhaltspunkte	Erläuterungen
Vertragsnummer	Sie wird von der finanzierenden Leasinggesellschaft vergeben und dient der eindeutigen Zuordnung des Leasingvertrags.
Namen und Anschriften	Name und Anschrift des Händlers, Name und Anschrift der Kundschaft als Leasingnehmer, Name und Anschrift des Mitantragstellers bzw. Bürgen
Fahrzeugdaten	Hersteller, Marke bzw. Modell, Fahrgestellnummer, Erstzulassung, polizeiliches Kennzeichen

Inhalte eines Leasingantrags im Überblick	
Inhaltspunkte	Erläuterungen
Angaben zum Leasing	**Leasingvertragsmodell** (Kilometer- oder Restwertabrechnung, **Leasingdauer, Gesamtfahrzeugpreis, Leasingsonderzahlung** bzw. Nettogutschrift für ein in Zahlung gegebenes Fahrzeug, Restrechnungspreis bzw. **Nettodarlehensbetrag** (Anschaffungskoten), gebundener **Sollzinssatz**, ggf. **sonstige Kosten** (einschließlich Einmalbeitrag zur Mietratenversicherung), **Leasingrate pro Monat, Gesamtbetrag der Leasingraten, effektiver Jahreszinssatz**[1], Gesamtzahlung bei Fahrzeugübergabe, bei Restwertabrechnung der kalkulierte Restwert mit dem Hinweis, dass der Leasingnehmer im Falle eines Mindererlöses eine Abschlusszahlung zu leisten hat, bei Kilometerabrechnung die vereinbarte **Gesamtfahrleistung** und die Höhe der Nachberechnung bzw. der Rückvergütung
Zahlungsplan (Finanzierungsplan)	Gesamtzahl der Leasingraten (z. B. 48), Höhe der monatlichen Leasingraten, Fälligkeit der ersten Rate
Mietratenversicherung	versicherte Person (Leasingnehmer und/oder Mitantragsteller), mit Hinweis auf Versicherungsausschlüsse und Versicherungsbedingungen und Rücktrittsrecht innerhalb eines Monats nach Zahlung des Einmalbeitrags
Angaben zur Fahrzeugversicherung	Name der Versicherungsgesellschaft, Versicherungsnummer, Versicherungsumfang, ggf. Höhe der Selbstbeteiligung
Erklärungen des Leasingnehmers	Leasingantrag erfolgt über das Autohaus bei der Leasinggesellschaft des Herstellers, Kenntnisnahme der **Leasingbedingungen**, Angaben zu den **Sicherheiten** (Selbstauskunft, SCHUFA-Hinweis, Versicherungsschein der Fahrzeugversicherung, Abtretung von Schadenersatz-, Versicherungsansprüchen und Ansprüchen auf Arbeitseinkommen, Versicherungsgesellschaft für die **Mietratenversicherung**,
	Einzugsermächtigung (Name der Bank der Kundschaft, Kontonummer, Fälligkeiten), **Empfangsbestätigung** des Leasingantrags einschließlich der **Widerrufsbelehrung** (auch des Mitantragstellers) und den Versicherungsbedingungen der Mietratenversicherung, Entbindung von der Schweigepflicht und Informationen zum Datenschutz
Datum, Unterschriften	Abschlussdatum, Unterschriften des Leasingnehmers und des Mitantragstellers unter dem Leasingantrag und der Widerrufsbelehrung. Mit der Unterschrift erklärt sich die Kundschaft mit den Leasingbedingungen und den Sicherungsansprüchen der Leasinggesellschaft einverstanden.

1 Siehe hierzu S. 276.

Verbraucherschutzvorschriften

Auch wenn Leasing kein wirkliches Kreditgeschäft ist, gelten für private Leasingnehmer die gleichen **Verbraucherschutzvorschriften** wie bei einem Verbraucherdarlehen, wie z. B. das Schriftformerfordernis nach § 492 Abs. 1 BGB, das Erfordernis von weiteren Angaben im Leasingvertrag gemäß § 492 Abs. 2 BGB und das Widerrufsrecht des Leasingnehmers im Sinne von § 495 BGB.

Insgesamt ist bei Leasingverträgen mit Privatpersonen, auf eine verständliche (transparente) Vertragsgestaltung zu achten, da den privaten Leasingkunden die komplizierten Zusammenhänge in der Regel nicht bekannt sind.

Der **Vertrag mit Restwertabrechnung** muss neben der Verteilungsregelung für den Fall eines Mehrerlöses den deutlichen Hinweis enthalten, dass die Leasingnehmer im Fall eines Mindererlöses eine Abschlusszahlung zu leisten haben. Dies darf nicht nur in den AGB auf der Rückseite des Vertragsformulars ersichtlich sein, sondern muss nach vorherrschender Rechtsprechung auf der Vorderseite des Formulars deutlich gemacht werden. Verstößt der Leasinggeber gegen dieses **Transparenzgebot**, dann kann er sich auf eine Restwertabsicherung bzw. auf ein Andienungsrecht nicht erfolgreich berufen, da diese Klauseln dann als Überraschungsklauseln im Sinne von § 305c BGB gelten, mit denen die Leasingnehmer nicht zu rechnen brauchen.

Leasingantrag der Cars Best Leasing GmbH

LEASINGANTRAG

CARS BEST Leasing GmbH
im Folgenden „LG" (Leasinggeber) genannt

Vertragsnummer:

Händler	**Leasingnehmer:**
Autohaus Köppel GmbH Diedenhofener Str. 6 54294 Trier Verkäufer: Carl Löffler	Bernd Klüwer Daimlerstraße 12 54293 Trier

③ **MITANTRAGSTELLER (SELBSTSCHULDNERISCHER BÜRGE):**

④ **LEASINGFAHRZEUG:** Hersteller: Cars Best Modell: Phantasia-Limousine Comfortline

⑤ **LEASINGZEIT:** 48 Monate **Gesamt-Fahrzeugpreis:** (inkl. MWSt.) 19 500,00

⑥ **ABRECHNUNG DER RESTZAHLUNG/VERGÜTUNG NACH VERTRAGSENDE:**

○ **KILOMETERABRECHNUNG**
Vereinbarte Gesamtfahrleistung: ____ km
Nachberechnung
je Mehr-km* ____ Cent Brutto
Rückvergütung
je Minder-km* ____ Cent Brutto

* 2500 km bleiben ausgenommen.
Den angegebenen Brutto-Beträgen liegt die gesetzliche MwSt. bei Vertragsabschluss zugrunde. Maßgebend für die Abrechnung ist in allen Fällen die gesetzliche MWSt. im Zeitpunkt der Abrechnung.

☒ RESTWERTABRECHNUNG
Kalkulierter Netto-Rücknahmewert:
(vom Leasingnehmer garantierter Mindestwert bei Fahrzeugrücknahme)

Netto	7 373,95
MWSt.	1 401,05
Brutto	8 775,00

Ergibt sich nach Feststellung des tatsächlichen Wertes ein Mehrerlös, dann erhält der Leasingnehmer davon 75 %, ein Mindererlös geht zulasten des Leasingnehmers.

⑦ **ZAHLUNG BEI FAHRZEUGÜBERGABE**

	Netto	MWSt.	Brutto
Leasing-Sonderzahlung			3 900,00
1. Leasingrate			162,40
1. mtl. Zuschlag für Versicherung			
Fracht/Zulassung			
GESAMTZAHLUNG bei Fahrzeugübergabe			4 062,40

⑧ **MONATLICHE LEASINGRATE:**

	Netto	MWSt.	Brutto
mtl. Leasingrate			162,40
mtl. Zuschlag für Versicherung			/
			/
MONATLICHE LEASINGRATE GESAMT			162,40

⑨ **BÜRGSCHAFTSERKLÄRUNG**
Der Mitantragsteller übernimmt hiermit die selbstschuldnerische Bürgschaft für alle Ansprüche des LG, gleich aus welchem Rechtsgrund, gegen den Leasingnehmer im Zusammenhang mit Abschluss, Durchführung, Ab- und Rückentwicklung des Leasingvertrags. Er verzichtet auf das Recht zur Aufrechnung, soweit es sich nicht um unbestrittene oder rechtskräftig festgestellte Ansprüche handelt. Ein gleicher Verzicht gilt für seine Leistungsverweigerungs- und Zurückbehaltungsrechte, soweit sie nicht auf dem Bürgschaftsverhältnis beruhen.

⑩ **ERKLÄRUNGEN DES LEASINGNEHMERS/MITANTRAGSTELLERS:**
a) **Leasingantrag:** Der Leasingnehmer beantragt beim LG den Abschluss eines Leasingvertrags zu den Bedingungen dieses Leasingantrags, den umseitigen Leasingbedingungen und den Bedingungen in dem Formular „Selbstauskunft, Fahrzeugdaten, Einwilligungserklärung Datenschutz" einschließlich der dort aufgeführten Fahrzeugdaten.
b) **Einziehungsermächtigung:** Der Leasingnehmer/Mitantragsteller ermächtigt hiermit den LG, die im Zusammenhang mit dem Leasingvertrag zu entrichtenden Zahlungen bei Fälligkeit mittels Lastschrift zulasten des folgenden Kontos einzuziehen:

Name des Kreditinstituts/Ort	BIC	IBAN	Kontoinhaber: [Leasingnehmer (LN)/ Mitantragsteller (MA)]
Volksbank Trier	GENODED1TVB	DE91 5856 0103 0298 0061 25	LN

c) Ich/Wir bestätige(n) hiermit, eine Kopie dieses Leasingantrages einschließlich der Belehrung über das Widerrufsrecht (Ziffer 12. unten) erhalten zu haben.

⑪

Ort/Datum	Leasingnehmer	Mitantragsteller als selbstschuldnerischer Bürge
Trier 12.07...	Klüwer	Klüwer

WIDERRRUFSBELEHR UNG (entfällt bei Fahrzeugüberlassung zum Zweck einer bereits ausgeübten gewerblichen oder selbstständigen beruflichen Tätigkeit)

1. Der Leasingnehmer kann seinen Leasingantrag binnen zwei Wochen schriftlich **widerrufen.** Die Frist beginnt, sobald dem Leasingnehmer eine Durchschrift des Leasingantrages mit dieser Widerrufsbelehrung ausgehändigt worden ist. Zur Wahrung der Frist genügt die rechtzeitige Absendung des Widerrufs. Der Widerruf ist an die Cars Best Leasing GmbH, 12890 Berlin, zu richten. Der Widerruf hat die Unwirksamkeit des Leasingvertrags und eines etwaig verbundenen Kaufvertrags über das unter Ziffer 4 oben genannte Leasingfahrzeug zur Folge.
2. Der Mitantragsteller kann seine Verpflichtungserklärung ebenfalls **widerrufen.** Die vorstehenden Bestimmungen gelten entsprechend. Die Widerrufsfrist beginnt jedoch erst, wenn dem Mitantragsteller eine Durchschrift des Leasingvertrags mit dieser Widerrufsbelehrung ausgehändigt worden ist.

Ort/Datum	Leasingnehmer	Mitantragsteller als selbstschuldnerischer Bürge
Trier, 12.07...	Klüwer	Klüwer

Cars Best Leasing GmbH, 12890 Berlin, Amtsgericht Berlin-Tiergarten, HRB 1599

Auszüge aus den Leasingbedingungen eines Leasinggebers

Privat-Leasing – Bedingungen

Nachstehende Bedingungen gelten für alle Leasingverträge der Cars Best Leasing GmbH – nachstehend Leasinggeber – mit ihren Privat-Leasing-Kunden – nachstehend Leasingnehmer.

I. Vertragsabschluss

1. Der Leasingnehmer ist an seinen Leasingantrag vier Wochen gebunden. Der Leasingvertrag ist abgeschlossen, wenn der Leasinggeber innerhalb dieser Frist die Annahme des Antrages schriftlich bestätigt. Dies gilt nicht, wenn der Leasingnehmer von seinem Widerrufsrecht (s. Vorderseite) Gebrauch macht.
2. Sämtliche Vereinbarungen sind schriftlich niederzulegen. Dies gilt auch für Nebenabreden und Zusicherungen sowie für nachträgliche Vertragsänderungen.

[...]

III. Beginn der Leasingzeit

Die Leasingzeit, die der im Leasingvertrag genannten Vertragsdauer in Monaten entspricht, beginnt an dem zwischen dem Lieferanten und dem Leasingnehmer vereinbarten Tag der Übergabe. Falls auf Wunsch des Leasingnehmers das Fahrzeug vorher zugelassen wird, beginnt die Leasingzeit am Tag der Zulassung. Kommt keine Vereinbarung über den Übergabezeitpunkt zustande, beginnt die Leasingzeit 14 Tage nach Anzeige der Bereitstellung des Fahrzeugs.

IV. Leasingentgelte und sonstige Kosten

1. Die Leasingraten, eine vereinbarte Sonderzahlung und eine Mehrkilometerbelastung nach Ziffer 3 sind Gegenleistungen für die Gebrauchsgüterüberlassung des Fahrzeugs.
2. Eine vereinbarte Leasingsonderzahlung ist zusätzliches Entgelt neben den Leasingraten und dient nicht als Kaution. Durch sie werden Leasingraten nicht getilgt.
3. Nur für Verträge ohne Gebrauchtwagen-Abrechnung: Ist bei Rückgabe des Fahrzeugs nach Ablauf der bei Vertragsabschluss vereinbarten Leasingzeit die festgelegte Gesamtkilometer-Laufleistung über- bzw. unterschritten, werden die gefahrenen Mehr- bzw. Minderkilometer dem Leasingnehmer zu dem im Leasingvertrag genannten Satz nachberechnet bzw. vergütet. Bei der Berechnung von Mehr- und Minderkilometern bleiben 2 500 km ausgenommen.
4. Vereinbarte Nebenleistungen, wie z. B. Überführung, An- und Abmeldung des Fahrzeugs sowie Aufwendungen für Versicherung und Steuern, soweit sie nicht als Bestandteil der Leasingrate ausdrücklich ausgewiesen werden, sind gesondert zu bezahlen.

[...]

VII. Übernahme und Übernahmeverzug

1. Der Leasingnehmer ist verpflichtet, das Fahrzeug innerhalb von 14 Tagen nach Zugang der Bereitstellungsanzeige am vereinbarten Übernahmeort abzunehmen. Im Falle der Nichtabnahme kann der Leasinggeber von seinen gesetzlichen Rechten Gebrauch machen.
2. Verlangt der Leasinggeber Schadenersatz, so beträgt dieser 15 % des Fahrzeugpreises entsprechend der unverbindlichen Preisempfehlung (einschließlich Umsatzsteuer) des Fahrzeugherstellers zum Zeitpunkt des Vertragsabschlusses für dieses Fahrzeug.

[...]

VIII. Eigentumsverhältnisse, Halter des Fahrzeugs und Zulassung

1. Der Leasinggeber ist Eigentümer des Fahrzeugs. Er ist berechtigt, in Abstimmung mit dem Leasingnehmer das Fahrzeug zu besichtigen und auf seinen Zustand zu überprüfen.

[...]

4. Der Leasingnehmer ist Halter des Fahrzeugs. Es wird auf ihn zugelassen. Der Fahrzeugbrief (Zulassungsbescheinigung Teil II) wird vom Leasinggeber verwahrt. Benötigt der Leasing-

nehmer zur Erlangung behördlicher Genehmigungen den Fahrzeugbrief (Zulassungsbescheinigung Teil II), wird dieser der Behörde auf sein Verlangen vom Leasinggeber vorgelegt. Wird der Fahrzeugbrief (Zulassungsbescheinigung Teil II) dem Leasingnehmer von Dritten ausgehändigt, ist der Leasingnehmer unverzüglich zur Rückgabe an den Leasinggeber verpflichtet.

[...]

X. Versicherungsschutz und Schadenabwicklung

1. Der Leasinggeber schließt im Namen und für Rechnung des Leasingnehmers auf dessen Wunsch für das Leasingfahrzeug zu unten abgedruckten Bedingungen der Cars Best-Versicherungsdienst GmbH/der Frankfurter Versicherungs-AG eine Kfz-Haftpflicht- (unbegrenzte Deckung) und eine Kfz-Vollkaskoversicherung (Selbstbeteiligung 300,00 € je Schadenereignis) für den Leasingnehmer ab. Der Leasingnehmer schuldet dem Leasinggeber die Prämie für die Fahrzeugversicherungen, die dieser aufgrund einer Einzugsermächtigung des Versicherers nach Ausfertigung der Versicherungspolice neben der monatlichen Leasingrate berechnet. Die Höhe der Prämie richtet sich nach dem Inhalt der Versicherungspolice. Die Fälligkeit der Erstprämie ergibt sich aus § 33 VVG. Die Folgeprämien sind jeweils am 1. eines Kalendermonats fällig. Versichert der Leasingnehmer das Fahrzeug nicht über den Leasinggeber, hat der Leasingnehmer eine Kraftfahrzeug-Haftpflichtversicherung und eine Vollkaskoversicherung, jeweils mit dem gleichen Umfang wie vorstehend, abzuschließen und dem Leasinggeber nachzuweisen, Letztere durch einen Sicherungsschein.

5. Entschädigungsleistungen für Wertminderung sind in jedem Fall an den Leasinggeber weiterzuleiten. Bei Verträgen mit Gebrauchtwagenabrechnung rechnet der Leasinggeber erhaltene Wertminderungsbeträge dem aus dem Verkauf des Fahrzeugs erzielten Verkaufserlös am Vertragsende zu. Bei Verträgen ohne Gebrauchtwagenabrechnung kann der Leasinggeber vom Leasingnehmer am Vertragsende eine dann noch bestehende schadenbedingte Wertminderung des Fahrzeugs ersetzt verlangen, soweit der Leasinggeber nicht schon im Rahmen der Schadenabwicklung eine Wertminderungsentschädigung erhalten hat.

6. Bei Totalschaden oder Verlust des Fahrzeugs kann jeder Vertragspartner den Leasingvertrag zum Ende eines Vertragsmonats kündigen. Bei schadenbedingten Reparaturkosten von mehr als 60 % des Wiederbeschaffungswerts des Fahrzeugs kann der Leasingnehmer innerhalb von drei Wochen nach Kenntnis dieser Voraussetzungen zum Ende eines Vertragsmonats kündigen. Macht der Leasingnehmer von diesem Kündigungsrecht keinen Gebrauch, hat er das Fahrzeug an den ausliefernden Händler zurückzugeben. Totalschaden, Verlust oder Beschädigung des Fahrzeugs entbinden nur dann von der Verpflichtung zur Zahlung weiterer Leasingraten, wenn der Leasingvertrag wirksam nach Satz 2 gekündigt ist und nicht gemäß Satz 6 fortgesetzt wird. Die Folgen einer Kündigung nach Absatz 1 sind in Abschnitt XV geregelt.

XI. Haftung

1. Für Untergang, Verlust, Beschädigung und Wertminderung des Fahrzeugs und seiner Ausstattung haftet der Leasingnehmer dem Leasinggeber auch ohne Verschulden, jedoch nicht bei Verschulden des Leasinggebers.

[...]

XIV. Vertragsaufhebung und Kündigung

1. Der Leasingvertrag ist fest über die vereinbarte Vertragszeit abgeschlossen, doch kann auf Wunsch des Leasingnehmers sechs Monate nach Vertragsbeginn, bei Totalschaden, Verlust oder unfallbedingten Reparaturkosten von mehr als 60 % des Wiederbeschaffungswerts des Fahrzeugs jederzeit eine vorzeitige Beendigung des Leasingvertrags durch schriftlichen Aufhebungsvertrag erfolgen. Zu diesem Zweck

kann der Leasingnehmer unter Vorführung des Fahrzeugs und Angabe der tatsächlichen Kilometerleistung erfragen, zu welchen finanziellen Bedingungen der Leasinggeber den Leasingvertrag aufzuheben bereit ist.
Unberührt von der Regelung des Absatzes 1 bleiben die Kündigungsrechte nach Ziffern 2 bis 4 sowie nach Abschnitt X Ziffer 6 (Bei Totalschaden, Verlust oder Beschädigung).
[...]

XVI. Rückgabe des Fahrzeugs
1. Nach Beendigung des Leasingvertrags ist das Fahrzeug mit Schlüsseln und allen überlassenen Unterlagen (z.B. Fahrzeugschein, Kundendienstheft, Ausweise) vom Leasingnehmer auf seine Kosten und Gefahr unverzüglich dem ausliefernden Händler zurückzugeben. Gibt der Leasingnehmer Schlüssel oder Unterlagen nicht zurück, hat er die Kosten der Ersatzbeschaffung sowie einen sich daraus ergebenden weiteren Schaden zu ersetzen.
2. Bei Rückgabe muss das Fahrzeug in einem dem Alter und der vertragsgemäßen Fahrleistung entsprechenden Erhaltungszustand, frei von Schäden sowie verkehrs- und betriebssicher sein. Normale Verschleißspuren gelten nicht als Schaden. Über den Zustand wird bei Rückgabe ein gemeinsames Protokoll angefertigt und von beiden Vertragspartnern oder ihren Bevollmächtigten unterzeichnet.
3. Bei Rückgabe des Fahrzeugs nach Ablauf der bei Vertragsschluss vereinbarten Leasingzeit gilt folgende Regelung:
Entspricht das Fahrzeug bei Verträgen ohne Gebrauchtwagenabrechnung nicht dem Zustand gemäß
Ziffer 2 Absatz 1, ist der Leasingnehmer zum Ersatz des entsprechenden Schadens verpflichtet. Eine schadenbedingte Wertminderung (Abschnitt X Ziffer 5) bleibt dabei außer Betracht, soweit der Leasinggeber hierfür bereits eine Entschädigung erhalten hat. Können sich die Vertragspartner über einen vom Leasingnehmer auszugleichenden Schadenersatz oder – bei Verträgen mit Gebrauchtwagenabrechnung – über den Wert des Fahrzeugs (Händlereinkaufspreis) nicht einigen, werden Schadenersatz bzw. Wert des Fahrzeugs auf Veranlassung des Leasinggebers mit Zustimmung des Leasingnehmers durch einen öffentlich bestellten und vereidigten Sachverständigen oder ein unabhängiges Sachverständigenunternehmen ermittelt. Die Kosten tragen die Vertragspartner je zur Hälfte.
4. Wird das Fahrzeug nicht termingemäß zurückgegeben, werden dem Leasingnehmer für jeden überschrittenen Tag als Grundbetrag 1/30 der für die Vertragszeit vereinbarten monatlichen Leasingrate und die durch die Rückgabeverzögerung verursachten Kosten berechnet.
Im Übrigen gelten während dieser Zeit die Pflichten des Leasingnehmers aus diesem Vertrag sinngemäß fort.
5. Ein Erwerb des Fahrzeugs vom Leasinggeber durch den Leasingnehmer nach Vertragsablauf ist ausgeschlossen.

1.3.7 Kalkulation der Leasingrate

Beim Finanzierungsleasing bestimmen fünf Einflussgrößen die Kalkulation des Leasinggebers:

- **Anschaffungswert des Fahrzeugs:** Dieser ergibt sich aus dem Angebotspreis des Händlers für das Fahrzeug, ergänzt um die Kosten für zusätzliches Zubehör, Zulassung und Überführung.
- **Laufzeit des Leasingvertrags:** Je länger die Laufzeit, desto niedriger sind die monatlichen Leasingraten.

- **Sonderzahlung:** Mit dieser Einmalzahlung (10 % bis 30 % des Anschaffungswerts) gleicht der Leasinggeber das bei den privaten Leasingnehmern höhere und schlechter einzuschätzende Bonitätsrisiko aus. Für die Sonderzahlung kann ein vorhandener Gebrauchtwagen eingesetzt werden.
- **Restwert des Fahrzeugs:** Er stellt den Wert dar, der beim Verkauf des Fahrzeugs am Ende der Leasingdauer mindestens erzielt werden soll. Wird der Restwert zu hoch angesetzt und nicht realisiert, dann kommen die Leasingnehmer für den Mindererlös auf. Vorsicht ist geboten bei Verträgen mit kurzer Laufzeit (z. B. 18 Monate) und hohem Restwert, denn der Wert eines Fahrzeugs sinkt im ersten Jahr nach der Zulassung am stärksten.
- **Leasingfaktor:** Dieser Multiplikator wird vom Leasinggeber je nach seinen betriebswirtschaftlichen Ausgangsdaten und für jedes Vertragsmodell individuell ermittelt.

Beispiel

Berechnung der Leasingrate mithilfe der **Leasingfaktoren-Tabelle**
Auszug aus der Leasingfaktoren-Tabelle für die Phantasia-Limousine:

	Laufzeit in Monaten				
	24	30	36	42	48
Km pro Jahr	**Restwert in %**				
10 000	56	54	53	49	45
15 000	54	51	50	46	43
20 000	52	48	47	43	42
25 000	50	46	44	40	38
	Leasingfaktoren für Anschaffungskosten in %				
	5,120	4,210	3,590	3,060	2,059
	Leasingfaktoren für Gebrauchtwagenwert in %				
	3,940	3,090	2,520	2,110	1,810

Berechnung der Leasingrate für die Phantasia-Limousine:

			Leasingfaktor bei 48 Monaten Leasingdauer	Leasingrate bei 48 Monaten Leasingdauer
Kaufpreis – Rabatt	19 500,00 € 0,00 €			
= Auslieferungspreis – 20 % Mietsonderzahlung	19 500,00 € – 3 900,00 €			
= Anschaffungskosten – 45 % kalkulierter Restwert	15 600,00 € – 8 775,00 €		2,059 % 1,810 %	321,20 € – 158,83 €
= prognostizierter Wertverlust	6 825,00 €			**162,40 €**

Die Leasingrate errechnet sich als Differenz aus

- dem tatsächlichen **Anschaffungspreis** (Kaufpreis – Rabatt – Mietsonderzahlung) multipliziert mit dem Leasingfaktor für die Anschaffungskosten des Fahrzeugmodells und
- dem bei Laufzeitende **kalkulierten Restwert** multipliziert mit dem Leasingfaktor für den Gebrauchtwagenwert des Fahrzeugmodells.

Der Restwert berücksichtigt die voraussichtliche Wertminderung des Fahrzeugmodells während der Vertragslaufzeit. In den Leasingfaktoren sind auch die **weiteren Kosten**, die der Leasinggesellschaft bei der Anbahnung, der Überwachung und der Beendigung des Vertrags entstehen, sowie die **Refinanzierungskosten** und der zu erwartende Gewinn einschließlich dem bei einem wertunstabilen Fahrzeug möglichen Risikozuschlag enthalten.

Beispiel

Berechnung der Leasingrate mithilfe der **Methode der durchschnittlichen Schuld**

Berechnungsgrundlagen		
Laufzeit	48 Monate	
Sollzinssatz	1,99 %	
Kaufpreis		19 500,00 €
– Rabatt	0,00 %	– €
– Leasingsonderzahlung	20,00 %	3 900,00 €
Leasingberechnungsgrundlage		**15 600,00 €**
– kalkulierter Restwert (% des Kaufpreises)	45,00 %	**8 775,00 €**
Gesamte Wertminderung nach 48 Monaten		6 825,00 €
Gesamte Schuld		24 375,00 €
Durchschnittliche Schuld		12 187,50 €
Ø Wertminderung pro Monat		142,19 €
+ Ø Zinsen pro Monat (Monatszinsformel[1])		20,21 €
Monatliche Leasingrate		**162,40 €**

$$\text{Monatszinsformel} = \frac{\text{Kapital} \cdot \text{Zinssatz} \cdot \text{Zinsmonate}}{100 \cdot 12\ \text{Monate}} = \frac{12187{,}50\ € \cdot 1{,}99 \cdot 1\ \text{Monat}}{100 \cdot 12\ \text{Monate}} = 20{,}21\ €$$

Manchmal werden von den Leasinggesellschaften Leasingangebote unterbreitet, bei denen die Leasingraten bzw. die Leasingfaktoren keinen Aufwand für Zinsen und übrige laufende Kosten enthalten (sogenanntes **Null-Leasing**). Diese nicht gedeckten Kosten werden von den Herstellern oder Händlern übernommen. Für die Hersteller oder Händler sind diese quer subventionierten Leasingraten ein Instrument der Absatzförderung.

1.4 Kreditfinanzierung und Leasing im Vergleich

EINSTIEGSSITUATION

Carl Löffler und Bernd Klüwer führen ihr Verkaufsgespräch weiter.

Bernd: „Bitte stelle mal die Kosten der Leasing- und der Kreditfinanzierung über die gesamte Laufzeit einander gegenüber. Dann kann ich leichter entscheiden."

Carl: „Das haben wir gleich. Du kannst dir inzwischen den Prospekt anschauen."

Der Prospekt enthält folgende Leitsätze:

- Lassen Sie sich keinen der zahlreichen Leasingvorteile entgehen.
- Leasing bindet kein Kapital.
- Leasing schont die Liquidität.
- Leasing befreit von Risiken.
- Leasing reduziert Verwaltungsarbeit.
- Leasing bringt Steuererleichterungen.

Bernd: „Ist das Leasing nicht eher was für Geschäftsleute? Was bringt mir die Leasingfinanzierung was ich bei der Kreditfinanzierung nicht habe?"

Vergleichen Sie Leasing und Kredit. Notieren Sie einige Vor- und Nachteile des Leasing.

Beim Vergleich der Kreditfinanzierung mit dem Leasing müssen private und gewerbliche Kunden unterschieden werden.

1.4.1 Vergleich Autokredit und Leasing bei Privatkundschaft

Privatpersonen haben nicht die Möglichkeit, den Leasingvertrag so zu gestalten, dass Steuervorteile erzielt werden können. Beim Vergleich unterschiedlicher Finanzierungsalternativen können nur die reinen Geldausgaben herangezogen werden.

Beispiel

Aus den Daten zur Autofinanzierung für Bernd Klüwer (siehe Einstiegssituation zu Kapitel 1.3, S. 311) lässt sich folgende Vergleichsrechnung erstellen:

Annahme: Bernd Klüwer gibt das Fahrzeug sowohl bei der Drei-Wege-Finanzierung (mit Rückkaufvereinbarung[1]) als auch bei der Leasingalternative an den Autohändler in vertragsgemäßem Zustand zurück.

1 Siehe hierzu S. 285.

Drei-Wege-Finanzierung mit Rückkaufvereinbarung	
Anzahlung + Ratenzahlungen (47 Monatsraten à 165,85 €) + Schlussrate, entspricht hier dem (Restwert)	3 900,00 € + 7 794,95 € 0,00 €
Gesamte Ausgaben (Bruttoertrag des Händlers)	11 694,95 €

Leasing mit Restwertabrechnung	
Sonderzahlung + Leasingraten (48 Leasingraten à 162,40 €) + Mindererlös bzw. Mehrerlös am Ende der Leasingzeit	3 900,00 € + 7 795,20 € 0,00 €
Gesamte Ausgaben (Bruttoertrag des Händlers)	11 695,20 €

Ergebnis: Unter der Annahme, dass Bernd Klüwer das Fahrzeug sowohl bei der Drei-Wege-Finanzierung als auch bei der Leasingalternative an den Autohändler in vertragsgemäßem Zustand zurückgibt, ist im vorliegendem Fall die Kreditfinanzierung etwas günstiger.

Bernd: „Ich denke, wir sollten unsere Finanzierungsentscheidung nicht nur von rechnerischen Kriterien abhängig machen."

Carl: „Sie haben recht. Wir sollten auch weitere nicht rechnerische Kriterien wie Versicherungsbedingungen und weitere Dienstleistungen berücksichtigen."

Auch die rechnerische Finanzierungsentscheidung lässt sich nicht verallgemeinern, da die Leasing- und Autokreditbedingungen vom Fahrzeugtyp, von der Sonderzahlung, von den aktuellen Verkaufsaktionen des Händlers und vom Restwertrisiko abhängen.

Die endgültige Finanzierungsentscheidung sollte nicht nur aufgrund des rein rechnerischen Vergleichs getroffen werden. Es sollten auch weitergehende Vor- und Nachteile der Alternativen abgewogen werden.

Vorteile und Nachteile des Leasings für private Kundinnen und Kunden	
Vorteile	Nachteile
• kein Problem mit der Verwertung des Altwagens • eingespartes Kapital kann in ertragreichere/n Anlageformen bleiben oder fließen • Kundschaft zahlt nur für die Nutzung des Fahrzeugs • (nicht das Eigentum am Fahrzeug bringt den Nutzen, sondern der Gebrauch des Fahrzeugs) • flexible Vertragsgestaltung je nach individueller Einkommenslage • überschaubare, monatlich gleichbleibende Belastung durch die Leasingraten • Alle 2–3 Jahre wird das alte gegen ein neues Fahrzeug getauscht; dadurch wird das Reparaturrisiko minimiert, und die Fahrzeuge sind immer auf dem neuesten Stand.	• Leasingraten sind weiterzuzahlen bei Totalschaden, Verlust oder Beschädigung des Fahrzeugs, wenn der Vertrag nicht gekündigt oder abgerechnet wird. • Verwertungsrisiko des geleasten Fahrzeugs nach Ablauf des Leasingvertrags (nur bei Restwertabrechnung)

Die Nachteile des Leasings treffen auch bei der Drei-Wege-Finanzierung zu, denn auch hier trägt die Kundschaft das Schadenrisiko. Auch das Verwertungsrisiko ist beim Autokredit nicht vollkommen ausgeschlossen, da die Schlussrate immer auf den vertragsgemäßen Zustand des Fahrzeugs abstellt und der Verkauf bzw. die Inzahlungnahme nicht immer den angestrebten Preis erbringt. Die Drei-Wege-Finanzierung hat die gleichen Vorteile wie das Leasing, nur dass die Kunden und Kundinnen Eigentümer des Fahrzeugs werden können, wenn sie die Option Kauf bzw. Übernahme zum vereinbarten Restwert (= Schlussrate) wählen.

1.4.2 Vergleich Kreditfinanzierung und Leasing bei Geschäftskunden

Bei der Kreditfinanzierung haben gewerbliche Kunden die Möglichkeit, den Gegenstand zu aktivieren (Bilanzierung) und abzuschreiben, sodass beim Finanzierungsvergleich auch diese Gesichtspunkte zu berücksichtigen sind. Das Ergebnis solcher Vergleiche hängt von den Umständen des jeweiligen Einzelfalls ab und wird von folgenden Faktoren beeinflusst:

- Gestaltung und Konditionen des Leasingvertrags und der damit verbundenen Bilanzierungsvorschriften
- Kreditkonditionen (Zinssatz, Laufzeit, Tilgungsvereinbarung bzw. Vertragsmodell)
- Höhe der individuellen Steuersätze bei der Einkommen- und Gewerbesteuer
- Abschreibungssatz

Wäre Bernd Klüwer ein Gewerbetreibender (z. B. Inhaber eines Einzelunternehmens) und würde er das Fahrzeug als Geschäftswagen einsetzen, dann müssten bei einem Finanzierungsvergleich auch die bilanziellen und ertragsteuerlichen Wirkungen einbezogen werden.

Bilanzierungsvorschriften für das Leasinggut

Beim Operate Leasing wird wegen der kurzen Leasingdauer der Leasinggegenstand immer dem rechtlichen und wirtschaftlichen Eigentum des Leasinggebers zugerechnet.

Beim Finance Leasing hängt die Zurechnung des Leasingguts davon ab, ob bei der Gestaltung des Leasingvertrags die Nutzungsüberlassung oder die Eigentumsübertragung überwiegt. Laut Abgabenordnung § 39 Abs. 2 AO kann das **wirtschaftliche Eigentum** vom rechtlichen Eigentum abweichen. In § 39 Abs. 2 AO heißt es: „Übt ein anderer als der Eigentümer die tatsächliche Herrschaft über ein Wirtschaftsgut in der Weise aus, dass er den Eigentümer im Regelfall für die gewöhnliche Nutzungsdauer von der Einwirkung auf das Wirtschaftsgut wirtschaftlich ausschließen kann, so ist ihm das Wirtschaftsgut zuzurechnen." Wenn das Leasinggut dem wirtschaftlichen Eigentum des Leasingnehmers zuzuordnen ist, dann muss dieser das Gut in der Bilanz aktivieren. Für die Bilanzierung geleaster Güter sind spezielle **Leasingerlasse des Bundesministeriums der Finanzen** (BMF) richtungsweisend.

Bilanzierung beim Leasingnehmer	
Bilanzierung beim Leasingnehmer BMF-Schreiben vom 19.04.1971 IV B/2-S2170-31/71	• Spezialleasing, da nur der Leasingnehmer den Gegenstand sinnvoll nutzen kann • Finance-Leasing-Verträge – mit einer Grundmietzeit unter 40 % bzw. über 90 % der betriebsgewöhnlichen Nutzungsdauer (bei einer Grundmietzeit von unter 40 % wird unterstellt, dass der Leasingnehmer den Gegenstand nach Ablauf der Grundmietzeit weiter nutzen wird; bei einer Grundmietzeit von über 90 % übt der Leasingnehmer das Herrschaftsrecht über das Leasinggut nahezu während der gesamten Nutzungsdauer aus; der Herausgabeanspruch des Leasinggebers ist bedeutungslos). – mit Kaufoption, wenn der vereinbarte Kaufpreis unter dem mittels linearer Abschreibung ermittelten Restbuchwert liegt. Hier ist nahezu sicher, dass der Leasingnehmer den Leasinggegenstand nach der Grundmietzeit kauft. – mit Mietverlängerungsoption, wenn die vereinbarte Verlängerungsleasingrate bei beweglichen Gütern unter der linearen Abschreibung auf den Restbuchwert, bei unbeweglichen Gütern unter 75 % der marktüblichen Miete liegt.

Die Konsequenz ist: Leasingraten werden in einen **Tilgungsanteil** und einen **Zinsanteil** aufgesplittet. Nur der Zinsanteil ist beim Leasingnehmer als Betriebsausgabe absetzbar bzw. beim Leasinggeber eine Betriebseinnahme. Der Leasingnehmer muss den Leasinggegenstand mit den Anschaffungs- und Herstellungskosten des Leasinggebers aktivieren und kann die **Abschreibungen** als Aufwand absetzen; gleichzeitig muss er eine Verbindlichkeit in gleicher Höhe passivieren. Der Leasinggeber aktiviert eine entsprechende Forderung gegenüber dem Leasingnehmer. Den Tilgungsanteil der Leasingrate muss der Leasingnehmer mit seiner Verbindlichkeit verrechnen, der Leasinggeber mit seiner Forderung.

Bilanzierung beim Leasinggeber	
Bilanzierung beim Leasinggeber BMF-Schreiben vom 22.12.1975 IVB2-S2170-161/75	• Operate-Leasing-Verträge, da der Leasinggeber wie ein Vermieter auftritt • Finance-Leasing-Verträge – mit einer Grundmietzeit zwischen 40 % und 90 % der betriebsgewöhnlichen Nutzungsdauer, da die Leasingraten die gesamten Anschaffungskosten des Leasingguts nur zum Teil decken; – mit Vollamortisation ohne Kaufoption; – mit Kaufoption, wenn der vereinbarte Kaufpreis mindestens dem mittels linearer Abschreibung ermittelten Restbuchwert entspricht. Der Leasinggeber ist begünstigt, da er neben den Mieten noch den Buchwert vergütet bekommt. – mit Mietverlängerungsoption, wenn die vereinbarte Verlängerungsleasingrate bei beweglichen Gütern mindestens der linearen Abschreibung auf den Restbuchwert, bei unbeweglichen Gütern 75 % der marktüblichen Miete entspricht. – mit Andienungsrecht, da der Leasingnehmer, wie ein rechtlicher Eigentümer, die Chance einer Wertsteigerung wahrnehmen kann; – mit Aufteilung des Mehrerlöses, da der Leasinggeber noch wesentlich an den Wertsteigerungen des Leasingguts beteiligt ist; – mit Kündigungsklausel, da eine Wertsteigerung des Leasingguts dem Leasinggeber in voller Höhe zugutekommt.

Die Konsequenz hier ist: Leasingraten und die auf die Laufzeit verteilte Mietsonderzahlung sind für den Leasingnehmer in voller Höhe Betriebsausgaben.

Leasingraten und die auf die Laufzeit verteilte Mietsonderzahlung sind für den Leasinggeber Betriebseinnahmen. Der Leasinggeber muss den Leasinggegenstand mit den Anschaffungs- und Herstellungskosten aktivieren und kann die Abschreibungen als Aufwand steuerlich geltend machen.

Beim kreditfinanzierten Kauf sind steuerlich abzugsfähig:

- Abschreibungen bei der Ermittlung des gewerbe-, einkommen- bzw. körperschaftsteuerpflichtigen Gewinns;
- Darlehenszinsen bei der Ermittlung des gewerbe-, einkommen- bzw. körperschaftsteuerpflichtigen Gewinns.

Bei einem „Leasingerlass-konformen“ Leasingvertrag sind als Betriebsausgaben absetzbar:

Leasingraten und die auf die Laufzeit verteilte Mietsonderzahlung bei der Ermittlung des gewerbe-, einkommen- bzw. körperschaftsteuerpflichtigen Gewinns.

Bei der Ermittlung des Gewerbeertrags sind 25 % der Darlehenszinsen und 5 % (2,5 % bei Elektrofahrzeugen) der Miet- und Pachtzinsen (also auch der Leasingraten) dem Gewinn hinzuzurechnen, soweit die Summe den Betrag von 200 000,00 € übersteigt (§ 8 GewStG). Die Höhe der Gewerbesteuer errechnet sich als Produkt aus Steuermesszahl und Hebesatz der Gemeinden (140 % bis 600 %). Die Steuermesszahl beträgt einheitlich 3,5 % (§ 11 GewStG). Vorher wird der Gewerbeertrag um den Freibetrag von 24 500,00 € (Einzelunternehmen und Personengesellschaften) bzw. 5 000,00 € (Kapitalgesellschaften) gekürzt.

Beispiel

Bernd Klüwer schreibt seine Phantasia-Limousine mit 16 $^{2}/_{3}$ % linear ab (sechs Jahre bzw. 72 Monate Nutzungsdauer). Im Darlehensfall erhält er die gleichen Konditionen wie beim Autokredit: Zinsen insgesamt 1 736,53 €, 47 Monatsraten bei Rückkauf des Gebrauchtwagens durch den Händler.
Bernd wählt die Leasingvariante mit Restwertabrechnung (Annahme: Mehr- oder Mindererlös fallen nicht an). Anzahlung bzw. Sonderzahlung sind erfolgsneutral. Bei einem Hebesatz von 400 % beträgt sein Gewerbesteuersatz 14 % (3,5 % · 400 %). Dabei sei angenommen, dass Bernd Klüwers Gewerbeertrag über dem Gewerbesteuer-Freibetrag liegt. Hinzurechnungen fallen keine an, da die Summe aus Darlehens-, Miet- und Pachtzinsen den Betrag von 200 000,00 € nicht übersteigt.

Kredit-Leasing-Vergleich unter Berücksichtigung steuerlicher Aspekte:

(1) Vergleich unter Kostengesichtspunkten:

Finanzierung mittels Autokredit (Drei-Wege-Finanzierung)	
Summe des Zinsanteils der Raten (47 Monate à 20,64 €)	970,08 €
+ Summe der Abschreibungen (Kunde bilanziert) $19\,600{,}00\ € \cdot \frac{48}{72}$	13 066,67 €
= erfolgswirksame Aufwendungen vor Steuerwirkung	14 036,75 €
– Steuervorteil bei der GewSt (14 % der Aufwendungen)	1 965,15 €
– Steuervorteil bei der ESt (30 % der gesamten Aufwendungen)	4 211,03 €
= Aufwendungen nach Steuerwirkung	**7 860,57 €**

Leasing mit Restwertabrechnung	
Summe der Leasingraten (48 Monate à 162,40 € + 3 900,00 € Sonderzahlung)	11 695,20 €
= erfolgswirksame Aufwendungen vor Steuerwirkung	11 695,20 €
– Steuervorteil bei der GewSt (14 %)	1 637,33 €
– Steuervorteil bei der ESt (30 %)	3 508,56 €
= Aufwendungen nach Steuerwirkung	**6 549,31 €**

Ergebnis (1): Unter der Annahme, dass Bernd Klüwer das Fahrzeug sowohl im Fall der Drei-Wege-Finanzierung als auch des Leasings an den Autohändler in vertragsgemäßem Zustand zurückgibt, ist im vorliegenden Fall unter Berücksichtigung steuerlicher Aspekte die Leasingfinanzierung erheblich günstiger.

(2) Vergleich unter Liquiditätsgesichtspunkten

Finanzierung mittels Autokredit (Drei-Wege-Finanzierung)	
Anzahlung	3 900,00 €
+ Ratenzahlungen (47 Monatsraten à 165,85 €)	7 794,95 €
+ Schlussrate (Restwert) entfällt bei Rückkauf	0,00 €
– Liquiditätswirkung des Steuervorteils bei ESt/GewSt	6 146,83 €
= Liquiditätswirksame Aufwendungen nach Steuerwirkung	**5 548,12 €**

Leasing mit Restwertabrechnung	
Sonderzahlung	3 900,00 €
+ Leasingraten (48 Leasingraten à 162,40 €)	7 795,20 €
+ Mindererlös bzw. – Mehrerlös am Ende der Leasingzeit	0,00 €
– Liquiditätswirkung der Steuervorteile bei ESt/GewSt	5 145,89 €
= Liquiditätswirksame Aufwendungen nach Steuerwirkung	**6 549,31 €**

Ergebnis (2): Unter Liquiditätsgesichtspunkten ist im vorliegenden Fall unter Berücksichtigung steuerlicher Aspekte die Kreditfinanzierung erheblich günstiger, da die Abschreibungen nicht zu Ausgaben führen.

Ergebnis (1) und (2): Wäre Bernd Klüwer ein Geschäftsmann und würde er das Fahrzeug für Geschäftszwecke verwenden, dann hinge die Finanzierungsentscheidung von der Geschäftslage des Unternehmens ab. Werden künftig Liquiditätsengpässe erwartet, dann ist im vorliegenden Fall die Kreditfinanzierung zu empfehlen. Sollen die Steuerersparnisse möglichst hoch sein (bei guten Gewinnerwartungen), dann ist ebenfalls (wegen der Abschreibungen) die Kreditfinanzierung zu empfehlen. Sollen die Aufwendungen möglichst gering gehalten werden, damit ein möglichst hoher Gewinn ausgewiesen wird und eventuelle Teilhaber zufriedengestellt sind, dann müsste Carl Löffler im vorliegenden Fall die Leasingfinanzierung empfehlen.

Beim Finanzierungsvergleich ist zu berücksichtigen, dass das Leasing für Geschäftsleute **zusätzliche Vorteile** bringt:

- Nur Geschäftskunden haben die Möglichkeit, das Dienstleistungsangebot des Full-Service-Leasing in vollem Umfang zu nutzen.
- Die Leasingraten tragen sich aufgrund der Erträge, die mit dem Leasinggut erwirtschaftet werden, selbst („Pay-as-you-earn-Effekt").
- Die Kraftfahrzeugkosten sind einfach zu kalkulieren aufgrund gleichbleibender Leasingraten.
- Der Fuhrpark erneuert sich alle 24–48 Monate (Imagewirkung, geringes Reparaturkostenrisiko).
- Leasingfahrzeuge müssen nicht in der Anlagenbuchhaltung geführt und verwaltet werden (geringer Verwaltungsaufwand für Abschreibungen usw.).
- Kreditlinien werden nicht beansprucht und stehen in voller Höhe für laufende Zahlungsverpflichtungen zur Verfügung.
- Kreditsicherheiten (mit oft geringen Beleihungssätzen) müssen nicht beigebracht werden (Ausnahme: ggf. Bürge) und können für wichtige Investitionen im Betrieb verwendet werden.
- Die Eigenkapitalquote ist höher als bei der Kreditfinanzierung (bessere Kreditwürdigkeit).

(3) Vergleich unter dem Gesichtspunkt der zeitlichen Verteilung der Liquiditätsbelastung

Für die Wahl der Finanzierungsart ist oft entscheidend, wie sich die Zahlungsströme auf die einzelnen Jahre der Nutzung verteilen. Anzustreben ist eine möglichst gleichmäßige Verteilung der Auszahlungen, da diese dann am ehesten mit möglichen Einzahlungen (z. B. Lohnzahlungen bei Privatleuten, Umsatzeinnahmen bei Geschäftsleuten) korrespondieren. Sprunghafte Auszahlungen können sehr schnell zu Liquiditätsengpässen und damit zu Zahlungsschwierigkeiten führen.

Vergleichsannahmen: Aus Gründen der Vergleichbarkeit der Finanzierungsalternativen soll angenommen werden, dass die Kundschaft das Fahrzeug am Ende der Laufzeit als Eigentum erwirbt (beim Standardkredit ist das anders nicht möglich). Bei der Leasingvariante mit Kilometerabrechnung ist das nicht vorgesehen, weshalb hier das Leasing mit Restwertabrechnung gewählt wurde. Abschreibungen, steuerliche Aspekte und Zinswirkungen werden vernachlässigt, da im Vergleich nur tatsächliche Zahlungsströme, die auch im Finanzplan in Erscheinung treten, berücksichtigt werden sollen. Entgangene Zinserträge bzw. Abschreibungen führen weder zu echten Einzahlungen noch zu echten Auszahlungen.

Finanzierungsalternative	Art der Auszahlungen (in Euro)	1. Jahr	2. Jahr	3. Jahr	4. Jahr	Summe der Auszahlungen
Barzahlung	Kaufpreis	**19 500,00**				**19 500,00**
Standardfinanzierung (siehe S. 282)	Anzahlung	3 900,00				3 900,00
	Raten (monatlich 337,94)	4 055,28	4 055,28	4 055,28	4 055,28	16 221,12
	Summe der Auszahlungen	**7 955,28**	**4 055,28**	**4 055,28**	**4 055,28**	**20 121,12**
Schlussratenfinanzierung (Drei-Wege-Finanzierung, siehe S. 283)	Anzahlung	3 900,00				3 900,00
	Raten (monatlich 165,85)	1 990,20	1 990,20	1 990,20	1 824,35	7 794,95
	Schlussrate				8 775,00	8 775,00
	Summe der Auszahlungen	**5 890,20**	**1 990,20**	**1 990,20**	**10 599,35**	**20 469,95**
Leasing (Restwertabrechnung, siehe S. 318)	Sonderzahlung	3 900,00				3 900,00
	Leasingraten (monatlich 162,40)	1 948,80	1 948,80	1 948,80	1 948,80	7 795,20
	Restwert				8 775,00	8 775,00
	Summe der Auszahlungen	**5 848,80**	**1 948,80**	**1 948,80**	**10 723,80**	**20 470,20**

Ergebnis: Die Barzahlung ist von der Gesamtbelastung her gesehen am günstigsten. Jedoch ist hier keine Verteilung der Auszahlungen auf die Nutzungsdauer möglich. Die Liquiditätsbelastung im Anschaffungsjahr ist äußerst hoch. Bei allen Kreditfinanzierungsalternativen verteilen sich die Auszahlungen auf die Nutzungsjahre. Dadurch sind Liquiditätsengpässe nahezu ausgeschlossen. Die Standardfinanzierung ist die günstigste Art der Kreditfinanzierung, da hier die Raten z. T. vom Händler bzw. Hersteller im Zuge der Absatzförderung mitfinanziert werden und keine Schlussrate anfällt. Bei der Schlussratenfinanzierung und dem Leasing (mit Restwertabrechnung) ist die Liquiditätsbelastung im ersten und letzten Jahr relativ hoch.

Entscheidungshilfe für die Wahl der Finanzierung

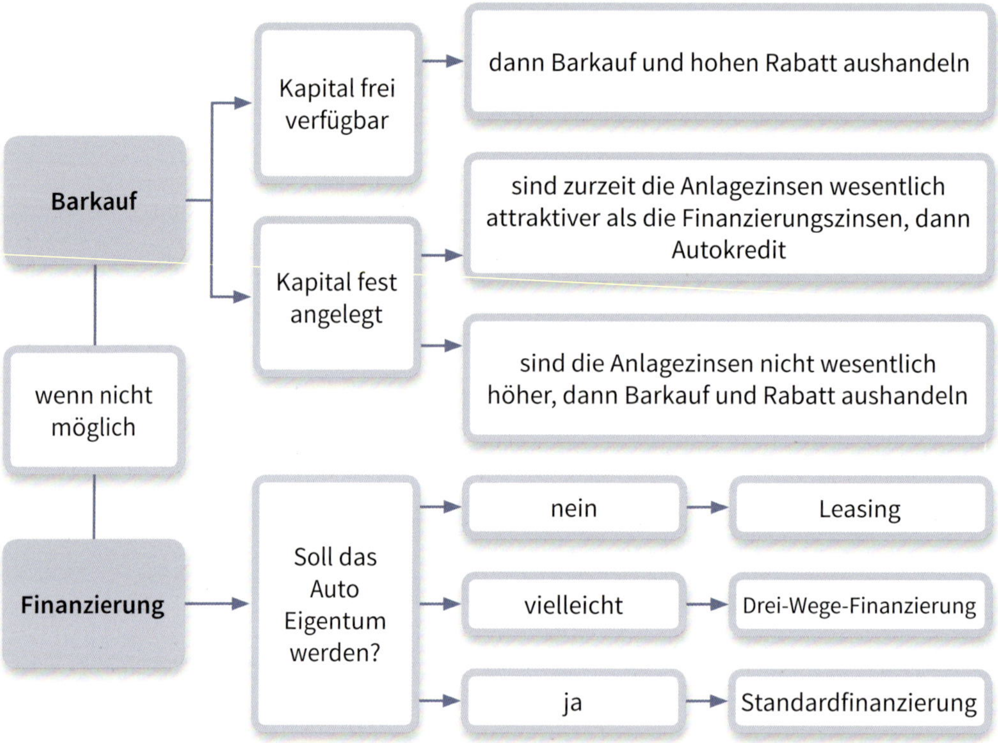

Zusammenfassung

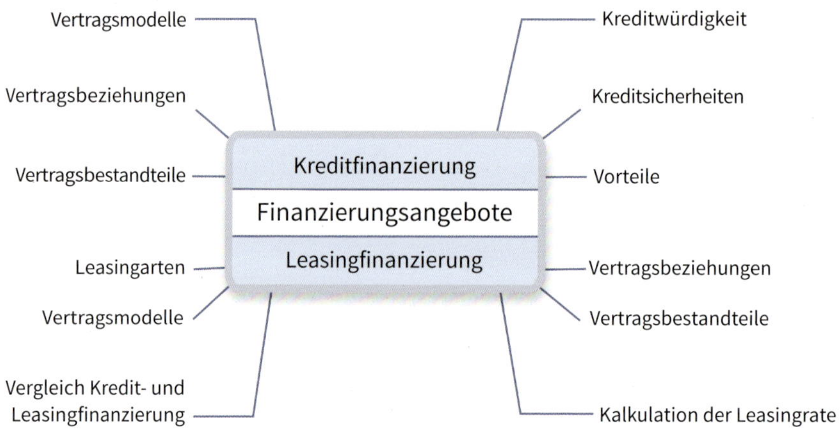

Aufgaben

Kreditvertrag und Kreditfinanzierung

1. Ergänzen Sie Ihre Lernkartei um die Begriffe des Themengebiets „Kreditfinanzierung“.

2. Das Autohaus Autopark End KG in Niederschopfheim hat einen Händlervertrag mit dem Hersteller MVR. In Zusammenarbeit mit der Herstellerbank MVR Finances bietet das Autohaus auch die Finanzierung von Kundenfahrzeugen und Leasing an. Vor einigen Wochen hat MVR das attraktive Van-Modell „Vanico“ auf den Markt gebracht.
Familie Bayer hat sich bei der Autopark End KG beraten lassen und sich zum Kauf eines „Vanico“ entschieden. Das bisherige Fahrzeug soll für 20 000,00 € in Zahlung genommen werden. Die Autopark End KG unterbreitet Familie Bayer folgende Vorschläge zur weiteren Finanzierung des „Vanico“:

Angebot	Kaufpreis (inkl. St.)	Anzahlung bzw. Inzahlungnahme	Kreditbetrag	Laufzeit (Monate)	Monatsrate	Schlussrate
Kredit 1	50 000,00 €	20 000,00 €	30 000,00 €	35	577,00 €	12 000,00 €
Kredit 2	50 000,00 €	20 000,00 €	30 000,00 €	36	889,00 €	–

   a) Vergleichen Sie rechnerisch die Gesamtbelastung beider Finanzierungsalternativen und begründen Sie den Unterschied.
   b) Erläutern Sie die jeweiligen Vorteile der Finanzierungsalternativen.
   c) Die Bayers zeigen Interesse für Angebot 1, befürchten aber, dass sie die Schlussrate nicht aufbringen können. Räumen Sie diese Bedenken aus, indem Sie zwei mögliche Lösungen vorschlagen.
   d) Familie Bayer entscheidet sich für das Kreditangebot 1. Nennen Sie vier Angaben, die im Kreditvertrag enthalten sein müssen.
   e) Durch die Finanzierung der Kundenfahrzeuge entstehen verschiedene Risiken. Nennen Sie drei mögliche Risiken und machen Sie Vorschläge, wie sich das Autohaus gegen diese Risiken absichern kann.
   f) Begründen Sie, warum Autohäuser überhaupt die Finanzierung von Kundenfahrzeugen anbieten (vier Argumente).

3. Familie Thiel aus Freiburg hat sich nach der Geburt des zweiten Kindes entschlossen, ein Auto anzuschaffen. Es soll ein Neuwagen der Marke Lepo, Modell Astara, als Kombilimousine werden. Dieses Fahrzeug wird im Autohaus Wagner in Freiburg günstig angeboten. Familie Thiel hat den Wunsch, das Fahrzeug zu finanzieren.
   a) Erklären Sie den Unterschied zwischen einer Standard- und einer Schlussratenfinanzierung.

b) Die Thiels entscheiden sich für einen Autokredit. Bevor der Kreditvertrag unterschrieben werden kann, nimmt der Mitarbeiter des Autohauses Wagner eine Bonitätsprüfung vor. Unter anderem müssen die Thiels eine Selbstauskunft ausfüllen.
   - Nennen Sie (abgesehen vom Namen und der Adresse des Kreditnehmers) vier Informationen, die durch eine Selbstauskunft abgefragt werden.
   - Erläutern Sie, weshalb Autohäuser eine SCHUFA-Auskunft verlangen.
   - Nennen Sie zwei Informationen, die das Autohaus mit einer SCHUFA-Auskunft einholen kann.

c) Nach Prüfung der Bonität von Familie Thiel durch das Autohaus Wagner wird ein Onlineantrag zur finanzierenden Bank des Autohauses geschickt. Dazu muss zunächst die monatliche Rate für den Kredit errechnet werden. Weiterhin müssen noch einige Details besprochen werden.
   - Berechnen Sie die fehlenden Werte laut Anlage 1 (siehe unten). Berechnen Sie die Monatsrate mithilfe der „Methode der durchschnittlichen Schuld".
   - Begründen Sie, warum beim Schlussratenkredit eine Kilometerlaufleistung vereinbart wird.
   - Erläutern Sie die Konsequenzen für Familie Thiel, wenn sie die maximale Gesamtlaufleistung am Ende der Vertragslaufzeit um 8 000 km überschreitet.

d) Das Autohaus Wagner schickt nun den Kreditantrag online zur finanzierenden Bank.
   - Beschreiben Sie jeweils Vorteile einer Onlineauskunft für die Kundschaft und das Autohaus.
   - Das Autohaus erhält von der finanzierenden Bank die Auflage, das Fahrzeug als Sicherheit zu verwenden. Bezeichnen Sie die vorliegende Kreditsicherungsart und beschreiben Sie die Funktionsweise dieser Kreditsicherungsart ausführlich.

e) Im Rahmen des Verkaufsgesprächs wurde die Drei-Wege-Finanzierung angesprochen. Beschreiben Sie Möglichkeiten, die sich am Ende der Vertragslaufzeit ergeben.

f) Erklären Sie den Unterschied zwischen dem Sollzins und dem effektiven Zins.

g) Erläutern Sie die rechtliche Bedeutung der Widerrufsbelehrung im Verbraucherdarlehensvertrag und die Folgen eines Widerrufs.

h) Familie Thiel hat Bedenken, dass sie im Falle eines Schicksalsschlags die Monatsraten und die Schlussrate nicht aufbringen kann. Unterbreiten Sie einen Lösungsvorschlag gegen diese Bedenken.

Anlage 1

Auszüge aus dem Finanzierungsangebot der Herstellerbank:

Finanzierungsangebot

für einen Lepo Astara Kombi (Schlussratenkredit)

Sehr geehrte Frau Thiel, sehr geehrter Herr Thiel,

vielen Dank für Ihr Interesse an einem Finanzierungsangebot. Gerne unterbreiten wir Ihnen folgendes Angebot, basierend auf einer Finanzierungsdauer von 48 Monaten.

Kaufpreis inkl. Umsatzsteuer	40 000,00 €
abzüglich Anzahlung (20 % des Kaufpreises)	X €
Nettodarlehensbetrag	X €
Schlussrate (40 % des Kaufpreises)	X €
Sollzinssatz	3,00 %
effektiver Jahreszinssatz	X %
sonstige Kosten (1 % des Nettodarlehensbetrags)	X €
monatliche Gesamtfinanzierungsrate	X €

Die Schlussrate bezieht sich auf eine jährliche Kilometerlaufleistung von 10 000 km. Mehrkilometer werden mit 12,00 Ct./km berechnet, Minderkilometer mit 8,00 Ct./km entgolten. Eine Abweichung bis zu 2 500 km bleibt unberücksichtigt.

Eine Restschuldversicherung ist in diesem Angebot nicht enthalten, kann jedoch problemlos abgeschlossen werden.

Dieses Angebot basiert auf den derzeitigen Kapitalmarktzinsen. Es ist freibleibend und verpflichtet keine Seite zum Vertragsabschluss.

Mit freundlichen Grüßen

...

4. Erläutern Sie den Bildschirmausdruck (Eingabemaske Finanzierung) auf S. 281.

5. Vergleichen Sie den Darlehensantrag auf S. 299 und die Darlehensbedingungen auf S. 305 ff. mit denen Ihrer Herstellerbank bzw. Ihres Autohauses.

6. Sie sind im Verkauf des Autohauses Köppel tätig. Für ein Finanzierungsangebot liegen folgende Angaben vor:

Verkaufspreis des Cars Best Big Bag Plus-SUV: 55 000,00 €

Laufzeit des Autokredits: 36 Monate

Monatsrate: ? €

Schlussrate: 50 %

Anzahlung: 20 %

Effektiver Jahreszins: 1,90 %

Ein Kunde will den Zinsvorteil errechnet haben, den ein Autokredit bringt. Er kann sein Geld zu 4,5 % p. a. verzinslich anlegen.

a) Berechnen Sie die Monatsrate mithilfe der „Methode der durchschnittlichen Schuld“.

b) Errechnen Sie den Zinsvorteil des Kunden im Falle der Finanzierung über die Herstellerbank des Autohauses gegenüber der Barzahlung.

7. Simulieren Sie ein Kundengespräch (kurzes **Rollenspiel**), in dem Sie auch die Vorteile der Finanzdienstleistungen Ihres Autohauses herausstreichen und auf Einwendungen des Neuwagenkunden (z. B. Barzahlung ist günstiger) reagieren.

8. Nora Köppel liest folgenden Bericht in der Autozeitschrift.

Kunden, die Kaufverträge für Neufahrzeuge unterschreiben, tragen auch das Finanzierungsrisiko

Das Oberlandesgericht Oldenburg hatte einen Fall zu entscheiden, in dem ein Kunde ein Fahrzeug erwerben und es über die Partnerbank des Autohauses finanzieren lassen wollte. Ohne die Zustimmung der Bank abzuwarten, unterschrieb er den Kaufvertrag. Dieser Kaufvertrag enthielt den Absatz: „Bezahlung bei Erstzulassung bzw. Finanzierung nach beigefügtem Angebot“. Allerdings verweigerte die Partnerbank den Kredit und das Autohaus verlangte Schadenersatz. Zu Recht, wie die Richter entschieden. Der Käufer trägt das Finanzierungsrisiko, auch dann, wenn er vor lauter Freude über das neue Fahrzeug den Kaufvertrag unterschreibt, ohne vorher die Finanzierung zu klären. Das Risiko trägt er auch dann, wenn er dem Verkäufer erklärt hat, dass er das Fahrzeug fremdfinanzieren muss.

Das Autohaus ist in solchen Fällen berechtigt, Schadenersatz zwischen 10 % und 15 % des Kaufpreises vom Kunden zu verlangen (OLG Braunschweig, 12.08.1997, Az. 4 U 13/97).

a) Wie können Sie als Automobilkauffrau oder Automobilkaufmann eine Verkaufssituation, wie sie in der Zeitungsmeldung geschildert wird, von vornherein vermeiden?

b) Weshalb liegt es im Interesse des Autohauses, solche Vorkommnisse zu vermeiden?

Leasingfinanzierung und Kredit-Leasing-Vergleich

9. Ergänzen Sie Ihre Lernkartei um die Begriffe des Themengebiets „Leasingfinanzierung“.

10. Bilden Sie mehrere **Arbeitsgruppen**. Schreiben Sie die Begriffe a) bis p) auf Kärtchen (ein Begriff pro Kärtchen). Klären Sie die Begriffe in den Gruppen und schreiben Sie die Lösungen auf das jeweilige Kärtchen. Veranstalten Sie in Ihrer Gruppe ein Frage-Antwort-Spiel (wer die meisten Kärtchen gewinnt, ist Gruppensieger). Die Gruppensieger können anschließend den Klassensieger des **Gruppenturniers** unter sich ausspielen.

Begriffe:

a) Leasing
b) Mietkauf
c) Spezialleasing
d) Operate Leasing
e) Finance Leasing
f) Direktes Leasing
g) Indirektes Leasing
h) Vollamortisation
i) Teilamortisation
j) Andienungsrecht
k) Closed-End-Leasing
l) Open-End-Leasing
m) Full-Service-Leasing
n) Leasingfaktor
o) Null-Leasing
p) Sale and lease back

11. Beschreiben Sie die Varianten der folgenden Vertragsmodelle:
   a) Vollamortisationsvertrag
   b) Teilamortisationsvertrag
   c) Fahrzeugleasing mit Kilometerabrechnung
   d) Fahrzeugleasing mit Restwertabrechnung

   Bilden Sie vier thementeilige **Expertengruppen** A, B, C und D. Anschließend bilden Sie neue sogenannte Puzzlegruppen, in denen mindestens jeweils ein Mitglied jeder Expertengruppe vertreten ist. Dieses Mitglied erklärt den anderen Mitgliedern die Ergebnisse seiner jeweiligen Expertengruppe, sodass am Ende alle in der Klasse den gleichen Wissensstand haben.

12. a) Erläutern Sie die wesentlichen Vereinbarungen eines Leasingvertrags. Legen Sie den auf S. 322 abgebildeten Cars Best-Leasingantrag zugrunde.
   b) Fassen Sie die wesentlichen Privat-Leasing-Bedingungen mit eigenen Worten zusammen. Legen Sie die auf S. 323 ff. abgebildeten Cars Best-Leasingbedingungen zugrunde.
   c) Bringen Sie Leasinganträge mit Leasingbedingungen aus Ihren Ausbildungsbetrieben mit und vergleichen Sie diese. Erläutern Sie wesentliche Unterschiede.
   Bilden Sie mehrere **Gruppen** und **präsentieren** Sie Ihre Ergebnisse vor dem Klassenverband.
   d) Vergleichen Sie ebenso Leasinganträge von Privatkunden und gewerblichen Kunden und die zugehörigen Leasingsbedingungen. Erläutern Sie wesentliche Unterschiede.
   Bilden Sie mehrere **Gruppen** und **präsentieren** Sie Ihre Ergebnisse vor dem Klassenverband.

13. Welche gesetzlichen Vorschriften sind zu beachten, wenn die Leasingnehmer Privatpersonen sind? Erläutern Sie in diesem Zusammenhang die Begriffe Transparenzgebot und Widerrufsrecht.

14. a) Beschreiben Sie die sechs Einflussgrößen für die Kalkulation des Leasinggebers.
   b) Vollziehen Sie die Berechnung der Höhe der Leasingrate anhand der folgenden Bildschirmausdrucks nach.
   Berechnen Sie die Leasingrate mit der „Methode der durchschnittlichen Schuld" und mit den Leasingfaktoren.

CARS BEST Bank/CARS BEST Leasing

Autohaus Köppel GmbH
Einzelabnehmer

Eingabemaske Finanzierung: Phantasia-Kombi Comfortline

Preis:	Brutto					
Gebrauchtwagen-Abr.:	Mit			Zubehör		Gesamt
Leasingfaktor:	2,4186					
Fahrzeugpreis:	€	26 900,00		€	0,00	26 900,00
Sonderzahlung:	€	5 380,00	20,00 %			
Überführung:				€	0,00	
Zulassung:				€	0,00	
Anschaffungskosten:	€	21 520,00		€	0,00	26 900,00
Vertragsdauer:	Monate	48				
Fahrleistung:	km/J	15 000	RWG 1			
Wert Gebrauchtwagen:	€	13 450,00	50,00 %	€	0,00 0,00 %	13 450,00
Leasingfaktor:	€	2,3500				
Effektiver Jahreszinssatz:	%	2,49			Leasing-Rate:	260,45

Eingabe in Euro oder % (<100 = Prozent-Eingabe)

ESC Zurück Bild int./ext. F2 Akt.-Richtl. F6 Speichern F10 Fertig

c) Welche wesentlichen Vorteile bietet die Erstellung eines Leasingangebots per Computer für die Verkaufsberatung und für die Kundschaft?

d) Die Finanzierung über einen Autokredit könnte zu folgenden Konditionen erfolgen: Laufzeit des Autokredits: 48 Monate; Monatsrate: ? €; Schlussrate: 50 %; Anzahlung: 20 %, Sollzinssatz: 2,49 %. Berechnen Sie die Monatsrate mit der „Methode der durchschnittlichen Schuld“.
Vergleichen Sie die Leasingfinanzierung (siehe b) mit der Finanzierung über den Autokredit (siehe oben), unter Kosten- und Liquiditätsgesichtspunkten.
Treffen Sie eine Entscheidung
(1) als Privatperson (ohne steuerliche Aspekte);
(2) als Geschäftsfrau/-mann (mit Berücksichtigung steuerlicher Aspekte).

e) Erstellen Sie für beide Finanzierungsmöglichkeiten einen **Finanzplan** (über vier Jahre) aus der Sicht von Geschäftsleuten unter Berücksichtigung steuerlicher Aspekte.

15. Auszug aus einer Werbebroschüre des Autohauses Köppel:

Manche investieren in eigene Autos – andere in Erfolg

Aus der Nähe betrachtet ist Leasing eine sehr rentable Anlageform

Das Wichtigste zuerst: Cars Best Leasing bindet kein Kapital und schont Ihre Liquidität. Denn Sie zahlen ja nicht den vollen Kaufpreis, sondern nur für die Zeit der tatsächlichen Nutzung. Und das in niedrigen monatlichen Leasingraten, die Sie bequem den monatlichen Einnahmen entnehmen können („pay-as-you-earn“). So erhalten Sie Ihren Kreditspielraum und können das frei gebliebene Kapital dort einsetzen, wo es die größte Rendite bringt.

Ob für Rationalisierungen, Erweiterungen, Marketing oder Forschung – Sie stecken Ihr Geld ins Geschäft und nicht in den Geschäftswagen.

Monatlich gleichbleibende Leasingraten schaffen auch klare Kostengrundlagen, denn sie ermöglichen eine präzise Kalkulation und Budgetierung. Sie fahren immer das neueste Modell und haben kein Gebrauchtwagenrisiko, weil Sie Ihren Cars Best am Ende der Vertragszeit einfach zurückgeben und einen neuen leasen können. Und Sie kennen kein Reparaturkostenrisiko, wenn wir für die gesamte Vertragsdauer zu einem günstigen Tarif sämtliche Kosten übernehmen.

Natürlich bringt Ihnen Leasing auch Steuererleichterungen: Leasingraten sind Betriebsausgaben, die bei ausschließlich gewerblicher Nutzung in voller Höhe absetzbar sind. Und dass Sie bei all dem immer repräsentative, sichere und wirtschaftliche Cars Best fahren, steigert nicht nur das Image Ihres Unternehmens, sondern auch das Engagement Ihrer Mitarbeiter.

a) Welche Vorteile des Leasings werden angesprochen?

b) Nennen Sie weitere Vorteile des Leasings für Privat- und Geschäftsleute. Führen Sie eine **Kartenabfrage** durch.

c) Erläutern Sie die Karikatur.

16. Bei welcher jeweiligen Gestaltung des Leasingvertrags ergeben sich die im Schema beschriebenen Konsequenzen?

	Konsequenzen beim ... Leasinggeber	Leasingnehmer
Bilanzierung beim Leasinggeber	Leasingrate = Betriebseinnahme in voller Höhe Recht auf Abschreibung (AfA)	Leasingrate = Betriebsausgabe in voller Höhe
Bilanzierung beim Leasingnehmer	Leasingrate → Tilgungsanteil = erfolgsneutral Leasingrate → Zinsanteil = Betriebseinnahme	Leasingrate → Tilgungsanteil = erfolgsneutral Leasingrate → Zinsanteil = Betriebsausgabe Recht auf Abschreibung (AfA)

17. Führen Sie zwecks Vergleich von Finanzierungsmöglichkeiten Internetrecherchen durch. Durchsuchen Sie hierzu die Webseiten bekannter Automobilhersteller und Finanzierungsgesellschaften nach Finanzangeboten. Rechnen Sie unterschiedliche Finanzierungsprogramme für ein vergleichbares Fahrzeug durch. Vergleichen Sie die Ergebnisse. Erstellen Sie ein **Übersichtsplakat** mit Ihren Ergebnissen.

18.

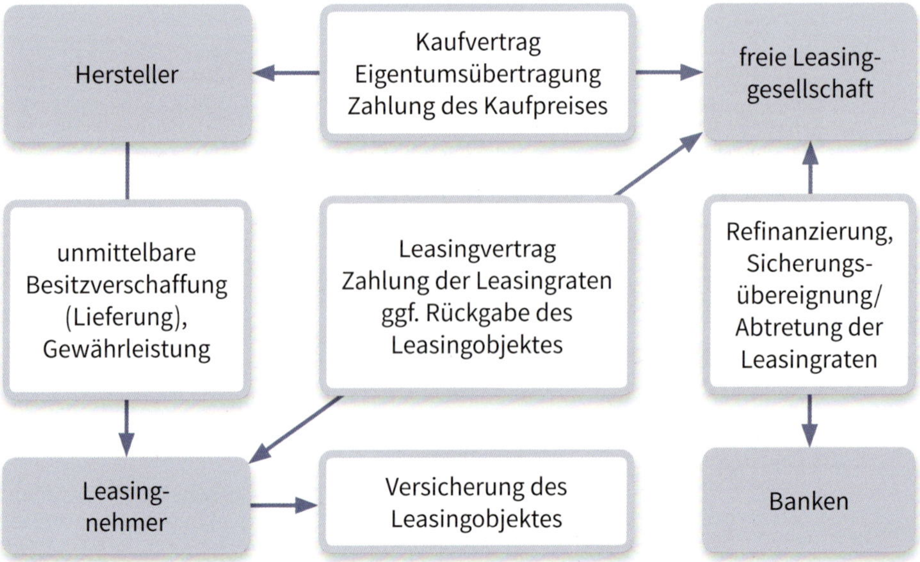

a) Beschreiben Sie die Beziehungen des dargestellten Leasinggeschäfts. Bringen Sie die Beziehungen in die richtige zeitliche Reihenfolge.
b) Welche Leasingart (nach dem Leasinggeber) liegt vor?

19. Welche Aussagen sind richtig? Es können auch mehrere Vorschläge richtig sein.
a) Wie kann der Händler beim Privatleasing die monatlichen Leasingraten niedrig halten? Durch
(1) lange Laufzeiten,
(2) hohe Mietsonderzahlungen,
(3) hohen Restwert,
(4) niedrigen Restwert.
b) Woraus können Leasingkunden die Mietsonderzahlungen des Anschluss-Leasingvertrags finanzieren?
(1) durch Bareinzahlung
(2) aus der positiven Differenz von Marktwert und kalkuliertem Restwert des alten Leasingfahrzeugs
(3) aus Verkaufserlös durch Eigenverkauf des Leasingfahrzeugs während der Laufzeit
(4) durch Kreditaufnahme
(5) durch niedrigen Restwert des neuen Leasingautos

20. In Werbeanzeigen von Autohäusern werden immer wieder Kreditfinanzierungsangebote und Leasingangebote gegenübergestellt. Oft bleibt den umworbenen Kunden unklar, wie sich die monatlichen Raten zusammensetzen. So fehlt oft der Hinweis auf die „geschuldeten Durchschnitte".
a) Berechnen Sie die jeweiligen monatlichen Zahlungen (Kapitaldienst = Zins + Tilgung) bei der Kreditfinanzierung bzw. die monatliche Leasingrate aufgrund folgender Daten:

Angaben	Kreditfinanzierung	Leasing
Listenpreis, brutto	28 560,00 €	28 560,00 €
Laufzeit	36 Monate	36 Monate
36. Rate, Ballonkredit	11 500,00 €	
kalkulierter Restwert		42 % vom Listenpreis
Sollzinssatz	2,20 %	2,20 %
jährliche Kilometerleistung	20 000 km	20 000 km
Inzahlungnahme des Gebrauchtwagens	3 000,00 €	3 000,00 €

Hinweis: Für die Berechnungen der Monatsrate bzw. der monatlichen Leasingrate soll die „Methode der durchschnittlichen Schuld" angewandt werden.

b) Zeigen Sie die Auswirkungen auf, die sich bei gewerblichen Kunden in Bezug auf die Zahllast und die Gewinn- und Verlustrechnung für die beiden Alternativen Kreditfinanzierung bzw. Leasing ergeben.
c) Immer öfter wird beim Autokauf bei der Finanzierung des Fahrzeugs eine Flatrate angeboten. Nennen Sie vier Leistungen, die in einer Flatrate enthalten sein können.

Gemischte Aufgaben zur Zinsrechnung (Zinsformeln siehe S. 278 f.)

21. Übungen zur Berechnung der Zinstage:
 a) 15.02.–28.02. = ? Zinstage
 b) 15.02.–01.03. = ? Zinstage
 c) 28.02.–05.03. = ? Zinstage
 d) 27.07.–31.08. = ? Zinstage
 e) 12.02.–30.07. = ? Zinstage
 f) 31.12.–31.03. = ? Zinstage

22. Berechnen Sie die fehlenden Größen:

	Zinsen	Kapital	Zinssatz	Zinstage
a)	419,50 €	?	8,00 %	15.05.–23.09.
b)	?	30 000,00 €	8,75 %	24.02.–31.12.
c)	119,50 €	20 000,00 €	?	01.04.–30.09.
d)	100,00 €	3 000,00 €	4,75 %	? –01.11.
e)	75,00 €	2 000,00 €	7,00 %	26.06.– ?

23. Der Autohändler Kunz hatte für den Zeitraum vom 24.09. bis 03.02. einen Kredit in Höhe von 25 000,00 € aufgenommen.
 a) Berechnen Sie die Zinsen bei einem Zinssatz von 9,5 %.
 b) Wie hoch war der Zinssatz, wenn er 25 300,00 € zurückzahlte.

24. Eine Bank gewährte ein Darlehen von 5 400,00 €. Der Zinssatz betrug 7,5 %. Der Kreditnehmer zahlte am 05.09. das Darlehen zurück und entrichtete 63,00 € Zinsen. An welchem Tag hat er das Darlehen aufgenommen?

25. Zur Überbrückung kurzfristiger Zahlungsschwierigkeiten wurde am 15.02. ein Darlehen über 15 000,00 € zu einem Zinssatz von 12 % aufgenommen. An welchem Tag muss das Darlehen zurückbezahlt werden, wenn der Rückzahlungsbetrag einschließlich der Zinsen höchstens 15 850,00 € betragen soll?

26. Anita Schneider erhielt eine Rechnung und überwies unter Abzug von 2,5 % Skonto bei Zahlung innerhalb zwölf Tagen 2 730,00 €. Um den Skonto in Anspruch nehmen zu können, musste sie bei ihrer Bank einen Kredit aufnehmen, für den sie 28,00 € Zinsen zahlte. Das Zahlungsziel beträgt 60 Tage.
 a) Über welchen Betrag lautete die Rechnung?
 b) Hat sich die Aufnahme des Bankkredits gelohnt?
 c) Wie hoch war der Bankzinssatz?

2 Weitere Dienstleistungen des Autohauses

AUSGANGSSITUATION

Die Ausbilderin des Autohauses Köppel GmbH, Nora Köppel, bittet heute alle Auszubildenden zu sich in den Sitzungsraum. „Unsere Geschäftsleitung möchte anlässlich der Vorstellung der neuen Frühjahrsmodelle ein Frühjahrsfest durchführen. Es wäre schön, wenn die Auszubildenden dazu einen Beitrag leisten würden.
Ich lese gerade ein interessantes Fachbuch mit dem Titel ‚Wie Automobilverkäufer der Rabatt-Falle entkommen'. Die Entwicklung geht in Richtung einer sehr individuellen Kundschaft, die beim Autokauf ein maßgeschneidertes Rundumpaket wünschen. Der Autor fand heraus, dass Barrabatte keinerlei Kundenbindungswirkung entfalten. Er empfiehlt den Naturalrabatt und meint damit ein in den Preis eingerechnetes Servicebündel, z. B. kostenlose Inspektionen in den ersten zwei Jahren, Verkehrssicherheitstrainings, Reifenservice, Fünf-Jahres-Garantie. Das bindet die Kundschaft viel stärker an das Autohaus. Ein erfolgreiches Autohaus wartet heute nicht mehr, bis die Kundschaft kommt, es baut ein immer dichter werdendes Beziehungsgeflecht zu ihr auf. Dies kann mit maßgeschneiderten Finanzierungsangeboten über neue Geschäftsfelder, wie z. B. Versicherungsprodukte, bis hin zu erwerbbaren Zusatzleistungen geschehen. Der Autor ist der Meinung, dass über den Preis zu verkaufen der bequemste, aber auch der einfallsloseste Weg zu mehr Umsatz ist und der sicherste und schnellste Weg in den finanziellen Untergang."

Die Auszubildende Marie Braun macht folgenden Vorschlag: „Wir Auszubildenden haben doch auf dem Herbstfest die Finanzierungsmodelle für unsere Neuwagen vorgestellt. Die PowerPoint-Präsentation im Vortragssaal und unsere Flyer waren doch ein voller Erfolg. Wir könnten doch nach gleichem Muster unsere Versicherungsprodukte und die zusätzlich erwerbbaren Leistungen darstellen."

ARBEITSAUFTRÄGE

1. Suchen und bewerten Sie Informationen zu den Themenbereichen
   - „Versicherungsprodukte eines Autohauses" und
   - „erwerbbare Zusatzleistungen des Autohauses".

   Tipps: Bilden Sie thementeilige Arbeitsgruppen und lesen die folgenden Kapitel im Buch. Einen Methoden- und Präsentationspool sowie wichtige Hinweise zur Projektarbeit finden Sie im zusätzlichen Downloadmaterial. Web
2. Wählen Sie für die Darstellung Ihrer Ergebnisse geeignete Präsentationsformen und Medien aus, z. B. Protokolle, Handouts, Plakatwände, PowerPoint, Flyer. Beachten Sie dabei die von Ihnen bei anderen Präsentationen erarbeiteten Präsentationsregeln.
   Tipp: Einen Methoden- und Präsentationspool finden Sie im zusätzlichen Downloadmaterial. Web
3. Veranstalten Sie eine Generalprobe und präsentieren Sie Ihre Ausarbeitungen zunächst im Klassenverband und dann firmenintern im Kreis der Verkaufsmitarbeiter. Reagieren Sie dabei auf Fragen und Anmerkungen aus dem Zuhörerkreis.

4. Nehmen Sie Kritikpunkte zur Vorgehensweise, Vollständigkeit und inhaltlichen Richtigkeit auf, ergänzen Sie Ihre Ausarbeitungen und korrigieren Fehler.
5. Bewerten Sie Ihre Präsentationen anhand Ihres Kriterienkatalogs mithilfe eines Brainstormings oder einer Kartenabfrage und ziehen Sie Schlüsse für zukünftige Präsentationen.
6. Reflektieren Sie Ihr Verhalten in Ihrer Arbeitsgruppe und überlegen Sie, wie Sie Ihre Verhaltensweisen verbessern könnten.

2.1 Vermittlung von Kraftfahrtversicherungen

EINSTIEGSSITUATION

Berufsschülerin verursacht Verkehrsunfall – 10 000 Liter Benzin ausgelaufen

Sehr viel Glück hatten die Anwohner der B 8 in Höhe des Damaschkeweges gestern Morgen, als sich gegen 07:45 Uhr auf der Kreuzung der Anhänger eines mit Super-Benzin gefüllten Tanklastzuges quer stellte und umkippte. Dabei ergossen sich ca. 10 000 Liter des Treibstoffes auf die Fahrbahn. Die sofort herbeigeeilte Feuerwehr konnte ein Entzünden verhindern.

Allerdings gelangten mehrere Tausend Liter in die städtische Kanalisation, sodass die Bewohner von vier Straßenzügen wegen der Explosionsgefahr evakuiert werden mussten.

Bei dem Unfall wurde der 42-jährige Fahrer eines entgegenkommenden Pkw schwer verletzt, der dem umstürzenden Anhänger nicht mehr ausweichen konnte. Der Vater von zwei Kindern musste von der Feuerwehr aus dem total zerstörten Fahrzeug unter schwierigsten Umständen befreit werden, da das ausgelaufene Benzin den Einsatz von Schneidbrennern unmöglich gemacht hatte. Nach Aussagen des Lkw-Fahrers fuhr eine 18-jährige Schülerin mit ihrem Roller auf der B 8 stadteinwärts. Auf Höhe der Kreuzung B 8 Damaschkeweg änderte die Rollerfahrerin plötzlich, ohne ein Zeichen zu geben, die Richtung und bog nach links in den Damaschkeweg ein. Der die B 8 stadtauswärts fahrende Tankzug hätte die Frau unweigerlich überrollt, wäre der Fahrer nicht geistesgegenwärtig nach links ausgewichen. Dabei geriet der Anhänger des Tankzuges auf regennasser Fahrbahn ins Schleudern, stellte sich quer und stürzte auf die Straße. Ein entgegenkommender Pkw fuhr in den umgekippten Anhänger.

An beiden Fahrzeugen entstand ein Sachschaden von ca. 50 000,00 €. Die Schülerin kam mit leichten Verletzungen und einem Schock davon.

Erläutern Sie die Notwendigkeit einer gesetzlichen Kraftfahrzeug-Haftpflichtversicherung anhand dieser Zeitungsmeldung. Die in der Zeitungsmeldung genannte Frau war die Auszubildende Lea Geiger. Wie hätten die Haftungsverhältnisse ausgesehen, wenn Lea mit dem Fahrrad unterwegs gewesen wäre?

2.1.1 Rechtliche Grundlagen des Versicherungsverhältnisses

Durch eine Versicherung übertragen die Versicherungsnehmer ein bestimmtes Risiko auf einen Versicherer gegen Zahlung einer Prämie. Wie für jeden anderen Vertrag gelten auch für den Versicherungsvertrag gesetzliche (z. B. Versicherungsvertragsgesetz, **VVG**) und vertragliche Vereinbarungen (z. B. Allgemeine Bedingungen für die Kraftfahrtversicherung, **AKB**).

Der Versicherungsnehmer (z. B. Lea Geiger) ist der Vertragspartner des Versicherers (z. B. Cars Best Autoversicherung). Der Versicherungsschutz gilt für den Versicherungsnehmer und alle mitversicherten Personen (z. B. Fahrzeughalter, -eigentümer, -fahrer, Beifahrer, Arbeitgeber, wenn das Fahrzeug für dienstliche Zwecke verwendet wird).

Rechtsverhältnisse beim Abschluss eines Versicherungsvertrags über das Autohaus

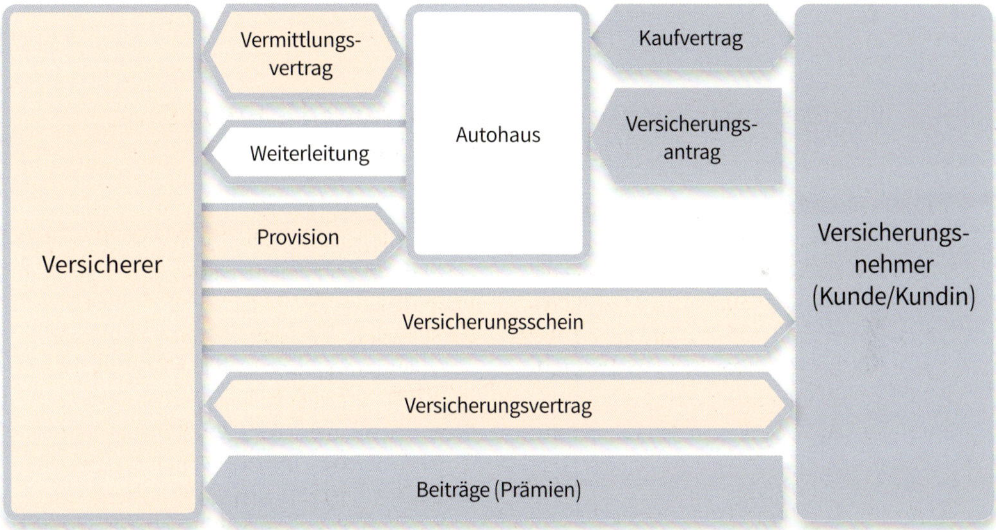

Bei der gewerbsmäßigen Vermittlung von Versicherungen handelt es sich um ein erlaubnis- und registrierungspflichtiges Gewerbe. Da ein Autohaus nur autospezifische Versicherungen vermittelt und das Versicherungsgeschäft dem Autoverkauf untergeordnet ist (akzessorisch), gilt ein erleichtertes Erlaubnisverfahren. Solche **produktakzessorischen Versicherungsvermittler** müssen folgende Bedingungen erfüllen:

- Besitz einer Berufshaftpflichtversicherung
- Nachweis, dass die Tätigkeit als Vermittler unmittelbar im Auftrag eines bzw. mehrerer Versicherungsunternehmen erfolgt
- Zuverlässigkeit, d. h. geordnete Vermögensverhältnisse und angemessene Qualifikation
- Eintrag als produktakzessorischer Vermittler durch die IHK in das bundesweite Register der Versicherungsvermittler (Registriernummer)

Zum **Versicherungsvertrag** mit Verbraucherinnen und Verbrauchern gehört die

- Mitteilung nach § 19 Abs. 5 VVG über die Folgen einer Verletzung der **vorvertraglichen Anzeigepflicht**[1],
- Information über die **Erhebung personenbezogener Daten**,
- **Widerrufsbelehrung** nach § 495 BGB.

Die **Widerrufsbelehrung** weist auf das Widerrufsrecht und die Widerrufsfolgen hin. Danach können Verbraucherinnen und Verbraucher die Vertragserklärung innerhalb von 14 Tagen ohne Angaben von Gründen in Textform (z. B. Brief, Fax, E-Mail) widerrufen (der Versicherer muss angeben, an welche Adresse der Widerruf zu richten ist). Die Frist beginnt, nachdem die Kundin oder der Kunde (Versicherungsnehmer) den **Versicherungsschein**, die Vertragsbestimmungen einschließlich der Allgemeinen Versicherungsbedingungen, die weiteren Informationen nach § 7 Abs. 1 und 2 VVG in Verbindung mit §§ 1–4 der VVG-Informationspflichtenverordnung sowie die Widerrufsbelehrung jeweils in Textform erhalten hat. Zur Wahrung der Widerrufsfrist genügt die rechtzeitige Absendung des Widerrufs.

Mit dem wirksamen Widerruf endet der Versicherungsschutz. Der Versicherer erstattet den auf die Zeit nach Zugang des Widerrufs entfallenden Teil der Prämie. Den Teil der Prämie, der auf die Zeit bis zum Zugang des Widerrufs entfällt, darf der Versicherer einbehalten; dabei handelt es sich um einen Betrag in Höhe von 1,04 €, multipliziert mit der Anzahl der Tage, an denen Versicherungsschutz bestanden hat. Die Erstattung zurückzuzahlender Beträge erfolgt unverzüglich, spätestens 30 Tage nach Zugang des Widerrufs.

Das Widerrufsrecht erlischt, wenn der Versicherungsfall eingetreten ist, bevor das Widerrufsrecht ausgeübt wurde, und Leistungen auf ausdrücklichen Wunsch sowohl vom Versicherungsnehmer als auch vom Versicherer erbracht worden sind.

Bei einem **Versicherungswechsel** übermittelt die EDV des Versicherers nun einen Datensatz mit den Versicherungsdaten – über die GDV Dienstleistungs-GmbH und das Kraftfahrt-Bundesamt – direkt an die Zulassungsbehörde. Dort wird der Datensatz verarbeitet und der neue Versicherer in die Fahrzeugakte eingetragen. Der Fahrzeughalter kommt mit diesem Übermittlungsvorgang nicht in Berührung.

Etwas anders als beim Versicherungswechsel verhält es sich bei einer **Neuzulassung eines Fahrzeugs**. Vom Fahrzeughändler erhalten die Kunden und Kundinnen die Codierung ihres Neuwagens. Diese geben sie an ihre Versicherer weiter und erhalten eine siebenstellige **Versicherungsbestätigungsnummer** (VB-Nummer). Gleichzeitig stellt der Versicherer für seine Kundinnen und Kunden eine elektronische Versicherungsbestätigung (eVB) in einer zentralen Datenbank bereit. Das Personal in der Zulassungsstelle überprüft dann mithilfe der VB-Nummer online, ob hier für Kundinnen und Kunden eine gültige Versicherungsbestätigung hinterlegt wurde.

---

1 Vor der Vertragsannahme sind die Antragstellerinnen und Antragsteller verpflichtet, alle ihnen bekannten gefahrerheblichen Umstände, nach denen der Versicherer in Textform fragt, wahrheitsgemäß und vollständig anzuzeigen. Verletzen die Antragstellerinnen und Antragsteller diese **vorvertragliche Anzeigepflicht**, dann hat dies den Rücktritt vom Vertrag und den Wegfall des Versicherungsschutzes zur Folge.

In einem vollständig elektronischen Verfahren werden anschließend die notwendigen Daten für die An- oder Ummeldung eines Kraftfahrzeugs zwischen Versicherungsunternehmen, Kraftfahrt-Bundesamt und den örtlichen Zulassungsbehörden papierlos ausgetauscht.

Autohäuser vermitteln in der Regel alle **Sparten der Kraftfahrtversicherung.** Dazu gehören:

Versicherungsart	Pflichtversicherung?
Kraftfahrzeug-Haftpflichtversicherung	ja
Fahrzeugversicherung (Teil- bzw. Vollkaskoversicherung)	nein
Kraftfahrt-Unfallversicherung	nein
Fahrerschutzversicherung	nein
Kraftfahrt-Rechtsschutzversicherung	nein
Schutzbriefversicherung	nein
Kfz-Umweltschadenversicherung	nein

Die Kundschaft spart viel Zeit, wenn sie sich im Autohaus informieren und ggf. die Versicherungen vor Ort abschließen kann. Neben der Kundenbindung bringt das Versicherungsgeschäft dem Autohaus attraktive Zusatzerträge durch die Provisionen der Versicherer.

2.1.2 Kraftfahrzeug-Haftpflichtversicherung

Der Abschluss einer Kraftfahrzeug-Haftpflichtversicherung ist **gesetzlich vorgeschrieben** (**Kontrahierungszwang** nach Pflichtversicherungsgesetz und Kfz-Pflichtversicherungsverordnung).

Nach § 1 PflVG sind die Halter eines Kraftfahrzeugs oder Anhängers mit regelmäßigem Standort im Inland verpflichtet, für sich, den Eigentümer und den Fahrer eine Haftpflichtversicherung zur Deckung der durch den Gebrauch des Fahrzeugs verursachten Personenschäden, Sachschäden und sonstigen Vermögensschäden abzuschließen und aufrechtzuerhalten, wenn das Fahrzeug auf öffentlichen Wegen oder Plätzen (§ 1 StVG) verwendet wird[1].

1 Als Fahrzeughalter gilt diejenige Person, die als Halter in den Zulassungsbescheinigungen Teil I und Teil II eingetragen ist. Die dort aufgeführte Person muss nicht zwangsläufig auch Eigentümer des Fahrzeugs nach § 903 und § 929 BGB sein. Gerichte gehen vereinfachend davon aus, dass in den Zulassungsbescheinigungen Teil I und Teil II eingetragene Halter gleichzeitig auch Eigentümer des Fahrzeugs sind. Abweichungen werden nur anerkannt, wenn sie in Form einer schriftlichen Vereinbarung festgehalten wurden. Für die Verkehrssicherheit und den ordnungsgemäßen Betrieb des Fahrzeugs sind in Deutschland nicht die Eigentümer (§§ 903, 929 BGB) verantwortlich, sondern die Fahrzeughalter.

Umfang der Versicherung

Die Kraftfahrzeug-Haftpflichtversicherung umfasst die Befriedigung begründeter Schadenersatzansprüche und die Abwehr unbegründeter Schadenersatzansprüche, die gegen den Versicherungsnehmer oder mitversicherte Personen[1] erhoben werden, wenn durch den Gebrauch des im Versicherungsvertrag bezeichneten Fahrzeugs Fremdschäden verursacht werden, z. B:

- Personen verletzt oder getötet werden,
- Sachen beschädigt, zerstört werden oder abhandenkommen (gilt auch, wenn das bezeichnete Elektrofahrzeug einen Sachschaden beim Ladevorgang verursacht, z. B. durch Entzündung des Akkus),
- Vermögensschäden (z. B. Umsatzeinbußen, entgangener Gewinn) herbeigeführt werden, die weder mit einem Personen- noch mit einem Sachschaden zusammenhängen.

Ausgeschlossen sind Haftpflichtansprüche des Versicherungsnehmers

- gegen mitversicherte Personen wegen Sach- und Vermögensschäden,
- wegen Beschädigung, Zerstörung oder Abhandenkommens des versicherten Fahrzeugs oder der vom versicherten Fahrzeug beförderten Sachen,
- aus reinen Vermögensschäden, die auf Nichteinhaltung von Lieferfristen zurückzuführen sind.

Beitragshöhe

Die Beiträge zur Kraftfahrzeug-Haftpflichtversicherung richten sich nach

- der **Art des Fahrzeugs**. Es werden Personenkraftwagen, Zweiräder, Campingfahrzeuge und übrige Fahrzeuge unterschieden.
- der vereinbarten **Deckungssumme**.

Deckungssumme	Personenschäden	Sachschäden	Vermögenschäden
gesetzlich je Schadensfall (Anlage zu § 4 PflVG)	7 500 000,00 €	1 300 000,00 €	50 000,00 €
pauschal (nach AKB)	100 Mio. €		
Versicherungsvertrag (nach VVG)	Begrenzung auf 15 Mio. € je geschädigter Person möglich.	z. B. 2 000 000,00 € je Schadensfall	z. B. 100 000,00 € je Schadensfall

Wer einen Mietwagen im europäischen Ausland nutzt, der muss damit rechnen, dass dessen Deckungssummen unter denen in Deutschland liegen. Mithilfe einer Zusatzversicherung kann der Mietwagennutzer die Deckungssummen auf deutsches Niveau

1 Mitversicherte Personen sind z. B. der Halter, der Eigentümer, der Fahrer, der **Beifahrer** (Beifahrer sind Personen, die im Rahmen ihres Arbeitsverhältnisses zum Versicherungsnehmer diesen zu seiner Ablösung oder zur Vornahme von Lade- und Hilfsarbeiten regelmäßig begleiten).

erweitern („**Mallorca-Klausel**"). Meistens ist eine solche Mallorca-Police nicht notwendig, da die Deckungssummen der eigenen Kfz-Haftpflichtversicherung auch im EU-Ausland gelten. Viele Basis-Tarife schließen jedoch den Versicherungsschutz beim Führen fremder Fahrzeuge im Ausland aus. Bei Reisen ins außereuropäische Ausland sollte darauf geachtet werden, dass die Kfz-Haftpflichtversicherung einen weltweiten Versicherungsschutz enthält („**Traveller-Police**"). Mit der Internationalen Versicherungskarte für Kraftverkehr (**Grüne Karte**) erstreckt sich der Versicherungsschutz der Haftpflichtversicherung auch auf die dort genannten (nicht durchgestrichenen) außereuropäische Länder. Das Mitführen der Grünen Karte ist innerhalb der EU nicht vorgeschrieben, als Versicherungsnachweis aber empfehlenswert.

- der **Tarifgruppe**, der der Versicherungsnehmer zugeordnet wird.

Tarifgruppe A	Personenkraftwagen, die von landwirtschaftlichen Unternehmen zugelassen sind
Tarifgruppe B	Beamte und Angestellte des öffentlichen Dienstes sowie einiger weiterer Arbeitgeber. Berechtigt sind Beschäftigte von Gebietskörperschaften (Bund, Bundesländer), Körperschaften, Anstalten und Stiftungen des öffentliches Rechts (Universitäten usw.) sowie von mildtätigen, kirchlichen und anerkannt gemeinnützigen Einrichtungen. Den Tarifrabatt erhalten auch Familienangehörige und Witwen bzw. Witwer.
Tarifgruppe D	Gilt für Beschäftigte bei ehemals im Staatsbesitz und heute ganz oder teilweise privatisierten Unternehmen, z. B. Deutsche Telekom, Deutsche Post, Deutsche Bahn, Lufthansa und Tochterunternehmen dieser Gesellschaften.
Tarifgruppe R	R steht für „Rest". In dieser Tarifgruppe sind alle anderen Berufsgruppen zusammengefasst.

- dem Bezirk, in dem das versicherte Fahrzeug zugelassen ist bzw. der **Regionalklasse**, der der Zulassungsbezirk[1] entsprechend seines Schadenbedarfsindexwerts[2] zugeordnet ist.

Regionalklassen der Kraftfahrzeug-Haftpflichtversicherung

Regionalklasse	Schadenbedarfsindexpunkte	Regionalklasse	Schadenbedarfsindexpunkte
1	unter 84,7	7	100,8 unter 103,9
2	84,7 bis unter 90,7	8	103,9 bis unter 106,9
3	90,7 bis unter 93,6	9	106,9 bis unter 111,1

1 Für die Zuordnung zu den Regionalklassen ist in der Regel der Hauptwohnsitz des Fahrzeughalters maßgebend.

2 Zum 1. Oktober eines jeden Jahres ermittelt ein unabhängiger Treuhänder die Indexwerte der Schadenbedarfe der Fahrzeugtypen (Typenstatistik). Der Indexwert gibt das Verhältnis des Schadenbedarfs eines Zulassungsbezirks zum vergleichbaren Schadenbedarf aller Zulassungsbezirke an.

Regionalklassen der Kraftfahrzeug-Haftpflichtversicherung			
Regional-klasse	Schadenbedarfsindexpunkte	Regional-klasse	Schadenbedarfsindexpunkte
4	93,6 bis unter 95,8	10	111,1 bis unter 115,4
5	95,8 bis unter 98,3	11	115,4 bis unter 120,0
6	98,3 bis unter 100,8	12	ab 120,0

- des Hersteller und Typ des Fahrzeugs bzw. der **Typklasse**, der dieses Fahrzeug entsprechend seines Schadenbedarfsindexwerts zugeordnet ist. Der Indexwert gibt das Verhältnis des Schadenbedarfs eines einzelnen Fahrzeugtyps zum vergleichbaren Schadenbedarf aller Fahrzeugtypen an.

Typklassen der Kraftfahrzeug-Haftpflichtversicherung			
Typklasse	Schadenbedarfsindexwerte	Typklasse	Schadenbedarfsindexwerte
10	bis unter 49,5	19	110,4 bis unter 118,0
11	49,5 bis unter 61,9	20	118,0 bis unter 125,4
12	61,9 bis unter 71,6	21	125,4 bis unter 133,3
13	71,6 bis unter 79,8	22	133,3 bis unter 144,0
14	79,8 bis unter 86,6	23	144,0 bis unter 165,4
15	86,6 bis unter 92,0	24	165,4 bis unter 196,0
16	92,0 bis unter 97,7	25	ab 196,0
17	97,7 bis unter 103,7		
18	103,7 bis unter 110,4		

- der **Schadenfreiheits- bzw. Schadenklasse**, entsprechend der Dauer der Schadenfreiheit bzw. der Zahl der abgewickelten Schäden. Hier spielt auch die Zulassung als Erst- oder Zweitwagen eine Rolle. Die SF-Tabelle variiert je nach Versicherer.

Schadenfreiheitsklassen für Personenkraftwagen (Auszug)					
in Schadenfreiheitsklasse (SF) in Schadenklassen (S und M)	Beitrags-sätze % KH[1]	 FV[1]	in Schadenfreiheitsklasse (SF) in Schadenklassen (S und M)	Beitrags-sätze % KH[1]	 FV[1]
SF 35	20	20	...		
SF 34 bis 33	21	21	SF 5	45	45
SF 32 bis 31	22	22	SF 4	48	48

1 KH = Kraftfahrzeug-Haftpflichtversicherung, FV = Fahrzeugvollversicherung

Schadenfreiheitsklassen für Personenkraftwagen (Auszug)					
in Schadenfreiheitsklasse (SF) in Schadenklassen (S und M)	Beitragssätze % KH[1]	FV[1]	in Schadenfreiheitsklasse (SF) in Schadenklassen (S und M)	Beitragssätze % KH[1]	FV[1]
SF 30 bis 29	23	23	SF 3	51	51
SF 28 bis 27	24	24	SF 2	54	54
SF 26 bis 25	25	25	SF 1	58	58
SF 24 bis 23	26	26	SF 1/2	70	70
SF 22 bis 21	27	27	S (Schadenklasse)	90	–
SF 20 bis 19	28	28	O (Anfängerklasse)	95	95
...			M (Malus-Klasse)	135	135

Die Versicherungsnehmer können die Einstufung in SF $^1/_2$ verlangen, wenn auf sie oder die Ehegatten bereits ein Personenkraftwagen zugelassen ist, der in eine Schadenfreiheitsklasse eingestuft ist. SF $^1/_2$ gilt auch für Versicherungsnehmer, die nachweisen können, dass sie aufgrund einer gültigen Fahrerlaubnis seit drei Jahren zum Führen eines Personenkraftwagens oder Kraftrades berechtigt sind. Die Klasse 0 gilt für „Führerschein-Neulinge“, die ihre Fahrerlaubnis weniger als drei Jahre besitzen, ohne ein Fahrzeug angemeldet zu haben. Gegen Beitragszuschlag (z. B. 15 %) können Versicherte für die Kfz-Haftpflicht- und für die Vollkaskoversicherung einen **Rabattschutz (Rabattretter)** abschließen. Dann ist ein Schaden pro Jahr frei und trotz dieses Schadens erfolgt die Weiterstufung des Schadenfreiheitsrabatts im Folgejahr in die nächstgünstigere Schadenfreiheitsklasse. Voraussetzung für den Abschluss des Rabattschutzes ist, dass sich der Vertrag mindestens in der Schadenfreiheitsklasse 4 befindet. Sondereinstufungen werden hierbei nicht berücksichtigt.

- **der jährlichen Fahrleistung (Kilometerklasse)** nach Angaben des Versicherungsnehmers. Der Versicherer ist berechtigt, entsprechende Nachweise zu verlangen.

Kilometerklassen der Kraftfahrzeug-Haftpflichtversicherung			
Kilometerklasse	jährliche Fahrleistung	Nachlass	Zuschlag
1	≤ 9 000 Kilometer	15 %	
2	≤ 12 000 Kilometer	10 %	
3	≤ 20 000 Kilometer	0 %	
4	≤ 30 000 Kilometer		5 %
5	> 30 000 Kilometer		15 %

- Digitale Autoversicherer bieten mit dem Tarif „Zahl-pro-Kilometer“ eine **kilometergenaue Abrechnung** an. Dabei übermitteln die Kundinnen und Kunden am Ende des Versicherungszeitraums per E-Mail oder SMS den tatsächlichen Kilometerstand. Haben sie mehr geschätzt als sie gefahren sind, bekommen sie eine Rückzahlung – sind sie mehr gefahren, müssen sie nachzahlen.

- den Angaben zur **Garagennutzung**. Der Beitrag ermäßigt sich um 10 %, wenn ausschließlich für den versicherten Personenkraftwagen ein Abstellplatz in einer abschließbaren Einzel-, Doppel- oder Sammelgarage vorhanden ist. Der Versicherer ist berechtigt, vom Versicherungsnehmer entsprechende Nachweise zu verlangen. Der Versicherungsnehmer darf nicht unter 25 Jahre alt sein und muss seinen Pkw regelmäßig nachts in der Garage abstellen.
- dem **Fahrzeugalter**, d. h. dem Zeitraum zwischen der Erstzulassung bis zum Erwerb des Fahrzeugs. Der Versicherer ist berechtigt, vom Versicherungsnehmer entsprechende Nachweise zu verlangen (nur bei Kraftfahrzeug-Haftpflichtversicherung möglich). Ein **Neuwagennachlass** wird berücksichtigt, wenn das Fahrzeug auf den Versicherungsnehmer innerhalb von drei Monaten ab Erstzulassung zugelassen wurde und bei Vertragsabschluss nicht älter als ein Jahr ist.

Altersklassen in der Kraftfahrzeug-Haftpflichtversicherung

Altersklasse	Fahrzeugalter bei Erwerb	Nachlass	Zuschlag
1	Erstbesitz	10 %	
2	≤ 3 Jahre	6 %	
3	≤ 6 Jahre	0 %	
4	≤ 20 Jahre		5 %
5	> 20 Jahre	6 %	

- dem Besitz von **Jahres- oder Dauerfahrkarten** (z. B. BahnCard) für den öffentlichen Personenverkehr. Diese Versicherungsnehmer erhalten einen Sondernachlass (maximal 10 %). Es darf sich dabei nicht um Schüler-, Auszubildenden- oder Studentenfahrausweise handeln. Bei übertragbaren Fahrausweisen müssen die Versicherungsnehmer überwiegende Nutzer sein.
- dem Alter des bzw. der Fahrer und Fahrerinnen, der Teilnahme am begleiteten Fahren ab dem 17. Lebensjahr, der Zugehörigkeit zu bestimmten Berufsgruppen usw.

Treffen mehrere Nachlässe zusammen, dann ist in der Regel der zu gewährende Nachlass bei der Kraftfahrzeug-Haftpflichtversicherung auf maximal 50 % begrenzt (besondere Bedingungen zu den AKB). Immer mehr Versicherer bieten zwei Tarife an, den billigen **Internettarif** und den „klassischen" Tarif.

Versicherungsschutz für assistiertes bzw. automatisiertes Fahren

Die Haftpflichtversicherung schützt auch, wenn das Fahrzeug assistiert oder automatisiert fährt. Versicherungsschutz besteht, wenn eine der folgenden Ursachen zu einem versicherten Schadenereignis führt:

- Der Fahrzeughersteller verbaut defekte Teile, z. B. Sensoren, Kameras.
- Dem Fahrzeughersteller unterläuft ein Fehler bei der Konstruktion oder bei einem fahrzeuggebundenen Software-Update, das für ein assistiertes oder automatisiertes Fahren notwendig ist.

Ob nach einem **Unfall mit einem selbstfahrenden Auto** Fahrer, Halter oder Hersteller haftet, soll künftig eine Blackbox klären helfen. Sie soll die Fahrdaten aufzeichnen, für die Polizei zugänglich sein und zeigen, ob die Fahrerin oder der Fahrer zu spät reagiert oder ob das System versagt hat. Nach einem Gesetzentwurf des Bundesverkehrsministers soll es für diese Fälle keine Schadenhöchstgrenzen mehr geben.

2.1.3 Fahrzeugversicherung – Teil- und Vollkasko

Versicherungsumfang

Die Fahrzeugversicherung umfasst die Beschädigung, die Zerstörung, den Totalschaden und den Verlust des versicherten Fahrzeugs und seiner unter Verschluss verwahrten oder an ihm befestigten Teile einschließlich der Fahrzeug- und Zubehörteile (gemäß besonderer Liste).

Auszüge aus der Liste der beitragsfrei mitversicherten Fahrzeug- und Zubehörteile:

- fest im Fahrzeug eingebaute oder fest am Fahrzeug angebaute Fahrzeugteile
- Fest im Fahrzeug eingebautes oder am Fahrzeug angebautes oder im Fahrzeug unter Verschluss verwahrtes Fahrzeugzubehör. Voraussetzung ist, dass es ausschließlich dem Gebrauch des Fahrzeugs dient (z. B. Schonbezüge, Pannenwerkzeug) und nach allgemeiner Verkehrsanschauung nicht als Luxus angesehen wird, oder dass es aufgrund gesetzlicher Bestimmungen mitgeführt werden muss.
- im Fahrzeug unter Verschluss verwahrte Fahrzeugteile, die zur Behebung von Betriebsstörungen des Fahrzeugs üblicherweise mitgeführt werden (z. B. Sicherungen und Leuchtmittel)
- Schutzhelme (auch mit Wechselsprechanlage), solange sie bestimmungsgemäß gebraucht werden oder mit dem abgestellten Fahrzeug so fest verbunden sind, dass ein unbefugtes Entfernen ohne Beschädigung nicht möglich ist
- Planen, Gestelle für Planen (Spriegel)
- folgende außerhalb des Fahrzeugs unter Verschluss gehaltene Teile: ein zusätzlicher Satz Räder mit Winter- oder Sommerbereifung, Dach-/Heckständer, Hardtop, Schneeketten und Kindersitze, alle mitversicherten Fahrzeugteile und Fahrzeugzubehör während einer Reparatur

Abhängig vom Gesamtneuwert mitversicherte Teile:

- Radio- und sonstige Audiosysteme, Video-, technische Kommunikations- und Leitsysteme (z. B. fest eingebaute Navigationssysteme inkl. Datenträger)
- zulässige Veränderungen an Fahrwerk, Triebwerk, Auspuff, Innenraum oder Karosserie (Tuning), die der Steigerung der Motorleistung, des Motordrehmoments, der Veränderung des Fahrverhaltens dienen oder zu einer Wertsteigerung des Fahrzeugs führen
- individuell für das Fahrzeug angefertigte Sonderlackierungen und -beschriftungen sowie besondere Oberflächenbehandlungen
- Beiwagen und Verkleidungen bei Krafträdern, Leichtkrafträdern, Kleinkrafträdern, Trikes, Quads und Fahrzeugen mit Versicherungskennzeichen

- Spezialaufbauten (z. B. Kran-, Tank-, Silo-, Kühl- und Thermoaufbauten) und Spezialeinrichtungen (z. B. für Werkstattwagen, Messfahrzeuge, Krankenwagen)

Die oben aufgeführten Teile sind bei Pkws in der Regel ohne Beitragszuschlag bis zum Neuwert bzw. bei anderen Fahrzeugarten ohne Beitragszuschlag bis zu einem Gesamtneuwert von 5 000,00 € (brutto) mitversichert[1], wenn sie im Fahrzeug fest eingebaut oder am Fahrzeug fest angebaut sind.

Nicht versicherbare Gegenstände:

- Mobiltelefone und mobile Navigationsgeräte, auch bei Verbindung mit dem Fahrzeug durch eine Halterung
- Campingausrüstung, Vorzelt
- Garagentoröffner (Sendeteil)
- Reisegepäck
- persönliche Gegenstände der Insassen

Die **Teilversicherung** (Teilkasko) ist in den Grund- bzw. Light- oder Basistarifen auf Schäden begrenzt, die verursacht wurden durch

- Brand oder Explosion,
- Entwendung (insbesondere Diebstahl, unbefugten Gebrauch durch fremde Personen, Raub und Unterschlagung),
- unmittelbare Einwirkung von Sturm (mindestens Windstärke 8), Hagel, Blitzschlag oder Überschwemmung (einschließlich der Schäden, die durch Gegenstände verursacht werden, die aufgrund dieser Naturgewalten auf oder gegen das Fahrzeug geworfen werden),
- einen Zusammenstoß des in Bewegung befindlichen Fahrzeugs mit Haarwild im Sinne von § 2 Bundesjagdgesetz (manche Tarife umfassen alle Tiere),
- Tierbiss an Kabeln, Schläuchen und Leitungen (Folgeschäden sind ausgeschlossen),
- Kurzschluss (an der Verkabelung) und Glasbruch (Glas- und Kunststoffscheiben, Spiegelglas und Abdeckungen von Leuchten),
- Schäden am Zubehör (z. B. eigene Ladestation, Ladekabel, Ladegerät, Induktionsplatte, Akku, Wallbox) des eigenen Elektrofahrzeugs einschließlich Entsorgungskosten des beschädigten Akkus,
- Entwendung des Ladekabels und der Ladekarte,
- Kosten für Maßnahmen bei drohender Entzündung (z. B. Lagerung im Löschcontainer).

Die **Vollversicherung (Vollkasko)** schließt in Deutschland die Teilversicherung (Grundkasko) mit ein und deckt zusätzlich Schäden ab, die verursacht wurden durch

- Unfall, d. h. durch ein unmittelbar von außen her plötzlich mit mechanischer Gewalt einwirkendes Ereignis einschließlich Unfallschäden durch Hacker- und Cyberangriffe an der Fahrzeugsoftware (keine Unfallschäden sind Brems-, Betriebs- und reine Bruchschäden),
- mut- und böswillige Handlungen fremder Personen (Vandalismus),

---

1 Ist der Gesamtneuwert der oben aufgeführten Teile höher als die genannte Wertgrenze, ist der übersteigende Wert nur mitversichert, wenn dies ausdrücklich vereinbart ist.

2 Kasko, von span. *casco* = Helm

- Eigenschäden, d. h. Sachschäden an anderen auf den Versicherungsnehmer zugelassenen Fahrzeugen oder an Gebäuden oder sonstigen Sachen des Versicherungsnehmers.

Versicherungsleistung

Der Versicherungsnehmer sollte darauf achten, dass sein Versicherer auf die **Einrede der groben Fahrlässigkeit** verzichtet. Dies ist in vielen Basistarifen nicht der Fall – hier kann z. B. das Überfahren einer roten Ampel den Versicherungsschutz in der Teil- und Vollkasko kosten.

Der Versicherer ersetzt Schäden bis zur Höhe des Wiederbeschaffungswerts des Fahrzeugs oder seiner Teile am Tage des Schadens. Unter dem **Wiederbeschaffungswert** ist nicht der Neuwert zu verstehen, sondern der Kaufpreis, der für ein gleichwertiges gebrauchtes Fahrzeug oder Teil aufgewendet werden muss, abzüglich des Restwerts des geschädigten Fahrzeugs. Tritt ein Schaden innerhalb der ersten sechs Monate (bei manchen Tarifen auch 12, 18, 24 bis 60 Monate) nach der Erstzulassung des Fahrzeugs ein, dann ersetzt der Versicherer den nachweislich bezahlten Neupreis, abzüglich der pauschalen Abnutzung von einem Prozent pro gefahrene tausend Kilometer sowie abzüglich des Restwerts des geschädigten Fahrzeugs.

Beispiel

Bernd Klüwer verursacht mit seinem Phantasia einen selbst verschuldeten Unfall. Sein Auto hat einen Totalschaden. Er ist bisher 5 000 Kilometer gefahren. Er hat für seinen Phantasia 19 800,00 € bezahlt – das ist auch der aktuelle Neupreis. Ein gleichwertiger gebrauchter Phantasia kostet nach einem halben Jahr 18 100,00 €. Der Restwert des geschädigten Phantasia beträgt noch 2 000,00 €.
Die Vollkaskoversicherung erstattet ihm

- innerhalb der ersten sechs Monate: 19 800,00 € – (19 800,00 € · 1/100 · 5) – 2 000,00 € = 16 810,00 €,
- nach sechs Monaten: 18 100,00 € (Wiederbeschaffungspreis) – 2 000,00 € = 16 100,00 €.

Wird das Fahrzeug lediglich beschädigt, dann ersetzt der Versicherer die erforderlichen Kosten der Wiederherstellung einschließlich der notwendigen Transportkosten. Die Höchstgrenze für solche Reparaturen ist der Wiederbeschaffungswert. Wollen Versicherte das Fahrzeug nicht reparieren lassen, ersetzt der Versicherer die Kosten (ohne Umsatzsteuer) einer fachgerechten Reparatur in der nächstgelegenen Werkstatt (**fiktive Reparatur**).

Werden entwendete Gegenstände innerhalb eines Monats nach der Schadenanzeige wieder aufgefunden, dann müssen die Versicherungsnehmer diese wieder zurücknehmen. Wird das Fahrzeug mehr als 50 Kilometer (Luftlinie) von seinem Standort entfernt aufgefunden, dann zahlt der Versicherer die Kosten einer Bahnfahrkarte zweiter Klasse (Rückfahrkarte) bis zu einer Entfernung von 1 500 Bahnkilometern zum Fundort.

Mit dem Zusatzbaustein **Kaufpreisschutz** zur Vollkaskoversicherung übernimmt diese bei einem Unfall mit Totalschaden bzw. bei einem Totaldiebstahl zusätzlich die komplette Differenz zwischen Wiederbeschaffungswert und ursprünglichem Kaufpreis sowie die Selbstbeteiligung.

Trotz fachgerechter Reparatur sinkt der Wert des Fahrzeugs nach einem Unfall. In diesem Fall hilft der Versicherungsbaustein der **Wertminderungsentschädigung**, die diese Differenz ausgleicht.

Bei manchen Tarifen ist in der Vollkaskoversicherung eine **GAP-Deckung für Leasingfahrzeuge** beitragsfrei mitversichert. Hier wird bei einem Totalschaden oder beim Verlust des geleasten Fahrzeugs während der Laufzeit des Leasingvertrags die Differenz (engl. *gap* = Lücke) zwischen der Restleasingforderung (ohne Zinsen) und dem Wiederbeschaffungswert ersetzt.

Beitragshöhe

Die Beiträge zur Fahrzeugversicherung richten sich nach

- der **Art des Fahrzeugs**. Es werden Personenkraftwagen, Zweiräder, Campingfahrzeuge und übrige Fahrzeuge unterschieden.
- der **Tarifgruppe**, der die Versicherungsnehmer zugeordnet werden (siehe Kraftfahrzeug-Haftpflichtversicherung).
- dem Bezirk, in dem das versicherte Fahrzeug zugelassen ist bzw. der **Regionalklasse**, der der Zulassungsbezirk entsprechend seinem Schadenbedarfsindexwert zugeordnet ist.

  Die Regionalklassen der Fahrzeugversicherung sind:

Fahrzeugvollversicherung (Vollkasko)			
Regional-klasse	Schadenbedarfsindexpunkte	Regional-klasse	Schadenbedarfsindexpunkte
1	bis unter 86,8	7	112,6 bis unter 119,2
2	86,8 bis unter 93,2	8	119,2 bis unter 127,4
3	93,2 bis unter 98,0	9	127,4 bis unter 132,5
4	98,0 bis unter 102,0	10	132,5 bis unter 142,5
5	102,0 bis unter 107,0	11	ab 142,5
6	107,0 bis unter 112,6		

Fahrzeugteilversicherung (Teilkasko)			
Regional-klasse	Schadenbedarfsindexpunkte	Regional-klasse	Schadenbedarfsindexpunkte
1	bis unter 64,1	9	113,8 bis unter 123,5
2	64,1 bis unter 71,7	10	123,5 bis unter 137,4
3	71,7 bis unter 77,4	11	137,4 bis unter 154,1
4	77,4 bis unter 83,1	12	154,1 bis unter 174,7

Fahrzeugteilversicherung (Teilkasko)			
Regionalklasse	Schadenbedarfsindexpunkte	Regionalklasse	Schadenbedarfsindexpunkte
5	83,1 bis unter 89,4	13	174,7 bis unter 190,9
6	89,4 bis unter 95,2	14	190,9 bis unter 214,6
7	95,2 bis unter 104,5	15	214,6 bis unter 244,5
8	104,5 bis unter 113,8	16	ab 244,5

- dem Hersteller und Typ des Fahrzeugs bzw. der **Typklasse**, der dieses Fahrzeug entsprechend seinem Schadenbedarfsindexwert zugeordnet ist. Für Voll- und Teilkasko werden eigene Tabellen geführt.

  Beispiel der Typklassen der Fahrzeugvollversicherung:

Fahrzeugvollversicherung (Vollkasko)			
Typ klasse	Schadenbedarfsindexpunkte	Typklasse	Schadenbedarfsindexpunkte
10	bis unter 39,5	23	145,3 bis unter 165,2
11	39,5 bis unter 53,1	24	165,2 bis unter 169,6
12	53,1 bis unter 62,7	25	169,6 bis unter 184,5
13	62,7 bis unter 69,0	26	184,5 bis unter 206,3
14	69,0 bis unter 74,3	27	206,3 bis unter 232,3
15	74,3 bis unter 80,2	28	232,3 bis unter 276,4
16	80,2 bis unter 88,3	29	276,4 bis unter 330,1
17	88,3 bis unter 96,8	30	330,1 bis unter 377,5
18	96,8 bis unter 105,5	31	377,5 bis unter 438,7
19	105,5 bis unter 116,5	32	438,7 bis unter 516,6
20	116,5 bis unter 125,2	33	516,6 bis unter 696,7
21	125,2 bis unter 135,9	34	ab 696,7
22	135,9 bis unter 145,3		

- der Höhe der **Selbstbeteiligung**. Um die Versicherungsprämien zu senken, vereinbaren die meisten Versicherungsnehmer eine Selbstbeteiligung, die bei der Teilkasko üblicherweise 150,00 € bis 500,00 €, bei der Vollkasko am häufigsten 300,00 € beträgt.
- der **Schadenfreiheits- bzw. Schadenklasse**, entsprechend der Dauer der Schadenfreiheit bzw. der Zahl der abgewickelten Schäden (siehe Kraftfahrzeug-Haftpflichtversicherung, S. 354 f.).
- **der jährlichen Fahrleistung (Kilometerklasse):**

Kilometerklassen der Fahrzeugversicherung			
Kilometerklasse	jährliche Fahrleistung	Nachlass	Zuschlag
1	≤ 9000 Kilometer	10 %	
2	≤ 12000 Kilometer	5 %	
3	≤ 30000 Kilometer		5 %
4	> 30000 Kilometer		10 %

- den Angaben zur **Garagennutzung**. Der Beitrag ermäßigt sich um 10 % bei der Teilkasko und um 5 % bei der Vollkasko (sonstige Bedingungen siehe Kraftfahrzeug-Haftpflichtversicherung, S. 355 f.).
- Einen Sondernachlass (maximal 10 %) erhalten Versicherungsnehmer, wenn sie im Besitz von **Jahres- oder Dauerfahrkarten** für den öffentlichen Personenverkehr sind.
- dem **Fahrverhalten (Telematik-Tarif)**. Der Beitrag ermäßigt sich um maximal 30 %, wenn die Versicherte eine Kontrollbox über den Zigarettenanzünder einbauen lassen, die dann Tageszeit, Straßenart, Beschleunigungs- und Bremsverhalten sowie Geschwindigkeitsüberschreitungen registriert.
- der **Werkstattbindung**. Wer auf die freie Wahl der Werkstatt verzichtet, erhält in der Kaskoversicherung einen Nachlass von 5 % bis 15 %.

Beispiel

Auszug aus dem Prospekt der Cars Best Autoversicherung:

Übrigens, falls Sie kaskoversichert sind, vermitteln wir Ihnen bei Reparatur in einer von uns ausgewählten Partnerwerkstatt im Schadenfall unter anderem folgende Leistungen:

- Wir suchen Ihnen eine qualifizierte Fachwerkstatt in Ihrer Nähe aus.
- Sie erhalten für die Dauer der Reparatur ein kostenloses Ersatzfahrzeug der Klasse A (z.B. Phantasia Comfortline).
- Ihr Fahrzeug wird bei Ihnen bzw. vom Schadenort abgeholt und nach der Reparatur zurückgebracht.
- Ihr Fahrzeug wird innen und außen gereinigt.
- Sie erhalten von der Fachwerkstatt eine Garantie für sechs Jahre auf die Reparatur.

Treffen mehrere Nachlässe zusammen, dann ist in der Regel der zu gewährende Nachlass bei der Kraftfahrzeug-Kaskoversicherung auf maximal 35 % begrenzt (besondere Bedingungen zu den AKB). Viele Tatbestände verteuern wiederum den Versicherungsschutz, z.B. die **Einstufung als Senior/-in** (ab 70 Jahren werden bis zu 30 % Zuschlag fällig), ein vom Versicherungsnehmer **abweichender Fahrzeughalter** (bis 30 % Zuschlag), vom Alleinfahrer abweichender **Fahrerkreis** (bis 100 % Zuschlag, wenn „Kinder“ ab 18 Jahren bzw. unbestimmte Personen zum Fahrerkreis gehören).

Manche Versicherungen gewähren für **Elektro- und Hybridfahrzeuge** einen besonderen Rabatt oder Sondertarife. Letztere enthalten eine Allgefahrendeckung für die Batterie, die z. B. bei Diebstahl des Ladekabels greift oder wenn Batterieschäden durch Nichtbeachtung der Hinweise des Herstellers zum richtigen Laden oder durch Tiefentladung entstehen.

Exkurs: Kraftfahrzeugversicherung beim Carsharing

Beim **privaten Carsharing** werden Autos aus dem Privatbesitz gegen ein Entgelt geteilt (engl. *to share* = teilen). Zur Abwicklung des Austausches dienen professionelle Plattformen als Vermittler (z. B. Uber). Die Fahrzeugnutzer und -nutzerinnen holen das Auto beim Besitzer ab – dabei werden die wichtigsten Daten wie Fahrzeugzustand und Kilometerstand protokoliert.

Die **Fahrzeughalter** sollten jedoch ihrer Haftpflicht- und Kaskoversicherung das zusätzliche Risiko „unbestimmter Fahrerkreis“ angeben. Dies kann den Versicherungsbeitrag um 80 % bis 100 % erhöhen, da mehrere verschiedene Fahrer auch das Unfallrisiko erhöhen.

Die **Fahrzeugnutzer** sind über den Vermittler bzw. Carsharing-Anbieter haftpflicht- und vollkaskoversichert. Sie sollten jedoch auf die **Selbstbeteiligung** achten. Oft müssen sie sich bei einem selbst verschuldeten Unfall mit 500,00 € bis 1 500,00 € an der Reparatur beteiligen. Durch eine Zuzahlung von 39,00 € bis 99,00 € können sie bei vielen Carsharing-Anbietern die Selbstbeteiligung bei der Kfz-Versicherung auf 200,00 € bis 300,00 € senken.

2.1.4 Kraftfahrtunfallversicherung

Grundsätzlich ist die Kfz-Haftpflichtversicherung auch für Schäden regulierungspflichtig, die den Mitfahrenden im Fahrzeug des Unfallverursachers entstehen. Die Kfz-Haftpflichtversicherung des Fahrzeughalters muss für den Schaden mitfahrender Personen jedoch nicht aufkommen, wenn

- der Unfall durch höhere Gewalt verursacht wurde (z. B. Unfall mit einem Tier, Steinschlag, Lawinenabgang) und daher die FAhrerin bzw. der Fahrer für die Unfallfolgen nicht haftet;
- der Unfall durch Dritte verursacht wurde, deren Identität im Anschluss nicht festgestellt werden kann, z. B. bei Fahrer- bzw. Unfallflucht;
- der Unfall durch Dritte verursacht wurde, die über keine oder keine ausreichende Haftpflichtversicherung verfügen, z. B. Fußgänger, Radfahrer, ausländischer Fahrzeughalter.

Für die genannten Fälle bietet die Kraftfahrtunfallversicherung (Insassenunfallversicherung) eine finanzielle Absicherung von Fahrerin bzw. Fahrer und den Mitfahrenden für den Invaliditäts- und Todesfall.

Versicherungsarten

Die Kraftfahrtunfallversicherung kann abgeschlossen werden als

- **Insassenunfallversicherung nach dem Pauschalsystem:** Hier sind alle Personen versichert, die sich mit Wissen und Willen des Versicherungsnehmers in oder auf dem versicherten Fahrzeug befinden. Kraftfahrer und Beifahrer, die beim Versicherungsnehmer angestellt sind, gehören nicht zu den versicherten Personen. Jede versicherte Person ist mit dem der Anzahl der Versicherten entsprechenden Teilbetrag der vereinbarten Versicherungssumme versichert. Befinden sich zwei oder mehr Personen im Fahrzeug, dann erhöhen sich die versicherten Summen um 50 %.

Beispiel

Versicherungssummen: 50 000,00 € für den Todesfall; 100 000,00 € für den Invaliditätsfall. Zwei versicherte Insassen befinden sich zum Unfallzeitpunkt im Auto. Einer wird tödlich verletzt, der andere erleidet eine Invalidität von 100 %.
Auszahlung der Insassenunfallversicherung:

- Für den Todesfall: (50 000,00 € + 50 000,00 € · 50 %) : 2 Personen = 37 500,00 €
- Für den Invaliditätsfall: (100 000,00 € + 100 000,00 € · 50 %) : 2 Personen = 75 000,00 €

- **Insassenunfallversicherung für eine bestimmte Zahl von Personen oder Plätzen:** Hier sind nur eine bestimmte Zahl von Mitfahrenden oder bestimmte Plätze im Fahrzeug versichert. Sind im Versicherungsvertrag mehr Personen versichert als zum Zeitpunkt des Unfalls mitgefahren sind, dann wird die Entschädigung der einzelnen Person entsprechend gekürzt.

Beispiel

Versicherungssummen: 50 000,00 € für den Todesfall; 100 000,00 € für den Invaliditätsfall. Zwei versicherte Insassen befinden sich zum Unfallzeitpunkt im Auto. Einer wird tödlich verletzt, der andere erleidet eine Invalidität von 100 %. Der Versicherungsnehmer hat vier Personen versichern lassen.
Auszahlung der Insassenunfallversicherung:

- Für den Todesfall: 50 000,00 € · 2/4 Personen = 25 000,00 €
- Für den Invaliditätsfall: 100 000,00 € · 2/4 Personen = 50 000,00 €

- **Berufsfahrerversicherung:** Diese bezieht sich auf die jeweiligen Kraftfahrer oder Beifahrer des im Vertrag bezeichneten Fahrzeugs. Unabhängig von einem bestimmten Fahrzeug können bestimmte namentlich bezeichnete Kraftfahrer oder Beifahrer oder ohne Namensnennung sämtliche angestellte Kraftfahrer oder Beifahrer des Versicherungsnehmers versichert werden.
- **Namentliche Versicherung sonstiger Personen:** Diese Versicherung ist unabhängig von einem bestimmten Fahrzeug. Namentlich versicherte Personen können ihren Versicherungsanspruch selbstständig geltend machen.

Versicherungsumfang

Die Kraftfahrtunfallversicherung bezieht sich auf Unfälle, die den Versicherten zustoßen und mit dem Lenken, Benutzen, Behandeln, Be- und Entladen sowie Abstellen des Kraftfahrzeugs oder Anhängers in Zusammenhang stehen. Unfälle beim Ein- und Aussteigen sind mitversichert. Ein **Unfall** liegt vor, wenn der oder die Versicherte durch ein plötzlich von außen auf den Körper wirkendes Ereignis oder durch eine erhöhte Kraftanstrengung (z. B. Zerrung, Verrenkung) unfreiwillig eine Gesundheitsschädigung erleidet.
Nicht versichert sind Unfälle, die

- von Fahrern infolge von Geistes- oder Bewusstseinsstörungen (z. B. Trunkenheit) oder
- von Versicherten aufgrund von Geistesstörungen, schweren Nervenleiden, Schlag-, Krampfanfällen, epileptischen Anfällen verursacht werden,
- den Versicherten im Zusammenhang mit einer vorsätzlichen Straftat zustoßen.

Nicht versicherbar und trotz Beitragszahlung nicht versichert sind dauernd pflegebedürftige Personen sowie Personen mit psychischer Störung. Pflegebedürftig ist, wer für die Verrichtungen des täglichen Lebens überwiegend fremder Hilfe bedarf.

Versicherungsleistung

Die Leistungen des Versicherers richten sich nach der jeweiligen **Versicherungssumme**, die im Vertrag für den Fall der dauernden Beeinträchtigung der körperlichen oder geistigen Leistungsfähigkeit (Invalidität), als Tagegeld oder im Falle des Todes vereinbart wurde.

- **Todesfallleistung:** Führt der Unfall innerhalb eines Jahres zum Tode, dann wird die für den Todesfall versicherte Summe ausgezahlt. Bei Versicherten unter 14 Jahren beträgt die Leistung für den Todesfall höchstens 5 000,00 €. Bei mehreren Versicherten ist der Anteil der einzelnen Versicherten auf die im Vertrag vereinbarte Versicherungssumme begrenzt.
- **Invaliditätsleistung:** Sie richtet sich nach der vereinbarten Versicherungssumme und dem Grad der unfallbedingten Invalidität. Ohne einen Nachweis höherer oder geringerer Invalidität werden feste Prozentsätze der Versicherungssumme entgolten („Gliedertaxe“). Als feste **Invaliditätsgrade** gelten bei Verlust oder Funktionsunfähigkeit

– eines Armes im Schultergelenk	70 %
– eines Armes bis oberhalb des Ellenbogengelenks	65 %
– eines Armes unterhalb des Ellenbogengelenks	60 %
– einer Hand im Handgelenk	55 %
– eines Daumens	20 %
– eines Zeigefingers	10 %
– eines anderen Fingers	5 %
– eines Beines über der Mitte des Oberschenkels	70 %
– eines Beines bis zur Mitte des Oberschenkels	60 %
– eines Beines bis unterhalb des Knies	50 %
– eines Beines bis zur Mitte des Unterschenkels	45 %
– eines Fußes im Fußgelenk	40 %
– einer großen Zehe	5 %
– einer anderen Zehe	2 %
– eines Auges	50 %
– des Gehörs auf einem Ohr	30 %
– des Geruchssinns	10 %
– des Geschmackssinns	5 %

Bei Teilverlust oder Funktionsbeeinträchtigung eines dieser Körperteile oder Sinnesorgane wird der entsprechende Teil des Prozentsatzes angenommen.

- **Tagegeld:** Führt der Unfall zu einer Beeinträchtigung der Arbeitsfähigkeit, so wird für die Dauer der ärztlichen Behandlung, längsten für ein Jahr, Tagegeld gezahlt. Das Tagegeld wird je nach Grad der Beeinträchtigung abgestuft. Der Beeinträchtigungsgrad richtet sich nach der Berufstätigkeit oder Beschäftigung der Versicherten.

Beitragshöhe

Die Beiträge zur Kraftfahrtunfallversicherung richten sich nach

- der Höhe der **Versicherungssumme**; beim Todesfallrisiko üblicherweise 25 000,00 €, beim Invaliditätsrisiko üblicherweise 50 000,00 €,
- der **Versicherungsart**.

Viele Versicherer gewähren einen Bündelungsrabatt von z. B. 10 %, wenn die Versicherungsnehmer noch weitere Kraftfahrt- oder sonstige Versicherungen bei ihm abschließen.

2.1.5 Fahrerschutzversicherung

Die Fahrerschutzversicherung ist eine Kraftfahrzeug-Unfallversicherung, deren Leistungen sich nach dem tatsächlich entstandenen Personenschaden richten.

Versicherungsumfang

Versichert sind **Personenschäden**, die dadurch entstehen, dass die berechtigten Fahrerinnen oder Fahrer durch einen **Unfall beim Lenken** des versicherten Fahrzeugs verletzt oder getötet werden. Zum Lenken des Fahrzeugs gehören nicht das Ein- und Aussteigen oder das Be- und Entladen. Versichert sind die berechtigten Fahrerinnen und Fahrer des Fahrzeugs, die mit Wissen und Willen des Verfügungsberechtigten das Fahrzeug lenken.

Die Fahrerschutzversicherung kann **nur für Pkws und Campingfahrzeuge** vereinbart werden. Versicherungsschutz besteht für das im Versicherungsschein genannte Fahrzeug, für das auch eine Kfz-Haftpflichtversicherung bei derselben Gesellschaft besteht.

Versicherungsschutz besteht innerhalb der geografischen Grenzen Europas sowie in denjenigen außereuropäischen Gebieten, die zum Geltungsbereich der Europäischen Union gehören.

Versicherungsleistung

Die Versicherungsleistung für ein Schadenereignis ist auf die Höhe der vereinbarten Versicherungssumme beschränkt. Mehrere zeitlich zusammenhängende Schäden, die dieselbe Ursache haben, gelten als ein einziges Schadenereignis.

Ersetzt werden unfallbedingte Personenschäden. Die Leistungen richten sich nach den deutschen gesetzlichen Schadenersatzbestimmungen des Privatrechts bis zu einer Höhe von 15 Mio. € je Schadenfall. Dabei sind ausschließlich folgende Leistungen enthalten:

- Schmerzensgeld (meistens bis zu 1 Mio. €)
- Verdienstausfall
- Kosten für eine Haushaltshilfe
- Kosten für notwendige Umbaumaßnahmen
- im Todesfall gesetzliche Unterhaltsansprüche der Hinterbliebenen (Witwen-, Waisenrenten)

Voraussetzung für eine Entschädigung ist ein zeitlich zusammenhängender, unfallbedingter, stationärer Krankenhausaufenthalt von mindestens 72 Stunden innerhalb von sechs Monaten nach dem Unfall.

Die Leistungspflicht Dritter hat immer Vorrang, wenn abschließend geklärt ist, dass solche Leistungsansprüche bestehen. Dritte können Schädiger, Haftpflichtversicherer, Krankenkasse, Rentenversicherungsträger, Berufsgenossenschaft oder Arbeitgeber sein. Freiwillige Vereinbarungen (z. B. ein Abfindungsvergleich) binden die Versicherung nur nach vorheriger Zustimmung.

2.1.6 Kraftfahrt-Rechtsschutzversicherung

Zweck der Rechtsschutzversicherung ist, den Versicherungsnehmern die Kosten der Wahrnehmung ihrer rechtlichen Interessen abzunehmen und ihnen auf diese Weise zu ihrem Recht zu verhelfen. Die Anwalts- und Gerichtskosten einer gerichtlichen Auseinandersetzung über mehrere Instanzen können sich bei Zivilprozessen je nach Streitwert schnell auf mehrere 10 000,00 € summieren. Auch Bußgeld- oder Strafverfahren können teuer werden.

Versicherungsarten

Die Allgemeinen Bedingungen für die Rechtsschutzversicherung (ARB) unterscheiden beim Kraftfahrt-Rechtsschutz zwischen Verkehrs-, Fahrer- und Fahrzeug-Rechtsschutz.

- **Verkehrs-Rechtsschutz:** Versicherungsschutz besteht für die Versicherungsnehmer für alle auf sie zugelassenen und von ihnen gemieteten Motorfahrzeuge (einschließlich Anhänger), das sie zu Lande benutzen. Auch alle berechtigten Fahrer oder Insassen dieser Kraftfahrzeuge sind im Versicherungsschutz eingeschlossen.
- **Fahrzeug-Rechtsschutz:** Versicherungsschutz besteht für alle im Versicherungsschein bezeichneten Motorfahrzeuge (einschließlich Anhänger), die die Versicherungsnehmer zu Lande, zu Wasser oder in der Luft benutzen. Die Motorfahrzeuge müssen nicht auf die Versicherungsnehmer zugelassen sein.
- **Fahrer-Rechtsschutz:** Versicherungsschutz besteht für die im Versicherungsschein genannte Person als Fahrer jedes Motorfahrzeugs (einschließlich Anhänger), das die Versicherungsnehmer zu Lande, zu Wasser oder in der Luft benutzen. Das Motorfahrzeug muss den Versicherungsnehmern nicht gehören und nicht auf sie zugelassen sein. Der Versicherungsschutz besteht auch bei der Teilnahme am öffentlichen Verkehr als Fahrgast, Fußgänger und Radfahrer. Unternehmen können den Versicherungsschutz für alle angestellten Kraftfahrer und Beifahrer, Betriebe des Kraftfahrzeughandels und -handwerks für alle Betriebsangehörigen vereinbaren.

Versicherungsumfang

Bei allen Versicherungsformen umfasst der Rechtsschutz den

- **Straf-Rechtsschutz** für die Verteidigung wegen des Vorwurfes eines verkehrsrechtlichen Vergehens. Eingeschlossen sind alle Kosten einer Strafverteidigung, die beim Halten oder Führen des versicherten Fahrzeugs anfallen können, unter Einschluss von Sachverständigenkosten, Kosten der Nebenklage, Anwaltskosten usw.
- **Schadenersatz-Rechtsschutz.** Dieser deckt das Kostenrisiko bei der Geltendmachung von Schadenersatzansprüchen gegen Dritte ab.
- **Rechtsschutz im Vertrags- und Sachenrecht** (nicht beim Fahrer-Rechtsschutz) für die Wahrnehmung rechtlicher Interessen aus privatrechtlichen Schuldverhältnissen und dinglichen Rechten. Abgedeckt sind alle Kosten von Rechtsstreitigkeiten, die aus Verträgen erwachsen, die die Versicherungsnehmer in ihrer Eigenschaft als Fahrzeughalter mit Händlern, Werkstätten und dergleichen abschließt.
- **Steuer-Rechtsschutz vor Gerichten** für die Wahrnehmung rechtlicher Interessen in steuer- und abgabenrechtlichen Angelegenheiten vor deutschen Finanz- und Verwaltungsgerichten.
- **Verwaltungs-Rechtsschutz in Verkehrssachen** für die Wahrnehmung rechtlicher Interessen vor Verwaltungsbehörden und Verwaltungsgerichten.
- **Ordnungswidrigkeiten-Rechtsschutz** für die Verteidigung wegen des Vorwurfs einer verkehrsrechtlichen Ordnungswidrigkeit.

Beitragshöhe

Die Beiträge zur Kraftfahrt-Rechtsschutzversicherung werden beeinflusst von

- der Höhe der **Versicherungssumme**, in der Regel 100 000,00 €,
- der Höhe der **Selbstbeteiligung**, keine oder üblicherweise 100,00 €,
- der **Art** und dem **Umfang** der Rechtsschutzversicherung.

Viele Versicherer gewähren einen Bündelungsrabatt von z. B. 10 %, wenn die Versicherungsnehmer noch weitere Kraftfahrt- oder sonstigen Versicherungen bei ihm abschließen.

2.1.7 Schutzbrief-Versicherung

Der Schutzbrief kann nur zusammen mit dem Vertrag über eine Kraftfahrzeug-Haftpflichtversicherung für dasselbe Fahrzeug versichert werden. Versicherungsschutz besteht für die Versicherungsnehmer und die berechtigten Insassen. Versichert sind Fahrzeug einschließlich eines mitgeführten Wohn-, Gepäck- oder Bootsanhängers. Ebenfalls versichert sind Gepäck und Ladung, wenn diese nicht zu gewerblichen Zwecken mitgeführt werden.

Versicherungsumfang

Der Versicherer übernimmt alle Kosten, die den Versicherungsnehmern dadurch entstehen, dass ihr versichertes Fahrzeug nach einer Panne oder einem Unfall auf einer Fahrt oder Reise nicht mehr fahrbereit ist. Fahrt oder Reise ist jede Abwesenheit vom Wohnsitz der

Versicherungsnehmer bis zu einer Höchstdauer von fortlaufend sechs Wochen innerhalb des Geltungsbereichs. Die Schutzbrief-Versicherung gilt für Europa und für die außereuropäischen Gebiete, die zum Geltungsbereich des AEUV[1] gehören. Unter Panne ist jeder Brems-, Betriebs- oder Bruchschaden zu verstehen, der verhindert, dass eine Fahrt oder Reise begonnen oder fortgesetzt werden kann. Unfall ist jedes unmittelbar von außen, plötzlich und mit mechanischer Gewalt einwirkende Ereignis.

Folgende Leistungen gelten auch, wenn der Schadenort weniger als 50 km Luftlinie von dem im Versicherungsschein genannten Wohnsitz der Versicherungsnehmer entfernt liegt:

Pannen- und Unfallhilfe	Der Versicherer übernimmt die Kosten für die Wiederherstellung der Fahrbereitschaft am Schadenort durch ein Pannenhilfsfahrzeug. Der Höchstbetrag für verwendete Kleinteile beläuft sich auf 150,00 €.
Bergen und Abschleppen des Fahrzeugs	nach Panne (bei Elektrofahrzeugen auch Entladen des Akkus) oder Unfall. Kann die Fahrbereitschaft am Schadenort nicht wieder hergestellt werden, dann vermittelt der Versicherer das Bergen und Abschleppen des Fahrzeugs und trägt die dadurch entstehenden Kosten bis höchstens 200,00 €.

Zusätzliche Hilfen bei Panne, Unfall oder Diebstahl	
Fahrzeugabholung nach Fahrerausfall	Kann infolge des Todes oder einer länger als drei Tage andauernden Erkrankung oder Verletzung des Fahrers keine versicherte Person das Fahrzeug zurückfahren, dann organisiert der Versicherer die Abholung des Fahrzeugs und trägt die dadurch entstehenden Kosten.
Krankenrücktransport	Muss eine versicherte Person infolge einer Erkrankung an ihren Wohnsitz zurücktransportiert werden, dann sorgt der Versicherer für den Rücktransport und trägt dafür die Kosten. Art und Zeitpunkt des Rücktransportes müssen medizinisch notwendig und ärztlich angeordnet sein.
Rückholung von Kindern	Kann keine versicherte Person die mitreisenden Kinder betreuen, dann vermittelt der Versicherer die Abholung der Kinder durch eine Begleitperson und die gemeinsame Rückfahrt zum Wohnsitz der Kinder und trägt die entstehenden Kosten der Bahnfahrt 1. Klasse.
Krankenbesuch	Muss sich eine versicherte Person länger als zwei Wochen in einem Krankenhaus aufhalten, vermittelt und bezahlt der Versicherer Fahrt und Übernachtung bis 500,00 € für Besuche der erkrankten Person. Stirbt die versicherte Person, dann vermittelt der Versicherer die Überführung nach Deutschland und trägt die Kosten bis zu insgesamt 5 000,00 €.

1 AEUV = Vertrag über die Arbeitsweise der Europäischen Union

Leistungen ab 50 km Luftlinie vom Wohnort der Versicherungsnehmer	
Fahrzeugunterstellung	Nach Fahrzeugausfall, Totalschaden, Diebstahl und Wiederauffinden. Muss das Fahrzeug bis zur Wiederherstellung der Fahrbereitschaft (bzw. bis zur Durchführung der Verschrottung) untergestellt werden, dann trägt der Versicherer die dafür anfallenden Kosten bis zur Höchstdauer von zwei Wochen.
Ersatzteileversand	Kosten für den Ersatzteileversand, nicht für die Teile selbst
Fahrzeugtransport	Kann das Fahrzeug am Schadenort nicht innerhalb von drei Werktagen fahrbereit gemacht werden, dann vermittelt der Versicherer den Transport des Fahrzeugs vom Schadenort zu einer Werkstatt am Wohnort oder am Zielort der Versicherungsnehmer.
Fahrzeugverzollung und -verschrottung	wenn ein Totalschaden vorliegt
Übernachtung	Der Versicherer übernimmt die Übernachtungskosten für höchstens drei Nächte, beschränkt auf 50,00 € pro Übernachtung und Person.
Rückfahrt oder Weiterfahrt	nach Fahrzeugausfall; kann das versicherte Fahrzeug weder am Schadentag noch am darauffolgenden Tag fahrbereit gemacht werden oder liegt ein Diebstahl oder Totalschaden vor, dann vermittelt der Versicherer für die Versicherungsnehmer und die berechtigten Insassen die Fahrt entweder vom Schadenort zum Wohnsitz oder zum Zielort innerhalb des Geltungsbereichs
Mietwagen nach Fahrzeugausfall	Statt Übernachtung und Weiter- oder Rückfahrt übernimmt der Versicherer die Kosten eines gleichartigen Selbstfahrer-Vermietwagens bis zur Wiederherstellung des versicherten Fahrzeugs – höchstens für sieben Miettage zu je 70,00 € Mietpreis (im Ausland bis 700,00 €).
Autoschlüssel-Service	Kann die Fahrt oder Reise wegen des Verlusts des Fahrzeugschlüssels nicht fortgesetzt werden, dann trägt der Versicherer die Kosten für die Versendung von Ersatzschlüsseln; nicht für die Schlüssel selbst.
Versand von Arzneimitteln ins Ausland	Können der versicherten Person auf einer Auslandsreise mit dem versicherten Fahrzeug bestimmte verschreibungspflichtige Arzneimittel an Ort und Stelle nicht beschafft werden, dann übernimmt der Versicherer die Vermittlung und die Versandkosten.
Versand von Sehhilfen ins Ausland	entsprechend dem Versand von Arzneimitteln (siehe oben)
Finanzielle Notlage	Der Versicherer stellt den Kontakt zur Hausbank der versicherten Person her. Ist eine Kontaktaufnahme nicht möglich, dann stellt der Versicherer einen Höchstbetrag von 1 500,00 € für alle betroffenen Personen zur Verfügung. Der verauslagte Betrag ist binnen eines Monats nach Ende der Reise zurückzuzahlen.

Leistungen ab 50 km Luftlinie vom Wohnort der Versicherungsnehmer	
Reiserückruf durch Rundfunkanstalten	im Falle von Tod, schwerem Unfall oder plötzlicher schwerer Erkrankung der Versicherungsnehmer oder naher Familienangehöriger oder im Falle eines Schadens am Eigentum der Versicherungsnehmer, sofern dieser erheblich ist
Rückreise in besonderen Fällen	Ist aus wichtigen Gründen (siehe unter Reiserückruf) einem der versicherten Personen die Fortsetzung der Fahrt oder Reise nicht zuzumuten, dann vermittelt der Versicherer die Rückreise und übernimmt die Fahrpreisdifferenz gegenüber der planmäßigen Rückreise (siehe auch unter Fahrzeugabholung).
Strafverfolgung im Ausland	Der Versicherer streckt die entstehenden Gerichts-, Anwalts- und Dolmetscherkosten bis zu 500,00 € sowie eine behördlich verlangte Strafkaution bis zu 15 000,00 € vor. Der verauslagte Betrag ist binnen eines Monats nach Ende der Reise zurückzuzahlen.
Rücktransport von Haustieren	Können mitgeführte Hunde, Katzen und heimische Kleintiere infolge eines Versicherungsfalles nicht mehr von den versicherten Personen versorgt werden, dann organisiert der Versicherer den Rücktransport und übernimmt ggf. die Weiterversorgung bis zu höchstens zwei Wochen.

2.1.8 Kraftfahrzeug-Umweltschadenversicherung

Versicherungsumfang

Die Kfz-Umweltschadenversicherung ist eine freiwillige Haftpflichtversicherung, die eintritt, wenn die Versicherten mit ihrem Fahrzeug durch einen **Unfall**, eine **Panne** oder eine **plötzliche Betriebsstörung** die Umwelt geschädigt haben. Die Versicherten werden von öffentlich-rechtlichen Ansprüchen zur Sanierung der verursachten Umweltschäden nach dem Umweltschadensgesetz (USchadG[1]) freigestellt.

Sind die Ansprüche nach dem Umweltschadensgesetz begründet, dann leistet der Versicherer Ersatz in Geld. Bei unbegründeten Ansprüchen der Behörden wehrt die Versicherung diese auf ihre Kosten ab. Kommt es in einem Versicherungsfall zu einem Verwaltungsverfahren oder Rechtsstreit gegen die Versicherten, dann ist die Versicherung zur Verfahrens- und Prozessführung bevollmächtigt. Sie handelt dann im Namen der Versicherten auf ihre Kosten.

Versicherungsleistung

Die Höhe der für Umweltschäden vereinbarten Versicherungssumme beträgt 5 Mio. €. Die Gesamtleistung für alle Versicherungsfälle eines Versicherungsjahres beträgt das Doppelte der vereinbarten Versicherungssumme.

1 Vom USchadG werden Schäden an Gewässern, am Boden sowie an geschützten Arten und natürlichen Lebensräumen (**Biodiversität**) erfasst. Das Gesetzt sieht keine zivilrechtliche Haftung, sondern ein System der verwaltungspolizeilichen und damit öffentlich-rechtlichen Gefahrenabwehr vor.

Versicherungsschutz besteht auch außerhalb des Anwendungsbereichs des USchadG in den Ländern des Europäischen Wirtschaftsraums (EWR), soweit die EU-Umwelthaftungsrichtlinie (2004/35/EG) gilt oder sinngemäße Anwendung findet.

Nicht versichert sind vorsätzlich herbeigeführte Schäden und unvermeidbare, notwendige oder in Kauf genommene Umweltschäden, die durch den Betrieb des Kraftfahrzeugs auf die Umwelt einwirken, z. B. Abgas-, Feinstaubemissionen.

2.2 Erwerbbare Leistungen – Schlüssel zur Kundenbindung

EINSTIEGSSITUATION

Mit der Cars Best **FLATRATE** sorgenfrei fahren

Ihren neuen Cars Best finanzieren Sie jetzt so entspannt wie nie zuvor!

4 Jahre sicher ...

... vor teuren Überraschungen, stressfrei unterwegs im In- und Ausland, turnusmäßige Inspektionen/Wartungen. Mit Entscheidungsfreiheit ganz entspannt bezahlbar.

Das Flatrate Leistungspaket umfasst:

- null Garantiesorgen (Garantieschutz und Mobilitätsgarantie)
- null Wartungskosten (Lohn- und Materialkosten)
- Top Zinskonditionen
- automatisierte Unfallhilfe und Fahrzeugdiagnose

Ihre Vorteile:

- Abdeckung aller Reparaturkosten im Garantiefall für garantierelevante Teile sowie Wartungskosten (Lohn- und Materialkosten)
- hohe Sicherheit durch jährlichen Service und Verwendung von Originalteilen
- Schutz bei Auslandsreisen in nahezu allen europäischen Ländern
- unbürokratische Hilfe im Pannenfall durch Mobilitätsgarantie
- Kalkulationssicherheit durch Abdeckung der Kosten inkl. Garantieverlängerung und Service in einer Rate
- Die günstigen Konditionen bedeuten eine geringe monatliche Belastung und machen das neue Fahrzeug erschwinglich.

1. Weshalb gewähren Hersteller und Händler zusätzliche Garantien? Finden Sie die Argumente mithilfe einer **Kartenabfrage**.
2. Beschreiben Sie das Garantiepaket Ihres Ausbildungsbetriebs. Bringen Sie hierzu ggf. Plakate, Garantiekarten, Garantiebedingungen und weitere Unterlagen mit. Präsentieren Sie das Garantieangebot Ihres Ausbildungsbetriebs.

2.2.1 Motive für Garantieleistungen

Durch den Kaufvertrag werden Verkäufer einer Sache verpflichtet, den Käuferinnen und Käufern die Sache **frei von Sach- und Rechtsmängeln** zu verschaffen (§ 433 BGB). Eine Sache ist frei von Sachmängeln, wenn sie bei **Gefahrübergang**[1] die vereinbarte Beschaffenheit hat (§ 434 BGB). Dies ist dann der Fall, wenn die Sache für die vereinbarte oder für die zu erwartende Verwendung geeignet ist bzw. die Eigenschaften aufweist, die die Kunden und Kundinnen aufgrund öffentlicher Äußerungen des Verkäufers, des Herstellers oder seines Gehilfen in der Werbung oder bei der Kennzeichnung der Sache erwarten kann (§ 434 BGB). Käufer und Käuferinnen können Rechte aus Schlechtleistung nach § 437 BGB auf Kosten des Verkäufers (vorrangig Nacherfüllung, nachrangig Preisminderung, Ersatzlieferung, ggf. Schadenersatz und Vertragsrücktritt) innerhalb von zwei Jahren geltend machen (§ 438 BGB). Im Falle des **Verbrauchsgüterkaufs** darf die Verjährungsfrist nicht auf weniger als zwei Jahre, bei **gebrauchten Sachen** auf nicht weniger als ein Jahr verkürzt werden (§ 476 Abs. 2 BGB). Versäumen Käufer und Käuferinnen diese **Gewährleistungsfrist**, dann verlieren sie ihre Rechte und sind auf die Kulanz ihres Vertragspartners angewiesen. Kulanz[2] bedeutet, dass ein Hersteller ohne Anerkennung einer Rechtspflicht freiwillig die Instandsetzungskosten insgesamt oder teilweise übernimmt.

Die meisten Autohersteller haben ihre Gewährleistungshaftung mittels ihrer **Allgemeinen Geschäftsbedingungen (AGB)** aus Gründen der Verkaufsförderung ohne Mehrpreis auf drei Jahre verlängert. Diese sogenannten **Herstellergarantien** beschränken die Rechte der Kundinnen und Kunden jedoch meistens auf die reinen Materialkosten für die zur Reparatur notwendigen Ersatzteile (die entsprechenden Lohnanteile trägt die Kundschaft). Weitergehende Herstellergarantien beschränken sich meistens auf bestimmte Fahrzeugteile (z. B. zwölf Jahre Durchrostungsgarantie) oder Leistungen.

Immer mehr Kraftfahrzeughändler nutzen das Garantieversprechen heute als Verkaufsargument und bieten ihrerseits zusätzliche, über die Herstellergarantien hinausgehende eigene **Händlergarantien** an.

Zusätzliche Hersteller- und Händlergarantien werden zurzeit in kaum überschaubaren Varianten und unter den verschiedensten Bezeichnungen und Garantiezusagen angeboten. Ob zwei oder drei Jahre oder 1 000-Tage-Garantie und mehr, ob Baugruppen- oder Komplettversicherung, ob regionale, bundesweite oder europaweite Mobilitätsgarantie, jeder Autohändler bzw. Hersteller schnürt zusammen mit seinem Versicherungspartner (z. B. CarGarantie, Car Assistance) sein eigenes individuelles Leistungspaket.

Bedenkt man, dass sich mit solchen Garantieangeboten die Preisverhandlungen mit der Kundschaft anders gestalten lassen, dass damit zusätzliche Einnahmen aus Service und Ersatzteilen winken, und dass die Kundschaft enger an das Autohaus gebunden wird, dann erscheinen die Mehrkosten dieser freiwilligen Garantien in

1 Der gewerbliche Verkäufer muss mindestens zwei Jahre für Mängel haften (bei gebrauchten Gütern mindestens ein Jahr).

2 kulant (von franz. *coulant*) = entgegenkommend, großzügig

einem anderen Licht. Nutzbare Kontaktchancen, Wiederverkaufsraten, Werkstattauslastung und Teileverkauf erhöhen sich.

Mit der konsequenten Umsetzung des Garantieangebots in der Argumentation, Werbung, Neuwagen- und Gebrauchtwagen-Präsentation geht der Händler einen wichtigen Schritt in Richtung eigenständige Händlerpersönlichkeit.

Nach 12, 18, 24 usw. Monaten wird die Kundschaft schriftlich und ergänzend telefonisch zu einer **Garantie-Inspektion mit Spezialservice** (GIMS) aufgefordert. Diese Sichtkontrolle der versicherten Baugruppen und Teile ist Bedingung für die jeweils sechsmonatige Verlängerung der Garantie.

Beispiel

Die Cars Best Gruppe bietet außerdem halbjährliche Sichtkontrollen in Verbindung mit einem Öl- und Filterwechsel zum Festpreis sowie jährliche Sichtkontrollen mit einer Festpreis-Inspektion an.

Die Kundenzufriedenheit und Kundenbindung sind der eigentliche Nutzen – auch für die Kundschaft. Die Garantieprämien muss der Händler individuell mit dem Versicherungsunternehmen aushandeln. Sie orientieren sich an Schadenquote, Garantieleistungen und Stückzahlen.

2.2.2 Neuwagenanschlussgarantie

Die konsequente Umsetzung von Qualitätsmanagementsystemen (ISO 9000 ff.) brachte viele Hersteller und Händler in die Lage, ihre Neuwagengarantien auszuweiten, ohne dabei übermäßige zusätzliche Risiken einzugehen. Sie bieten gegen Entgelt zusätzliche Garantiejahre nach Ablauf der Werksgarantie an (z. B. zusätzlich bis zu drei Jahre), sozusagen als Zusatzausstattung des Neufahrzeugs (Neuwagenanschlussgarantie).

Gleichzeitig machen sie die Garantieansprüche der Kundschaft davon abhängig, dass das Fahrzeug ordnungsgemäß von Vertragsunternehmen oder kompetenten freien Werkstätten gewartet worden ist. Die **ordnungsgemäße Wartung** muss im Serviceheft[1] bestätigt sein. Ansprüche aus einer Anschlussgarantie knüpfen die Hersteller in der Regel an eine regelmäßige Scheckheft-Wartung des Fahrzeugs. Der Bundesgerichtshof sieht darin eine „unangemessene Benachteiligung" der Kundschaft und hat diese Klausel nach § 307 Abs. 1 BGB für unwirksam erklärt (BGH VIII ZR 293/10). Der Hersteller muss im Einzelfall nachweisen, dass der Garantiefall durch ein versäumtes Wartungsintervall verursacht wurde.

Alle Leistungen aus der Garantieverlängerung entsprechen in vollem Umfang der Herstellergarantie. Die Kundschaft entscheidet, ob sie diese um ein Jahr oder um zwei bzw. drei Jahre verlängern möchte. Der Beitrag bemisst sich je nach Modellreihe, KW-Klasse und vereinbarter Fahrleistung. Meist verlängert sich der Vertrag automatisch um ein weiteres Jahr als Funktionsgarantie für mechanische und elektrische Teile ohne Kilometerbegrenzung.

1 Neuere Automodelle führen das Serviceheft nur noch in digitaler Form. Der Kunde oder die Kundin kann in diesem Fall von der Werkstatt bzw. dem Händler einen Ausdruck des aktuellen Servicenachweises verlangen.

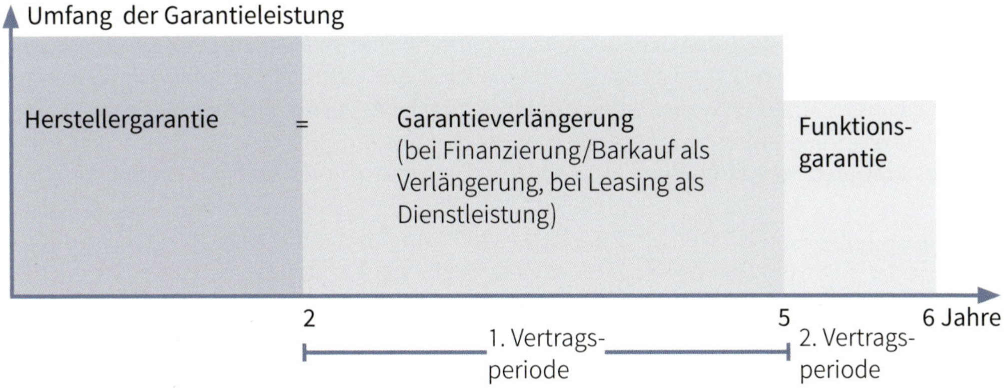

Beispiel

Auszug aus einem Werbeflyer der Cars Best Ltd.:

Neuwagenanschlussgarantie Ihres Cars Best Partners
Die heutigen Cars Best Automobile besitzen einen hohen technischen Standard und bieten ein Höchstmaß an Zuverlässigkeit. Sollte es jedoch nach Ablauf der werkseitigen Cars Best Garantie dennoch zu einem Defekt kommen, so schützt Sie die Anschlussgarantie vor unliebsamen und teuren Überraschungen – und das europaweit! Im Schadenfall brauchen Sie sich nur an Ihren Cars Best Servicepartner zu wenden. Er regelt alle weiteren Formalitäten, damit der Schadenfall für Sie schnell und unbürokratisch erledigt ist.

Je früher Sie sich für die Cars Best Anschlussgarantie entschließen, desto günstiger ist der Tarif. Erwerben Sie also noch während der ersten drei Jahre Ihre Cars Best Neuwagen-Anschlussgarantie:

Tarifvarianten (Laufzeiten 12 oder 24 Monate):	
„Frühabschluss-Tarif“	bis 13 Monate nach Erstzulassung
„Ermäßigter Standardtarif“	von 14 bis 25 Monate nach Erstzulassung
„Standardtarif“	von 26 bis 34 Monate nach Erstzulassung

Eine Übersicht der Herstellergarantien bekannter Markenhersteller finden Sie in Lernfeld 5, Kapitel 5 (siehe S. 105 ff.)

LF 5

2.2.3 Gebrauchtwagengarantie

Bei guten Gebrauchtwagenhändlern gehört eine Gebrauchtwagengarantie heute zur Serienausstattung. In der Regel erfolgt die Qualitätsprüfung der Kundschaft bei einem Gebrauchtwagenkauf durch eine äußere Besichtigung sowie eine Probefahrt bzw. einen Probelauf. Der Käufer bzw. die Käuferin muss mit einer der Fahrleistung des Gebrauchtwagens und des Alters entsprechenden Abnutzung und Funktionsbeeinträchtigung rechnen. Auch Ansprüche auf Ersatzleistungen aus der Gebrauchtwagengarantie sind von der regelmäßigen Wartung durch eine Vertragswerkstatt abhängig. Die Laufzeit der Gebrauchtwagengarantie beträgt mindestens ein Jahr. Die Garantie beschränkt sich in der Regel nur auf das Inland.

Preise und Garantiebedingungen des Cars Best Garantie-Schutzbriefs für Neufahrzeuge

Cars Best
Garantie-Schutzbrief

für das 3. Jahr bis max. 100 000 km Gesamtfahrleistung	150,00 €
für das 3. und 4. Jahr bis max. 150 000 km Gesamtfahrleistung	300,00 €
für das 3. bis 5. Jahr bis max. 200 000 km Gesamtfahrleistung	600,00 €

Die Cars Best Ltd. übernimmt für das umseitig näher beschriebene Neufahrzeug folgende Garantie.

A. Garantie-Inhalt

Die Cars Best Ltd. garantiert bei Material- oder Herstellungsfehlern an dem Fahrzeug je nach Wahl des von Ihnen aufgesuchten Cars Best-Vertragsunternehmens (und soweit notwendig, die Verbringung des Fahrzeugs dorthin) eine kostenlose Reparatur oder den kostenlosen Ersatz des betreffenden Teils, soweit es nicht unter den Garantieausschluss gem. Abschnitt B fällt.

Die Garantie erstreckt sich wahlweise

- auf das 3. Jahr bzw. 3. und 4. Jahr nach der Auslieferung des Fahrzeugs (es gilt jeweils der vereinbarte Zeitraum) höchstens jedoch bis zu einer Gesamtfahrleistung des Fahrzeugs von 100 000 bzw. 150 000 km.
- auf das 3. bis 5. Jahr nach der Auslieferung des Fahrzeugs, höchstens jedoch bis zu einer Gesamtfahrleistung des Fahrzeugs von 200 000 km.

Die Garantie wird dem Erstkäufer des Fahrzeugs gegeben und gilt innerhalb der genannten Garantiegrenzen auch für den Fall eines Weiterverkaufs.

Maßgeblich für den Beginn der Laufzeit des Cars Best-Garantie-Schutzbriefes ist das Fahrzeug-Auslieferungsdatum gem. Service-Heft bzw. das amtliche Erstzulassungsdatum. Es gilt das früheste Datum.

Diese Garantie gilt in Deutschland und dem europäischen Ausland.

B. Garantie-Ausschlüsse

Von der Garantie ausgeschlossen sind:

- Schäden an Fahrzeugen, die vernachlässigt, missbraucht, verändert oder zu Sport- und Rallyefahrten verwendet werden
- Schäden an Fahrzeugen, die als Taxi, Miet- oder Leasingfahrzeuge eingesetzt werden; dieser Ausschluss gilt nicht für Leasingfahrzeuge, die länger als sechs Monate von einem Mieter benutzt werden, und für Cars Best Rent a Car Fahrzeuge
- Schäden, die durch Unfall, Wasser- bzw. Ölmangel oder Frosteinwirkungen entstanden sind
- Schäden an Aggregaten und Teilen, die nicht dem werkseitigen Lieferumfang entsprechen
- vermeidbare Schäden, die als Folge von Defekten an Aggregaten oder Teilen auftreten, die nicht in diese Garantie eingeschlossen sind
- alle Einstell-, Auswucht- und Reinigungsarbeiten, das Entfernen von Verbrennungsrückständen sowie Diagnose- und Wartungsarbeiten
- Ansprüche auf Rückgängigmachung des Neuwagen-Kaufvertrags (Rücktritt), Herabsetzung des Kaufpreises (Minderung) oder Ersatzlieferung
- Ansprüche auf Ersatz von mittelbaren Schäden
- Karosserie-, Lackreparaturen, Glas und Polster sowie Innenverkleidung
- Reparaturen an nachfolgend aufgeführten Verschleißteilen:

Auspuffanlage	Luftfilter
Bremsbeläge	Ölfilter

Bremsscheiben	Räder/Reifen
Federbeine McPherson	Sicherungen
Glühlampen	Stoßdämpfer
Keilriemen	Wischerblätter
Kraftstofffilter	Zündkerzen
Kupplungsreibscheibe	

C. Garantie-Voraussetzungen

Garantieansprüche können nur bei einem Cars Best-Vertragsunternehmen unter folgenden Bedingungen geltend gemacht werden:

- Das Fahrzeug muss gemäß den Vorschriften des Cars Best Service-Heftes bei einem Cars Best-Vertragsunternehmen unter ausschließlicher Verwendung von Cars Best Original- oder Motorcraft-Teilen gewartet worden sein.
- Die ordnungsgemäße Wartung muss im Cars Best Service-Heft bestätigt sein.
- Der Cars Best Garantie-Schutzbrief ist vorzulegen.

D. Garantie-Abwicklung

- Tritt ein Defekt auf, der im Rahmen dieser Garantie beseitigt werden soll, sollte dieser umgehend dem verkaufenden Cars Best Vertragsunternehmen zur Beseitigung vorgeführt werden. Auf Reisen oder im europäischen Ausland soll das nächstgelegene Cars Best-Vertragsunternehmen aufgesucht werden.
- Das fehlerhafte Teil wird nach der Entscheidung des Cars Best-Vertragsunternehmens entweder repariert oder gegen ein Cars Best Original- oder Austauschteil oder ein Motorcraft-Teil kostenlos ausgetauscht. Sollte es erforderlich sein, im Zweifelsfall ein defektes Teil an Cars Best zur Untersuchung einzuschicken, muss die Reparatur in vollem Umfang bezahlt werden, sofern das Cars Best-Vertragsunternehmen dies verlangt. Wird der Garantiefall aufgrund der Prüfung anerkannt, erfolgt anschließend eine Gutschrift.
- Ersetzte Teile gehen in das Eigentum der Cars Best Ltd. über.
- Kosten, die durch Reparaturen in Werkstätten entstehen, die keinen Cars Best-Vertrag besitzen, werden nicht ersetzt.
- Reparaturen im europäischen Ausland sind ebenfalls bei Cars Best-Vertragsunternehmen durchzuführen und werden wie folgt behandelt:
  1. Reparaturen im westeuropäischen Ausland brauchen nicht bezahlt zu werden. Westeuropäische Länder sind: Andorra, Belgien, Dänemark, Finnland, Frankreich, Griechenland, Großbritannien, Irland, Italien, Liechtenstein, Luxemburg, Monaco, die Niederlande, Norwegen, Österreich, Portugal, Spanien, Schweden und Schweiz.
  2. Reparaturen im restlichen europäischen Ausland sind zunächst zu bezahlen. Die Vergütung der Kosten muss anschließend unter Vorlage der Rechnung bei dem verkaufenden Cars Best-Vertragsunternehmen beantragt werden.

E. Totalschaden

Erleidet das Fahrzeug im ersten Jahr einen Totalschaden, so kann auf Antrag der Kaufpreis dieses Cars Best Garantie-Schutzbriefes storniert werden. Der Antrag ist unter Nachweis des Totalschadens und Abgabe der Original-Urkunde bei dem verkaufenden Cars Best-Vertragsunternehmen zu stellen.

Garantiebedingungen des Cars Best Garantie-Schutzbriefs für Gebrauchtwagen

Cars Best
Garantie-Schutzbrief

§ 1 Vertragsgegenstand

1. Gegenstand dieses Vertrags sind die nachstehend bezeichneten Teile der auf der Vorderseite dieses Vertrags genannten Baugruppen des Personenkraftwagens, für den dieser Vertrag abgeschlossen wird:

Baugruppe:	
Motor	Zylinderblock, Kurbelgehäuse, ...
Schalt- und Automatikgetriebe	Getriebegehäuse und Innenteile, ...
Achsgetriebe	Gehäuse einschließlich aller Innenteile
Kraftübertragungswellen	Kardanwellen, Achsantriebswellen, ...
Lenkung	mechanisches oder hydraulisches Lenkgetriebe mit allen Innenteilen, ...
Bremsen	Hauptbremszylinder, Bremskraftverstärker
Kraftstoffanlage	Kraftstoffpumpe, Einspritzpumpe, ...
Elektrische Anlage	Lichtmaschine mit Regler, elektronische Zündanlage, Anlasser, Zündkabel, ...
ABS	mechanisches ABS, vom elektronischen ABS das Steuergerät, Hydraulikeinheit, ...
Kühlsystem	Kühler, Heizungskühler, ...
Abgasanlage	Lambdasonde, Hosenrohr und Befestigungsteile in Verbindung mit der Lambdasonde.

2. Dichtungen, Dichtungsmanschetten, Simmeringe, ... werden nur dann vom Vertrag erfasst, wenn sie im Zusammenhang mit Arbeiten gemäß Ziff. 1 zu ersetzen sind.
3. Nicht ersetzt werden:
   a) Teile, die vom Hersteller nicht zugelassen sind;
   b) Betriebs- und Hilfsstoffe.

§ 2 Ausschluss von Leistungen

Ein Gewährleistungsanspruch besteht nicht für Schäden:

a) durch Unfall;

b) durch Böswilligkeit, durch Brand oder Explosion, durch Diebstahl, unbefugten Gebrauch, Raub oder Unterschlagung, durch unmittelbare Einwirkung von Sturm, Hagel, Blitzschlag, Erdbeben oder Überschwemmung;

c) durch Kriegsereignisse jeder Art, Bürgerkrieg, innere Unruhen, Streik, Aussperrung, Beschlagnahme und sonstige hoheitliche Eingriffe oder durch Kernenergie;

d) für die Dritte als Lieferanten, Werkunternehmer aus Reparaturauftrag einzutreten haben;

e) an Teilen, die der Hersteller aufgrund seiner Garantie kostenlos repariert;

f) die aus der Teilnahme an Sportveranstaltungen entstehen;

g) die dadurch entstehen, dass das Fahrzeug höheren als den vom Hersteller festgesetzten zulässigen Achs- oder Anhängerlasten ausgesetzt wurde;

h) die durch Verwendung ungeeigneter Betriebsstoffe entstehen;

i) die durch die Veränderung der ursprünglichen Konstruktion des Fahrzeugs (z.B. Tuning) oder den Einbau von Fremd- oder Zubehörteilen verursacht werden, die nicht durch den Hersteller zugelassen sind;

j) durch Einsatz einer erkennbar reparaturbedürftigen Sache, es sei denn, dass der Fehler mit der Reparaturbedürftigkeit nachweislich nicht in Zusammenhang steht oder dass die Sache zur Zeit des Fehlers mit Zustimmung des Gewährleistungsträgers wenigstens behelfsmäßig repariert war;

k) an Fahrzeugen, die während der Vertragsdauer mindestens zeitweilig zur gewerbsmäßigen Personenbeförderung verwendet oder gewerbsmäßig an einen wechselnden Personenkreis vermietet worden sind.

Ist der Beweis für das Vorliegen einer der genannten Ursachen nicht zu erbringen, so genügt für die Ablehnung des Anspruchs die überwiegende Wahrscheinlichkeit, dass der Schaden auf eine dieser Ursachen zurückzuführen ist.

§ 3 Geltungsbereich

Die Gewährleistungszusage gilt für eingetretene Schäden im Bereich der Bundesrepublik Deutschland.

§ 4 Beginn und Ende des Gewährleistungsanspruchs

1. Die Gewährleistungszusage beginnt mit Zahlung des Entgeltes, frühestens jedoch mit dem vereinbarten Zeitpunkt.
2. Die Gewährleistungszusage endet mit dem vereinbarten Zeitpunkt.

§ 5 Vorübergehende Stilllegung, Veräußerung

1. Wird das Fahrzeug vorübergehend aus dem Verkehr gezogen (Stilllegung im Sinne des Straßenverkehrsrechts), so wird dadurch der Vertrag nicht berührt.
2. Der Vertrag ist auch im Falle der Veräußerung des Kraftfahrzeugs, das Gegenstand dieses Vertrags ist, übertragbar.

§ 6 Umfang der Gewährleistung

1. Der Gewährleistungsträger leistet Ersatz für die erforderlichen und tatsächlich angefallenen Kosten der Reparatur einschließlich aller notwendigen Ersatzteile, höchstens jedoch bis zu 1 500,00 € (einschließlich Mehrwertsteuer) je Gewährleistungsfall.
2. Die Leistungen gem. Ziff. 1 werden nur nach folgender Staffel ersetzt, und zwar ausgehend von der Betriebsleistung der betroffenen Baugruppe zum Zeitpunkt des Gewährleistungsfalles:

bis 50 000 km	100 %	bis 90 000 km	60 %
bis 60 000 km	90 %	bis 100 000 km	50 %
bis 70 000 km	80 %	über 100 000 km	40 %
bis 80 000 km	70 %		

3. Nicht ersetzt werden:
   a) Kosten für Test-, Mess- und Einstellarbeiten, soweit sie nicht im Zusammenhang mit einem erstattungspflichtigen Gewährleistungsfall entstehen;
   b) Abstellgebühren, Kosten für Luftfracht.
4. Werden gleichzeitig mit erstattungspflichtigen Leistungen andere Reparaturen oder Inspektionen durchgeführt, so wird die Dauer der erstattungspflichtigen Reparaturen mithilfe der Arbeitszeitwerte des Herstellers ermittelt.
5. Mehr als der Zeitwert des Fahrzeugs wird nicht ersetzt.

2.2.4 Mobilitätsgarantie

Zusätzlich zur Neuwagenanschluss- und Gebrauchtwagengarantie bieten die meisten Autohäuser sogenannte Mobilitätsgarantien an. Die Mobilitätsgarantie soll die Beweglichkeit (Mobilität) der Kundschaft auch dann sicherstellen, wenn sie eine Panne (Unfall und Diebstahl sind ausgeschlossen) mit ihrem Neu- bzw. Gebrauchtwagen erleidet. Sie ist in der Regel im ersten Jahr kostenlos und kann gegen Entgelt um weitere Jahre verlängert werden. Meistens sind die Garantieansprüche an eine maximale Kilometerleistung und an die Einhaltung der Inspektionsintervalle gekoppelt. Es werden z. B. Abschleppkosten, Übernachtungskosten (ab 80 km Entfernung vom Wohnort) bzw. Kosten der Heimfahrt (Bus, Bahn, Flugzeug) übernommen. Viele Autohäuser bieten Leistungen an, wie sie bei der Schutzbrief-Versicherung üblich sind. Bei Gebrauchtwagen sind die Garantieleistungen meistens geringer als bei Neuwagen und an eine Gebrauchtwagengarantie gebunden.

Auszug aus den Garantiebedingungen der Cars Best Mobilitätsgarantie für Neufahrzeuge

Cars Best Garantie-Schutzbrief plus

Cars Best EuroService: eine im 1. Jahr kostenlose Mobilitätsgarantie. Sie gilt rund um die Uhr und in fast allen Ländern Europas, sofern Ihr neuer Cars Best Phantasia in Deutschland erstzugelassen und hier von einem Cars Best Vertragspartner verkauft wurde. Mit dem **Cars Best Garantie-Schutzbrief plus** können Sie diesen Service verlängern.

Cars Best Garantie-Schutzbrief

für das 3. Jahr bis max. 100 000 km Gesamtfahrleistung inkl. Cars Best EuroService	175,00 €
für das 3. und 4. Jahr bis max. 150 000 km Gesamtfahrleistung inkl. Cars Best EuroService	350,00 €
für das 3. bis 5. Jahr bis max. 200 000 km Gesamtfahrleistung inkl. Cars Best EuroService	700,00 €

Cars Best Garantie-Schutzbrief plus (CBGS plus)
Käuferinnen und Käufer des Cars Best Garantie-Schutzbriefes plus erwerben zusätzlich zu Vorstehendem alle Leistungen der Mobilitätsgarantie Cars Best EuroService, im Einzelnen:
Wenn Sie innerhalb des Vertragszeitraumes unterwegs sind und durch einen Schaden an Ihrem Cars Best nicht weiterfahren können, benachrichtigen Sie bitte unbedingt zuerst den Cars Best EuroService. Nur dann stehen Ihnen alle Leistungen des Cars Best EuroService (CBES plus) zur Verfügung. Sie können dann Ihr Fahrzeug kostenlos zum nächsten Cars Best Vertragsunternehmen abschleppen lassen. Wenn der Schaden nicht am gleichen Tag behoben werden kann, haben Sie die Wahl zwischen folgenden Möglichkeiten: Auf Wunsch stellt Ihnen der Cars Best EuroService einen Mietwagen zur Verfügung, den Sie bis zum Ablauf von drei Werktagen[1] kostenlos benutzen können. Oder Sie reisen mit der Bahn in der 1. Klasse. Wenn die Bahnfahrt länger als sechs Stunden dauern würde, können Sie auch das Flugzeug benutzen. Hier übernimmt der Cars Best EuroService die Kosten bis zur Höhe von 600,00 € pro Person. Oder wenn Sie die Reparatur abwarten wollen, können Sie auf Kosten des Cars Best EuroService in einem drei-Sterne-Hotel (oder in einem Hotel mit einem vergleichbaren Standard) bis zum Ablauf von drei Werktagen[1] wohnen. Die Angebote Bahn, Flugzeug und Hotel gelten für die Fahrer und alle weiteren Fahrzeuginsassen, bis zu maximal neun Personen bei einem Cars Best Van. Das Angebot Hotel gilt nur für den Fall, dass Sie weiter als 80 km von Ihrem Heimatort entfernt sind. Um Ihr Fahrzeug nach der Fertigstellung wieder abzuholen, haben Sie die Wahl zwischen Bahn oder Flugzeug, so wie es zuvor bereits beschrieben wurde. Dieses Angebot gilt jetzt aber nur noch für die Fahrerin oder den Fahrer oder eine Vertretung, also für eine Person.

Die Cars Best EuroService Leistungen können nicht in Anspruch genommen werden:
bei Unfällen, Brand und Diebstahl des Fahrzeugs, während des Fahrunterrichts, bei der Teilnahme an sportlichen Wettkämpfen, wenn das Fahrzeug wegen Wartung, Inspektion oder Einbau von Zubehör nicht zur Verfügung steht, beim Versagen eines Anhängers, bei Rückruf von Fahrzeugen, Mietwagen (Selbstfahrvermietfahrzeug und Vermietfahrzeug mit Fahrer), Fahrschulfahrzeuge und Taxis sind nur für die Leistungen Pannenhilfe und Abschleppen versichert.

Der Cars Best EuroService haftet nicht bei:
höherer Gewalt, Kriegsrisiken, Streiks, Pfändungen oder staatlichen Zwangsmaßnahmen, offiziellen Verboten, Piraterie, nuklearen oder anderen Explosionen.
Der Cars Best EuroService kommt nicht für Schäden auf, die aufgrund des Fahrzeugschadens an Gepäck oder Fracht entstehen. Gleiches gilt für in diesem Zusammenhang entstehende Einkommensverluste.

1 Samstag, Sonntag sowie Feiertage zählen insoweit nicht als Werktage und werden nicht von den drei Tagen abgezogen.

Auszug aus den Garantiebedingungen der Cars Best Mobilitätsgarantie für Gebrauchtfahrzeuge

Mobilitätshilfen

Sollte ein ersatzpflichtiger Schaden weiter als 300 km vom Zulassungsort eintreten, werden Kosten für Telefon, Übernachtung, Abschleppdienst, Bahnfahrt und Mietwagen in tatsächlicher Höhe bis zu 100,00 € pro Tag, höchstens für 3 Tage ersetzt.

Alternativ werden Aufwendungen für Telefon, Abschlepp- und Mietwagenkosten bis insgesamt 50,00 € pro Schadenfall ersetzt, sofern es sich um einen ersatzpflichtigen Schaden handelt, der bis zu 300 km vom Zulassungsort entfernt eingetreten ist und dessen Reparatur mindestens zwei Tage in Anspruch nimmt.

2.2.5 Wartungs- und Inspektionspaket

Das Autohaus vereinbart mit der Kundschaft einen Sonderpreis bzw. einen Monatsbeitrag für eine bestimmte Anzahl von Wartungen und Inspektionen innerhalb einer bestimmten Laufzeit bzw. vereinbarten Kilometerleistung (z. B. 48 Monate, 100 000 km). Die Servicearbeiten müssen in der **Vertragswerkstatt** durchgeführt werden. Bei Vertragsabschluss darf das Fahrzeug in der Regel nicht älter als 36 Monate alt oder nicht mehr als 60 000 km gelaufen sein. Die Kunden und Kundinnen können ihr Wartungspaket nur beanspruchen, wenn eine Inspektion, ein Ölwechsel oder ein Intervallservice fällig ist.

Das Wartungs- und Inspektionspaket kann in der Regel nur für bar gekaufte und finanzierte Fahrzeuge abgeschlossen werden – Leasingfahrzeuge sind ausgeschlossen.

Das Autohaus übernimmt die Kosten (einschließlich **Lohn- und Materialkosten**) für die vereinbarte Zahl von Wartungen (z. B. maximal sechs Serviceereignisse) laut Serviceplan, z. B. Ölwechsel inklusive Ölfilter (auch für Direktschaltgetriebe), Luft-, Pollen- und Kraftstofffilter, Zündkerzen, Bremsflüssigkeit. Bestimmte Verschleißteile sind ausgeschlossen, z. B. Bremsbeläge, Auspuff. Während der Service durchgeführt wird, hat die Kundschaft zusätzlich Anspruch auf einen Tag **Ersatzmobilität** (z. B. Ersatzwagen, Hol- und Bring-Dienst).

Vorteile des Wartungs- und Inspektionspakets

Vorteile für das Autohaus	• Die Kundschaft wird nach Abschluss des Wartungs- und Inspektionspakets auf jeden Fall die nächsten, bereits bezahlten Arbeiten in der Werkstatt durchführen lassen. • Zusätzlich erhält das Autohaus eine Vorauszahlung auf Leistungen, die erst später erbracht werden. Dieses Geld steht dem Autohaus zinslos zur Verfügung.

Vorteile für die Kundschaft	• günstige, konstante Monatsbeiträge über die gesamte Laufzeit • Planungssicherheit durch kalkulierbare Kosten • keine unerwarteten Belastungen des Haushaltsbudgets • optimale Durchführung von Wartungs- und Inspektionsarbeiten in Markenwerkstätten • Beitrag zur Sicherheit und zum Werterhalt des Fahrzeugs • Ersatzmobilität pro Serviceereignis ist eingeschlossen

Zusammenfassung

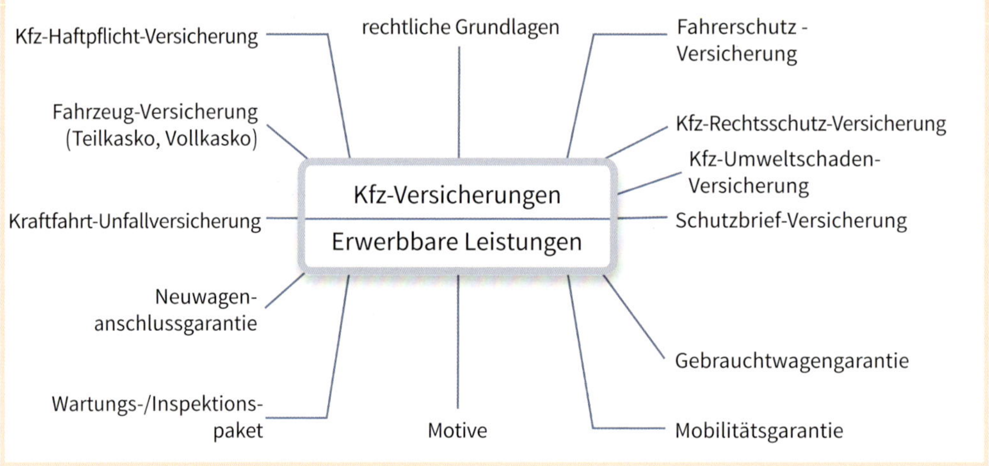

Aufgaben

Vermittlung von Kraftfahrtversicherungen

1. Ergänzen Sie Ihre Lernkartei um die Begriffe des Themengebiets „Kraftfahrtversicherungen".

2. Berechnen Sie die Versicherungsleistung des Versicherers in den folgenden Fällen:
   a) Anke Wresner hat für ihren Phantasia eine Fahrzeug-Vollversicherung mit 300,00 € Selbstbeteiligung einschließlich Fahrzeug-Teilversicherung mit 150,00 € abgeschlossen. Nach einem Zusammenprall mit einem Wildschwein kommt Anke von der Fahrbahn ab. Sie selbst ist nur leicht verletzt. Das Fahrzeug ist zwei Jahre alt und erleidet einen Totalschaden (Restwert: rund 1 500,00 €). Der Phantasia hatte zum Unfallzeitpunkt einen Zeitwert von 12 500,00 €. Wie hoch ist die Ersatzleistung der Versicherung, wenn sich Anke wieder einen Neuwagen zulegt?
   b) Berechnen Sie die Ersatzleistung der Versicherung, wenn Ankes Phantasia (siehe a) fünf Monate alt und 6 000 km gefahren wäre. Anke hat für den Phantasia 19 500,00 € bezahlt.
   c) Dem Angestellten Franz Hartmann wird sein fünf Jahre alter Maximo-Kombi trotz Wegfahrsperre entwendet und nicht mehr aufgefunden. Franz Hartmann hat eine Fahrzeug-Teilversicherung mit 150,00 € Selbstbeteiligung abgeschlossen. Der ursprüngliche Kaufpreis des Maximo betrug 36 000,00 €, der Wiederbeschaffungswert

beträgt laut DAT-Liste 12 000,00 €, der Neupreis am Schadentag 55 300,00 €. Wie hoch ist die Ersatzleistung der Versicherung?

d) Angenommen, das Fahrzeug (siehe c) würde stark beschädigt wieder aufgefunden. Spielt es eine Rolle, wann das Fahrzeug aufgefunden wurde?

e) Ute Wagner verursacht mit ihrem Spiders-Cabriolet einen selbst verschuldeten Unfall mit Totalschaden. Ute ist bisher 10 000 km gefahren. Das Auto wurde erst vor fünf Monaten zugelassen. Ute hat für ihren Spiders 30 000,00 € bezahlt. Ein gleichwertiger gebrauchter Spiders kostet nach einem halben Jahr 26 000,00 €. Ute hat eine Vollversicherung mit 300,00 € Selbstbeteiligung und eine Teilkaskoversicherung mit 150,00 € Selbstbeteiligung. Berechnen Sie die Erstattungsleistung der zuständigen Fahrzeugversicherung, wenn der Restwert des Altfahrzeugs noch 2 000,00 € beträgt.

f) Horst Berger ist Verursacher eines schweren Unfalls. In seinem Maximo-Kombi befanden sich noch drei weitere Bekannte. Er selbst bleibt bei diesem Unfall unverletzt. Für einen der Insassen kommt jede Hilfe zu spät – er ist tot. Eine weitere Insassin verliert ein Auge, ein weiterer Insasse einen Daumen. Horst Berger hat eine Kraftfahrt-Unfallversicherung nach dem Pauschalsystem mit folgenden Versicherungssummen abgeschlossen: 50 000,00 € für den Todesfall; 100 000,00 € für den Invaliditätsfall. Welche Beträge zahlt die Kraftfahrt-Unfallversicherung für die verunglückten Insassen bzw. Hinterbliebenen aus?

g) Welche Beträge wären zur Auszahlung gekommen, wenn Horst Berger (siehe f) eine Insassenunfallversicherung für eine bestimmte Zahl von Personen (hier: vier Personen) abgeschlossen hätte?

3. Auszug aus einem Antrag auf Kraftfahrtversicherung mit allen versicherten Gefahren:

Versicherungsumfang gemäß Vertragsinformation

Tarif bei Pkw: ☐ **Komfort** ☐ **Basis**
Regionalklasse: Haftpflicht ___ Kasko ___
Typklasse: Haftpflicht ___ Kasko ___

Haftpflicht ☐ **100 Mio. EUR pauschal** mit Schutzbrief (Bei Personenschäden 15 Mio., 12 Mio. oder 8 Mio. EUR – abhängig von der Fahrzeugart – je geschädigte Person)
☐ **Gesetzliche Mindestversicherungssummen** - nur im Basis-Tarif möglich

☐ Bitte ankreuzen, falls Schutzbrief nicht gewünscht (gilt nur für Pkw, Krafträder und Campingfahrzeuge bis 4,0 t Gesamtmasse)

Vollkasko mit Selbstbeteiligung EUR ☐ 150 ☐ 300 ☐ 500 ☐ 1.000 ☐ ohne
Teilkasko mit Selbstbeteiligung EUR ☐ 150 ☐ 300 ☐ 500 ☐ 1.000 ☐ ohne
Spar-Kasko für Pkw ☐ ja ☐ nein
GAP-Deckung für Leasing-Pkw ☐ ja ☐ nein
Zuschlagspflichtige Teile laut A.2.1.2 AKB ☐ nein ☐ ja (Bitte ggf. Formular-Nr. K.1e.5837e beifügen)

Rabattschutz für Pkw	SF-Klasse	Beitragssatz %	Beitrag in EUR im Versicherungsbeginnjahr
☐ Kfz-Haftpflicht			
☐ Vollkasko			

Kfz-Gesamtbeitrag inklusive 19 % Versicherungssteuer gemäß Zahlungsperiode ___

Interne Vermerke:

Besondere Vereinbarungen (Mündliche Vereinbarungen haben keine Gültigkeit)

Beschreiben Sie die wichtigsten Merkmale (z. B. Leistungsumfang, Beitragshöhe) der im vorliegenden Versicherungsvertrag genannten Teilbereiche der Kraftfahrtversicherung und von vier weiteren im Lehrbuch zusätzlich aufgeführten Sparten.

Suchen Sie zuerst die Vergleichsmerkmale gemeinsam im Klassenverband. Bilden Sie dann sechs **Expertengruppen** A, B, C, D, E und F mit je fünf Mitgliedern. Jede **Gruppe** befasst sich mit einem Teilbereich der Kraftfahrtversicherung (z. B. Gruppe A mit der Kraftfahrzeug-Haftpflichtversicherung).
Tauschen Sie anschließend Ihre Informationen in sechs Puzzlegruppen aus. Die **Puzzlegruppen** bestehen aus je einem Mitglied jeder Expertengruppe; dieser jeweilige Experte berichtet jeweils über die Ergebnisse seiner Expertengruppe. Erstellen Sie in jeder Puzzlegruppe ein Plakat und vergleichen Sie die Plakate im Klassenverband.

4. Inwiefern ist das Versicherungsangebot der Automobilhersteller und -händler ein wichtiges Absatzinstrument?

5. Auszug aus einem Antrag zur Kraftfahrzeugversicherung:

Risikofragen (Fahrzeugdaten gemäß Zulassungsbescheinigung Teil I ☐ Kopie ist beigefügt) **und Versicherungsdauer**

Versicherungsbeginn ______ 0 Uhr
Versicherungsablauf[3] Monatserster des Vertragsbeginns + 1 Jahr oder 01.01. des Folgejahres ______ 0 Uhr
Amtliches Kennzeichen ______
☐ Saisonkennzeichen (nur jährliche Zahlung möglich) gemäß H.2 AKB vom 01. des Monats ____ bis Ende des Monats ____

Zahlungsperiode ☐ jährlich ☐ 1/2jährlich ☐ 1/4jährlich ☐ monatlich nur bei Abruf

Wagnisse ohne Vermietung
☐ Pkw ☐ Kraftrad (WKZ 003) mit ABS ☐ ja ☐ nein ☐ Campingfahrzeug ☐ Lkw bis 3,5 t Gesamtmasse ☐ Lkw über 3,5 t Gesamtmasse
☐ Leichtkraftrad / -roller WKZ ____ ☐ Sonstige WKZ ____ ☐ Werkverkehr ☐ gew. Güterverkehr
Aufbauart ____ Gesamtmasse ____ Gefahrgut ____

Hersteller ____
Fahrzeugtyp ____
Schlüssel-Nr. (HSN) ____ (TSN) ____ Stärke kW ____ ccm ____
Erstzulassung ____
Wann wurde das Fahrzeug auf den aktuellen Halter zugelassen (Monat/Jahr)? ____
Fahrzeug-Identifikations-(Fahrgestell-)Nr. ____
Fahrzeug-Neuwert ohne zuschlagspflichtige Teile ____ EUR
Sonderausstattung ____

3 mit Vertragsverlängerung gemäß G.1.3 AKB

Weitere Risikofragen

Halter des Fahrzeugs ☐ Versicherungsnehmer ☐ Ehe-/Lebenspartner (in häuslicher Gemeinschaft) ☐ andere Person ☐ Firma/Inhaber ☐ Werksangehöriger ☐ Schwerbeschäd.

Name und Straße des Halters, falls Zulassung nicht auf den Versicherungsnehmer ____ PLZ des Halters ____ Wohnort des Halters ____

Wer fährt das Fahrzeug? (Alle Fahrer angeben) ☐ Versicherungsnehmer ☐ Ehe-/Lebenspartner (in häuslicher Gemeinschaft) ☐ Sohn ☐ Tochter ☐ Sonstige

Alter jüngste/r Fahrer/in ☐ 24 Jahre u. älter
☐ unter 24 Jahre, bitte zusätzlich Geburtsjahr angeben ____

☐ Jüngste/r Fahrer/in war/ist Teilnehmer am Projekt „Begleitetes Fahren" – Nachweis ist beigefügt

Wie wird das Fahrzeug überwiegend genutzt? ☐ privat (inkl. Fahrten zur Arbeitsstätte) ☐ geschäftlich

km-Stand bei Antragstellung ____.000

Jährliche km-Leistung ca. ____.000

Abstellplatz des Fahrzeugs ☐ Einzel-/Doppelgarage ☐ Mehrfach-/Tiefgarage ☐ Carport ☐ privates Grundstück ☐ keine Garage

Selbst genutztes Wohneigentum vorhanden? ☐ Ein-/Mehrfamilienhaus ☐ Eigentumswohnung ☐ nein

Alter des jüngsten Kindes in häuslicher Gemeinschaft ____ Jahre

Pflichtangaben (ausschließlich für statistische Zwecke)

Jährl. mehr als 2 Fahrten nach Südost- oder Osteuropa ☐ ja ☐ nein

a) Erläutern Sie die Risiken, die in obigem Auszug aus dem Kraftfahrzeug-Versicherungsantrag genannt sind.
b) Nennen Sie mögliche weitere Risiken.
c) Beschreiben Sie die Auswirkungen dieser Risiken auf den Versicherungsbeitrag.
d) Welche Folgen hat die Verletzung der vorvertraglichen Anzeigepflichten durch den Antragsteller?

6. Beschreiben Sie an Beispielen den besonderen Versicherungsschutz für
   a) Elektro- bzw. Hybridfahrzeuge und
   b) assistiertes bzw. automatisiertes Fahren.

Erwerbbare Leistungen

7. Ergänzen Sie Ihre Lernkartei um die Begriffe des Themengebiets „zusätzlich erwerbbare Leistungen".

8. Unterscheiden Sie die Begriffe gesetzliche Gewährleistung, Garantie, Kulanz.

9. Vergleichen Sie die zusätzlich erwerbbaren Leistungen Neuwagenanschluss-, Gebrauchtwagen- und Mobilitätsgarantie anhand ihrer wichtigsten Merkmale.
   Suchen Sie zuerst die Vergleichsmerkmale (z. B. Dauer, Leistungsumfang) gemeinsam im Klassenverband. Bilden Sie dann vier **Expertengruppen** A, B, C und D mit je sechs Mitgliedern. Gruppe A befasst sich mit der Neuwagenanschlussgarantie, Gruppe B mit der Gebrauchtwagengarantie, Gruppe C mit der Mobilitätsgarantie, Gruppe D mit dem Wartungs- und Inspektionspaket. Tauschen Sie anschließend Ihre Informationen in sechs Puzzlegruppen aus. Die **Puzzlegruppen** bestehen aus je zwei Mitgliedern jeder Expertengruppe; diese Experten berichten jeweils über die Ergebnisse ihrer Expertengruppe. Erstellen Sie in jeder Puzzlegruppe ein Plakat und vergleichen Sie diese im Klassenverband. Schildern Sie in einem **Blitzlicht** Ihre Gruppenerlebnisse.

10. a) Sammeln Sie Prospekte verschiedener Markenhersteller mit Garantieversprechen sowie Wartungs- und Inspektionspaketen und erarbeiten Sie die wesentlichen Unterschiede im Garantieangebot der genannten Hersteller.
   b) Inwiefern sind das Garantieangebot sowie Wartungs- und Inspektionspakete der Automobilhersteller und -händler wichtige Absatzinstrumente?
   c) Welche Wirkungen haben die Garantieangebote auf die Markttransparenz aus Sicht der Verbraucherinnen und Verbraucher? Wer trägt die Garantiekosten letztendlich?
   d) Diskutieren Sie über Vor- und Nachteile der zusätzlichen Garantien der Automobilhersteller aus betriebswirtschaftlicher, gesamtwirtschaftlicher (z. B. Wettbewerb auf dem Automobilmarkt) und ökologischer Sicht.
   Finden Sie die Vor- und Nachteile mithilfe einer **Kartenabfrage**. Wenden Sie dabei Elemente der **Metaplantechnik** an (z. B. Clustering entsprechend der Sichtweisen Betriebswirtschaft, Gesamtwirtschaft, Ökologie). Web
   e) Simulieren Sie ein Kundengespräch (kurzes Rollenspiel), in dem Sie die Vorteile der Garantieleistungen Ihres Autohauses herausstreichen und auf Einwendungen der Kundschaft (z. B. „Wer bezahlt das?") reagieren.

3 Leasing aus buchhalterischer Sicht

AUSGANGSSITUATION

Die Auszubildende Nora Braun bekommt eine Liste mit „Leasingausläufern“. Mit diesen Kunden und Kundinnen soll sie Termine für die Rückgabe der Fahrzeuge vereinbaren. Sie fragt den Buchhalter Herrn Löppel: „Welchen Vorteil hat denn die Kundschaft beim Leasing? Das Fahrzeug gehört ihr doch gar nicht und sie muss es am Ende der Leasinglaufzeit zurückgeben.“

ARBEITSAUFTRAG

Überlegen Sie, welche Gründe aus Kundensicht für das Leasing von Neufahrzeugen sprechen.

Leasing bedeutet das Mieten einer bestimmten Sache zu festgelegten Konditionen. Beim Kfz-Leasing bezieht sich das auf Mietdauer, Fahrleistung und Kalkulation der Leasingraten.

Beteiligte eines Kfz-Leasings sind:

Allgemein	Beispiel
Kfz-Betrieb	Autohaus Köppel GmbH
Auto-Leasinggesellschaft	Michaelis-Leasing GmbH
Leasingnehmer	Kunde oder Kundin

Beispiel: Ablauf des Leasings

Der Kfz-Betrieb, die Autohaus Köppel GmbH,

- wird als Vermittler zwischen der Auto-Leasinggesellschaft Michaelis-Leasing GmbH und dem Kunden Gabelstapler GmbH tätig;
- darüber hinaus verkauft die Autohaus Köppel GmbH das zu verleasende Fahrzeug an die Michaelis-Leasing GmbH und
- liefert das Leasingfahrzeug an den Kunden.

Die Michaelis-Leasing GmbH ist **Leasinggeber**.
Die Gabelstapler GmbH ist **Leasingnehmer**.
Die Autohaus Köppel GmbH erbringt somit drei Leistungen.

Ablaufschema des Kfz-Leasings

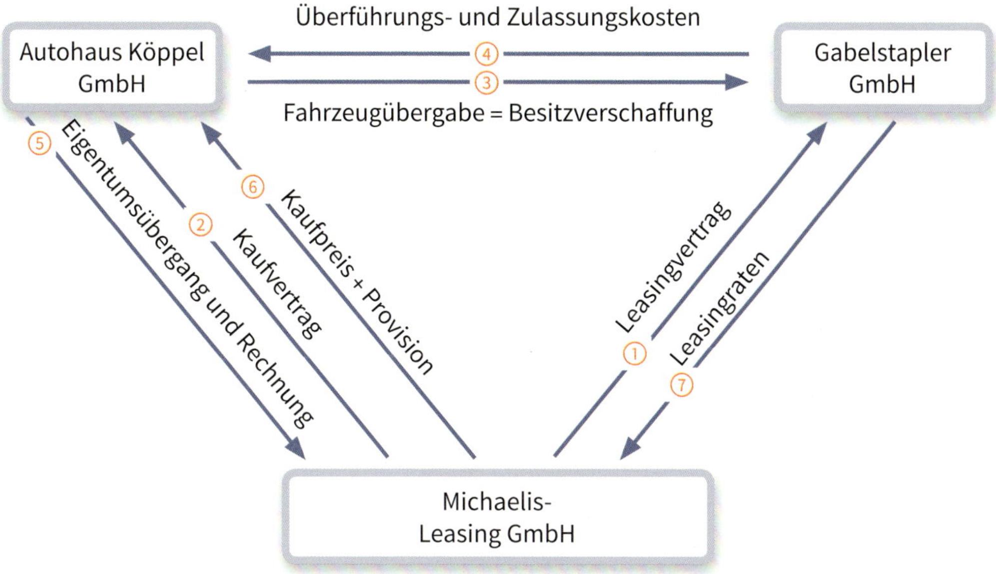

In der Praxis wird z. B. wie folgt verfahren: Herr Köppel tätigt die Bestellung und sendet diese mit der Unterschrift des Bevollmächtigten der Gabelstapler GmbH an die Michaelis-Leasing GmbH weiter. Diese bestätigt nach der Bonitätsprüfung die Bestellung, somit ist ein Leasingvertrag zustande gekommen. Für diese Tätigkeit erhält das Autohaus Köppel eine **Vermittlungsprovision**, die sich bei den Herstellern/Importeuren unterschiedlich errechnet, im Maximum der Differenz zwischen UPE und Händlereinkaufspreis entspricht. Die Provisionserträge sind in der Kontenklasse 8 auf dem Konto „8870 Provisionen Leasing/Finanzierung/Versicherung" im Haben zu buchen, die entstehende Umsatzsteuer im Haben auf dem Konto „1770 Umsatzsteuer". Der Gesamtbetrag erhöht den Forderungsbestand gegenüber der Michaelis-Leasing GmbH.

Beispiel

Die Gabelstapler GmbH will ein Neufahrzeug Modell Big House-Großraumlimousine leasen. Die UPE brutto beträgt laut Modellpreisliste 15 700,00 €, der Händlereinkaufspreis brutto 13 188,00 €.

Berechnung der Vermittlungsprovision

UPE Big House-Großraumlimousine	50 000,00 €
– Händlereinkaufspreis Big House-Großraumlimousine	42 500,00 €
= Vermittlungsprovision	7 500,00 €

(1) Buchung der Vermittlungsprovision:

1400	Forderungen (Michaelis-Leasing GmbH)	7 500,00 €			
			an	8870	Provisionen Leasing/ Finanzierung/Versicherung 6 302,52 €
				1770	Umsatzsteuer 1 197,48 €

Vor dem Verkauf der Big House-Großraumlimousine muss dieser von der Michaelis Importgesellschaft mbH bezogen werden. Neben dem Händlereinkaufspreis in Höhe von 35 714,29 € netto werden in diesem Beispiel noch 280,00 € netto Überführungskosten berechnet.

② Buchung des Einkaufs des Leasingfahrzeugs:

3000	Bestand Neuwagen	35 714,29 €				
3030	Bestand Überführungen	280,00 €				
1570	Vorsteuer	6 838,92 €				
			an	1600	Verbindlichkeiten (Michaelis Importgesellschaft mbH)	42 833,21 €

Die Aushilfe Heinz Becker fährt zur Zulassungsstelle und lässt die Big House-Großraumlimousine zu.
Hierfür fallen Gebühren in Höhe von 35,00 € an, die bar bezahlt werden. Für die Zulassungsgebühr als eine staatliche Gebühr wird keine Umsatzsteuer berechnet.

③ Buchung der Zulassungsgebühren:

3200	Bestand Zulassungspauschale	35,00 €				
			an	1000	Kasse	35,00 €

④ Buchung des Verkaufs des Leasingfahrzeugs:

Nachdem die Big House-Großraumlimousine zugelassen wurde, wird sie der Michaelis-Leasing GmbH zum Händlereinkaufspreis berechnet. Die Buchung erfolgt wie alle Neufahrzeugverkäufe.

1400	Forderungen (Michaelis-Leasing GmbH)	42 500,00 €				
			an	8000	Erlöse Verkauf Neuagen	35 714,29 €
				1770	Umsatzsteuer	6 785,71 €

Buchung der Lagerentnahme:

7000	VAK Verkauf Neuwagen	35 714,29 €				
			an	3000	Bestand Neuwagen	35 714,29 €

Das Autohaus Köppel übergibt das zugelassene, fahrbereite Fahrzeug an den Bevollmächtigten der Gabelstapler GmbH. Die Kosten für Überführung und Zulassung werden wie folgt in Rechnung gestellt:

Überführungskosten	315,00 €
+ Zulassungskosten	35,00 €
+ 19 % Umsatzsteuer (aus 315,00 €)	59,85 €
= Rechnungsbetrag	409,85 €

⑤ Buchung der Weiterberechnung Überführungs- und Zulassungskosten:

1400	Forderungen (Gabelstapler GmbH)	409,85 €				
			an	8030	Erlöse Überführung	315,00 €
				8200	Erlöse Zulassungspauschale	35,00 €
				1770	Umsatzsteuer	59,85 €

Verrechnung der Überführungs- und Zulassungskosten:

7030	VAK Überführung	280,00 €				
			an	3030	Bestand Überführung	280,00 €
7200	VAK Zulassungspauschale	35,00 €				
			an	3200	Bestand Zulassungspauschale	35,00 €

Die Michaelis-Leasing GmbH hat eine Mietsonderzahlung mit der Gabelstapler GmbH in Höhe von 2 000,00 € vereinbart. Diese wird vereinbarungsgemäß vom Autohaus Köppel zusammen mit den Zulassungs-/Überführungskosten in Rechnung gestellt, was zur folgenden Buchung führt:

⑥ Buchung der Mietsonderzahlung:

1400	Forderungen (Gabelstapler GmbH)	2 000,00 €				
			an	1400	Forderungen (Michaelis-Leasing GmbH)	2 000,00 €

Das Autohaus Köppel vereinnahmt die Mietsonderzahlung und verrechnet diese mit der offenen Forderung gegenüber der Michaelis-Leasing GmbH.

In diesem Beispiel hat die Michaelis-Leasing GmbH dem Autohaus Köppel jetzt noch folgenden Betrag zu zahlen:

Berechnung der Zahlung der Michaelis-Leasing GmbH an das Autohaus Köppel:

Neufahrzeugverkauf	42 500,00 €
+ Vermittlungsprovision	7 500,00 €
– Mietsonderzahlung	2 000,00 €
= Zahlung	48 000,00 €

⑦ Buchung der Zahlung an das Autohaus Köppel per Banküberweisung:

1200	Bank	48 000,00 €				
			an	1400	Forderungen (Michaelis-Leasing GmbH)	48 000,00 €

Die Forderungen gegenüber der Gabelstapler GmbH sind noch offen, d. h., das Autohaus Köppel bekommt noch 2 409,85 € von dieser Firma.

Das Kfz-Leasing aus Sicht des Autohauses Köppel

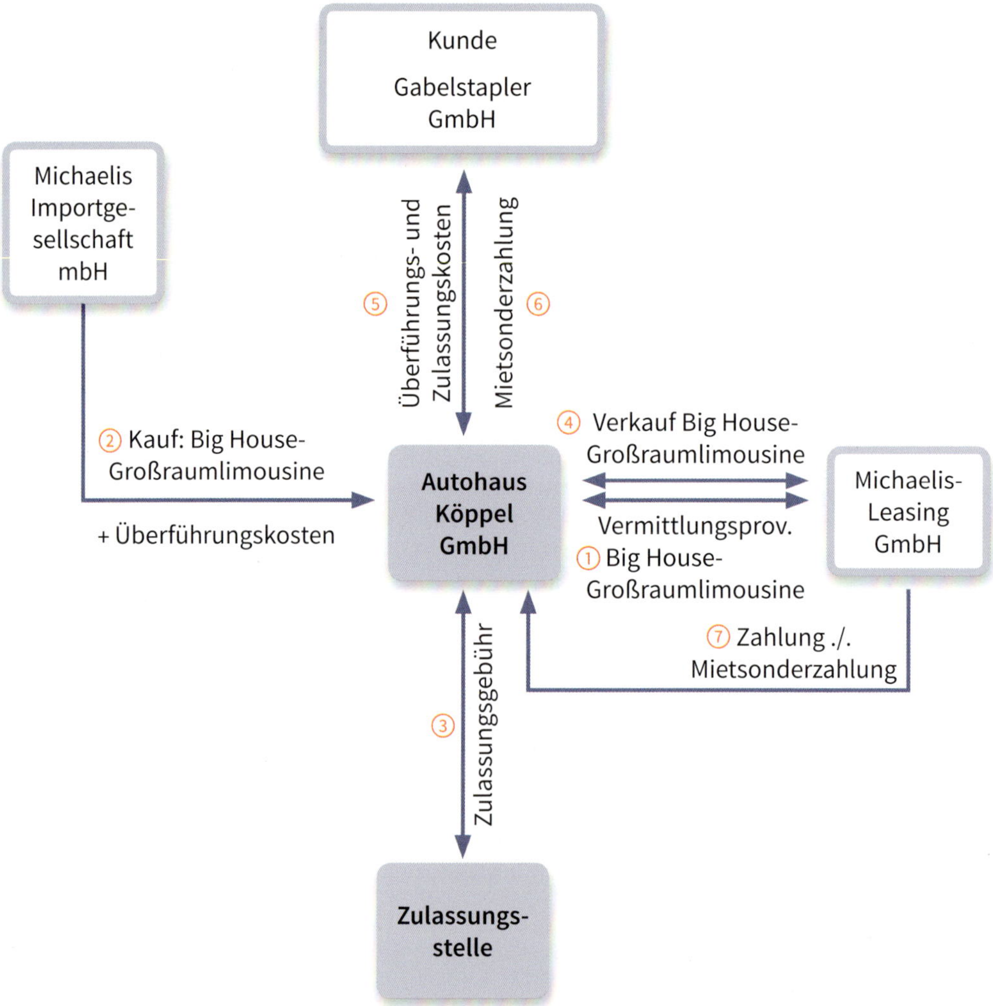

Zusammenfassung

Leasing bedeutet das Mieten einer bestimmten Sache zu den festgelegten Konditionen „Mietdauer“, „Fahrleistung“ und „Kalkulation der Leasingraten“.

Aufgaben

1. Die Verkäuferin Annika Fink verleast ein Neufahrzeug Modell Phantasia-Kombi „Sports Tourer“, Diesel an den neuen Kunden Frühstücks-Express Trier GmbH. Das Fahrzeug wird von der Michaelis Importgesellschaft mbH zum Einkaufswert netto zuzüglich 350,00 € netto Überführungsgebühren an das Autohaus Köppel geliefert. Die Zulassungskosten des Phantasia-Kombis „Sports Tourer“, Diesel betragen 35,00 €. Das Fahrzeug wird zum Händlereinkaufspreis an die Michaelis-Leasing GmbH verkauft. Die Vermittlungsprovision fällt in Höhe der Differenz zwischen UPE brutto und Händlereinkaufspreis brutto an und wird der Michaelis-Leasing GmbH vom Autohaus Köppel in Rechnung gestellt. Bei Übergabe des Fahrzeugs werden an die Frühstücks-Express Trier GmbH insgesamt 425,00 € netto Zulassungs- und Überführungsgebühren, davon 35,00 € Zulassungsgebühren, sowie eine vereinbarte Mietsonderzahlung von 1 500,00 € vom Autohaus Köppel in Rechnung gestellt.
   a) Stellen Sie die Zusammenhänge grafisch dar.
   b) Nehmen Sie alle erforderlichen Buchungen vor.
   c) Welchen Betrag schuldet die Michaelis-Leasing GmbH noch dem Autohaus Köppel?
   d) Welchen Rohgewinn (Bruttoertrag) hat das Autohaus Köppel insgesamt erwirtschaftet?

2. Frau Köppel ruft Nora Braun am Ende des dritten Quartals zu sich und gibt ihr folgende Aufstellung:

Neufahrzeugbestandsliste Autohaus Köppel GmbH am 01.07. des aktuellen Jahres

Interne Nummer	Fahrgestell-nummer	Modell	Eingangs-rechnungs-datum (alle im aktuellen Jahr)	Verkauf im 3. Quartal mit folgendem Nachlass an Kunden
1	PL345123	Maximo-Limousine, 3-türig	23.01.	13 %
2	PL346221	Maximo-Limousine, 3-türig	23.01.	12 %
3	PL346333	Maximo-Limousine, 5-türig	04.02.	12 %
4	PL349223	Maximo-Limousine, 5-türig	06.04.	13 %
5	PL349378	Maximo-Limousine, 5-türig	08.04.	11 %
6	PK226147	Maximo-Kombi „Sports Tourer“, Diesel	04.05.	15 %
7	PK226148	Maximo-Kombi „Sports Tourer“, Diesel	26.06.	12 %
8	PK226236	Maximo-Kombi „Sports Tourer“, Diesel	26.06.	12 %
9	PK226334	Maximo-Kombi „Sports Tourer“, Diesel	26.06.	8 %

Interne Nummer	Fahrgestell-nummer	Modell	Eingangs-rechnungs-datum (alle im aktuellen Jahr)	Verkauf im 3. Quartal mit folgendem Nachlass an Kunden
10	PK226889	Maximo-Kombi „Sports Tourer“, Diesel	26.06.	10 %
11	ML332111	Phantasia-Limousine, 5-türig	24.01.	15 %
12	ML336112	Phantasia-Limousine, 5-türig	28.02.	14 %
13	ML337213	Phantasia-Limousine, 5-türig	04.05.	14 %
14	MK467852	Phantasia-Kombi „Sports Tourer“, Diesel	26.05.	12 %
15	MK467923	Phantasia-Kombi „Sports Tourer“, Diesel	26.05.	11 %
16	MK468223	Phantasia-Kombi „Sports Tourer“, Diesel	26.05.	8 %
17	MK472080	Phantasia-Kombi „Sports Tourer“, Diesel	26.06.	9 %
18	MV550005	Big Bag Plus-SUV, Diesel	27.01.	15 %
19	MV550006	Big Bag Plus-SUV, Diesel	06.04.	8 %
20	MV550007	Big Bag Plus-SUV, Diesel	06.04.	10 %
21	LL661200	Spiders-Cabrio	25.05.	8 %
22	LL661790	Spiders-Cabrio	25.05.	8 %
23	LL661889	Spiders-Cabrio	25.05.	8 %
24	LC776449	Big House-Großraumlimousine	02.06.	4 %
25	LC777231	Big House-Großraumlimousine	02.06.	4 %

Diese Fahrzeuge sind alle im dritten Quartal verkauft worden, um das Volumenquartalsziel zu erreichen. Frau Köppel benötigt folgende Werte zur Analyse der Geschäfte:

a) durchschnittliche Standtage am 01.07.
b) durchschnittlicher Nachlass in Euro
c) durchschnittlicher Verkaufspreis brutto und netto in Euro
d) durchschnittlicher Rohgewinn pro Fahrzeug in Euro
e) Gesamtrohgewinn ohne Boni/Verkaufshilfen in Euro
f) Gesamtrohgewinn in Euro
g) Verkaufshilfen gesamt in Euro
h) Quartalsbonus im ersten Quartal in Euro

Folgende Angaben sind noch wichtig für die Ermittlung der gefragten Werte:

- Im ersten Quartal wurde das Volumenquartalsziel erreicht. Die Zahlung des Quartalsbonus für im ersten Quartal bezogene Neufahrzeuge in Höhe von 3 % der UPE netto für die Lagerwagen erfolgte bei Zulassung im dritten Quartal. Der Bonus für verkaufte Fahrzeuge wurde bereits gezahlt. Im zweiten Quartal wurde das Volumenquartalsziel vom Autohaus Köppel verfehlt.
- Gewährung von 800,00 € netto Verkaufshilfe für Fahrzeuge, die am 01.07. älter als 150 Tage waren, bei Zulassung im dritten Quartal des Jahres
- Gewährung von 1 000,00 € netto Verkaufshilfe für Spiders-Cabrios und Phantasia-Kombis „Sports Tourer“, Diesel, die am 01.07. auf Lager waren, bei Zulassung im dritten Quartal des Jahres
- Es gilt die Preisliste auf S. 11 f.

Tipp: Lösen Sie die Aufgabe mittels eines geeigneten EDV-Programms (z. B. MS EXCEL). Bilden Sie Gruppen und diskutieren Sie vorab den Aufbau Ihrer EDV-Lösung. Präsentieren Sie anschließend Ihr Ergebnis Ihren Mitschülerinnen und Mitschülern. Interpretieren Sie die Ergebnisse.

Englisch – Lernfeld 5

Werkstattaufträge entgegennehmen und kaufmännische Geschäftsprozesse organisieren

1 Kundenanliegen analysieren und weitere Bearbeitung koordinieren und durchführen

AUSGANGSSITUATION

Im vergangenen Jahr konnte die Autohaus Köppel GmbH einige Kunden und Kundinnen aus dem nahe gelegenen Ausland gewinnen. Kommunikationssprache ist in fast allen Fällen Englisch. Daher bittet Matti Köppel alle Auszubildenden, ihre Kenntnisse in diesem Bereich zu vertiefen und sich Fachvokabular anzueignen. Auch die Grammatikkenntnisse sollen aufgefrischt werden.

ARBEITSAUFTRÄGE

1. Informieren Sie sich über Ihren Themenbereich.
2. Erstellen Sie ein Fachlexikon, in dem Sie die für Ihre Branche gängigen Vokabeln notieren.
3. Legen Sie sich auch ein Grammatikheft an, in dem Sie die Grammatik eintragen (Zeitformen, usw.).
4. Vergleichen Sie Ihre Ergebnisse und nehmen Sie ggf. Änderungen/Ergänzungen vor.
5. Üben Sie in szenischen Darstellungen verschiedene Alltagssituationen und geben Sie sich gegenseitig ein Feedback.
6. Nutzen Sie Ihr neu gewonnenes Wissen für die Zukunft.

1.1 Kundinnen und Kunden das richtige Produkt anbieten (Helping customers to choose the right product)

EINSTIEGSSITUATION

In letzter Zeit kommt es häufiger vor, dass ausländische Kundinnen und Kunden beraten werden. Nora Braun ist sich noch etwas unsicher und schaut deshalb Herrn Giglione während eines Kundengesprächs über die Schulter.

A customer wants to buy new "car doormat". Offer help.

Mr. Giglione: Hello, can I help you? What sort of product do you want?
Mr. Baker: Hello Mr. Giglione. I'm not sure. Perhaps this doormat for my car. Is this a product with a good quality?
Mr. Giglione: Ah ok. Yes, they have a good quality and a good price. Also they are very practical.
Mr. Baker: Ok, I take them.
Mr. Giglione: How would you like to pay?
Mr. Baker: Do you accept American Express.
Mr. Giglione: No, I'm sorry. But we accept credit card or debit card.
Mr. Baker: Ok, here is my debit card.
Mr. Giglione: Yes, perfect. Please sign here.
And here is your doormat. Have a nice day and thank you for shopping with us.

Sie helfen Nora, sich für die Zukunft auf Gespräche in englischer Sprache vorzubereiten und erstellen ein Handout.

1.1.1 Sales talk

Möchten Sie ein Verkaufsgespräch führen und dieses zu einem positiven Abschluss bringen, ist es unumgänglich, Redewendungen sowie die notwendigen Vokabeln zu beherrschen. Nachfolgend sind gängige Floskeln aufgeführt.

Begrüßung (Greeting)	• Hello, good morning, good afternoon, good evening • Can I help you? • Would you like some help? • Just look around. Fell free. • If you need any help, please call me. • Are you looking for anything in particular?

Produkt-Präsentation (Presenting products)	• What about … • How about … • Is this the kind of thing, you are looking for? • It's practical/easy to use. • It has a special price – it's on offer at the moment • You only have to pay … now. • Would you prefer … • I'm sure, we can find something suitable. • I think this …
Was benötige ich (Describing what you need)	• I'm looking for … • I need … • I want to have … • I want to have these colour … • I would like to offer/to have … • It's for … • Do you have anything …
Kaufentscheidung (Deciding to buy)	• All right – I will take it/them. • Can I pay with credit card? • Do you have a loyalty card? • Please sign here. • Here is your change. Here is your receipt.
Gesprächsabschluss (Finishing the conversation)	• Thank you for shopping with us. • Have a nice day. • Bye bye.

1.1.2 Interkulturelle Kommunikation

In Autohäusern trifft man auch auf Menschen aus verschiedenen Ländern. Kulturelle Unterschiede spielen dabei eine wichtige Rolle und sollten vom Verkaufspersonal berücksichtigt werden. Diese können sein: verschiedene Glaubensvorstellungen, Meinungen, Werte und Normen.

Bei der Kommunikation in einer anderen Sprache ist es daher wichtig, das richtige Vokabular anzuwenden. Auch kann es sein, dass die Körpersprache des Gegenübers „verändert wirkt", was aber tatsächlich nicht der Fall ist. Verhaltensweisen, die nicht gleich verstanden werden, sollte man nicht als falsch oder sogar unnormal ansehen, sondern diese ggf. hinterfragen und auf sie eingehen.

Vorheriges Informieren über die Bedeutung von Gesten und Wertevorstellungen aus verschiedenen Ländern ist notwendig.

Hilfreiche Regeln und Redemittel	• I'm sorry, I didn't understand, what you said. Can you repeat that, please? • I'm sorry. I couldn't follow you. Could you explain that again, please? • Could you speak a little more slowly, please? • You are welcome. • Not at all. • Would you like me to spell … • I will just spell that for you. • Please let me check if I have understood all the information you gave to me.

1.1.3 Small Talk führen

Unter Small Talk versteht man eine leichte Unterhaltung, die zu einem unverbindlichen Kennenlernen führt.

Diese Art der Kommunikation erfreut sich großer Beliebtheit und kann auch im Autohaus zur Erst-Kontaktaufnahme Anwendung finden, um die Atmosphäre aufzulockern und Vertrauen zu schaffen.

Beliebte Themengebiete für den Small Talk sind:

- das Wetter
- Sport
- aktuelle Geschehnisse/Ereignisse
- Urlaub/Urlaubsziele
- Anreise zum Gesprächsort
- Wohnort des Gesprächspartners
- Verkehrsaufkommen
- Familie und Begleitpersonen
- Hobbys und Interessen
- Produkte an sich

Über den Small Talk kann man dann zum eigentlichen Beratungs-/Verkaufsgespräch gelangen und die Informationen aus dem Small Talk aufgreifen.

Ungeeignete Themen für Small Talk sind (siehe auch 1.1.2 Interkulturelle Kommunikation):

- Religion
- Politik
- Beziehungsprobleme
- Familienprobleme
- Konflikte am Arbeitsplatz

Redemittel	• Hi • Hello • Nice to meet you. • How are you? • How are you doing (informal) • Did you see … • Have you seen the new … • Did you hear about … • Did you read about … • Let us talk about … • Let's have/take a look … • How was your journey? • Beautyful/terrible weather, isn't it?! • Have you ever been here before? • Really? I can't believe it! • I have never heard of anything like that before. • I couldn't agree more. • Well … • Actually … • Oh, let me think … • It hasn't got, has it? • You know …

1.2 To write a letter or an E-Mail

EINSTIEGSSITUATION

Nachdem Nora Herrn Giglione über die Schulter geschaut hat, muss sie verschiedene Schreibarbeiten erledigen. Sie unterstützen Nora.

Bereits im ersten Ausbildungsjahr wurde erläutert, wie man E-Mails formuliert. Auch im 2. und 3. Ausbildungsjahr ist diese Thematik von großer Bedeutung.

Einen großen Unterschied zwischen den Formalitäten bei einer E-Mail und einem Geschäftsbrief gibt es jedoch.

In E-Mails kann hinter der Anrede **ein Komma** stehen und der nachfolgende Text mit einem Kleinbuchstaben begonnen kann. Dies wird in der Praxis aber häufig nicht gemacht.

Bei einem Geschäftsbrief ist darauf zu achten, dass nach der Anrede kein Komma steht. Der nachfolgende Text ist aufgrund dessen mit einem Großbuchstaben zu beginnen.

Auch ist darauf zu achten, dass „Kurzformen“ in Geschäftsbriefen nicht verwendet werden (**Beispiel I am – NICHT I'm**)

Cross-cultural tips

- subject line below E-Mail-address
- no comma after salutation
- please never start with We or I
- be polite
- suitable closing phrase
- add your mobile/landline number and your address

Wie eine Kontaktaufnahme mit einem Kunden oder einer Kundin nach einer erfolgten Reparatur per E-Mail aussehen kann, ist nachfolgend dargestellt:

1 From: nora.braun@autohaus-koeppel.de	1: E-Mail-Adresse des Absenders
2 To: ted.baker@yahoo.com	2: E-Mail-Adresse des Empfängers
3 CC:	3: E-Mail-Adressen – wer erhält ggf. Kopien der Mail
4 Sent:	4: Automatisches Erscheinen des Datums und der Uhrzeit bei dem Versenden
5 Subject: Repair service for your car	5: Betreff
6 Attachments:	6: Anlagen
7 Dear Mr Baker,	7: Anrede
8 thank you for using our repair service. I can tell you, that your car repair is finished. Could you tell me, when you want to come in our store? Many thanks for your help.	8: Text
9 Best regards	9: Grußformel
10 Nora Braun Auszubildende Autohaus Köppel GmbH Diedenhofener Str. 54290 Trier Tel.: +49 (0) 651 7155-0 Fax: + 49 (0) 651 7155-23 Internetadresse info@autohaus-koeppel.de	10: Kommunikations-angaben
11 Your ref. Our ref: NK	11: Bezugszeichen des Absenders

Beispiel

Beispiel für eine Bestellung per E-Mail

ORDER

Hello Mrs Tods,

thank you for your offer, dated 01 November 20..
We would like to order the following articles:

Article no.	Article	Unit price €	Total
...	...	...	...

The goods will be delivered to our store. Payment will be effected by bank transfer. Please tell us the delivery date.
We look forward to receiving your confirmation (of order).

Yours sincerely

Mr. Giglione
Autohaus Köppel GmbH

Anrede	• Dear Sir oder Madam, **(bei E-Mails mit Komma)** • Dear Mr. Baker **(bei Geschäftsbriefen ohne Komma)**
Text	• Refering to your advertisement ... • We refer to your offer of ... • We are a big company ... • Would you please send us ... • We would be grateful for details of ... • You will be pleased to hear ... • We can tell you that ... • Please let us have details of your corporate rates. • We hope to hear from you. • We look forward to hearing from you.
Abschluss	• Kind regards **(bei E-Mails)** • Yours faithfully **(bei Anrede Dear Sir or Madam – also allgemeiner Anrede)** • Yours sincerely **(Dear Mr Baker – also bei konkreter Anrede, wenn Kontaktperson bekannt)**

The most common types of business letter

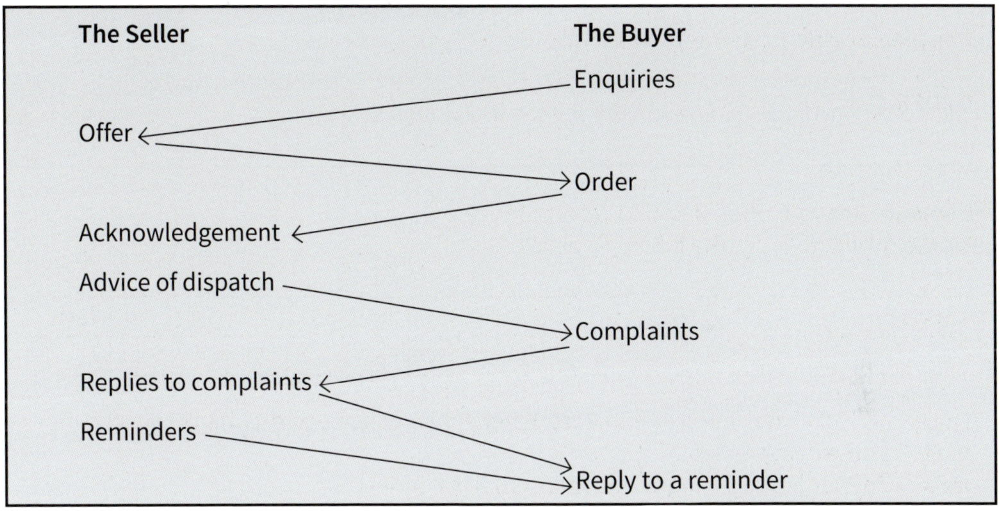

Forms of business organisation

- **Inc or Corp – Incorporated/Corporation**
  = a legal entity with the Registrar of Companies
- **Ltd – Limited Company**
  = Privately shareholders are the Owners
- **plc Public Limited Company**
  = sells shares to the public

1.3 Telefongespräche führen (Telephoning)

EINSTIEGSSITUATION

Nora Braun hat zusammen mit Herrn Giglione den Kunden, Herrn Baker, beraten. Die ruft heute Vormittag bei Herrn Giglione an, der jedoch nicht am Platz ist, und hinterlässt eine Nachricht. Die Auszubildende ist ganz aufgeregt, sie ist sich nicht sicher, ob sie alle Informationen richtig notiert hat. Sie geben Ihr einen Rat, wie Sie beim nächsten Mal vorgeht.

Wird ein Telefongespräch in einer fremden Sprache geführt, ist es wichtig, alle notwendigen Informationen schriftlich festzuhalten. Wird ein Wort oder ein Sachverhalt nicht verstanden, muss höflich nachgefragt werden, ob eine Wiederholung des Gesprochenen möglich ist.

Bereits in den ersten Minuten wird die Grundlage für ein erfolgreiches Telefongespräch gelegt. Höflichkeit und eine gute Aussprache sind daher notwendig.

Um alle Informationen notieren zu können, bieten sich unter Umständen Kürzel für verschiedene Wörter an, die abhängig von der Person individuell sein können.

Redewendungen und sprachliche Mittel	• Good morning, this is ... (speaking). • How can I help you? • Can I help you? • What can I do for you? • Can I speak to ... • I would like to speak to ... • Please could you tell me ... • I'm very sorry. • Sorry, but ... • I'm afraid, I can't do ... • Can I leave a message? • I will pass your message to ... • Thanks for calling. • Byebye. • Good bye. • Have a nice day.

1.4 Lerntechniken - Vokabeln systematisch lernen

EINSTIEGSSITUATION

Nora Braun sitzt vor ihrem Vokabelheft. Die verschiedenen Wörter kann sie sich einfach nicht merken. Sie unterstützen Nora und stellen ihr verschiedene Lerntechniken vor.

Um sich Vokabeln besser einzuprägen, können verschiedenen Lerntechniken und Vorgehensweisen Anwendung finden.

Vorgehensweise	Beschreibung
Alphabetisches Sortieren	Sortieren der Vokabeln nach dem Alphabet und Lernen dieser Das Sortieren ermöglicht schnelles Nachschlagen, wenn einzelne Worte gesucht werden müssen. Das Sortieren nach den englischen oder/und nach den deutschen Wörtern ist möglich.
Wortfamilien	Lernen der Wortfamilien – so ist es schnell und einfach möglich, den Wortschatz zu erweitern
Wortfelder zusammenstellen	Vokabeln werden nach thematischen Zusammenhängen gesammelt. **Beispiel: Job** fashion designer, IT-technician, architect, street worker, work, interview, letter of application, CV, etc.
Word webs (Mindmaps oder Wortnetze)	Geeignet, um Wordfelder zu erschließen oder Units zusammen zufassen. Das Hauptwort bzw. das Thema steht in der Mitte des Word webs und an den Ästen stehen dann die weiteren/zugehörigen Worte.
Synonyms and opposites	Notieren aller Worte, die die gleiche Bedeutung haben (synonyms), und Lernen dieser **Beispiel: Aufzug** lift, elevator Notieren aller Worte, die gegensätzlich sind: z. B. love (Liebe) – hate (hassen)
Wörter in Sätzen verwenden	Worte werden in Sätze eingefügt und so gelernt – oft können sich aufgrund dieser Vorgehensweise die Vokabeln besser eingeprägt werden.

Zusammenfassung

Um Anliegen von ausländischen Kunden und Kundinnen analysieren und die weitere Bearbeitung koordinieren bzw. durchführen zu können, sind gute Englischkenntnisse von Vorteil. Techniken des Sales Talk, Kommunikation unter Berücksichtigung interkultureller Besonderheiten und das Beherrschen eines guten Small Talks sind dabei genauso wichtig wie ein umfangreiches Fachvokabular.

Sind E-Mails anzufertigen, müssen verschiedene Formalitäten eingehalten werden. Auch bei Telefongesprächen sind allgemeine Redewendungen und sprachliche Mittel anzuwenden.

Verschiedene Lerntechniken helfen, sich das Wissen anzueignen und dieses gezielt einzusetzen.

Aufgaben

1. Spelling
   It has probably been a long time since you have learned to spell names in English. This may be a good moment for you to brush up your spelling skills. The following spelling alphabet, which was originally introduced by the International Civil Aviation Organisation, is frequently used in English speaking countries:
   A – Alfa; B – Bravo; C – Charlie; D – Delta; E – Echo; F – Foxtrot; G – Golf; H – Hotel; I – India; J – Juliet; K – Kilo; L – Lima; M – Mike; N – November; O – Oscar; P – Papa; Q – Quebec; R – Romeo; S – Sierra; T – Tango; U – Uniform; V – Victor; W – Whiskey; X – X-Ray; Y – Yankee; Z – Zulu
   Please note that American speakers of English say "A as in Alfa" while British speakers tend to say "A for Alfa".
   Now spell the following names either the American or the British way:
   Higginbottom, Jackson, McEnroe, Kelly, Fitzgerald, Lennox, White, Valentine, Hopkins, Butler, Queensberry, Lancaster, Haffigan, O'Connor, Douglas, Scott.

2. Give definitions of the following words. If you find the task too difficult, refer to an English dictionary.
   a) mobile phone – Handy
   b) area code – Vorwahl
   c) long-distance call – Ferngespräch
   d) operator – Vermittlung
   e) connection – Verbindung
   f) caller – Anrufer
   g) reply – Antwort
   h) dial tone – Amtszeichen
   i) telephone booth – Telefonzelle
   j) cheap rate – Billigtarif
   k) directory – Telefonbuch
   l) extension – Durchwahl
   m) receiver – Hörer
   n) message – Nachricht
   o) switchboard – Zentrale

3. Mock phone-calls
   Work in pairs and sit back-to-back to simulate the situation of a telephone conversation.
   a) Imagine that you are taking the call of a customer who is asking about the price of a Big Bag-SUV with air conditioning and heated front seats. You can't find the price list and offer to call him back. Then you do call him back and give him the required information.
   b) Your boss has an appointment with an English business friend tomorrow, but has been taken ill. Call the business friend to cancel the appointment.

4. Matti Köppel is going to travel to the USA. There he will visit Cars Best. Nora Braun has to book a room for him on the telephone. Please help Nora und write down, what she could say.

Glossary

Motor	Engine
Abgasrückführung	exhaust gas recirculation
Ansauganlage	intake system
Einspritzung	injection system
Kolben	piston
Kolbenring	piston ring
Kraftstoffpumpe	fuel pump
Kraftstoffschlauch	fuel hose
Kurbelwelle	crankshaft
Luftfilter	air cleaner
Luftführung	air ducts
Motorblock	engine block
Nockenwelle	camshaft
Ölfilter	oil filter
Ölpumpe	oil pump
Ölwanne	oil sump
Pleuelstange	connecting rod
Schwungrad	flywheel
Starter	starter
Steuerkette	timing chain
Ventil	valve
Ventilator	cooling fan
Vergaser	carburettor
Zylinder	cylinder
Kraftstoffbehälter/Abgasanlage	**Fuel tank/ Exhaust emission control system**
Abgas	exhaust gas
Abgasanlage	exhaust system
Abgaskrümmer	exhaust manifold
Abgasrohr	exhaust pipe

Kraftstoffbehälter/Abgasanlage	Fuel tank/ Exhaust emission control system
Abgasventil	exhaust valve
Entlüftungsschlauch	breather hose
Katalysator	catalytic converter
Kraftstoffbehälter	petrol tank
Kraftstoffeinlassventil	fuel inlet valve
Kraftstofffilter	fuel filter
Kraftstoffpumpe	fuel pump
Kraftstoffrohr	fuel pipe
Schalldämpfer	muffler
Getriebe	**Transmission**
Gangschaltung	gear lever
Getriebe	transmission
Kupplung	clutch
Kupplungsgehäuse	transmission case
Gang	gear
Schaltgabel	selector fork
Schaltstange	selector shaft
Schaltwelle	shift rod
Vorderachse/Lenkung	**Front axle/Steering**
Ausgleichgetriebe	differential
Feder	spring
Gelenkwelle	propeller shaft
Lenkgetriebe	steering gear
Lenkrad	steering wheel
Lenksäule	steering column
Lenkungsdämpfer	steering damper
Querlenker	transverse control arm
Servolenkung	power steering
Stoßdämpfer	shock absorber
Zahnstangenlenkung	rack-and-pinion steering

Hinterachse	Rear axle
Achszapfen	journal
Bremstrommel	brake drum
Hinterachskörper	rear axle assembly
Lagerbock	bearing block
Räder/Bremsen	**Wheels/Brakes**
Bremsbacke	brake shoe
Bremskraftverstärker	brake servo
Bremsleitung	brake pipe
Bremsschlauch	brake hose
Bremsträger	brake anchor plate
Bremszylinder	brake cylinder
Felge	rim
Handbremse	handbrake
Profil	tread
Radbremszylinder	wheel brake cylinder
Reifen	tyre
Scheibenbremse	disc brake
Winterreifen	snow tyre
Aufbau	**Body**
Armaturenbrett	dashboard
Bodenbelag	floor covering
Bodengruppe	floor assembly
Dachverkleidung	roof lining
Dichtung	seal
Fahrgestell	chassis
Fahrwerk	running gear
Fensterscheibe	window
Handschuhfach	glove compartment
Klappenschloss	lid lock
Kofferraum	boot

Aufbau	Body
Kopfstütze	head rest
Kotflügel	fender
Kühlergrill	radiator grill
Längsträger	side member
Motorhaube	bonnet
Querträger	cross member
Rückenlehne	backrest
Rückspiegel	rear-view mirror
Sicherheitsgurt	seat belt
Sitz	seat
Stoßstange	bumper
Türschloss	door lock
Verkleidung	panel
Elektrische Ausrüstung	**Electrical Equipment**
Anlasser	starter motor
Batterie	battery
Blinker	direction indicator
Drehstromgenerator	alternator
Drehzahlmesser	revolution counter
Elektrischer Fensterheber	power window/electric windows
Elektrolüfter	electric fan
Heizung	heating
Hupe	horn
Innenleuchte	interior light
Instrumentengehäuse	instrument housing
Klimaanlage	air conditioning
Kraftstoffvorratsanzeiger	fuel gauge
Lenkschloss	steering lock
Lichtschalter	light switch
Lüftung	ventilation

Elektrische Ausrüstung	Electrical Equipment
Nebelscheinwerfer	fog light
Öldruckschalter	oil pressure switch
Relais	relay
Schalter für Abblendlicht	dipped beam lever
Schalter für Rückfahrscheinwerfer	switch for backup light
Schalter für Warnblinklicht	hazard warning light switch
Scheibenwaschanlage	windscreen washer
Schließanlage	security system
Schlussleuchte	tail light
Sicherungsdose	fuse box
Tachometer	speedometer
Temperaturanzeiger	temperature gauge
Türkontaktschalter	door contact switch
Zündkerze	spark plug
Zündleitung	ignition cable
Zündspule	coil
Zündverteiler	ignition distributor
Maße und Gewichte	**Dimensions and weights**
Breite	overall width
Höhe	overall height
Länge	overall length
Leergewicht	unladen weight
Radstand	wheelbase
Spurbreite	track width
Tankvolumen	fuel tank capacity
Wendekreisdurchmesser	turning-circle
zulässiges Gesamtgewicht	max. authorised weight
Zubehör	**Accessories**
Dachgepäckträger	roof rack
Kindersitz	child seat

Zubehör	Accessories
Nummernschild	license plate
Radio	radio
Verbandskasten	first-aid kid
Wagenheber	jack
Warndreieck	warning triangle
Werkzeug	tool

Alphabetical word list

accept	annehmen, akzeptieren
acknowledgement	Auftragsbestätigung
across	quer – über
activity	Aktivität, Tätigkeit
add	hinzufügen
advice of dispatch	Versandanzeige
again	wieder
already	schon, bereits
also	außerdem, auch
always	immer
another	andere, noch eine
apart from	abgesehen von
arrange	vereinbaren, arrangieren
ask	fragen
assistant	Assistent, Assistentin
away	weit entfernt

because	weil
bag	Tasche, Tüte
behind	hinten, hinter
beside	neben
best	beste
bill	Rechnung

boss	Chef, Chefin
box	Schachtel, Kiste, Kasten
buy	kaufen
buyer	Käufer, Käuferin

call	anrufen
car park	Parkplatz
careful(ly)	sorgfältig, vorsichtig
chance	ändern, (Ver-) Änderung, auswechseln, wechseln
cheap	günstig, billig
clean	reinigen, sauber
client	Kunde, Kundin
close	zumachen, schließen
common	verbreitet, üblich
competition	Konkurrenz
complete	vollständig, komplett
complimentary close	Schlussformel (Brief)
control	kontrollieren, Kontrolle, überwachen
Corp (Corporation)	Körperschaft, Gesellschaft
customer	Kunde, Kundin

damage	beschädigen, Schaden
danger	Gefahr
dangerous	gefährlich
decide	beschließen, entscheiden
delete	löschen
difference	Unterschied
direction	Richtung
driver	Fahrer, Fahrerin
driver licence	Führerschein
during	während

electricity	Elektrizität
e-mail	elektronische Nachricht, elektronische Post
empty	leer
ending	Ende
engine	Motor
enquiry	Anfrage
especially	besonders
everything	alles
example (for example)	Beispiel, als Beispiel
expensive	teuer
expert	Fachmann/Fachfrau, Experte/Expertin
extra	zusätzlich

fact	Tatsache, Fakten
fast	schnell
(a) few	ein paar, einige
finally	endgültig, schließlich
financial	finanziell
floor	Stockwerk, Etage
foreign	ausländisch, fremd
free	kostenlos, gratis
full	voll

gap	Lücke
garage	Garage
great	großartig
greeting	Begrüßung, Grußformel
guess	raten, schätzen, annehmen

handle	umgehen mit, erledigen
helpful	nützlich, hilfreich

home	Zuhause
homeland	Heimatland
holiday	Ferien, Urlaub

image	Bild
impossible	unmöglich
informal	informell, ungezwungen
instead of	anstelle von
instruction	Instruktion, Anleitung, Anweisung
item	Artikel, Gegenstand

(to) judge	beurteilen
jumbled	durcheinander geworfen

key	Schlüssel, Taste
keycode	tastencode
kind	freundlich, Art
knowledge	Kenntnis, Wissen

large	groß
last	letzte(r)
late	spät
later	später
leave	verlassen
left	links
less	abzüglich, weniger
light switch	Lichtschalter
listen	zuhören
local	örtlich
long	lang
low	niedrig

manager	leitender Angestellter, leitende Angestellte
many	viele
media	Medien
message	Nachricht
metal	Metall
mistake	Irrtum, Fehler
money	Geld
much	viel

never	niemals
normal(ly)	normalerweise
now	nun
number	Nummer

object	Gegenstand
offer	Angebot
oil	Öl
often	häufig
order	Bestellung, bestellen

pair	Paar
pay	zahlen, bezahlen
phone	Telefon
phrase	Redewendung
pollution	Umweltbelastung
popular	beliebt
prefer	bevorzugen, vorziehen
provide	liefern, bieten

quality	Qualität
question	Frage

ready	bereit
recent	aktuell
recommendation	Empfehlung
Registrar of Companies	Handelsregister für Kapitalgesellschaften
remain	bleiben, verbleiben
retailer	Einzelhändler, Einzelhändlerin
right	richtig, rechts
round	rund
rule	Regel, Vorschrift

safe(ty)	sicher
salutation	Anrede (Brief)
save	retten, sichern
seem	(er) scheinen
separate	trennen
service industry	Dienstleistungsgewerbe
shelf	Regal
shop	Laden, Geschäft
since	seit
solvents	Lösungsmittel
some	einige, etwas
sound	Geräusch, Klang, sich anhören
special	speziell, besonders
spend	verbringen – Zeit verbringen, ausgeben – Geld ausgeben
speed	Geschwindigkeit
standard equipment	Grundausstattung
stock	Ware, Lagerbestand
stop	anhalten, aufhören
stuff	Stoff, Material
such as	wie zum Beispiel

supplier	Lieferant

talk	Gespräch, Vortrag
technique	Technik
telephone	Telefon
telephone call	Telefongespräch, Telefonanruf
thin	dünn
thing	Sache, Gegenstand
ticket	Fahrschein, Karte
tidy	aufräumen, ordentlich
tool	Werkzeug
to sign off	einen Brief beenden
travel	Reisen, fahren, Reise
typical	typisch

understand	verstehen, begreifen
use	gebrauchen, benutzen
usually	gewöhnlich, normalerweise

VAT value addes tax	MwSt., Mehrwertsteuer
visitor	Besucher, Besucherin

wall	Wand, Mauer
wash	waschen
whatever	was auch immer
whole	ganz
wholesaler	Großhändler
wood	Holz
wrong	falsch

Yours faithfully	hochachtungsvoll (Brief)
Yours sincerely	Mit freundlichen Grüßen

Sachwortverzeichnis

Bildquellenverzeichnis

Deutsche Energie-Agentur GmbH (dena), Berlin: Alternativ Mobil (2024) 178.1.

Di Gaspare, Michele (Bild und Technik Agentur für technische Grafik und Visualisierung), Bergheim: 62.1, 282.1, 282.2, 282.3, 283.1.

Europa Versicherung, Köln: KFZ Antrag 383.1, 384.1, 384.2.

fotolia.com, New York: a2_design 373.1; animaflora 218.1; apfelweile 219.1; blue_island 363.1; cirquedesprit 22.1; contrastwerkstatt 225.1, 275.1, 295.1; CrazyCloud 150.1; Denys Rudyi 234.1; dima_sidelnikov 177.1, 196.2; Dmitry Vereshchagin 93.1; DOC RABE Media 127.1; egudinka 181.1; elaborah 139.1; euthymia 74.1; fotohansel 60.1; FotolEdhar 232.1; freshidea 153.1; galimovma79 42.1; Gesina Ottner 200.1; Gina Sanders 103.1, 166.1; iconimage 180.1; industrieblick 19.1, 196.1; jannoon028 43.1; kantver 113.1; Karin & Uwe Annas 100.1; Kochelaevskiy, Vlad 101.1; lassedesignen 156.1; magele-picture 263.1, 394.1; makoto-garage.com 181.2; MH 31.1; Michel, T. 149.1, 149.2, 149.3; Minerva Studio 255.1; peshkova 66.1; pgottschalk 47.1; Picture-Factory 395.1; Ralf Kalytta 55.1; Rawpixel.com 222.1, 402.1; relif 49.1; Robert Kneschke 41.1; rosifan19 304.1; runzelkorn 45.2; senoldo 398.1; Sergey Nivens 401.1; snyGGG 33.1; stockWERK 63.1, 140.1; Thaut Images 235.1; Thomas Reimer 321.1; Tomasz Zajda 197.1; tournee 279.1; Trueffelpix 29.1, 80.1, 141.1, 142.1, 145.1, 167.1, 172.1, 174.1, 183.1, 198.2; ufotopixl10 198.1; Vladimir Kramin 65.1; vladstar 220.1; XtravaganT 147.1, 397.1.

Getty Images (RF), München: mikimad 1.1.

Hild, Claudia, Angelburg: 256.1, 343.1.

iStockphoto.com, Calgary: bluecinema 176.1; Hulko, Svitlana 179.1; luplupme 154.1; supersizer 84.1; Wavebreakmedia Titel; YvanDube 169.1.

Jouve Germany GmbH & Co. KG, München: 44.1, 98.1, 99.1, 112.1, 116.1, 117.1, 130.1, 135.1, 136.1, 137.1, 138.1, 185.1, 192.1, 193.1, 194.1, 195.1, 201.1, 207.1, 208.1, 242.1, 244.1, 257.1, 262.1, 262.2, 280.1, 281.1, 284.1, 292.1, 299.1, 311.1, 322.1, 342.1.

Picture-Alliance GmbH, Frankfurt a.M.: dpa-infografik 313.1; dpa/Fordham, Graeme 356.1; dpa/Stratenschulte, Julian 170.1; Keystone/Zick, Jochen 45.3.

stock.adobe.com, Dublin: gzorgz Titel; nsdpower 1.2; pressmaster Titel; Stasique Titel; WavebreakmediaMicro Titel; Wellnhofer Designs 45.1.

YPS - York Publishing Solutions Pvt. Ltd.: 268.1, 268.2, 268.3.